全国高等院校水利水电类精品规划教材

# 工 程 项 目 管 理

主　编　杨耀红
副主编　陈　林　王慧明　黄永江
主　审　陈新元

黄 河 水 利 出 版 社
·郑州·

## 内容提要

本书的定位是水利工程类专业的管理教育用书。目的是把项目管理一般知识和水利工程项目管理特点相结合，系统、全面地介绍水利工程项目管理的理论与实践。从内容的编写安排上，注重三个特点：基于一般工程项目，突出水利工程项目特点；基于项目管理知识体系，突出水利工程项目管理特点；基于项目管理理论，结合水利工程项目实际。

本书可作为高等院校水利工程类专业高年级学生学习项目管理的教材，也可供从事水利工程项目管理的工作者阅读参考。

**图书在版编目(CIP)数据**

工程项目管理/杨耀红主编．—郑州：黄河水利出版社，2009.11

全国高等院校水利水电类精品规划教材

ISBN 978-7-80734-657-9

Ⅰ．工… Ⅱ．杨… Ⅲ．①水利工程-项目管理-高等学校-教材②水力发电工程-项目管理-高等学校-教材 Ⅳ．TV512

中国版本图书馆 CIP 数据核字(2009)第 145787 号

策划组稿：马广州　电话：13849108008　E-mail：magz@yahoo.cn

出 版 社：黄河水利出版社

地址：河南省郑州市顺河路黄委会综合楼 14 层　邮政编码：450003

发行单位：黄河水利出版社

发行部电话：0371-66026940、66020550、66028024、66022620(传真)

E-mail：hhslcbs@126.com

承印单位：黄河水利委员会印刷厂

开本：787 mm×1 092 mm　1/16

印张：26.5

字数：610 千字　印数：1—3 100

版次：2009 年 11 月第 1 版　印次：2009 年 11 月第 1 次印刷

定价：48.00 元

# 出版者的话

近年来，随着我国对基础设施建设投入的加大，水利水电工程建设也迎来了前所未有的黄金时间。截至2006年，全国已建成堤防28.08万公里，各类水库85 849座，2006年水利工程在建项目4 614个，在建项目投资总规模达6 121亿元（《2006年全国水利发展统计公报》）。据《可再生能源发展"十一五"规划》，到2010年，我国水电总装机容量将达到1.9亿千瓦。水利水电工程的大规模建设对设计、施工、运行管理等水利水电专业人才的需求也更为迫切，如何更好地培养适应现今水利水电事业发展的优秀人才，成为水利水电专业院校共同面临的课题。作为水利水电行业的专业性科技出版社，我社长期关注水利水电学科的建设与发展，并积极组织水利水电类专著与教材的出版。

在对水利水电类本科层次教材的深入了解中，我们发现，以应用型本科教学为主的众多水利水电类专业院校普遍缺乏一套完整构建在校本科生专业知识体系又兼顾实践工作能力的教材。在广泛调研与充分征求各课程主讲老师意见的基础上，按照高等学校水利学科专业教学指导委员会对教材建设的指导精神与要求，并结合教育部实施的多层次建设、打造精品教材的出版战略，我社组织编写了本系列"全国高等院校水利水电类精品规划教材"。

此次规划教材的特点是：

(1)以培养水利水电类应用型人才为目标，充分重视实践教学环节。

(2)在依据现有的专业规范和课程教学大纲的前提下，突出特色，力求创新。

(3)紧扣现行的行业规范与标准。

(4)基本理论与工程实例相结合，易于学生接受与理解。

本系列教材除了涵盖传统专业基础课及专业课外，还补充了多个新开课程的教材，以便于学生扩充知识与技能，填补课堂无合适教材可用的空缺。同时，部分教材由工程技术人员或有工程设计施工从业经历的老师参与编写，也是此次规划教材的创新。

本系列教材的编写与出版得到了全国21所高等院校的鼎力支持，特别是三峡大学党委书记刘德富教授和华北水利水电学院副院长刘汉东教授对系列教材的编写与出版给予了精心指导，有效保证了教材出版的整体水平与质量。在此对推进此次规划教材编写与出版的各院校领导和参编老师致以最诚挚的谢意，是他们在编审过程中的无私奉献与辛勤工作，才使得教材能够按计划出版。

"十年树木，百年树人"，人才的培养需要教育者长期坚持不懈的努力，同样，好的教材也需要经过千锤百炼才能流传百世。本系列教材的出版只是我们打造精品专业教材的开始，希望各院校在对这些教材的使用过程中，提出改进意见与建议，以便日后再版时不断改正与完善。

**黄河水利出版社**

# 全国高等院校水利水电类精品规划教材

## 编 审 委 员 会

# 前　言

随着水利工程项目管理的持续发展和深化，水利工程类专业的教育迫切需要结合水利工程项目特点的项目管理教材来进行水利工程类专业的管理教育。

本书的定位就是水利工程类专业的管理教育用书。目的就是把项目管理一般知识和水利工程项目管理特点相结合，系统、全面地介绍水利工程项目管理的理论与实践。从内容的编写安排上，注重三个特点：基于一般工程项目，突出水利工程项目特点；基于项目管理知识体系，突出水利工程项目管理特点；基于项目管理理论，结合水利工程项目实际。

全书共分 17 章，三大部分内容。第一部分包括第一章到第三章，阐述了水利工程项目管理的基本概念和过程，内容包括水利工程项目管理概述、水利工程项目过程和程序管理，以及水利工程项目计划、跟踪和控制；第二部分包括第四章到第十五章，结合项目管理知识体系阐述了水利工程项目管理的主要内容，包括水利工程项目的范围管理，组织管理，进度管理，资源管理，成本和资金管理，质量管理，风险管理，安全、环境和移民管理，合同管理，人员和团队管理，组织协调管理，信息管理；第三部分包括第十六章和第十七章，阐述了计算机辅助水利工程项目管理和水利工程项目管理展望。

本书的编写分工如下：华北水利水电学院杨耀红编写了第一、三、五、十七章，并与华北水利水电学院张俊华共同编写了第二章；河北农业大学赵君彦编写了第四章；内蒙古农业大学黄永江编写了第六、七章；内蒙古农业大学王慧明编写了第八章；黑龙江大学魏天宇编写了第九、十五章；河北农业大学牛丽云编写了第十章；三峡大学陈林编写了第十一、十二章；华北水利水电学院孙少楠编写了第十三、十四章；张俊华编写了第十六章。全书由杨耀红统稿。本书由三峡大学陈新元教授主审。

本书可作为高等院校水利工程类专业高年级学生学习项目管理的教材，也可供从事水利工程项目管理的工作者阅读参考。

本书编写中参考和引用了参考文献中的某些内容，谨向这些文献的作者表示衷心的感谢。

由于编者水平有限，书中难免有一些缺点和不足、不妥之处，敬请广大同行和读者不吝批评指正，以便以后改进。

**编　者**

2009 年 6 月

# 目　录

# 第一章　水利工程项目管理概述

项目的历史可追溯到遥远的过去,埃及的金字塔、中国的长城等工程项目已经被人们普遍誉为早期成功项目的典范。以兴利避害为目的水利工程项目也一直伴随着中国社会历史发展进程,从早期的大禹治水到现在的南水北调、三峡水利工程等。项目管理除了由于其应用于曼哈顿计划和阿波罗登月计划中所取得的巨大成功而受世人的关注与青睐外,在水利工程项目中的应用,也在逐步发展和深化。随着经济全球化的发展、知识经济的来临、信息技术的飞速发展,项目管理尤其是工程项目管理的应用和发展也进入了一个全新的阶段。

## 第一节　工程项目和工程项目管理

### 一、项目和项目管理

**(一)项目**

1. 项目的概念

"项目"一词被广泛地应用于我们的工作和生活中,人们把许多的活动或工作都称为项目。从概念上讲,项目的定义也是逐步发展而来的,比如项目一般是指有组织的活动,随着社会的发展,有组织的活动又逐步分化为两种类型:一类是连续不断、周而复始的活动,人们称之为"运作"(Operation);另一类是临时性、一次性的活动,人们称之为"项目"(Project),如企业的技术改造活动、一项工程建设活动等。

关于项目的定义有很多,比如:美国的项目管理协会认为,项目是一种被承办的旨在创造某种独特产品或服务的临时性努力;Harold Kerzner 博士认为,具有以下条件的任何活动和任务均可以称为项目:有一个将根据某种技术规格完成的特定的目标,有确定的开始时间和结束时间,有经费限制,消耗资源(如资金、人员、设备等)。这些定义都从不同侧面和角度揭示了项目概念的本质与内涵。

中国项目管理知识体系中对项目的定义为:从最广泛的含义讲,项目是一个特殊的将被完成的有限任务,它是在一定的时间内,满足一系列特定目标的多项相关工作的总称。此定义实际包含了三层含义:

(1)项目是一项有待完成的任务,有特定的环境与要求。

(2)在一定的组织机构内,利用有限资源(人力、物力、财力等),在规定的时间内完成任务。

(3)任务要满足一定性能、质量、数量、技术指标等要求。

我们在理解项目的定义时,应注意:①项目是一个系统的过程和结果的总称。项目是有组织进行的,但并不是说组织本身就是项目;项目的结果可能是某种产品或服务,但项目也不是结果本身。如一个“工程建设项目”,我们应当把它理解为包括项目可研、设计、施工、安装调试、完工移交在内的整个过程及工程建设成果(即工程项目实体产品),不能仅是某个过程环节,也不能仅仅指建设产品结果。②项目的过程具有临时性、一次性、任务有限性,重复进行的活动或任务不是项目,这是项目过程区别于其他常规“活动和任务”的基本标志,也是识别项目的主要依据。③项目的约束特性。项目是在一系列约束条件的制约下来实施的。首先是目标约束性,项目的实施要达到预设的特定目标;其次是资源约束性,项目是利用有限的资源、在规定的时间内完成的;最后是过程约束性,即项目的任务要满足一定性能、质量、数量、技术指标等要求。

2. 项目的属性

结合项目的概念,项目的属性可归纳为以下7个方面:

(1)唯一性。

(2)一次性。

(3)多目标属性。

(4)生命周期属性。

(5)相互依赖性。

(6)冲突属性。

(7)整体性。

由上面关于项目的定义和属性可以看出,在我们的社会中可以发现有各种各样的项目,埃及的金字塔和中国的古长城可以说是最早的“项目”,而真正把项目作为一个系统来进行管理却是从曼哈顿原子计划开始的。

**(二)项目管理**

从20世纪70年代开始,项目管理作为管理科学的重要分支,对项目的实施提供了一种有力的组织形式,改善了对各种人力和资源利用的计划、组织、执行与控制的方法,从而引起了广泛的重视,并对管理实践作出了重要的贡献。科技的发展、新的环境、动态的市场、更激烈且高水平的竞争,要求企业善于应对潜在的风险及其经营环境带来的新挑战,项目管理显得更为重要。

1. 项目管理的概念

管理是社会活动中的一种普遍的活动。首先,管理是共同劳动的产物,是社会化大生产的必然要求。为了实现个人能力不能实现的共同目标,需要社会性的共同劳动后,人们之间出现了分工与协作,于是,劳动过程中的“计划、决策、指挥、监督、协调”等功能日益明显,进而出现了组织的层次和权利与职责,即出现了管理。其次,管理是提高劳动生产率、合理利用资源的重要手段。管理者通过有效的计划、组织、控制等工作,合理利用人力、物力资源,可以用较少的投入和消耗,获得更多的产出,提高经济效益。

管理活动虽然在实际工作中应用广泛,但对管理概念的理解却没有得到统一。职能论学派主要将管理解释为计划、组织、指挥、协调和控制;决策论学派认为管理就是决策;行为科学学派认为管理就是以研究人的心理、生理、社会环境影响为中心,以激励职工的行为为动机,调动人的积极性。目前,管理还未形成准确、统一的定义,但是,也从另一方面反映了管理内涵的丰富性。

"项目管理"给人的一个直观概念就是"对项目进行的管理",这也是其最原始的概念。它包括两个方面的内涵,即项目管理属于管理的大范畴,项目管理的对象是项目。然而,随着项目及其管理实践的发展,项目管理的内涵得到了较大的充实和发展,现在的项目管理已是一种新的管理方式、一门新的管理学科的代名词。

可见,"项目管理"一词有两种不同的含义,其一是指一种管理活动,即一种有意识地按照项目的特点和规律,对项目进行组织管理的活动;其二是指一种管理学科,即以项目管理活动为研究对象的一门学科,它是探求项目活动科学组织管理的理论与方法。前者是一种客观实践活动,后者是前者的理论总结;前者以后者为指导,后者以前者为基础。就其本质而言,两者是统一的。

项目管理就是以项目为对象的系统管理方法,通过一个临时性的专门的柔性组织,对项目进行高效率的计划、组织、指导和控制,以实现项目全过程动态管理和项目目标的综合协调与优化工作。

项目管理贯穿于项目的整个生命周期,对项目的整个过程进行管理。它是一种运用既有规律又经济的方法对项目进行高效率的计划、组织、指导和控制的手段,并在时间、费用和技术效果上达到预定目标。项目的特点也表明它所需要的管理及其管理办法与一般作业管理不同,一般的作业管理只须对效率和质量进行考核,并注重将当前的执行情况与前期进行比较。在典型的项目环境中,尽管一般的管理办法也适用,但管理结构须以任务(活动)定义为基础来建立,以便进行时间、费用和人力的预算控制,并对技术、风险进行管理。一般来说,列做项目管理的一般是指技术上比较复杂、工作量比较繁重、不确定性因素很多的任务或项目。第二次世界大战期间美国对原子弹以及后来的阿波罗计划等重大科学试验项目就是最早采用项目管理的典型例子。目前项目管理已经应用在几乎所有的工业领域中。

2. 项目管理的特点

项目管理与传统的部门管理相比,最大特点是注重于综合性管理,并且项目管理工作有严格的时间期限。项目管理必须通过不完全确定的过程,在确定的期限内生产出不完全确定的产品,日程安排和进度控制常对项目管理产生很大的压力。具体来讲,表现在以下几个方面:

(1)项目管理的对象是项目或被当做项目来处理的运作。项目管理是针对项目的特点而形成的一种管理方式,因而其适用对象是项目,特别是大型的、比较复杂的项目;鉴于项目管理的科学性和高效性,有时人们会将重复性"运作"中的某些过程分离出来,加上起点和终点当做项目来处理,以便于在其中应用项目管理的方法。

(2)项目管理的全过程都贯穿着系统工程的思想。项目管理把项目看成一个完整的系统,依据系统论"整体—分解—综合"的原理,可将系统分解为许多责任单元,由责任者分别按要求完成目标,然后汇总、综合成最终的成果。同时,项目管理把项目看成一个有完整生命周期的过程,强调部分对整体的重要性,促使管理者不要忽视其中的任何阶段,以免造成总体的效果不佳甚至失败。

(3)项目管理的组织具有特殊性。项目管理的一个明显的特征就是其组织的特殊性,表现在以下几个方面:有了"项目组织"的概念;项目管理的组织是临时性的;项目管理的组织是柔性的;项目管理的组织强调其协调控制职能。

(4)项目管理的体制是一种基于团队管理的个人负责制。由于项目系统管理的要求,需要集中权力,以控制工作正常进行。

(5)项目管理的方式是目标管理。项目管理是一种多层次的目标管理方式。项目往往涉及的专业领域十分宽广,而项目主管不可能成为每一个专业领域的专家,所以,项目主管只能以综合协调者的身份,向被授权的专家讲明应承担工作的意义,协商确定目标以及时间、经费、工作标准等的限定条件,此外的具体工作则由被授权者独立处理,同时经常反馈信息、检查督促并在遇到困难需要协调时及时给予各方面有关的支持。可见,项目管理只要求在约束条件下实现项目的目标,其实现的方法具有灵活性。

(6)项目管理的要点是创造和保持一种使项目顺利进行的环境。有人认为,“管理就是创造和保持一种环境,使置身于其中的人们能在集体中一道工作以完成预定的使命和目标”。这一特点说明了项目管理是一个管理过程,而不是技术过程。

(7)项目管理的方法、工具和手段具有先进性、开放性。项目管理采用科学先进的管理理论和方法。如采用网络图编制项目进度计划;采用目标管理、全面质量管理、价值工程、技术经济分析等理论和方法控制项目总目标;采用先进高效的管理手段和工具,如使用最新信息技术成果等。

需要说明的是,以上所述是项目管理的一般特点,对于不同类型的项目,又各有其独特的管理内容和管理特点。比如就项目层次来说,宏观项目管理主要是研究项目与社会及环境的关系,也是指国家或区域性组织或综合部门对项目的管理。宏观项目管理涉及各类项目的投资战略、投资政策和投资计划的制定,各类项目的协调与规划、安排、审批等;中观项目管理是指部门性或行业性机构对同类项目的管理,如建筑业、冶金业、航空工业等,它包括制定部门的投资战略和投资规划,项目的优先顺序,以及支持这些战略、顺序的政策,项目的安排、审批和验收等;微观项目管理是指对具体的某个项目的管理。项目管理不仅仅是项目业主对项目的管理,项目设计、施工、监理单位等也要对项目进行管理,甚至与项目有关的设备材料供应单位,以及政府或业主委托的工程咨询机构也有项目管理的业务要求。这些都是不同主体的项目管理,它们的内容、方法、规章制度等也是不同的。

### (三)项目管理知识体系

项目管理最基本的职能有计划、组织及协调与控制,这些职能涉及多方面的内容,这些内容可以按照不同的线索进行组织,一般按照项目管理的职能领域,把项目管理分为九大职能,即范围管理、时间管理、成本管理、质量管理、人力资源管理、风险管理、沟通管理、采购管理、项目整体管理,如图 1-1 所示。当然,项目管理的主体包括业主、各承包商(设计、施工、供应等)、监理、用户,项目管理的过程包括启动过程、计划过程、执行过程、控制过程、结束过程。这些职能,随着项目管理的主体不同和项目所处的阶段不同,实施内容和侧重点有所不同。

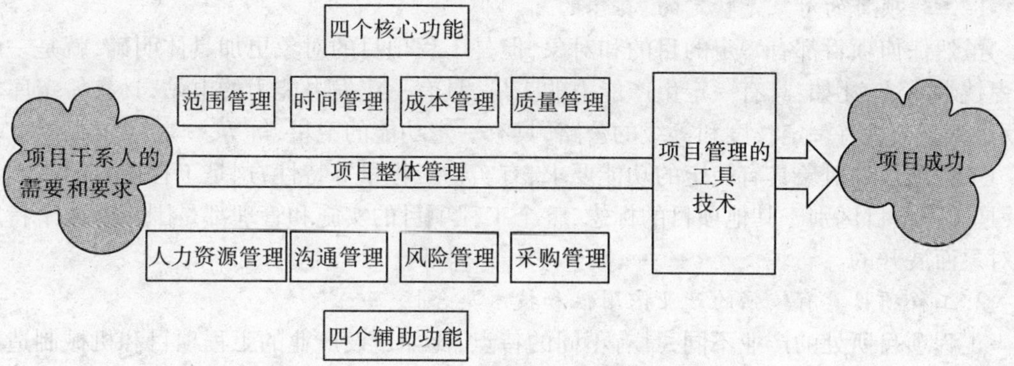


图 1-1 项目管理知识框架

## 二、工程项目

### (一)工程项目的概念

我们日常所说的“工程”一词,可以有三种含义:第一种含义是指将自然资源最佳地转化为结构、机械、产品、系统和过程以造福人类的活动;第二种含义是上述活动的成果,例如长江大桥、青藏铁路、神舟飞船等;第三种含义是从上述活动实践过程中总结提炼出来并吸收有关科学技术而形成的学科——工程科学。

对工程比较典型的定义有:

不列颠百科全书(Encyclopedia Britannica)对工程的解释为:应用科学原理使自然资源最佳地转化为结构、机械、产品、系统和过程以造福人类的专门技术。

《中国百科大辞典》把工程定义为:将自然科学原理应用到工农业生产部门中而形成的各学科的总称。

美国工程院(MAE)认为:工程的定义有很多种,可以被视为科学应用,也可以被视为在有限条件下的设计。

《辞海》对工程的解释有两个:①将自然科学的原理运用到工农业生产部门而形成的各学科的总称。这些学科是应用数学、物理学、化学、生物学等基础科学的原理,结合在科学试验与生产实践中所积累的经验而发展出来的。②指具体的施工建设项目。如南京长江大桥、京九铁路工程、三峡工程等。

《辞海》中的解释①与国际上普遍采用的解释基本上是一致的。

中国工程院咨询课题“我国工程管理科学发展现状研究——工程管理科学专业领域范畴界定及工程管理案例”研究报告中的有关界定:工程是人类为了特定的目的,依据自然规律,有组织地改造客观世界的活动。一般来说,工程具有产业依附性、技术集合性、经济社会的可取性和组织协调性,具体是指:工程建设,新型产品与装备的开发、制造和生产与技术创新,重大技术革新、改造、转型,产业、工程、重大技术布局与战略发展研究等领域。

将工程作为项目来进行管理,便是工程项目。

### (二)工程项目的特征

工程项目作为一种典型的项目类型,除了具有项目一般特点,同时尚具有以下特点。

1. 工程项目的对象是特定的、具体的

虽然任何项目都有一定的目的和对象，但是工程项目的对象更加具体明确，就是一个工程技术系统，比如：具有一定生产能力的工厂，具有一定发电能力的电站，具有一定库容的水利枢纽，具有一定长度和等级的公路，具有一定功能的卫星，等等。

工程项目的对象具有一定的功能要求、有实物工程量等特性，这是工程项目的基本特性，是工程项目区别于其他项目的标志，整个工程项目的实施和管理都是围绕着这个特定的对象而展开的。

2. 工程项目具有较强的产业依附性和技术集合性

工程项目所处的产业不同，具有不同的特点，比如建设产业的工程项目和机械制造产业的工程项目具有明显不同的特点，比如：建设工程项目的产品都是不动产，而机械制造产业的产品有时是可以移动的；建设工程项目的实施是工程施工，而机械制造项目的实施是制造过程；建设工程项目的实施过程受自然条件约束和影响较大，而机械制造项目的实施受自然条件约束和影响相对较小等。所以，工程项目具有较强的产业依附性。

同时，工程项目具有较强的技术集合性，每个工程的寿命周期过程，包括项目的产生、设计、实施或生产、验收等环节，均需要大量的技术支持，也就是说，工程项目本身包含了大量的工程技术，即工程项目是一个技术集合体，所以工程项目具有较强的技术集合性。

3. 工程项目具有明确的性能和技术标准要求

工程项目具有明确具体的对象，该对象是一个技术系统。工程项目完成该对象的目的就是要实现一定的功能要求，比如具有一定的产品生产能力或生产一定的产品，具有一定的发电容量或年发电量等。也就是说，工程项目具有明确的性能要求。同时，工程项目实施过程是十分复杂的，每项工作都需要达到一定的技术标准要求，这样才能保证最终的技术系统能够达到设定的性能。

4. 工程项目的规模大、寿命周期较长

工程项目实施的工程量一般较大，投资额也比较大，甚至达到上千亿元。同时，要完成如此大的工程量，完成如此大的投资额，需要大量的时间，而且，工程建设完成后，能够运行较长时间，发挥工程预定的功能。所以说，工程项目的规模大、寿命周期较长。

5. 工程项目的参与主体较多

工程项目的工程量较大，实施过程也比较复杂，所以需要大量的参与方参加，并且密切联系和配合，才能完成。比如一个水库项目，需要投资方、勘测方、可研方、设计方、科研方、施工方、分包方、监理方，甚至包括贷款银行、保险机构、设备生产方、材料生产方、运输方等参与。所以，工程项目的参与主体较多。

**（三）工程项目的分类**

工程项目的范围很广，可以依据不同的分类标准和原则进行分类。比如可以依据工程项目所依附的行业进行分类，包括水利项目、交通项目、制造项目、电子项目等；也可以按照项目的性质分类，包括施工建设项目、产品开发项目、产品制造项目、技术革新项目等。并且，还可以对每大类工程项目再进行细分，比如对于工程建设项目，按照建设项目的建设阶段分类，包括预备项目、筹建项目、施工项目、建成投产项目；按建设性质分类，包括新建项目、扩建项目、改建项目、迁建项目、恢复项目；按建设项目的规模和投资总量分类,包括大型、中型、小型;按建设项目的土建工程性质分类,包括房屋建筑工程项目、土木工程项目(公路、机场、桥梁、铁道、码头、水利工程、污水处理等工程)、工业建筑项目(发电厂、矿山、化工厂、食品厂等);按建设项目的使用性质分类,包括公共工程项目、生产性产业建设项目、服务性产业建设项目、生活设施建设项目等。

## 三、工程项目管理

### (一)工程项目管理的概念

目前,国内外对工程管理有多种不同的解释和界定,其中,美国工程管理协会(ASEM)的解释为:工程管理是对具有技术成分的活动进行计划、组织、资源分配以及指导与控制的科学和艺术。美国电气电子工程师协会(IEEE)工程管理学会对工程管理的解释为:工程管理是关于各种技术及其相互关系的战略和战术决策的制定及实施的学科。中国工程院咨询项目“我国工程管理科学发展现状研究”报告中对工程管理也作了界定:工程管理是指为实现预期目标,有效地利用资源,对工程所进行的决策、计划、组织、指挥、协调与控制。一般来说,工程管理具有系统性、综合性、复杂性。

目前,工程管理的含义越来越广泛,一些新领域的工程管理不断得到重视。

工程管理在我国常常被误认为单指对土木建设工程项目的管理,这种狭隘的认识使广阔的工程管理领域未被纳入科学的轨道,也无法与国际惯例接轨。实际上,工程管理既包括重大工程建设项目实施中的管理,譬如,工程规划与论证、决策,工程勘察与设计,工程施工与运行管理等,也包括重要复杂的新产品、设备、装备在开发、制造、生产过程中的管理,还包括技术创新、技术改造、转型、转轨、与国际接轨的管理,而产业、工程和科技的重大布局及发展战略的研究与管理等,也是工程管理工作的基本领域。

但需要特别说明的是,本书后面所讨论的工程主要针对建设工程,建设工程主要包括决策实施和运行两个阶段,而项目管理主要应用在建设工程的决策实施阶段,所以,在此讨论的主要对象工程项目管理主要是建设工程项目的决策实施的管理。

概括地说,工程项目管理是一门关于计划、组织、资源分配以及指导与控制带有技术成分经济活动的科学和艺术。所以,工程项目管理一般可界定为:对于具有技术集合性和产业依附性特征的工程的决策实施所进行的各种管理工作。

### (二)工程项目管理的特点

#### 1. 工程项目管理具有严格的程序和过程要求

工程项目的实施具有其自身的科学规律,国家有关部门也根据工程项目实施的客观规律,用法律规章的形式规定了工程项目实施的程序和过程要求。比如水利部的水利工程建设程序管理暂行规定,就对水利工程的实施程序和过程进行了严格的规定,把水利工程项目的实施过程依次分为八个阶段,即项目建议书、可行性研究报告、初步设计、施工准备(包括招标设计)、建设实施、生产准备、竣工验收、后评价等阶段。所有的水利工程建设项目的实施必须按此程序进行,水利工程项目管理也按此程序来进行。

#### 2. 工程项目管理具有严格的资金限制和时间限制

由于工程项目的投资额较大,对工程投资方有时甚至是区域经济或国家经济都有较大影响,所以工程项目管理对工程投资额的确定及项目资金的使用都有严格规定。比如水利工程项目,从项目可行性研究阶段的投资估算、初步设计阶段的设计概算、工程招标阶段的合同价的确定、工程实施阶段的成本控制,到竣工验收阶段的工程造价确定,都有严格的规定。

同时,由于工程项目实施的工期长,受自然等外界因素的影响较大,所以,工程项目管理具有严格的时间限制,否则,工程按期完工的可能性会降低。比如水利工程项目实施中,在进度计划中设有里程碑工期,如临时工程完成时间、截流时间、第一台机组发电时间等,在设定的截流时间如果不能完成截流工程,有可能导致整个工程的工期延迟。

3. 工程项目管理具有特殊的组织和法规条件

由于社会化大生产和专业化分工,工程项目都有大量的参与方。要保证项目有秩序、按计划实施,必须建立严密的项目组织。而项目组织又不同于一般的企业或机构的组织,它是一次性组织,随项目的产生而产生,随项目的结束而消亡。项目的各个参与方除了有自己的组织以完成自己的工作外,又同时是整个项目组织的一部分,组织之间需要以合同为纽带,既分工负责,又相互协作,形成高效的项目组织系统。所以,工程项目管理具有特殊的项目组织。

同时,工程项目实施要受到大量的、有针对性的法规的约束。比如水利工程项目管理,除了一般的合同法、税法、环境保护法等的约束外,国务院和水利行业行政管理部门就工程的实施程序、招投标、质量管理、工程监理、工程设计、工程施工、工程验收等,颁布了大量的法规,水利工程项目管理还受到这些法规的约束。

4. 工程项目管理具有复杂性和系统性

工程项目管理的复杂性和系统性是由工程项目的特点决定的,随着工程行业的发展,工程项目越来越呈现如下特征:投资额巨大,规模大,涉及面广;技术更加复杂,需要大量的技术创新;参与方越来越多,组织越来越复杂;项目质量要求越来越高,工程进度越来越紧迫。同时,工程实施时,要受到多种限制和约束,工程在追求传统的进度快、质量好、成本低等多重目标的同时,又注重资源利用的效率、工程风险较小、环境负效用小等目标。所以工程项目管理具有复杂性,需要针对复杂性,基于系统观念,进行系统分析、系统管理和复杂性管理,才能使工程项目管理取得良好的效果。

同时,不同类型、不同行业、不同层次的工程项目,分别有其独特的管理特点。

**(三)工程项目管理的基本目标、基本职能和主要内容**

1. 工程项目管理的基本目标

进行工程项目管理,就是为了在限定的时间内,在有限资源(如资金、劳动力、设备材料等)约束下,在保证工程质量的基础上,以尽快的速度、尽可能低的投资(或成本、费用)完成项目任务,提交工程产品或服务。所以工程项目管理有三个基本的目标:专业目标(工程功能、工程质量、生产能力等)、工期目标、投资目标(费用、成本)。把这三个目标组成一个三维空间,它们共同构成项目管理的目标体系。如图 1-2 所示。

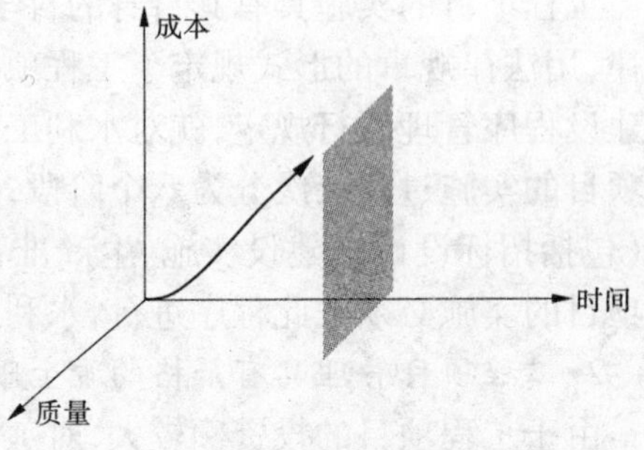


**图 1-2　工程项目目标体系**

工程项目管理的三大目标通常由项目建议书、技术设计文件、合同文件具体确定，工程项目管理就是针对工程项目对象，围绕三大目标的实现来进行的。所以，我们应该注意工程项目管理三大目标的关系和特征。

(1)三个目标共同构成工程项目管理的目标系统，互相联系，相互影响，其两两关系可以投影到三个坐标面，得到如图1-3所示的图形。由图1-3可知，某一个方面的变化必然引起另外两个方面的变化，所以工程项目管理应追求三者之间的优化和均衡。

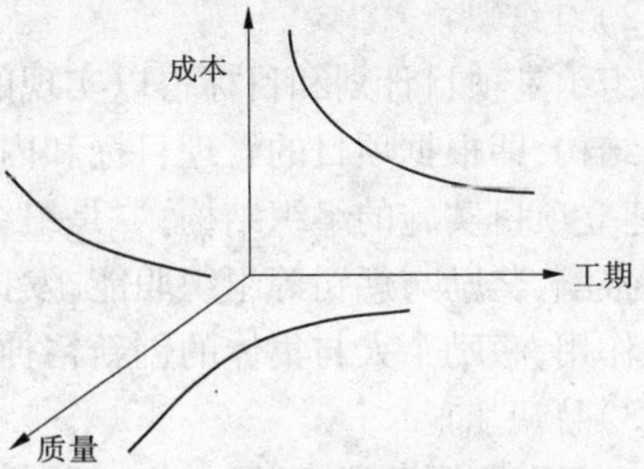

图1-3　工程项目目标关系空间图

(2)这三个目标在项目的策划、设计、计划过程中经历由总体到具体、由简单到详细的过程，并且在项目的实施过程中，又把三个目标分解成详细的目标系统，落实到具体的各个子项目（或活动、任务、工作）上，形成一个具体的目标控制体系，才能保证工程项目管理总体目标的实现。

(3)工程项目管理必须保证三个目标结构关系的均衡性和合理性，不能片面强调某个方面，而忽视其他方面。我们知道，质量目标是项目业主对工程的原材料、工程、施工工艺等提出的质量要求，是用低限控制的目标；时间目标是业主对完成工程的进度要求，是用高限控制的目标；成本目标是业主对完成工程所需的资金，是用高限控制的目标。这三个目标不是完全的正相关关系，比如当进度较快时，质量会降低，但成本会增加。三者的均衡性和合理性不仅体现在总目标上，还表现在项目各个工作上，构成工程项目管理内在关系的基本逻辑。

所以，工程项目管理的过程，就是在一系列约束条件的制约下，在各种因素的影响下，在工程成本额的控制之下，按照工程的质量要求和时间要求完成工程施工；或者是说，在保证工程质量和进度的前提下，不突破工程计划成本额完成工程。也就是说，要对三个目标进行权衡，并全面地进行有效控制，如图1-4中的阴影部分所示。

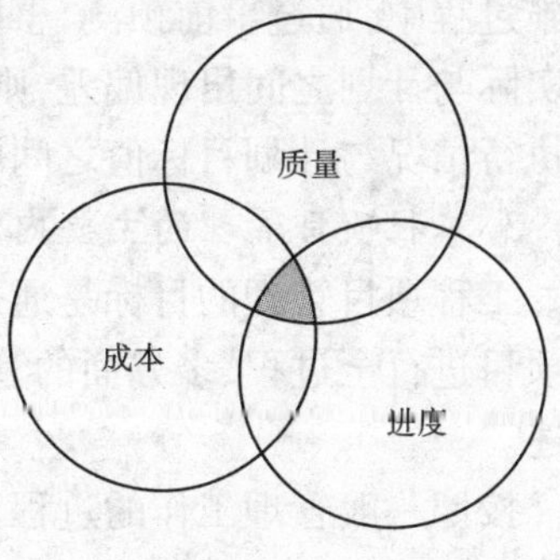

图1-4　工程项目目标控制图

2. 工程项目管理的基本职能

管理的职能是指管理者在管理过程中所从事的工作，有关管理职能的划分目前还不够统一。根据工程项目管理的职能，工程项目管理可以概括为：在工程项目生命周期内所进行的计划、组织、协调、控制等管理活动，其目的是在一定的约束条件下最优地实现工程项目的预定目标。

1)计划职能

“不打无准备之仗”。计划是管理职能中最基本的一个职能，也是管理各职能中的首要职能。项目的计划管理，就是把项目目标、全过程和全部活动纳入计划轨道，用一个动态的计划系统来协调控制整个项目的进程，随时发现问题，解决问题，使工程项目协调有序地达到预期的目标。

计划有两个基本含义：一是计划工作，即确定项目的目标及其实现这一目标过程中的子目标和具体工作内容；二是计划方案，即根据实际情况，通过科学预测与决策，权衡客观的需要和主观的可能，提出在未来一定时期内要达到的目标和实现目标的途径。

2）组织职能

组织是项目计划和目标得以实现的基本保证。管理的组织职能包括两个方面：一是组织结构，即根据项目的管理目标和内容，通过项目各有关部门的分工与协作、权利与责任，建立项目实施的组织结构；二是组织行为，通过制度、秩序、纪律、指挥、协调、公平、利益与报酬、奖励与惩罚等组织职能，发扬团结与和谐的团队精神，充分发挥个人与集体的能动作用，激励个人与集体的创新精神。

3）协调职能

项目在不同阶段、不同主体、不同部门、不同层次之间，以及项目和外部环境之间，存在大量的联系和冲突，需要进行协调与沟通，这是项目管理的重要职能之一。协调的目的就是要正确处理项目实施过程中总目标与阶段目标、全局利益与局部利益等之间的关系，保证项目活动顺利进行和项目目标的顺利实现。比如，在水利工程项目管理中，需要与当地政府各有关部门之间进行多方面的联系和沟通，做好外部协调工作，为项目建设提供良好的建设环境和外部保证。

4）控制职能

在工程项目实施过程中，根据项目的进度计划，通过预测、检查、对比分析和反馈调整，对项目实行有效的控制，是工程项目管理的重要职能。项目控制的方式是在项目计划实施过程中，通过事前预测、事中监督检查和事后反馈对比，把项目实际情况与计划对比，若实际与计划之间出现偏差，则应分析其产生的原因，及时采取措施纠正偏差，力争使实际执行情况与计划目标值之间的差距减小到最低程度，确保项目目标的顺利实现。

3. 工程项目管理的主要内容

工程项目管理的目标是通过项目管理工作来实现的。为了实现工程项目目标，必须对项目进行全过程、多方面的管理。工程项目管理的主要内容，从不同的角度，有不同的描述。

按照一般管理工作的过程，工程项目管理可分为预测、决策、计划、实施、控制、反馈等工作。

按照系统工程方法，工程项目管理可分为确定系统目标、进行系统分析制订系统方案、实施系统方案、跟踪检查和系统动态控制等工作。

按照工程项目的实施过程，工程项目管理可分为：项目目标设计阶段的管理，包括项目建议书、可行性研究、项目评估和初步设计工作；项目实施阶段的管理，进行工程施工准备、工程实施、试运行和竣工验收，包括计划工作、组织工作、信息管理、控制工作等；项目后评价阶段的管理。

按照工程项目管理工作的任务划分，通常包括以下几个方面的工作：

（1）工程项目的整体管理。

（2）工程项目的范围管理，包括工程范围的确定、范围变更等。

（3）工程项目的工期管理，包括确定工期计划、资源支持计划、工期的动态控制和调整等。

(4)工程项目的成本管理,包括确定成本计划、支付计划、成本动态控制、工程结算及审核等。

(5)工程项目的质量管理,包括质量计划、质量控制等。

(6)工程项目的安全管理,包括安全计划、安全控制等。

(7)工程项目的环保管理,包括环保计划、环境检测和保护等。

(8)工程项目的组织和人力资源管理,包括确定项目管理机构,确定组织职责及工作流程,人员的甄别、选拔、聘用、激励等。

(9)工程项目的沟通管理,包括沟通计划、沟通实施、冲突管理等。

(10)工程项目的合同管理,包括招投标管理、合同签订、变更管理、索赔管理等。

(11)工程项目的信息资料管理,包括信息资料管理计划、信息沟通、资料管理等。

(12)工程项目的风险管理,包括风险识别、风险计划和风险控制等。

(13)工程项目的移民管理,包括移民计划、移民实施和监测评估等。

## 第二节　水利工程项目和水利工程项目管理

### 一、水利工程项目

#### (一)水利工程项目的概念及特征

水利工程项目属于工程项目的一种类型,是基于工程项目的行业依附性所确定的工程项目的一个类别。一般来说,水利工程项目是指防洪、排涝、灌溉、水力发电、引(供)水、滩涂治理、水土保持、水资源保护等各类工程项目及其配套和附属工程项目。

通过对水利工程项目的定义可以看出,水利工程项目除了具有工程项目所具有的一般特征外,尚具有如下特征:

(1)水利工程项目都是和水资源的开发、利用、管理、保护及防治水害有关的,水利工程项目的最终目的就是兴利除害。

(2)水利工程项目一般都涉及社会公共利益和公共安全,如引(供)水工程项目、灌溉项目是为了给社会大众谋福利,而防洪工程项目、河道整治工程项目是为了给社会大众提供安全的工作和生活环境。

#### (二)水利工程项目的分类

按照水利工程项目的对象,可以分为防洪工程项目、排涝工程项目、灌溉工程项目、水力发电工程项目、引(供)水工程项目、滩涂治理工程项目、水土保持工程项目、水资源保护工程项目等。

按照水利工程项目所发挥作用的重要性,分为主体工程项目、配套工程项目、附属工程项目等。

按照水利工程项目建设的性质,分为新建、续建、改建、加固、修复等工程项目。

按照水利工程项目的空间分布特征,分为枢纽工程项目和引(供)水及河道工程项目,其中枢纽工程项目包括水库工程项目、水电站工程项目、其他大型独立建筑物工程项目等,引(供)水及河道工程项目包括引水工程项目、供水工程项目、灌溉工程项目、河湖整治工程项目、堤防工程项目等。

根据水利工程项目不同的社会效益、经济效益和市场需求等情况,将项目划分为生产经营性、有偿服务性和社会公益性三类项目。生产经营性项目包括城镇、乡镇供水项目,水电项目等;有偿服务性项目包括灌溉、水运、机电排灌项目等;社会公益性项目包括防洪、防潮、治涝、水土保持项目等。

按照水利工程项目的功能和作用,水利工程项目划分为两类:甲类为防洪除涝、农田灌排骨干工程、城市防洪、水土保持、水资源保护等以社会效益为主、公益性较强的项目;乙类为供水、水力发电、水库养殖、水上旅游及水利综合经营等以经济效益为主、兼有一定社会效益的项目。

按照水利工程项目的受益范围,水利工程项目划分为中央项目和地方项目两类。中央项目是指跨省(自治区、直辖市)的大江大河的骨干治理工程项目和跨省(自治区、直辖市)、跨流域的引水及水资源综合利用等对国民经济全局有重大影响的项目;地方项目是指局部受益的防洪除涝、城市防洪、灌溉排水、河道整治、供水、水土保持、水资源保护、中小型水电建设等项目。

当然还有其他一些分类方式,比如按是否必须进行招投标、是否必须实行工程建设监理等标准,又可以进行项目的分类,在此不再详细叙述。

## 二、水利工程项目管理

水利工程项目管理是指为实现预期目标,有效地利用资源,对水利工程项目所进行的决策、计划、组织、指挥、协调与控制工作,也就是针对水利工程项目所进行的工程项目管理工作。

水利工程项目除了具有一般工程项目管理所具有系统性、综合性、复杂性外,尚具有强制性的特点。国家水利行业行政管理部门专门针对水利工程项目的管理颁布了一系列的规定,水利工程项目管理工作必须在此规定的框架内开展。《水利工程建设项目管理规定》(试行)(水利部水建[1995]128号)规定:水利工程建设项目管理实行统一管理、分级管理和目标管理。逐步建立水利部、流域机构和地方水行政主管部门以及建设项目法人分级、分层次管理的管理体系。水利工程建设项目管理要严格按建设程序进行,实行全过程的管理、监督、服务。水利工程建设要推行项目法人责任制、招标投标制和建设监理制,积极推行项目管理。

### (一)管理体制及职责

从管理体制及职责上来说,对于水利部、流域机构、地方水行政主管机构和项目法人分别作了具体的规定。

#### 1.水利部管理职责

水利部是国务院水行政主管部门,对全国水利工程建设实行宏观管理。水利部建设与管理司是水利部对水利建设的综合管理部门,在水利工程建设项目管理方面,其主要管理职责是:

(1)贯彻执行国家的方针政策,研究制定水利工程建设的政策法规,并组织实施。

(2)对全国水利工程建设项目进行行业管理。

(3)组织和协调部属重点水利工程的建设。

(4)积极推行水利建设管理体制的改革,培育和完善水利建设市场。

(5)指导或参与省属重点大中型工程、中央参与投资的地方大中型工程建设的项目管理。

2. 流域机构管理职责

流域机构是水利部的派出机构,对其所在流域行使水行政主管部门的职责。负责本流域水利工程建设的行业管理。

(1)以水利部投资为主的水利工程建设项目,除少数特别重大项目由水利部直接管理外,其余项目均由所在流域机构负责组织建设和管理。逐步实现按流域综合规划、组织建设、生产经营、滚动开发。

(2)流域机构按照国家投资政策,通过多渠道筹集资金,逐步建立流域水利建设投资主体,从而实现国家对流域水利建设项目的管理。

3. 地方水行政主管机构管理职责

省(自治区、直辖市)水利(水电)厅(局)是本地区的水行政主管部门,负责本地区水利工程建设的行业管理。

(1)负责本地区以地方投资为主的大中型水利工程建设项目的组织建设和管理。

(2)支持本地区的国家和部属重点水利工程建设,积极为工程创造良好的建设环境。

4. 项目法人管理职责

水利工程项目法人对建设项目的立项、筹资、建设、生产经营、还本付息以及资产保值增值的全过程负责,并承担投资风险。代表项目法人对建设项目进行管理的建设单位是项目建设的直接组织者和实施者。负责按项目的建设规程、投资总额、建设工期、工程质量实行项目建设的全过程管理,对国家或投资各方负责。

**(二)水利工程项目各阶段工作内容及建设主要参与方的职责**

水利是国民经济的基础设施和基础产业。水利工程项目要严格按建设程序进行。水利工程建设程序一般分为项目建议书、可行性研究报告、初步设计、施工准备(包括招标设计)、建设实施、生产准备、竣工验收、后评价等阶段。

建设前期根据国家总体规划及流域综合规划,开展前期工作,包括提出项目建议书、可行性研究报告和初步设计(或扩大初步设计);建设项目初步设计文件已批准,项目投资来源基本落实,可以进行主体工程招标设计和组织招标工作及现场施工准备;项目法人或建设单位向主管部门提出主体工程开工申请报告,按审批权限,经批准后,方能正式开工;项目建设单位要按批准的建设文件,充分发挥管理的主导作用,协调设计、监理、施工及地方等各方面的关系,实行目标管理。建设单位与设计、监理、工程承包单位是合同关系,各方面应严格履行合同;工程验收要严格按国家和水利部颁布的验收规程进行。

工程建设实施期间主要参与方的职责为:

(1)项目建设单位要建立严格的现场协调或调度制度。及时研究解决设计、施工的关键技术问题。从整体利益出发,认真履行合同,积极处理好工程建设各方的关系,为施工创造良好的外部条件。

(2)监理单位受项目建设单位委托,按合同规定在现场从事组织、管理、协调、监督工作。同时,监理单位要站在独立公正的立场上,协调建设单位与设计、施工等单位之间的关系。

(3)设计单位应按合同及时提供施工详图,并确保设计质量。按工程规程,派出设计代表组进驻施工现场解决施工中出现的设计问题。施工详图经监理单位审核后交施工单位施工。设计单位对不涉及重大设计原则问题的合理意见应当采纳并修改设计。若有分歧意见,由建设单位决定。如涉及初步设计重大变更问题,应由原初步设计批准部门审定。

(4)施工企业要切实加强管理,认真履行签订的承包合同。在施工过程中,要将所编制的施工计划、技术措施及组织管理情况报项目建设单位。

**(三)对于水利工程项目的实施,要求实行"三项制度"改革**

1. 法人负责制

对生产经营性的水利工程建设项目要积极推行项目法人责任制;其他类型的项目应积极创造条件,逐步实行项目法人责任制。

(1)工程建设现场的管理可由项目法人直接负责,也可由项目法人组建或委托一个组织具体负责,负责现场建设管理的机构履行建设单位职能。

(2)组建建设单位由项目主管部门或投资各方负责。

2. 招标投标制

符合招投标规定的水利建设项目都要实行招标投标制。水利建设项目施工招标投标工作按国家有关规定或国际采购导则进行,并根据工程的规程、投资方式和工程特点,决定招标方式。水利建设项目招标工作,由项目建设单位具体组织实施。招标管理按分级管理原则和管理范围,划分如下:

(1)水利部负责招标工作的行业管理,直接参与或组织少数特别重大建设项目的招标工作,并做好与国家有关部门的协调工作。

(2)其他国家和部属重点建设项目以及中央参与投资的地方水利建设项目的招标工作,由流域机构负责管理。

(3)地方大中型水利建设项目的招标工作,由地方水行政主管部门负责管理。

3. 建设监理制

水利工程建设要全面推行建设监理制。

(1)水利部主管全国水利工程的建设监理工作。

(2)水利工程建设监理单位的选择,应采用招标投标的方式确定。

(3)要加强对建设监理单位的管理,监理工程师必须持证上岗,监理单位必须持证营业。

**(四)水利施工企业要积极推行项目管理**

项目管理是施工企业走向市场、深化内部改革、转换经营机制、提高管理水平的一种科学的管理方式。

(1)施工企业要按项目管理的原理和要求组织施工,在组织结构上,实行项目经理负责制;在经营管理上,建立以经济效益为目标的项目独立核算管理体制;在生产要素配置上,实行优化配置,动态管理;在施工管理上,实行目标管理。

(2)项目经理是项目实施过程中的最高组织者和责任者。项目经理必须按国家有关规定,经过专门培训,持证上岗。

**(五)其他规定**

(1)水利建设项目要贯彻“百年大计,质量第一”的方针,建立健全质量管理体系。

(2)水利工程建设必须贯彻“安全第一,预防为主”的方针。项目主管单位要加强检查、监督;项目建设单位要加强安全宣传和教育工作,督促参加工程建设的各有关单位搞好安全生产。所有的工程合同都要有安全管理条款,所有的工作计划都要有安全生产措施。

(3)要加强水利工程建设的信息交流管理工作。

# 第三节　水利工程项目群管理

## 一、项目群和项目群管理

项目管理以其面向成果、基于团队、超越部门、柔性和动态管理等特点被组织管理者所关注,越来越多的组织实行管理项目化,以顺应“压缩组织规模、组织结构扁平化、借助外部资源、提供跨职能部门解决方案、建立学习型柔性组织”的现代管理潮流。项目管理也最终为组织带来广泛而明显的收益。

但是,只有有效的项目管理是远远不够的,这与组织的快速发展和复杂多变的环境有关。由于组织的快速发展,项目管理的数量和规模越来越大,组织发展战略与项目管理逐渐融为一体,需要基于组织战略而进行大量项目的协调管理。由于环境的复杂多变,项目的变更与日俱增,而变更的某些本质特征(如突发性)又是项目管理难以应对的,需要在组织战略实施中考虑应对变更。

处理这些问题需要具有组织全局的观点,既需要项目管理,又需要超越项目管理。项目群可以有效地在战略之间架构桥梁,并可随突发变更的出现和项目的变更而进行调整。至关重要的是,项目群管理在组织中是确保战略要求的实际贯彻和获得预期利益的重要手段。项目群管理的兴起并不标志着项目管理的贬值,相反,项目群管理能够更好地实现项目目标和组织目标。

**(一)项目群的概念**

项目管理经过几十年的发展，不论从理论方面还是实践操作方面均已经比较成熟，但是对项目群管理的研究，时间还不是很长，相关的理论研究成果还不是很成熟。关于项目群的概念，国内外的学者根据自己的研究与实践，从不同的角度给出了不同的定义。

美国项目管理协会(PMI)基于项目的联系提出项目群是一组相互关联并需要进行协调管理的项目。

Gray 则从项目集群的目的出发,认为项目群是仅仅以协调管理或集成战略层面的报告为目的而进行的项目聚合。

Ferns 指出项目群是对项目以协调的方式进行管理,通过对相关项目的结构和过程进行组织,以获得比单个项目管理更大的整体利益。

Pellegrinelli 认为项目群是一个组织结构框架,该框架包含现有的项目和将来新定义的项目,同时聚焦于所有需要注意的活动,以取得一系列主要利益。项目群包含的项目以协调的方式进行管理,其目的在于获得一个共同的目标,或者取得超过项目单独管理时所获得利益总和的利益。

Murray-Webster 和 Thiry 认为项目群是项目与运作活动的集合体,一个项目群的出现,其核心原因在于实现战略或战术利益的需要。

J. R. Turner 在《基于项目的管理手册》中认为项目群是一个为实现战略和/或战略性的利益而有目的地组合起来的一系列变更行为(包括项目行为和运营行为)的集合。目的性是这一定义的核心。

Thiry 基于战略角度给出定义:项目群是所有变更行动(包括项目和运作活动)有目的的集合,以实现战略和/或战术的利益。

从上面的定义和分析我们可以看到,项目群就是对现有的和将来新定义的项目进行集群的一种组织结构框架,这些项目基于组织的战略目标而集合起来,同组织内外部的环境相联系,通过一系列的变革,以期创造出超过集群个体项目总和的利益。

项目群是项目的集群,可以说项目群根源于项目,但是二者又是有区别的,这些不同之处体现了项目群独有的特点,也正是这些不同使得对项目群的管理不能完全等同于对项目的管理。在项目中,管理目标为确定的时限、成本和功能(质量)目标。在项目群中,管理目标为基于项目群和广泛的利害关系分析而确定的组织目标。比如对于资源利用,如果说项目的目的在于以最少的资源实现既定的目标,项目群的目的就在于通过对这些资源的最佳使用以获取最大利益。

**(二)项目群管理**

1. 项目群管理的定义

Platje A 认为一个项目组合是指为了增加效益而采取统一协调管理的一组项目,同时认为项目群管理(Programme Management)和项目组合管理(Portfolio Management)是相似的。

Pellegrinelli 认为项目群管理不同于多项目管理,项目群管理的属性和实践表明它远远不止于对共有资源的管理。对稀缺资源的管理和建立适当的信息管理系统是项目群管理的关键因素,但重点却是放在技术和计划方面,而不是生产和组织方面。

Lycett 等认为项目群管理就是指为了实现一定利益,对一组相关的项目进行集成和管理,而当对这些项目采取单独的项目管理时,这一利益将无法实现。同时,他们还认为项目群管理和项目组合管理的区别就在于构成项目群管理的这些项目之间是相互联系的。

英国政府商务部(OGC)在其编写的《Management Successful Programme》一书中,定义项目群管理是针对为了取得具有战略意义的结果和收益而开展的活动与项目所进行的协调一致的组织、指导及实施工作。

英国中央计算机与电子通信局(CCTA)对项目群管理进行了重要的研究,他们是以政府机构中与项目群相关的信息系统的管理为基础展开工作的。他们认为:项目群管理是指通过对一系列的项目进行平行管理,从而获得对公司具有战略性重要意义的利益。

从上面学者和组织关于项目群管理的定义中看到,对于项目群管理的定义还不是很统一,但是基于项目群的定义,可以认为项目群管理就是为了实现一定的利益,如一个明确的目标或组织战略变革等,应用知识、技能、技术、方法和工具,对项目群内项目进行协调管理。由此可见,项目群管理就是为了实现组织的战略和项目群的共同目标,对项目群进行的协同管理。项目群管理更注重组织层次的变化,体现组织的战略目标。

2. 项目群管理与项目管理的区别

项目管理和项目群管理既相互联系,又各具特征。项目群管理更侧重于组织的战略,通过协调一组相关的项目进行集成和管理,改善项目的孤立性,统筹组织发展和最终产品,实现一定的目标或利益。如果对单个项目采取独立的项目管理时无法实现该目标或利益。在项目群管理中,项目群经理需对多个具有不同目标的项目进行协调、平衡和管理,而项目经理是在单一功能的项目内进行管理。项目群管理和项目管理的主要区别见表 1-1。

**表 1-1 项目群管理和项目管理的比较**

| 比较内容 | 项目管理 | 项目群管理 |
|---|---|---|
| 管理对象 | 单个项目 | 多个相关项目的组合 |
| 持续时间 | 通常数月至数年 | 通常数年至数十年 |
| 目的 | 实现项目的进度、成本、质量等目标 | 实现组织所确定的战略目标 |
| 任务 | 范围管理、进度管理、成本管理、质量管理、人力资源管理、风险管理、沟通管理、采购管理等 | 确保各项目的目标和组织的战略目标保持一致 |
| 组织形式 | 由项目经理领导的项目团队 | 由项目群经理领导的项目群管理团队和多个项目团队 |

3. 项目群管理过程

项目群管理过程可以分为四个阶段,即项目群辨识阶段、项目群设计阶段、项目群执行阶段、项目群终止阶段,各个阶段的主要任务如下:

项目群辨识阶段,主要任务是定义项目群的目标及其在企业运营和发展战略中的地位,并且给出项目群的范围。该阶段的结果就是关于项目群的报告,包括项目群的日的、范围、绩效目标、预期收益、可能风险等。

项目群计划阶段,主要任务是把已经定义的项目群管理目标具体化,确定项目群管理的实施计划,包括管理组织设计、管理制度设计、人员配置及职责、实施方案设计、资源配置等。

项目群执行阶段,主要任务是由项目经理负责实施单个项目,项目群经理负责控制项目群中各个项目的实施情况,进行必要的协调管理,并控制整个项目群的风险,以确保项目群整体战略的实现。

项目群终止阶段,以利益的评估和经验教训的总结为基础,主要任务是对项目群完成后的收益和战略目标的实现情况进行评估与总结。

## 二、水利工程项目群管理

随着社会的发展,工程建设项目的规模越来越大。伴随着项目规模的扩大,工程项目呈现技术愈加复杂、投资多元化、参建单位多、不确定因素多、信息交互频繁、超常效益和广泛风险、社会和环境影响深远的特点。对于水利工程建设尤其如此,比如南水北调工程等,都是投资额超过千亿元的特大型工程。这些工程项目实际就是一个项目群,所以应该用项目群的管理方法进行管理。

**(一)水利工程项目群集成方法**

水利工程项目群,就是为了实现一个共同的目标,部分或全部由水利工程项目组成的项目系列。水利工程项目群有以下几种集成方法:

(1)同属于一个大型水利工程系统的多个项目。这些项目都是同一个大型工程项目的相对独立的一部分。比如三峡水利枢纽工程,包括大坝工程项目、电站工程项目、船闸工程项目等,我们可以认为这些项目组成了一个三峡水利工程项目群。

(2)为了同一个目的实施的相关的多个项目。比如,为了解决某个城市的防洪问题,需要修建堤防工程项目、水闸工程项目、泵站工程项目等,这些项目可以作为一个项目群进行管理。

(3)基于流域或区域规划的多个相关的水利工程项目。比如,某投资公司得到了某条河流的特许水资源开发经营权,在该流域需要建设的各个梯级电站工程项目,就组成了一个水利工程项目群。

(4)基于资源利用的水利工程项目群。就是基于共用某个或某些重要资源,比如大型施工设备等而形成的项目群。

(5)基于多个同类需统一管理的水利工程项目群。比如某个行政区内正在进行多座水库的除险加固工作,可以采用项目群管理的方式进行统一管理。

当然还有一些其他的水利工程项目群集成方法。

**(二)水利工程项目群管理的作用**

采用项目群管理的方法实施水利工程的管理,主要作用如下:

(1)可以统一配置与管理资源,有利于资源调配和优化组合。水利工程项目实施主要因素中的两个是资源与进度,如采用单一项目管理的方式,则容易出现各个项目单独运作,调度和配合非常困难,更谈不上资源的优化组合了。由于资源得不到保障,也同时影响了进度。而采用项目群管理方式,有机地实现了群内项目之间的资源与进度的平衡,项目群经理能根据项目群内部的项目各自的优先顺序,合理调配资源,达到资源的最佳组合,提高资源利用效率。比如一些大型施工设备,可以在项目群内共用,一方面避免重复购买,增加成本;另一方面,可以提高设备的使用效率,避免设备闲置。

(2)通过项目间的协调,有效提高项目组织管理效率。如果以单一项目管理模式去分别管理各个项目,那么对这多个项目的实施进度及实施质量进行管理的最大风险就是各项目之间管理接口的风险。由于各项目进度等具体情况各不一样,而各个项目都是各行其是,缺乏必要的沟通和配合,项目之间的接口界面缺乏清晰的界定,很容易形成多头管理、多头汇报、多头指挥的混乱局面,产生管理真空或者管理重叠,影响各个项目的实施,甚至导致项目的失败。尤其是对于同属于一个大型水利工程的项目群,这种作用尤其明显。

(3)实现知识共享,提高项目成功的保证率。一方面,对于在同一个项目群内部的多

个项目的实施,项目群管理要求在企业战略层面上考虑群内各项目实施的进度安排和优先等级。每个项目实施获得的知识和经验可以与其他项目共享,互相指导和促进,如果以项目群管理思想统筹安排项目群各个项目的实施,各个项目之间互相沟通配合,对每一个项目的实施都有保障与促进作用。另一方面,根据各个项目的具体进度和实施过程中的突发情况,项目群经理可以整合项目群内的信息、技术、流程、经验等,迅速有效地跨项目调动优秀的项目人员或团队进行应急处理,一者大大减少了培训成本,提高了管理效率,二者有利于项目目标的实现,有利于组织战略目标的实现。

(4)有利于实现组织的战略目标。项目群的规模往往比较大,项目实施的好坏,直接关系到组织的经济命脉及发展方向。以项目群管理思想进行项目群的规划、实施与管理,可以是项目高层管理清晰地掌握组织的战略目标,并通过对项目群的管理,来完成项目群的目标,并最终实现组织的战略目标。比如对于水电开发公司,可以对水电站项目群进行总体的协调和管理,实现开发公司的战略目标。

(5)由系统统一决策代替单一分散决策,获得总体利益最大化。管理中有一种现象,就是个体理性导致群体非理性。对于多个水利工程项目来说,各个项目的项目经理针对其所负责的项目所进行的最优决策,对整个组织可能不是最优的,作为一个组织来说,所追求的是各个项目实施的总体结果最优,而不是单个项目的局部最优。采用项目群管理思想,项目群经理就可以从组织战略目标实现的角度来审视整个项目群,进行项目群级的优化和决策,获得总体利益的最大化。

(6)通过一体化采购或系列采购,有效降低成本或费用。由于水利项目群的规模一般较大,实施时间较长,消耗的资源量也较大。通过采用项目群管理思想,可以对资源和服务进行一体化采购或系列采购,和相关单位建立长期的互信合作关系,有效降低项目群成本。

(7)实现安全储备共享,有效降低项目实施的风险。项目群内每个项目的实施过程,会受到内外部环境的一系列因素的影响,给项目实施和成功带来风险,所以每个项目的实施都会有一定的安全储备,但每个项目的安全储备是有限的。采用项目群管理,可以有效整合项目群内每个项目的安全储备,实现共享,有效降低项目实施的风险。

## 第四节　水利工程项目管理系统及其环境

### 一、水利工程项目管理系统思想

按照系统理论,系统是具有特定功能的、相互间具有有机联系的许多要素所构成的一个整体,具有整体性、集合性、层次性、相关性、目的性等特点。由此定义可知,工程项目本身是一个系统。而水利工程项目是工程项目的一个类别,是依附于水利行业的工程项目,所以水利工程项目也是一个系统。

对于工程项目系统进行需求分析、可行性研究、投资风险分析、总体设计、可靠性分析、工程进度管理、工程质量管理、工程成本管理等工作,构成了工程项目管理系统。水利工程项目管理是以水利工程项目实体为对象,为实现预期的工期、成本、质量等目标,有效地利用资源，基于预测、决策、计划、控制等基本过程，对水利工程项目所进行的决策、计划、组织、指挥、协调与控制工作。所以，水利工程项目管理也是一个系统，是一个管理系统。

在水利工程项目管理中，系统思想和方法是最重要、最基本的管理思想和工作方法。这体现在水利工程项目管理中的目标确定、环境分析、编制计划、实施控制、组织设计以及对范围、质量、进度、成本、沟通、移民、信息等管理的各个方面。水利工程项目管理与系统工程理论和方法的联系是非常紧密的。

**(一)水利工程项目管理系统**

把水利工程项目管理作为一个系统，主要体现在以下几方面：

(1)其系统对象就是水利工程实体，是由目标设计和技术设计定义，通过实物模型、图纸、规范、结构图等来描述的，并由项目实施完成的。它决定着项目的类型和性质，决定着项目的基本形象和最本质特征，决定着项目实施和项目管理的各个方面。工程项目的对象实体可以采用结构分解的方法进行划分，关于结构分解方法将在其他章节叙述。

(2)水利工程项目管理的目标就是在保证工程质量的基础上，以最低成本、最快进度完成工程项目。该目标也具有系统特性，可以进行目标细分并用来控制系统的实施，需要动态地管理，需要进行总体的协调和均衡，避免过度强调某一方面而忽视其他方面。

(3)水利工程项目管理组织是由项目的行为主体构成的系统。由于社会化大生产和专业分工，一个项目的参与方可能有几十个，甚至成百个，常见的有行政主管机关、项目法人、勘察单位、设计单位、监理单位、承包单位、分包方、材料供应方、设备供应方，以及保险机构、贷款银行等。它们之间通过行政或合同的关系连接而形成一个庞大的组织体系。它们为了实现共同的项目目标系统各自承担着自己的职责，并享有相应的权利和利益，有应完成的任务。所以，项目组织是一个目的明确、开放的、动态的、自我形成的社会组织体系。

(4)项目的活动组成了项目的行为系统。工程项目是由实现目标所必需的行为构成的，并通过各种各样的工程活动，解决提出的问题，完成上述任务，达到目标。所以，项目又是由许多活动构成的行为系统。这些活动之间存在各种各样的逻辑关系，构成有序的工作流程，形成一个动态的过程。项目的行为系统包括实现项目目标系统所有必需的工作，并将它们纳入计划和控制过程中。该行为系统保证项目实施过程程序化、合理化，均衡地利用资源，降低不均衡性，保持现场秩序，并可以保证各分部实施和各专业之间实现有利的、合理的协调。通过项目管理，将由大量活动形成一个有序的、高效率的、经济的系统过程。项目的行为系统也是抽象系统，由项目结构图、网络、实施计划、资源计划等表示。

**(二)采用系统思想的重要性**

对于水利工程项目管理的参与者，强调必须首先确立基本的系统思想，其重要性主要体现在如下几个方面：

(1)采用系统思想，能够从全局整体地观察和解决问题。从共时性角度，要把水利工程项目管理看做由部分组成的整体，注重了解各部分之间的相互关系，从系统整体出发处理问题；从历时性角度，把水利工程项目管理看做由许多相互关联的阶段、步骤和工序等组成的过程,注重把握全局,从全过程出发协调好各个阶段。把水利工程项目管理作为一个系统,可以从全局和整体的高度,系统地观察问题,作全面、整体的计划和安排,系统地解决问题。

(2)基于系统思想的系统分析方法,尤其是结构化和过程化方法,是进行水利工程项目管理系统分析和系统设计的根本方法。水利工程项目管理首先利用系统分析方法将复杂的对象进行分解,以观察内部组成结构及各部分之间的相互联系。然后,进行系统设计,作出决策并予以实施。在计划与实施时,要考虑系统结构各部分之间的联系、各个实施阶段之间的联系、各个管理职能的联系、组织的联系,而且还要考虑到与外界上层系统的联系,使它们之间互相协调正常运行。所以,应强调综合管理、综合计划、综合控制,综合运用知识和措施,协调各方面矛盾和冲突。

(3)采用系统思想方法是实现水利工程项目管理全局最优的根本保证。采用系统思想和方法,强调系统目标的一致性和协调性,强调项目的总目标和总效果,追求项目整体的最优化,这样可以避免出现两种情况:一是由于个体或部分的理性而造成局部非理性的情况,二是陷入局部最优,而非整体最优,这个整体包括系统的各个组成部分、各个层面和各个阶段。

(4)系统方法也是进行水利工程项目管理评价的基本方法。水利工程项目管理系统包括多个部分、多个方面、多个阶段以及它们之间的联系。系统的实施效果包括多个目标、多个指标,进行水利工程项目管理评价也需要采用系统的方法,从全局和整体角度作出科学合理的评价。

## 二、水利工程项目管理系统环境分析

任何一个系统都有一定的范围和边界,所以任何一个系统都存在于一定的环境之中,因此它必然也要与外界环境产生物质、能量和信息的交换,外界环境对系统的内部结构和相互作用有影响,外界环境的变化必然会引起系统内部各要素之间的变化。系统必须适应外部环境的变化,不能适应环境变化的系统是没有持续生命力的,而只有能够经常与外界环境保持最优适应状态的系统,才是经常保持良好运行状态并不断发展的系统。

既然水利工程项目管理是一个系统,它必然也会受到环境的影响,主要体现在:

(1)环境决定着对项目的需求,决定着项目的存在价值。工程项目必须从上层系统、从环境的角度来分析和解决问题。

(2)环境决定着项目的技术方案和实施方案以及它们的优化。项目的实施受外部的政治环境、经济环境和自然条件等各方面的制约。项目需要外部环境提供各种资源,它们之间存在着多方面的交换,所以说项目的实施过程又是项目与环境之间互相作用的过程。任何项目必须充分地利用环境条件如资源,周围的设施,现有的道路、水电、通信及运输条件,已有的社会组织,技术条件(人员、设施)等。同时又要考虑环境的影响,例如法律、经济、气候、运输能力、资源供应能力、场地的大小等。而一旦忽视这些条件,必然会导致实施的中断和困难,或增加实施费用,严重损害项目的效益性。

(3)环境是产生风险的根源。在项目实施中,由于环境的不断变化,形成对项目的外部干扰,这些干扰会造成项目不能按计划实施,偏离目标,造成项目目标的修改,甚至造成整个项目的失败。所以说,环境的动态性极大地影响和制约着项目,而风险管理的主要对象之一就是环境的不确定性。

由上所述可见,环境对于项目及项目管理具有多么重大的影响。为了充分地利用环境条件,项目管理者必须在项目的设计、计划和控制中研究并把握环境与项目的交互作用,并预测环境风险对项目的干扰。所以,为了保证该系统能够良好地运行,就必须对系统所运行的环境进行分析,即水利工程项目管理环境分析。

水利工程项目管理环境分析包括内部环境分析和外部环境分析,在此,主要讨论外部环境分析,主要包括如下9个方面。

**(一)政治环境**

主要包括:政治局面的稳定性,有无宗教、文化、社会集团利益的冲突;当地政府对本项目提供的服务,办事效率,政府官员的廉洁程度;与项目有关的政策,特别是对项目有制约的政策,或向项目倾斜的政策等。

目前,我国政治局面稳定,各民族和谐相处,共同发展,是进行水利工程建设的大好时机。而当地政府对该水利工程项目的态度、提供的服务和办事效率往往对工程项目管理的影响比较大。

**(二)经济环境**

主要包括:当地社会的发展状况,当地处于一个什么样的发展阶段和发展水平;当地的财政状况,国民经济计划的安排、重点投资发展的项目、领域、地区、工业布局及经济结构等;建设的资金来源,银行的货币供应能力和条件;市场对项目或项目产品的需求,项目所需的建筑材料和设备供求情况及价格水平,劳动力供应及价格;能源、交通、通信、生活设施的价格;物价指数等。

当地的经济发展状况和财政状况,对项目建设资金能否及时、足额到位有重大影响,尤其是地方配套资金比例较高的水利工程项目,这是造成许多工程不能按期完工的重要原因。另外,当地施工企业的专业配套情况、建材和结构件生产、供应及价格等也对工程项目管理有重大影响。

**(三)法规环境**

水利工程项目在一定的法规环境中存在和运行,它必须受这些法规的制约和保护,这些法规包括与该水利工程管理有关的法律、规章和标准。法律是由国家颁布的,行政法规由国务院颁布,地方法规由当地人大通过,规章包括地方政府的规章和国务院各部门的规章,标准和规范包括国家的、行业的和地方的。这些都会对项目管理构成约束和影响。所以,水利工程项目管理必须在这些法规的框架内开展,主要是关于水利行业的法规,当然也包括当地的土地政策、税收政策、劳动政策等。

**(四)当地社会文化、意识环境**

主要包括:项目所在地人的文化素质、价值取向、商业习惯;当地风俗和禁忌;人口素质等。这些方面会反映在对工程实施的支持程度、工程涉及当地事务的协调难度等各个方面,尤其是涉及大量征地、移民的水利工程。

**(五)当地社会资源环境**

主要包括:项目所需的劳动力和管理人员状况,比如劳动力熟练程度、技术水平、工作效率、吃苦精神；劳动力的可培养、训练情况；当地教育，特别是相关的工程技术教育和职业教育情况等。社会的技术环境，即项目相关领域的技术发展水平、技术能力，解决项目运行和建设问题技术上的可能性。

**（六）当地的自然环境和工程的自然条件**

主要包括：可以供项目使用的各种自然资源的蕴藏情况，比如土料场、混凝土骨料等；自然地理状况，地震设防烈度及项目实施期间地震的可能性，地形地貌状况，地下水位；地质情况，如土类、岩层，可能的流沙、古河道、溶洞等；气候、气象条件，年平均气温、最高气温、最低气温，高温、严寒持续时间，雨雪量及持续时间，主要分布季节；河流的水文条件等。当地的自然环境和工程的自然条件会严重影响到水利工程的实施与运行。

**（七）当地的社会服务设施条件**

主要包括：场地周围的生活及配套设施，如粮油、副食品供应、文化娱乐、医疗卫生条件；现场及周围可供使用的临时设施；现场周围公用事业状况，如水电的供应能力、条件及排水条件；现场及通往现场的运输状况，如公路、铁路、水路、航空条件、承运能力、费用；各种通信条件、能力及价格。

**（八）各项目参加者的情况**

主要包括：项目业主的基本状况，能力，对项目的要求，基本方针和政策；工程设计方、监理方、承包方等的基本情况；质量监督机构、工程审计机构的基本情况。

**（九）同类工程的资料**

如相似工程的工期、成本、效率、存在问题、经验和教训。在市场经济条件下，同类工程的资料对管理者目标设计、可行性研究、计划和设计有很大的影响。

当然，一个水利工程项目的环境非常复杂，可能还涉及其他方面。对水利工程项目管理系统环境分析是一项非常重要的工作。

# 第二章 水利工程项目过程和程序管理

过程和程序管理是水利工程项目管理的重要内容。本章在讨论过程和程序管理及项目生命周期一般概念的基础上,首先讨论了水利工程项目建设程序中的决策阶段、初步设计阶段、实施阶段和终止阶段的内容。而在水利工程项目管理实践中,尤以实施阶段的程序和内容最复杂,在该阶段,基于项目法人责任制、招标投标制、建设监理制,形成了以国家宏观监督调控为指导、项目法人责任制为核心、招标投标制和建设监理制为服务体系的建设项目管理体制基本格局。市场三元主体(项目法人为主体的工程招标发包体系,以设计、施工和材料设备供应为主体的投标承包体系,以及建设监理单位为主体的技术服务体系)以经济为纽带,以合同为依据,相互制约,形成了水利工程项目实施阶段的基本程序和内容,所以本章也介绍了三项制度的基本内容。

## 第一节 水利工程项目生命周期和建设程序

### 一、过程的概念

过程是一系列吸收投入并创造产出的连续程序,不仅仅是任务或功能的集合。过程能够不断改进,并可以度量和重复。过程是通过投入和产出来识别与定义的,这对于理解过程是非常重要的。同时,过程必须是一系列连续的程序,这里的连续是指一个过程包括互相关联而且彼此有效结合的程序,是可以理解和管理的。一些杂乱相连的程序组成的过程是低效率的,难以管理的。

项目过程包括两个类型:项目管理过程和以产品为导向的过程。项目管理过程是对整个项目实行管理和控制的过程,是为了使项目成为一个有机整体所进行的管理工作。以产品为导向的过程,包括产品的定义、设计、制造、使用(运行)、维护和淘汰全过程。而该产品是产品制造项目的实体成果。产品制造项目的过程包括项目启动、规划、实施和结尾阶段。项目管理过程和项目过程是对应的。那么项目过程是否包括产品的运行、维护和淘汰,是有争议的。该问题的产生是由于对项目生命期和产品生命期的混淆。产品的生命期包括从产品的构思直到产品被淘汰、停止使用的全过程,时间很长。而项目的进展时间有限,项目不大可能包括较长的产品生命期,只侧重于产品的开发或生产。

项目管理过程代表了为带来项目结果所采取的一系列行为。项目管理工序之间是平行的,它们可以重复并发生在项目过程的不同阶段。过程的观点不考虑在项目生命期内某个阶段所进行的工序及其顺序,识别了不考虑项目阶段所进行的过程。在项目生命期内有6组项目管理过程,即定义过程、计划过程、启动过程、控制过程、组织过程和收尾过程。这些过程在项目的每个时期都可能重复进行,而且这些过程之间还可能出现重叠。

如图 2-1 所示,比如计划过程和控制过程有可能重叠,因为当出现进度拖延、资源改变等情况时,在控制的同时,需要重新计划。

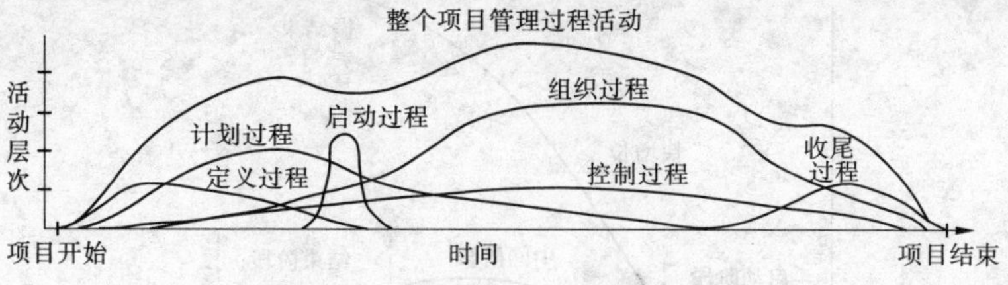


**图 2-1　项目管理过程的活动层次**

我们已经知道,项目是一次性的活动,是不能重复的。但项目管理过程是可以重复的,并可以用于不同的项目。只有这样,才能将成功的项目管理过程应用于不同项目,取得一个又一个项目的成功。

## 二、项目生命周期

项目是一次性的连续的渐进过程,从项目开始到项目结束,构成项目的整个生命周期。

不同项目,其生命周期的内容不同,划分的阶段也不同,比如建设项目可以分为项目概念形成、可行性研究、规划和设计、施工、移交和投产等阶段;世界银行贷款项目的生命周期分为项目选定、准备、评估、谈判、实施和后评价六个阶段;一个软件项目包括需求分析、概要设计、详细设计、编码、测试、维护和管理几个阶段;一个药品开发项目包括基础研究、动物实验、临床实验、审批和投产等阶段;对于一个会议、一次演出活动、一个机械产品开发等项目,其活动内容和阶段又各有其特点。

但是,不管项目阶段的内容和划分如何不同,大多数项目生命周期都可以大致归纳为四个阶段,即萌芽阶段(项目建议书和启动)、成长阶段(项目规划、设计和评估)、成熟阶段(项目实施和控制)、变质阶段(项目完成和结尾)。

每个项目阶段都有其时间性和工作内容,而且是以交付某种成果为完成标志的,也只有完成该阶段的工作,下一阶段才有了输入,才能进入下一阶段。比如,当完成了项目的可行性研究,需要提交可行性研究报告,才能进入设计或研发阶段。当然,有时各个阶段之间可能会有搭接的情况,以加快项目进展,但此时需要进行精心的阶段安排。

有许多方法来考察项目的生命周期。从项目资源投入强度或完成的工作来看,项目开始时,项目概念正在建立,投入资源较少,随着项目的进程深入,确定项目计划,项目活动增加,资源投入逐步增高,当接近结束时,资源的投入又迅速降低,该过程可以用图 2-2 表示。

若从生命周期各阶段来考察项目的管理活动,项目管理的内容是以其生命周期过程为重点展开的,它能使人们从开始到结束对项目有个全面系统而又完整的了解。项目各个阶段完成的主要管理工作见表 2-1。

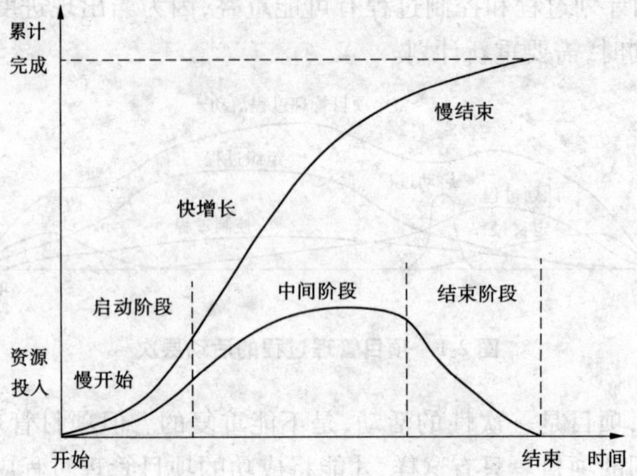


**图 2-2　项目生命周期模型**

**表 2-1　项目的生命周期及各阶段主要管理工作**

| C(概念阶段) | D(开发阶段) | E(实施阶段) | F(收尾阶段) |
|---|---|---|---|
| ·明确需求、策划项目<br>·调查研究、收集数据<br>·确立目标<br>·进行可行性研究<br>·明确合作关系<br>·确定风险等级<br>·拟订战略方案<br>·进行资源测算<br>·提出组建项目组方案<br>·提出项目建议书<br>·获准进入下一阶段 | ·确定项目组主要成员<br>·项目最终产品的范围界定<br>·实施方案研究<br>·项目质量标准的确定<br>·项目的资源保证<br>·项目的环境保证<br>·主计划的制定<br>·项目经费及现金流量的预算<br>·项目的工作结构分解(WBS)<br>·项目政策与程序的制定<br>·风险评估<br>·确认项目有效性<br>·提出项目概要报告<br>·获准进入下一阶段 | ·建立项目组织<br>·建立与完善项目联络渠道<br>·实施项目激励机制<br>·建立项目工作包,细化各项技术需求<br>·建立项目信息控制系统<br>·执行 WBS 的各项工作<br>·获得订购物品及服务<br>·指导/监督/预测/控制:范围、质量、进度、成本<br>·解决实施中的问题 | ·最终产品的完成<br>·评估与验收<br>·清算最后账务<br>·项目评估<br>·文档总结<br>·资源清理<br>·转换产品责任者<br>·解散项目组 |

项目的生命周期模型一旦建立,必须随着对项目了解程度的加深而改进,主要表现为项目的成本、时间、绩效等随着项目生命周期的进展而不断变化,对项目的资源需求、知识应用等也有变化,所以,项目管理者需要及时地对项目的工作包、资源等进行动态调整以应对变化,逐步消除项目生命周期中的不确定性,并最终完成项目。

## 三、水利工程项目生命周期

水利工程项目作为一类工程项目，同样具有生命周期过程，它源于一个概念、想法的产生，并和资金相结合，就产生了项目。然后开始项目是否可行的调查研究，随着想法的逐步明晰，项目图纸和技术说明的逐步深化，项目在不断成长。在完成施工准备后，开始施工建设。完成项目后，项目业主会通过竣工移交接受并占用工程实体，并负责工程的管理和维护，直到项目最后报废，项目生命周期过程结束。所以，项目生命周期模型同样是适用于水利工程项目的。

由于水利工程项目涉及水资源这个社会公共资源的开发和利用问题，多属于涉及社会公共利益、公共安全的项目，也多由国家投资建设，水利工程项目的涉及面广、影响大、生命周期长、投资大，所以国家对水利工程项目的生命周期进行详细、严格的约束和管理，明确了水利工程项目的建设程序。而且，把该程序规定为一个结构化的过程，对于保证工程的顺利实施是非常重要的，比如避免了由于某项工作虽然缺少必要的分析使决策合理性支持不足，但由于受到高层的支持而通过的情况，如常见的“三拍”（拍脑袋上工程，拍胸脯干工程，拍屁股溜走）工程。

关于项目阶段数量的分类有很多，有的分为定义、计划、组织、控制和验收5个阶段，有的分为萌芽、生长、成熟和变质4个阶段。明确水利工程项目的建设程序，就是将项目周期分为几个阶段。与过程的解释稍有不同的是，将项目的周期划分为阶段能将工作内容分别限定在时间框架内，这样可以忽略它们之间的相互作用，而且避免了可能的工作重复和交叉，即阶段之间是不能交叉搭接的，即禁止“三边”（边研究、边设计、边施工）工程。

## 四、水利工程项目建设程序

建设程序是指由行政性法规、规章所规定的，进行基本建设所必须遵循的阶段及其先后顺序。这个法则是人们在认识客观规律，科学地总结了建设工作实践经验的基础上，结合经济管理体制制定的。它反映了项目建设所固有的客观规律和经济规律，体现了现行建设管理体制的特点，是建设项目科学决策和顺利进行的重要保证。国家通过制定有关法规，把整个基本建设过程划分为若干个阶段，规定每一阶段的工作内容、原则及审批权限。建设程序既是基本建设应遵循的准则，也是国家对基本建设进行监督管理的手段之一。它是国家计划管理、宏观资源配置的需要，是主管部门对项目各阶段监督管理的需要。

坚持建设程序，有利于依法管理工程建设，保证正常的建设秩序，有利于保证建设投资决策的科学性、合理性，实现投资效果，有利于顺利实施工程建设，保证工程质量。

我国的工程项目建设程序是在社会主义建设中，随着人们对项目建设认识的日益深化而逐步建立、发展起来的，并随着我国经济体制改革的深入得到进一步完善。1952年，我国出台了第一个有关建设程序的全国性文件，对基本建设的阶段作出了初步的规定，之后，又对加强规划和设计等工作作出了进一步的规定。改革开放以后，加快了改革和完善建设程序的步伐。1995年，水利部《水利工程建设项目管理规定（试行）》（水利部水建128号文）规定，水利工程建设程序一般分为项目建议书、可行性研究报告、初步设计、施工准备(包括招标设计)、建设实施、生产准备、竣工验收、后评价等阶段。后来,颁布了《水利工程建设程序管理暂行规定》(水利部水建[1998]16 号文)。

水利工程项目建设程序中,通常将项目建议书、可行性研究和初步设计作为一个大阶段,称为项目建设前期阶段或项目决策阶段,初步设计以后的建设活动作为另一大阶段,称为项目建设实施阶段,最后是生产阶段。水利工程建设程序各阶段相关的主要工作如图 2-3 所示。

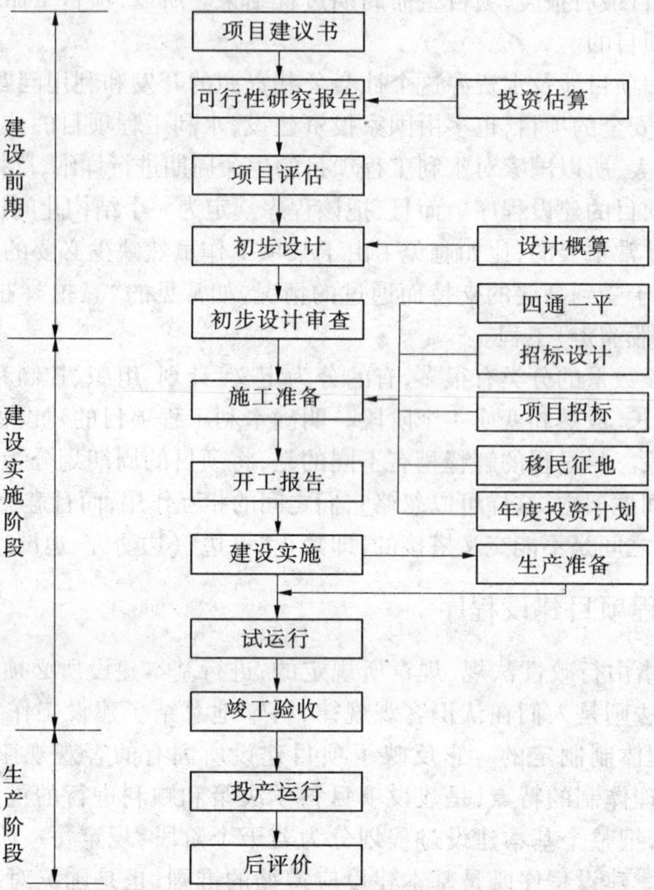


图 2-3 我国水利工程建设程序

## 第二节 水利工程项目决策阶段的过程和程序管理

决策阶段,包括项目的建议书和可行性研究,目的就是进行项目全面的分析讨论,给出充分的理由,说明并确定项目是否可行,该过程也叫项目论证。

### 一、项目启动

项目启动过程包括:通过一般机会研究识别项目,通过特定项目机会研究选定项目,通过初步可行性研究粗略估计论证项目,通过详细可行性研究确定项目。

### (一)一般机会研究

一般机会研究是项目机会选择的最初阶段,是项目投资者或经营者通过占有大量信息,并经比较分析,从错综复杂的事务中鉴别发展机会,最终形成项目发展方向或投资领域的过程,即形成项目意向。

一般机会研究是全方位搜索过程,需要进行大量信息数据的搜集、整理和分析,一般需要进行区域研究、部门研究、资源研究等,并进行创造性思维的过程。实际上,机会一般存在于各种需求和需要解决的问题。例如社会城镇化进程、缓解城市交通压力、环境保护、垃圾和水污染处理、社会信息化、西部大开发、扶贫、技术和产品研究创新、资源存在和发现等均产生了大量的需求,而项目就在这些需求和问题之中。而且,在一个项目产生后,该项目又会产生其他项目,并为其他项目创造了机会。比如京九铁路项目的产生,又为解决其中的技术问题产生了科研项目,同时为沿铁路线的其他产业创造了大量的项目机会。

虽然项目存在于需求之中,但并不是有了需求就有了项目,比如可能人们还找不到满足该需求的项目,或者满足该需求的项目有多种,尚不清楚用什么项目满足需求。从需求中找出项目来源,提出项目设想,就是项目识别。项目识别是发现对项目的需求,明确项目的目的和目标的过程。该过程是一个创造性劳动过程,尤其是在市场经济高速发展的今天,构思项目已经成为个人、社会组织尤其是政府机关的重要活动,有时,识别有前景的新项目本身就是一个项目。

一般机会研究工作的成果就是机会研究报告。

### (二)特定项目机会研究

特定项目机会研究是在一般机会研究的基础上,做进一步的调查研究,经方案筛选,将项目发展方向或投资领域转变为概括的项目提案或项目建议,它比一般机会研究更深入、更具体。

特定项目机会研究就是选定项目的过程。社会的某种需求,往往可以通过多种不同的项目来满足;一个组织可能同时识别出多个项目,但可以利用的资源有限。所以,就需要综合考虑政治、经济、文化、环境保护、技术、人力、物力、财力、风险等因素,从必要性和可能性两个角度,对多种项目意向进行比较、筛选,选择确定合适的项目意向(必要性强、投入小、产出大、风险小),做更进一步的分析研究。

特定项目机会研究,首先需要进行市场研究,就是对识别的项目意向进行市场调查和市场预测,从宏观角度把握市场的总体走势和动态;其次,需要分析项目意向的外部环境,如政策环境、法律环境、经济环境等;最后,还要结合项目发起人的情况,分析其优势和劣势,看该项目意向对于该发起者的“机会”和“问题”,并分析如何将“问题”转化为“机会”的途径。

通过特定项目机会研究进行粗略的方案论证和比选,提出具体的项目建议,形成特定项目机会研究报告。

### (三)初步可行性研究

初步可行性研究是在特定项目机会研究选定项目的基础上,对项目进行粗略的论证估计,分析项目是否有前途,从而决定是否应该继续深入调查研究,分析项目中是否有关键技术或其他问题需要解决,分析项目必须要进行哪些辅助研究,如技术实验、深入的市场调查等,为开展详细可行性研究打下基础。

初步可行性研究的主要内容与详细可行性研究基本相同,大致包括市场分析、生产能力分析、厂址选择、项目总体规划设计、投入分析(物力分析、投资估算)、效益估算等。由于占有的资料较粗、信息不足,所以虽然和详细可行性研究的内容基本相同,但要比其更粗略。但是,初步可行性研究毕竟对选定的项目意向第一次进行了全面的描述、分析、论证,可以作为项目决策的依据。

**(四)详细可行性研究**

详细可行性研究是在项目决策前对项目有关的工程、技术、经济等各方面条件和情况进行详尽、系统、全面的调查、研究、分析,对各种可能的建设方案和技术方案进行详细的比较论证,并对项目建成后的经济效益、国民经济和社会效益进行预测及评价的一种科学分析过程与方法,是项目进行评估和决策的依据。

通过项目详细可行性研究,使项目的投资决策建立在科学性和可靠性的基础上,减少和避免投资决策的失误。

对于一个拟建项目进行详细可行性研究,必须在国家的有关规划、政策、法规的指导下进行,并具备相应的技术资料。详细可行性研究的主要内容一般包括总论、需求预测、拟建规模、资源情况、建设条件、地址选择、设计方案、环境保护、环境影响评价、组织和人员情况、进度建议、投资估算、融资方案、社会和经济效果评价等。项目的详细可行性研究工作一般由项目业主委托有资格的设计院或咨询公司进行。

详细可行性研究成果的形式就是详细可行性研究报告。

**(五)项目评估**

项目评估是指在项目可行性研究的基础上,由第三方根据国家颁布的政策、法规、方法、参数和条例,从项目、国民经济、社会角度出发,对拟建项目建设的必要性、建设条件、生产条件、产品市场需求、工程技术、经济效益、社会效益等进行全面评价、分析和论证,进而判断项目是否可行的一个评估过程。项目评估是项目投资前期进行决策管理的重要环节,其目的是审查项目可行性研究的可靠性、真实性和客观性,为银行的贷款决策或行政主管部门的审批决策提供科学依据。

政府主管部门对某些大型建设项目的建议书也要进行评估,其程序和内容与对项目可行性研究的评估内容基本相同,只是重点对项目建设的必要性进行评估。项目评估依据项目建议书及批准文件、项目可行性研究报告、有关部门的初审意见以及其他有关的文件、资料等,开展评估工作。进行评估时,一般是先成立评估小组,并进行分工,然后依据有关资料确定评估报告大纲,然后进行详细的数据调查、分析和论证,并编写评估报告初稿,然后进行小组讨论、专家论证,修改报告并定稿。项目评估的最终成果就是项目评估报告。

需要说明的是,要启动一个项目,项目发起人必须说明项目的目标、项目的必要性、预期的投入和产出等,作为政府机关或上级机关批准项目立项的依据。项目建议书和可行性研究报告都属于此类文件。项目建议书是对项目设想的具体、详细的表达,可行性研究报告是在进行了详细的调查研究、技术和经济分析以及方案比较的基础上做出的,比项目建议书更详细、更科学。有些项目,建议书获得批准之后即意味着得到了立项,而有些项目,只有可行性研究报告获得批准后,才确定项目立项。

对于水利工程项目来说，项目启动就是指项目建议书、项目可行性研究及项目评估工作。项目建议书阶段相当于进行一般机会研究和特定机会研究，可行性研究相当于进行初步可行性研究和详细可行性研究。需要注意的是，有些行业的项目与水利工程项目不同，它们不设项目建议书阶段，把一般机会研究和特定项目机会研究合并，称为机会研究，并归入项目可行性研究阶段。

## 二、水利工程项目建议书

水利工程项目建议书是水利工程建设基本程序中最初阶段的工作，是项目启动的最初工作，也是非常重要的基础性、创造性工作。项目建议书是对拟建项目的初步说明和建设提议文件，是对拟建项目轮廓初步的总体设想。项目建议书通常将作为工程立项和开展可行性研究工作的依据。项目建议书通过，才可以进行项目建设的下一个阶段可行性研究工作。

水利工程项目建议书是根据国民经济和社会发展长远规划、地区经济社会发展规划和建设项目的开发任务与建设目标，在江河流域（河段）综合规划、区域综合规划或专业规划、专项规划基础上，进行必要的补充调查研究工作，按照国家产业政策、国家有关投资建设方针，贯彻国家的方针政策和有关规程规范的要求，考虑拟建项目所在地区国民经济与社会发展对水利工程建设的要求，水利近、远期发展规划对项目建设的要求；考虑项目在本地区国民经济和社会发展，以及江河治理和水资源保护、配置、利用、开发总体布局中的地位与作用；对所在地区功能基本相同的项目方案进行综合分析比较，阐明各项目方案的优缺点，本着轻重缓急的原则，从中选择开发建设项目。

水利工程项目建议书应对拟选项目的建设条件进行调查，做些必要的勘测工作，重点应论证项目的必要性，提出开发任务，对工程的建设方案和规模进行初步分析论证，并评价项目建设的合理性。水利工程项目建议书一般应包括以下内容：综合说明，项目建设的必要性和任务，水文，工程地质，建设规模，工程布置和建筑物，机电及金属结构，施工组织设计，淹没、工程征（占）地与移民，环境影响，水土保持，节能设计，工程管理，投资估算，经济评价。这主要是指新建、改建、扩建的大中型水利水电工程项目建议书的内容，编制不同类型工程的项目建议书时，根据工程任务特点对上述编制内容可有所取舍。

此外，水利工程项目建议书可包括一些附件，如：与工程有关的重要文件，咨询意见或审查会议纪要，水文分析报告，工程地质勘察报告，工程规模论证专题报告，工程建设征（占）地补偿与移民安置专题报告，贷款能力测算报告或经济评价报告等。

水利工程的项目建议书编制按照水利部《水利水电工程项目建议书编制暂行规定》（水利部水规计[1996]608 号文）进行。目前，该规定正在进行修订，并已经出了征求意见稿。

项目建议书编制一般由政府委托有相应资质的设计单位承担，项目建议书编制完成后，按国家现行规定依建设总规模和限额的划分审批权限向主管部门申报审批，进入审查、评估和批复程序。

国务院对项目建议书的审批权限的规定如下：

(1)凡属中央投资、中央与地方合资的大中型或限额以上项目的项目建议书，首先要报送行业归口主管部门,同时抄送国家发展和改革委员会。行业归口主管部门要根据国家中长期规划的要求,着重从资金来源、建设布局、资源合理利用、经济合理性、技术初步可行性等方面进行初审。行业归口主管部门初审通过后报国家发展和改革委员会,由国家发展和改革委员会再从建设总规模、生产力总布局、资源优化配置及资金供应、外部协作条件等方面进行综合考虑,并委托有资质的工程咨询单位进行评估,然后审批。

(2)凡属小型和限额以下项目的项目建议书,按项目隶属关系由部门或地方发展和改革委员会审批。

项目建议书被批准后,由政府向社会公布,若有投资建设意向,应及时组建项目法人筹建机构,开展下一建设程序工作。

## 三、水利工程项目可行性研究

水利工程项目的建议书批准后,说明该项目建议是可行的,但并不能对是否进行项目建设作出最终的判断。为了科学合理地决策,需要做进一步的调查研究工作,即进入项目可行性研究阶段,开展项目的可行性研究。水利工程可行性研究阶段是水利工程项目建设程序中非常重要的阶段,直接关系到项目决策的合理性,关系到项目建设的成败。

水利水电工程可行性研究是根据批准的项目建议书,贯彻国家基本建设的方针政策,遵照有关规程和规范的要求,对工程项目的建设条件进行调查和必要的勘测,在可靠资料的基础上,进行方案比较,从技术、经济、社会、环境等方面进行全面论证,评价项目建设的可行性。可行性研究应对项目进行方案比较,在技术上是否可行和经济上是否合理方面进行科学的分析与论证。通过可行性研究要选定或基本选定建设条件、主要规划指标、建设规模、工程总布置、建筑物基本结构型式、主体工程的施工方法、施工导流方案,明确工程效益、经济评价以及工程存在的主要问题及其解决方法。

可行性研究阶段的成果就是编写完成项目可行性研究报告。该报告是在可行性研究的基础上编制的一个重要文件,可行性研究报告一般包括以下主要内容:综合说明,水文,工程地质,工程任务和规模,工程布置及建筑物,机电及金属结构,施工组织设计,淹没、工程征(占)地与移民,环境影响评价,水土保持,节能设计,工程管理,投资估算,经济评价。这主要是指新建、改建、扩建及除险加固的大中型水利水电工程可行性研究报告的内容,编制不同类型工程的可行性研究报告时,根据工程任务特点对编制内容可有所取舍。报告可包括以下附件:与工程有关的重要文件,咨询或审查会议纪要,水文分析报告,工程地质勘察报告,工程建设征(占)地补偿与移民安置专题报告,经济评价报告,其他重要专题报告等。

根据2001年6月18日国家计委颁布的《建设项目可行性研究报告增加招标内容以及核准招标事项暂行规定》(国家计委第9号令),可行性研究报告上应增加招标的内容,主要包括招标范围、招标组织形式、招标方式等。

水利工程建设项目的可行性研究报告应按照《水利水电工程可行性研究报告编制规程》(电力部、水利部电办[1993]112号文)编制。目前,该规定正在进行修订,并已经出了征求意见稿。

由项目法人(或筹备机构)组织编制,承担可行性研究工作的单位应是经过资质审定的规划、设计和工程咨询单位。可行性研究报告编制完成后,按照国家现行规定的审批权限报批,进入审查、评估和批复程序。

国务院颁布的对可行性研究报告的审批权限的规定如下:

(1)属中央投资、中央与地方合资的大中型和限额以上项目的可行性研究报告,要报送国家发展和改革委员会审批。

(2)总投资2亿元以上的项目,不论是中央项目还是地方项目,都要经国家发展和改革委员会审查后报国务院审批。

(3)中央各部门所属小型和限额以下项目,由各部门审批;地方投资2亿元以下项目,由地方发展和改革委员会审批。

审批部门要委托有项目相应资质的工程咨询机构对可行性研究报告进行评估。审批部门根据评估机构的评估意见,并综合行业归口主管部门、投资机构(公司)、项目法人(或项目法人筹备机构)等方面的意见进行审批。经批准的可行性研究报告,是项目决策和进行初步设计的依据。

申报项目可行性研究报告,必须同时提出项目法人组建方案及运行机制、资金筹措方案、资金结构及回收资金的办法,并依照有关规定附具有管辖权的水行政主管部门或流域机构签署的规划同意书、对取水许可预申请的书面审查意见。

可行性研究报告经批准后,不得随意修改和变更,在主要内容上有重要变动,应经原批准机构复审同意。项目可行性研究报告批准后,应正式成立项目法人,并按项目法人责任制实行项目管理。

## 四、水利工程项目评估

为了避免投资决策的失误,实现投资决策的民主化和科学化,在项目决策过程中,对决策研究工作进行评估是非常必要的。水利工程项目评估包括项目建议书的评估和可行性研究报告的评估。

### (一)项目建议书的评估

项日建议书的评估是建设项目在项目建议书阶段不可缺少的步骤。项目评估是由项目的审批部门委托专门评估机构,从全局出发,依据国民经济的发展规划和国家的有关政策、法律、规程、规范,对项目建议书就项目建设的必要性、建设布局的合理性,从技术、环境保护、财务、经济等方面的可行性进行多目标综合分析,提出评估意见,报国家审批部门审批。属于中央投资、中央与地方合资的大中型和限额以上项目的项目建议书的评估工作由中国国际工程咨询公司负责,项目评估的机构及人员必须遵循客观、公正、公平、实事求是的原则。

项目评估为国家决策提供重要依据,通过项目评估使国家对投资估算、资金使用了解得更加具体,对宏观控制起到了指导作用,同时,项目评估也是防范信贷等风险的重要手段。

凡行业归口主管部门初审未通过的项目,国家发展和改革委员会不予审批。

### (二)可行性研究报告的评估

可行性研究报告的项目评估是建设项目非常重要的程序,同样由项目审批部门委托有资质的工程咨询单位进行评估,但与项目建议书的评估不同,评估内容重点有所侧重,项目建议书主要从项目建设的必要性、初拟的建设规模和总布置、资金筹措方案等方面初步评价工程建设的合理性。而可行性研究报告的评估，首先对其所提供的基本资料，地质，水文成果，工程涉及地区的经济社会情况的可靠性、真实性进行全面审核；就项目的必要性、技术上的可行性、财务经济的合理性，从国家经济社会发展的角度和相关的法规、规程、规范的执行进一步提出评估意见；对其投资估算筹措方式、贷款偿还能力、建设工期，以及工程对环境的影响、防范风险措施提出评估意见和建议。此外，对项目招标的组织形式、招标方式等提出参考意见，最后还应对工程建设提出结论性意见和对重大问题的建议。

目前，属于中央投资、中央与地方合资的大中型和限额以上项目的可行性研究报告由中国国际工程咨询公司负责评估。中国国际工程咨询公司的评估工作由其专家委员会完成，并提交评估报告，作为审批机关进行决策的主要依据。

## 第三节　水利工程项目设计阶段的过程和程序管理

### 一、工程项目设计

项目可行性报告获得批准后，就进入了项目的设计阶段，该阶段是工程项目建设程序中的关键环节。

设计是在已经批准的项目可行性研究报告的基础上开展的，是对拟建工程的实施在技术上和经济上所进行的全面而详细的安排，是基本建设计划的具体化，是整个工程的决定环节，是组织施工的依据。设计将项目的技术方案具体化到施工图，可以直接用来指导项目的实施阶段的工作，并从经济上确定项目的具体投资数额。所以，该阶段对于工程后续的实施和运行是非常重要的。

根据建设项目的不同情况，项目设计过程一般划分为两个阶段，即初步设计和施工图设计；重大项目和技术复杂项目，可根据不同行业的特点和需要，在初步设计之后增加技术设计阶段。有的规模小而且简单的项目，也可能将初步设计和施工图设计合并进行。

初步设计是根据批准的可行性研究报告和必要而准确的设计资料，对设计对象进行系统研究，作出总体安排。目的是阐明拟建工程在技术上的可行性和经济上的合理性，在时间、空间、投资、质量等条件的约束下，做出技术上可靠、可行和经济上合理的设计，规定项目的各项基本技术参数，并编制项目的总概算。一般应能满足土地征用、主要设备和材料订货、项目融资方案确定、进行施工图设计、编制工程施工组织设计、进行施工准备等的需要。

技术设计主要是根据批准的初步设计文件，针对技术复杂或有特殊要求的项目所进行的设计工作。目的是进一步明确初步设计中所采用的工艺流程、建筑结构上的主要技术问题，并进而校正设备选择、工程规模及一些技术经济指标等。技术设计一般应能够满足特定重大技术问题、科学实验、设备研制等方面的需要。

施工图设计是在初步设计（和技术设计）的基础上，并根据已经批准的初步设计文件，将设计进一步形象化、具体化、明确化，将工程和设备的详细组成结构、几何尺寸、布局、施工方法等，以图形和文字的形式明确确定而形成的设计文件。施工图设计应能满足工程施工和设备制造的需要。

## 二、水利工程项目设计

从水利工程项目建设程序角度讲，初步设计是建设程序的一个阶段，技术设计一般属于施工准备阶段的工作，施工图设计一般在项目建设实施阶段进行。

初步设计是水利工程建设程序中的一个重要阶段，应根据充分利用水资源、综合利用工程设施和就地取材的原则，通过不同方案的分析比较，论证本工程及主要建筑物的等级标准，选定坝(闸)址，确定工程总体布置方案、主要建筑物型式和控制性尺寸、水库各种特征水位、装机容量、机组机型，制订施工导流方案、主体工程施工方法、施工总进度及施工总布置以及对外交通、施工动力和工地附属企业规划，并进行选定方案的设计和编制设计概算。

初步设计阶段的成果就是初步设计报告。水利工程项目的初步设计报告应在批准的可行性研究报告的基础上，遵循国家现行的有关政策法令，按照现行有关规程、规范的要求进行编制。编制初步设计报告时，应认真进行调查、勘测、试验、研究，取得可靠的基本资料。设计应安全可靠，技术先进，密切结合实际，满足节水节能要求，节约投资，注重经济效益。初步设计报告应有分析、有论证、有必要的方案比较，并有明确的结论和意见，文字简明扼要，图纸完整清晰。

水利工程项目的初步设计报告的内容一般包括：综合说明，水文，工程地质，工程任务和规模，工程布置及建筑物，水力机械、电工、金属结构及采暖通风，劳动安全与工业卫生，消防，施工组织设计，淹没、工程征(占)地与移民，环境保护设计，水土保持设计，节能设计，工程管理设计，设计概算，经济评价。下列资料可列为报告的附件：与工程有关的重要文件，咨询、论证或审查会议纪要，水文分析复核报告，工程地质勘察报告及重大工程地质问题研究报告，工程建设征(占)地补偿与移民安置专题报告，其他重要专题报告。

水利工程建设项目的初步设计报告应按照《水利水电工程初步设计报告编制规程》(电力部、水利部电办[1993]113号文)编制。目前，该规定正在进行修订，并已经出了征求意见稿。

初步设计任务应由项目法人按规定方式择优选择有项目相应资质的设计单位承担。选择设计单位的方式主要有两种：直接委托和招标委托，直接委托就是项目法人通过和设计单位协商谈判的方式委托设计任务，招标委托就是通过设计招投标的方式委托设计任务。关于设计的招投标将在本章第七节讨论。设计单位必须严格保证设计质量，承担初步设计的合同责任。

初步设计文件报批前，一般须由项目法人委托有相应资质的工程咨询机构或组织行业各方面(包括管理、设计、施工、咨询等方面)的专家，对初步设计中的重大问题进行咨询论证。设计单位根据咨询论证意见，对初步设计文件进行补充、修改、优化。初步设计由项目法人组织审查后，按国家现行规定权限向主管部门申报审批。初步设计文件经批准后，作为项目建设实施的技术文件基础，主要内容不得随意修改、变更。如有重要修改、变更，须经原审批机关复审同意。初步设计报告经主管部门批准后可作为安排年度施工计划、编制技施设计或招标设计的依据。

## 第四节　水利工程项目建设实施阶段的过程和程序管理

项目的实施阶段是实施项目计划，并对实施过程进行控制，以保证最终实现项目目标的过程。水利工程项目的建设实施阶段又可分为两阶段，即施工准备阶段和建设实施阶段。

### 一、施工准备阶段

水利工程项目必须满足如下条件，方可进行施工准备：

(1)初步设计已经批准。

(2)项目法人已经建立。

(3)项目已列入国家或地方水利建设投资计划，筹资方案已经确定。

(4)有关土地使用权已经批准。

年度建设计划是合理安排分年度施工项目和投资，规定计划年度应完成建设任务的文件。它具体规定：各年应该建设的工程项目和进度要求，应该完成的投资金额的构成，应该交付使用固定资产的价值和新增的生产能力等。只有列入批准的年度建设计划的工程项目，才能安排施工和支用建设资金。

在《水利工程建设程序管理暂行规定》(水利部水建[1998]16号文)中，要求项目法人在进行施工准备前，须依照《水利工程建设项目管理规定(试行)》(水利部水建[1995]128号文)中"管理体制和职责"明确的分级管理权限，向水行政主管部门办理报建手续。但在水利部2005年4月28日发布的《关于水利行政审批项目目录的公告》中，水利工程建设项目报建审批列入《国务院决定取消的水利行政审批项目目录》中而被取消。

在具备了上述条件后，即可开展施工准备工作，其主要内容包括：

(1)施工现场的征地、拆迁、移民。

(2)完成施工用水、用电、通信、路和场地平整等工程。

(3)必需的生产、生活临时建筑工程。

(4)组织招标设计、咨询、设备和物资采购等服务。

(5)组织建设监理和主体工程招标投标，并择优选定建设监理单位和施工承包队伍。

在耕地资源日益减少、国家对土地资源管理日益严格规范的情况下，征地工作是非常重要的一项工作，目前，它是影响很多工程能否顺利实施的重要因素。移民工作可能会持续到施工阶段，随着工程的进展逐步完成。

在施工准备阶段，除了征地、拆迁、"四通一平"、临时设施外，主要就是进行工程招标工作，选择监理单位、施工单位、设备生产厂家、物资供应厂家、咨询单位等。其实，有的大型水利工程项目，其"四通一平"、临时设施的建设，已经采用招投标方式选择承建单位来完成这些前期项目。关于招投标工作，也有严格的程序上的规定，在本章第七节详述。

项目在主体工程开工之前，项目法人应向主管部门提出主体工程开工申请报告。在提交该报告前，必须完成各项施工准备工作。

施工准备工作在水利工程项目建设实施阶段是非常重要的，它是施工阶段的基础。准备工作完成的质量直接影响施工能否顺利进行。在工程实践中，有许多项目是在施工准备不充分的情况下，急于开工建设，造成一开工就拖延工期，并为后续工作的开展埋下隐患。

## 二、建设实施阶段

建设实施阶段是指主体工程的建设实施，项目法人按照批准的建设文件，组织工程建设，保证项目建设目标的实现。

### （一）主体工程开工条件

项目法人或其代理机构必须按审批权限，向主管部门提出主体工程开工申请报告，经批准后，主体工程方能正式开工。主体工程开工须具备的条件是：

（1）前期工程各阶段文件已按规定批准，施工详图设计可以满足初期主体工程施工需要。

（2）建设项目已列入国家或地方水利建设投资年度计划，年度建设资金已落实。

（3）主体工程招标已经决标，工程承包合同已经签订，并得到主管部门同意。

（4）现场施工准备和征地移民等建设外部条件能够满足主体工程开工需要。

实行项目法人责任制，主体工程开工前还必须具备以下条件：

（1）建设管理模式已经确定，投资主体与项目主体的管理关系已经理顺。

（2）项目建设所需全部投资来源已经明确，且投资结构合理。

（3）项目产品的销售，已有用户承诺，并确定了定价原则。

### （二）开工时间

开工时间是指建设项目设计文件中规定的任何一项永久性工程中第一次正式破土动工的时间。工程地质勘察、平整土地、临时导流工程、临时建筑和施工用临时道路、水、电等施工，不算正式开工。

### （三）项目建设组织实施

建设项目经批准开工后，项目法人要按照法律、法规、规范和批准的建设文件，充分发挥建设管理的主导作用，组织工程建设，协调有关建设各方的关系，并创造良好的建设条件和外部环境，保证项目建设目标的实现。

项目法人应按照“政府监督、项目法人负责、社会监理、企业保证”的要求，建立健全质量管理体系。重要建设项目，须设立质量监督项目站，行使政府对项目建设的监督职能。

项目法人要充分授权工程监理，使之能独立负责项目的建设工期、质量、投资的控制和现场施工的组织协调。

参与项目建设的各方，包括设计方、监理方、工程承包单位、材料生产供应方、设备制造厂家等，应严格按照签订的合同，行使各方的合同权利，并严格履行各自的合同义务。同时，在各方的工作中，从项目建设总体出发，建立完善的工作程序和制度，并做好信息沟通和协调工作，对于工程顺利实施以达到预期的目标是非常重要的。

对于水利工程项目来说，在实行项目法人责任制的基础上，在工程实施阶段，招标工作和监理工作是非常重要的，招标投标制和建设监理制对招投标工作和监理工作也做了严格的程序上的规定。

水利工程项目的实施过程，也是根据项目计划，对项目实施过程进行必要的协调和控制，以保证项目的工期、质量和投资目标能够实现的过程。在该过程中，要对项目的范围、时间、成本、质量、资源、安全、环保、移民、人员、沟通、风险、合同、信息等进行计划、跟踪和控制。

在水利工程项目实践中，注意协调施工现场各方之间的工作程序，如承包方之间、土建施工方和机电、金属结构安装方之间等，同时，还应注意协调非现场实施方（支持方）和现场实施之间的工作程序衔接，如设计方提供工程施工图纸和承包方的施工进度之间，材料供应方和现场施工方之间等。

## 第五节　水利工程项目终止阶段的过程和程序管理

### 一、项目终止过程

项目实施完成后，即进入项目终止阶段。项目的终止阶段也叫项目的收尾阶段，是项目全过程的最后阶段，没有项目的终止，就没有项目的运行和维护，不能及时获得项目收益，项目参与方也不能终止其应承担的责任和义务。

在项目终止阶段，一般需要完成的工作包括项目的合同收尾和项目的行政收尾。

项目的合同收尾就是项目业主和承包方之间就合同项目进行合同验收、移交、试运行并结算工程款的过程。项目完成后，由承包方提请并和项目业主一起，对已经完成的工程成果进行审查，核实工程项目计划范围内的各项工作是否已经完成，可交付的成果是否令人满意。此时，进行一些测量、检测、实验等活动是非常必要的。在验收完成后，应形成验收报告，并附上必要的技术文件、图纸、说明等，由参与验收的各方签字。通过合同验收后，承包方就需要把工程移交给项目业主，这是一个合同程序，表明承包方履行合同义务，将项目产品交付项目业主照管；它也是一个法律程序，表明项目产品成为业主的财产。移交结束也需要有文字材料，一般是移交清单或移交证书，由相关方签字。有时，移交时，项目尚有部分不重要的工作未完成，并且不影响项目的移交和使用，此时可以先验收移交，但应在移交清单或移交证书中写明尚应完成的收尾项目。

项目的试运行，有的项目在合同验收前进行，叫运行测试，有的在验收移交后进行，叫试运行。试运行中，由承包方和项目业主联合进行，承包方需要对业主操作人员进行必要的培训和指导，并需要完成备件定购等工作。最后，项目业主和承包方依据合同结清工程款。

项目的行政收尾是项目业主向行政主管机关汇报项目实施成果的过程。

项目的合同收尾一般项目均有，但行政收尾不然。有大量项目是不需要行政收尾的，比如，一个企业委托的软件开发项目，仅仅是完成合同收尾即可，不需要进行行政收尾工作。

对于水利工程项目，项目终止阶段包括合同收尾和行政收尾，收尾工作包括项目生产准备、验收移交和后评价。

### 二、水利工程项目生产准备

生产准备是项目投产前所要进行的一项重要工作，是建设阶段转入生产经营的必要条件。项目法人应按照建管结合和项目法人责任制的要求，适时做好有关生产准备工作。

生产准备应根据不同类型的工程项目要求确定，一般应包括如下主要内容：

(1)生产组织准备。建立生产经营的管理机构及相应管理制度。

(2)招收和培训人员。按照生产运营的要求，配备生产管理人员，并通过多种形式的培训，提高人员素质，使之能满足运营要求。生产管理人员要尽早介入工程的施工建设，参加设备的安装调试，熟悉情况，掌握好生产技术和工艺流程，为顺利衔接基本建设和生产经营阶段做好准备。

(3)生产技术准备。主要包括技术资料的汇总、运行技术方案的制订、岗位操作规程制定和新技术准备。

(4)生产的物资准备。主要是落实投产运营所需要的原材料、协作产品、工器具、备品备件和其他协作配合条件的准备。

(5)正常的生活福利设施准备。

还应及时具体落实产品销售合同协议的签订，提高生产经营效益，为偿还债务和资产的保值增值创造条件。

## 三、水利工程项目验收

竣工验收是工程完成建设目标的标志，是全面考核基本建设成果、检验设计和工程质量的重要步骤。竣工验收合格的项目即从基本建设转入生产或使用。

为加强水利工程建设项目验收管理，明确验收责任，规范验收行为，结合水利工程建设项目的特点，水利部制定并公布了《水利工程建设项目验收管理规定》(水利部[2006]30 号文)，自 2007 年 4 月 1 日起施行，并明确其适用于由中央或者地方财政全部投资或者部分投资建设的大中型水利工程建设项目(含 1、2、3 级堤防工程)的验收活动。

水利工程建设项目验收，按验收主持单位性质不同分为法人验收和政府验收两类。法人验收是指在项目建设过程中由项目法人组织进行的验收。法人验收是政府验收的基础。政府验收是指由有关人民政府、水行政主管部门或者其他有关部门组织进行的验收，包括专项验收、阶段验收和竣工验收。当水利工程建设项目具备验收条件时，应当及时组织验收。未经验收或者验收不合格的，不得交付使用或者进行后续工程施工。

### (一)水利工程建设项目验收的依据

(1)国家有关法律、法规、规章和技术标准。

(2)有关主管部门的规定。

(3)经批准的工程立项文件、初步设计文件、调整概算文件。

(4)经批准的设计文件及相应的工程变更文件。

(5)施工图纸及主要设备技术说明书等。

(6)法人验收还应当以施工合同为验收依据。

### (二)验收组织和结论

验收主持单位应当成立验收委员会(验收工作组)进行验收，验收结论应当经 2/3 以上验收委员会(验收工作组)成员同意。验收委员会(验收工作组)成员应当在验收鉴定书上签字。验收委员会(验收工作组)成员对验收结论持有异议的，应当将保留意见在验收鉴定书上明确记载并签字。

验收中发现的问题,其处理原则由验收委员会(验收工作组)协商确定。主任委员(组长)对争议问题有裁决权。但是,半数以上验收委员会(验收工作组)成员不同意裁决意见的,法人验收应当报请验收监督管理机关决定,政府验收应当报请竣工验收主持单位决定。验收委员会(验收工作组)对工程验收不予通过的,应当明确不予通过的理由并提出整改意见。有关单位应当及时组织处理有关问题,完成整改,并按照程序重新申请验收。

项目法人及其他参建单位应当提交真实、完整的验收资料,并对提交的资料负责。

**(三)法人验收**

工程建设完成分部工程、单位工程、单项合同工程,或者中间机组启动前,应当组织法人验收。项目法人可以根据工程建设的需要增设法人验收的环节。

项目法人应当在开工报告批准后60个工作日内,制定法人验收工作计划,报法人验收监督管理机关和竣工验收主持单位备案。施工单位在完成相应工程后,应当向项目法人提出验收申请。项目法人经检查认为建设项目具备相应的验收条件的,应当及时组织验收。

法人验收由项目法人主持。验收工作组由项目法人、设计、施工、监理等单位的代表组成;必要时可以邀请工程运行管理单位等参建单位以外的代表及专家参加。项目法人可以委托监理单位主持分部工程验收,有关委托权限应当在监理合同或者委托书中明确。

分部工程验收的质量结论应当报该项目的质量监督机构核备;未经核备的,项目法人不得组织下一阶段的验收。单位工程及大型枢纽主要建筑物的分部工程验收的质量结论应当报该项目的质量监督机构核定;未经核定的,项目法人不得通过法人验收;核定不合格的,项目法人应当重新组织验收。质量监督机构应当自收到核定材料之日起20个工作日内完成核定。

项目法人应当自法人验收通过之日起30个工作日内,制作法人验收鉴定书,发送参加验收单位并报送法人验收监督管理机关备案。法人验收鉴定书是政府验收的备查资料。单位工程投入使用验收和单项合同工程完工验收通过后,项目法人应当与施工单位办理工程的有关交接手续。工程保修期从通过单项合同工程完工验收之日算起,保修期限按合同约定执行。

**(四)政府验收**

1.验收主持单位

阶段验收、竣工验收由竣工验收主持单位主持。竣工验收主持单位可以根据工作需要委托其他单位主持阶段验收。国家重点水利工程建设项目,竣工验收主持单位依照国家有关规定确定。国家确定的重要江河、湖泊建设的流域控制性工程、流域重大骨干工程建设项目,竣工验收主持单位为水利部。专项验收依照国家有关规定执行。

除上述以外的其他水利工程建设项目,竣工验收主持单位按照以下原则确定:水利部或者流域管理机构负责初步设计审批的中央项目,竣工验收主持单位为水利部或者流域管理机构;水利部负责初步设计审批的地方项目,以中央投资为主的,竣工验收主持单位为水利部或者流域管理机构,以地方投资为主的,竣工验收主持单位为省级人民政府(或者其委托的单位)或者省级人民政府水行政主管部门(或者其委托的单位);地方负责初步设计审批的项目,竣工验收主持单位为省级人民政府水行政主管部门(或者其委托的单位)。

竣工验收主持单位为水利部或者流域管理机构的，可以根据工程实际情况，会同省级人民政府或者有关部门共同主持。竣工验收主持单位应当在工程开工报告的批准文件中明确。

2. 专项验收

枢纽工程导（截）流、水库下闸蓄水等阶段验收前，涉及移民安置的，应当完成相应的移民安置专项验收。工程竣工验收前，应当按照国家有关规定，进行环境保护、水土保持、移民安置及工程档案等专项验收。经有关部门同意，专项验收可以与竣工验收一并进行。项目法人应当自收到专项验收成果文件之日起10个工作日内，将专项验收成果文件报送竣工验收主持单位备案。专项验收成果文件是阶段验收或者竣工验收成果文件的组成部分。

3. 阶段验收

工程建设进入枢纽工程导（截）流、水库下闸蓄水、引（调）排水工程通水、首（末）台机组启动等关键阶段，应当组织进行阶段验收。竣工验收主持单位根据工程建设的实际需要，可以增设阶段验收的环节。阶段验收的验收委员会由验收主持单位、该项目的质量监督机构和安全监督机构、运行管理单位的代表及有关专家组成，必要时，应当邀请项目所在地的地方人民政府及有关部门参加。工程参建单位是被验收单位，应当派代表参加阶段验收工作。其中，大型水利工程在进行阶段验收前，可以根据需要进行技术预验收；水库下闸蓄水验收前，项目法人应当按照有关规定完成蓄水安全鉴定。

验收主持单位应当自阶段验收通过之日起30个工作日内，制作阶段验收鉴定书，发送参加验收的单位并报送竣工验收主持单位备案。阶段验收鉴定书是竣工验收的备查资料。

4. 竣工验收

竣工验收应当在工程建设项目全部完成并满足一定运行条件后1年内进行。不能按期进行竣工验收的，经竣工验收主持单位同意，可以适当延长期限，但最长不得超过6个月。逾期仍不能进行竣工验收的，项目法人应当向竣工验收主持单位作出专题报告。

当建设项目的建设内容全部完成，并经过单位工程验收（包括工程档案资料的验收），符合设计要求，且完成了档案资料的整理工作；完成了竣工报告、竣工决算等必需文件的编制，其中，竣工财务决算应当由竣工验收主持单位组织审查和审计，其审计报告作为竣工验收的基本资料，竣工财务决算审计通过15日后，方可进行竣工验收。

当工程具备竣工验收条件时，项目法人应当提出竣工验收申请，经法人验收监督管理机关审查后报竣工验收主持单位。竣工验收主持单位应当自收到竣工验收申请之日起20个工作日内决定是否同意进行竣工验收。

竣工验收原则上按照经批准的初步设计所确定的标准和内容进行。项目有总体可行性研究但没有总体初步设计而有单项工程初步设计的，原则上按照单项工程初步设计的标准和内容进行竣工验收。建设周期长或者因故无法继续实施的项目，对已完成的部分工程可以按单项工程或者分期进行竣工验收。

竣工验收分为竣工技术预验收和竣工验收两个阶段。

1）竣工技术预验收

大型水利工程在竣工技术预验收前，项目法人应当按照有关规定对工程建设情况进行竣工验收技术鉴定。中型水利工程在竣工技术预验收前,竣工验收主持单位可以根据需要决定是否进行竣工验收技术鉴定。竣工技术预验收由竣工验收主持单位及有关专家组成的技术预验收专家组负责。工程参建单位的代表应当参加技术预验收,汇报并解答有关问题。

2)竣工验收

竣工验收的验收委员会由竣工验收主持单位、有关水行政主管部门和流域管理机构、有关地方人民政府和部门、该项目的质量监督机构和安全监督机构、工程运行管理单位的代表及有关专家组成。工程投资方代表可以参加竣工验收委员会。竣工验收主持单位可以根据竣工验收的需要,委托具有相应资质的工程质量检测机构对工程质量进行检测。项目法人全面负责竣工验收前的各项准备工作,设计、施工、监理等工程参建单位应当做好有关验收准备和配合工作,派代表出席竣工验收会议,负责解答验收委员会提出的问题,并作为被验收单位在竣工验收鉴定书上签字。不合格的工程不予验收;有遗留问题的项目,对遗留问题必须有具体处理意见,且有限期处理的明确要求并落实责任人。竣工验收主持单位应当自竣工验收通过之日起30个工作日内,制作竣工验收鉴定书,并发送有关单位。竣工验收鉴定书是项目法人完成工程建设任务的凭据。

**(五)验收遗留问题处理与工程移交**

项目法人和其他有关单位应当按照竣工验收鉴定书的要求妥善处理竣工验收遗留问题并完成尾工。验收遗留问题处理完毕和尾工完成并通过验收后,项目法人应当将处理情况和验收成果报送竣工验收主持单位。验收遗留问题处理完毕和尾工完成并通过验收的,竣工验收主持单位向项目法人颁发工程竣工证书,工程竣工证书格式由水利部统一制定。

项目法人与工程运行管理单位不同的,工程通过竣工验收后,应当及时办理移交手续。工程移交后,项目法人及其他参建单位应当按照法律法规的规定和合同约定,承担后续的相关质量责任。项目法人已经撤销的,由撤销该项目法人的部门承接相关的责任。

水利工程建设项目的验收应严格执行《水利工程建设项目验收管理规定》和《水利水电建设工程验收规程》。

## 四、水利工程项目后评价

项目后评价是在项目已经建成,通过竣工验收,并经过一段时间的生产运行后进行,是对项目全过程进行总结和评价。为了保证后评价工作的“客观、公正、科学”,选择项目后评价工作人员,应独立于该项目的决策者和前期咨询评估者。项目后评价的内容大体上可以分为两种类型:一类是全过程评价,即从项目的立项决策、勘测设计等前期工作开始到项目建成投产运行若干年以后的全过程进行评价,包括过程评价、经济效益评价、影响评价、持续性评价等;另一类是阶段性评价或专项评价,可分为勘测设计和立项决策评价、施工监理评价、生产经营评价、经济后评价、管理后评价、防洪后评价、灌溉后评价、发电后评价、资金筹措使用和还贷情况后评价等。我国目前推行的后评价主要是全过程后评价,在某些特定条件下,也可进行阶段性或专项后评价。

项目后评价是水利工程基本建设程序中的一个重要阶段。项目竣工投产后,一般经过1~2年生产运营后,要进行一次系统的项目后评价,是对项目决策、实施过程和运行等各阶段工作及其变化的原因和影响，通过全面系统的调查和客观的对比分析、总结并进行综合评价。项目后评价工作必须遵循客观、公正、科学的原则，做到分析合理、评价公正。其目的是通过工程项目的后评价，肯定成绩、总结经验、研究问题、吸取教训、提出建议，不断提高项目决策、工程实施和运营管理水平，为合理利用资金，提高投资效益，改进管理，制定相关政策等提供科学依据。为明确项目后评价报告的编制原则、依据、方法、基本内容和深度要求，水利部建设与管理司委托水利部水利建设与管理总站主持编写了《水利工程建设项目后评价报告编制规程》，水利工程项目的后评价报告应依据该规程编制。

水利项目后评价的内容包括过程评价、经济评价、影响评价和目标及可持续性评价四个方面。

后评价工作完成后，应形成后评价报告，该报告由主报告及附件两部分组成。

## 第六节　水利工程项目法人责任制

随着我国改革开放的深入，社会主义市场经济的逐步完善，水利工程项目投资由过去单一的国家或地方政府为主，变成了国家(中央)、地方政府、企业、个人、外商和其他法人团体的多种形式，呈多元化格局。因此，通过实施项目法人责任制，由项目法人对项目的策划、资金筹措、建设实施、生产经营、债务偿还和资产的保值增值，实行全过程负责，使各类投资主体形成自我发展、自主决策、自担风险和讲求效益的建设与运营机制，已势在必行。

实行项目法人责任制是适应发展社会主义市场经济、转换项目建设与经营体制，提高投资效益，实现我国建设管理模式与国际接轨，在项目建设与经营全过程中运用现代企业制度进行管理的一项具有战略意义的重大改革措施。《水利工程建设项目实行项目法人责任制的若干意见》(水建[1995]129 号文)、《关于实行建设项目法人责任制的暂行规定》(计建设[1996]673 号文)、《关于加强公益性水利工程建设管理的若干意见》(国发[2000]20 号文)规定了实施程序，构成了制度框架。

### 一、实施范围

根据水利行业特点和建设项目不同的社会效益、经济效益和市场需求等情况，将建设项目划分为生产经营性、有偿服务性和社会公益性三类项目。生产经营性项目原则上都要实行项目法人责任制；其他类型的项目应积极创造条件，实行项目法人责任制。

### 二、项目法人的设立

投资各方在酝酿建设项目的同时，即可组建并确立项目法人，做到先有法人、后有项目。

新上项目在项目建议书被批准后，应及时组建项目法人筹备组，具体负责项目法人的筹建工作。项目法人筹备组应主要由项目的投资方派代表组成。有关单位在申报项目可行性研究报告时，须同时提出法人的组建方案。否则，其项目可行性研究报告不予审批。项目可行性研究报告经批准后，正式成立项目法人。

《关于加强公益性水利工程建设管理的若干意见》(国发[2000]20 号文)明确规定：按照《水利产业政策》，根据作用和受益范围，水利工程建设项目划分为中央项目和地方项目。中央项目由水利部(或流域机构)负责组织建设并承担相应责任,地方项目由地方人民政府组织建设并承担相应责任。项目的类别在审批项目建议书或可行性研究报告时确定。已经安排中央投资进行建设的项目,由水利部与有关地方人民政府协商确定类别,报国家计委备案。中央项目由水利部(或流域机构)负责组建项目法人,任命法人代表。地方项目由项目所在地的县级以上地方人民政府组建项目法人,任命法人代表,其中总投资在2亿元以上的地方大型水利工程项目,由项目所在地的省(自治区、直辖市及计划单列市)人民政府负责或委托组建项目法人,任命法人代表。

项目法人应按有关规定确保资本金按时到位,同时及时办理公司设立登记。国家重点建设项目的公司章程须报国家发改委备案,其他项目的公司章程按项目的隶属关系分别报有关部门、地方发改委备案。项目法人组织要精干。建设管理工作要充分发挥咨询、监理、会计师和律师事务所等各类社会中介组织的作用。

由原有企业负责建设的基建大中型项目,需新设立子公司的,要重新设立项目法人,应按《关于实行建设项目法人责任制的暂行规定》规定的程序办理;只设分公司或分厂的,原企业法人即是项目法人。对这类项目,原企业法人应向分公司或分厂派遣专职管理人员,并实行专项考核。

项目法人与各方的关系是一种新型的适应社会主义市场经济机制运行的关系。实行项目法人责任制后,在项目管理上要形成以项目法人为主体,项目法人向国家和各投资方负责,咨询、设计、监理、施工、物资供应等单位通过招标投标和履行经济合同为项目法人提供建设服务的建设管理新模式。政府部门要依法对项目进行监督、协调和管理,并为项目建设和生产经营创造良好的外部环境,帮助项目法人协调解决征地拆迁、移民安置和社会治安等问题。

## 三、项目法人的组织形式和职责

### (一)组织形式

(1)国有单一投资主体投资建设的项目,应设立国有独资公司,国有独资公司设立董事会,董事会由投资方负责组建。

(2)两个及两个以上投资主体合资建设的项目,要组建规范的有限责任公司或股份有限公司,具体办法按《中华人民共和国公司法》等有关规定执行,以明晰产权,分清责任,行使权利。国有控股或参股的有限责任公司、股份有限公司设立股东会、董事会和监事会。

独资公司、有限责任公司、股份有限公司或其他项目建设组织即为项目法人。

### (二)项目法人的职责

项目法人对项目的立项、筹资、建设和生产经营、还本付息及资产的保值增值的全过程负责,并承担投资风险。项目法人对项目建设的全过程负责,对项目的工程质量、工程进度和资金管理负总责。其主要职责为:负责组建项目法人在现场的建设管理机构;负责落实工程建设计划和资金;负责对工程质量、进度、资金等进行管理、检查和监督;负责协调项目的外部关系;与勘察设计单位、施工单位、工程监理单位签订合同,并明确项目法人、勘察设计单位、施工单位、工程监理单位质量终身责任人及其所应负的责任。具体职责为：

(1)负责筹集建设资金，落实所需外部配套条件，做好各项前期工作。

(2)按照国家有关规定，审查或审定工程设计、概算、集资计划和用款计划。

(3)负责组织工程设计、监理、设备采购和施工的招标工作，审定招标方案。要对投标单位的资质进行全面审查，综合评选，择优选择中标单位。

(4)审定项目年度投资和建设计划；审定项目财务预算、决算；按合同规定审定归还贷款和其他债务的数额，审定利润分配方案。

(5)按国家有关规定，审定项目(法人)机构编制、劳动用工及职工工资福利方案等，自主决定人事聘任。

(6)建立建设情况报告制度，定期向水利建设主管部门报送项目建设情况。

(7)项目投产前，要组织运行管理班子，培训管理人员，做好各项生产准备工作。

(8)项目按批准的设计文件内容建成后，要及时组织验收和办理竣工决算。

## 第七节　水利工程项目招标投标

招标投标是市场经济体制下建设市场买卖双方的一种主要的竞争性交易方式，招投标过程是水利工程项目建设实施中的非常重要的活动。我国在工程建设领域推行招标投标制，是为了适应社会主义市场经济的需要，在建设领域引进竞争机制，形成公开、公正、公平和诚实信用的市场交易方式，择优选择承包单位，促使设计、施工、材料设备生产供应等企业不断提高技术和管理水平，以确保建设项目质量和建设工期，提高投资效益。招投标的过程和程序管理也是水利工程项目程序管理中的重要内容。

### 一、水利工程项目招投标法规依据

为了加强水利工程建设项目招标投标工作的管理，规范招标投标活动，国家和政府有关部门颁布了大量的法规，形成了招投标管理的法规体系。和水利工程项目招投标关系比较密切的法规主要有：

(1)《中华人民共和国招标投标法》(简称《招标投标法》)。

(2)《水利工程建设项目招标投标管理规定》(2002 水利部第 14 号令)。

(3)《水利工程建设项目监理招标投标管理办法》(水利部水建管[2002]587 号文)。

(4)《工程建设项目招标范围与规模标准规定》(国家计委令第 3 号)。

(5)《工程建设项目勘察设计招标投标办法》(8 部委 2 号令)。

(6)《工程建设项目施工招标投标办法》(7 部委令)。

(7)《建筑工程设计招标投标管理办法》。

(8)《评标委员会和评标方法暂行规定》(7 部委 12 号令)。

(9)《评标专家和评标专家库管理暂行办法》(计委 29 号令)。

本节讨论水利工程项目招投标的过程和程序管理，主要以《水利工程建设项目招标投标管理规定》为主，并兼顾其他有关法规。

## 二、水利工程项目招标范围

关于工程项目招标范围，招标投标法和原国家计委令均有相关规定，具体到水利工程建设项目的勘察设计、施工、监理，以及与水利工程建设有关的重要设备、材料采购等的招标投标活动，符合下列具体范围并达到规模标准之一的水利工程建设项目必须进行招标。

**（一）具体范围**

（1）关系社会公共利益、公共安全的防洪、排涝、灌溉、水力发电、引（供）水、滩涂治理、水土保持、水资源保护等水利工程建设项目。

（2）使用国有资金投资或者国家融资的水利工程建设项目。

（3）使用国际组织或者外国政府贷款、援助资金的水利工程建设项目。

**（二）规模标准**

（1）施工单项合同估算价在200万元人民币以上的。

（2）重要设备、材料等货物的采购，单项合同估算价在100万元人民币以上的。

（3）勘察设计、监理等服务的采购，单项合同估算价在50万元人民币以上的。

（4）项目总投资额在3 000万元人民币以上，但分标单项合同估算价低于本项第（1）、（2）、（3）目规定的标准的项目，原则上都必须招标。

## 三、水利工程项目的招标

**（一）招标人**

招标人是指依照《招标投标法》规定提出招标项目，进行招标的法人或者其他组织。建设项目的招标工作由招标人负责，任何单位和个人不得以任何方式非法干涉招标投标活动。

**（二）招标方式**

招标分为公开招标和邀请招标两种。公开招标是指招标人以招标公告的方式邀请不特定的法人或者其他组织投标。邀请招标是指招标人以投标邀请书的方式邀请特定的法人或者其他组织投标。

**（三）招标组织**

1. 招标人自行招标

招标人具有编制招标文件和组织评标能力的，可以自行办理招标事宜，任何单位和个人不得强制其委托招标代理机构办理招标事宜。依法必须进行招标的项目招标人自行办理招标事宜的应当向有关行政监督部门备案。

招标人申请自行办理招标事宜时，应当报送书面材料，内容包括：项目法人营业执照、法人证书或者项目法人组建文件；与招标项目相适应的专业技术力量情况；内设的招标机构或者专职招标业务人员的基本情况；拟使用的评标专家库情况；以往编制的同类工程建设项目招标文件和评标报告，以及招标业绩的证明材料；其他材料。

2. 招标代理

招标人有权自行选择招标代理机构委托其办理招标事宜，任何单位和个人不得以任何方式为招标人指定招标代理机构。招标代理机构是依法设立、从事招标代理业务并提供相关服务的社会中介组织。

从事工程建设项目招标代理业务的招标代理机构，其资格由国务院或者省、自治区、直辖市人民政府的建设行政主管部门认定。具体办法由国务院建设行政主管部门会同国务院有关部门制定。从事其他招标代理业务的招标代理机构，其资格认定的主管部门由国务院规定。

招标代理机构与行政机关和其他国家机关不得存在隶属关系或者其他利益关系。招标代理机构应当在招标人委托的范围内办理招标事宜并遵守《招标投标法》关于招标人的规定。

**（四）招标条件**

水利工程建设项目招标应当具备以下条件：

（1）勘察设计招标应当具备的条件：勘察设计项目已经确定；勘察设计所需资金已落实；必需的勘察设计基础资料已收集完成。

（2）监理招标应当具备的条件：初步设计已经批准；监理所需资金已落实；项目已列入年度计划。

（3）施工招标应当具备的条件：初步设计已经批准；建设资金来源已落实，年度投资计划已经安排；监理单位已确定；具有能满足招标要求的设计文件，已与设计单位签订适应施工进度要求的图纸交付合同或协议；有关建设项目永久征地、临时征地和移民搬迁的实施、安置工作已经落实或已有明确安排。

（4）重要设备、材料招标应当具备的条件：初步设计已经批准；重要设备、材料技术经济指标已基本确定；设备、材料所需资金已落实。

**（五）招标程序**

招标工作一般按下列程序进行：

（1）招标前，按项目管理权限向水行政主管部门提交招标报告备案。报告具体内容应当包括：招标已具备的条件、招标方式、分标方案、招标计划安排、投标人资质（资格）条件、评标方法、评标委员会组建方案以及开标、评标的工作具体安排等。

（2）编制招标文件。

（3）发布招标信息（招标公告或投标邀请书）。

（4）发售资格预审文件。

（5）按规定日期接受潜在投标人编制的资格预审文件。

（6）组织对潜在投标人资格预审文件进行审核。

（7）向资格预审合格的潜在投标人发售招标文件。

（8）组织购买招标文件的潜在投标人现场踏勘。

（9）接受投标人对招标文件有关问题要求澄清的函件，对问题进行澄清，并书面通知所有潜在投标人。

（10）组织成立评标委员会，并在中标结果确定前保密。

（11）在规定时间和地点，接受符合招标文件要求的投标文件。

（12）组织开标评标会。

（13）在评标委员会推荐的中标候选人中，确定中标人。

(14)向水行政主管部门提交招标投标情况的书面总结报告。

(15)发中标通知书,并将中标结果通知所有投标人。

(16)进行合同谈判,并与中标人订立书面合同。

**(六)招标公告和投标邀请书**

招标投标活动应当遵循公开、公平、公正和诚实信用的原则。

招标人采用公开招标方式的,应当发布招标公告。依法必须进行招标的项目的招标公告,《招标公告发布暂行办法》(国家计委2000年4号令)规定:《中国日报》、《中国经济导报》、《中国建设报》、《中国采购与招标网》(http://www.chinabidding.com.cn)为发布依法必须招标项目的招标公告的媒介。依法必须招标的项目应至少在一家指定的媒介发布招标公告,其中,依法必须招标的国际招标项目的招标公告应在《中国日报》发布。大型水利工程建设项目及国家重点项目、中央项目、地方重点项目同时还应当在《中国水利报》发布招标公告,公告正式媒介发布至发售资格预审文件(或招标文件)的时间间隔一般不少于10日。

招标人采用邀请招标方式的,应当向3个以上具备承担招标项目的能力、资信良好的特定的法人或者其他组织发出投标邀请书。

招标公告或投标邀请书应当载明招标人的名称和地址,招标项目的性质、数量、实施地点和时间,以及获取招标文件的办法等事项。招标人应当对招标公告和投标邀请书的真实性负责。招标公告不得限制潜在投标人的数量。

**(七)资格审查**

资格审查一般包括资格预审和资格后审两种方式。水利工程项目招标常采用资格预审。

招标人可以根据招标项目本身的要求,在招标公告或者投标邀请书中,要求潜在投标人提供有关资质证明文件和业绩情况,并对潜在投标人进行资格审查,提出资格审查报告,经参审人员签字后存档备查;国家对投标人的资格条件有规定的,依照其规定。在一个项目中,招标人应当以相同条件对所有潜在投标人的资格进行审查,不得以任何理由限制或者排斥部分潜在投标人,不得对潜在投标人实行歧视待遇。《工程建设项目勘察设计招标投标管理办法》规定:招标人不得以抽签、摇号等不合理条件限制或排斥资格合格的潜在投标人参加投标。

资格预审的一般程序是:招标人发资格预审公告(可能和招标公告合并),投标人购买资格预审文件,并在规定的时间内填报后提交,招标人接受资格预审文件,然后进行整理和综合评审,通知评审结果,并编写资格预审评审报告。

**(八)招标文件的编制**

招标人应当根据招标项目的特点和需要编制招标文件。招标文件是投标人编制投标文件的依据,招标文件的内容也是合同内容的一部分,所以招标文件是非常重要的文件。

招标文件应当包括招标项目的技术要求、对投标人资格审查的标准、投标报价要求及评标标准等所有实质性要求和条件,以及拟签订合同的主要条款。国家对招标项目的技术、标准有规定的,招标人应当按照其规定在招标文件中提出相应要求。招标项目需要划分标段、确定工期的,招标人应当合理划分标段、确定工期,并在招标文件中载明。

招标文件不得要求或者标明特定的生产供应者,以及含有倾向或者排斥潜在投标人的其他内容。招标人不得向他人透露已获取招标文件的潜在投标人的名称、数量，以及可能影响公平竞争的有关招标投标的其他情况。

招标人设有标底的，标底必须保密。

**（九）现场踏勘**

招标人根据招标项目的具体情况可以组织潜在投标人踏勘项目现场，但不得单独或者分别组织任何一个投标人进行现场踏勘。

**（十）招标文件的澄清、修改与标前会议**

招标人对已发出的招标文件进行必要澄清或者修改的，应当在招标文件要求提交投标文件截止日期至少15日前，以书面形式通知所有投标人。该澄清或者修改的内容为招标文件的组成部分。

招标人可以召开标前会议，就招标文件中的问题进行集中答疑、澄清。

**（十一）编制投标文件的时间**

招标人应当确定投标人编制投标文件所需要的合理时间。依法必须进行招标的项目，自招标文件开始发出之日起至投标人提交投标文件截止之日止，最短不得少于20日。

## 四、水利工程项目的投标

**（一）投标人**

投标人是指响应招标、参加投标竞争的法人或者其他组织。依法招标的科研项目允许个人参加投标的，投标的个人适用《招标投标法》有关投标人的规定。

投标人必须具备水利工程建设项目所需的资质（资格），该资质（资格）依国家有关规定和招标文件对投标人资格条件的要求。

两个以上法人或者其他组织可以组成一个联合体，以一个投标人的身份共同投标。联合体各方均应具备承担招标项目的相应能力，国家有关规定或者招标文件对投标人资格条件有规定的，联合体各方均应当具备规定的相应资格条件。由同一专业的单位组成的联合体，按照资质等级较低的单位确定资质等级。联合体各方应当签订共同投标协议，明确约定各方拟承担的工作和责任，并将共同投标协议连同投标文件一并提交招标人。联合体中标的，联合体各方应当共同与招标人签订合同，就中标项目向招标人承担连带责任。招标人不得强制投标人组成联合体共同投标。

**（二）编制投标文件**

投标人应当按照招标文件的要求编制投标文件。投标文件应当对招标文件提出的实质性要求和条件作出响应。投标人根据招标文件载明的项目实际情况，拟在中标后将中标项目的部分非主体、非关键性工作进行分包的，应当在投标文件中载明。投标人必须按招标文件规定投标，也可附加提出替代方案，且应当在其封面上注明替代方案字样，供招标人选用，但不作为评标的主要依据。

**（三）投标文件提交**

投标人应当在招标文件要求提交投标文件的截止时间前，将投标文件密封送达招标人。招标人收到投标文件后，应当签收保存，不得开启。投标人少于3个的，招标人应当依照《招标投标法》重新招标。在招标文件要求提交投标文件的截止时间后送达的投标文件，招标人应当拒收。投标人应当对递交的资质（资格）预审文件及投标文件中有关资料的真实性负责。投标人在递交投标文件的同时，应当递交投标保证金。

**（四）投标文件的补充修改**

投标人在招标文件要求提交投标文件的截止时间前，可以补充、修改或者撤回已提交的投标文件，但应当符合招标文件的要求，并书面通知招标人。补充修改的内容为投标文件的组成部分。

**（五）投标人的禁止行为**

投标人不得相互串通投标报价，不得排挤其他投标人的公平竞争，损害招标人或者其他投标人的合法权益。

投标人不得与招标人串通投标，损害国家利益、社会公共利益或者他人的合法权益。

禁止投标人以向招标人或者评标委员会成员行贿的手段谋取中标。

投标人不得以低于成本的报价竞标，也不得以他人名义投标或者以其他方式弄虚作假，骗取中标。

## 五、水利工程项目的评标标准和评标方法

评标标准和评标方法应当在招标文件中载明，在评标时不得另行制定或修改、补充任何评标标准和评标方法。招标人在一个项目中，对所有投标人评标标准和评标方法必须相同。

**（一）评标标准**

评标标准分为技术标准和商务标准，见表2-2。

**表2-2　评标标准**

| 勘察设计评标标准 | 施工评标标准 |
| --- | --- |
| (1)投标人的业绩和资信；<br>(2)勘察总工程师、设计总工程师的经历；<br>(3)人力资源配备；<br>(4)技术方案和技术创新；<br>(5)质量标准及质量管理措施；<br>(6)技术支持与保障；<br>(7)投标价格和评标价格；<br>(8)财务状况；<br>(9)组织实施方案及进度安排 | (1)施工方案（或施工组织设计）与工期；<br>(2)投标价格和评标价格；<br>(3)施工项目经理及技术负责人的经历；<br>(4)组织机构及主要管理人员；<br>(5)主要施工设备；<br>(6)质量标准、质量和安全管理措施；<br>(7)投标人的业绩、类似工程经历和资信；<br>(8)财务状况 |
| **监理评标标准** | **设备、材料评标标准** |
| (1)投标人的业绩和资信；<br>(2)项目总监理工程师经历及主要监理人员情况；<br>(3)监理大纲；<br>(4)投标价格和评标价格；<br>(5)财务状况 | (1)投标价格和评标价格；<br>(2)质量标准及质量管理措施；<br>(3)组织供应计划；<br>(4)售后服务；<br>(5)投标人的业绩和资信；<br>(6)财务状况 |

**(二)评标方法**

水利工程项目招标采用的评标方法包括综合评分法、综合最低评标价法、合理最低投标价法、综合评议法及两阶段评标法,各方法的特点和适用情况见表2-3。

**表2-3 评标方法比较表**

| 评标方法 | 实施过程 | 特点 | 适用情况 |
| --- | --- | --- | --- |
| 合理最低投标价法 | 找到不低于最低成本的报价(分有标底和无标底两种情况) | 操作简单<br>不能全面评价投标人,风险大 | 技术通用、标准简单的小型项目或材料、设备 |
| 综合最低评标价法 | 分析因素<br>报价调整 | 非价格因素折算成货币困难,难操作 | 一般不用,设备、材料采购尚可用 |
| 综合评分法 | 审查、讨论、打分、综合 | 报价计分灵活,变化多<br>量化方法公正,科学性强,操作简便<br>诱导挂靠行为,人为因素 | 规模大、技术复杂的大中型项目施工招标 |
| 综合评议法 | 分开分析比较,再讨论,后记名投票 | 定性优选<br>易出现不统一或过于统一<br>科学性差<br>过程简单 | 技术简单的小型项目或设备材料采购 |
| 两阶段评标法 | 先技术<br>后商务<br>再权重综合 | 一般 | 技术要求高、价格变化不大的项目,以及可研、设计、咨询、科研等招标 |

## 六、水利工程项目的开标、评标和中标

**(一)开标**

开标应当在招标文件确定的提交投标文件截止时间的同一时间公开进行,开标地点应当为招标文件中预先确定的地点。

开标由招标人主持,邀请所有投标人参加。开标人员至少由主持人、监标人、开标人、唱标人、记录人组成,上述人员对开标负责。

开标一般按以下程序进行:

(1)主持人在招标文件确定的时间停止接收投标文件,开始开标。

(2)宣布开标人员名单。

(3)确认投标人法定代表人或授权代表人是否在场。

(4)宣布投标文件开启顺序。

(5)依开标顺序,先检查投标文件密封是否完好,再启封投标文件。

(6)宣布投标要素,并作记录,同时由投标人代表签字确认。

(7)对上述工作进行记录,存档备查。

**(二)评标**

1.评标委员会

评标由招标人依法组建的评标委员会负责。评标委员会由招标人的代表和有关技

术、经济、合同管理等方面的专家组成,成员人数为7人以上单数,其中专家(不含招标人代表人数)不得少于成员总数的2/3。评标专家应当从事相关领域工作满8年并具有高级职称或者具有同等专业水平。与投标人有利害关系的人不得进入相关项目的评标委员会;已经进入的应当更换。所指利害关系包括:是投标人或其代理人的近亲属;在5年内与投标人曾有工作关系;或有其他社会关系或经济利益关系。评标委员会成员的名单在中标结果确定前应当保密。

公益性水利工程建设项目中,中央项目的评标专家应当从水利部或流域管理机构组建的评标专家库中抽取;地方项目的评标专家应当从省、自治区、直辖市人民政府水行政主管部门组建的评标专家库中抽取,也可从水利部或流域管理机构组建的评标专家库中抽取。评标专家的选择应当采取随机的方式抽取。根据工程特殊专业技术需要,经水行政主管部门批准,招标人可以指定部分评标专家,但不得超过专家人数的1/3。

评标委员会成员应当客观、公正地履行职务,遵守职业道德,对所提出的评审意见承担个人责任。评标委员会成员不得私自接触投标人,不得收受投标人的财物或者其他好处。评标委员会成员不得透露对投标文件的评审和比较中标候选人的推荐情况及与评标有关的其他情况。

2. 评标程序

评标工作一般按以下程序进行:

(1)招标人宣布评标委员会成员名单并确定主任委员。

(2)招标人宣布有关评标纪律。

(3)在主任委员主持下,根据需要,讨论通过成立有关专业组和工作组。

(4)听取招标人介绍招标文件。

(5)组织评标人员学习评标标准和方法。

(6)经评标委员会讨论,并经1/2以上委员同意,提出需投标人澄清的问题,以书面形式送达投标人。

(7)对需要文字澄清的问题,投标人应当以书面形式送达评标委员会。

(8)评标委员会按招标文件确定的评标标准和方法,对投标文件进行评审,确定中标候选人推荐顺序。

3. 评审投标文件

评标委员会应当进行秘密评审,不得泄露评审过程、中标候选人的推荐情况及与评标有关的其他情况。任何单位和个人不得非法干预,影响评标的过程和结果。评标委员会可以要求投标人对投标文件中含义不明确的内容作必要的澄清或者说明,但是澄清或者说明不得超出投标文件的范围或者改变投标文件的实质性内容。

评标委员会应当按照招标文件确定的评标标准和方法,对投标文件进行评审和比较;设有标底的,应当参考标底。评标委员会完成评标后,在评标委员会2/3以上委员同意并签字的情况下,通过评标委员会工作报告,并推荐合格的中标候选人,并报招标人。评标委员会工作报告附件包括有关评标的往来澄清函、有关评标资料及推荐意见等。

评标委员会经过评审,认为所有投标文件都不符合招标文件要求时,可以否决所有投标,招标人应当重新组织招标。对已参加本次投标的单位,重新参加投标不应当再收取招标文件费。

**(三)中标**

评标委员会经过评审，从合格的投标人中排序推荐中标候选人。招标人可授权评标委员会直接确定中标人，也可根据评标委员会提出的书面评标报告和推荐的中标候选人顺序确定中标人。当招标人确定的中标人与评标委员会推荐的中标候选人顺序不一致时，应当有充足的理由，并按项目管理权限报水行政主管部门备案。国务院对特定招标项目的评标有特别规定的，从其规定。

中标人的投标应当符合下列条件之一：

(1)能够最大限度地满足招标文件中规定的各项综合评价标准。

(2)能够满足招标文件的实质性要求，并且经评审的投标价格最低，但是投标价格低于成本的除外。

在确定中标人前，招标人不得与投标人就投标价格、投标方案等实质性内容进行谈判。中标人确定后，招标人应当向中标人发出中标通知书，并同时将中标结果通知所有未中标的投标人。中标通知书对招标人和中标人具有法律效力。中标通知书发出后，招标人改变中标结果的，或者中标人放弃中标项目的，应当依法承担法律责任。

**(四)签订合同**

自中标通知书发出之日起30日内，招标人和中标人应当按照招标文件及中标人的投标文件订立书面合同，中标人提交履约保函。招标人和中标人不得另行订立背离招标文件实质性内容的其他协议。当确定的中标人拒绝签订合同时，招标人可与确定的候补中标人签订合同，并按项目管理权限向水行政主管部门备案。

招标人在确定中标人后，应当在15日之内按项目管理权限向水行政主管部门提交招标投标情况的书面报告。

## 第八节　水利工程项目建设监理制

建设监理制是我国水利工程建设项目管理的基本制度之一，是在借鉴国际工程项目管理先进经验与模式的基础上，结合我国国情，建立的具有中国特色的建设项目管理制度，以适应我国社会主义市场经济的发展，并满足提高建设管理水平和投资效益的需要。

### 一、水利工程建设监理的概念

建设监理是指具有相应资质的监理单位受工程项目建设单位的委托，依据国家有关工程建设的法律、法规，经建设主管部门批准的工程项目建设文件、建设工程监理合同及其建设工程合同，对工程建设实施的专业化管理。

建设监理是针对工程建设项目实施的监理管理活动，该活动由经过项目法人委托和授权的监理单位，依据有关的法律法规，对与项目法人签订工程建设合同的设计、施工或材料设备生产供应单位来实施。建设监理具有服务性、公正性和科学性等特性。

水利工程建设监理是指具有相应资质的水利工程建设监理单位，受项目法人委托，按照监理合同对水利工程建设项目实施中的质量、进度、资金、安全生产、环境保护等进行的管理活动,包括水利工程施工监理、水土保持工程施工监理、机电及金属结构设备制造监理、水利工程建设环境保护监理。

## 二、水利工程建设监理的范围

《水利工程建设监理规定》(水利部第28号令)第3条规定:"水利工程建设项目依法实行建设监理。总投资200万元以上且符合下列条件之一的水利工程建设项目,必须实行建设监理:关系社会公共利益或者公共安全的;使用国有资金投资或者国家融资的;使用外国政府或者国际组织贷款、援助资金的。铁路、公路、城镇建设、矿山、电力、石油天然气、建材等开发建设项目的配套水土保持工程,符合前款规定条件的,应当按照本规定开展水土保持工程施工监理。"

## 三、水利工程建设监理业务的承接

### (一)业务承接的方式

监理单位承揽监理业务的方式主要有两种:一是对于满足《水利工程建设项目招标投标管理规定》中招标范围规定的项目的监理工作,应该按照《水利工程建设项目监理招标投标管理办法》进行监理招标,监理单位应按照此规定通过投标竞争取得监理业务;二是在不宜公开招标的机密工程或没有投标竞争对手的情况下,或者是工程规模比较小、比较单一的监理业务,或者是对原监理单位的续用等情况下,项目法人可以直接委托监理单位。

建设单位确定具有相应资质的监理单位后,应报项目主管部门备案。

监理单位应当按照水利部的规定,取得《水利工程建设监理单位资质等级证书》,并在其资质等级许可的范围内承揽水利工程建设监理业务。

### (二)监理合同

项目法人和监理单位应当依法签订监理合同。

水利工程项目施工监理合同的内容,应当采用或参考《水利工程建设监理合同示范文本》(GF-2007-0211),确定双方的权利和义务。其中,关于监理合同额的确定,应当符合《建设工程监理与相关服务收费管理规定》(发改价格[2007]670号文)的规定。

### (三)业务承接的禁止性规定

(1)监理单位与被监理项目的承包商以及建筑材料、建筑构配件和设备供应单位有隶属关系或者其他利害关系的,不得承担该项工程的建设监理业务。

(2)监理单位不得以串通、欺诈、胁迫、贿赂等不正当竞争手段承揽水利工程建设监理业务。

(3)监理单位不得允许其他单位或者个人以本单位名义承揽水利工程建设监理业务。

(4)监理单位不得转让监理业务。

## 五、水利工程建设监理的实施程序

水利工程项目监理实施的工作程序包括总体程序和具体程序,总体工作程序是:

(1)签订监理合同,明确监理工作范围、内容和责权。

(2)依据监理合同,选派满足监理工作要求的总监理工程师、监理工程师、监理员和其他工作人员组建项目监理机构,进驻现场。

(3)熟悉工程建设有关法律、法规、规章及技术标准,熟悉工程设计文件、施工合同文件和监理合同文件。

(4)编制监理规划,明确项目监理机构的工作范围、内容、目标和依据,确定监理工作制度、程序、方法和措施,并报项目法人备案。

(5)进行监理工作交底。

(6)按照工程建设进度计划,分专业编制监理实施细则。

(7)按照监理规划和监理实施细则开展监理工作,编制并提交监理报告。

(8)督促承包人及时整理、归档各类资料。

(9)参加验收工作,签发工程移交证书和工程保修责任终止证书。

(10)结清监理费用。

(11)向发包人移交有关档案资料,提交监理工作总结报告。

(12)向发包人移交其所提供的文件资料和设施设备。

具体程序的内容非常多且详细,如工序或单元工程质量控制监理工作程序、质量评定监理工作程序、进度控制监理工作程序、工程款支付监理工作程序、变更监理工作程序、索赔处理监理工作程序等,比如进度控制监理工作程序如图 2-4 所示。

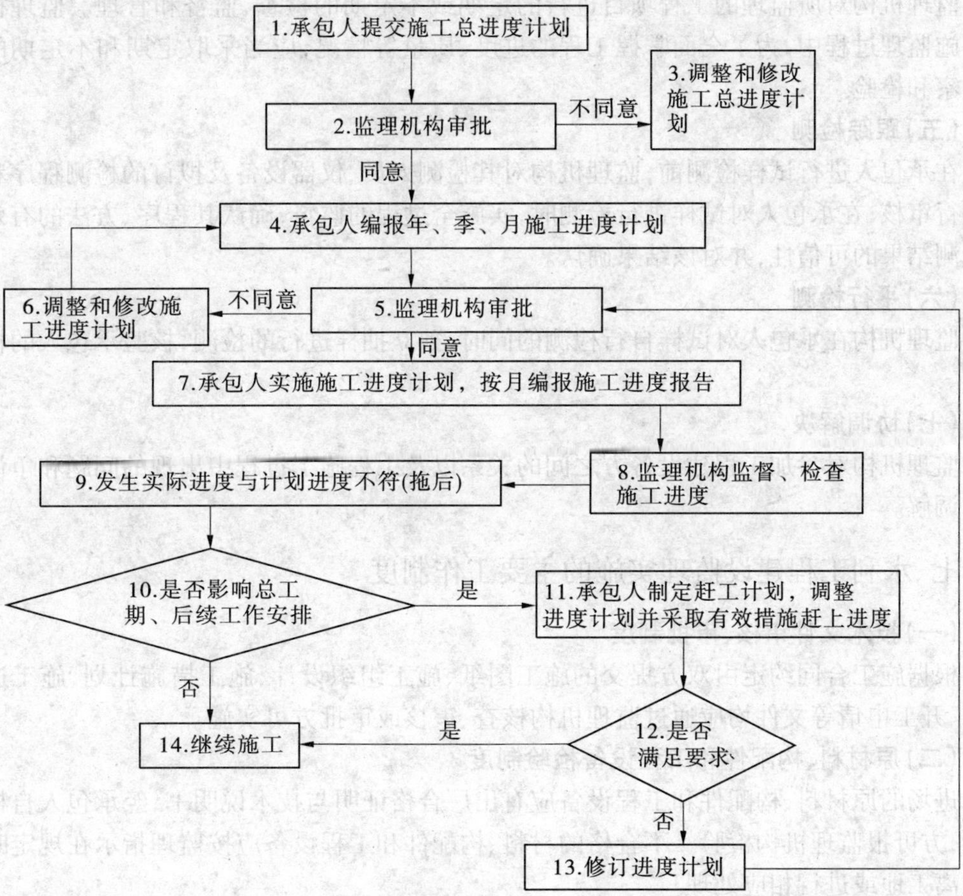


图 2-4　进度控制监理工作程序

## 六、水利工程建设监理实施的主要工作方法

**(一)现场记录**

监理机构认真、完整记录每日施工现场的人员、设备和材料、天气、施工环境,以及施工中出现的各种情况。

**(二)发布文件**

监理机构采用通知、指示、批复、签认等文件形式进行施工全过程的控制和管理。它是施工现场监督管理的重要手段,也是处理合同问题的重要依据,如开工通知、质量不合格通知、变更通知、暂停施工通知、复工通知和整改通知等。

**(三)旁站监理**

监理机构按照监理合同约定,在施工现场对工程项目的重要部位和关键工序的施工,实施连续性的全过程检查、监督与管理。需要旁站监理的重要部位和关键工序一般应在监理合同中明确规定。

**(四)巡视检验**

监理机构对所监理的工程项目进行的定期或不定期的检查、监督和管理。监理机构在实施监理过程中,为了全面掌握工程的进度、质量等情况,应当采取定期和不定期的巡视监察和检验。

**(五)跟踪检测**

在承包人进行试样检测前,监理机构对其检测人员、仪器设备及拟订的检测程序和方法进行审核;在承包人对试样进行检测时,实施全过程的监督,确认其程序、方法的有效性及检测结果的可信性,并对该结果确认。

**(六)平行检测**

监理机构在承包人对试样自行检测的同时,独立抽样进行的检测,核验承包人的检测结果。

**(七)协调解决**

监理机构对参加工程建设各方之间的关系以及工程施工过程中出现的问题和争议进行的调解。

## 七、水利工程建设监理实施的主要工作制度

**(一)技术文件审核、审批制度**

根据施工合同约定由双方提交的施工图纸、施工组织设计、施工措施计划、施工进度计划、开工申请等文件均应通过监理机构核查、审核或审批方可实施。

**(二)原材料、构配件和工程设备检验制度**

进场的原材料、构配件和工程设备应有出厂合格证明与技术说明书,经承包人自检合格后,方可报监理机构检验。不合格的材料、构配件和工程设备应按监理指示在规定时限内运离工地或进行相应处理。

**(三)工程质量检验制度**

承包人每完成一道工序或一个单元工程,都应经过自检。合格后方可报监理机构进

行复核检验。上道工序或上一单元工程未经复核检验或复核检验不合格,不得进行下道工序或下一单元工程施工。

**(四)工程计量付款签证制度**

所有申请付款的工程量均应进行计量并经监理机构确认。未经监理机构签证的付款申请,发包人不应支付。

**(五)会议制度**

监理机构应建立会议制度,包括第一次工地会议、监理例会和监理专题会议。会议由总监理工程师或由其授权监理工程师主持。工程建设有关各方应派员参加。

1. 第一次工地会议

第一次工地会议应在合同项目开工令下达前举行,会议内容应包括工程开工准备检查情况;介绍各方负责人及其授权代理人和授权内容,沟通相关信息,进行监理工作交底。会议的具体内容可由有关各方会前约定。会议由总监理工程师或总监理工程师与发包人的负责人联合主持召开。

2. 监理例会

监理机构应定期主持召开由参建各方负责人参加的会议,会上应通报工程进展情况,检查上次监理例会中有关决定的执行情况,分析当前存在的问题,提出问题的解决方案或建议,明确会后应完成的任务。会议应形成会议纪要。

3. 监理专题会议

监理机构应根据需要,主持召开监理专题会议,研究解决施工中出现的涉及施工质量、施工方案、施工进度、工程变更、索赔、争议等方面的专门问题。

总监理工程师应组织编写会议纪要,并分发与会各方。

**(六)施工现场紧急情况报告制度**

监理机构应针对施工现场可能出现的紧急情况编制处理程序、处理措施等文件。当发生紧急情况时,应立即向发包人报告,并指示承包人立即采取有效紧急措施进行处理。

**(七)工作报告制度**

监理机构应及时向发包人提交监理月报或监理专题报告;在工程验收时,提交监理工作报告;在监理工作结束后,提交监理工作总结报告。

**(八)工程验收制度**

在承包人提交验收申请后,监理机构应对其是否具备验收条件进行审核,并根据有关水利工程验收规程或合同约定,参与、组织或协助发包人组织工程验收。

## 八、水利工程建设监理的实施内容

水利工程项目监理的实施,就是依据有关法规、规范、合同和工程文件,采取组织管理、经济、技术、合同和信息管理等措施,控制工程建设的资金、工期和质量,并对建设过程及参与各方的行为进行监督、协调和控制,以保证最优地实现项目建设目标。

**(一)进度控制**

建设监理的进度控制是根据项目工期总目标,审批项目进度计划,并对计划的实施开展的有关监督管理活动。

进度控制的主要工作包括:在建设前期通过周密分析研究确定合理的工期目标,确定合同工期;在建设实施期,建立健全进度控制体系,通过运筹学、网络计划技术等科学方法与手段,审查确定合同进度计划,并编制进度控制计划;然后,随着工程的进展,对进度计划实施进行动态跟踪和调整,对施工有关的方案、方法、工艺进行管理,并管理好停工、复工等情况,排除干扰,最终保证项目总工期的实现。在此过程中,监理单位应当协助项目法人编制控制性总进度计划,审查被监理单位编制的施工组织设计和进度计划,并督促被监理单位实施。

**(二)质量控制**

质量是指产品、服务或过程满足规定或潜在要求(或需求)的特征和特性的总和。监理质量控制是指为了保证工程质量达到法规或合同要求,对项目实施过程中有关质量的活动进行的相关监督管理工作。

建设监理质量控制的主要工作包括:在施工前通过审查承包人组织机构与人员,检查建筑物所用材料、构配件、工程设备和施工设备、施工方法和施工环境及审查施工组织设计等实施质量预控;在施工过程中的重要技术复核,工序操作检查,隐蔽工程验收,工序成果检查、认证,质量评定,质量事故的妥善处理,阶段验收等;最终的竣工验收等。在此过程中,监理单位应当按照监理规范的要求,采取旁站、巡视、跟踪检测和平行检测等方式实施监理,发现问题应当及时纠正、报告。

**(三)投资控制**

建设监理投资控制就是确定合理的投资额、合同额,并根据合同支付工程款,以及对工程成本进行动态控制的有关活动。

施工监理投资控制的主要工作包括:合理审查合同额;审批承包人提交的资金流计划;协助发包人编制合同项目的付款计划;根据工程实际进展情况,对合同付款情况进行分析,提出资金流调整意见;审核工程付款申请,签发付款证书;根据施工合同约定进行价格调整;根据授权处理工程变更所引起的工程费用变化事宜;根据授权处理合同索赔中的费用问题;审核完工付款申请;签发完工付款证书;审核最终付款申请,签发最终付款证书。

监理单位应当协助项目法人编制付款计划,审查被承包人提交的资金流计划,按照合同约定核定工程量,签发付款凭证。未经总监理工程师签字,项目法人不得支付工程款。

**(四)安全、环境和移民管理**

监理单位应当督促承包人建立健全施工安全保障体系和安全管理规章制度,对职工进行施工安全教育和培训,审查被监理单位提出的安全技术措施、专项施工方案措施是否符合工程建设强制性标准和环境保护要求,并监督实施。

监理机构应督促承包人按施工合同约定,编制施工环境管理和保护方案,审查其是否符合环境保护要求,并对落实情况进行检查。施工过程中,对弃渣处理、植被保护、垃圾处理,要求被监理单位加强对施工环境和生活环境的管理,如加强对噪声、粉尘、废气、废水、废油的控制等。

工程建设涉及移民工作时,监理机构也应按有关法规规定和监理合同的约定,做好移民相关的监理工作。

### (五)合同管理

合同管理是监理机构最基本的工作,是进行投资控制、工期控制和质量控制等工作的的手段和基础。

监理机构的合同管理,除了依据合同进行投资控制、进度控制、质量控制及安全、环保管理等工作外,还包括解释施工合同文件;协助发包人选择承包人、设备和材料供货人;审核承包人拟选择的分包项目和分包人;处理合同违约、变更和索赔等合同实施中的问题;参与或协助发包人组织工程的各种验收(分部工程验收、单位工程验收等),签发工程移交证书;监督、检查工程保修情况,签发保修责任终止证书;处理有关保险事务;解决合同争议等。另外,监理机构应当按照监理合同,组织设计单位等进行现场设计交底,核查并签发施工图。未经总监理工程师签字的施工图不得用于施工。监理单位不得修改工程设计文件。

### (六)信息管理

信息管理是建设项目监理的重要手段。只有及时、准确地掌握项目建设中的信息,严格、有序地管理各种文件、图纸、记录、指令、报告和有关技术资料,包括监理日志、报告、会议纪要、收函件、发函件等,完善信息资料的收集、分类、整编、归档、保管、传阅、查阅、复制、移交、保密程序和制度,才能使信息及时、完整、准确和可靠地为建设监理提供工作依据,以便及时采取有效的措施,有效地完成监理任务。计算机信息管理系统是现代工程建设领域信息管理的重要手段。

### (七)组织协调

在工程项目实施过程中,存在着大量组织协调工作,一方面,项目建设过程中,多部门、多单位,包括政府监督机构、施工单位、设计单位、设备制造厂家、银行及材料生产厂家和分包单位、保险机构等,以不同的方式对项目建设进行监督和提供服务,他们的工作需要协调配合;另一方面,有关合同主体之间难以避免地会发生各种冲突,如业主和承包商之间由于各自的经济利益和对问题的不同理解,就会产生各种矛盾和问题,因此也需要进行协调解决。因此,监理工程师要及时、公正、合理地做好协调工作,为项目顺利进行提供保障。

监理单位承接监理业务后,具体的监理业务的实施由其派出的监理机构负责。水利工程建设监理实行总监理工程师负责制,由总监理工程师负责监理机构业务的开展。总监理工程师负责全面履行监理合同约定的监理单位职责,发布有关指令,签署监理文件,协调有关各方之间的关系。监理工程师在总监理工程师授权范围内开展监理工作,具体负责所承担的监理工作,并对总监理工程师负责。监理员在监理工程师或者总监理工程师授权范围内从事监理辅助工作。监理单位应当将项目监理机构及其人员名单、监理工程师和监理员的授权范围书面通知被监理单位。监理实施期间监理人员有变化的,应当及时通知被监理单位。监理单位更换总监理工程师和其他主要监理人员的,应当符合监理合同的约定。

项目法人应当向监理单位提供必要的工作条件,支持监理单位独立开展监理业务,不得明示或者暗示监理单位违反法律法规和工程建设强制性标准,不得更改总监理工程师指令。

项目法人应当按照监理合同,及时、足额支付监理单位报酬,不得无故削减或者拖延支付。项目法人可以对监理单位提出并落实的合理化建议给予奖励。奖励标准由项目法人与监理单位协商确定。

# 第三章　水利工程项目计划、跟踪和控制

水利工程项目管理是一个系统工程，符合管理的基本原理，如系统原理、反馈原理等。其实，水利工程项目的管理过程，就是计划、跟踪和控制的系统过程。先形成项目计划系统，然后执行计划，就是实施过程。在实施过程中，要跟踪项目实际进展情况。由于一系列内外影响因素的存在，需要对项目实施过程进行控制，一方面保证项目按计划实施；另一方面，当项目实施偏离计划时，采取纠偏措施和修正计划。由此可见，计划、跟踪和控制是一个相互依赖、相互制约的互动过程，没有计划就没有跟踪和控制的对象、目标与指导，没有跟踪就没有控制的基本输入信息，没有控制就不能保证计划目标的实现，跟踪也成了空转。

## 第一节　水利工程项目计划

计划是管理的重要和基本的职能之一，处于首要位置、首要环节，是龙头，能引导各种管理职能的实现。水利工程项目计划也是水利工程项目管理中非常重要的工作，项目计划是项目实施与完成的基础和依据，不进行计划，项目就无从下手。计划能确定目标，并指导参与人如何努力把项目计划变成现实。

水利工程项目计划是项目组织根据项目目标的规定，对项目实施工作进行的各项活动作出周密安排。项目计划围绕项目目标的完成系统地确定项目的任务、安排任务进度、编制完成任务所需的资源预算等，从而保证项目能够在合理的工期内，用尽可能低的成本和尽可能高的质量完成。

水利工程项目计划是对未来行动方案的说明。项目计划是项目组织者思想的具体化，体现了他们对未来事件的思考和决定，就是回答了做什么、做多少、如何做、谁去做和何时做的问题，就是安排合适的人、在合适的时间、以合适的方式做正确的事。

水利工程项目计划是对未来活动做出的事先安排，是预测未来，确定预定达到的目标，估计存在的问题并提出解决方法，进而实现目标的方案、措施和手段的过程。所以，计划具有预测性和假设性，需要事先掌握有关信息和技术，并投入脑力资源，采用合适的预测、统计等方法，尽量减少计划的不确定性，提高计划的质量。

同时，水利工程项目的计划又是依据工程实际所进行的思考和谋划，进而确定和安排实现项目目标所必需的各种活动和工作。脱离工程实际的计划，是不合理的，也是不可实施的。

### 一、水利工程项目计划的作用

水利工程项目计划是项目过程中一个极为重要的环节，它的作用主要在于以下几点。

**（一）形成计划文件，指导工程实施**

计划是工程在人脑中的实现过程，相当于计划制定者在自己的脑海中把工程做了一遍。通过水利工程项目计划工作，确定方案，发现和分析问题，理清思维，把计划的前提、基础以及分析、决策的过程和结果形成书面文件，用来指导工程的实践活动。

**（二）落实和再审查工程的总目标**

在工程项目的总目标确定后，通过计划将工程项目目标进行分解，确定完成项目目标所需的各项任务范围，落实责任，并通过具体周密地安排工程活动，制定各项任务的时间表，明确各项任务所需的人力、物力、财力并确定预算，保证项目顺利实施和目标实现，所以说计划既是对总目标实现方法、措施和过程的安排，又是许多更细、更具体的目标的组合。同时，通过计划可以分析研究总目标能否实现，总目标确定的费用、工期、功能要求是否能得到保证，是否平衡。如果发现不平衡或不能实现，则必须修改目标，修改技术设计，甚至可能取消项目。所以，计划又是对构思、项目目标、技术设计更为详细的论证。

**（三）确定项目实施规范，成为项目实施的依据和指南**

通过计划，科学地组织和安排，可以保证有秩序地施工。通过计划能合理地、科学地协调各工种、各单位、各专业之间的关系，能充分利用时间和空间，可以进行各种技术经济比较和优化，提高项目的整体效益。同时计划确定项目实施工作规范，经批准后就作为项目实施工作大纲。实施就必须按计划执行，并以计划作为控制依据、监督、跟踪和诊断实际实施状态，作出调整的措施。最后它又作为评价和检验实施状况的尺度，由于项目是一次性的、唯一的，所以与企业计划相比，项目的成果难以评价，实施成果只能与自己的计划比，与目标比，而不能与其他项目比或与上年度比。这样也使得项目计划工作十分重要，同时又富于挑战性。

**（四）明确项目成员的责任和目标**

可以确立项目组各成员及工作的责任范围和地位及相应的职权，以便按要求去指导和控制项目的工作，减少风险。可以使项目组成员明确自己的奋斗目标、实现目标的方法、途径及期限，并确保以时间、成本及其他资源需求的最小化实现项目目标。

**（五）计划是沟通和协调的基础**

水利工程项目比较复杂，一方面有大量的参与人，需要协调配合；另一方面，大量的活动需要繁杂坚实的准备工作。通过计划，可以促进项目组成员及项目委托人和管理部门之间的交流与沟通，并使项目各工作协调一致，并在协调关系中了解哪些是关键因素。而且在每项活动开始前，已经预知项目的实施情况及需要的准备工作，积极准备，可以为项目计划活动的开展打下坚实的基础。

**（六）计划是跟踪和控制的基础**

项目参与者和主要决策者（业主或投资者等）需要了解和控制工程，需要计划的信息，以及计划和实际比较的信息，作为项目阶段决策和安排资金及后期生产准备的依据。特别对于风险大、要求复杂的工程项目，必须对每一步作出总结和阶段决策，以作下一步的精细的计划。计划也为项目的跟踪控制过程提供了一条基线，可用以衡量进度、计算各种偏差及决定预防或整改措施，便于对变化进行管理。

在现代水利工程项目中，尤其是大型的水利工程项目，没有周密的计划，或计划得不到贯彻和保证是不可能取得成功的。所以,水利工程项目都必须有充分的时间,进行详细的计划。

## 二、水利工程项目计划的基本要求

水利工程项目计划作为一个重要的项目阶段,在项目过程中承上启下,必须按照批准的项目总目标、总任务作详细的计划,计划文件经批准后作为项目的工作指南,必须在项目实施中贯彻执行。所以,制定水利工程项目计划,一般应满足以下基本要求。

### (一)目的性要求

计划是为保证实现总目标而作的各种安排,所以目标是计划的灵魂,计划必须符合项目的总目标,受总目标的控制。所以,计划者首先必须详细地分析目标,弄清任务。水利工程的目标是一个体系,包括总目标和子目标,各种计划要受总目标的控制,同时受具体相应的子目标制约。比如总承包方的施工进度计划要受工程总工期的控制,他必须弄清楚招标文件和合同文件的内容,正确、全面地理解业主的要求和工程的总目标,而某分包商的进度计划除了受工程总工期的制约外,尚受到所承包的具体工作的工期的控制。

### (二)全面性要求

要使项目顺利实施,必须安排各方面的工作,提供各种保证。项目的计划必须包括项目实施的各个方面和各种要素,在内容上必须周密。项目实施需要各项目参加者、各专业、所有的资源、所有的工程活动在时间上和空间上协调,形成了一个非常周密的多维的计划系统。水利工程项目计划一般应包括:项目决策阶段的工程总目标;项目实施环境;项目结构分解得到的所有项目单元;各个项目单元的各个方面,如质量、数量、实施方案、工序的安排、成本计划、工期的安排;项目的全过程;所有的项目参加者;项目所需资源或条件的各个方面,如资金、人力、材料、设备、仓储、运输、临时设施和工作面等的安排;项目管理的各个方面,包括组织、沟通等。

### (三)关联协调性要求

项目计划本身是一个由一系列子计划组成的系统,各个子计划彼此之间相对独立,又紧密相关,是一个有机协调的整体。尤其是水利工程项目,计划系统非常复杂,所以制定项目计划系统时,必须考虑到计划的相关协调性,进行必要的协调工作,主要包括以下几方面。

1.工程总计划的协调

作为工程项目的主要组织和决策者,项目业主制定的工程总计划应协调,基于工程的总目标,工程的勘测计划、设计计划、施工准备计划、实施计划、验收计划等要相互协调,比如不能出现实施计划超前准备计划的情况。

2.不同层次之间的协调

计划逐渐细化、深入,并由上层向下层发展,所以就要形成一个上下协调的过程,既要保证上层计划对下层计划的控制,下层计划又要保证上层计划的落实。比如承包商的年度计划、月度计划应和工程总施工计划相协调。

3.不同内容之间的协调

项目计划包括不同的内容,应保证计划内容之间的协调。比如征地计划、移民计划和工程进度计划相协调,业主的融资计划和承包商、供应商的资金需求计划相协调等。

4. 不同主体之间的协调

主要是指合同的协调,项目业主把不同的工作委托给不同的主体去完成,就产生了设计合同、土建承包合同、供货供应合同、安装合同、监理合同等,应注意这些合同之间,在责权利关系、工作的安排、时间的安排上应协调。如设计合同的图纸供应计划应该和施工承包方的进度计划相协调等。而且,项目分目标作为各参加单位的合同责任,形成承诺,有利于协调结果的落实。例如各承包商应该按计划的时间、工作量和质量完成工程,供应商应承诺及时供应,业主应承诺提供各种施工条件,如场地、图纸,项目经理负责提供必要的实施条件和管理服务。

5. 不同专业之间的协调

一方面是管理专业之间的协调,在项目中由于计划常常由不同的工种完成,如进度计划、成本计划、供应计划、运输计划、财务计划都由不同的人完成,要加强中间协调,例如由于财务(资金)无法保证,必须放慢进度等。另一方面是指技术专业之间的协调,比如土建工程的施工和机电设备安装并行施工时,应注意土建施工进度和机电的预埋件进场、机电设备的安装相协调。

**(四)环境适应性要求**

包括两个层面,一是要符合项目实际情况,二是能适应项目环境的变化。

1. 符合项目实际情况

项目计划要符合工程的实际情况,才有可行性和可操作性,不能纸上谈兵,脱离实际。符合实际主要体现在如下方面:

(1)符合自然环境条件。项目计划必须受自然环境的制约,考虑到自然环境的因素,如当地的地形、地质条件、场地的限制、当地气候条件、当地的水文条件、当地运输条件等,保证计划的可行性。同时,最大限度地利用当地已有的资源条件,如自然资源、现存的建筑物、基础设施等,以求达到更经济的效果。

(2)符合社会环境条件。项目计划要符合当地的社会条件,如当地的人力资源、市场情况、技术供应、经济情况、法律条件、价值观等。所以,大量的环境调查和充分利用调查结果,是制定正确计划的前提条件。

(3)反映项目本身的客观规律性。按工程规模、复杂程度、质量水平和工程自身的逻辑性及规律性作计划。不能过于强调压缩工期和降低费用。在计划中应充分利用以往同类工程(结构特点、技术、性质、地区、时间较近)的经验,吸取如失误、技术难点、重点、不正常状况等方面的经验教训。

(4)反映工程各参加者的实际情况。主要包括业主的支付能力、设备供应能力、管理和协调能力。项目管理者作出总体计划时常常必须和业主商讨并确定。承包商的施工能力、劳动力供应能力、设备装备水平、生产效率和管理水平、对工程的熟悉程度、以往工程的经验等,以及设计单位、供应商、分包商等的能力,都应进行必要的考虑和反映。

所以项目管理者作计划时,必须向生产者(承包商、工程小组、供应商、分包商等)作调查,征求意见,一并安排工作过程,确定工作持续时间,确定计划的一些细节问题。切不可闭门造车。实践证明,由实施者来制定计划会更有效。

2. 适应项目环境的变化

项目的计划是建立在项目目标、实施方案、以往的经验、环境现状以及对将来合理的预测基础上的。所以,计划的人为因素较强。在实际工作中计划受到许多方面的干扰需要改变或调整:

(1)由于市场不断变化、环境的变化、气候的影响,原来的决策可能不符合实际,必须作调整。

(2)投资者情况的变化,如新的主意、新的要求。

(3)其他方面的干扰,如政府部门的干预、新法律的颁布。

(4)可能存在的计划、设计的考虑不周、错误或矛盾,工程量的增加或减少和方案的变更,以及由于工程质量不合格而引起返工,这些变化均会影响或损害项目正常的实施过程。这就使得项目计划在实施过程中必须不停地调整,使项目的实施一直适应新的情况,适应外部环境的变化。

所以对环境要有适当预测,加强风险管理。计划中必须包括相应的风险分析的内容。对可能发生的困难、问题和干扰作出预计,并提出预防措施。

按适应性要求,计划不要做得太细,否则容易使下级丧失创造力和主动精神。同时,计划中必须留有余地,例如工期安排中必须考虑正常的阴雨天,费用计划中必须考虑正常的通货膨胀的影响等。

在安排计划及管理系统设计时都要考虑到适应性要求,考虑到特殊情况和风险发生的备用方案,考虑排除干扰、改善生产条件,提高劳动效率的方案,工期、费用、材料数量都留有余地。当然这又会产生一定的浪费。

机动余地一般由上层管理者控制,不能随任务下达。否则会被下层实施者在没有干扰或问题的情况下用光,或者会使下层管理者形成已有机动余地的概念而不去积极追求更高的经济效益,这会妨碍工程效益的提高。

**(五)经济性**

项目计划的目标不仅要求项目有较高的效率,而且要有较高的整体经济效益。这不仅是项目计划的要求,而且是项目计划的内容。所以,在计划中必须提出多种方案,进行技术经济分析,可以采用价值分析、费用/效益比较,活动分析、工期—费用优化、资源平衡等方法进行优化。同时,在进行经济优化时,要兼顾工程质量、工程安全,考虑工程风险,以保证最优经济效果的可靠性。

## 三、水利工程项目计划的种类

**(一)按计划的过程分类**

计划作为一个项目管理的职能工作,它贯穿于工程项目生命周期的全过程。在项目过程中,计划有许多版本,随着项目的进展不断地细化、具体化,同时又不断地修改和调整,形成一个动态的计划体系。主要包括:

(1)概念性计划。即在水利工程项目建议书阶段所形成的工程的总体计划,包括项目规模、生产能力、建设期和运行期的预计、总投资及其相应的资金来源的安排等,是项目的一个大致的轮廓和初步计划。

(2)详细计划。即在水利工程项目可行性阶段形成的详细全面的计划,包括产品的销售计划、生产计划、项目建设计划、投资计划、筹资方案等。而且,对于各个子项投资估算、进度里程碑、现金流等均作了详细的安排和部署。

(3)控制计划。是在设计阶段,随着设计的逐步深入,初步设计,扩大初步设计,施工图设计,计划不断深入、细化、具体化。每一步设计之后就有一个相应的计划,它作为项目设计过程中阶段决策的依据,也是控制工程实施的依据,工程实施的工期、质量和投资受此计划控制。

(4)操作计划。主要是在施工准备阶段形成的计划。在工程开工之前,就工程如何实施和操作,要形成具体的操作计划。该计划比详细计划更具体,更具有操作性,如施工承包商的施工组织计划等。

(5)更新计划。主要是在施工过程中,需要根据实际情况,不断调整、修正、完善工程计划,形成阶段性(季度、月度等)的更新计划,该更新计划是滚动进行的。

**(二)按计划的内容分类**

按照项目计划必须解决的五个基本问题:项目做什么、如何做、谁去做、何时做及做多少,可以把计划的内容分为:

(1)工作实施计划。是为保证项目顺利开展、围绕项目目标的最终实现而制定的实施方案,包括工作细则、工作措施等,主要说明组织实施项目的方法和总进度计划,解决如何做和何时做的问题。

(2)技术计划。是确定工程的主要技术特征并保证能够达到的计划,包括技术要求、工艺要求、规格、标准、图纸、技术支持等有关项目性质的技术文件。解决如何做和做成什么的问题。

(3)人员组织计划。主要是表明工作分解结构图中的各项工作任务应该由谁来承担,应付的责任,以及各项工作间的关系如何,可以用组织结构图、职责分工矩阵等形式说明。解决谁去做的问题。

(4)支持计划。是确定如何满足项目实施所需要的资源,并对项目管理如何提供支持的计划。包括各种资源计划、培训支持计划、行政支持计划、软件支持计划、考评计划等。解决做多少或消耗多少的问题。

(5)文件计划。是说明项目的计划及记录计划执行过程的计划,该计划阐明文件管理方式、细则及建立并维护好项目文件,包括文件管理的组织、所需的人员和物资资源数量、文件的流程、内容等。

(6)应急计划。该计划是整个项目计划的辅助性计划。在计划实施中,由于各种因素的影响,会出现难以预料的“突发事件”或“意外事件”,需要有应对这些事件的应急预案和计划。

**(三)按计划的主体分类**

水利工程项目有多个参与主体,每个参与主体有自己的职责和分工。每个参与主体需要为完成自己的工作或任务制定计划。按照现行的水利工程项目管理程序和制度,主要有:

(1)项目业主的总计划。该计划是项目业主对工程的总体安排,是战略性的、总控性质的计划，其内容也非常繁杂，包括业主管理计划、勘测计划、可研计划、设计计划、招标计划、融资计划、征地拆迁计划、移民计划、验收计划等。其他各个参与方的计划都是在此总体计划的基础上确定和编制的。

(2)质量监督工作计划。由政府质量监督机构作出的对该项目进行质量监督的工作计划。包括质量监督项目组管理计划，质量监督的方法、手段、措施等。

(3)勘测工作计划。由勘测单位作出的关于工程勘测工作安排的计划。

(4)设计工作计划。由承担设计任务的设计单位作出的关于工程设计工作安排的计划，就是设计单位的设计项目管理计划，包括设计项目组织、工作计划、资源计划、工程供图计划等。

(5)招标代理工作计划。由招标代理单位作出的关于招标工作安排的计划，包括勘测招标计划、设计招标计划、监理招标计划、施工招标计划、大型机电设备或材料招标采购计划等，每个招标计划包括招标代理组织管理计划、招标工作程序计划、评标计划等。

(6)监理工作计划。由监理单位作出的关于监理工作安排的计划，主要是指监理大纲、监理规划、监理细则等，包括监理工作管理计划、监理工程控制计划等。

(7)施工工作计划。由施工单位作出的关于工程施工工作安排的计划，主要是指工程施工组织设计。

(8)设备生产运输计划。由设备生产厂家作出的关于设备生产和运输工作安排的计划，包括设备生产计划和设备运输计划。(有时，设备生产厂家不负责运输，运输由专门的运输公司承担，此时，运输计划由运输公司编制。)

(9)材料供货计划。由材料生产厂家作出的关于材料生产和运输工作安排的计划，包括材料生产计划和材料运输计划。

另外，还有分包商的分包工程施工工作计划、保险公司的保险工作计划、管理咨询公司的管理咨询工作计划等。

这里需要特别说明的是，虽然这些计划是由不同主体对自己的工作进行安排而做出的，但这些计划都应在项目总体计划的控制之内，并且是相互协调的。

**(四)按计划的层次分类**

按计划的层次，主要包括三个层次：

(1)总体计划。该计划是对工程工作进行总体安排和控制的计划，一般是由项目业主制定的。

(2)控制计划。是基于工程总体计划，说明如何控制工程实施的计划，该计划比总体计划要详细，比工程实施计划要粗。主要包括：①行政监督计划。基于总体计划，由行政监督部门制定的对工程实施监督的计划，由于行政执法的特性，该计划也带有一定的控制性。②工程控制计划。基于工程总体计划，对工程实施进行控制的计划，包括监理单位的工程控制计划等。

(3)工程实施计划。基于工程总体计划作出的工程实施工作详细安排的计划，包括施工工作计划、设备生产运输计划等。

### 四、水利工程项目计划的内容

水利工程项目计划要考虑项目具体的方面，也要考虑项目整体，既要有具体方面的计划，也要有项目整体的计划。按项目管理职能划分，项目计划一般应包括以下几个方面：项目范围计划，项目组织计划，项目进度计划，项目成本和资金计划，项目质量计划，项目风险管理计划，安全计划，环境保护计划，项目移民计划，项目合同管理计划，项目人员和团队管理计划，项目沟通和冲突管理计划，项目信息管理计划。这些方面的具体内容将在以后的各章节中详细叙述。

## 第二节　水利工程项目计划过程

水利工程项目计划是通过计划过程产生的。该计划过程包括计划准备、计划编制、计划结果等基本过程，同时，该计划过程又是一系列子过程的结果。项目的计划也是一个持续的、循环的、渐近的过程。由于项目计划期(即项目批准后到项目开工前的时段)的计划最重要，也最系统，所以下面主要就这个阶段的计划工作作为讨论对象。

### 一、计划前的准备工作

为了保证计划的科学性、合理性、有效性、可行性，在编制计划前，需要做必要的准备工作，这些工作包括：

(1)首先必须对计划相应阶段的目标和任务进行精确定义，对阶段项目目标进行细化，确定技术设计和实施方案。没有明确、详细的目标，计划就会失去依据和方向。比如作分部工程的进度计划时，必须明确该分部工程的工期目标。

(2)进行详细的项目环境调查，包括内部环境和外部环境，以及环境的各个层面，掌握影响计划的一切可能的内外部影响因素，并形成调查报告，作为计划编制的基础资料。

(3)进行项目的结构分析。一方面，不仅分析项目的技术结构，弄清项目各部分的技术关系，也要进行项目的管理结构分析；另一方面，不仅要进行项目的静态结构分析，也要通过逻辑关系分析，获得项目动态的工作流程网络。

(4)定义各项目工作单元基本情况，即将项目目标、任务进行详细分解，确定其工程范围、工程量大小、质量要求等。

(5)制订详细的项目实施方案。制订多个详细的实施方案，并通过方案比选，确定最合理的方案。比如，对于水利工程项目的施工组织计划，要对施工平面布置、施工技术方案、导流方案、施工进度、施工强度、质量和安全保证措施、临时设施等进行全面研究、比较和分析。该实施方案决定着实施过程和实施活动，决定着工期、成本和工程质量，所以选择方案时需要项目管理者、技术人员、各职能人员甚至各工程小组的共同努力。

(6)进行资源分析和劳动生产率分析。劳动生产率分析决定着劳动的资源消耗和劳动效率，资源分析包括资金资源、人力资源、设备资源等的分析，并明确资源限制。

## 二、编制计划的基本步骤

编制计划的基本步骤大致包括：

(1)明确定义项目范围和预期成果。

(2)确定详细的任务。需要用结构分解等技术方法。

(3)确定工作逻辑关系。需要网络图等技术方法。

(4)为工作分配时间。

(5)为工作分配资源并进行平衡。

(6)确定管理支持工作。

(7)对上述步骤进行调整、修改和完善，直到完成。

(8)整理形成计划成果。

## 三、计划过程中的子过程

在计划过程中，对于计划中的一些重要内容，要单独设立计划子项目，单独进行计划。比如，在施工组织计划中，要对质量管理、成本管理、资源支持、沟通管理、风险管理等内容单独设计计划子项目，单独进行计划编制。

单独对子项目进行计划的过程称为子过程，该过程和上述的计划基本步骤雷同，只是应注意两个问题：

(1)子过程应受总计划过程的控制。

(2)应注意保持子过程之间及时的信息沟通和协商，保证其相互协调。

## 四、计划的结果

项目计划的结果主要包括两个内容：

(1)项目计划。

(2)计划的辅助资料，包括计划的依据和基础、计划过程、有关问题处理的说明、计划未考虑的事项、尚不明确的事项等。

最后，需要说明的是，以上讨论的是项目计划的一般过程。实际上，由于计划的主体不同，计划的内容不同，计划过程的主体内容也会有所不同，比如施工承包商的施工计划和设备生产厂家的生产运输计划相比，其准备工作、基本步骤、结果等的过程和内容是有差异的，施工承包商的准备工作应进行地形、地质、水文、气象等的调查，而设备生产厂家的准备工作不需此内容。

# 第三节　水利工程项目计划进展跟踪

水利工程项目计划进展跟踪是以工程计划目标为依据，进行实际进展信息收集，为项目控制系统提供输入的过程。跟踪是控制的前提，控制是跟踪的服务对象，两者相互依存。没有项目的进展跟踪，项目控制系统就无法发挥作用，也就不能保证项目计划目标的实现。

## 一、项目进展跟踪概述

### (一)项目计划进展跟踪的概念

项目跟踪是指项目管理人员依据项目的计划和目标,深入项目实施整个过程的各个层面,对项目计划的进展情况、项目目标实现情况和影响项目进展与目标实现的内外部因素及其变化情况进行及时、连续、系统的追踪、检测、信息收集、记录、报告、分析等活动的过程。

项目跟踪在项目管理中具有非常重要的作用。

(1)项目跟踪是了解项目计划进展情况的基本手段和措施。

(2)项目跟踪为项目管理者进行及时、科学、合理的决策提供基础信息。

(3)项目跟踪为项目控制系统提供基本的输入信息。

许多项目或因失控导致最终失败,或管理效率不高,或决策不及时、缺乏合理性等,一个非常重要的原因,就是项目信息不充分、不及时、不准确,也就是项目的跟踪出了问题。

随着水利工程项目的规模逐步增大,项目复杂性越来越高,项目的环境越来越复杂,变化越来越快,对项目计划实施控制的难度越来越大,就对项目的跟踪提出了更高的要求。同时,随着测量技术和水平的逐步提高,信息管理技术、科学手段的发展,获得信息的手段、数量、及时性、准确性都有大幅度的提高,为项目跟踪提供了技术支持,项目跟踪必将在水利工程项目建设管理中发挥更大的作用。

### (二)项目计划进展跟踪的内容

项目进展跟踪是基于项目计划和目标,并为控制提供输入的。所以,水利工程项目进展跟踪的内容一般包括以下三个方面。

#### 1. 项目计划和目标的实现情况

这是实际状态的跟踪。一方面是计划的实施情况,如作业实施情况、工程量完成情况等;另一方面就是目标的实现情况,水利工程的计划、跟踪和控制的对象一般包括进度、成本、质量等目标,比如质量目标,要看工程的材料、设备施工工艺等质量是否达到要求,工序质量、单元工程质量等是否合格。

#### 2. 项目的外部因素

主要包括政治、经济、社会、法规、政策制度、自然环境等方面,这些因素一般是不可控的。跟踪外部因素主要有两个目的:一是对应环境的变化,管理者了解并预知其影响,及时跟进,采取措施,消除或尽量减小负面影响;二是为解决项目的一些合同问题提供基础信息和资料。

#### 3. 项目的内部因素

主要包括项目人员投入、资金使用情况、材料到位和库存情况、施工设备运行情况、组织责任落实情况等。这些信息一般是可控的。及时掌握这些信息,并和项目计划相比较,了解这些因素影响大小,若负效应较大时,应及时采取措施进行处理。

具体来说,这些资料信息可能包括:工作实施的布置,工程实际的实施条件和环境,包括征地情况、拆迁情况;工作过程中的各项工作、各个参加者之间的协调,矛盾的处理过程;各方面关系的沟通情况,来往的各种文函等;项目实施中的各种工作指令;各种工作的检查的过程和结果,例如,各种材料和设备进场及使用、工艺过程、隐蔽工程、部分工程及整个工程的检查、验收、试验等;工程过程中各种干扰的预测及防护,各种工作和文件的批准、审核;记录各种实际工程实施情况的资料,例如,每日、每周、每月的工程进度记录、成本记录、质量报告,人力、物力、材料使用及消耗报告,各工程小组和分包商的状况报告等;实施工程中对项目、部门等的审计资料。

当然,对于不同的项目参与主体,其跟踪的具体内容会有差异,有时差异还可能很大。但所有的跟踪一定是围绕组织的计划和目标,并针对控制的信息需求来进行的。

## 二、项目进展跟踪的方式和成果

### (一)项目跟踪的方式

项目跟踪的过程就是收集项目实施信息的过程,而信息是存在于项目物质系统中的,并随着项目运作过程而在系统内流动。关于信息的概念、特点和管理问题,我们将在信息管理章节中论述,在此主要结合项目进展跟踪讨论信息的收集方式。

从收集信息的组织方式来说,可以要求产生信息部门的组织成员报告信息,派其他人员到该部门参与工作流程收集信息,通过人员访谈等方式调查收集信息。

从采集信息的技术形式来说,可以用表格、描述等方式采集数字、文字信息;采用拍照、录像等方式采集图像信息;采用录音等方式采集声音信息;采用互联网络、电视等媒体和方式搜集信息等。

从信息的具体内容来说,可以采集原始记录信息,就是在项目实施过程中直接产生的信息,比如实际投入的人员数量、材料采购量、材料消耗量、设备台班消耗等,这些数据可以从日报表、入库单、出库单等中采集;采集发生频次的信息,就是在项目实施过程中,通过现场原始文字叙述统计采集数据信息,比如无事故的天数、出现事故的次数、设备故障次数、不文明施工的次数、拖延提交报告的次数、会议迟到次数等;用经验判断采集信息,比如建筑物外观质量的感官评定等;等级指标法采集信息,有些信息是不便于用数字进行度量的,可以设计指标,进行分等、分级,直接采集等级数据的方法;口头测定、文字描述方法采集信息,有些信息,如人员的士气、各个组织之间的协调配合等,只能采取口头测定,并进行文字描述的方式采集。

从信息采集的安排来说,有日常的信息采集,指按照设定的批次、频次等进行信息采集,如日报表等;特殊的专项信息采集,指由于项目的某个事件的重要性等原因,需要针对该事件,进行有针对性的信息采集,信息采集更全面、更详细、密度更大。比如工程索赔事件或变更的信息的跟踪采集等。

当然,由于影响信息采集的因素较多,还有比如信息来源、流通方式等,对应还有其他一些采集的方式。总之,不论采取何种信息采集方式,都要满足项目跟踪的需要。

### (二)项目跟踪的成果

项目跟踪的成果,就是收集的项目实施信息。根据该信息表现形式的不同,项目跟踪的成果一般包括:

(1)报表、记录。

(2)图形、图片。

(3)录像、录音。

(4)纪要。包括会议纪要、谈判纪要等。

(5)报告。包括日常报告、例外报告、专题报告等。

这些成果可能存在纸、卡带等媒介上,也可能以电子版形式存在光盘、计算机磁盘中。

### 三、项目进展跟踪系统设计

水利工程项目计划是一个系统,控制是一个系统,依据计划系统,并为控制系统提供输入的跟踪也是一个系统,需要进行跟踪系统设计。因为在进行项目进展跟踪时,要综合考虑大量的问题,比如收集哪些信息,如何收集,何时收集,谁去收集,需要什么技术支持和管理支持,收集过程中可能出现什么问题,如何处理等,这些问题需要通过进展跟踪系统设计来解决。

水利工程项目进展跟踪系统设计的内容,一般包括以下几方面:

(1)确定跟踪的对象。包括项目计划内容、内部环境因素、外部环境因素、风险等,具体有项目范围、主要里程碑、资源、进度、质量、资金、移民、安全、环保、变更、组织等。

(2)确定收集信息的范围。包括项目现场的活动信息、投入信息、项目产出信息等,以及项目对外部环境交流的信息,如采购活动等。

(3)确定项目跟踪过程。就是跟踪项目获得及时、准确、全面信息的活动过程,一般包括四个步骤:先观察,通过设立观察点、观察时间或频率、观察手段等,瞄准观察对象;然后是测量,根据不同的信息内容、形式等,采用科学合适的测量方式进行测量;其次是分析,对测量的结果进行初步分析,判定其准确性、可靠性、真实性等;最后是记录和报告。

(4)确定跟踪的组织和人员。设立专门的组织或融合在项目总体组织中,并选派或指定专门的人员,负责跟踪工作。

(5)确定跟踪的工作制度。完善的跟踪工作制度,是保证跟踪工作有效进行的基本保障。

在设计水利工程项目进展跟踪系统时,经验上,一般应注意以下四个问题:

(1)应非常重视项目跟踪和信息管理系统的总体规划相协调。工程实践中,大量的项目跟踪系统不完善,或信息收集和信息管理不协调,使项目跟踪的效率低,信息管理系统的效率更低,甚至造成废弃,使工程项目管理的整体绩效不高。

(2)应特别注意项目跟踪的及时性。及时的信息才对项目决策和管理起到辅助作用。工程实践中,应注意根据信息的紧迫程度、重要程度等进行分类,确定跟踪的强度和报告的频率。

(3)应特别注意信息的标准化和报表的规范化。对应项目的管理和信息管理的需要,要对信息进行专门的设计,如代码设计等;另外就是报表的规范设计,也非常重要。良好的信息的标准化和报表的规范化,可以大大提高项目跟踪和信息管理的效率。

(4)应注意充分应用先进的 IT 技术。尤其是对于大型复杂的时空跨度大的水利工程项目,一方面,工程工期较长,跟踪时间长,信息量大;另一方面,项目的空间跨度大,交通成本高。此时,采用大型的数据库管理技术、网络数据交换技术等,可以提高进展跟踪和信息管理的效率。

## 第四节　水利工程项目控制概述

### 一、控制的基本原理

控制是项目管理计划、组织、协调和控制等四大职能之一,是保证实现项目总目标的重要环节。

一般认为,控制就是为了改善某些对象的功能和进展,收集信息并依据这些信息,加在该对象上的作用。依此推展,水利工程项目的控制就是在水利工程项目按照预定计划进行实施的过程中,由于项目计划中存在的不确定性和实施过程中各种影响因素的干扰,造成实施过程偏离预定计划,项目管理者依据项目跟踪获得的信息,通过比较原计划,找出偏差,分析原因,采取改善措施,实施纠偏的全过程。在水利工程项目实施过程中,项目的复杂性和项目环境的复杂多变性决定着工程实际过程必然或多或少地偏离预定计划,是不可避免的。进行水利工程项目控制,就是把该偏离保持在可控的范围内,使工程实施始终处于受控状态,以保证最终目标的实现,避免项目完全失控,导致最终失败。

由此可知,水利工程项目控制是一个主动的、动态的、循环的过程。在此过程中,需要针对计划系统确定的目标,根据跟踪系统提供的信息,对项目进行系统控制。所以,进行水利工程项目控制时,要坚持控制论和系统论、信息论等相结合的指导思想。

### 二、控制的必要性

水利工程项目的控制会直接关系到项目的成败。其原因如下:

(1)水利工程项目是一个复杂的系统,尤其是随着社会的发展,水利工程项目的规模和投资越来越大、技术越来越复杂、要求越来越高,如三峡工程、南水北调工程等。这类项目的计划本来就很复杂,计划实施难度就更大,不进行有效的控制,预定的计划就很难实施,项目失去控制则必然会导致项目的失败。

(2)水利工程项目实施面临的环境越来越复杂,包括外部环境和内部环境,比如外部自然环境的复杂多变,如异常恶劣的气候条件、地质条件等,以及复杂的社会环境,如物价的大幅度波动、政府的干预等;还有内部环境,如停水、断电、材料供应受阻、资金短缺、组织冲突等问题。这些干扰的作用使实施过程偏离项目的目标和计划,如果不进行控制,会造成偏离的增大,最终可能导致项目的失败。

(3)正是由于水利工程项目的复杂性,项目的设计、计划等难免出现错误,在实施中,就需要频繁修改设计和调整计划,使正常的施工秩序被打乱,增加实施过程中管理工作或技术工作的失误。只有进行严格的控制才能不断地调整实施过程,使它与目标、与计划一致。所以,需要在实施过程中,进行并控制这些修改和调整。

(4)水利工程项目的正常实施,需要大量参与单位的密切配合、协调一致,但可能由于项目各参加者的利益的冲突,或者信息沟通的不畅,或者工作重点的错位,或者组织对接和融合不够,则会造成行为的失调、管理的失误。而这不仅会影响自己所承担的局部工作,而且会引起连锁反应,使项目实施整个过程中断或受到干扰。所以对他们必须有严格的控制。

(5)随着国内市场一体化、经济全球化,水利工程项目也面临一些新局面:跨地区、跨国界项目增多,投资结构更复杂,甚至包括外资进入,工程实施参与方更复杂,甚至包括大量国外组织和机构等,这会产生许多新问题和要求,如远程控制、跨国合作、资源调配、文化融合等。这些项目控制难度更大,失败的影响也更大,需要对项目进行更好的控制。

(6)水利工程项目的失败后果非常严重,如枢纽大坝的失稳、河道大堤的溃决等,都会引起非常严重的灾难性后果,所以,对工程的实施需要严格控制,以保证项目达到设计标准,保证工程的正常运行。

## 三、控制的类型

控制有多种形式和类型,可以从不同的角度进行划分。

(1)按控制方式分,包括前馈控制(事先控制)、过程控制(现场控制)和反馈控制(事后控制)。前馈控制是在项目活动或阶段开始前,深刻地理解项目各项活动,根据经验对项目实施过程中可能产生的问题、偏差进行预测和估计,并采取相应的防范措施,防止不利事件的发生或尽可能地消除和缩小偏差。如对进场的材料和设备进行检查,防止使用不合要求的资源,保证项目的投入满足规定的要求。这是一种防患于未然的控制方法。过程控制对进行过程中的项目活动进行检查和指导,一般在现场结合项目活动和控制对象的特点进行。事后控制在项目活动或阶段结束或临近结束时进行,是偏差发生后的纠偏活动,如质量检查和实验等。

(2)按控制流程分,包括正规控制和非正规控制。正规控制就是按照设定的控制流程进行控制,如定期召开进展情况汇报会、阅读项目进展报告等,主要依靠控制系统的组织和技术来完成,如项目管理信息系统、变更控制系统等。非正规控制是项目管理人员非正式的交流、沟通,了解情况,找出和分析问题的原因,及时解决问题的控制方式。

(3)按控制内容分,包括进度控制、质量控制、成本控制等。

(4)根据对控制目标针对性,分为直接控制和间接控制。直接对项目活动进行的控制属于直接控制;不直接对项目活动,通过组织成员对具体项目活动的直接控制来进行的控制,属于间接控制。项目的大规模、复杂性及组织管理的规律决定着项目高级管理者必须对项目活动进行间接控制,项目组织的操作层必须对项目进行直接控制。

(5)按照控制主体分,包括业主方控制、监理方控制、施工方控制等。不同的主体,控制的内容和流程有所不同。按照现行的水利工程建设项目管理体制,业主方的控制是总体控制,施工方的控制、供货方的控制等是基础控制,监理方的控制是中间控制,介于总体控制和基础控制之间。

## 四、控制的内容

水利工程项目实施控制内容非常丰富,一般人们根据水利工程项目管理的三大目标,将它们归纳为三大控制,即进度(时间、工期)控制、投资(成本、费用)控制、质量(技术)控制,这仅是工程实施控制最核心的工作,但还包括其他一些重要的控制工作,如:项目整体变更控制,是项目全局性的整体性的变更控制;项目范围控制,是局部性的变更控制,包括设计变更、施工方法变更等；合同控制；风险控制等。

关于各个控制的具体内容，在后续章节详述。在此需要说明的是，一定要注意控制内容或目标之间的综合协调性，也就是要综合权衡各个目标，进行综合控制。因为这几个方面是互相影响、互相联系的，如果过分强调某一个方面，会造成其他方面的失控，或项目总体目标的失衡，所以应综合考虑成本、工期、质量等所有目标，综合地采取技术、经济、合同、组织、管理等措施，进行综合控制。进行综合控制，需要科学、艺术和意志的完美结合。

## 第五节　水利工程项目控制系统设计

对水利工程项目计划系统的控制，需要进行系统性的控制，需要设计和实施控制系统。项目实施控制必须形成一个由总体到细节，包括各个方面、各种职能的严密的多维的控制体系。

### 一、控制的依据、对象

#### （一）控制依据

主要包括：有关的法律、法规和政策；有关的技术规范和标准；工程的有关文件，包括项目批准文件、设计文件、合同文件等；工程项目计划和目标系统；其他。

#### （二）控制对象

工程项目控制的对象主要是项目设计和计划的对象，主要包括：

（1）工程项目整个实体的各个部分，直到各个工程任务和活动。这需要从宏观到微观的结构分析，并自上而下进行总体把握、自下而上进行控制的过程。比如对于工程质量，需要先进行质量控制目标体系分解，然后从控制工序质量、工艺质量、单元工程质量等这些最小单元做起，才能真正控制工程质量。

（2）工程项目的各个生产要素，包括人员、材料、设备、费用等。

（3）工程实施的环境，包括内部环境和外部环境。

（4）项目管理任务的各个方面，如成本、质量、工期、合同等。

（5）工程项目的实施过程的逻辑性、连续性、安全性、稳定性等。

工程项目控制的深度和广度完全依赖设计与计划的深度和广度及计划的适用性。一般来说，计划越详细、越严密，则控制就必须越严密。

### 二、控制的准备工作

项目实施控制的许多基础性管理工作和前提条件必须在实施前或在实施初期完成，控制实施的准备工作主要包括以下几方面。

#### （一）控制的组织、人员和制度准备

（1）组织准备。主要是选择控制的实施组织，可以采取两种方式：一是控制外包，即采用招标或协商谈判的方式，把控制工作外包给其他组织和单位实施。此时，注意全面审查其能力、资信、过去业绩、经验、技术等方面，并详细审查其针对本工程项目的控制方案，并通过合同明确本工程的控制目标、实施者的责任和义务等。二是由自己组织实施控制，

一方面是人员和制度准备;另一方面,应通过设计交底、技术讨论、规范学习、管理沟通等,使大家对任务和目标产生共识,并通过研讨,制订详细的控制方案。

(2)人员准备。无论是采用何种组织形式,人员始终是实施控制的直接主体。选派能力足够、数量足够的人员,并进行必要的岗前培训和学习,对于实施有效控制是非常必要的。

(3)制度准备。进行组织的制度设计,一方面,明确权利、责任、目标和任务,并实施有效的激励和约束,调动控制人员工作的责任心和热情;另一方面,制定详细的控制工作业务流程。

**(二)控制的软技术支持和硬技术支持准备**

(1)控制的软技术支持,主要是一些管理技术,如建立信息管理系统、分解编码技术等。

(2)控制的硬技术支持,主要是指自然科学技术,包括测量、检验、试验等仪器、设备的购置、安装、调试等。

**(三)控制的现场条件准备**

控制的现场条件准备十分繁杂,涉及的工作很多。比如:控制用临时设施的搭建,场地的平整处理,计量认证的报批,修建控制用交通、通信基础设施,解决控制的办公和生活基础条件等。当然,有些准备工作是和工程实施准备工作重合的,一起完成并共用。

## 三、控制的主要工作和流程

按照反馈控制的方式,一个完整的控制过程,其主要流程和工作如下。

**(一)确定控制目标,并建立项目控制指标体系**

项目的控制目标包括总目标和阶段性目标。总目标一般通过项目设计说明书或项目合同确定;阶段性目标可以是一些里程碑事件或者总目标分解的子目标等,这些指标可能包括费用指标、资源利用指标、质量指标、进度指标等。这些指标值的确定,要依据项目的计划系统文件、跟踪系统文件确定。

**(二)通过项目跟踪系统,获得项目实施的实际信息,确定偏差的存在**

(1)首先通过对实施过程的跟踪获得反映工程实施情况的资料和对现场情况的了解,通过信息处理,管理者可以获得实际工程情况的信息,并形成项目状态报告或项目进展报告。这是进行工程控制的第一手资料。

(2)然后,将获得的实际信息与项目的目标、计划相比较,可以确定实际与计划的差距,确定偏差是否存在,并获知何处、何时、哪方面出现偏差,形成项目的偏差报告。对偏差的分析应是全面的,从宏观到微观,由定性到定量,包括每个控制的对象。

①获得偏差的方式。偏差的获得一般采用的方式是将工程实际状态和原计划状态相比较。所谓原计划状态,就是项目计划系统确定的项目状态,即在工程初期由原任务书、合同文件、合同分析文件、实施计划确定。实际状态就是工程的实际情况,由项目跟踪的状态报告确定。

但是,我们还应注意到,由于项目实施中环境不断变化、业主的新要求等,会造成计划的变更。例如工程量的增加和减少、新增工程、业主指令停工或加速,这会导致目标的变更和新的计划版本。这样实际工程与原计划甚至原目标(指实施前制定的)可比性就不大,应该在原计划的基础上考虑各种变更的影响。为此,需要采取第二种获得偏差的方式,即将工程实际状态和调整后的计划状态相比较,所谓调整后的计划,就是在原计划的基础上考虑到各种变更,包括目标的变化,设计、工程实施过程的变化等确定的状况。计划的变更是使计划更适应实际,而实施的控制是使实际更符合计划(或变更了的计划)。

这三种状态的比较代表着不同的意义和内容。用实际情况和原计划对比,可以获得实际情况到底偏离了原计划多少,对项目总体把握有用,但用于实际的实施控制,可能导致错误的结果;用实际情况和调整后的计划比较,可以得知更具实际意义的偏差信息,特别对成本分析和责任分析更为有用;将原计划和调整计划比较,可以获得项目计划的总体修改情况。

②偏差的内容。在水利工程项目中,偏差可能表现在以下几方面:项目的工程量;生产效率,控制期内的劳动消耗;投资或成本:各工作包成本、费用项目分解,剩余成本;工程工期,如工程的最终工期、剩余工期;工程质量。这些应在偏差报告中确定,并详细说明。

③偏差的表现形式。偏差的表现形式可以有多种,包括数字、文字描述、图形、表格等,依据表现的偏差对象,采用合适的形式。比如对于进度偏差,可以用数字、网络图、横道图表示,对于投资偏差,可以用表格、直方图、累计曲线等表示。

需要另外说明的是,及时认识偏差,可以及时分析问题,及时采取措施,反应时间短,使花费或损失尽可能的小。发现项目发生偏差后,到控制完成,还需要原因分析和措施提出、决策、措施应用、措施产生效果,这些都需要时间。实践证明,如果反应太慢,造成措施滞后,偏差量增大,会加大纠正偏差的难度,并造成更大的损失。发现偏差是第一步,所以应尽量快。

### (三)分析偏差产生的原因

#### 1.首先确定偏差的性质

项目进展中产生的偏差一般有正向偏差和负向偏差两种。

1)正向偏差

正向偏差意味着进度超前或实际的花费小于计划花费。这对项目来说可能是个好消息。但也应注意:一方面,可能是计划的不完善造成的,可能需要调整计划,重新确定关键线路,重新分配资源;另一方面,正向偏差也很可能是进度拖延的结果,比如项目预算的正向偏差很可能是由于在报告周期内计划完成的工作没有完成而造成的。

2)负向偏差

负向偏差意味着进度延迟或花费超出预算。进度延迟或超出预算不是项目管理层愿意看到的。但也应注意:负偏差也可能是好事,比如预算的负偏差可能是因为在报告周期内比计划完成了更多的工作,只是在这个周期内超出了预算。

#### 2.分析偏差产生的原因

分析产生问题和偏差的原因,即为什么会产生偏差的,怎么引起的。对于水利工程项目,可能有如下若干原因:工程目标的调整;新的边界条件的变化,如工程范围的扩大;工程量的大幅变化;施工环境条件的变化,如出现恶劣的气候条件、不可预料的地质条件;计划存在错误;合同存在缺陷;不可预见的风险发生,如洪水、地震、动乱等不可抗力;物价的变动;后续法规的变化;工程施工冲突发生,协调不力;工程测量基准有偏差;工程指令不当等。

对偏差原因的分析,还应分析各原因对引起偏差影响的程度,对影响程度大的原因要重点防范。

通常偏差的作用很少是积极的和有益的,大多数是消极的,原因的分析必须是客观的、定量和定性相结合的。原因分析可以采用因果关系分析图(鱼刺图)等方法。

3. 原因责任的分析

分清责任是采取纠偏措施的基础。责任分析的依据是原定的目标分解所落实的责任,包括任务书、合同、部门岗位责任等。只有清楚造成偏差的责任方和根源,才能分清应由谁来承担纠正偏差的责任和损失,以及如何纠正偏差。从责任主体来说,一般包括以下几种情况。

1) 由项目业主负责

如项目业主没有及时提供施工条件,提供的原始资料和数据有差错,提供的材料不符合工程质量标准要求,以及其他业主没有按期完成合同中规定的应承担的义务,或应由业主(或客户)提供的资源在时间和质量上不符合合同要求的情况。

2) 由项目业主的服务方承担责任的情况

对于施工承包方,如施工计划不周、施工方法和工艺不当、配置资源不足等;对于设计方,如不能及时提供设计图纸、设计缺陷等;对于工程监理方,如不能配备足够的监理人员影响到工程实施、设备不足、管理不当等;对于设备和材料供应商,如设备和材料不合格、进场延误等。

3) 第三方负责

第三方是指与业主签订合同的服务方以外的组织,如为施工单位提供施工设备的厂家等。第三方的责任由第三方向其责任方(业主的服务方)承担,并由服务方向业主承担责任。

4) 无主体原因

一方面,是异常气候条件、不可预料的现场障碍、法规政策变化等;另一方面,是不可抗力的原因,即不可预见、不能避免、不能克服的各种自然和社会情况,如战争、自然灾害等。这方面原因造成的偏差应由业主和承包人共同承担责任。

但在实际工程中,常常存在多方面责任或责任交叉,或多种原因综合的情况,则必须依据一定的规则,进行协商分解。

4. 趋势预测

在分析偏差原因的基础上,进行工程趋势预测极为重要,可为项目决策提供有力的支持和帮助。预测包括以下两个大的方面:

(1)原状预测。按目前状况继续实施工程,不采取任何新的措施,会有什么结果。例如工期、质量、成本开支的最终状况,所受到的处罚(如合同违约金),工程的最终收益(利润或亏损),完成最终目标的程度等。

(2)改善预测。即如果采取调控措施,以及采取不同的措施,工程项目将会有什么结果。例如工期、质量、成本开支的最终状况,工程的最终目标实现程度等。

项目趋势预测是措施选择和决策的基础,是采取正确措施、作出合理决策的保证。

5. 采取控制措施,实施纠偏

对项目实施的调整通常有两大类:

(1)对项目目标的修改。即根据新的情况确定新目标或修改原定的目标。例如修改设计和计划,重新商讨工期、追加投资等,而最严重的措施是中断项目,放弃原来的目标。

(2)利用对项目实施过程的调控手段,如技术的、经济的、组织管理的或合同的手段,干预实施过程,协调各单位、各专业的设计和施工工作。

在工程过程中调整是一个连续的、滚动的过程,每个时段、重要阶段、重要事项发生等,都需进行调控。而且,采取调控措施是一个复杂的决策过程,会带来许多问题,例如:如何提出对实施过程进行干预的可选择方案,以及如何进行方案的组合。对差异的调整有的只需一个措施,有的却需几个措施综合,有的仅需局部调整,有的却需要系统调整。对调控方案需要进行技术经济分析,进行科学决策。调控方案也需要进行详细计划和安排,也会带来新的问题,存在新的风险。有时,一些重大的修改或调控方案必须经过权力部门的批准,比如,工程设计的重大变更必须报上级水行政主管部门批准等。

另外需要说明的是:

(1)控制方式应综合应用。上述的控制过程是反馈控制系统过程,很显然,它的控制存在时滞,即已出现问题了再调整,这样往往难免造成损失,为此我们可以综合采用多种控制方式,比如:前馈控制,包括通过详细的调查研究、详细设计和计划,科学地安排实施过程;在材料采购前进行样品认可和入库前检查;对供应商、承(分)包商进行严格的资格审查;收听天气预报以调整下期计划,特别是雨季和冬季施工;对风险进行预警等。过程控制,即在实施过程进行中采取控制手段。例如通过严密的组织落实责任体系,建立管理程序和规章制度,在各职能管理之间建立权力制衡,定期的审计等,项目管理系统设计应贯彻防护性控制原则。

(2)不同的控制内容,其控制的工作内容和具体方法会有差别。有关内容将在后续的有关章节中论述。

(3)不同的控制主体,其控制的工作内容和具体方法也会有差别。如项目业主对工程的控制、工程监理方对工程的控制、施工方对工程的控制,其工作内容和工作方法均有不同。

## 四、水利工程项目控制的工程实践中应注意的问题

在水利工程项目控制的工程实践中,经验上,一般应注意以下几个问题。

### (一)要非常重视非正规控制

非正规控制虽然没有正规控制详细、科学、系统,但在工程实践中的作用是不可小视的。比如,许多管理人员(业主主要负责人、总监理工程师、施工项目经理等)一有时间就到现场,观察工程进展,同人们交谈。这就是一种非正规控制,有人称之为"走动管理"。非正规控制有若干好处:了解的情况多而及时;现场的人们要比在办公室里坦率、诚恳;管理人员在工作岗位上时要比不在时更愿意向他人介绍自己的工作和成就,这时候高级管理人员若表示赞许,则能激发他们的干劲和创造精神;如果项目要出问题,则容易在其酝

酿阶段就发现;高级管理人员到现场会产生多方面的微妙感受,能够觉察出许多潜伏的问题;到了现场,容易缩小管理班子成员之间的距离,彼此之间更易接近,讨论问题的气氛更融洽,更容易找出解决问题的办法。

在现场,项目的实际情况在管理人员头脑里形成了鲜明印象,这个印象随时同项目计划对照。这个印象也随时使头脑产生项目将来的形象。对照和预想就会发现问题,就会触发灵感,就会想到是否采取措施,纠正计划的偏离。

**(二)要注意控制的灵活性**

一说控制,许多人的即时反应就是标准、程序、制度等,工作中也死搬硬套标准、程序、制度。但我们应该知道,控制系统中的标准、程序、制度、方法、策略不是一成不变的,控制系统也要随着工程项目进展、根据具体情况进行调整和完善,所以进行控制要有灵活性,不能过于僵化,固定不变。

**(三)要注意全局观念和重点观念**

一是全局观念,就是要综合考虑,统筹兼顾,不能过分强调一个方面而不顾其他。比如过分强调质量而牺牲成本和进度,或过分强调进度而忽视质量等,都是不可取的。二是重点观念,要抓住项目中有重大影响的关键问题和关键点,如进度管理中,重点抓关键作业和里程碑等,抓住重点,才能提高效率。全局观念和重点观念不矛盾。

**(四)注意采用一些非常有效的方法和措施**

比如高层检查制度,即高层管理人员深入工程现场,检查质量和进度,起到督促和榜样的作用。当然,这些人员不能随便在现场发号施令,需要发指示时,要通过项目组织系统,否则,就会越权,并让操作人员无所适从。再如建立应急优先机制,就是我们经常说的特事特办,当然,把特权加到正常的工作程序中是有害无益的,但对于一些重大或意外情况,必须有“绿色通道”,才能实施工程的更好的控制。

# 第四章　水利工程项目范围管理

## 第一节　水利工程项目范围管理概述

### 一、项目范围的概念

项目范围是指为了成功实现项目目标所必须完成的各项工作。简单来说，确定项目范围就是为项目界定一个界限，划定哪些方面是项目应该做的，哪些是不应该包括在项目之内的。

在项目管理中，项目范围的概念主要包括以下两个方面：

(1)产品范围，是指工程产品或服务(可交付成果)中应包含有哪些特征和功能，是项目的对象系统的范围。产品范围是对产品要求的度量。

(2)项目范围，是指为了成功达到项目目标，交付具有所指特征和功能的产品与服务所必须要做的工作，是项目行为系统的范围。项目范围在一定程度上可以说是项目计划产生的基础。

产品范围和项目范围要紧密结合，以保证项目目标的完成。确定了项目范围也就定义了项目的工作边界，明确了项目的目标和项目的可交付成果。所以，合理的范围定义对于项目的成功来讲是十分关键的。

### 二、项目范围管理的概念和作用

**(一)项目范围管理的概念**

项目范围管理是项目管理的一部分，是指从项目建议书开始到竣工验收交付使用为止的全过程中所涉及的工作范围进行界定和管理的过程。

**(二)项目范围管理的作用**

在现代项目管理中，范围管理是项目管理的基础工作，是项目管理体系中九大知识体系之一。项目范围管理的作用主要表现在以下几个方面。

1.提高费用、时间和资源估算的准确性

范围管理对组织管理、成本管理、进度管理、质量管理、采购管理等都有规定性。对承包商来说，项目的工作边界定义清楚了，项目的实际工作内容就具体明确了，项目实施过程中所花费的各种费用、时间和资源估算的准确性就会更高，以便进行精确的计划和报价。

2.确定了进度测量和控制的基准

项目范围是项目计划的基础，如果项目范围确定了，就为项目进度计划和控制提供了依据。

3. 有助于清楚地分配责任，对项目任务的承担者进行考核和评价

项目范围的确定也就确定了项目的具体工作任务和相应的责任分配。

项目范围管理对成功达到项目目标至关重要。如果项目范围确定的不明确或不恰当，一方面会降低进度计划和资源估算的有效性；另一方面，项目实施过程中就需要不断进行项目范围的变更和调整，这会破坏项目的节奏和进程，造成返工、延长项目工期，影响项目组成人员的积极性，降低劳动生产率，会导致最终费用的提高，甚至大大超出概算预算的要求。

## 三、工程项目范围管理的内容

工程项目范围管理的主要内容包括项目范围的确定、定义、控制、变更和确认等五个方面的工作。

### （一）范围确定

项目范围确定就是明确项目的目标和可交付成果，确定项目的总体系统范围并形成文件，以作为项目设计、计划、实施和评价项目成果的依据。

### （二）范围定义（项目系统结构分解）

范围定义是对项目系统范围进行结构分解（工作结构分解），范围定义的结果是工作分解结构（WBS）及相关的说明文件。用可测量的指标定义项目的工作任务，并形成文件，以此作为分解项目目标、落实组织责任、安排工作计划和实施控制的依据。

工作分解结构和工作范围说明文件是范围定义的主要内容，工作分解结构的每一项活动应在工作范围说明文件中表示出来。

### （三）范围控制

范围控制主要是保证在项目实施过程中，各项工作是在已确定的项目范围内开展。

1. 活动控制

控制项目中实际进行的工作，保证在预定的范围内实施项目。

2. 落实范围管理的任务

审核设计任务书、施工任务书、承包合同、采购合同、会议纪要及其他的信函和文件等，掌握项目动态，并识别所分派的任务是否属于合同工作范围，是否存在遗漏或多余。

3. 项目实施状态报告

通过这些报告了解项目实施的中间过程和动态，识别是否按项目范围定义实施，以及任务的范围和标准有无变化等。

4. 定期或不定期地进行现场访问

通过现场观察，了解项目实施状况，控制项目范围。

### （四）范围变更

项目范围变更是项目变更的一个方面，是指在项目实施期间项目工作范围发生的改变，如增加或删除某些工作等。

1. 应建立范围变更控制系统

该系统应与项目环境的监控、预警，以及与项目目标控制系统、工程变更控制系统等集成，形成一个完整的体系，且必须与所有相关合同的要求保持一致。

2. 当变更发生时必须进行有效的控制，合理调整项目范围

范围变更即是对原已确定的，并已通过审批的项目分解结构（WBS）中工程活动的改变与调整。项目范围变更常常伴随着对成本、进度、质量或项目其他目标进行调整的要求，伴随着设计和计划的更新。

3. 调整行动

变更发生后，将变更的事实纳入整个计划的修改和调整过程，实现对变更后工程的合理运作。

4. 总结变更管理方面的经验教训

范围变更会对项目的运行造成影响，及时总结项目实施过程中的变更管理问题，为将来的项目实施提供经验和教训。

**（五）范围确认**

在工程项目的结束阶段，或整个工程竣工时，在将项目最终交付成果移交之前，应对项目的可交付成果进行审查，审核项目范围内规定的各项工作或活动是否已经完成，可交付成果是否完备和令人满意。范围确认需要进行必要的测量、考察和试验等活动。

### 四、不同阶段水利工程项目的范围管理内容

水利工程项目建设程序分为八个阶段，范围管理在各个阶段的内容有所不同。

从项目产品范围来说，在项目建议书阶段，要对拟建项目作初步说明；在可行性研究阶段，通过方案比较，选定方案，明确确定项目范围；在初步设计阶段，通过设计工作明确定义项目范围，初步设计文件经批准后，主要内容不得随意修改、变更，并作为项目建设实施的技术文件基础。这三个阶段主要是项目范围的确定和定义，需要说明的是，这些工作需要按照国家和行业的有关规范、规定进行。在项目施工准备阶段、建设实施阶段和生产准备阶段，主要的工作是进行项目范围的控制和变更，除一般的范围控制和变更工作以外，需要注意两点：一是注意预判、分析和处理范围变更引起的合同问题，二是注意重大的设计变更需要报有关部门批准。竣工验收阶段，需要进行项目范围的确认，核查项目产品的完整性和完好性。

从项目范围角度，即为了成功达到项目目标、交付具有所指特征和功能的产品与服务所必须要做的工作来说，各个阶段分别有不同的工作内容，水利行业有关的规范和规定也详细规定了各个阶段应完成的项目工作的内容、程序与方法，该部分内容在第二章有详述。

## 第二节　水利工程项目范围确定过程

### 一、工程项目范围确定的概念与作用

一般项目范围界定指将项目说明书中项目的主要可交付成果进一步分解，以便于管理。

工程项目范围界定就是要将建设项目进行分解和将计划对象进行分解。将建设项目

分解就是项目划分,也是产品分解体系。比如可以将它依次分解为单位工程、分部工程和单元工程,也可以将它分解为建筑工程、机电设备及安装工程、金属结构及安装工程等;将计划对象分解就是将总计划分解为阶段计划、月计划、旬计划,或将总计划分解为单项工程计划、单位工程计划和分部工程计划。计划对象的项目划分是以项目产品划分为基础的。

工程项目范围确定的目的是通过细化工程项目产品,提高对工程项目成本、工期及所需要的资源的估算准确性,便于分工和明确责、权、利。

## 二、工程项目范围确定的过程

工程项目范围确定是进行进度网络分析、项目组织设计的基础工作,不进行工程项目范围的确定,以后的计划工作就没有办法完成。工程项目范围确定是一个复杂的系统工程,一般可从两个方面进行:一是静态结构,即分解出完成整个工程项目的所有工作;二是动态结构,即这些工作间是如何连接起来完成整个工程项目的。工程项目范围的确定通常需要经过如下过程完成:

(1)项目目标的分析。

(2)项目环境的调查与限制条件分析。

(3)项目可交付成果的范围和项目范围确定。

(4)对项目进行结构分解(WBS)工作。

(5)项目单元的定义。将项目目标和任务分解落实到具体的项目单元上,从各个方面(质量和技术要求、实施活动的责任人、费用限制、工期、前提条件等)对它们作详细的说明和定义。

(6)项目单元之间界面的分析。项目单元的定义只是给出了各项工作的静态结构,这些工作如何连接起来,需要对项目单元之间的界面进行分析。项目单元间的界面分析包括界限的划分与定义、逻辑关系的分析、实施顺序的安排。通过项目间的界面分析,可将全部项目单元还原成一个有机的项目整体。

## 三、工程项目范围确定的依据

### (一)项目目标的定义和批准的文件

如项目建议书、可行性研究报告、项目任务书、招标文件。

### (二)项目产品描述文件

如项目的功能描述文件、规划文件、设计文件、规范、可交付成果清单(如设备表、工程量表等)。

### (三)环境调查资料

如法律规定、政府或行业颁布的与本项目有关的各种设计和施工标准、现场条件、周边组织的要求等。它们确定了对工程实施的要求。

### (四)项目的其他限制条件和制约因素

如项目的总计划、上层组织对项目的要求、总实施策略等。它们决定了项目实施的约束条件和假设条件,如预算的限制、资源供应的限制、时间的约束等。

**(五)其他**

如其他项目的相关历史资料,特别是关于过去同类项目经验教训的资料。

## 四、工程项目范围确定的方法

**(一)工作分解结构的概念**

工作分解结构简称 WBS,是 Work Breakdown Structure 的缩写,指把工作对象(工程项目,其管理过程和其他过程)作为一个系统,把它按一定的目的分解为相互独立、相互制约和相互联系的活动或过程。这种方法应用于工程项目中,则称为工程项目工作分解结构。

工作分解结构确定了项目整个范围,并将其有条理地组织在一起。工作分解结构把项目工作分成较小和更便于管理的多项工作,每下降一个层次意味着对项目工作更详尽的说明。把一个项目按照其内在结构或实施过程分解成若干子任务或工作单元,目的是便于对项目进行合理规划与控制管理,能够找出项目工作范围的所有要素。列入工作分解结构的工作属于项目工作范围,而未列入工作分解结构的工作将排除在项目范围之外。工作分解结构是已批准的项目范围说明书规定的工作,构成工作分解结构的各个组成部分,有助于利益相关者理解项目的可交付成果。通过逐级分解并形成的 WBS 结构图可以明确地反映项目内工作细目结构层次和各个工作单元在项目中的地位与构成。WBS 结构图的每一层细分表示对项目可交付成果更细致的定义和描述,其最低层是细化后的“可交付成果”。

例如,对大型工程项目,在实施阶段的工作内容相当多,其工作分解结构通常可以分解为六级:一级为工程项目;二级为合同单项工程;三级为单位工程;四级为分部工程;五级为任务;六级为工作或活动。

**(二)工程项目工作分解结构的目的**

工程项目分解结构是项目结构分析的重要内容和基础,其技术性非常强。它的主要目的是:

(1)保证项目结构的系统性和完整性。分解结果应包括项目的全部构成,不能有遗漏,这样才能保证设计、计划、控制范围的完整性。

(2)便于管理者了解整体,方便管理。通过项目结构分解可使项目目的更加形象、透明,管理者一目了然,从而方便了管理。

(3)确定建立完整的项目保证体系的基础。在项目结构分解的基础上,将项目任务的重点、质量、工期、成本目标分解到各项目单元,这样可以进行详细的设计、计划,实行更有效的控制和跟踪,对项目单元进行工作量计算,确定实施方案,作实施计划、成本计划、工期计划、资源计划、风险分析等。

(4)能明确地划分各单元和各项目参加者之间的界限,能方便地进行责任的分解、分配和落实。

(5)方便网络的建立和分析,可用于进度控制。

(6)作为项目报告系统的对象。例如费用结算、进度报告、账单、会谈纪要、文件的说明等,常常都是以项目单元为对象。

(7)方便建立项目组织和相应的责任体系。即将项目系统与组织结合起来形成责任体系,作为委托或下达任务、进行沟通的依据。

(8)方便目标的协调,使项目目的形象、透明,方便控制。

**(三)工程项目工作分解结构的原则**

工程项目工作分解结构没有普遍适用的方法与规则,要按照实际工作经验和系统工作方法、工程的特点、项目自身的规律性、管理者的要求操作。其基本原则如下:

(1)应在各层次上保持项目内容的完整性,不能遗漏任何必要的组成部分。

(2)一个项目单元只能从属于某一个上层单元,不能同时交叉从属于两个上层单元。

(3)相同层次的项目单元应有相同的性质。例如,某一层次是按照实施的过程进行分解的,则该层次的单元均应表示实施过程,而在并列的单元不能有的表示过程,有的表示中间产品,有的表示专业功能,这样容易造成混乱。

(4)项目单元应能区分不同的责任者和不同的工作内容。项目单元应有较高的整体性和独立性,单元之间的工作责任、界面应尽可能小且明确,这样就会方便项目目标和责任的分解与落实,方便进行成果评价和责任的分析。

(5)项目结构分解应注意功能之间的有机结合。项目结构分解能方便应用工期、质量、成本、合同、信息等管理方法和手段,方便目标的跟踪和控制,符合计划和控制所能达到的程度,注意物流、工作流、资金流、信息流的效率和质量,注意功能之间的有机组合和合理归属。

(6)分解出的项目结构应有一定的弹性。应能方便地扩展项目的范围、内容和变更项目的结构。

(7)符合要求的详细程度。

(8)对一个项目进行结构分解,层次要适宜。如果层次太少,则单元上的信息量太大,失去了分解的意义;如果层次太多,则分解过细,结构便失去了弹性,调整余地小,工作量大量增加,效果却很差。

**(四)工程项目结构分解过程**

不同性质、规模的项目,其结构分解的方法和思路有很大的差别,但分解的过程却很相近,其基本思路是:以项目目标体系为主导,以项目的技术范围和工程项目总任务为依据,由上而下、从粗到细进行。

(1)将工程项目分解成单个定义且任务范围明确的子项目(单项工程)。

(2)将子项目的结果作进一步分解,直到最低层(单位工程、分部工程)。

(3)列表分析并评价各层次(直到任务或工作)的分解结果。

(4)用系统规则将项目单元分组,构成系统结构图。

(5)分析并讨论分解的完整性。

(6)由决策者决定结构图,形成相应文件。

(7)建立工程项目的编码规则。

**(五)工程项目结构分解结构图**

工程项目结构分解的工具是工作分解结构 WBS 原理,它是一个分级的树形结构,是将项目按照其内在结构或实施过程的顺序进行逐层分解而形成的结构示意图。它可以将项目分解到相对独立的、内容单一的、易于成本核算与检查的项目单元，并能把各项目单元在项目中的地位与构成直观地表示出来。如图 4-1 所示。

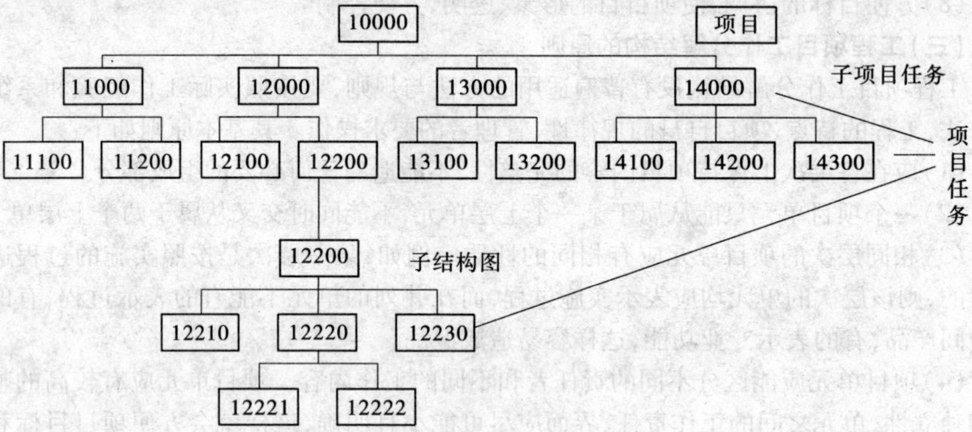


**图 4-1　项目树形结构**

WBS 树形结构图是实施项目、创造最终产品或服务所必须进行的全部活动的一张清单，它既是项目的工作任务分配表，又是项目范围说明书。

项目结构图用表来表示则为项目结构分析表。它类似于计算机中文件的目录路径。例如，上面的项目结构图可以用一个简单的表表示，见表 4-1。

**表 4-1　某项目结构分解表（项目工作分配表）**

| 编码 | 活动名称 | 负责人(单位) | 预算成本 | 计划工期 | … |
|---|---|---|---|---|---|
| 10000 | | | | | |
| 11000 | | | | | |
| 11100 | | | | | |
| 11200 | | | | | |
| 12000 | | | | | |
| 12100 | | | | | |
| 12200 | | | | | |
| 12210 | | | | | |
| 12220 | | | | | |
| 12221 | | | | | |
| 12222 | | | | | |
| 12223 | | | | | |
| 12230 | | | | | |
| 13000 | | | | | |
| 14000 | | | | | |

在表上可以列出各项目单元的编码、名称、负责人、成本项目等说明。

1. WBS 图的层次

由于工作分解既可以按项目的内在结构进行,又可按项目的实施顺序进行。项目本身的复杂程度、规模大小各不相同,从而形成了 WBS 图的不同层次。而层次又可分为功能型和要素型两种。图 4-2 是个典型的项目分解结构图。

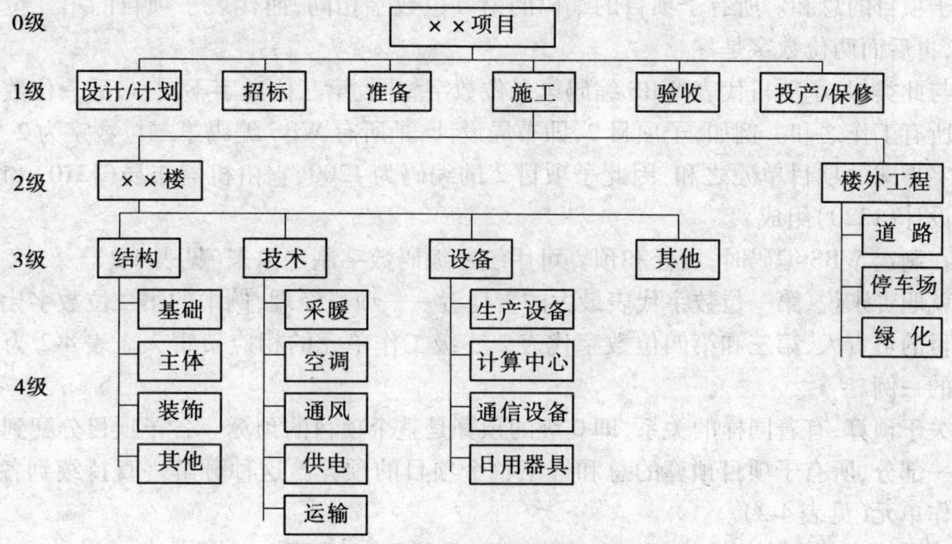


图 4-2　某工程项目工作分解结构图

2. WBS 的编码

为了简化 WBS 的信息交流过程,常利用编码技术对 WBS 进行信息转换。图 4-3 所示是某地区安装和试运行新设备项目的 WBS 图及编码。

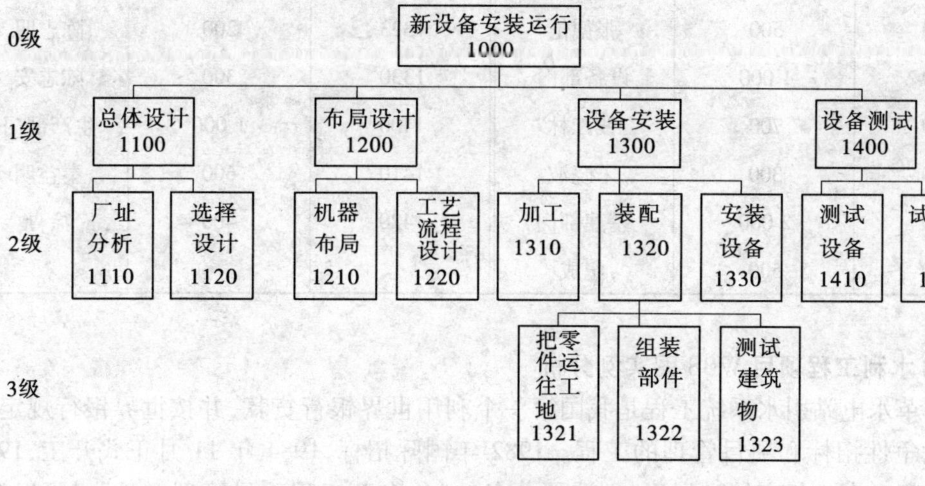


图 4-3　工作分解结构图及编码

在图 4-3 中,WBS 编码由 4 位数组成,第一位数表示处于 0 级的整个项目;第二位数表示处于 1 级的子项目单元(或子项目)的编码;第三位数是处于 2 级的具体项目单元的编码;第四位数是处于 3 级的更细更具体的项目单元的编码。编码的每一位数字,由左至右表示不同的级别,即第一位代表 0 级,第二位代表 1 级,第三位代表 2 级,第四位代表 3 级。

在 WBS 编码中,任何等级的一位项目单元,是其全部次一级项目单元的总和。如第二个数字代表子项目单元(或子项目)——即把原项目分为更小的部分。于是,整个项目就是子项目的总和。所有子项目的编码的第一位数字相同,而代表子项目的第二位数字不同,再后面两位数字是零。

与此类似,子项目代表 WBS 编码第二位数字相同、第三位数字不同,最后一位数字是零的所有工作之和。例如,子项目 2,即布局设计,是所有 WBS 编码第二位数字为 2、第三位数字不同的项目单元之和,因此子项目 2 的编码为 1200,它由机器布局(1210)和工艺流程设计(1220)组成。

在制定 WBS 编码时,责任和预算可用统一编码数字制定出来(见表 4-2)。

就职责来说,第一位数字代表最大的责任者——项目经理,例中的第二位数字代表各子项目的负责人,第三和第四位数字代表 2、3 级工作单元的相应负责人。表 4-2 为这种编码的一例。

关于预算,有着同样的关系,即 0 级的预算是整个项目的预算。各子项目分配到该总量的一部分,所有子项目预算的总和等于整个项目的预算。这种分解一直持续到各 2、3 级工作单元(见表 4-2)。

**表 4-2 各项目单元预算及责任分配**

| WBS 编码 | 预算(万元) | 责任书 | WBS 编码 | 预算(万元) | 责任书 |
|---|---|---|---|---|---|
| 1000 | 5 000 | 王新建 | 1320 | 1 200 | 齐鲁生 |
| 1100 | 1 000 | 设计部门 | 1321 | 500 | 金震 |
| 1110 | 500 | 李岩 | 1322 | 500 | 乔世明 |
| 1120 | 500 | 张德伦 | 1323 | 200 | 陈志明 |
| 1200 | 1 000 | 设备部门 | 1330 | 300 | 陈志安 |
| 1210 | 700 | 钱江林 | 1400 | 1 000 | 生产部门 |
| 1220 | 300 | 宋晓波 | 1410 | 600 | 秦益明 |
| 1300 | 2 000 | 基建部门 | 1420 | 400 | 徐青 |
| 1310 | 500 | 纪成 | | | |

**(六)水利工程项目 WBS 图实例分析**

鲁布革水电站引水系统工程是我国第一个利用世界银行贷款,并按世界银行规定进行国际竞争性招标和项目管理的工程。1982 年国际招标,1984 年 11 月正式开工,1988 年 7 月竣工。在 4 年多的时间里,创造了著名的“鲁布革工程项目管理经验”。可以说,鲁布革水电站项目是我国项目管理实践的一个成功典范,图 4-4 是该项目的工作分解结构及编码。

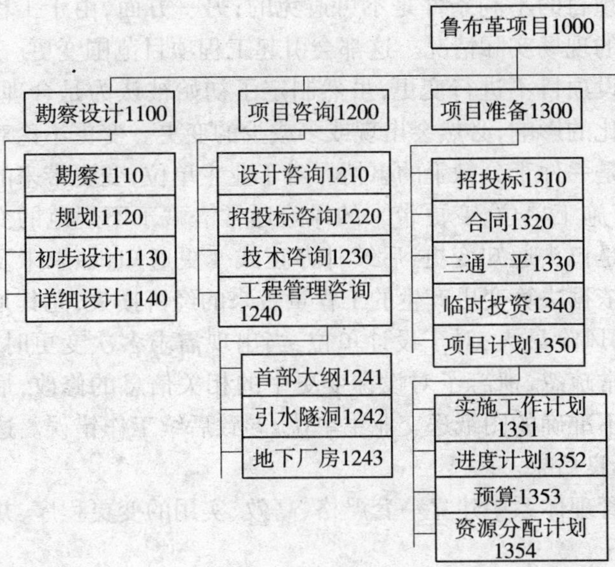


图4-4　鲁布革水电站项目工作分解结构及编码

## 第三节　水利工程项目范围变更及控制

### 一、工程项目范围变更及原因

#### (一)工程项目范围变更

在项目实施期间,项目合同赋予业主有权在合同范围内对工程进行变更。依据合同,这些变更可能涉及增加合同工作,或从合同中删除某些工作,或对某些工作进行修改,或改变施工方法和方式,或改变业主提供的材料和设施数量及规格等。

#### (二)工程项目范围变更的原因

工程项目范围变更主要原因有以下几项。

1. 建设单位提出的变更

包括增减投资的变更、使用要求的变更、与其项目产品的变更、市场环境的变更、供应条件的变更等。

2. 设计单位提出的变更

包括改变设计、改进设计、弥补设计不足、增加设计标准、增加设计内容等。

3. 施工单位提出的变更

包括增加项目、增减合同中约定的工程量、改变施工时间和顺序、合理化建议、施工条件发生变化、材料和设备的换用等。

4. 工程现场条件引起的工程项目范围变更

水利工程项目,尤其是大型水利工程项目,一方面由于受到水文、地质等大量不确定因素的影响，在工程实施中遇到无法预料的不利条件是不可避免的；另一方面，由于工程勘探工作的不足，没有完全掌握工程的现场实际情况。这都会引起工程项目范围变更。

在工程建设领域中，无法确保建设项目不进行变更，虽然制定了初始被认为是合理、详细的项目规划，由于受外部环境变化的影响，必然会出现或多或少的变更。变更不论对业主单位、施工单位还是设计单位都是一件十分棘手的事情。对于业主单位，变更带来的可能是费用的增加、工期的延长；对于施工单位，变更带来的风险通常潜藏于不规范的变更程序上。在赶工期的情况下，常常是口头通知变更，后续补办正式变更通知，如果未及时进行书面的确认，最终导致的是无依据决算变更产生的工程量带来的经济损失，尤其是在业主单位现场代表更换之后潜在的风险最大；对于设计单位，当出现需求多次变更时，由于资料文件复杂，不少设计人员常常疏忽，遗忘了对设计变更中的相关信息的修改，最后常常无法确定最终的变更信息，将不准确的图纸送交业主单位，导致后续工作错误。这些都是由于变更管理不善而导致的不良后果。

既然变更不可避免，那么在项目管理体系中建立一套严格、高效、实用的变更程序，并控制好变更，就显得非常必要了。

## 二、工程项目范围变更控制

### （一）工程项目范围变更控制概念

工程项目范围变更控制就是对造成范围变更的因素施加影响，以确保这些变化给项目带来益处，确定范围变更已经发生并对实际变更进行管理。由于项目范围变更会导致工期、质量、费用等各种目标变动，故对项目范围变动进行控制是必要的。

### （二）工程项目范围变更控制的内容

（1）对引起项目范围变更因素和条件进行识别、分析与评价。

（2）经权力人核实、认可和接受工程项目范围变更。

（3）对需要进行设计的工程项目范围变更，首先进行设计。

（4）设计施工阶段的变更，必须签订补充合同文件，然后才能实施。

（5）工程项目目标控制必须控制变更，且把变更的内容纳入控制范畴，使工程项目尽量不与原核实的目标发生偏离或偏离最小。

### （三）工程项目范围变更控制的依据

（1）有关的法律、法规和规范。

（2）有关工程建设文件，包括可行性研究报告、初步设计报告、图纸等。

（3）有关的合同文件。

（4）工程项目实施进展报告。进展报告提供了项目范围执行状态的信息，并对项目的未来进展进行预测，可以提供信息的提示，以便进行项目范围变更的控制。

（5）各有关方提出的工程变更要求，包括变更内容和变更理由。

### （四）工程项目范围变更控制的方法

（1）投资限额控制法，即用投资限额约束可能增加的项目范围的变更。

（2）合同控制法，即用已经签订的合同限制可能增加的项目范围变更。

（3）标准控制法，即用技术标准和管理标准限制可能增减的项目范围变更。

(4)计划控制法,即用计划控制项目范围的变更。如需改变计划,则应对计划进行调整并经过权力人进行核实和审批。

(5)价值工程法,即利用价值工程提供的提高价值的5条途径对工程项目范围变更的效果进行分析,以便作出是否变更的决策。这5条途径是:增加功能,降低成本;功能不变,降低成本;减少辅助功能,更多降低成本;功能增加,成本不变;增加少量成本,获得更多功能。

## 三、项目工程范围变更控制程序

工程项目范围变更控制程序规定了项目工作范围变更应遵循的程序,它包括书面工作、跟踪系统,以及批准变更所必需的批准层次。

### (一)变更申请

业主、设计单位、承包单位均可对合同工作范围提出变更申请。

设计单位提出变更,可能是优化设计的结果,也可能是发现设计中存在某些缺陷而需要对原设计进行修改。承包商提出的工作范围变更主要是考虑便于施工,同时也考虑至少满足项目现有功能的前提下,可以降低费用和缩短工期。业主提出变更,则常常是为了提高项目的使用功能和质量要求。

### (二)审查和批准变更

对工程项目范围的任何变更,监理人必须与项目业主进行充分协商,在业主的授权范围内,由监理人发出正式变更指示。当涉及设计变更时,应在设计单位出具设计变更或设计修改通知单后,才能发变更指示。

### (三)编制变更文件和发布变更指示

#### 1. 变更文件

在实施项目之前,监理人应确定变更令的标准格式,以便在发生变更时使用。变更指示的内容应包括变更项目的详细变更内容、变更工程量、变更项目的施工技术要求和有关文件图纸及变更处理原则。当然,为了管理需要,变更令通常也包括变更指示编号、签发日期、变更项目名称和合同号、监理人名称、监理人授权代表签字等内容。

#### 2. 变更指示的发布

监理人应在发包人授权范围内,及时向承包单位发出变更指示。变更指示应以书面形式发布。

监理人在向承包单位发出任何图纸和文件前,应仔细检查其中是否存在变更。若存在变更,应发出变更指示。承包单位收到监理人发出的图纸和文件后,经检查后认为其中存在变更而监理人未发出变更指示,则应在收到上述图纸和文件后及时通知监理人,并提供必要的依据。监理人应在收到承包单位通知后14天内答复承包人;若同意作为变更,应补发变更指示;若不同意作为变更,亦应在上述期限内答复承包单位。若监理人未在14天内答复承包单位,则视为监理人已同意承包单位提出的作为变更的要求。

### (四)变更报价

承包单位收到监理人发出的变更指示后28天内,应向监理人提交一份变更报价书,其内容应包括承包人确认的变更处理原则和变更工程量及其变更项目的报价单。监理人认为必要时，可要求承包单位提交重大变更项目的施工措施、进度计划和单价分析等。

承包单位对监理人提出的变更处理原则持有异议时，可在收到变更指示后 7 天内通知监理人，监理人则应在收到通知后 7 天内答复承包人。

**（五）变更的处理原则**

（1）变更需要延长工期时，要么延长工期，或者不延长工期，但支付赶工费；若变更使合同工作量减少，监理人认为应予提前变更项目的工期时，由监理人和承包单位协商确定。

（2）变更需要调整合同价格时，按以下原则确定其单价或合价：

①合同中有适用于变更工作的项目时，应采用该项目的单价；

②合同中无适用于变更工作的项目时，则可在合理的范围内参考类似项目的单价或合价作为变更估价的基础，由监理人与承包单位协商确定变更后的单价或合价；

③合同中无类似项目的单价或合价可供参考，则应由监理人与发包人和承包单位协商确定新的单价或合价。

**（六）变更决定**

（1）监理人应在收到承包单位变更报价书后 28 天内对变更报价书进行审核后作出变更决定，并通知承包人。

（2）发包人和承包单位未能就监理人的决定取得一致意见，则监理人可暂定他认为合适的价格和需要调整的工期，并将其暂定的变更处理意见通知业主和承包单位，此时承包单位应遵照执行。对已实施的变更，监理人可将其暂定已完成的变更工作或部分完成的变更工作的变更费用列入当月的支付证书中支付给施工单位。但业主和承包单位均有权在收到监理人变更决定后提请争议调解组解决，若在此期限内双方均未提出上述要求，则监理人的变更决定即为最终决定。

（3）在紧急情况下，监理人向承包单位发出的变更指示，可要求立即进行变更工作。承包单位收到监理人的变更指示后，应先按指示执行，再向监理人提交变更报价书，监理人则仍应补发变更决定通知。

## 第四节　水利工程项目范围确认

范围确认是项目业主正式接受项目工作成果的过程。此过程要求对项目在执行过程中完成的各项工作进行及时检查，保证正确地、满意地完成合同规定的全部工作。如果项目提前终止，范围确认过程也应确定和正式记录项目完成的水平与程度。范围确认不同于质量控制，范围确认表示了业主是否接受完成的工作成果，而质量控制则关注完成的工作是否满足技术规范的质量要求。如果不是合同工作范围的内容，即使满足质量要求，也可能不为业主所接受。

### 一、范围确认的依据

**（一）完成的工作成果**

实施项目计划的内容之一是收集有关已经完成的工作信息，并将这些信息编入项目进度报告中。完成工作的信息表明哪些可交付成果已经完成,哪些还未完成,达到质量标准的程度和已经发生的费用是多少等。在项目建设周期的不同阶段,工作成果具有不同的表现形式。

1. 项目策划和决策阶段

项目策划和决策阶段项目建议书、可行性研究报告是有资质的单位提供服务的工作成果。

2. 项目初步设计阶段

该阶段的主要工作成果是初步设计报告,包括初步设计图纸、施工组织设计、项目概算等内容。

3. 项目实施阶段

包括施工准备、建设实施和生产准备阶段。工作成果包括签订承包合同和供货合同、施工详图设计、年度建设计划、工程产品、合格的生产管理人员、生产管理制度和必要的运行设施等。项目实施阶段承包商建造完成的土建工程、已安装的生产设备等是阶段性的工作成果;整个项目的交付使用,则是承包商最终的工作成果。

4. 项目竣工验收和后评价阶段

竣工验收鉴定书是竣工验收阶段的主要成果,项目自评报告和后评价报告是后评价阶段的主要成果。

**(二)有关的项目文件**

用于描述项目阶段成果的文件必须随时可以得到并能用于对所完成的工作进行检查。这些文件主要是指双方签订的项目合同,包括项目计划、规范、技术文件、图纸等。尤其注意描述变更工作的各种文件,这些文件是对原合同相关文件的修改和更新,在对已完成的工作进行检查时,要依据最新版本的文件。

**(三)第三方的评价报告**

第三方的评价报告是指按照我国工程项目建设程序的有关规定,由具有独立法人资格和相应资质的实体,或相应的政府机构,对项目产生的工作成果进行独立评价后出具的评价报告。如在可行性研究阶段对可行性研究报告的评估等。

**(四)工作分解结构**

工作分解结构方法定义了项目的工作范围,它也是确认工作范围的依据。

## 二、范围确认的方法

范围确认的主要方法是对所完成工作成果的数量和质量进行检查,通常包括以下三个基本步骤:

(1)测试。即借助于工程计量的各种手段对已完成的工作进行测量和试验。

(2)比较和分析(即评价)。就是把测试的结果与合同规定的测试标准进行对比分析,判断是否符合合同要求。

(3)处理。即决定被检查的工作成果是否可以接受,是否可以开始下一道工序,如果不予接受,采取何种补救措施。

## 三、范围确认的结果

范围确认产生的结果就是对完成成果的正式接受。在项目的不同阶段，具有不同的工作成果。各阶段的主要工作成果描述如下：

在项目策划和决策阶段，范围确认的结果就是项目建议书、可行性研究报告。

在项目初步设计阶段，范围确认的结果就是初步设计报告和有关图纸等。

在项目实施阶段，范围确认的结果就是承包合同、供货合同、施工详图设计、年度建设计划等，以及施工单位完成项目的实体成果和竣工图纸，还有已完成的生产准备工作等。

在项目竣工验收和后评价阶段，范围确认的结果就是竣工验收鉴定书、项目自评报告和后评价报告。

# 第五章　水利工程项目组织管理

## 第一节　水利工程项目组织管理理论基础

### 一、水利工程项目组织的概念

#### (一)组织

1. 组织的概念

组织是管理的一项重要职能。专业化分工的实际和协作的需要是组织存在的前提。在组织理论中,从不同的角度,对组织有许多定义,现代组织理论开始向着统一系统理论和权变理论方向发展。一般认为,组织是系统在特定的环境中,为了实现特定的目标,设置权力、责任结构,使所有参与者既分工又协作的社会实体。从该定义可知,组织的概念有以下几个层面:

(1)组织是一个具有系统性的社会实体,是一个系统;

(2)组织是有边界的,有其外部环境;

(3)组织是具有共同目标的群体,确定的目标是组织的前提和基础;

(4)组织具有精心设计的结构;

(5)组织是具有分工和协作的活动性系统。

2. 现代组织理论的内容

随着组织理论的发展,现代组织理论的内容一般包括以下几个方面:

(1)组织的外部环境和边界。环境是所有围绕和影响组织及其成员行为的外在力量的总和,包括政治、技术、经济、文化、社会、干系人等及其相互影响。外部环境是指组织系统边界之外的系统,组织边界确定了组织内部和组织环境的划分界限,同时,边界又是组织和环境保持协调的必要通道。

(2)适应性和变革、创新。组织应具有环境适应能力和进行自身变革、创新的能力,当组织所处的环境发生变化时,组织自身也应进行变革和创新,以满足环境对组织变革的要求或者抓住由于变化产生的机会。

(3)信息的处理。信息既是管理的对象,又是管理的基础。组织应确立明确的信息流程,保证信息的全面、准确,并保持信息及时、通畅地传递。组织必须通过系统内外的信息流,对组织系统进行评估和控制。

(4)组织目标。目标是组织存在的前提,每个组织都是为了实现特定的共同目标而建立的,目标成为组织建立的出发点和衡量其成功程度的标尺。

(5)组织工作。工作是组织为了达到特定的目标而必须开展的活动。

(6)组织设计。组织设计最重要的两个内容是组织结构设计和工作流程设计。组织结构是组织的骨架,是决定性因素,工作流程是使组织形成有机整体、协调一致的纽带。

(7)组织规模和复杂性。组织不断成长,规模越来越大,复杂性越来越高。

(8)组织的支持技术。技术是组织将投入转化为产出的一种方式,组织需要技术支持。同时,技术也影响着组织的结构、规模、设计、文化、战略等,如信息技术产生了组织结构的扁平化、组织信息管理的集成化等。

(9)组织文化和伦理价值观。多数组织都会形成自己独特的文化和价值观,这反映在他们共同的规范、信念和期望中,反映在他们的行事准则和办事程序中等。组织文化和价值观产生于组织,又影响组织的稳定和效率。

(10)权威、权力和政治活动。权威是有效影响他人的能力,权力是一种由组织正式承认的权威,依赖于组织职务的任命。权威和权力是组织成员有效开展工作的基础。组织政治活动是指在存在着不确定性及对选择方案意见不一致时,获取、开发并使用权力及其他资源以取得期望结果的行为。

### (二)组织构成

从系统的角度看,组织是一个系统,由以下几个子系统构成:目标子系统,确定系统目标和价值;技术子系统,包括人们为完成任务所使用的知识、技术、设备和设施等;社会心理子系统,包括人的行为与动机、地位与作用关系、群体动力与影响网络;结构子系统,包括任务、工作群体、职权、程序、规则、工作流程、信息流程等;管理子系统,包括对外联系组织环境,对内确定目标、计划、资源配置、组织设计、控制等。

构成组织的要素包括人员要素、物质要素、工作要素、协调要素。

### (三)水利工程项目管理与组织

1.水利工程项目管理

水利工程项目管理必须通过项目组织来实施,所以组织理论在水利工程项目管理中具有重要作用。这是由水利工程项目管理的特点决定的。

水利工程项目是在复杂的环境中、在资源有限性制约下进行的,这对项目管理提出了很高的要求。一方面,复杂的环境加大了项目成功的风险,需要专门的组织来进行项目管理;另一方面,资源的约束要求管理者必须进行精心的施工组织设计,并有效协调各个活动的资源需求。这些工作需要通过项目组织来完成。

项目管理的过程是一个相对长且复杂的过程,需要综合运用各种知识、技能、技术和方法,这不是一个人、一个部门能够掌握和运用的,需要建立项目组织,由组织来进行实施。单由此带来的状况就是项目有较多的参与方,而且各方常常由于利益的冲突而影响到项目的正常实施。比如项目业主和承包商之间就有利益冲突,业主要求质量尽量好、投资尽量少,而承包商要求质量满足要求就可以,但利润越高越好。所以,需要通过项目组织协调他们的利益关系。

项目实施中存在大量的物质流和信息流,需要进行良好的物质管理和信息管理。水利工程项目实施中,材料、设备等物质的消耗量是比较大的,所以需要对物质的采购、运输、储存和使用及质量、性能等进行有效的管理,否则会造成物质的浪费,或不能满足工程进度和质量的要求。在工程实施过程中,完整、及时、准确、通畅的信息流通是工程控制和决策的基础与依据,这些信息管理工作也需要通过组织来实施。比如工程实施中的一个技术设计变更，首先涉及技术问题，同时也会影响到施工方法、施工工艺等，需要调整施工组织设计，而且，不同的实施方法、实施工艺，又涉及工程进度、工程成本和工程质量问题，所以处理该问题，需要工程的技术人员、管理人员（包括成本管理人员、进度管理人员等）集体协商，通过技术经济比较来作出决策。

所以，水利工程项目管理必须通过项目组织来实施，并且在项目的建议书阶段就确立一系列的目标，设计一个合理的组织结构，安排合适的人员，明确责任和权利，确定工作流程和信息流程，同时重视工作中的协调沟通和项目环境的影响。

2. 水利工程项目组织

水利工程项目组织就是在特定的工程环境中，为了实现特定的水利工程项目目标，设置权利、责任结构，设计业务流程，使所有参与者既分工又协作的社会实体。

水利工程项目组织有两个层面：一个是项目总体的系统级的组织，即各个参与主体之间的结构和关系；另一个是项目参与主体的组织，比如业主、施工方、监理方等主体的组织。

## 二、水利工程项目组织设计

水利工程项目组织设计就是管理者基于系统内外环境和影响因素，针对具体水利工程项目，在系统中建立最有效相互关系、形成项目组织的一种合理化的、有意识的过程。项目组织设计的主要内容就是项目组织结构设计和项目组织工作流程设计。

项目组织系统是关于人的社会实体，是可以人为设计的，不同于一般自发形成的自然系统。为了更有效地实现组织目标，管理者可以通过对项目组织的有效设计来实现。有效的项目组织设计在提高组织活动效能方面起着重大的作用。

### （一）水利工程项目组织设计的依据

水利工程项目组织是一个系统，基于系统的观点，进行项目组织设计时，主要的依据如下。

1. 项目目标

项目组织是为了一个明确的工程项目目标而有意识地建立并运作的。没有工程目标，就不会有项目组织，项目组织的目标就是实现工程项目的目标。

为了实现工程的总目标，需要对项目的目标进行分解，形成具有层次性的项目目标系统，并且随着项目的进程，在不同阶段实现不同的目标。项目组织就是围绕如何实现项目总目标及子目标对项目实施进行计划、跟踪和控制而建立的。

2. 项目特点

项目的特点包括项目的工作结构、项目空间分布、项目技术依赖特性、行业依附性、项目规模、项目持续时间等。项目的这些特点都对项目的组织有影响，比如项目的工作结构直接影响项目组织的部门设置和职能划分，项目的工作结构中，不同的工作单元，其技术和任务要求不同，对这些不同单元的跟踪和控制手段、方法也有所差异，所以应分别划归不同的职能部门。所以，在进行项目组织设计时，要依据项目的特点。

3. 项目环境

项目环境包括内部环境和外部环境。外部环境是可以对项目组织活动产生影响的周围环境因素，一般包括经济、财政、技术、社会文化和心理、政治、法律等方面。这些环境的稳定性相对较强，但有变化时，对组织的影响也比较大。内部环境一般包括组织气氛、团队精神、工作作风等。有时，相关主体对组织的影响也比较大，如项目主管部门、公共团体等。比如项目的主管部门，依据有关的法律、规定和政策，在其权力范围内对项目实施进行行政性管理，但项目实际过程中，会有施加过大影响的情况，而成为项目实施的干扰因素，尤其是一些"政绩工程"、"献礼工程"等，这种影响甚至关系到项目目标的实现，关系到项目的成败。

4. 管理者

管理者的管理经验、习惯对项目组织也会有较大影响。管理者在不同组织中的工作经验、工作习惯，对不同组织的适应性和驾驭能力，会影响到组织的有效性，应该给予重视。

5. 技术和资源支持

资源的数量和可获得性，或者说是组织从环境中获得资源支持的能力，对组织设计也是非常重要的，如组织的人力资源状况、人员的能力和可用性，对组织结构有非常大的影响。另外，组织的技术支持也很重要，技术包括管理技术、施工生产技术等，如组织的信息管理技术的支持程度，对组织的结构和业务流程有重大影响，施工生产技术的不同导致施工方案不同，施工管理的组织结构和业务流程也不相同。

**（二）水利工程项目组织设计的内容**

工程项目目标是项目组织存在的前提，所以项目组织设计应以有利于实现该目标为指导。在项目系统中，最重要的就是项目的有关方及其活动。所以，项目组织设计包括两个内容：组织结构设计和业务流程设计。

1. 项目组织结构

组织结构就是系统内的组成部分和要素及其相互之间的关系的框架，它是组织根据系统的目标、任务和规模采用的各种组织管理架构形式的统称。

项目的组织结构包括两个方面：项目总体组织结构和主体组织结构。

1）项目总体组织结构

项目总体组织结构是指与项目实施有关的相关者的结构。

一个水利工程项目的相关者有各种不同的类型，一般包括政府机构、公众机构、项目用户、项目发起人、项目法人、项目投资者、业主、设计方、监理方、施工方、设备供应商、材料供应商、运输方、分包方、保险公司等。水利工程项目的相关者之间的关系包括合同关系、管理关系、监督关系、供应关系等，正是这些项目相关者之间的关系，构成了水利工程项目主体系统，形成总体组织结构。

研究水利工程项目的总体组织结构，可以在组织设计阶段，对这些组织结构进行设计，以保证项目实施过程中，各个主体能够协调协作、减少摩擦和冲突，以保证工程项目目标的顺利实现。

2）主体组织结构

主体组织结构就是项目主体组织内部结构。

对主体组织内部结构的设计，就是根据项目目标和主体组织目标，确定相应的组织结构，以及如何划分并确定部门，部门之间又如何有机地相互联系和协调，共同为实现项目目标和组织目标分工协作。

主体组织结构一般是上小下大的形式，由管理层次、管理跨度、管理部门、管理职责四大因素组成。各因素是密切相关、相互制约的。在主体组织结构设计时，必须考虑各因素间的平衡与衔接。

(1)合理的管理层次和管理跨度。

管理层次是指从最高管理者到实际工作人员的等级层次的数量。管理层次通常分为决策层、协调层和执行层、操作层。决策层的任务是确定管理组织的目标和大政方针，它必须精干、高效；协调层主要是参谋、咨询职能，其人员应有较高的业务工作能力；执行层是直接调动和组织人力、财力、物力等具体活动内容的，其人员应有实干精神并能坚决贯彻管理指令；操作层是从事操作和完成具体任务的，其人员应有熟练的作业技能。这三个层次的职能和要求不同，标志着不同的职责和权限，同时也反映出组织系统中的人数变化规律。它有如一个三角形，从上至下权责递减、人数递增。

管理层次不宜过多，否则是一种浪费，也会使信息传递慢、指令走样、协调困难。

管理跨度是指一名上级管理人员所直接管理的下级人数。这是由于每一个人的能力和精力都是有限度的，所以一个上级领导人能够直接、有效地指挥下级的数目是有一定限度的。管理跨度大小取决于需要协调的工作量。

管理跨度的大小弹性很大，影响因素很多。它与管理人员性格、才能、个人精力、授权程度及被管理者的素质关系很大。此外，还与职能的难易程度、工作地点远近、工作的相似程度、工作制度和程序等客观因素有关。确定适当的管理跨度，需积累经验并在实践中进行必要的调整。

合理地确定一个组织的管理层次和管理跨度，是组织结构设计时应该认真考虑的问题。管理层次和跨度取决于特定系统环境下的许多因素：

①管理人员的工作能力、性格、个人精力及授权程度等。一般而言，一个组织中越高层的领导者或部门管理跨度宜小，这样可以主要考虑组织的战略性发展等重大决策问题，摆脱具体事务性工作。

②工作的复杂性。如果上下级管理工作复杂多变，需耗费较大的精力进行本部门的工作，管理跨度可以小一些；反之，对于简单重复的工作或较稳定、变化不大的工作，管理跨度则可大一些。

③信息传递速度的要求。若拟提高上下级之间沟通的效率和效果，应减少管理层次。这样，领导和下属人员可经常直接进行联系，上级的计划指令可迅速、准确地传至下级，下级的报告和建议也可直接、及时地反馈给上级领导。

④下级的工作能力。如果下属的素质好，工作能力强，则可多授权，管理跨度可大些。如果需要上级领导给予过多的具体指导及需对下属工作活动的监督，则管理跨度应小些。

⑤工作地点的远近。管理层次和跨度的设计还需注意组织在空间上的分布状况，如地区性、全国性或跨国的组织机构等。

除此之外，还会有其他方面的因素影响组织的管理层次和跨度。具体的组织结构应根据具体情况、具体因素确定理想适宜的管理层次和跨度。

(2)合理划分部门。组织中各部门的合理划分对发挥组织效应是十分重要的。工作部门应根据组织目标和组织任务合理设置。每一工作部门有一定的职能,应完成相应的工作内容,并形成既有相互分工又有相互配合的、彼此相协调的组织系统。确立一个工作部门,同时需确定这个部门的职权和职责,同等的岗位职务应赋予同等的权利,承担同等的责任,做到责任与权利相一致。如果部门划分不合理,会造成控制、协调的困难,也会造成人浮于事,浪费人力、物力、财力。

(3)合理确定职能和职权。组织设计中确定各部门的职能和职权,应使纵向的领导、检查、指挥灵活,达到指令传递快、信息反馈及时。要使横向各部门间相互联系、协调一致,使各部门能够有职有责、尽职尽责。职权涉及授权和分权的问题。授权是一个工作部门通过某种形式把一部分工作的责任和职权交给其下一级部门,通过给下级下达任务,授予从事这一任务和工作的权力,同时又要求下级对自己的工作负责。分权是一个工作部门向它所属下级进行系统地授权,允许下级部门在自己负责的工作范围内有自行作出决定的权力,并为自己的行动承担责任。在一个组织中分权和集权是相对的,采取何种形式,应根据组织的目标、领导的能力和精力、下属的工作能力、工作经验等综合考虑确定。

2. 组织业务流程

从系统理论来讲,系统的结构会对系统的功能产生重要影响,但是,系统的功能并不是由其结构唯一决定的,系统各个组成单元和组成部分之间的联系与协调也直接影响着系统的功能,所以系统各个部分的关系网络和关系集成也非常重要。

通过对水利工程项目总体组织结构分析设计,我们得到了项目管理系统的结构;通过对项目主体组织结构设计,我们得到了项目各个主体的各个组织单元。项目管理系统的良好功能的实现,需要系统主体结构和主体组织结构的各个组成单元相互联系与协调,同时,需要和项目环境相适应,他们的联系主要体现在信息流、物质流和资金流三个方面,即需要进行信息流、物质流和资金流的设计。

信息是管理的主要产品和依据,管理信息包括计划、指令、决策等,信息关系存在于总体结构内部、主体结构内部、二者相互之间以及和环境之间。信息流设计就是以项目系统内各个主体单元、工作单元和组织单元之间的业务信息、目标信息、逻辑关系等作为对象,设计确定项目系统内的信息载体形式、信息流动方向、信息流动层次和信息渠道组成等。信息流程设计是为了保证项目信息及时、准确、正确地提取、收集,在必要的主体、部门中传递、存储,并最终及时地得到处理。信息的获取、传递和处理构成了项目管理的工作基础,并贯穿项目管理的所有环节和全部过程,对管理工作效率有很大的影响。当然,信息流设计和项目的信息管理、沟通管理等有密切的关系,在后续章节将详细叙述。

物质流同样存在于总体结构内部、主体结构内部、二者相互之间以及和环境之间,包括材料、设备等资源的采购、生产和使用等。物质流设计是为了考察物质在项目系统内的流动过程、流动量、消耗情况等。项目系统内没有物质流,就不会产生项目实体。

资金流主要存在于总体结构内部、主体结构内部、二者相互之间,包括资金的获得和使用。资金流设计是为了考察项目系统内的资金流动方向、流动量和消耗情况等。尤其是项目总体结构内部的资金流，和项目的融资计划、资金使用计划、项目合同等密切相关。

3. 水利工程项目组织设计的基本原则

项目主体组织设计中一般须考虑以下几项基本原则：

（1）效率原则。项目组织设计必须将效率原则放在重要地位。组织结构中的每个部门、每个人为了一个统一的目标，组合成最适宜的结构形式，实行最有效的内部协调，使事情办得简捷而正确，减少重复和摩擦。现代化管理的一个要求就是组织高效化。

（2）管理跨度与管理层次统一的原则。管理跨度与管理层次成反比例关系。管理跨度如果加大，管理层次就可以适当减少；如果缩小管理跨度，那么管理层次就会增多。在实际运用中，应该系统考虑各个因素后，根据项目具体情况确定。

（3）集权与分权统一的原则。集权是指把权力集中在主要领导手中；分权是指经过领导授权，将部分权力交给下级掌握。事实上，在组织中不存在绝对的集权，也不存在绝对的分权，只是相对集权和相对分权的问题。如何集权和分权，要根据工作的重要性、管理者工作经验和能力等综合考虑确定。

（4）分工与协作统一的原则。分工就是按照专业化程度和工作效率的要求，把组织的目标、任务分成各级、各部门、每个人的目标、任务，明确干什么、怎么干。在分工中应强调尽可能按照专业化的要求来设置组织结构，并注意分工的经济效益。在组织中有分工还必须有协作，明确部门之间和部门内的协调关系与配合办法。

（5）责、权、利一致的原则。责、权、利一致的原则就是在组织中明确划分职责、权力范围和权利大小，同等的岗位职务赋予同等的权力，并给予对应的权利，做到责任、权力、权利相一致。三者不一致对组织的效能损害是很大的。权大于责就很容易产生瞎指挥、滥用权力的官僚主义；责大于权就会影响管理人员的积极性、主动性、创造性，使组织缺乏活力。大权力和责任而小权利，就不能调动工作积极性；小权力和责任而大权利，就会伤害组织其他成员的积极性。

一个组织工作效率的高低，是衡量这个组织结构和工作流程是否合理的主要标准之一。

（6）适应性原则。组织结构既要有相对的稳定性，保持组织工作开展的稳定性。同时，又必须具有一定的弹性，能根据组织内部和外部条件的变化，作出适应性的调整与变化，使组织能够更好地应对外部环境的变化。

在进行水利工程项目总体组织设计时，除了考虑以上一些原则之外，尚应坚持下列原则：

（1）合法性原则。项目的总体组织结构应符合目前国家或部门有关法规、条例的规定。每个主体的资格和能力也应满足国家或部门有关法规、条例的规定。组织内的责任和风险等的分配还应满足国家或部门有关法规、条例的规定。

（2）开放性原则。项目的总体组织应对组织环境开放。项目总体组织是随着项目的进展逐步形成和完善的，时间较长，组织内的主体是按照一定的程序逐步加入的，所以需要项目总体组织对环境开放。

4. 常见的组织形式

项目的组织形式根据其规模、类型、范围、合同等因素的不同而有所不同。典型的项目组织形式有以下三种。

1) 树型组织

它是指从最高管理层到最低管理层按层级系统以树型展开的方式建立的组织形式，包括直线制、职能制、直线职能制、纯项目型组织等多个变种。树型组织比较适合于单个的、涉及部门不多的小型项目采用。当前的趋势是，树型组织日益向扁平化的方向发展。

2) 矩阵型组织

矩阵型组织是现代大型项目管理应用最广泛的组织形式。该组织形式是按职能原则和对象（项目或产品）原则结合起来使用形成一个矩阵结构，使同一名项目工作人员，既参加原职能部门的工作，又参加项目组的工作，受双重领导。矩阵型组织是目前最为典型的项目组织形式。

3) 网络型组织

网络型组织是未来企业和项目的一种组织形式。它立足于以一个或多或少固定连接的业务关系网络为基础的小单位的联合。它以组织成员间纵横交错的联系代替了传统的一维或二维联系，采用平面性和柔性组织体制的新概念，形成了充分分权与加强横向联系的网络结构。典型的网络型组织如虚拟企业。新兴的项目型公司也日益向网络型组织的方向发展。

5. 组织的有效性

在水利工程项目组织中，无论是项目总体结构，还是主体组织结构，并没有好坏之分，只有对该工程项目是否适合的问题。影响水利工程项目组织的因素很多，任何一个因素的变化都会对项目组织产生影响，引起或要求项目组织进行变革和调整，所以没有任何一个组织结构形式适合所有的水利工程项目。最能有利于项目目标和组织目标实现的组织，就是最有效的组织。

最后需要说明的是，水利工程项目组织管理两个层面，项目总体组织结构有时也称为管理模式、承发包模式、组织模式等，主体组织结构有时也称为组织结构形式。注意该点，便于阅读后续章节。

## 第二节 水利工程项目管理体制及管理模式

本节主要基于水利工程建设管理法规和水利工程项目的当事人、干系人分析，讨论水利工程项目总体组织结构问题，包括水利工程项目建设管理体制和管理模式。

### 一、项目干系人分析

项目干系人管理是项目组织管理不可缺少的一部分内容。项目干系人的决策与活动会直接或间接地影响到项目的决策和实施，影响到项目的成败。

项目干系人是项目决策和实施过程中，与项目的所有权、权力、利益等有关的个人和团体。项目干系人可以分为主要干系人和次要干系人。

项目的主要干系人，也称为项目当事人或项目参与方，是和项目有合法的合同关系的个人或团体。他们通过合同和协议相互联系，共同参与项目实施，所以主要干系人就是项目有关合同的当事人。其他一些小项目的主要干系人可能非常少且简单，但水利工程项目的主要干系人非常多且复杂。如图 5-1 所示。

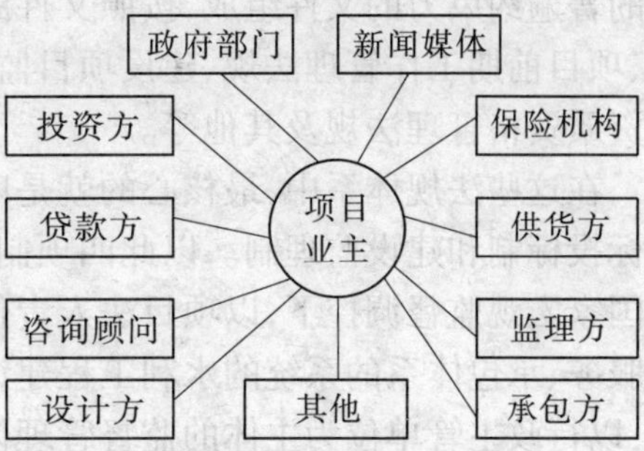


图 5-1　项目干系人图

项目次要干系人是可以影响项目的实施或受项目影响，但并不正式参与到项目中的个人或团体。这些人有能力改变公众的观点，支持或反对项目的目标或实施。水利工程项目的次要干系人一般包括政府有关部门（如水行政部门、环保部门、土地部门等）、项目用户、工程所在地的公众、新闻媒体、其他利益方（如航道管理部门、渔业部门等）。比如工程项目所在地的公众，可能会因为拆迁转移问题、征地问题、淹没赔偿问题等影响项目的实施，环境保护部门可能会因为工程设计或工程施工期间的环保问题，对项目实施施加影响。

项目不同的干系人，对项目的期望和需求不同，他们关注的目标和重点也相差很大。比如设计方关注技术和标准，设备供应商更关注设备质量和利润等。政府部门对项目实施的影响也非常大。所以，对于项目组织来说，应该搞清楚项目干系人有哪些，谁是主要的，谁是次要的，他们在项目中有哪些利益、期望、权力和要求，他们会对项目施加什么影响，项目对干系人有哪些责任和义务，项目干系人有什么优势和弱点，他们有什么资源可以用于对项目施加影响，他们对项目可能提供什么机遇和挑战等。搞清楚这些问题，可以对项目干系人进行管理，影响他们的期望和要求，控制他们对项目的影响，调动积极因素，化解消极影响，确保项目成功。

所以进行项目组织管理时，对于项目干系人，首先应进行项目干系人识别，分清主要干系人和次要干系人，然后着手收集项目干系人的有关信息，通过信息分析，搞清楚干系人的期望和要求、干系人的优势和劣势，识别干系人的资源、战略，预测其行为。然后对项目干系人进行干预和管理。当然，对于不同的项目干系人，干预和管理的方法、措施和手段会有所不同，但应努力做到，项目组织不会陷于干系人的质询、影响等而无法保证项目的正常实施。

## 二、水利工程项目管理体制

水利工程项目管理体制，即水利工程建设管理体制，是由水利工程建设管理法规体系组成的，包括法律、行政法规、规章和规范性文件等。

水利工程建设管理法规构成是由水利工程建设中所发生的各种社会关系（包括水利工程建设管理活动中的行政管理关系、经济协作及其相关关系的民事关系）、规范水利工程建设行为、监督管理水利工程建设活动的法律规范组成的有机统一整体，是水法规体系中 7 个子体系之一（水法规体系主要涉及水资源开发利用和保护、水土保持、防洪抗旱、工程建设管理和保护、经营管理、执法监督管理、其他 7 个方面）。水利工程建设管理法规包括由不同级别的国家机关、地方政府、水行业管理部门制定的对水利工程建设具有一定的普遍约束力的文件组成,按照文件的作用不同,可分为综合性法规、建设管理体制法规、项目前期工作管理法规、建设项目监督管理法规、工程质量与安全管理法规、工程验收和资质资格管理法规及其他等。

在这些法规体系中,最核心的就是四项制度,包括项目资本金制度、项目法人责任制、招标投标制和建设监理制。以此四项制度为核心的水利工程建设管理体制可以描述为:在国家宏观监督调控下,以项目法人责任制为主体,以咨询、设计、监理、施工、物质供应等为服务、承包体系的系统的水利工程建设项目管理体制。在此体制下,形成并包括四个体系:以行政主管单位为主体的监督管理体系,以项目法人为主体的工程招标发包体系,以设计、施工和材料、设备供应为主体的投标承包体系,以建设监理、咨询和评估为主体的技术服务体系。其中的后三个体系为水利工程建设市场的三元主体。

在这个体制中,核心是项目法人,他对项目筹划、筹资立项、建设实施、生产经营、还债、资产保值增值等方面负责,并承担全部的投资风险。其他建设各方,都是以独立承担民事责任的市场主体身份出现的,他们之间形成经济关系,并以合同等形式存在。

基于上述讨论,我们可以形成水利工程建设项目管理体制的总体结构图(见图5-2)。

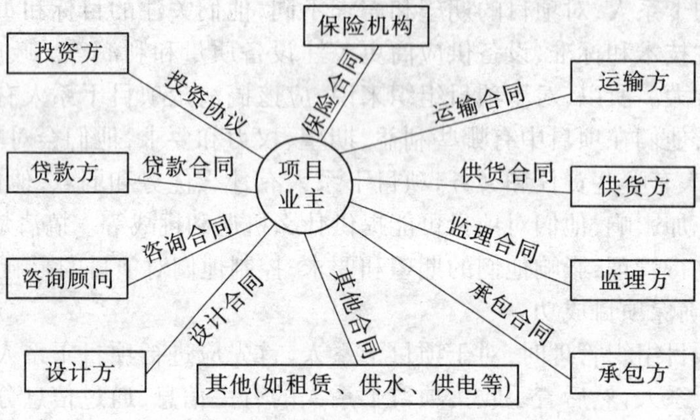


**图5-2 水利工程建设项目管理体制的总体结构**

在图5-2中,项目业主是核心,是发包体系;投资方、贷款方等构成了投资服务体系;咨询、设计、监理等构成了咨询服务体系;承包、供货等构成了承包服务体系;供水、供电、运输等构成了保障服务体系。各方的工作内容不同、作用不同、合同不同、利益不同,但都构成了水利工程建设项目管理的一部分,是工程建设不可缺少的一个主体。

## 三、水利工程建设项目管理模式

水利工程项目具有投资大、建设周期长、参与单位多、社会影响大等特点,所以水利工程项目实施的组织方式比较复杂,管理模式比较复杂。水利工程项目管理模式是通过研究项目的承发包模式确定项目合同结构,合同结构决定了项目的管理模式。在现行的水利工程项目管理体制下,市场主体的不同关系构成项目不同的管理模式,对工程管理的方式和内容产生不同的影响,决定了参与各方的工作内容和任务。

水利工程项目管理模式一般有平行承发包模式、设计/施工总承包模式、项目总承包模式等。

## (一)平行承发包模式

平行承发包模式,也叫分标发包,是业主将工程项目经分解后,分别委托多个承建单位分别进行建造的方式。采用平行承发包模式,业主将直接面对多个施工单位、多个材料设备供应单位和多个设计单位,而这些单位之间的关系是平行的,各自直接对业主负责。

### 1. 合同结构

平行承发包模式是业主将工程分解后分别进行发包,分别与各单位签订工程合同,其合同结构如图 5-3 所示。如将工程设计、施工、材料供应、设备采购等分解为几项,则业主就将签订几个合同,工程任务切块分解越多,业主的合同数量也就越多。

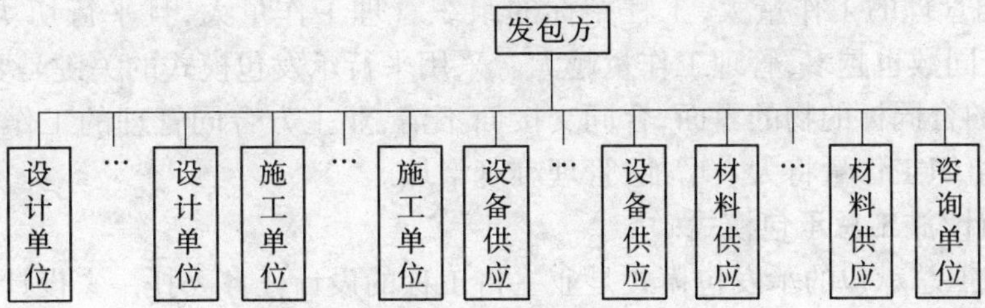


图 5-3 平行承发包模式

### 2. 特点及适用情况

该种管理模式有几个比较突出的优点:工程有关参与方都非常熟悉该模式的运行。该模式已经采用了很多年,其运行过程和有关的合同条款等均已比较完善,各方之间的关系比较清晰,大家比较熟悉,减少了管理的不确定性和风险;业主通过利用市场竞争获得较低的报价,经济上比较合算;有利于充分调动社会资源为工程建设服务。

但是,该模式的缺点也很明确:设计和施工的割裂,一方面设计的可施工性不能得到检验和保证;另一方面,也不利于施工图设计过程和施工过程有效融合,各方根据自己的合同义务和责任独立开展工作,不利于建设良好的互动机制和组建高效团队,对项目组织管埋不利,对进度协调不利。因为发包方要和多个设计单位或多个施工单位签订合同,为控制项目总目标,协调工作量大,难度大。尤其是工程实施过程中出现不可预见的条件变化时,协调的难度就更大。

一般对于一些大型工程建设项目,即投资大,工期比较长,各部分质量标准、专业技术工艺要求不同,又有工期提前的要求,多采用此种分标发包模式,以利于投资、进度、质量的合理安排和控制。当设计单位、施工单位规模小,且专业性很强,或者发包方愿意分散风险时,也多采用这种模式。

目前,我国的水利工程项目建设采用此管理模式的最多。

### 3. 对业主方项目管理的影响

(1)采用平行承发包模式,合同乙方的数量多,业主对合同各方的协调与组织工作量大,管理比较困难。业主需管理协调设计与设计、施工与施工、设计与施工等各方相互之间出现的矛盾和问题。因此,业主需建立一强有力的项目管理班子,对工程实施管理,协调各参与单位之间的关系。

(2)对投资控制有有利的一面。因业主是直接与各专业承建方签约,层层分包的情况少,业主一般可以得到较有竞争力的报价,合同价相对较低。不利的一面是,整个工程的总的合同价款必须在所有合同全部签订以后才能得知,总合同价不易在短期内确定,在某种程度上会影响投资控制的实施,总投资事先控制不住。

(3)采用平行承发包可以提前开始各发包工程的施工,经过合理的切块分解,设计与施工可以搭接进行,从而缩短整个项目的工期,有利于实现进度控制的目标。

(4)有利于工程的质量控制。由于工程分别发包给各承建单位,合同间的相互制约使各发包的工程内容的质量要求可得到保证,各承包单位能形成相互检查与监督的他人控制的约束力。如当前一工序工程质量有缺陷的话,则后一工程的承建单位不会同意在不合格的工程上继续进行施工。

(5)合同管理的工作量大,工程招标的组织管理工作量大,且平行切块的发包数越多,业主的合同数也越多,管理工作量越大。采用平行承发包模式的关键是要合理确定每一发包合同的合同标的物的界面,合同交接面不清,业主方合同管理的工作量、对各承建单位的协调组织工作量将大大增加,管理难度增加。

**(二)设计/施工总承包模式**

设计/施工总承包的承发包模式是业主将工程的设计任务委托一家设计单位,将工程的施工任务委托一家施工单位进行承建的方式。这一设计单位就成为设计总承包单位,施工单位就成为施工总承包单位。采用设计/施工总承包模式,业主直接面对的是两个承建单位,即一个设计总承包单位和一个施工总承包单位。设计总承包单位与施工总承包单位之间的关系是平行的,他们各自对业主负责。

1.合同结构

采用设计/施工总承包模式,业主仅与设计总承包单位签订设计总承包合同,与施工总承包单位签订施工总承包合同,合同结构如图 5-4 所示。总承包单位与业主签订总承包合同后,可以将其总承包任务的一部分再分包给其他承包单位,形成工程总承包与分包的关系,总承包单位与分包单位分别签订工程分包合同,分包单位对总承包单位负责,业主与分包单位没有直接的承发包关系。但是我国的法规规定,总承包单位只能将非主体、非关键工作分包给有相应资质的单位,且分包单位不能再分包。所有的分包必须获得业主的认可。

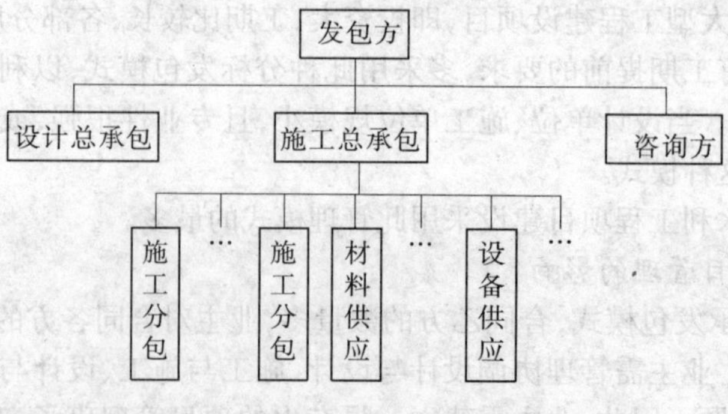


图 5-4　设计/施工总承包模式

2. 特点及适用情况

这种模式对项目组织管理有利，发包方只需与一个设计总包单位和一个施工总包单位签订合同。因此，相对平行承发包模式而言，其协调工作量小，合同管理简单，对投资控制有利。

但是，采用这种管理模式，总承包方的风险较大，尤其是对于大型水利工程项目，总承包方的风险会影响项目目标的实现，进而加大项目业主的风险。另外，由于工程是一次发包的，不利于工程尽快开工、分阶段实施、加快施工进度。

该管理模式对于中小型水利工程比较适用，对于不是很复杂、规模不是非常大的大型工程也可采用。

3. 对业主方项目管理的影响

(1)业主方对承建单位的协调管理工作量较小。从合同关系上，业主只需处理设计总承包与施工总承包之间出现的矛盾和问题，总承包单位协调与管理分包单位的工作。总承包单位向业主负责，分包单位的责任将被业主看做是总承包单位的责任。由此，设计/施工总承包模式有利于项目的组织管理，可以充分发挥总承包单位的专业协调能力，减少业主方的协调工作量，使其能专注于项目的总体控制与管理。

(2)设计/施工总承包模式的总承包合同价格可以较早地确定，易于对投资进行控制。但由于总承包单位需对分包单位实施管理，并需承担包括分包单位在内的工程总承包风险，因此总承包合同价款相对平行承发包要高，业主方的工程款支出会大一些。

(3)在工程质量控制方面，总承包单位能以自己的专业能力和经验对分包单位的质量进行管理，可以得知工程问题出在何处，监督分包工程的质量，对质量控制有利。但如果总承包单位出于切身利益或不负责任，则有可能对质量问题进行隐瞒，对业主方的质量控制造成不利影响。

(4)采用该模式，一般需在工程设计全部完成以后进行工程的施工招标，设计与施工不能搭接进行。但另一方面，总承包单位须对工程总进度负责，须协调各分包工程的进度，因而有利于总体进度的协调控制。

**(三)项目总承包模式**

工程项目总承包亦称建设全过程承包，也常称为“交钥匙承包”、“一揽子承包”，是业主将工程的设计和施工任务一起委托一个承建单位进行实施的方式。这一承建单位就称项目总承包单位，由其进行从工程设计、材料设备定购、工程施工、设备安装调试、试运行，直到交付使用等一系列实质性工程工作。在项目全部竣工试运行达到正常生产水平后，再把项目移交发包方。

1. 合同结构

采用项目总承包模式，业主与项目总承包单位签订总承包合同，只与其发生合同关系。项目总承包单位拥有设计和施工力量，具备较强的综合管理能力。项目总承包单位也可以是由设计单位和施工单位组成的项目总承包联合体，两家单位就某一项目联合与业主签订项目总承包合同，在这个项目上共同向业主负责。对于总承包的工程，项目总承包单位可以将部分的工程任务分包给分包单位完成，总承包单位负责对分包单位的协调和管理，业主与分包单位不存在直接的承发包关系。项目总承包模式的合同结构如图5-5所示。

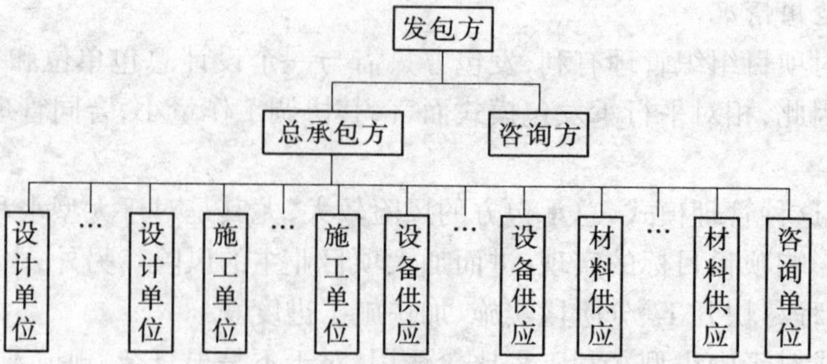


**图 5-5　项目总承包模式**

2. 特点及适应情况

采用总承包模式,由于工作量最大、工作范围最广,因而合同内容也最复杂,但对项目组织、投资控制、合同管理都非常简单。而且这种模式责任明确、合同关系简单明了,易于形成统一的项目管理保证系统,便于按现代化大生产方式组织项目建设,是近年来现代化大生产方式进入建设领域,项目管理不断发展的产物。另外,由于设计、施工等工作由一个总承包单位负责,便于协调,如施工和设计的协调,设计的可施工性检查等,也有利于形成相互协作的团队;对于范围变化和无法预见的条件变化引起的变更,也更容易进行。

但是,这种模式对发包方总承包单位来说,承担的风险很大,一旦总承包失败,就可能导致总承包单位破产,也将造成发包方巨大的损失。而且,项目业主不能利用各个合同主体之间的相互对比与检查来保证项目无缺陷和漏洞,因为这成了总承包方内部的事情。

在这种管理模式中,业主参与项目管理的工作较少。一方面,业主的管理工作量较小,大量的工作由总承包方完成,由其负责;另一方面,业主不能保证持续参与项目中,并了解项目进展,决策的及时性和合理性会受到影响。

3. 对业主方项目管理的影响

(1)项目总承包模式对业主而言,只需签订一份项目总承包合同,合同结构简单。由于业主只有一个主合同,相应的协调组织工作量较小,项目总承包单位内部及设计、施工、供货单位等方面的关系由总承包单位进行协调与管理,相当于业主将对项目总体的协调工作转移给了项目总承包单位。

(2)对项目总投资的控制有利,总承包合同一经签订,项目总费用也就确定了。但项目总承包的合同总价会因总承包单位的总承包管理费及项目总承包的风险费而较高。

(3)项目总工期明确,项目总承包单位对总进度负责,并需协调控制各分包单位的分进度。实行项目总承包,一般能做到设计阶段与施工阶段的相互搭接,对进度目标控制有利。

(4)项目总承包的时间范围一般是从初步设计开始至项目动用交付使用,项目总承包合同的签订在设计之前。因此,项目总承包需按功能招标,招标发包工作及合同谈判与合同管理的难度就比较大。

(5)对工程实体质量的控制,由项目总承包单位实施,并可以对各分包单位进行质量的专业化管理。但业主对项目的质量标准、功能和使用要求的控制比较困难,主要是在招标时项目的功能与标准等质量要求难以明确、全面、具体地进行描述,因而质量控制的难度大。所以,采用项目总承包模式,质量控制的关键是做好设计准备阶段的项目管理工作。

## (四)其他管理模式

1. 项目总承包管理模式

工程项目总承包管理亦称工程托管,是指项目总承包管理单位在与业主签订项目总承包合同后,将工程设计与施工任务全部分包给分包单位,自己不直接进行设计和施工,而是对项目总体实施项目管理,对各分包单位进行协调、组织与控制(见图5-6)。项目总承包管理单位一般没有自己的设计队伍和施工队伍,但具有较高水平和能力的管理人员及技术人员,具备一定的施工机械和一定的经济力量。

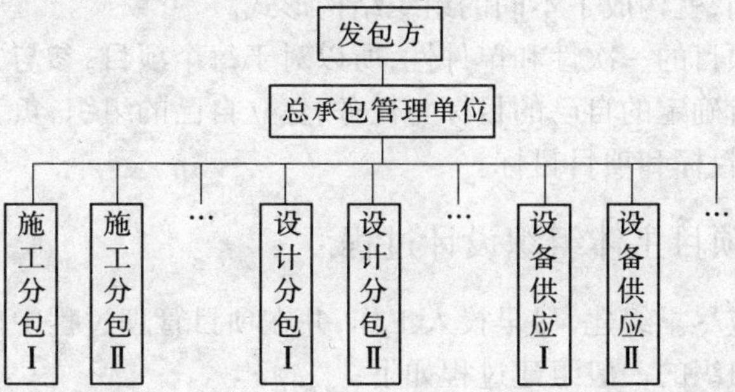


**图5-6　工程项目总承包管理**

2. 施工联合体承包模式

施工联合体是由多个承建单位为承包某项工程而成立的一种联合机构,它是以施工联合体的名义与业主签订一份工程承包合同,共同对业主负责。因此,施工联合体的承包方式是由多个承建单位联合共同承包一个工程的方式。多个承建单位只是针对某一个工程而联合,各单位仍是各自独立的企业,这一工程完成以后,联合体就不复存在。

施工联合体统一与业主签约,联合体成员单位以投入联合体的资金、机械设备和人员等对承包工程共同承担义务,并按各自投入的比例与风险分享收益。采用施工联合体的工程承包方式,联合体成员单位在资金、技术、管理等方面可以集中各自的优势,各取所长,使联合体有能力承包大型工程,同时也可增强抗风险的能力。在合同关系上是以业主为一方、施工联合体为另一方的施工总承包关系,对业主而言的组织、管理与协调都比较简单。在工程进展过程中,若联合体中某一成员单位破产,则其他成员仍须负责对工程的实施,业主不会因此而造成损失。

## (五)水利工程项目管理模式的选择

水利工程项目管理模式由项目业主选择确定,每种模式都有优缺点,项目业主必须谨慎地权衡自己的选择,以确保针对特定的工程作出正确的选择。影响管理模式的因素有很多,包括项目规模、项目类型(如枢纽项目、灌溉项目、引水项目、除险加固项目、堤防项目、河道治理项目等)、工期、工作内容和性质、项目环境、工程质量、成本和时间的重要性、业主的管理习惯等。

比如,对于变更风险小、工作范围定义明确、技术不太复杂、有过类似工程经验的项目,可以采用平行发包管理模式,通过竞争获得好的合同价格,对业主控制成本有利。对于技术较复杂的项目,一般采用总承包管理模式比较合适,便于设计和施工的协调与检验。

但是,需要指出的是,有的水利工程项目,其管理模式要受相关的法律、规章和政策的约束与影响。此时,应按照有关的规定确定项目管理模式。

# 第三节　水利工程项目主体组织结构

水利工程项目主体组织结构是指各个水利工程项目参与方内部的组织结构形式。一个主体组织中,其工作部门、部门等级、管理层次和管理跨度设计确定之后,各个工作部门之间内在关系的不同,就构成了不同的组织结构形式。

由于水利工程项目的一次性和单件性,所以对于每个项目,参与方都需要根据项目管理体制和管理模式所确定的自己的目标与任务,建立自己的组织,负责完成关于该项目的有关工作,实现组织目标和项目目标。

## 一、水利工程项目主体组织设计过程

项目管理组织应尽早组建,尽早投入工作,并在项目管理过程中保持一定的连续性和稳定性。项目管理组织的一般组建过程如下:

(1)确定项目管理目标。项目管理是为了实现项目的整体效益,项目管理目标是由项目目标决定的,水利工程项目的主要目标主要体现在工期、成本和质量三大目标上。当然,对于不同的项目管理主体,其项目管理的具体目标会有所区别。

(2)项目组织责任、权力、义务和利益的确定。项目管理目标落实到项目组织上,就是确定责任、权力、义务和利益。没有责任和义务的压力、权力的支持和利益的激励,管理目标就无法实现。项目组织责任、权力、义务和利益的确定包括两个层面,一个是项目总体结构层面,主体之间的责任、权力、义务和利益的确定以及风险的分配,一般是通过合同定义的,另一个层面是主体组织内部,确定责任、权力、义务和利益一般是通过任务书、部门职责等确定。由此,可以形成项目责任表。比如,云南鲁布革工程的主体责任表如表 5-1 所示。

**表 5-1　云南鲁布革工程的责任分配表**

| 组织责任 | 项目经理 | 土建总工 | 机电总工 | 总会计师 | 工管处 | 财务处 | 计划合同处 | 机电设备处 | C合同处 | 设计院 | 咨询专家 | 电力局 | 水电部 | 中技公司 | 十四局 | 大成公司 |
|---|---|---|---|---|---|---|---|---|---|---|---|---|---|---|---|---|
| 设计 | ○ | ○ | ○ | ○ | | | | | | # | ○ | ※ | □ | ※ | ※ | ※ |
| 招投标 | ○ | ○ | ○ | ○ | | ○ | ○ | | | # | ○ | □ | ※ | ※ | ※ | ※ |
| 施工准备 | # | ○ | ※ | ※ | | | | | | □ | ※ | ※ | | | # | ※ |
| 采购 | □ | ※ | ○ | ※ | ※ | ○ | ○ | # | ※ | ○ | ○ | | | | | |
| 施工 | □ | # | ○ | ※ | ○ | ○ | ○ | ○ | ○ | | ○ | | | | # | # |
| 项目管理 | # | ○ | ○ | ○ | ○ | ○ | ○ | ○ | ○ | | ○ | | | | ※ | ※ |

注:#负责　※通知　○辅助　◎承包　□审批

(3)建立组织结构。基于组织的责任、权力、义务和利益,在进行详细的工作分析的基础上,进行结构和功能分析,确定详细的各种职能管理工作任务,并按工作任务设立部门,分派人员,建立组织结构,并将各种工作任务作为目标落实,做管理工作和任务的分配表,确定部门职能和岗位职责。

(4)确定管理工作流程。管理流程是一个动态的过程,确定了各种职能之间的关系,确定了项目管理组织成员之间,他们与项目组织之间,以及外部之间的工作联系和界面。确定流程是一个非常重要的环节,对管理系统的有序运行和建立管理信息系统都有很大的影响。

(5)建立各职能部门的管理行为规范和沟通准则,形成管理工作准则,即建立项目组织的规章制度。制度设计也是组织设计的一项非常重要的工作。

(6)在以上工作的基础上,可以考虑进行项目管理信息系统设计。按照管理工作流程和职责,确定工作过程中的信息流向、处理过程,包括信息流程设计、信息数据形式设计、信息处理过程设计等。当然,管理信息系统的开发,需要经过系统规划、系统分析、系统设计、系统实施和系统运行等多个阶段来完成。

## 二、水利工程项目主体组织结构类型

水利工程项目主体组织结构一般包括直线组织结构、职能组织结构、直线－职能组织结构、矩阵组织结构等。项目管理组织结构实质上是决定了项目管理组织实施项目获取所需资源的可能方法与相应的权力,不同的项目组织结构对项目的实施会产生不同的影响。

### (一)直线组织结构

直线组织模式是一种最简单的古老的组织形式,它的特点是组织中各种职位是按垂直系统直线排列的,如图 5-7 所示。

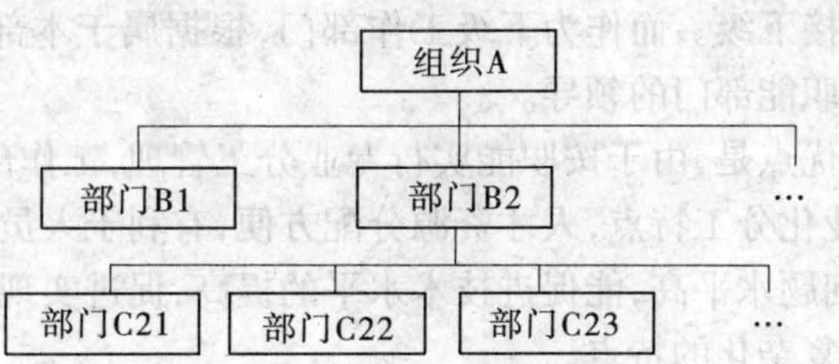


**图 5-7 直线组织结构示意图**

这种组织形式的特点是命令系统自上而下进行,责任系统自下而上承担。上层管理下层若干个部门,下层只唯一地接受上层指令,如 B2 只接受 A 的命令,并对 C21、C22、C23 等部门下命令,C21 只接受 B2 的命令,而不接受 A 的命令,因为 A 是 C21 的间接上级,B2 才是 C21 的直接上级。每个部门只有一个唯一的上级,下级绝对服从直接上级,所以在有的按直线组织结构建立系统的组织中,工作部门内的部门负责人只设正职而不设副职,以保证命令的唯一性和分清职责。

这种组织形式的主要优点是机构简单、权力集中、命令统一、职责分明、决策迅速、隶属关系明确、纪律易于维持。项目管理组织采用该组织结构，目标控制分工明确，能够发挥机构的项目管理作用。

直线组织结构的缺点是工作部门负责人的责任重大，往往要求其是通晓各种业务和多种知识与技能的全能式的人物；组织内横向联系及相互协作少；缺乏合理分工，专业化程度低。显然，在技术和管理较复杂的项目中，这种组织形式不太合适。

**（二）职能组织结构**

职能组织结构是社会生产力的发展、技术的进步和专业化分工的结果。职能组织结构，是组织设立专业职能人员和相应的部门，将相应的专业管理职责和权力赋予职能部门，分别从职能角度对基层进行业务管理，各职能部门在专业职能范围内拥有直接指挥下级工作部门的权力。如图 5-8 所示。

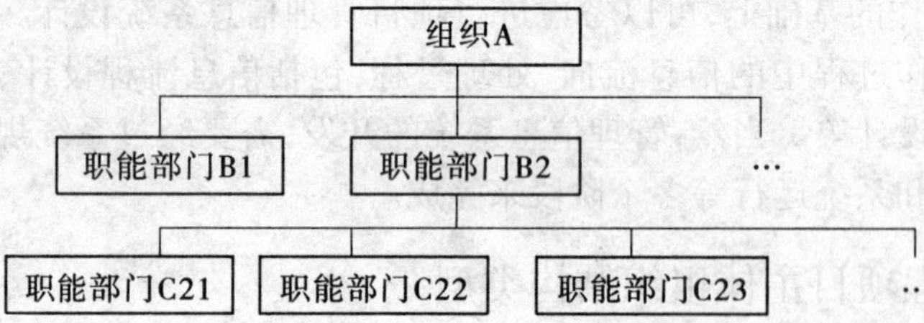


**图 5-8 职能组织结构示意图**

在图 5-8 所示的职能组织结构中，工作部门 A 可以指挥命令 B 平面的直接下属工作部门，如 B1、B2 等，也可对 C 平面的间接下属工作部门发布指令，如 C11、C21、C22 等。B 平面的所有工作部门也可对 C 平面的工作部门进行指挥和命令，如除了 C21、C22、C23 等外，也可对 C11、C12、C31 等下命令。也就是说，在职能组织结构中，一个工作部门可以在自己的专业职能的范围以内对下级的各个平面的工作部门都有指挥命令权，而不管其是否是直接下级还是间接下级。而作为下级工作部门，根据属于本部门的专业范围要分别接受不同的多个上级职能部门的领导。

这种组织形式的优点是，由于按职能实行专业分工管理，工作部门对管理的专门业务范围负责，能体现专业化分工特点，人才资源分配方便，有利于人员发挥专业特长，专业化程度高，处理专门性问题水平高，能促进技术水平的提高，促进实现职能目标，能适应生产技术发展与间接管理复杂化的特点。

缺点是命令源不唯一，导致下级工作部门要接受多头领导。如果多维指令产生且这些指令又是相互矛盾的，即出现多个矛盾的命令的话，则将使得下级部门无所适从，容易造成管理混乱，出现问题以后，导致责任、后果不清，问题将人人有份，又人人无责，产生推诿扯皮的结果，不利于责任制的建立。此外，在一个系统中若出现不同领导平面的不同指令，接受指令的部门往往是以谁大听谁的为原则，形成家长制的组织形态。部门之间缺少横向协调，对外界环境的变化反应也比较缓慢。

此种形式适用于工程项目在地理位置上相对集中的、技术较复杂的工程项目。

**（三）直线－职能组织结构**

直线－职能组织结构是吸收了直线组织形式和职能组织形式的优点而构成的一种组

织形式,如图5-9所示。

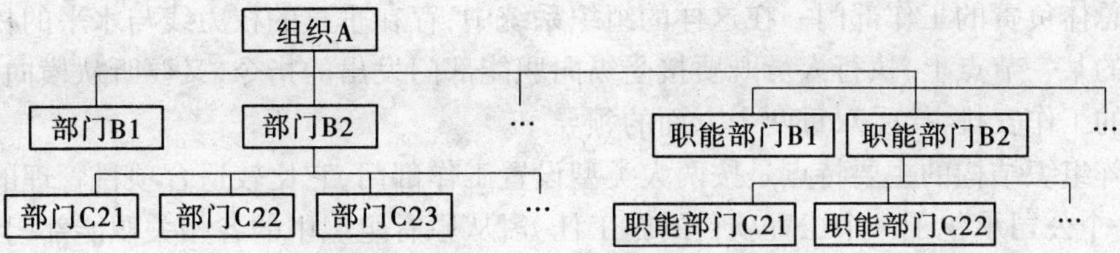


**图5-9 直线-职能组织结构示意图**

这种组织结构模式是综合了直线组织结构与职能组织结构的特点,借鉴了两者各自的优点,一方面从命令源上保证了唯一性,可防止出现组织中的矛盾指令;另一方面,在保持线性指挥的前提下,在各级领导部门下设置相应的职能部门,分别从事各项专门业务工作。职能部门拟定计划、制作行动方案,提供解决问题的方法,为领导部门的决策服务,并由领导部门决策后批准下达。职能部门对下级部门没有直接进行指挥或发布命令的权力,只起业务指导作用,是各级领导部门的参谋和助手。为充分发挥职能部门的作用,线性职能组织结构中的领导部门可授予职能部门一定程度的协调权和控制权,对下属部门的专业业务工作进行管理。

这种形式具有明显的优点。它既有直线组织模式权力集中、权责分明、决策效率高等优点,又兼有职能部门处理专业化问题能力强的优点。当然,这一模式的主要缺点是需投入的人员数量大。实际上,在直线-职能组织模式中,职能部门是直线机构的参谋机构,故这种模式也叫直线-参谋模式或直线-顾问模式。

**(四)矩阵组织结构**

矩阵组织结构是从专门从事某项工作小组(不同背景、不同技能、不同知识、分别选自不同部门的人员为某个特定任务而工作)形式发展而来的一种组织结构。在一个系统中既有纵向管理部门,又有横向管理部门,纵横交叉,形成矩阵,所以借用数学术语,称其为矩阵组织结构,如图5-10所示。

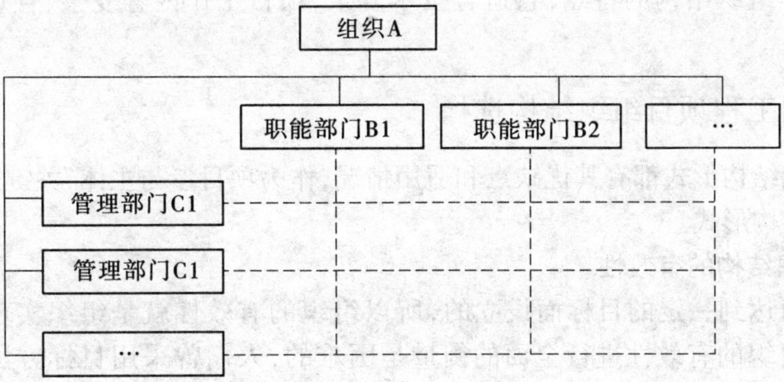


**图5-10 矩阵组织结构示意图**

在矩阵组织结构中,一维(如纵向)可以按管理职能设立工作部门,实行专业化分工,对管理业务负责;另一维(如横向)则可按规划目标(产品、工程项目)进行划分,建立对规划目标总体负责的工作部门。在这样的组织系统中,存在垂直的权力线与水平的权力线。在矩阵的某一节点上,执行人员既要接受纵向职能部门发出的指令,又要听从横向管理部门作出的工作安排,接受双重两个方面的领导。

矩阵组织结构的主要特点是按两大类型设置工作部门,它比较适合项目管理的组织。例如,一个公司承包了一个工程项目的施工任务,从原有组织中的各相关职能部门调取有关的不同专业人员,组成项目管理组织,由项目经理负责。参加该项目的人员,就要接受双重领导。项目经理负责工程施工,他有权调动各种力量,为实现项目目标而集中精力工作。负责某工程部位的部门是临时的,如导流工程项目部,完成任务以后就撤销,并不打乱原来设立的职能部门及其隶属关系,具有较大的机动性和适应性。这种结构形式加强了各职能部门的横向联系,便于沟通信息,组织内部有两个层次的协调,为完成一项特定工作,首先由项目经理与职能经理进行接触协调,当协调无法解决时,矛盾或问题才提交高层领导。

这种形式的优点是加强了各职能部门的横向联系,具有较大的机动性和适应性;把上下左右集权与分权实行最优的结合,有利于解决复杂难题,有利于人员业务能力的培养;实现了任务之间人力资源的弹性共享;也为职能和生产技能的改进提供了机会。

缺点是命令源不唯一,是非线性的,两条指挥线,命令源有两个,是二维的,存在交叉点。纵横向协调工作量大,处理不当会造成扯皮现象,指挥混乱,产生矛盾。同时,它对人员的要求较高,需要组织中各个部门工作人员的理解。工作耗时,需要经常性的会议和冲突解决。

为克服矩阵组织结构中权力纵横交叉这一缺点,必须严格区分纵向管理部门与横向管理部门各自所负责的任务、责任和权力,并应根据组织具体条件和外围环境,确定纵向、横向哪一个为主命令方向,解决好项目建设过程中各环节及有关部门的关系,确保工程项目总目标最优的实现。这样,管理职责、任务分工明确,矩阵组织结构可以有效地发挥组织功能的作用。

根据矩阵组织结构的特点,它适合技术复杂、项目工作内容复杂、管理复杂的工程项目。

## 三、水利工程项目组织结构选择

各个组织结构形式都有其优缺点和适用情况,作为项目参与主体,关键是要选择适合自己的组织结构形式。

### (一)组织结构的有效性

组织是为达到一定的目标而设立的,所以组织的有效性就是组织实现其目标的程度。但是对组织的有效性进行全面的衡量是困难的,人们曾采用目标方法衡量组织是否按期望的产出水平完成目标,采用系统资源方法通过观察过程的开始和评价组织是否为较高业绩而有效获得必要的资源来估计有效性,采用内部过程方法考察内部活动并且通过内部效率指标来估计有效性,采用利益相关者方法,通过集中组织内外部的利益相关者的满意度来衡量有效性。但这些方法都只反映了组织的一个侧面,组织有效性评价的是很复杂的，不存在简单容易又可靠的衡量方法来为组织的业绩提供一个清晰的评价。

作为一般性的原则，当组织结构不适合组织要求时，便会出现一个和多个下述特征，即组织无效的特征：

(1)决策迟缓或质量不高。可能是下级汇集太多的问题给决策者，使他们不堪重负；也可能是向下级的委托授权不足；也可能是信息没有及时传达给合适的人。无论纵向或横向，信息沟通不充分，不能保证决策质量。

(2)组织不能创造性地对正在变化的环境作出反应。缺乏创新的一个重要原因就是部门之间不能很好地进行横向协调。现场施工人员的现场需求和对现场条件变化的反馈，应与采购部门和应急处理部门相协调。

(3)明显过多的冲突。部门之间的目标应该和组织总目标有效协调起来。缺乏足够的横向沟通机制，当各部门目标冲突，各行其是，或在压力之下，为完成部门目标而不惜损害整体目标时，这种组织结构便是失败的。

**(二)组织结构的选择**

组织结构设计的影响因素很多。一个组织内部和外部的各种变化因素都会对组织的结构产生影响，引起组织结构模式的变化。组织结构的设置还受组织规模的影响，组织规模越大，专业化程度越高，分权程度也越高。组织所采取的战略不同，组织结构模式也会不同，组织战略的改变必然会导致组织结构模式的改变。组织结构还会受到组织环境等因素的影响。另外，组织管理经验、项目的工期、项目工作内容、项目技术依赖性等也会对项目组织结构产生影响。所以，选择项目组织结构时，必须充分考虑这些因素的影响。

同时，各个项目参与主体确定自己的组织结构时，也应考虑和项目管理模式、相关方的组织结构等相适应。

当然，作为不同的项目主体，其组织目标、任务、责任不同，即使是相同的组织结构形式，其具体内容也不相同。比如，同样采用职能型组织结构形式，项目业主的组织结构一般如图 5-11 所示，而监理方的组织结构一般如图 5-12 所示。

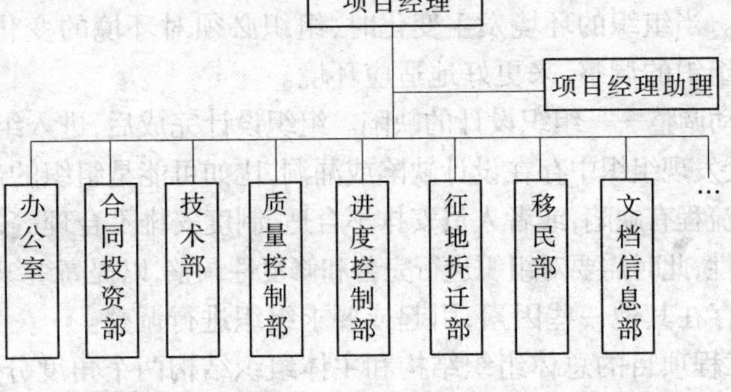


**图 5-11　职能型业主组织结构示意图**

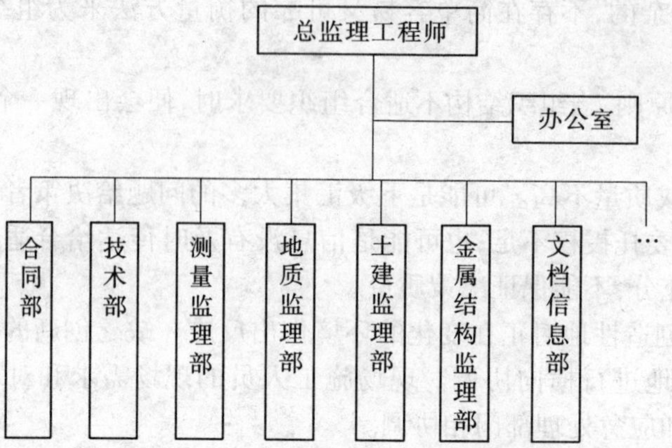


图 5-12　职能型监理组织结构示意图

# 第四节　水利工程项目组织生命过程

## 一、概述

由于水利工程项目规模大，建设期长，管理环境复杂多变等，项目组织也不是固定不变，而是在整个工程项目生命周期过程，不断调整和变化，是一个动态的过程。

影响项目组织调整的主要因素包括：

（1）项目目标和任务的变化。如前所述，组织是为了实现一定的目标而设立的，但随着项目实施进程的延伸，项目的目标可能发生变化，包括目标的完善、调整、修改、补充等。项目目标的变化会引起工作内容和任务的变化。项目目标和任务的变化，必然引起组织目标和组织工作内容的变化，此时，为了更有效地实现组织目标，更有效地完成组织任务，需要组织进行调整。该调整可能是外部力量推动的，也可能是通过组织的自组织过程实现的。

（2）环境的变化——自然环境和社会环境。组织是受环境约束的，组织必须适应环境，才能更好地实现组织的目标。项目组织的环境主要是自然环境、法规政策环境、经济环境、政治环境等。当组织的环境发生变化时，组织必须对环境的变化作出反应，并通过自组织过程，实现组织的调整，来更好地适应环境。

（3）管理者主动调整——组织设计的缺陷。组织设计完成后，进入组织的运行阶段。在组织运行过程中，会发现组织中存在设计缺陷或漏洞，比如可能是组织的部门设计不合理，也可能是组织的工作流程有缺陷，或者人员安排不合适、制度安排不合理等，这些缺陷直接影响组织的效率和有效性，此时需要对组织进行完善和修复性调整，以提高组织的有效性。

当然，可能还存在其他一些因素，引起或要求组织进行调整。

下面从水利工程项目的总体组织结构和主体组织结构两个角度分别论述。

## 二、水利工程项目总体组织结构生命过程

水利工程项目总体组织结构可参见图 5-1 和图 5-2。项目总体组织结构的调整主要

是随着项目生命周期进程的进展，总体组织的目标和任务在变化，所以对应的总体组织结构也在不断调整之中。

如前所述，水利工程项目的建设程序包括八个阶段：项目建议书，可行性研究报告，初步设计，施工准备（包括招标设计），建设实施，生产准备，竣工验收和后评价。如果我们把水利工程项目总体组织结构沿着项目的建设程序进行展开，就会得到项目总体组织结构随着项目进展的变化过程，如图 5-13 所示。其中，建议书阶段和初步设计阶段的项目总体组织结构如图 5-14、图 5-15 所示。

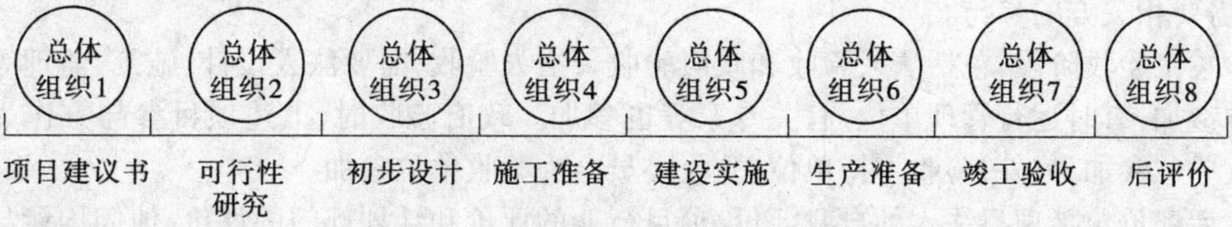


**图 5-13　项目总体组织结构变化过程**

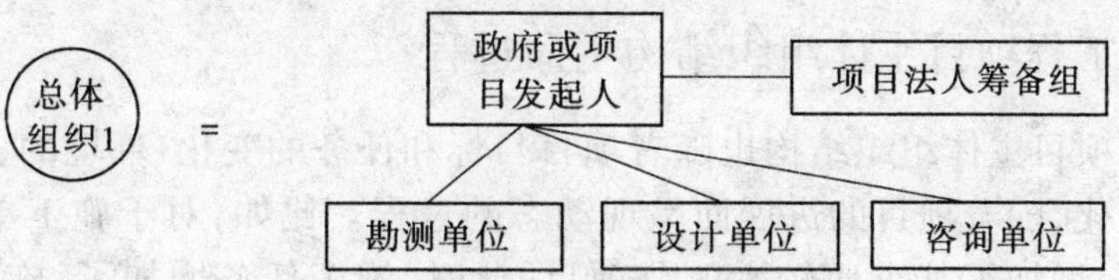


**图 5-14　项目建议书阶段总体组织结构**

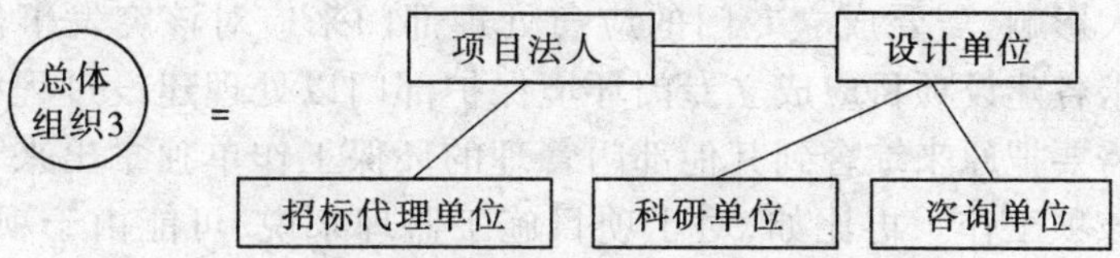


**图 5-15　项目初步设计阶段总体组织结构**

在项目建议书阶段，此时由政府或项目发起人主持，并一般委托有相应资质的设计单位编制项目建议书，并成立了项目法人筹备组，建议书上报有关行政部门审批。此时项目总体组织结构中主要是政府、设计单位、勘测单位。此时，施工单位、材料供应单位等尚未进入项目总体组织结构。

在项目可行性研究阶段，主要是编制可行性研究报告，由项目法人或法人筹备组负责，委托有资质的规划、设计或咨询机构编写，并上报有关行政部门审批。此时，由于涉及项目融资问题，投资机构和贷款机构也要参加。

在初步设计阶段，主要是进行工程设计，项目法人已经成立，由其委托有资质的设计单位进行工程设计，设计单位可能需要科研单位、咨询单位协助其解决有关的工程技术和组织管理问题，也可能需要专业设计单位的专项技术设计的支持。如果设计单位进行招标选择的话，则需要招标代理机构的参与。

施工准备阶段，需要招标代理机构完成监理、施工、设备采购、材料采购等的招标工作，需要施工单位完成施工准备工程（包括供水、供电、道路、通信和场地平整等），需要设计单位完成施工图设计工作,需要有关地方政府协助完成征地、拆迁、移民等工作。

建设实施阶段,是总体组织结构最复杂的阶段,参与到总体组织的单位比较多,由项目法人负责组织工程建设,设计单位及时提供施工详图,各监理单位(包括施工监理、环保监理、设计监理等)开展监理工作,各施工单位按照合同逐步进场施工,设备、材料供应单位提供货物,分包单位实施分包工程,办理有关保险,质量监督项目站开展监督工作,贷款银行及时划拨资金等。

生产准备阶段,需要成立生产组织机构,配置人员,购买生产物资,建设生活福利设施等,需要相关方的参与。

竣工验收阶段,包括法人验收和政府验收。法人验收,需要法人设计、施工、监理等有关方参加,有时运行管理单位、有关专家等也参加。政府验收时,上述项目参与方作为被验收单位参加,另外,验收主持单位、验收委员会为验收单位参加。

后评价包括项目法人的自我评价、项目行业的评价和计划部门的评价,他们均参与到该阶段的项目总体组织中。

## 三、水利工程项目主体组织结构生命过程

水利工程项目主体组织结构也随着项目目标和任务的变化、环境的变化、管理者主动调整等在变化,随着项目的进展而呈现动态的过程。比如,对于施工单位来说,由于出现设计变更,增加了某个比较大的分项目,此时,施工任务增加了,施工方的组织结构就需要增设负责该分项目的部门;或者由于突然出现了地震、洪水等重大灾害,对工程施工造成重大影响,需要成立专门的应急处理部门来应对该突发事件;或者由于国家出台法规要求各建设项目应成立专门环境保护部门以处理建设过程中的环保问题,施工组织中就需要把原来综合到其他部门管理的环保工作单独拿出来,成立专门的环保部门来开展该项工作。再比如,对于项目施工监理来说,可能由于项目前期测量工作的量大且重要,所以在监理组织中设立专门的工程测量部,但到项目中后期,测量主要是满足一般的计量需要,就可以取消专门的工程测量部,把该工作合并到其他部门中,但也可能到项目中后期,项目的资料整理和验收工作成为主要工作,工作量比较大,这时可以把原来属于总监办公室管理的文档资料管理工作单列,成立文档信息部,专门负责验收资料的整理等工作。

在项目总体组织结构中,由于各个参与主体的目标、责任和任务等不同,所以其相应的组织结构也不相同,当然,其变化和调整过程也有所区别。在此以项目业主的组织结构为例来说明。

比如假设项目业主采用的是职能组织结构,在项目设计阶段,主要进行项目设计、融资等工作,此时,项目业主的组织结构可能如图5-16所示。到了施工准备阶段,主要是做施工准备工作,此时贷款协议已经签订,就可以把对贷款银行的工作合并到合同部来管理,但另外需要成立征地拆迁和移民部门,专门负责征地、拆迁和移民工作,而且,此时的文档信息管理量增加,可以把文档工作从办公室独立出来,成立专门的文档信息部来负责。可能还需要专门的部门来负责设备和主要材料的采购,如此等等,此时,项目业主的组织机构可能如图5-17所示。进入项目的建设实施阶段,项目业主有专门的部门来负责

工程的进度、质量控制工作，需要针对项目开展情况，设立专门的现场部门，分别负责相关子项目的管理工作。此时，采购工作基本完成，后续工作可并入合同部管理，撤销采购部。也可能就工程比较重要的地质问题专门成立地质部负责该工作，如此进行，项目业主的组织机构可能如图 5-18 所示。

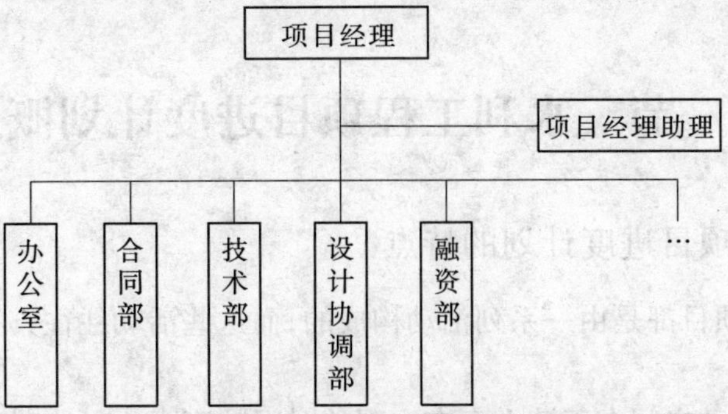


图 5-16　设计阶段项目业主的组织结构图

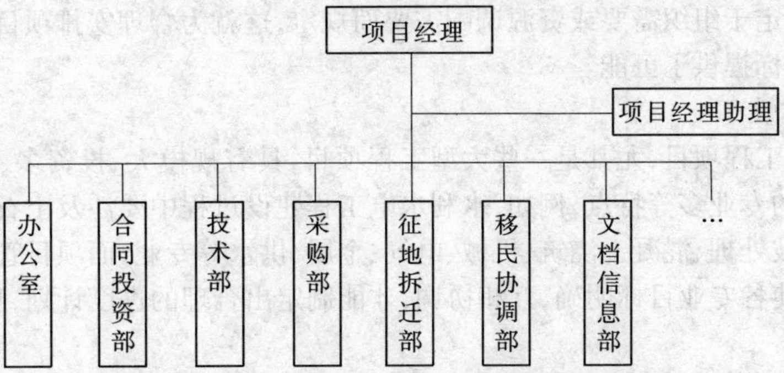


图 5-17　施工准备阶段项目业主的组织结构图

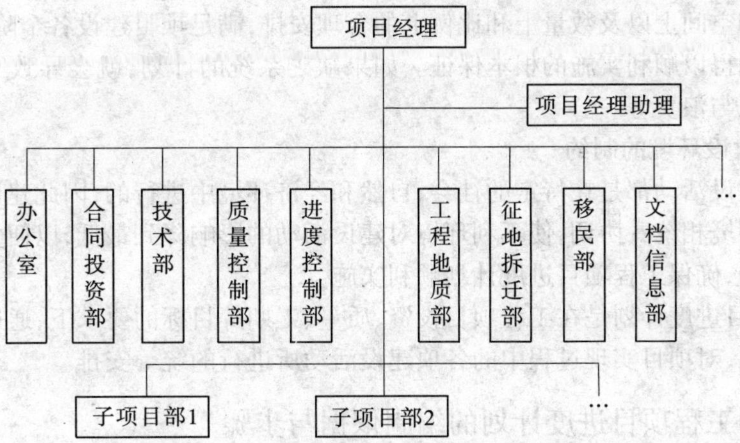


图 5-18　施工阶段项目业主的组织结构图

另外，需要说明的是，随着项目主体组织结构的调整，项目的人员配置、业务流程、工作制度也均需要进行相应的调整，在此不再多述。

# 第六章　水利工程项目进度管理

## 第一节　水利工程项目进度计划概述

### 一、水利工程项目进度计划的特点

任何水利工程项目都是由一系列活动构成的，而这些活动往往具有如下特点。

**（一）有序性**

一方面，各个活动之间在工艺上存在客观的时间顺序。一旦违背客观规律，必然会导致工期延误、质量降低或投资的增加；另一方面，某些建设活动的时间顺序具有可调整性，其时间顺序决定于组织需要或资源调配需要而规定，这就为合理安排项目进度计划、实现建设项目总目标提供了可能。

**（二）整体性**

现代建设工程项目，尤其是一些大型工程项目，具有规模大、投资多、建设工期长、技术复杂、涉及的专业多等特点，例如，水利水电工程建设过程中要涉及土石方开挖与回填、地基处理、边坡处理、混凝土浇筑、机械、电气、金属、供水等专业，而项目管理人员，只有通过统筹考虑，使各专业目标明确，互相协调，才能制定出合理的进度计划，顺利完成预期总目标。

**（三）资源的优化配置与资源供应的保障是建设活动顺利进行的根本**

在项目建设过程中需要投入大量的人力、材料、施工设备、资金和技术文件等，这些资源在时间上和空间上以及数量上和比例上的合理安排，满足项目建设各个阶段的需要，是项目进度计划得以顺利实施的根本保证。如果缺乏系统的计划，就会导致工期的拖延以及资源的积压与浪费等。

**（四）受建设环境的制约**

每一项建设活动都是在特定的社会、自然和经济环境中进行的，因此建设活动的进行必须与建设环境相统一协调，使不利环境对建设活动的影响降到最低，以便各项建设活动得以顺利进行，确保工程项目进度计划顺利实施。

因此，项目进度计划是在工程项目投资、质量、工期等目标的要求下，通过对资源的合理配置与优化，对项目实现过程中的各项建设活动所进行的统筹安排。

### 二、水利工程项目进度计划的编制依据与步骤

**（一）工程项目进度计划的编制依据**

（1）工程项目承包合同。

（2）工程项目的施工规划和施工组织设计。工程项目的施工规划和施工组织设计的

编制与工程项目施工进度计划编制互为影响，编制施工进度计划时要在施工组织设计所拟定的施工方案、主要施工方法与工程量等基础上进行，而施工组织设计的编制又需考虑整个工程项目的进度要求。

(3)相关的法规、标准和技术规范。

(4)承包方的经营策略与管理水平。

(5)承包方的资源配置。

工程项目进度计划的进行，需要一定的人力、财力、物力合理投入作为保障。如劳动力供应计划、资金使用计划、材料供应计划、大型施工机械设备的供应计划等。

(6)项目的外部条件。任何项目的建设，都会受到当地的自然、经济和社会等环境的影响。要保证工程按期进行，在编制项目进度计划时，必须对当地的环境进行深入细致的调查，认识到其对项目实施过程的影响，尽量避开不利因素的干扰，如土石坝的施工、高边坡的开挖等尽量避开雨季。

**(二)工程项目进度计划的编制步骤**

1. 收集、分析资料

在编制工程项目进度计划前，需收集有关建设项目的各种资料，认真分析影响进度计划的各种因素，为编制进度计划提供依据。主要内容有：设计文件和有关的法规、技术规范、标准、规程与政府指令及合同文件；工程项目现场的勘测资料和水文资料；项目所在地区的气象、地震等资料；项目的资金筹措及支付方式；项目的资源供应情况；供水、供电、供风及通信等状况；项目征地拆迁与移民安置情况；已建类似工程的工程进度计划；其他有关资料(如环境保护)。

2. 工程项目分解

工程项目进度计划的编制，需要从项目的整体性出发，根据系统工程的观点，将项目分解成若干个相互独立而又相互关联的子项目，编制子项目的网络计划，明确进度控制责任人，有效组织进度计划的实施，从而控制整个项目网络计划系统的实施。关于工作分解结构的内容可参见第四章。

3. 进行施工阶段划分并确定阶段性目标

根据项目自身特点，把整个项目的施工过程进行施工阶段的划分，例如对土石坝工程而言，可将其整个施工过程分为施工准备、施工导截流、基础处理、坝体施工、溢洪道施工、取水塔施工、机电设备的安装与调试等施工阶段。在此基础上进一步确定各阶段的阶段性目标，以此作为编制项目施工进度计划的重要依据。

4. 选择施工技术方案，确定工作内容与工作之间的逻辑关系

不同的建设项目，其工作内容和工作之间的逻辑关系(包括工艺关系和组织关系)不同，相同的项目，当采用不同的施工技术方案时，其工作之间的逻辑关系也不尽相同。因此，在编制进度计划之前，首先应选择施工技术方案。

5. 项目各项工作的工程量、工作持续时间和资源量的计算

项目工程量、各项工作的持续时间和资源量是编制网络计划的基础，工程项目施工进

度计划的准确性与上述基础数据密切相关。

1）计算工程量和资源量

项目工程量的估算精度与设计深度有直接关系，当没有各建筑物的详细设计文件时，可根据类似工程或概算指标估计工程量。若有各建筑物的设计施工图时，就可根据施工图纸，分别计算出项目各个阶段与各个施工段的工程量。

计算劳动量和机械台班数时，首先要确定所采用的定额，可直接套用现行工程项目定额，也可考虑工程项目的实际情况作相应的调整；对应用新技术和有特殊作业的工程项目，定额中尚未列出，可参考类似已建项目。

2）确定各项工作的持续时间

在实际工程中，工作项目持续时间主要有以下几种计算方法：

（1）按实物工程量和定额标准计算，计算公式如下：

$$t = \frac{W}{Rm} \tag{6-1}$$

式中：$t$ 为工作基本工时；$W$ 为工作的实物工程量；$R$ 为台班产量定额；$m$ 为施工人数（或机械台班数）。

（2）套用工期定额法。对于总进度计划中“大工序”的持续时间，通常参照国家制定的各类工程工期定额，再适当修改后采用。

（3）三时估计法。有些工作没有确定的实物工作量，又没有定额可套，例如采用新工艺、新技术的工作。在这种情况下，可采用三时估计法来计算这部分工作的持续时间：

$$t = \frac{a + 4c + b}{6} \tag{6-2}$$

式中：$a$ 为乐观估计时间；$c$ 为最可能时间；$b$ 为悲观估计时间。

上述三个工作持续时间是在经验的基础上，根据实际情况估计得出。在实际工作中，还应考虑其他因素，对其进行相应的调整，调整公式为：

$$D = tK \tag{6-3}$$

$$K = K_1 K_2 K_3 \tag{6-4}$$

式中：$D$ 为工作的持续时间计划值；$K$ 为综合修正系数；$K_1$ 为自然条件影响系数；$K_2$ 为技术熟练程度影响系数；$K_3$ 为单位或工种协作条件修正系数。$K_1$、$K_2$、$K_3$ 都是大于 1 或等于 1 的系数，其值可根据工程实践经验和具体情况来确定。

在缺少经验数据时，综合调整系数参考取值为：

当 $t \leq 7$ d 时，$K = 1.25 \sim 1.4$；

当 $t \geq 7$ d 时，$K = 1.1 \sim 1.25$。

6. 编制工作项目明细表

通过编制工作项目明细表，对上述几项工作所得结果进行统计汇总，以便下一步网络图的绘制与网络计划的优化，如表 6-1 所示。

表 6-1　工作项目明细表

| 代号 | 编码 | 名称 | 工作量 | | 持续时间(d) | 紧前工作 | 紧后工作 | 备注 |
|---|---|---|---|---|---|---|---|---|
| A | 1.5.1.1 | 施工放线 | 数量 | 单位 | 6 | — | B | |
| B | 1.5.1.2 | 基础开挖 | 11 000 | $m^3$ | 11 | A | C | |
| ⋮ | ⋮ | ⋮ | | | | | | |

7. 编制初始网络进度计划
8. 进度计划的优化与调整

# 第二节　确定性网络计划技术

## 一、网络计划技术的产生与发展

网络计划技术是随着现代科学技术和工业生产的发展而产生的一种科学的计划管理方法。1956 年,美国杜邦公司研究创立了网络计划技术的关键线路法(简称 CPM),并在工程应用中取得了良好的经济效益;在 CPM 法出现的同时,1958 年美国海军武器部在研制“北极星”导弹计划时,首次提出了计划评审技术(简称 PERT),使“北极星”导弹制造时间比计划缩短了近 3 年,获得了巨大成功。此后,网络计划技术受到各国的普遍重视,使网络计划技术在工程实践中不断发展和完善,在各领域得到广泛应用。网络计划技术主要包括确定性网络计划技术、非确定性网络计划技术。

## 二、网络计划技术的特点

确定性网络计划技术(主要指关键线路法)主要特点是:各项工作具有确定的持续时间,各项工作之间的逻辑关系也是明确的。

非确定性网络计划技术(主要指计划评审技术)主要特点是:各项工作之间的逻辑关系是明确的,但各项工作的持续时间具有不确定性。

本节将重点介绍确定性网络计划技术的基本概念和方法,有关非确定性网络计划技术的基本概念和方法将在第三节介绍。

## 三、双代号网络计划

### (一)双代号网络图

网络图是网络计划技术的基本模型。网络图是由箭线和节点组成的、用来表示工作流程的有向、有序网状图形。双代号网络图是以箭线及其两端节点的编号表示工作的网络图,如图 6-1 所示。

1. 箭线

(1)在双代号网络图中,每一条箭线表示一项工作,箭线上方标注工作名称,箭线下方标注该工作的持续时间，如图 6-1 所示。

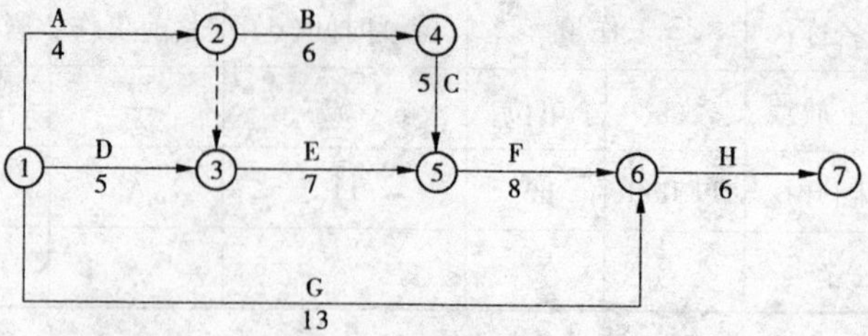


图 6-1 双代号网络图

(2)在双代号网络图中，箭线宜画成水平直线，也可画成折线或斜线，但其行进方向均应从左到右。在无时间坐标的网络中，箭线的长度不直接反映该工作所占用的时间长短，工作持续时间以直线下方标注的时间为准；在有时间坐标的网络中，箭线的长度必须以该工作持续时间的长短按比例绘制。

(3)在双代号网络图中，任何一条实箭线都要占用时间，且大部分箭线同时也要消耗一定的资源，如土方开挖、混凝土浇筑等工作；但有一部分实箭线表示的工作并不占用任何资源，如抹灰干燥等。

(4)在双代号网络图中，一条箭线可以表示一道工序、一个分部工程或一个单位工程。

(5)在双代号网络图中，为了正确表达各工作之间的逻辑关系，往往需要引入虚箭线。虚箭线表示一项虚工作，它既不占用时间，也不消耗资源，但在网络图中必不可少，它的主要作用是联系、区分、断路。

联系作用是通过合理应用虚箭线正确表达各项工作之间的相互依存关系，如图 6-1中的 A、B、D、E 四项工作中，其中 A 与 E 的关系就必须用虚箭线来连接。在绘制双代号网络图时，有时会遇到两项工作同时开始，又同时完成，此时，必须应用虚箭线才能区分两项工作，如图 6-2 所示，图 6-2(b)为正确画法。断路作用是通过引入虚箭线把没有逻辑关系的工作隔断，如图 6-3 中，第二施工段的挖槽与第一施工段的基础处理并没有逻辑关系，同样第一施工段的回填土与第二施工段的基础处理也没有逻辑关系，但在图中却都有了关系，致使网络产生了逻辑错误。如图 6-4 中，在第一施工段的基础处理与第二施工段的基础处理之间增加一条虚箭线，就会使上述错误的逻辑断开，用同样的方法，也可解决图 6-3中其他错误的逻辑关系。

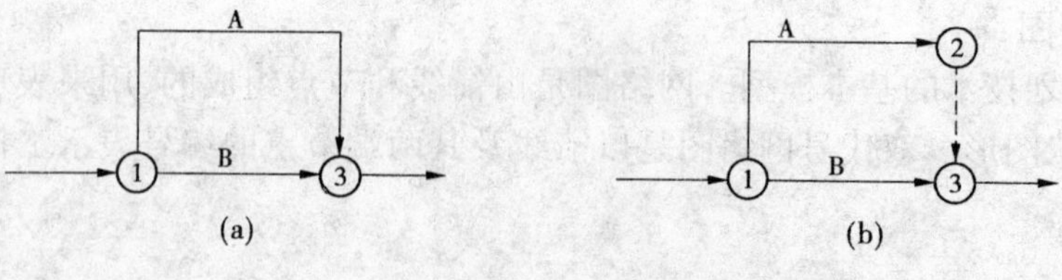


图 6-2 虚箭线的区分作用

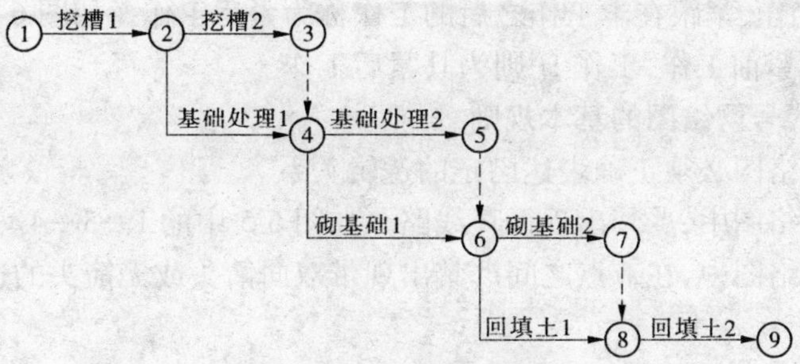


图 6-3　错误的逻辑关系

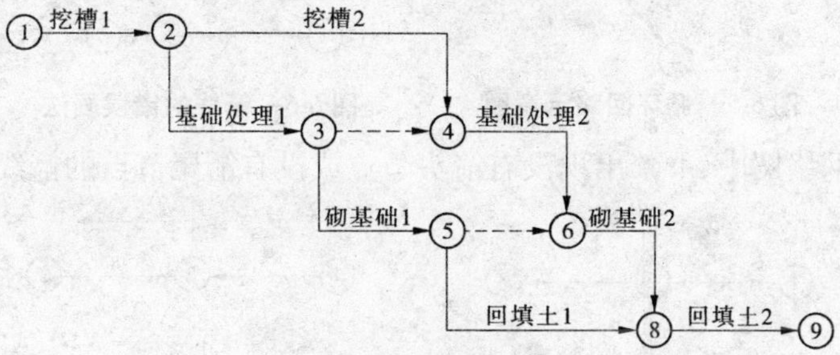


图 6-4　正确的逻辑关系

2. 节点

网络图中箭线端部的圆圈或其他形状的封闭图形称为节点。在双代号网络图中，节点既不占用时间，也不消耗资源，只表示工作之间的逻辑关系。箭线的箭尾节点表示该工作的开始，箭线的箭头节点表示该工作的结束。

网络图中的第一个节点叫"起点节点"，表示一项任务的开始，起点节点只有外向箭线，如图 6-1 中的节点 1；网络图中的最后一个节点叫"终点节点"，表示一项任务的结束，终点节点只有内向箭线，如图 6-1 中的节点 7，网络图中的其他节点称为中间节点，如图 6-1中的节点 4、5 等。

3. 线路

网络图中从起点节点开始，沿箭头方向顺序通过一系列箭线与节点，最后达到终点节点的通路称为线路。一般网络图中有多条线路，各条线路上的名称可用该线路上的节点的编号自小到大记述。其中，线路上总的工作持续时间最长的线路称为关键线路，例如图 6-1 中的线路：1—2—4—5—6—7，该线路在网络图上应用粗线、双线或彩色线标注。位于关键线路上的工作称为关键工作。

**（二）双代号网络图中的逻辑关系**

网络图中各工作之间相互制约或依赖的关系称为逻辑关系，包括工艺关系和组织关系。工艺关系是由生产工艺决定的、客观存在的先后顺序。例如，对于基础工程，都要先开挖，后做基础处理，最后回填土。组织关系是指工作之间由于组织安排需要或资源调配需要而规定的先后顺序。例如，建筑群中各个建筑物的开工顺序的先后。无论是工艺关系还是组织关系，在网络图中均表现为各工作之间的先后顺序。

为便于网络图的绘制，在网络图中，将被研究的对象称为本工作，紧排在本工作之前的工作称为紧前工作，紧跟在本工作之后的工作称为紧后工作。如图 6-1 中，以工作 F 而言，工作 C、E 为其紧前工作，工作 H 则为其紧后工作。

**（三）绘制双代号网络图的基本规则**

（1）双代号网络图必须正确表达已定的逻辑关系。

（2）双代号网络图中，严禁出现循环线路。如图 6-5 中的 1—3—4。

（3）双代号网络图中，在节点之间严禁出现带双向箭头或无箭头的连线。如图 6-6 所示。

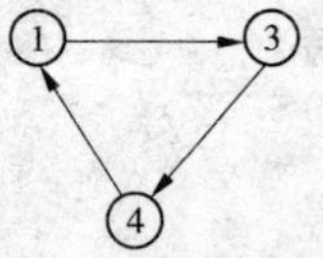


图 6-5　循环回路示意图

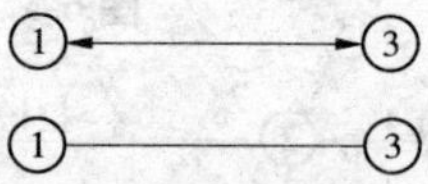


图 6-6　箭线的错误画法

（4）双代号网络图中，严禁出现没有箭头节点或没有箭尾节点的箭线，如图 6-7 所示。

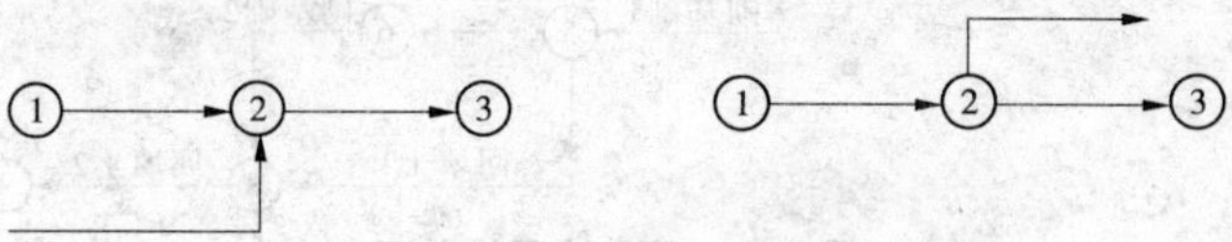


图 6-7　没有箭头和箭尾节点的箭线

（5）当双代号网络图的某些节点有多余节点或有多条外向箭线或多条内向箭线时，可使用母线法绘图（但一项工作应只有唯一的一条箭线和相应的一对节点编号），如图 6-8 所示。

图 6-8　母线表示方法

（6）绘制网络图时，箭线不宜交叉，当交叉不可避免时，可用过桥法或指向法，如图 6-9 所示。

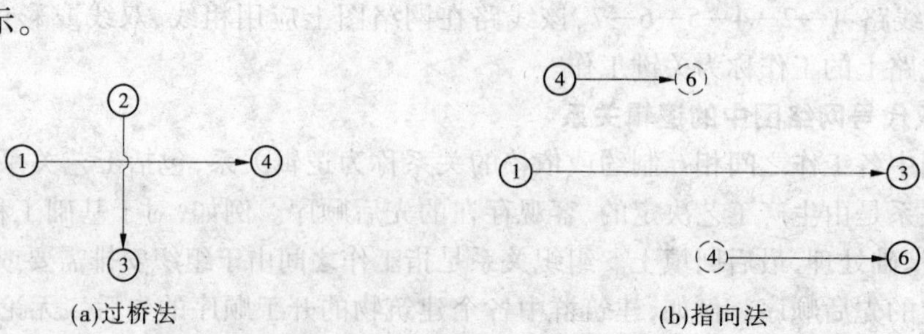


图 6-9　箭线交叉的表示方法

(7)双代号网络图中应只有一个起点节点；在不分期完成任务的网络图中，应只有一个终点节点；而其他所有节点均应是中间节点，如图 6-10 所示。

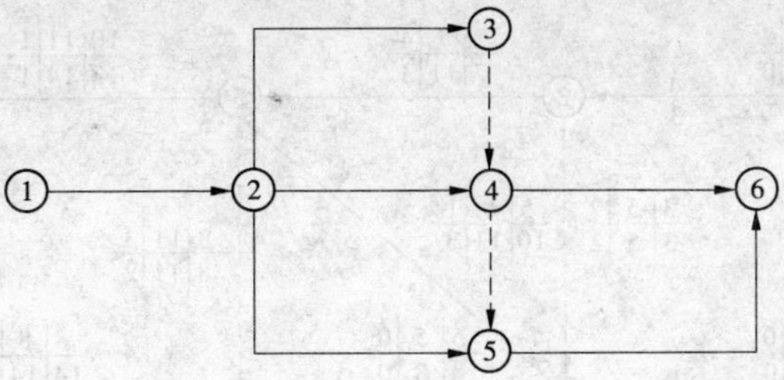


图 6-10　一个起点节点和一个终点节点的网络图

(8)双代号网络图中，箭尾节点的编号应小于箭头节点的编号，节点的编号顺序应从小到大，可不连续，但不允许重复，如图 6-11 所示。

图 6-11　错误的节点编号

**(四)双代号网络图的绘制方法**

为了使绘制出的网络图正确、明了、简单，在绘制网络图前，首先要根据项目特点，明确各工作之间的逻辑关系，并将这些关系编排成表，如表 6-1 的第 1、6、7 列所示。绘制网络图时，可根据紧前工作或紧后工作的任何一种关系进行。当按紧前工作绘制时，从没有紧前工作的工作开始，按照上述绘制网络图的基本规则，依次向后，直至最后的工作结束于一个终点节点。在绘制过程中，要注意：第一，不要漏画关系；第二，没有关系的工作一定不要硬扯上关系；第三，要合理使用虚箭线，尽量减少交叉。当按紧后工作绘制时，同理，直至最后的工作结束于一个起点节点。使用一种方法绘完后，可利用另一种关系检查无误后，按上述节点编号的基本规则，进行节点编号。

**(五)双代号网络计划时间参数的计算**

通过双代号网络计划时间参数计算，可确定计算工期、关键线路和关键工作，为网络计划的优化、调整和管理提供依据。

双代号网络计划时间参数计算的内容包括：工作的最早开始时间($ES_{i-j}$)、最早完成时间($EF_{i-j}$)、最迟开始时间($LS_{i-j}$)、最迟完成时间($LF_{i-j}$)、节点的最早时间($ET_i$)、节点的最迟时间($LT_i$)、工作总时差($TF_{i-j}$)、工作自由时差($FF_{i-j}$)、计算工期($T_c$)等。这些参数的计算方法主要有按工作计算法和按节点计算法，下面通过实例加以说明。

1. 按工作计算法

按工作计算法，就是以网络计划图中的各项工作为研究对象，直接计算各项工作的时间参数，并标注在网络图上，如图 6-12 所示。按工作计算法计算时间参数应在确定各项工作的持续时间之后进行，虚工作视同工作进行计算，其持续时间为零。

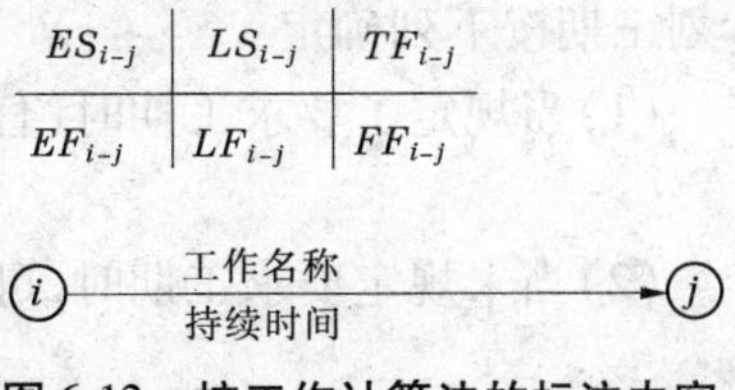


图 6-12　按工作计算法的标注内容

【例 6-1】 已知某建设项目的双代号网络图如图 6-13 所示，若计划工期等于计算工期，按工作计算法计算各项工作的时间参数并确定关键路线，标注在网络图上。

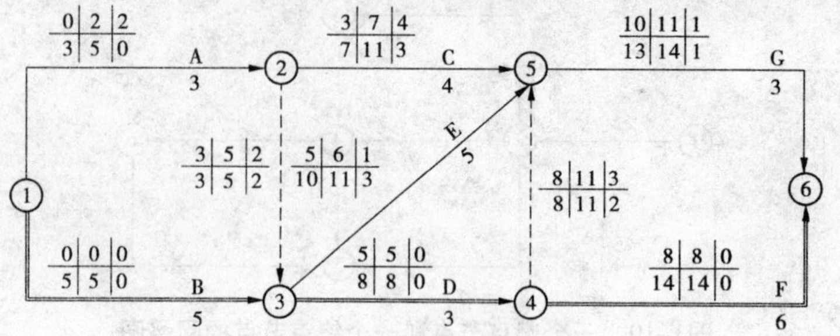

图 6-13　时间参数计算图

1)计算各项工作的最早开始时间和最早完成时间

工作最早开始时间是指各紧前工作全部完成后，本工作有可能开始的最早时刻，用 $ES_{i-j}$表示，$i-j$ 表示该工作的节点号。工作最早完成时间是指：各紧前工作全部完成后，本工作有可能完成的最早时刻，用 $EF_{i-j}$表示，$i-j$ 表示该工作的节点号。工作的最早开始时间和最早完成时间的计算应从网络的起点节点开始，顺箭线方向依次逐项直到终点节点。计算步骤如下：

(1)以网络计划起点节点(节点 1)为开始节点的各项工作，当未规定其最早开始时间时，其最早开始时间都为零：

$$ES_{1-2} = ES_{1-3} = 0$$

(2)顺箭线方向依次计算其他各项工作的最早时间。工作的最早完成时间等于最早开始时间加上其持续时间；工作的最早开始时间等于各紧前工作的最早完成时间 $EF_{h-i}$ 的最大值，计算公式如下：

$$EF_{i-j} = ES_{i-j} + D_{i-j} \tag{6-5}$$

$$ES_{i-j} = \max\{EF_{h-i}\} \tag{6-6}$$

2)确定计算工期及计划工期

计算工期是根据网络计划时间参数计算所得到的工期，用 $T_c$ 表示。计算工期等于以网络计划终点节点为箭头节点的各个工作的最早完成时间的最大值，即

$$T_c = \max\{EF_{i-n}\} \tag{6-7}$$

本例中，$T_c = \max\{EF_{5-6}, EF_{4-6}\} = \max\{13, 14\} = 14$

计划工期是指根据要求工期和计算工期所确定的作为实施目标的工期，用 $T_p$ 表示，计划工期按下列确定：

(1)当规定了要求工期时(任务委托人所提出的指令性工期，用 $T_r$ 表示)，取

$$T_p \leqslant T_r \tag{6-8}$$

(2)当未规定要求工期时，可令计划工期等于计算工期，即

$$T_p = T_c \tag{6-9}$$

本例中，$T_p = T_c = 14$。

3）计算各项工作的最迟开始时间和最迟完成时间

工作最迟开始时间是指在不影响整个任务按期完成的前提下，工作必须开始的最迟时刻，用 $LS_{i-j}$ 表示，$i-j$ 表示该工作的节点号。工作最迟完成时间是指在不影响整个任务按期完成的前提下，工作必须完成的最迟时刻，用 $LF_{i-j}$ 表示，$i-j$ 表示该工作的节点号。工作的最迟开始时间和最迟完成时间的计算应从网络的终点节点开始，逆箭线方向依次逐项计算直到起点节点。计算步骤如下：

（1）以网络计划终点节点（节点 6）为箭头节点的各项工作的最迟完成时间等于计划工期，即

$$LF_{i-n} = T_p \tag{6-10}$$

本例中，$LF_{5-6} = LF_{4-6} = 14$。

（2）逆箭线方向依次计算其他各项工作的最迟时间。工作的最迟开始时间等于最迟完成时间减去其持续时间；工作的最迟完成时间等于各紧后工作的最迟开始时间 $LS_{j-k}$ 的最小值，计算公式如下：

$$LS_{i-j} = LF_{i-j} - D_{i-j} \tag{6-11}$$

$$LF_{i-j} = \min\{LS_{j-k}\} \tag{6-12}$$

4）计算工作总时差

总时差是指在不影响总工期的前提下，本工作可以利用的机动时间，用 $TF_{i-j}$ 表示，$i-j$ 表示该工作的节点号。工作总时差等于其最迟开始时间与最早开始时间之差，或等于最迟完成时间与最早完成时间之差，即

$$TF_{i-j} = LS_{i-j} - ES_{i-j} \tag{6-13}$$

$$TF_{i-j} = LF_{i-j} - EF_{i-j} \tag{6-14}$$

5）计算工作自由时差

自由时差是指在不影响其紧后工作最早开始的前提下，本工作可以利用的机动时间，用 $FF_{i-j}$ 表示，$i-j$ 表示该工作的节点号。以网络计划的终点节点为箭头节点的工作，其自由时差 $FF_{i-j}$ 应按网络计划的计划工期 $T_p$ 确定；其他各工作的自由时差为其紧后工作的最早开始时间与本工作的最早完成时间之差，计算公式如下：

$$FF_{i-n} = T_p - EF_{i-n} \tag{6-15}$$

$$FF_{i-j} = ES_{j-k} - EF_{i-j} \quad (k > j) \tag{6-16}$$

6）关键工作和关键线路的确定

总时差最小的工作为关键工作，当网络计划的计划工期等于其计算工期时，总时差为零（或自由时差为零）的工作就是关键工作。全部由关键工作组成的线路或线路上总的工作持续时间最长的线路为关键线路。在网络图上，关键线路一般用双线或粗线标注。

本例中，1—3、3—4 和 4—6 的总时差为零，都为关键工作，因此关键线路为 1—3—4—6。

2. 按节点计算法

按节点计算法就是先计算网络计划中节点的最早时间（$ET_i$）和最迟时间（$LT_i$），然后根据节点时间推算工作时间参数。时间参数的标注形式如图 6-14 所示。

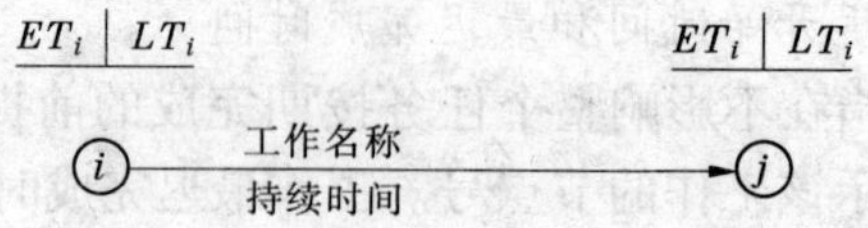


**图 6-14　按节点计算法的标注内容**

按节点计算法计算时间参数应在确定各项工作的持续时间之后进行，虚工作视同工作进行计算，其持续时间为零。仍以图 6-13 所示网络计划图为例，说明按节点计算法计算时间参数的过程，其计算结果如图 6-15 所示。

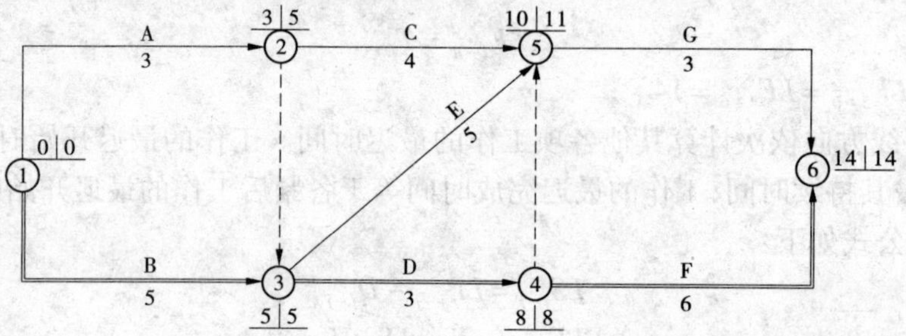


**图 6-15　按节点法计算的网络图**

1）节点最早时间（$ET_i$）的计算

在双代号网络计划中，节点最早时间是指以该节点为开始节点的各项工作的最早开始时间。节点的最早时间应从网络计划的起点节点开始，顺箭线方向依次逐项计算，计算公式如下：

$$ET_i = 0 \quad (i = 1) \tag{6-17}$$

$$ET_j = \max\{ET_i + D_{i-j}\} \tag{6-18}$$

2）确定网络计划的计算工期

网络计划的计算工期等于网络计划终点节点的最早时间，即

$$T_c = ET_n \tag{6-19}$$

本例中，计算工期为：

$$T_c = ET_6 = 14$$

3）节点最迟时间（$LT_i$）的计算

节点最迟时间是指以该节点为完成节点的各项工作的最迟完成时间。节点最迟时间的计算应从网络计划的终点节点开始，逆箭线方向依次进行。

（1）终点节点的最迟时间（$LT_n$）应按网络计划的计划工期（$T_p$）确定，即

$$LT_n = T_p \tag{6-20}$$

（2）其他节点的最迟时间为：

$$LT_i = \min\{LT_j - D_{i-j}\} \tag{6-21}$$

4）根据节点时间计算工作时间参数

计算公式如下：

$$ES_{i-j} = ET_i \tag{6-22}$$

$$EF_{i-j} = ET_i + D_{i-j} \tag{6-23}$$

$$LF_{i-j} = LT_j \tag{6-24}$$

$$LS_{i-j} = LT_j - D_{i-j} \tag{6-25}$$

$$TF_{i-j} = LT_j - ET_i - D_{i-j} \tag{6-26}$$

$$FF_{i-j} = ET_j - ET_i - D_{i-j} \tag{6-27}$$

5)关键线路和关键工作的确定

关键线路和关键工作的确定同前,见图6-15。

## 四、双代号时标网络计划

双代号时标网络计划是以时间坐标为尺度编制的双代号网络计划。时标网络计划兼有一般网络计划和横道计划的优点,在工程实践中较受欢迎;随着计算机技术的快速发展,对时标网络计划的修改已比较容易解决。

### (一)双代号时标网络计划的一般规定

(1)双代号时标网络计划必须以水平时间坐标为尺度表示工作时间,时标的时间单位应根据需要在编制网络计划之前确定,可为时、天、周、月或季。

(2)时标网络计划应以实箭线表示工作,实箭线的水平投影长度表示该工作的持续时间,当有自由时差时,用波形线表示,如图6-16所示;虚工作必须以垂直方向的虚箭线表示,有自由时差时加波形线表示,如图6-17所示。

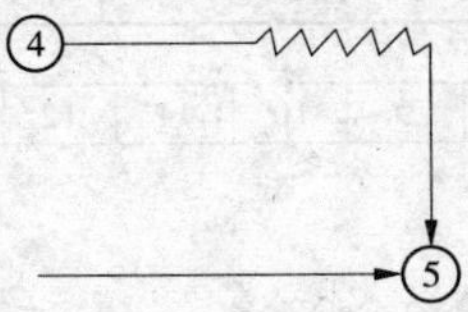


图6-16　实箭线的表达方式

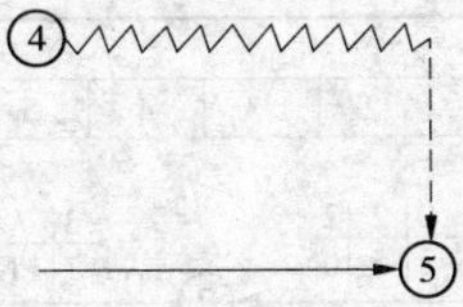


图6-17　虚箭线的表达方式

(3)时标网络计划中所有符号在时间坐标上的水平投影位置,都必须与其时间参数相对应。节点中心必须对准相应的时标位置。

(4)在编制时标网络计划之前,应按已确定的时间单位绘出时标计划表。时标可标注在时标计划表的顶部或底部。时标的长度单位必须注明。必要时,可在顶部时标之上或底部时标之下加注日历的对应时间,如表6-2所示。

表6-2　时标计划表

| 日历 | | | | | | | | | | | | | | | |
|---|---|---|---|---|---|---|---|---|---|---|---|---|---|---|---|
| (时间单位) | 1 | 2 | 3 | 4 | 5 | 6 | 7 | 8 | 9 | 10 | 11 | 12 | 13 | 14 | 15 |
| 网络计划 | | | | | | | | | | | | | | | |
| (时间单位) | 1 | 2 | 3 | 4 | 5 | 6 | 7 | 8 | 9 | 10 | 11 | 12 | 13 | 14 | 15 |

### (二)双代号网络时标计划的编制

编制时标网络计划应先绘制无时标网络计划草图,然后按以下两种方法之一进行。

1.间接绘制法

间接绘制法是指先绘制出无时标网络计划,计算各工作的最早时间参数,然后将所有节点根据其最早时间定位在时标计划表上,再用规定线型绘出工作及其自由时差,形成时标网络计划图。

2. 直接绘制法

直接绘制法是指不计算网络计划的时间参数，根据网络计划中各工作之间的逻辑关系及各工作的持续时间，直接在时标计划表上绘制时标网络计划。绘制步骤如下：

(1)将起点节点定位在时标计划表的起始刻度表上。

(2)按工作持续时间在时标计划表上绘制起点节点的外向箭线。

(3)除起点节点以外的其他节点必须在其所有内向箭线绘出以后，定位在这些内向箭线中最早完成时间最迟的箭线末端。其他内向箭线长度不足以达到该节点时，用波形线补足。

(4)用上述方法自左向右依次确定其他节点位置，直至终点节点定位绘完。

【例 6-2】 已知某网络计划的资料如表 6-3 所示，用直接法绘制其双代号网络时标计划；若计划工期等于计算工期，计算各项工作的时间参数并确定关键线路。

(1)将网络计划的起点节点定位在时标表的起始刻度线位置上，如图 6-18 所示。

表 6-3 网络计划资料表

| 工作名称 | A | B | C | D | E | F | G |
|---|---|---|---|---|---|---|---|
| 紧前工作 | — | — | A | A、B | A、B | D | C、D、E |
| 持续时间(d) | 3 | 5 | 4 | 3 | 5 | 6 | 3 |

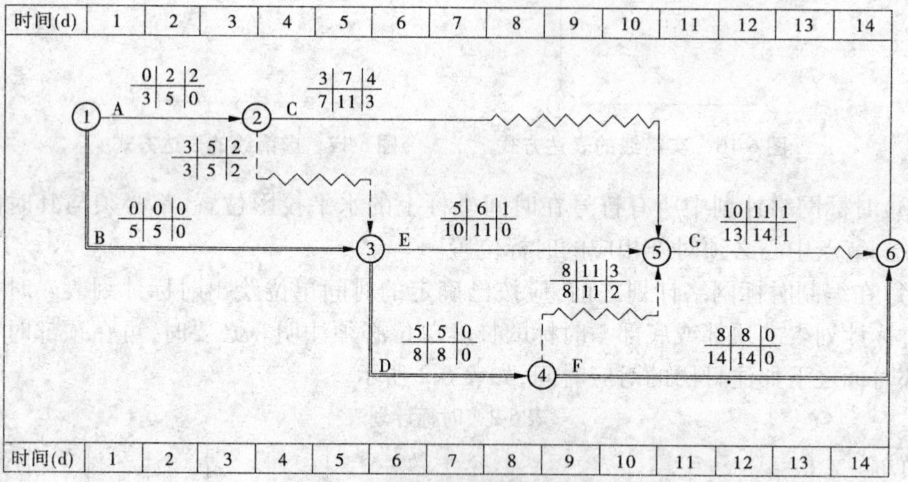


图 6-18 双代号时标网络计划图

(2)画节点 1 的外向箭线，即根据其持续时间，画出工作 A、B，并确定节点 2、3 的位置，如图 6-18 所示。

(3)依次画出节点 2、3 的外向箭线工作 C、E、D，并确定节点 4、5 的位置，节点 5 的位置定位在其三条内向的最早完成时间的最大处，即定位在时标 10 的位置，工作 C 达不到节点，则用波形线补足，如图 6-18 所示。

(4)按上述步骤，直到画出全部工作，确定出终点节点 6 的位置，最终绘制出完整的时标网络计划图，如图 6-18 所示。

(5)关键线路的确定。时标网络计划关键线路的确定，应自终点节点逆箭线方向朝起点节点观察，自始至终不出现波形的线路为关键线路。本例中，关键线路为：1—3—4—6，如图6-18所示。

(6)计算工期的确定。时标网络计划的计算工期，应是其终点节点与起点节点所在的时标值之差。如图6-18中，计算工期 $T_c = 14 - 0 = 14(\mathrm{d})$。

(7)时标网络计划时间参数的确定。

①最早时间参数的确定。按最早时间绘制的时标网络计划，每条箭线箭尾所对应的时标值为该工作的最早开始时间；如箭线右端无波形线，则箭头所对应的时标值为该工作的最早完成时间，如箭线右端有波形线，则实箭线右端末所对应的时标值即为该工作的最早完成时间。

②自由时差的确定。时标网络计划中各工作的自由时差值应为表示该箭线中波形线部分在坐标轴上的水平投影长度。

③总时差的确定。时标网络计划中工作的总时差的计算应自右向左进行，且符合下列规定：

以终点节点($j=n$)为箭头节点的工作的总时差 $TF_{i-j}$ 应按网络计划工期 $T_p$ 计算确定，即

$$TF_{i-j} = T_p - EF_{i-n} \tag{6-28}$$

其他工作的总时差应为：

$$TF_{i-n} = \min\{TF_{j-k}\} + FF_{i-j} \tag{6-29}$$

④最迟时间参数的确定。时标网络计划中工作的最迟开始时间和最迟完成时间应按下式计算：

$$LS_{i-j} = ES_{i-j} + TF_{i-j} \tag{6-30}$$

$$LF_{i-j} = EF_{i-j} + TF_{i-j} \tag{6-31}$$

## 五、单代号网络计划

### (一)单代号网络图

单代号网络图是以节点及其编号表示工作，以箭线表示工作之间逻辑关系的网络图(见图6-19)。

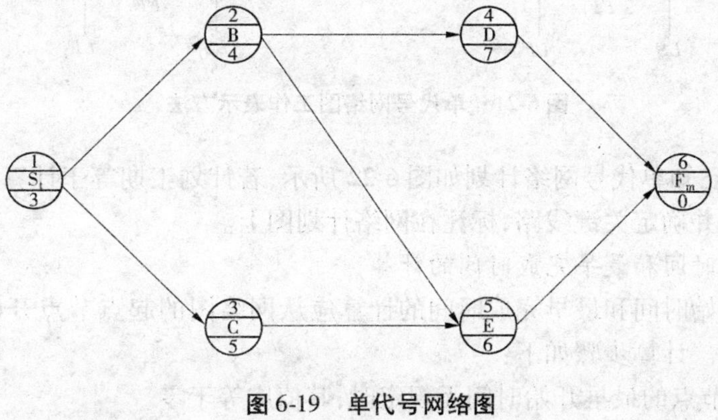


图6-19　单代号网络图

1. 箭线

单代号网络图中的箭线表示工作之间的逻辑关系。箭线应画成水平直线、折线或斜线。箭线水平投影的方向应自左向右。如图 6-19 所示。

2. 节点

单代号网络图中的每一个节点表示一项工作,宜用圆圈或矩形表示。节点所表示的工作名称、持续时间和工作代号等应标注在节点内(见图 6-20),节点编号的规定同双代号网络。

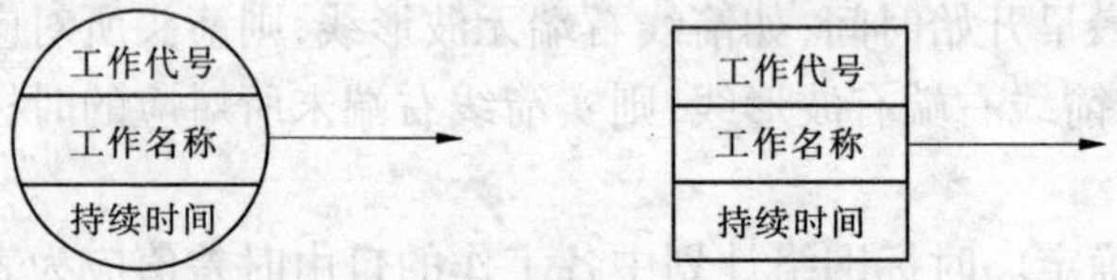


**图 6-20　单代号网络图中的工作表示方法**

3. 线路

单代号网络图中,各条线路应用该线路上的节点编号自小到大依次表述。

**(二)单代号网络图的绘制规则**

绘制单代号网络图的基本规则和要求与双代号网络图的绘制规则基本相同,在此,主要强调下面一点:单代号网络图应只有一个起点节点和一个终点节点;当网络图中有多项起点节点或多项终点节点时,应在网络图的两端分别设置一项虚工作,作为该网络图的起点节点和终点节点。

**(三)单代号网络计划时间参数的计算**

单代号网络计划的时间参数计算应在确定各项工作持续时间之后进行。时间参数基本内容和形式的标注如图 6-21 所示。

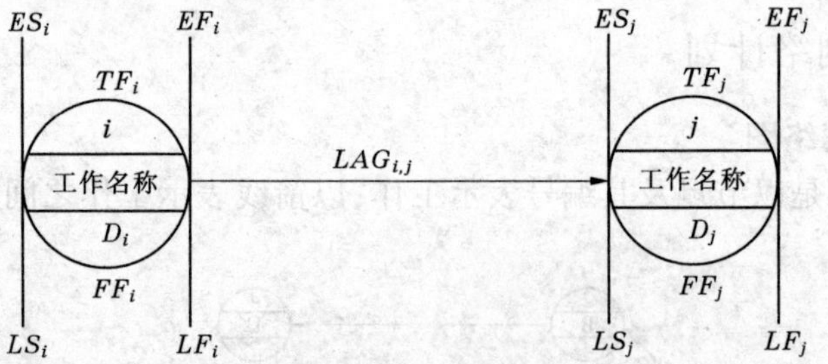


**图 6-21　单代号网络图工作表示方法**

【例 6-3】　已知单代号网络计划如图 6-22 所示;若计划工期等于计算工期,计算各项工作的时间参数并确定关键线路,标注在网络计划图上。

1. 最早开始时间和最早完成时间的计算

工作最早开始时间和最早完成时间的计算应从网络图的起点节点开始,顺着箭线方向依次逐项计算。计算步骤如下:

(1)当起点节点的最早开始时间无规定时,其值应等于零。

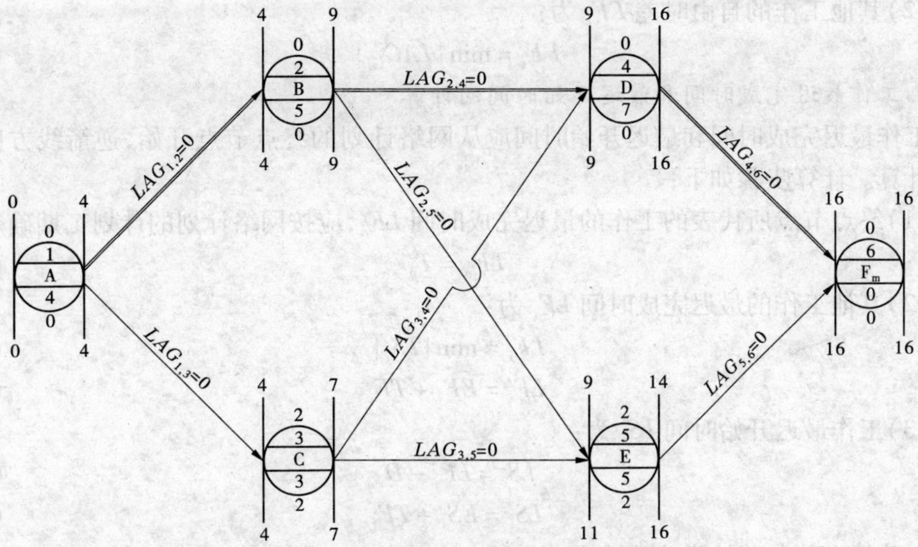


图6-22　单代号网络计划时间参数计算图

(2)顺箭线方向依次计算其他各项工作的最早时间。工作的最早完成时间等于最早开始时间加上其持续时间;工作的最早开始时间等于各紧前工作的最早完成时间的最大值,计算公式如下:

$$EF_i = ES_i + D_i \tag{6-32}$$

$$ES_i = \max\{EF_k\} \quad (k < i) \tag{6-33}$$

(3)网络计划的计算工期等于其终点节点工作的最早完成时间,计划工期的确定同双代号网络。

$$T_p = T_c = EF_6 = 16$$

2. 相邻两项工作之间时间间隔的计算

(1)当终点节点为虚拟节点时,其时间间隔为:

$$LAG_{i,n} = T_p - EF_i \tag{6-34}$$

(2)其他节点之间的时间间隔为:

$$LAG_{i,j} = ES_j - EF_i \tag{6-35}$$

3. 工作总时差的计算

工作的总时差应从网络计划的终点节点开始,逆箭线方向依次逐项计算。

(1)网络计划终点节点所代表工作的总时差 $TF_n$ 值为:

$$TF_n = T_p - EF_n \tag{6-36}$$

(2)其他工作的总时差 $TF_i$ 为:

$$TF_i = \min\{TF_j + LAG_{i,j}\} \tag{6-37}$$

4. 工作自由时差的计算

(1)终点节点所代表工作的自由时差 $FF_n$ 为:

$$FF_n = T_p - EF_n \tag{6-38}$$

(2)其他工作的自由时差 $FF_i$ 为:

$$FF_i = \min\{LAG_{i,j}\} \quad (6\text{-}39)$$

5. 工作最迟完成时间和最迟开始时间的计算

工作最迟完成时间和最迟开始时间应从网络计划的终点节点开始,逆箭线方向依次逐项计算。计算步骤如下:

(1)终点节点所代表的工作的最迟完成时间 $LF_n$,应按网络计划的计划工期确定:

$$LF_n = T_p \quad (6\text{-}40)$$

(2)其他工作的最迟完成时间 $LF_i$ 为:

$$LF_i = \min\{LS_j\} \quad (6\text{-}41)$$

或

$$LF_i = EF_i + TF_i \quad (6\text{-}42)$$

(3)工作最迟开始时间 $LS_i$ 为:

$$LS_i = LF_i - D_i \quad (6\text{-}43)$$

或

$$LS_i = ES_i + TF_i \quad (6\text{-}44)$$

6. 关键工作与关键线路的确定

在单代号网络计划中,总时差最小的工作就是关键工作。从起点节点开始到终点节点均为关键工作,且所有工作的时间间隔均为零的线路为关键线路。该线路在网络图上应用粗线、双线或彩色线标注。本例中,关键线路为:1—2—4—6。

## 第三节　非确定性网络计划技术

上节所介绍的确定性网络计划中,工作之间的逻辑关系与每项工作的持续时间都是明确而肯定的。然而,实际的项目建设过程中,会受到许多不确定因素的影响,这就使得项目的网络计划中工作的持续时间与工作之间的逻辑关系处于不确定状态。而对于一个具体实施的项目计划来说,只有保持计划的明确性、肯定性和相对稳定性,它才具有可操作性。因此,对于项目管理者来说,应客观地分析计划中存在的不确定因素,将不确定因素纳入计划中,应用科学的分析方法,对计划的预期实施进行预测,从众多不确定因素中找出最终完成计划的可能性和可靠性,以便对项目的实施计划作出科学的评审。

非确定性网络计划技术主要包括计划评审技术(PERT)、图示评审技术(GERT)、随机网络计划技术(QERT)、风险评审技术(VERT)、模糊网络计划技术(FCPM)和决策网络计划(DN)等。计划评审技术主要用于工作之间逻辑关系明确而工作持续时间不确定的网络计划;其他网络计划技术主要用于工作之间逻辑关系和工作持续时间都不确定的网络计划。本节主要介绍计划评审技术(PERT)的基本概念和计算方法。

计划评审技术(PERT)是指计划中所有工作之间的逻辑关系肯定而工作的持续时间不肯定,应进行时间参数估算,并对按期完成任务的可能性作出评价的网络计划技术。

计划评审技术是一种以数理统计学为基础、以网络技术为主要内容、以计算机为手段的计划管理方法。其主要内容包括:

(1)编制网络图(同确定型网络计划)。

(2)工作持续时间的随机分析。

(3)计算节点最早预计发生时间的期望值。

(4)计算节点最迟预计发生时间的期望值。

(5)计算节点的机动时间或时差。

(6)计算各个节点或整个工程按计划完成的概率。

(7)确定关键线路。

## 一、工作持续时间的随机分析

在计划评审技术中,各项工作的持续时间一般多采用“三时估计法”进行估计。三时估计法是指根据已有资料和过去的实践经验,对一项工作估计出最短、最长和最可能三种持续时间,再加权平均算出一个期望值作为持续时间。计算原理如下:

(1)最短估计时间(也称乐观估计时间),即在顺利条件下,完成某项工作所需的时间,用 $a$ 表示。

(2)最长估计时间(也称悲观估计时间),即在不利条件下,完成某项工作所需的时间,用 $b$ 表示。

(3)最可能估计时间,即在正常条件下,完成某项工作所需的时间,用 $m$ 表示。

如果三时估计进行多次(大于 30 次),根据中心极限定律,可认为各工作的持续时间服从正态分布,则其期望值 $D_c$、标准差 $\sigma$、方差 $\sigma^2$ 可按下列公式进行计算:

$$D_c = \frac{a + 4m + b}{6} \tag{6-45}$$

$$\sigma = \frac{b - a}{6} \tag{6-46}$$

$$\sigma^2 = \frac{(b - a)^2}{36} \tag{6-47}$$

从上述公式可看出,当 $a$、$b$ 越偏离 $m$ 时,$\sigma$ 值越大,概率分布越离散,确定性越小,$D_c$ 的代表性就越小;反之,当 $a$、$b$ 越接近 $m$ 时,$\sigma$ 值越小,概率分布越集中,确定性越大,$D_c$ 的代表性就越大;当 $a$、$b$、$m$ 相同时,$\sigma$ 值为零,此时,工作持续时间就变成一确定值。

## 二、节点时间参数的计算

在计划评审技术中,节点时间参数的计算方法与关键线路法中节点的计算方法基本相似,下面通过实例加以说明。

**【例 6-4】** 某工程的网络进度计划如图 6-23 所示。

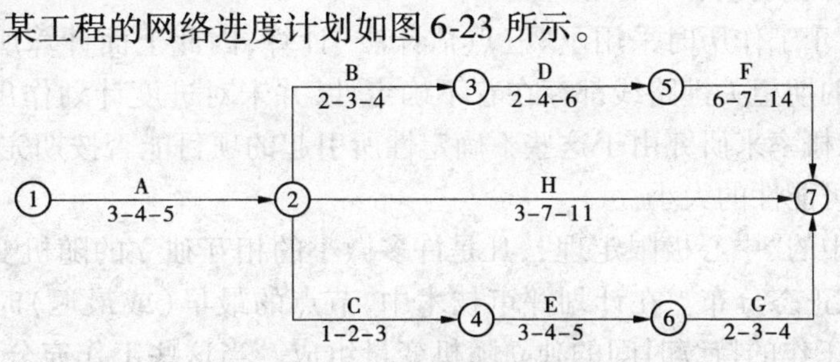


**图 6-23　网络进度计划图**

(1)计算各节点的最早时间的期望值、最迟时间的期望值和节点时差,并确定网络计划的期望关键线路和期望工期。

(2)在要求完工期 $T_s$ 为 18 d 与 22 d 两种情况下,分别确定网络计划的完工概率 $P$ 和关键线路。

(3)在规定完工概率 $P$ 为 70% 和 93% 情况下,确定网络计划的关键线路及计划完工期 $T_s$。

### (一)各工作历时期望值 $D_c$、标准差 $\sigma$、方差 $\sigma^2$ 的计算

根据式(6-45)~式(6-47),便可求得各工作历时 $D_c$、$\sigma$、$\sigma^2$,计算结果如表 6-4 所示。

**表 6-4 工作历时计算表**

| 工作名称 | 节点代号 | $a$ | $m$ | $b$ | $D_c$ | $\sigma$ | $\sigma^2$ |
|---|---|---|---|---|---|---|---|
| A | 1—2 | 3 | 4 | 5 | 4 | 0.33 | 0.11 |
| B | 2—3 | 2 | 3 | 4 | 3 | 0.33 | 0.11 |
| C | 2—4 | 1 | 2 | 3 | 2 | 0.33 | 0.11 |
| D | 3—5 | 2 | 4 | 6 | 4 | 0.67 | 0.44 |
| E | 4—6 | 3 | 4 | 5 | 4 | 0.33 | 0.11 |
| F | 5—7 | 6 | 7 | 14 | 8 | 1.33 | 1.78 |
| G | 6—7 | 2 | 3 | 4 | 3 | 0.33 | 0.11 |
| H | 2—7 | 3 | 7 | 11 | 7 | 1.33 | 1.78 |

### (二)节点最早时间期望值、最迟时间期望值、时差的计算

节点最早时间期望值、最迟时间期望值、时差的计算类似上节所述的双代号网络计划中节点时间参数的计算,在此不再详述。

### (三)期望关键线路及期望工期的确定

在计划评审技术中,各工作的期望历时之和最大的线路就是期望关键线路。在期望关键线路上各节点的自由时差为零,如本例中线路 1—2—3—5—7 为期望关键线路。

网络计划的终点节点的最早时间就是工程计划的期望工期。本例中,期望工期 $T_e$ = 19 d,相应的方差 $\sigma_T^2=\sigma_E^2(7)=2.44$。

### (四)完工概率的计算

如上所述,由于工作历时采用了"三点估计法"计算,因此上面计算所得各节点的时间参数以及确定的期望关键路线都存在着不确定性,并未对进度计划作出定量评价。所以,下面引入完工概率来研究由于这些不确定性所引起的项目能否按期完成的问题,来衡量计划按期完工可能性的大小。

根据概率论中的"中心极限定理",凡是许多微小的相互独立的随机变量所组成的随机变量,认为服从正态分布。在计划评审技术中,节点的最早(或最迟)时间是由其前面(或后续)一系列工作的持续时间的独立随机变量组成。当这些工作充分多时,用正态分布估计节点时间是可行的。

设网络计划（或节点）在规定工期 $T_s$ 前完工的概率为 $P(t \leqslant T_s)$，且为一正态分布函数；$T_e$[或 $T_E(i)$]为该网络计划（或节点）的期望完成时间值，$\sigma_T$[或 $\sigma_E(i)$]为标准差，当规定了 $T_s$ 后，就可由下式计算出该网络计划（或节点）在规定工期 $T_s$ 前完工的概率 $P(t \leqslant T_s)$，即

$$P(t \leqslant T_s) = \int_{-\infty}^{T_s} \frac{1}{\sigma_T \sqrt{2\pi}} e^{-\frac{1}{2}\left(\frac{t-T_e}{\sigma_T}\right)} dt \tag{6-48}$$

在实际计算中，为使用方便，可将上式转换为标准正态分布，同时引入难度系数 $\lambda$（是指网络总计划（或节点）在规定时间 $T_s$ 内完工的难易程度），可得到下面计算公式：

$$P\left(T \leqslant \frac{T_s - T_e}{\sigma_T}\right) = \int_{-\infty}^{\frac{T_s-T_e}{\sigma_T}} \frac{1}{\sqrt{2\pi}} e^{-\frac{\lambda^2}{2}} dT \tag{6-49}$$

其中：

$$\lambda = \frac{T_s - T_e}{\sigma_T} \tag{6-50}$$

根据 $\lambda$ 值，就可从标准正态分布表中（$\lambda$ 对应表中的 $Z$ 值）查得在规定工期 $T_s$ 下的完工概率 $P$。

在本例中，当规定工期分别为 18 d 和 22 d 时，由前面计算得：$T_e = 19$ d，$\sigma_T = 1.56$，则：

$$\lambda = \frac{T_s - T_e}{\sigma_T} = \frac{18 - 19}{1.56} = -0.64$$

$$\lambda = \frac{T_s - T_e}{\sigma_T} = \frac{22 - 19}{1.56} = 1.92$$

查标准正态分布表可知，在规定工期分别为 18 d 和 22 d 时，该网络计划的完工概率分别为 26.1% 和 97.3%。

从上式可以看出，完工概率随计划完工期的缩短而减小，随计划完工期的延长而增大。

### （五）根据完工概率确定计划时间

在网络进度计划中，有时需根据给定要求的完成概率，来确定满足这一要求的网络计划的计划完工期。计算公式如下：

$$T_s = T_e + \lambda\sigma_T \tag{6-51}$$

从上式可看出，当给定 $P$ 时，即可通过查标准正态分布表得到 $\lambda$ 值，从而可计算出网络计划的计划完工期。

在本例中，当 $P$ 分别为 70% 和 93% 时，查标准正态分布表可知，$\lambda$ 分别为 0.52 和 1.47，由前面计算得：$T_e = 19$ d，$\sigma_T = 1.56$，则网络计划的计划完工期为：

$$T_s = T_e + \lambda\sigma_T = 19 + 0.52 \times 1.56 = 20(\text{d})$$

$$T_s = T_e + \lambda\sigma_T = 19 + 1.47 \times 1.56 = 21(\text{d})$$

### （六）关键线路的确定

在计划评审中，关键线路是指给定一个要求完工期，在网络所有线路中，按预计日期完成的可能性最小的线路。其确定方法如下：

(1)在网络计划中,如果存在一条期望关键线路,它的期望工期及相应的方差都是最大的,则在任何要求工期下,这条线路一定是关键线路。

(2)在网络计划中,如果一条线路上的各工作期望历时之和与方差比另一条线路的各工作期望历时之和及方差都小,那么此线路肯定不是关键线路。

(3)在网络计划中,若不能直接按照它们的期望线路长度及其方差确定哪条是关键线路,则可按下述规定确定。

①若给出规定工期 $T_s$,计算出各条线路的 $\lambda$ 值,其中 $\lambda$ 值最小的线路即为关键线路。

②若给出完工概率 $P$,计算出各条线路的 $T_s$ 值,其中 $T_s$ 值最大的线路即为关键线路。

本例中,因期望关键线路 1—2—3—5—7 的期望工期及相应的方差均为最大,按上述规定 1 可知,在任何情况下,该网络进度计划的关键线路都是由节点 1—2—3—5—7 组成的线路。

## 第四节　网络计划优化

实际工程中,要使项目计划满足资源配置与工期合理,工程成本又较低,就必须对初始网络计划进行优化。然而,任何一个项目计划要同时做到工期最短、资源消耗最少、成本最低往往很难实现。网络计划优化是指在满足既定约束条件下,按照选定目标,通过不断改进网络计划的可行方案,寻求满意方案,从而编制出可供实施的网络计划的过程。

网络计划的优化目标,应按计划任务的需要和条件选定,主要包括工期、资源和费用目标。通过网络计划优化实现这些目标,有重要的实际意义。

手工优化只能在小型网络计划上办到,要做到对大型网络优化,必须借助电子计算机。目前,利用电子计算机优化网络计划已经成为现实,且得到了相当范围的推广。

本节将主要介绍工期优化、工期—资源优化和工期—成本优化的基本原理。

### 一、工期优化

当网络计划的计算工期大于要求工期时,可通过压缩关键工作的持续时间来缩短工期,满足工期要求。

#### (一)工期优化的计算的步骤

(1)计算并找出初始网络计划的计算工期、关键工作和关键线路。

(2)按要求工期计算应缩短的时间。

(3)确定各关键工作能压缩的持续时间。

(4)调整关键工作的持续时间,并重新计算网络计划的工期。

(5)如果已经达到工期要求,则优化完成,当计算工期仍超过要求工期时,重复以上步骤,直至满足工期要求或已不能再缩短为止。

(6)当所有关键工作的持续时间都已达到其能缩短的极限而工期仍不能满足要求时,应对项目计划的原技术方案、组织方案进行调整或对要求工期重新审定。

#### (二)压缩工作持续时间的对象选择

应选择那些压缩持续时间后对质量和安全影响不大的关键工作、有充足备用资源的工作、缩短持续时间增加费用最少的工作。还要注意,如果网络计划有两条以上关键线路时,可考虑压缩公用的关键工作,或两条线路上的关键工作同时压缩同样时间。要特别注意每次压缩后,关键线路是否有变化(转移或增加条数)。

**(三)使关键工作时间缩短的措施**

为使关键工作取得可压缩时间,必须采取一定的措施,这些措施主要是:增加资源数量;增加工作班次;改变施工方法;组织流水作业;采取技术措施。

## 二、资源优化

实际工程中,在某一时段内所能提供的各种资源(劳动力、机械设备和材料等)往往具有一定的限度,那么如何能将有限的资源合理而有效地利用,以达到最佳效果,便是资源优化所要解决的问题。

资源优化主要有两类问题:

(1)工期固定、资源均衡的优化。这种情况是指在一定工期内如何合理安排各项工作,使使用的各种资源达到均衡分配,以便提高企业管理的经济效果。

(2)资源有限、工期最短的优化。此时所提供的资源有限,如果不增加资源数量,有时会导致工程的工期延长,在这种情况下,进行资源优化的目的是使工期延长最少。

**(一)工期固定、资源均衡的优化**

工期固定是指要求工程在国家颁布的工期定额、双方签订的合同工期或上级机关下达的工期指标范围内完成。一般情况下,网络计划的工期不能超过有关的规定,在此种情况下,只能考虑如何使资源分配比较均衡。

资源需要量的均衡程度可用不同的指标来衡量,一种是通过方差来衡量,即最小平方和法;另一种是通过极差来衡量,即削高峰法。本节只介绍削高峰法的优化步骤。

所谓削高峰法,是指通过利用时差降低资源高峰值,使得资源消耗量尽可能均衡的优化过程。

根据上述定义,采用削高峰法进行优化时,可按下列步骤进行:

(1)根据规定工期的网络计划,按工作最早时间绘制时标网络,计算单位时间资源需要量并确定最大值,找出关键线路。

(2)对某一单位时间资源需要量值最大的各工作(关键线路上的工作不动)进行削峰,其值等于资源需要量最大值减一个单位量。

(3)对这一时间区段的其他各项工作是否能调整,根据下式判断:

$$\Delta T_{i-j} = TF_{i-j} - (T_{k+1} - ES_{i-j}) \geqslant 0 \tag{6-52}$$

式中:$\Delta T_{i-j}$为工作时间差;$T_{k+1}$为在高峰时段的最后时间。

若不等式成立,则该工作可右移至高峰值之后,移动$(T_{k+1} - ES_{i-j})$单位,若不成立,则该工作不能移动。

当需要调整的时段中不止一项工作使不等式成立时,应先移动时间差值最大的工作,若时间差值相等,则先移动资源数量小的工作。移动后若峰值不超过资源限量,则进行下一步工作,若移动后在其他时段中不满足这一要求,需重复(2)、(3)步工作,直至每一时段不超过资源限量为止。

(4)重复以上步骤,进行再次削峰,直至峰值不能再降低时,即得到优化方案;否则,重复以上步骤。

【例 6-5】 某工程的时标网络计划如图 6-24 所示,箭线上面的数字表示工作的资源强度,规定工期为 22 d,对该网络计划进行资源均衡的优化。

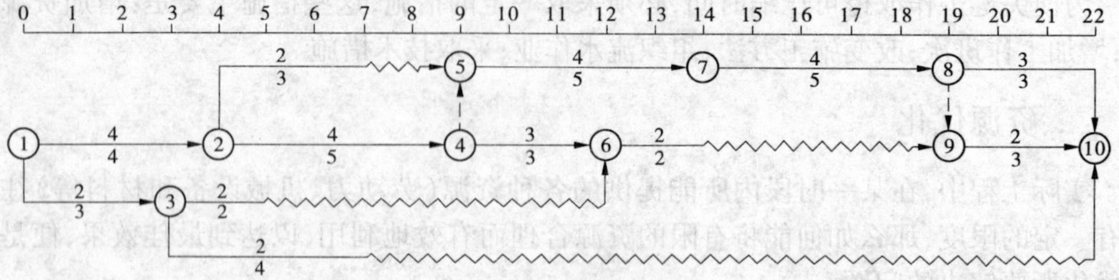

图 6-24　时标网络图

(1)计算每日资源需要量并确定最大值,如表 6-5 所示。

(2)将表 6-5 中的资源需要量最大值减 1,得资源限量为 9。

(3)计算 $\Delta T_{i-j}$。

表 6-5　资源需要量统计表(一)　　（单位:d）

| 工作日 | 1 | 2 | 3 | 4 | 5 | 6 | 7 | 8 | 9 | 10 | 11 |
|---|---|---|---|---|---|---|---|---|---|---|---|
| 资源需要量 | 6 | 6 | 6 | 8 | 10 | 8 | 8 | 4 | 4 | 7 | 7 |
| 工作日 | 12 | 13 | 14 | 15 | 16 | 17 | 18 | 19 | 20 | 21 | 22 |
| 资源需要量 | 7 | 6 | 6 | 4 | 4 | 4 | 4 | 4 | 5 | 5 | 5 |

首先确定高峰时段的最后时间为 5,在第 5 天有 2—5、2—4、3—6、3—10 四项工作同时进行,根据上面步骤(3)的公式计算可得:

$$\Delta T_{2-5} = TF_{2-5} + ES_{2-5} - 5 = 2 + 4 - 5 = 1$$
$$\Delta T_{2-4} = TF_{2-4} + ES_{2-4} - 5 = 0 + 4 - 5 = -1$$
$$\Delta T_{3-6} = TF_{3-6} + ES_{3-6} - 5 = 12 + 3 - 5 = 10$$
$$\Delta T_{3-10} = TF_{3-10} + ES_{3-10} - 5 = 15 + 3 - 5 = 13$$

根据上面步骤(3)的规定,需将工作 3—10 从第 3 天后开始向右移动 2 d。调整后的结果见图 6-25。

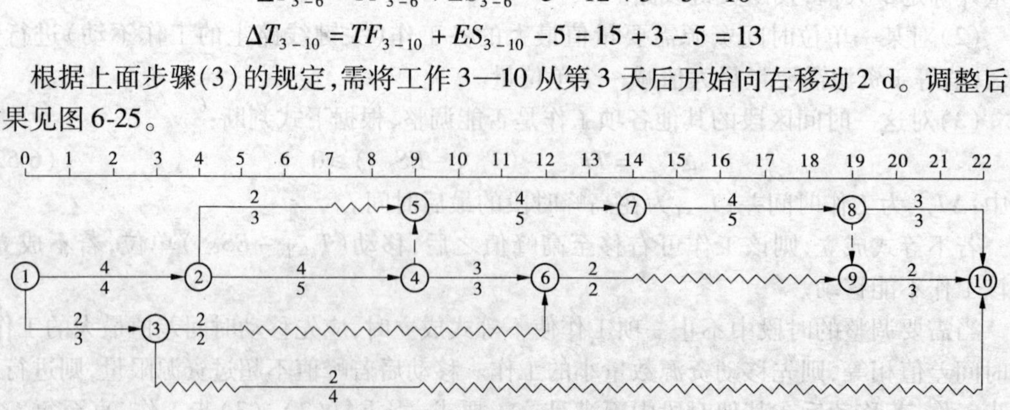

图 6-25　第一次调整后的时标网络图

(4)第二次计算每日资源需要量,见表6-6。

表6-6　资源需要量统计表(二)　(单位:d)

| 工作日 | 1 | 2 | 3 | 4 | 5 | 6 | 7 | 8 | 9 | 10 | 11 |
|---|---|---|---|---|---|---|---|---|---|---|---|
| 资源需要量 | 6 | 6 | 6 | 6 | 8 | 8 | 8 | 6 | 6 | 7 | 7 |
| 工作日 | 12 | 13 | 14 | 15 | 16 | 17 | 18 | 19 | 20 | 21 | 22 |
| 资源需要量 | 7 | 6 | 6 | 4 | 4 | 4 | 4 | 4 | 5 | 5 | 5 |

从表6-6可看出,调整后的时标网络计划中每日的资源需要量均没有超过资源限量,则可进行第二次削峰,将表6-6中的资源需要量最大值减1,得资源限量为7。

(5)第二次计算 $\Delta T_{i-j}$。

首先确定高峰时段的最后时间为7,在第5~7天有2—5、2—4、3—6、3—10四项工作同时进行,根据上面步骤(3)的公式计算可得:

$$\Delta T_{2-4} = TF_{2-4} + ES_{2-4} - 7 = 0 + 4 - 7 = -3$$

$$\Delta T_{2-5} = TF_{2-5} + ES_{2-5} - 7 = 2 + 4 - 7 = -1$$

$$\Delta T_{3-6} = TF_{3-6} + ES_{3-6} - 7 = 12 + 3 - 7 = 8$$

$$\Delta T_{3-10} = TF_{3-10} + ES_{3-10} - 7 = 15 + 3 - 7 = 11$$

根据上面步骤(3)的规定,首先需将工作3—10从第5天后开始向右移动2 d,然后再将工作3—6从第3天后开始向右移动4 d。调整后的结果见图6-26。

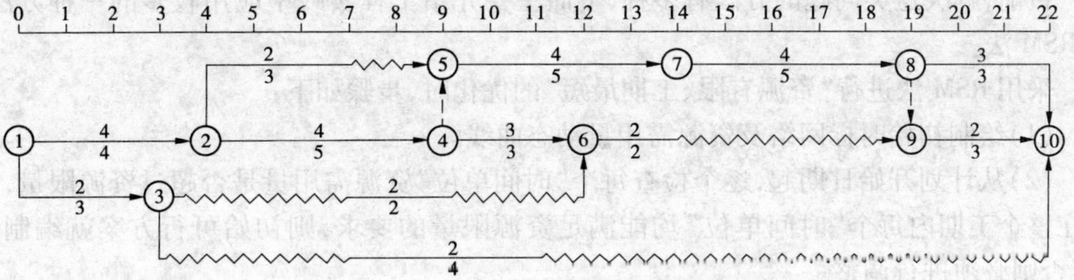


图6-26　第二次调整后的时标网络图

(6)第三次计算每日资源需要量,见表6-7。

表6-7　资源需要量统计表(三)　(单位:d)

| 工作日 | 1 | 2 | 3 | 4 | 5 | 6 | 7 | 8 | 9 | 10 | 11 |
|---|---|---|---|---|---|---|---|---|---|---|---|
| 资源需要量 | 6 | 6 | 6 | 4 | 6 | 6 | 6 | 8 | 8 | 9 | 9 |
| 工作日 | 12 | 13 | 14 | 15 | 16 | 17 | 18 | 19 | 20 | 21 | 22 |
| 资源需要量 | 7 | 6 | 6 | 4 | 4 | 4 | 4 | 4 | 5 | 5 | 5 |

由表6-7可知,8、9、10、11四天的资源需要量均超过了资源限量7,仍需再次削峰,重复上述计算步骤,最后资源限量为7,优化结果见表6-8及图6-27。

表 6-8 资源需要量统计表(四) (单位:d)

| 工作日 | 1 | 2 | 3 | 4 | 5 | 6 | 7 | 8 | 9 | 10 | 11 |
|---|---|---|---|---|---|---|---|---|---|---|---|
| 资源需要量 | 6 | 6 | 6 | 4 | 6 | 6 | 6 | 6 | 6 | 7 | 7 |
| 工作日 | 12 | 13 | 14 | 15 | 16 | 17 | 18 | 19 | 20 | 21 | 22 |
| 资源需要量 | 7 | 6 | 6 | 6 | 6 | 6 | 6 | 4 | 5 | 5 | 5 |

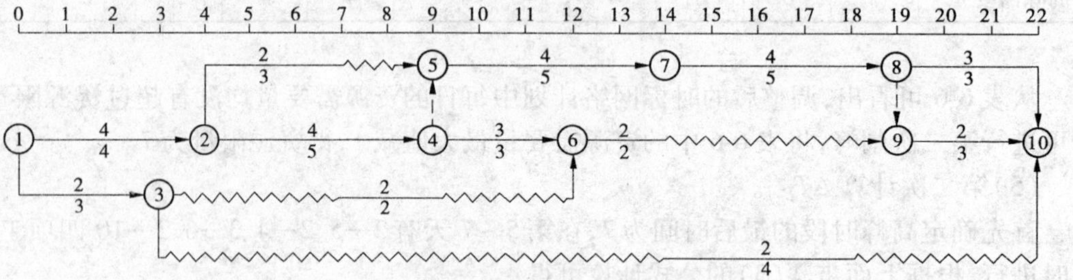

图 6-27 最终优化的时标网络图

**(二)资源有限、工期最短的优化**

"资源有限、工期最短"的优化是指当初始网络计划中某一"时间单位"的资源需用量大于资源限量时,为解决这种资源冲突,在不改变对资源冲突的诸工作之间的逻辑关系的情况下,对其之间顺序进行重新调整,以达到工期增加最少的优化过程。

目前,解决这类问题的方法有多种,下面主要介绍工程实践中应用较多的一种方法,即 RSM 法。

采用 RSM 法进行"资源有限、工期最短"的优化时,步骤如下:

(1)绘制初始时标网络及资源需用量动态曲线。

(2)从计划开始日期起,逐个检查每个"时间单位"资源需用量是否超过资源限量,如果在整个工期内每个"时间单位"均能满足资源限量的要求,则初始可行方案就编制完成,否则必须进行调整。

(3)对超过资源限量时段的各项工作,首先需按式(6-53)计算 $\Delta T$,然后根据计算出的 $\Delta T$ 值对各项工作进行重新排序,如图 6-28 所示。

$$\Delta T = EF_i + D_j - LF_j = EF_i - (LF_j - D_j) = EF_i - LS_j \tag{6-53}$$

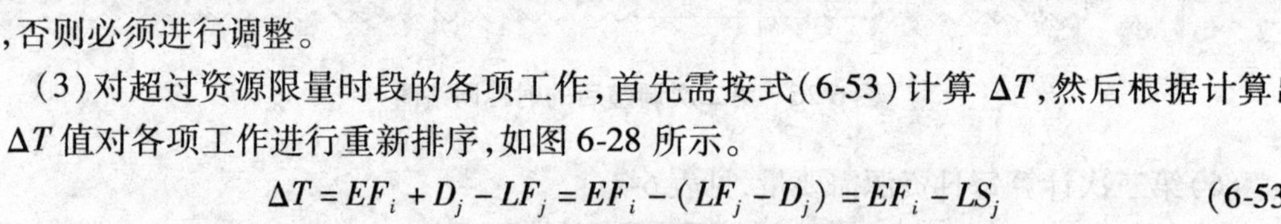

图 6-28 工作之间的调整

当在资源冲突的时段中,有多项工作时,应对各项工作之间分别进行 $\Delta T$ 的计算,选择 $\Delta T$ 值最小的,将一项工作移到另一项工作之后进行,即把各工作中 $LS_i$ 值最大的工作移至 $EF_i$ 值最小的工作之后进行。如果 $EF_i$ 值最小和 $LS_i$ 值最大属同一项工作,应找出 $EF_i$ 值为次小、$LS_i$ 值为次大的工作,分别组成两个方案,从中选择 $\Delta T$ 值较小者进行调整。如果 $\Delta T$ 小于或等于零,则说明工期不会延长。

(4)每次调整后,重新绘制网络图与资源需要量动态曲线,再逐个检查每个"时间单位"资源需用量是否超过资源限量,如有资源冲突,则需再次进行调整,直到在整个工期内每个"时间单位"均能满足资源限量的要求,便得到最终的方案。

## 三、费用优化

在前面讨论的优化中,并没有考虑工程费用这一因素。在实际工程中,工期的长短将直接影响着工程费用的高低。当工期在不同的范围内变化时,工程费用可能会随工期的缩短减少或增加,因此,如何合理确定工期,使工程费用最低,便成为费用优化所要解决的问题。

### (一)工期与费用的关系

工程费用包括直接费和间接费。直接费主要包括人工费、材料费、机械费、特殊地区施工费、夜间施工增加费和特殊季节施工费等。同一工程,若采用的施工方案不同,其直接费用也有很大差异。如同样是钢筋混凝土框架结构,可采用预制装配施工,也可采用现浇施工;模板可用木模板,也可用钢模板等。间接费主要包括与工程有关的管理费、拖延工期的罚款、提前完工的奖励、占用资金所付的利息等。间接费一般随着工期的增加而增加。工期与费用的关系如图 6-29 所示。

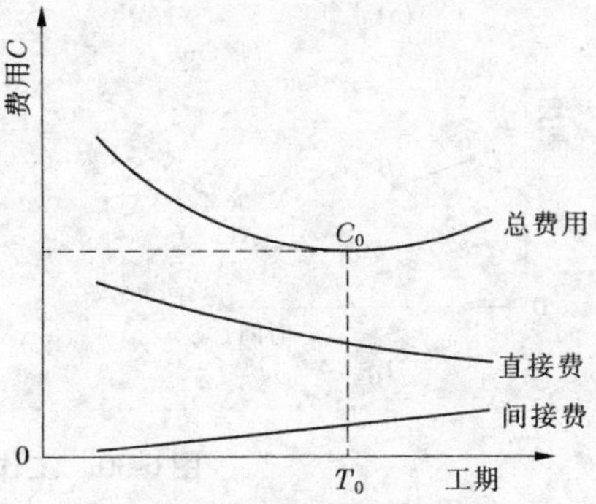


图 6-29　工期—费用关系

### (二)工作持续时间和直接费用的关系

直接费用一般与工作持续时间成反比关系,但这种反比关系只在一定范围内成立,存在一个时间极限(即最多可压缩时间),在达到这个时间点之前,增加费用能使工作持续时间缩短,一旦超过极限时间,若继续增加费用,可能使工作持续时间延长。

工作持续时间和费用的关系主要有以下几种类型:

(1)连续直线型,如图 6-30(a)所示,这种类型是将正常持续时间点 $N$ 与最短持续时间点 $C$ 连成一条直线,直线间各点代表某一工作时间缩短后的时间—费用关系。就整个工程而言,这种关系具有一定的实用价值。

(2)折线型,如图 6-30(b)所示,这种类型相对图 6-30(a)所示类型所得结果更为精确,但要求提供一定数量的数据。因此,对小型工程的网络进行时间—费用优化时,具有实际的应用价值。

(3)突变型,如图 6-30(c)所示,$NA$ 段表示一种施工方案的时间—费用关系;$BC$ 段表示采用另一种施工方案的时间—费用关系。在网络优化时,往往用直线 NC 来表示这种关系的近似值。

(4)非连续型,如图 6-30(d)所示,在这种关系中,两条直线分别代表两种不同的施工方案的时间—费用关系,这种情况多属不同的施工机械方案,因此该工作只能在不同的方案中选择。

(5)离散型,如图 6-30(e)所示,这种关系也多属机械施工方案,且各方案之间无任何关系,工作也不能逐天缩短,只能在几个方案中选择。

上述工作持续时间和费用的各种关系,在工期—费用优化中,直线型关系更具有广泛的应用价值。因此,下面只介绍基于这种关系下的工期—费用优化。

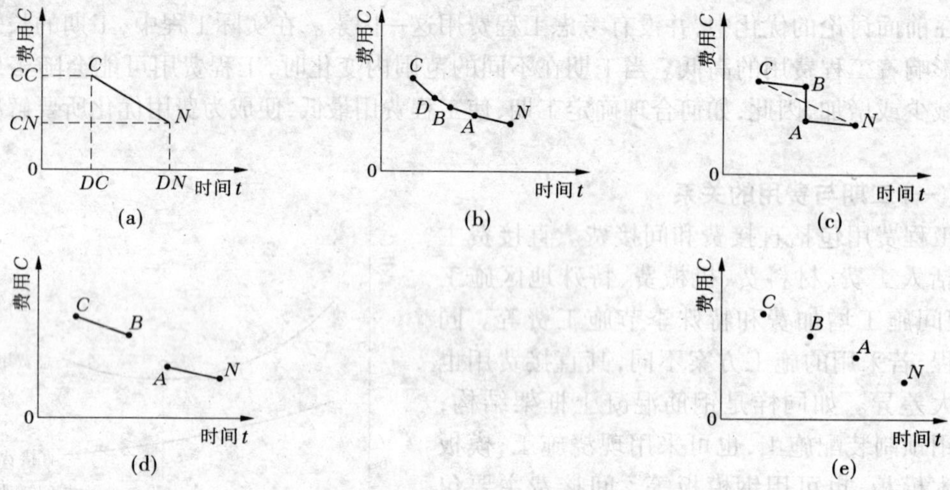


图 6-30　工作的时间—直接费用关系类型

## (三)工期—费用优化步骤

进行工期—费用优化时,应首先求出不同工期下的最低直接费,然后考虑相应的间接费的影响和工期变化带来的其他损益,最后再通过叠加求出最低工程总成本。

(1)绘制正常时间下的网络图。

(2)简化网络图。

在网络计划的费用优化过程中,需得到每项工作缩短持续时间的各种方案,在实际操作中,这一过程的工作量比较庞大,在网络计划优化时,若先从网络计划中暂时删去那些满足规定工期条件下始终不能转变为关键工作的非关键工作,则可大大减少网络计划优化的工作量,具有很强的实际应用价值。一般可用下面的方法进行网络计划的简化:

①按工作正常持续时间找出关键工作及关键线路。

②令各关键工作都采用其最短持续时间,并进行时间参数计算,找出新的关键工作及关键线路。重复此步骤直至不能增加新的关键线路为止。

③删去不能成为关键工作的那些工作,将余下工作的持续时间恢复为正常持续时间,

组成新的简化网络计划。

(3)按下列公式计算各项工作的费用率：

$$\Delta C_{i-j}=\frac{CC_{i-j}-CN_{i-j}}{DN_{i-j}-DC_{i-j}} \tag{6-54}$$

式中：$\Delta C_{i-j}$为工作 $i$—$j$ 的费用率；$CC_{i-j}$为将工作 $i$—$j$ 持续时间缩短为最短持续时间后，完成该工作所需的直接费用；$CN_{i-j}$为正常持续时间下完成工作 $i$—$j$ 所需的直接费用；$DN_{i-j}$为工作 $i$—$j$ 的正常持续时间；$DC_{i-j}$为工作 $i$—$j$ 的最短持续时间。

(4)在网络计划中选择压缩工作的对象。在进行网络压缩时，首先应选择压缩费用率 $\Delta C_{i-j}$最低的关键工作。

(5)确定工作压缩的时间。在确定工作压缩时间的长短时，要遵循下列原则：

①每项工作压缩后其持续时间不得小于其最短持续时间。

②每次压缩后，其缩短值必须符合不能将原来的关键线路变为非关键线路。

③如果网络计划中存在两条以上关键线路时，当需要缩短整个工期时，必须同时在几条关键线路上压缩相同的数值，且压缩的时间应是各条关键线路中可压缩量最少的工作。

④当关键线路的各项工作的持续时间都已达到最短持续时间时，整个网络的压缩即可结束。

(6)计算相应增加的直接费用和工期变化带来的间接费及其他损益，在此基础上计算相应的总费用。

(7)求出工程费用最低时相应的最优工期或工期指定时相应的最低工程成本。

# 第五节　水利工程项目进度计划管理

工程项目进度计划管理是指在项目实施过程中，为实现工程项目进度计划中所确定的目标，对项目进度计划进行的监督、检查，对出现的实际进度与计划进度之间的偏差采取的措施等活动。工程项目进度计划管理是实现工程工期目标的基本保证，对于水利工程项目，具有建设周期长、投资大、技术综合性强，受地形、地质、水文、气象和交通运输、社会经济等因素影响大等特点，加强进度计划管理尤为重要。工程进度一旦失控，必然会导致人力、物力的浪费，进度一旦拖延，后赶进度，工程建设的直接费用就可能增加。在关键时期(如汛期、雨季)若不能按时完工，将会造成重大经济损失，甚至可能影响工程质量；若进度拖延导致工程工期延长，工程不能按期投产受益，将直接影响工程的投资效益。

## 一、工程项目进度计划管理的基本原理

工程项目的进度控制是一个动态的持续过程，首先在提出项目进度目标的基础上，编制进度计划；然后将计划加以实施；在实施过程中，要进行监督、检查，以评价项目的实际进度与计划进度是否发生偏差；最后对出现的工程进度问题(暂停、延误)进行处理，对暂时无法处理的进度问题重新进行分析，进一步采取措施加以解决，这一动态循环过程的原理就是工程项目进度计划管理的基本原理(又称 PDCA 循环原理)，其循环过程如图 6-31 所示。

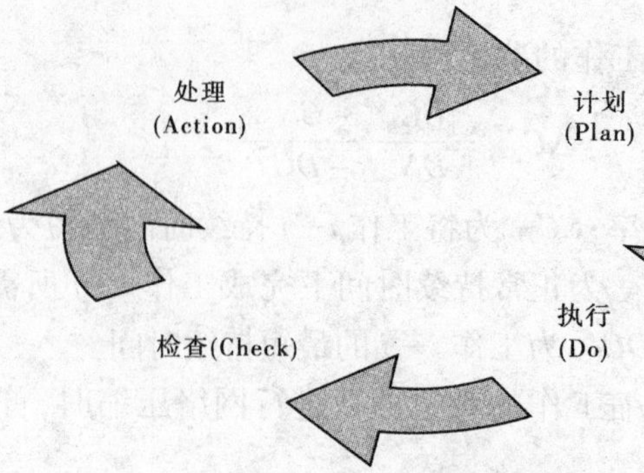


**图 6-31　PDCA 循环过程**

## 二、进度计划的实施

工程项目进度计划的编制已在第一节进行了详细的论述，下面将对工程项目进度计划的实施进行阐述。进度计划的实施是 PDCA 循环过程中的 D(执行)阶段，在这一阶段主要应做好以下工作(以施工进度计划为例说明)：

(1)编制年、季、月、旬、周等作业计划，作业计划的编制以施工进度计划为主要依据，同时要考虑现场情况及编制时间周期的具体要求。对于工期比较长的大型综合项目，首先需要依据施工总进度计划编制年(季)作业计划。对于其中的单位工程，需要根据单位工程进度计划编制月(旬、周)作业计划。

(2)逐级落实上述作业计划，最终通过施工任务书由班组实施。施工任务书是管理层向作业人员下达施工任务的一种有效工具，可用来进行作业控制和核算，特别有利于进度管理，施工任务书的主要内容包括施工任务单(见表 6-9)、考勤表和限额领料单(见表 6-10)。

**表 6-9　施工任务单**

第　　施工队　　组　　任务书编号：

| | 开工 | 竣工 | 天数 |
|---|---|---|---|
| 计划 | | | |
| 实际 | | | |

工地名称：______　单位工程名称：______　签发日期：______年______月______日

<table>
<tr><th rowspan="2">定额编号</th><th rowspan="2">工程部位及项目</th><th rowspan="2">计量单位</th><th colspan="4">计划</th><th colspan="3">实际</th><th colspan="3" rowspan="2">安全、质量、技术、节约措施及要求</th></tr>
<tr><th>工程量</th><th>时间定额</th><th>每日产量</th><th>定额工日</th><th>工程量</th><th>定额工日</th><th>实际用工</th></tr>
<tr><td></td><td></td><td></td><td></td><td></td><td></td><td></td><td></td><td></td><td></td><td colspan="3"></td></tr>
<tr><td></td><td></td><td></td><td></td><td></td><td></td><td></td><td></td><td></td><td></td><td colspan="3">验收意见</td></tr>
<tr><td></td><td></td><td></td><td></td><td></td><td></td><td></td><td></td><td></td><td></td><td colspan="3"></td></tr>
<tr><td></td><td></td><td></td><td></td><td></td><td></td><td></td><td></td><td></td><td></td><td rowspan="3">生产效率</td><td>定额用工</td><td>工日</td></tr>
<tr><td></td><td></td><td></td><td></td><td></td><td></td><td></td><td></td><td></td><td></td><td>实际用工</td><td>工日</td></tr>
<tr><td>合计</td><td></td><td></td><td></td><td></td><td></td><td></td><td></td><td></td><td></td><td>工效</td><td>%</td></tr>
</table>

工长：______　定额员：______　班组长：______

**表 6-10　限额领料单**

| 材料名称 | 规格 | 计量单位 | 单位用量 | 限额用量 | | 领料记录 | | | | | | 退料数量 | 执行情况 | | |
|---|---|---|---|---|---|---|---|---|---|---|---|---|---|---|---|
| | | | | 按计划工程量 | 按实际工程量 | 第一次 | | 第二次 | | 第三次 | | | 实际耗用量 | 节约或浪费（+，-） | 其中：返工损失 |
| | | | | | | 日/月 | 数量 | 日/月 | 数量 | 日/月 | 数量 | | | | |
| | | | | | | | | | | | | | | | |
| | | | | | | | | | | | | | | | |
| | | | | | | | | | | | | | | | |

发料人：________　　　　　　　　领料人：________

(3)坚持进度过程管理。在施工进度计划进行过程中，应加强监督与调度，记录实际进度，执行施工合同对进度管理的承诺，跟踪进行统计与分析，落实到位进度管理措施，处理好进度索赔，确保资源供应，使进度计划顺利进行。

(4)加强分包进度管理。分包人应根据施工进度计划编制分包工程施工进度计划并组织实施；项目经理部应将分包工程施工进度计划纳入项目进度计划控制的范畴，并协助分包人解决项目进度控制中的相关问题。

## 三、进度计划的检查

工程项目进度的检查与进度的执行往往融合在一起进行，计划检查是对计划执行情况的分析与总结，是工程项目进度进行调整的依据。

进度计划的检查主要是通过实际进度与计划进度对比，从而发现偏差，以便调整或修改计划，保证进度目标的实现。方法有如下几种。

### （一）利用横道图检查

如图 6-32 中，用双线（粗线或彩色线）表示实际进度，用细线表示计划进度，从图 6-32 可看出，由于工作 $F$、$K$ 提前 0.5 d 完成，使整个计划提前 9.5 d 完成。

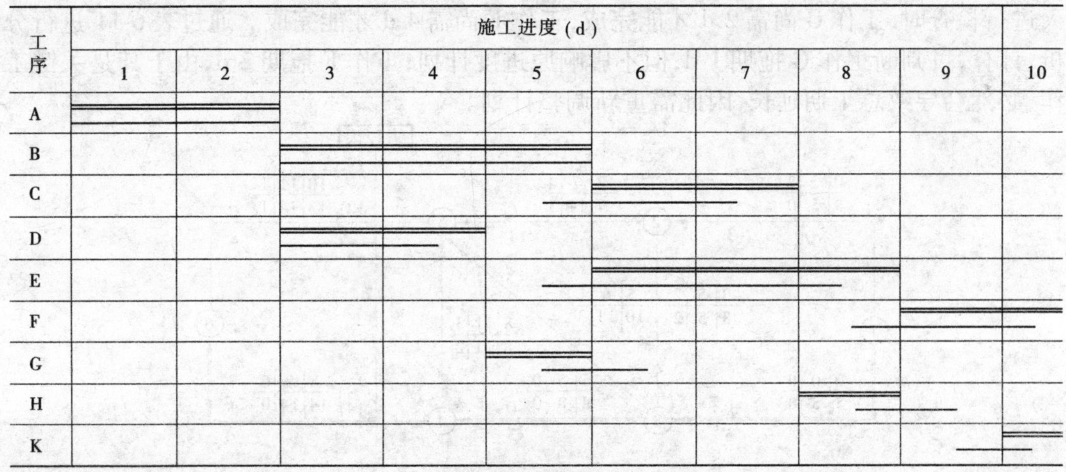


**图 6-32　利用横道图检查进度计划**

## (二)利用网络计划检查

### 1. 实际进度前锋线检查法

当网络计划采用时标网络计划时,可从检查时刻的时间点出发,用点画线依次连接各工作的实际进度点,形成实际进度前锋线记录实际进度,并按前锋线判定各工作的进度偏差。当某工作前锋点在检查日前左侧,表明该工作的实际进度拖延;当前锋点在检查日前右侧,表明该工作的实际进度超前。如图 6-33 所示。前锋进度点的标定可采用按已完成的工程实物量比例或按尚需的工作持续时间来确定。

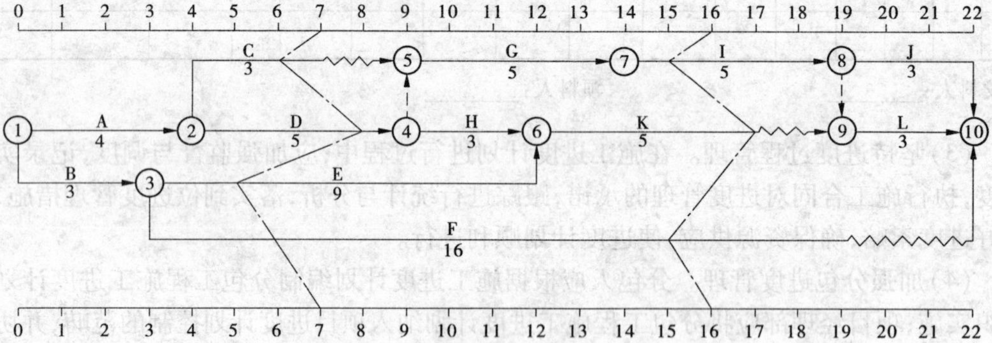

图 6-33　时标网络实际进度前锋线

由图 6-33 可看出,当在第 7 天进行检查时,工作 C、F 比计划进度拖后 1 d,工作 D 比计划进度提前 1 d,工作 E 比计划进度拖后 2 d;工作 C 的总时差为 2 d,对总工期没有影响,工作 E 的总时差为 2 d,对总工期没有影响,工作 F 的总时差为 3 d,对总工期没有影响,由于工作 D 为关键工作,根据其总工期可提前 1 d;但综合分析上述情况,由于工作 E 的可利用总时差已经用完,此时,总工期仍为 22 d。同理,可对第 16 天检查的情况进行分析。实际操作中,可应用 MS - Project2000 软件对项目计划作全面分析,并可根据实际进度检查结果,直接计算出新的时间参数。

### 2. 切割线检查法

此种方法是通过点画线(代表切割线)进行实际进度记录,如图 6-34 所示,当在第 12 天进行检查时,工作 G 尚需 2 d 才能完成,工作 F 尚需 4 d 才能完成。通过表 6-11 进行分析、计算,可判断工作 G 拖期 1 d,但不影响原进度计划;工作 F 拖期 2 d,由于其是关键工作,必然会导致总工期延长,因此需重新调整计划。

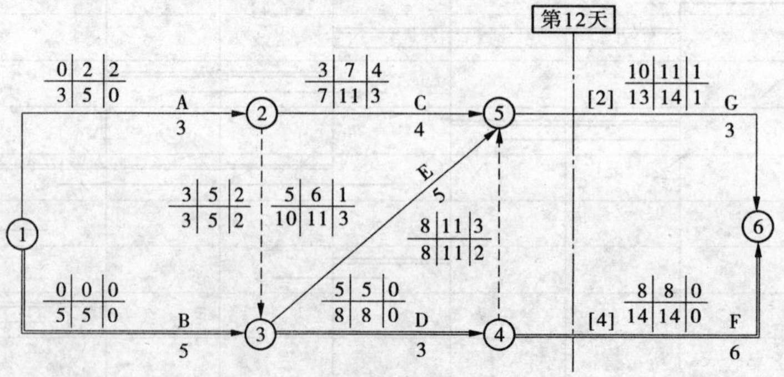

图 6-34　网络计划切割线记录图

表 6-11　网络计划进行到第 12 天的检查结果

| 工作代号 | 检查时尚需完成时间 | 到工作最迟完成时间尚有时间 | 原有总时差 | 尚有时差 | 情况判断 |
|---|---|---|---|---|---|
| G | 2 | 14 - 12 = 2 | 1 | 2 - 2 = 0 | 拖期 1 d |
| F | 4 | 14 - 12 = 2 | 0 | 2 - 4 = -2 | 拖期 2 d |

3. 香蕉曲线检查法

工程项目在实施过程中，一般在开始和收尾阶段，单位时间资源消耗量较小，而在中间阶段的单位时间资源消耗量较大，因此随时间进展累计完成的任务量应呈 S 形变化，香蕉曲线是由两种 S 形曲线组成的封闭曲线，其一是以网络计划中各项工作的最早开始时间绘制的计划累计完成任务量曲线，称为 *ES* 曲线；其二是以网络计划中各项工作的最迟开始时间绘制的计划累计完成任务量曲线，称为 *LS* 曲线，如图 6-35 所示。

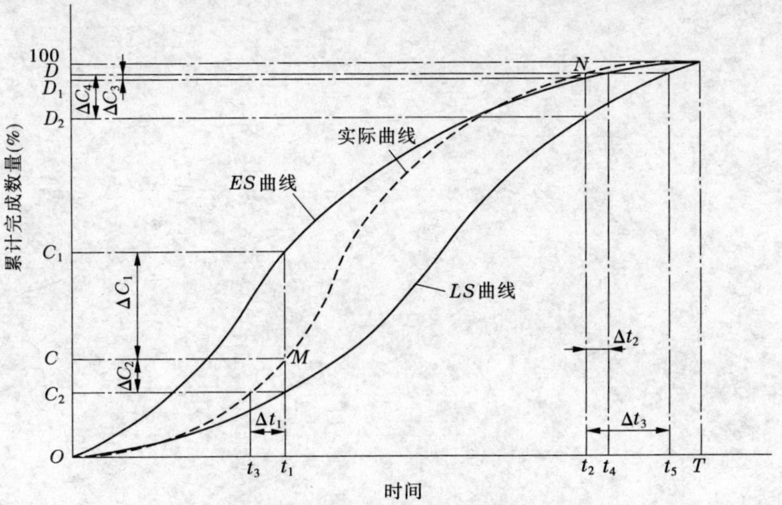


图 6-35　香蕉曲线检查图

具体检查过程如下：当计划进行到时间 $t_1$ 时，累计完成的实际数量为 *M* 点。从图 6-35 可看出，实际进度比 *ES* 计划曲线要少完成 $\Delta C_1$；比 *LS* 计划曲线要多完成 $\Delta C_2$。由于该工程的实际进度比其最迟时间要求提前，因此不会影响总工期，只要控制合理，有可能提前 $\Delta t_1$ 完成全部计划。同理可对其他时间进行分析。

## 四、进度计划的调整

工程项目在实施过程中由于受到各种因素的影响，工程进度会经常发生暂停、延误，导致实际进度与计划进度发生偏差，一旦出现上述工程进度问题后，需要采用科学的方法调整初始网络进度计划，采取有效的措施赶工，以弥补前期产生的不足。

进度计划的调整内容主要包括工作内容、工程量、工作起止时间、持续时间、工作逻辑关系及资源供应等。进度计划的调整方法主要有以下几种：

(1) 利用网络计划的关键线路进行调整。具体原理与应用步骤见第四节中的工期优化与工期—费用优化。

(2)利用网络计划的时差进行优化。具体原理与应用步骤见第四节中的工期—资源优化。

## 五、进度计划管理总结

(1)中间总结。在项目实施过程中,每次对进度计划进行检查、调整后,应及时编写进度报告,对进度执行情况、产生偏差原因、解决偏差的措施等进行总结。

(2)最终总结。在进度计划完成后,应进行如下总结:进度管理中存在的问题及分析、进度计划方法的应用情况、合同工期及计划工期的完成情况、进度管理的经验及进度管理的改进意见。

进度计划管理总结是进度计划持续改进的重要保障,必须给予充分重视。

# 第七章　水利工程项目资源管理

## 第一节　水利工程项目资源管理概述

工程项目资源管理是指在项目实施过程中,对投入项目中的劳动力、材料、设备、资金、技术等生产要素进行的优化配置和动态平衡管理。工程项目的资源管理与进度管理、质量管理及成本管理互相制约、互相影响。项目资源管理的目的,就是在保证工程质量和工期的前提下,进行资源的合理使用,努力节约成本,追求最佳经济效益。

### 一、工程项目资源管理的基本内容

**(一)人力资源管理**

在项目的实施过程中,人既是整个项目的决策者,同时又是整个项目的实施者,因此人力资源管理在整个资源管理中占有十分重要的地位。通过对项目中的人力资源进行合理的组织,采用指挥、监督、激励、协调、控制等有效措施,提高劳动生产率,充分发挥人力资源的作用,为项目基本目标的实现提供保障。

人力资源管理的主要内容包含以下几方面:

(1)人力资源的招收、培训、录用和调配,劳务单位与专业单位的选择和招标。

(2)科学合理地组织劳动力,节约使用劳动力。

(3)制定、实施、完善、稳定劳动定额和定员。

(4)改善劳动条件,保证职工在生产中的安全与健康。

(5)加强劳动纪律,开展劳动竞赛,提高劳动生产率。

(6)对劳动者进行考核,以便对其进行奖惩。

**(二)材料管理**

材料管理是指对项目实施过程中所需的各种原材料、周转材料等的计划、订购、运输、存储、发放和使用所进行的组织与管理工作。做好材料管理工作,有利于节约材料,加速资金周转,降低生产成本,增加企业的盈利,保证并提高工程产品的质量。

材料管理的主要内容包含以下几方面:

(1)材料计划的编制。

(2)材料的订货采购。

(3)材料的组织运输。

(4)材料的库存管理。

(5)材料定额的制定管理。

(6)材料的现场管理。

(7)材料的成本管理。

**(三)机械设备管理**

随着工程建设的发展,建筑施工机械化水平日益提高,在施工过程中所用的机械设备的数量、型号也在不断增多,加强机械设备的管理越来越重要。机械设备管理是指对施工过程中所需的各种机械的选择、应用、保养与维修所进行的管理工作。做好机械设备管理工作,以利于施工所需的各种机械设备的优化配置,提高机械设备的生产效率,达到提高工程质量、获得最大的经济效益的目的。

机械设备管理的主要内容包括机械设备的合理装备、选用、使用、维护和修理等。

**(四)技术管理**

技术管理是项目管理者对所承包的工程各项技术活动过程和施工技术各种要素进行计划、组织、协调等科学管理的总称。通过技术管理,一方面,能充分发挥施工中人员及机械设备的潜力,降低工程成本,提高企业的经济效益;另一方面,有利于新技术、新材料和新工艺的开发,提高施工企业的竞争力。

技术管理的主要内容包括以下几方面:

(1)施工图的熟悉、审查及会审。

(2)编制施工组织设计及技术交底。

(3)工程变更及变更洽谈。

(4)制定技术标准。

(5)进行原材料和半成品的试验与检测。

(6)技术情报、技术交流、技术档案的管理。

(7)各类技术的培训。

(8)技术改造和技术创新。

(9)新材料、新工艺、新结构及新技术的开发与推广。

**(五)资金管理**

资金管理是指按照国家的政策、法令和财经制度,对工程项目实施过程中资金的筹集、资金的计划与使用、资金的分配及资金核算与分析等活动所进行的管理工作。做好资金管理,对加快资金的流动、促进施工、降低成本等有重要意义。

资金管理主要包括以下几方面内容:

(1)资金筹集。

(2)编制资金计划。

(3)资金使用。

(4)资金的预测和对比。

(5)资金的回收和分配。

## 二、工程项目资源管理的基本程序

工程项目资源管理的全过程包括项目资源的计划、配置、优化、控制和调整。在这一过程中,项目资源管理应遵循下列程序。

**(一)编制详细的资源计划**

在项目施工过程中,往往要涉及多种资源,因此在项目施工前,应按合同要求,编制详尽的资源配置计划表，对各种资源的性能标准、投入数量、投入时间及进场要求作出合理的安排，以指导项目实施过程。

**（二）保证资源可靠到位**

在项目施工过程中，为保证各种资源的供应，应根据编制的资源配置计划，委派专业人员负责资源的采购及资源的优选，使得计划得以顺利实施。

**（三）优化配置资源**

在项目施工过程中，要根据每种资源的特性，采取科学的措施，进行资源配置和组合，合理投入，合理使用，在满足项目使用要求的前提下，努力做到节约资源、降低成本。

**（四）动态管理资源**

在项目的实施过程中，应对资源投入和使用情况进行动态分析，找出问题，不断改善资源的配置和利用效率。

**（五）资源利用总结**

一方面，总结资源利用的总量；另一方面，总结资源管理效果，不断积累经验，以便持续改进资源利用。

## 三、水利工程项目资源的基本特点

**（一）需要的资源种类多，供应量大**

在项目的施工过程中，需要的材料品种、机械设备的种类较多，即使是同一种材料，也涉及不同的规格、型号与特殊性能的要求，往往一个建设工程所需的材料种类多达几千种，需要量多达上千万吨；同时在一个建设工程中将涉及各种工种和工种的等级及大量的施工人员。

**（二）资源的需求和供应不平衡**

由于工程项目的施工过程并不均衡，因此在不同的生产阶段与不同的施工部位，对资源的种类与数量的需求和使用都有大幅度的变化。

**（三）资源供应过程的复杂性**

在项目施工前，按照工程量和工期确定的仅是资源的使用计划，而在项目施工过程中，资源的供应是相当复杂的，如：要保证材料的按计划供应，就需组织安排好材料的采购、运输、存储等工作；要保证机械设备的使用，就必须安排好机械设备的选择、操作人员的培训及机械的维修。

**（四）项目的规划和设计与资源的使用存在交互作用**

项目的设计方案和施工方案对资源使用计划有重大影响，因此在进行设计时，必须认真分析市场对各种资源的供应能力，否则会造成实际与设计的严重脱节。另外，设计和计划的任何偏差、错误和变更都可能导致资源的积压、缺乏、浪费，这都会直接影响到工程的工期、质量和经济效益。如在项目的施工过程中，加快施工进度、增加工程使用功能、修改施工工艺与变更设计等都可能导致资源需用计划的修改与调整、资源供应方式的变化等。

**（五）资源对项目成本影响大**

资源的费用一般占工程总投资的 80% 以上，因此在工程项目施工过程中，必须合理地组织好资源的优化配置，以加强项目的成本控制。在进行资源的优化配置时，一般可采取如下措施：

(1)尽量均衡使用资源。

(2)在满足其他条件前提下，选择资源使用量小的方案。

(3)优化资源供应渠道，降低采购费用。

(4)充分利用现有资源。

**(六)资源的供应受外界因素制约大**

如设备与材料供应商不能按时交货；在项目施工过程中，市场价格、供应条件变化大；运输中由于自然、社会原因造成拖延；特殊季节对供应的影响。

**(七)资源的供应必须在多项目中协调平衡**

比如，施工企业常常需将一定的劳动力数量和设备数量在同步进行的几个项目中均衡使用，在有限的资源条件下，寻求一个可行而又能产生最佳整体效益的方案。

**(八)资源的限制，不仅存在上限，有时可能存在下限，或要求充分利用现有的定量资源**

在有些情况下，资源的限制在不同时期是不断变化的。另外，不同时期，企业劳动力的富余程度也不一样。如：现在大多施工企业用到大量的农民工，但在农忙季节，大多农民工回乡务农，造成这一时期施工企业的劳动力资源起伏较大。

鉴于上述资源问题的基本特点，可以看出，一方面，项目资源管理工作在水利工程项目中极其复杂；另一方面，在项目的实施过程中，如果资源管理工作不到位，会对整个项目的质量、进度及成本产生严重影响，加强项目资源管理工作具有十分重要的意义。

### 四、项目资源管理现状

目前，项目资源管理同项目的质量、进度、成本(费用)管理相比，重视程度远不如后者。关于工程项目资源的计划和优化方法，也不太具有可操作性，主要原因是：

(1)资源计划多采用将资源消耗总量在工程活动持续时间上平均分配的模型。尽管这种模型在理论上是正确的，但由于工程实施过程的不均衡性，造成资源使用的不均衡，理想化的模型其实并不能反映实际情况。

(2)当前，资源计划方法仅包括与时间相关的资源使用计划；而项目的资源供应过程是十分复杂的，必须按使用计划确定供应计划，建立供应计划网络。

(3)项目组织没有和资源供应商建立长期的互信合作机制，仅在签订施工合同后，临时主要按价格寻找资源，造成资源的品质和供应可靠性差。

(4)用户对资源优化方法和它的适用性知道的较少，其结果又未被正确全面地解释。

## 第二节　水利工程项目资源分配

工程项目资源分配是指按发包人需要和合同要求，根据工程特征，进行资源的选择并确定各种资源的投入时间、投入数量与投入地点，以保证预期目标的实现。

## 一、水利工程项目资源分配的依据

**(一)项目目标分解**

通过对项目总目标逐层分解为具体子目标后,便于把握项目所需资源的总体情况。

**(二)工作分解结构**

通过工作分解结构即可确定完成项目所进行的各项具体工作,在此基础上可初步确定完成每项工作所需的资源种类、数量和质量,然后再逐步汇总,最终得到整个项目所需各种资源的总用量。

**(三)项目进度计划**

在项目进度计划中可了解到项目的各项工作所需资源的投入时刻与占用这些资源的时间,据此,可更合理地分配项目所需的各种资源。

**(四)约束条件**

在进行资源分配时,应对各类约束条件给予充分考虑,如项目的组织模式、资源的供应条件、资金的投入情况等。

## 二、人力资源的分配

人力资源的分配是指在工程项目实施过程中,根据工程项目的数量、质量和工期及成本的要求,对项目中的每一项工作执行过程中所需的人力资源的数量与质量所进行的合理安排。

**(一)要做到科学合理地使用人力资源**

在进行人力资源分配时,需注意以下四方面:

(1)要准确计算出工程量和施工期限,在此基础上,根据定额标准认真分析劳动需用总工日,使每一项工程执行过程中所需的工程技术人员、普通工人等的数量合适、结构合理、素质匹配。

(2)要保持人力资源的均衡使用。如果人力资源使用不均衡,不仅增加了施工企业的管理难度与管理费用,还会带来临时设施费用的增加。

(3)在项日实施过程中,还应包括为劳动力服务人员(如医生、厨师、司机、工地警卫及勤杂人员)的分配,这些人员的分配可根据劳动力投入量按比例分配,或根据现场实际需求安排。

(4)要保持分配到工作中的劳动力和劳动组织相对稳定,防止频繁调动。

**(二)人力资源分配应遵循的程序**

人力资源的分配要围绕施工项目进度计划实施进行,也要遵循以下程序进行。

1. 确定劳动效率

确定项目中每项工作所需劳动力的劳动效率(产量/单位时间或工时消耗量/单位工作量),是对其进行人力资源分配的重要前提,只有准确地确定了各工种的劳动效率,才能对每项工作所需的人力资源进行合理的分配。在一项工程中,每一工程项目的工程量可通过施工设计图纸和相关的技术规范计算得出,而劳动效率的确定却比较复杂。在水利工程项目中,劳动效率虽可在劳动定额中直接查到,但在实际应用时,必须结合工程所在地区的社会环境、自然环境(如气候、地形、地质、水文等)、经济状况、工程特点、每一实施方案的特点、工程现场平面布置、劳动组合等,进行相应的调整。

根据劳动力的劳动效率,即可得出劳动力投入的总工时,计算公式如下:

$$劳动力投入总工时=工程量/劳动效率$$

2. 确定各工作的劳动投入量(劳动组合或投入强度)

在确定每日班次及每班次的劳动时间的情况下,假定在某项工作的实施过程中,劳动力投入强度相等,且劳动效率也相等,可用下式计算:

$$某工作劳动力投入量=\frac{劳动力投入总工时}{班次/日\times工时/班次\times工作持续时间}$$

在利用上式计算某工作的劳动力投入量时,需注意以下几点:

(1)在实际施工中,由于工程量、劳动效率、持续时间、班次、每班工作时间之间存在一定的变量关系,因此在进行人员分配时要注意它们之间的相互调节。

(2)在实际施工中,经常会安排混合班组承担一些工作包任务,此时,则要考虑整体劳动效率。同时也要考虑设备和材料供应能力,以及与其他班组的协调。

(3)混合班组在承担工作包时,劳动力的投入并非均值。如基础混凝土浇筑时,如采用依次施工,则劳动力投入曲线如图 7-1(a)所示,如果采用流水施工,则劳动力分配曲线如图 7-1(b)所示。但是由于劳动效率没有变化,因此上述两图的面积应相等。

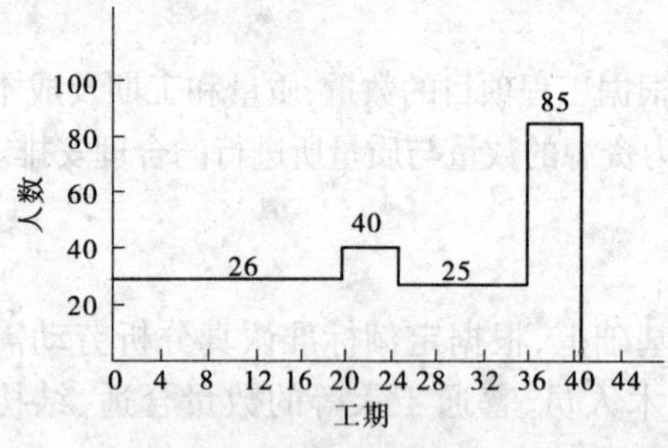


(a)依次施工劳动力投入曲线

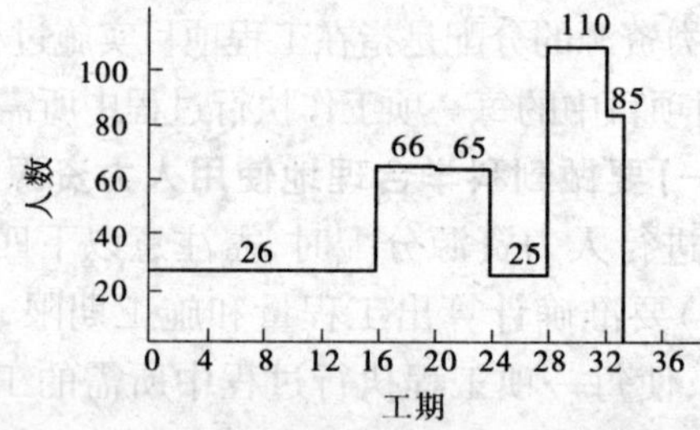


(b)流水施工劳动力分配曲线

**图 7-1 劳动力分配曲线**

在进行人力资源的配置时,结合工程特点、施工方案等,利用工效学理论和方法进行必要的工效分析也非常重要。

## 三、材料和设备的分配

材料和设备的分配是指在工程项目实施过程中,根据工程项目的设计文件和施工组织设计的要求,对项目中的每一项工作执行过程中所需的各种材料的品种、规格、数量和各种设备的类型、数量所进行的合理安排。

与人力资源的分配相类似,材料和设备的分配也要围绕工程项目进度计划的实施进行,在进行分配时,主要需做好以下几点工作。

### (一)确定各种材料的消耗定额

材料消耗定额是指在一定生产条件下,完成单位工程量所必须消耗的材料数量标准。它是确定项目实施过程中各工作材料需要量的重要依据。因此,只有准确地确定出各种材料的消耗定额,才能对每项工作所需的材料进行合理的分配。

1. 材料消耗的构成

材料消耗主要由净用量消耗和材料损耗两部分构成，具体如下：

(1)净用量消耗：应用到工程实体上的有效消耗。

(2)操作损耗：材料在加工过程产生的损耗，包括散落损耗(可回收利用、不可回收利用)、边角余料损耗(合理下料、不合理下料)、废品损耗等。

(3)运输损耗：材料在运输过程中产生的损耗，包括场外运输损耗与场内运输损耗。

(4)保管损耗及事故损耗。

2. 材料消耗量的确定

1)材料净用量的确定

当只采用一种材料时，可计算一个计量单位的材料用量，也可计算单位工程量的材料用量；当采用多种材料混合使用时，可先求得所用几种混合材料的配合比，作为计算材料用量的依据，如常用的混凝土、水泥砂浆等。

2)材料损耗量的确定

在确定材料损耗量时要注意，在上面提到的材料损耗中，既包括合理的、控制在指标范围内的损耗，也包括不合理的、超出控制指标范围的损耗。因此，在制定材料消耗定额时，必须对那些不可避免的、不可回收的合理损耗在定额中予以体现，比如钢筋的加工损耗等，而对那些本可避免或者可再回收利用而没有回收利用、没有避免的损耗，则不能计入定额，材料消耗定额只包括有效消耗和合理消耗。

在实际计算时，往往按材料总消耗量的一定比例计算材料的损耗量，各种材料的损耗率在不同的工程类别中有一定的差别，具体数据可查阅相关的标准。

**(二)确定各种材料的需求量**

对于工程项目的每个部分，可按施工图纸、施工方案及相关的技术规范确定出相应的工作量和所需材料的品种、规格与质量要求。在此基础上，根据所确定的消耗定额，逐项计算各种材料的需用量，然后，再根据施工进度计划分配各种材料的需用量。

**(三)确定材料需求时间曲线**

(1)通常是将工程项目各部分的各种材料消耗总量平均分配到其持续时间上。但有时要考虑在时间上的不均衡性。

(2)将各工程活动的材料消耗量按项目的工期求和，就可得到每一种材料在各个时间段上的分配情况。

(3)做材料投入—时间分配曲线。其绘制方法与劳动力分配曲线的绘制原理基本相同，在此不再详述。

## 四、资金的分配

资金的分配是指在项目实施过程中，根据工程要求，在项目每一实施阶段投入的各种形态的资金数量。由于建设项目的所有活动(如物质的采购、工资的发放、设备的购置等)均伴随着资金的运行，因此资金的合理分配对于项目的正常运行尤为重要。

在进行资金分配时，需按照国家的政策、法令和财税制度执行；在实际操作中，要做到资金的合理分配，应注意以下几个问题。

**（一）了解项目施工过程中的资金运动规律**

（1）在项目施工过程中，项目的资金要同时以固定资金、储备资金、生产资金、成品资金等形态并存，且每一种资金都有其特定的职能，在进行资金分配时，必须根据项目需要，使其用途明确、比例恰当，以便资金的运动保持良性循环。

（2）在项目施工中，资金的收入与资金的分配、支出是资金周转的桥梁，要保证资金运动顺利循环，就必须使资金的收入与资金的分配、支出在数量上与时间上保持平衡协调。

**（二）资金的分配是资金筹集的依据**

资金的分配方案是决定企业资金筹集渠道和筹集方式的重要依据。因此，进行资金分配时，要充分考虑到其对资金筹集渠道和筹集方式的影响，这对降低项目资金成本、减少项目资金风险、提高项目资金的使用效益有重要意义。

**（三）应根据工程项目的施工进度、业主支付能力、企业垫付能力、分包或供应商承受能力等进行资金的分配**

（1）在项目实施过程中，可根据编制的施工进度计划，得到各活动的开工时间、完成时间及单位时间的资源需要量，在此基础上便可进行资金按时间进度的分配。如可利用时间—投资累计曲线（S 曲线）来表示资金的分配，如图 7-2 所示。

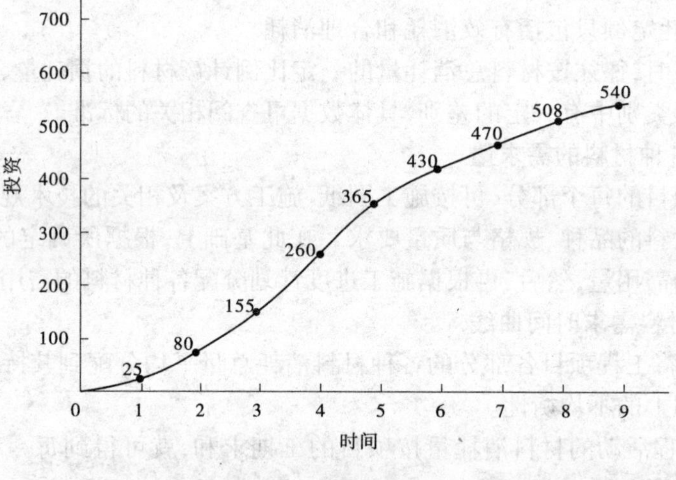


图 7-2　时间—投资累计曲线

（2）在项目实施过程中，可根据业主支付能力、企业垫付能力、分包或供应商承受能力编制项目的现金流量计划，根据现金流量计划，可更科学地进行资金的分配。

## 第三节　水利工程项目资源优化

在水利工程项目建设过程中，用于各种资源的费用往往占据着工程总费用的绝大部分，因此通过对项目实施过程中涉及的各种资源进行合理组合、科学供应与使用，对降低工程成本，提高工程的经济效益有重大影响。在工程施工过程中，资源的获取、供应、使用往往有多种方案,在实际操作中,需要在多方案中择优选取,以努力降低工程成本,实现收益最大化。

在进行资源优化时,有时可从宏观角度定性分析,有时却需要从微观的角度定量分析;有时只需考虑某一种因素即可,有时则需要考虑多种因素。一般情况下,需进行以下几方面的工作。

## 一、确定资源的优先级

在水利工程项目施工过程中,涉及的资源种类较多,再加上资源的供应受外界因素制约大,作为资源管理者需对各种资源区别对待,根据资源重要程度确定资源的优先级,并采取相应的管理措施。在实际操作中,在项目资源计划、采购、供应、存储、使用等过程中,应首先保证优先级高的资源,以保证项目的顺利进行。

不同的工程项目具有不同的资源优先级确定标准,在确定资源优先级时,需考虑以下因素。

### (一)资源的使用量和价值

在项目施工过程中,要对那些使用数量多、价值量高的大宗材料给予高度重视。因此,在项目施工初期可对项目所需各种材料进行分类,要把那些使用数量多、价值量高的大宗材料作为优先级最高的材料类别,以便对其进行重点管理,更有效地控制工程的材料费用。

### (二)资源获取的难易度

通常情况下,对那些要求高、风险大、获得过程较为复杂的资源,其优先级较高,如需到国外采购的材料、设备等;而能在当地自行获得或通过当地采购获得的资源,则其优先级较低。

### (三)资源的可替代性

对于那些没有替代可能的、专门生产的、使用面较窄的及不可或缺的资源,其优先级较高;而对于那些可以用其他品种替代的,则其优先级较低。

### (四)资源增减的可能性

如对于材料采购而言,对那些需要专门加工定做的、专门采购供应的材料,其优先级较高;而对于那些在施工现场周围可随时采购的材料,则其优先级较低。

### (五)资源供应对项目的影响程度

对那些若供应过程出现问题对工程进度影响大,甚至会造成整个工程停工的必需的资源,其优先级较高,如主要的机械设备、主要的建筑材料、关键的部件等;对那些如果出现货源短缺或暂时供应不足对工程并无太大影响的资源,则其优先级较低,如非关键线路上所需的资源。

## 二、资源的均衡和限制

工程项目的建设过程往往是一个不均衡的生产过程,在不同的建设阶段对资源种类和数量的需求常常起伏较大。在实际工程中,经常会产生下面的问题:

(1)在工期固定的情况下,能否通过合理的安排,使不同时段的资源使用量比较均衡,接近某一均值。

当项目的工期确定时,可通过合理利用非关键线路上的工作的时差,在时差范围内调整其开始和结束时间,逐渐来消减资源高峰值。其具体原理见第六章第四节中工期固定、资源优化。

如果经过非关键线路上工作的调整后仍未达到目标,或希望将资源分配得更为均衡,则可考虑减少非关键线路上各工作的资源强度,但这样必然会延长该工作的持续时间。因此,此时的延长时间必须小于该工作的时差,以保持该工作所在的网络计划的工期不变。此时,要注意,当改变非关键线路上各工作的资源投入量时,可能会导致不能有效利用设备、工程小组工作不协调等。另外,资源投入量改变时,还可能会出现新的关键线路。

如果非关键线路上的工作经过调整后仍不能满足要求,则可采取以下措施:

①调整各工作之间的逻辑关系,重新安排施工顺序,将资源投入强度高的工作错开来施工。

②改变施工方案,提高劳动效率,以减少资源的投入。

③如果减少关键线路上各工作的资源投入量,必然会影响工期,对此要进行技术经济分析和目标的优化。

(2)在可提供的资源数量有限的情况下,能否通过合理的安排,使建设项目能按预定的工期完成,或使工期的延长值最短。

当发生资源冲突的时段仅有一项工作时,此时只能采取延长此工作的持续时间来解决这种冲突,该工作的延长时间,可用下式确定:

工作延长时间=该工作所需资源总量/每单位时间可能供应量

当发生资源冲突的时段有多项工作时,此时可采用RSM法,在不改变对资源冲突的诸工作之间的逻辑关系的情况下,对其之间顺序进行重新调整,其具体原理见第六章第四节中资源有限、工期最短的优化。

## 三、资源的技术经济分析

在进行资源计划时经常有多种方案可供选择,此时,可通过对其进行经济技术分析,在实现预期目标的前提下,选择最为合理的方案,用于指导项目的实施。

如当进行材料的技术经济分析时,应考虑:供应商的选择、采购地点的选择;采购批量材料时的价格折减、付款期、现场存储条件;在合同允许条件下材料的代用。当进行机械设备的技术经济分析时,应考虑:租赁还是采购,购买新设备还是维修旧设备,选择哪个供应商,采购国产设备还是进口设备等。

## 四、基于水利工程项目群的资源优化

在多项目的情况下,资源的分配和优化往往比较复杂。多个项目需要同一种资源,而各项目又有自己的目标时,可分以下两种情况进行资源优化:

(1)如果资源供应充足且没有限制,则可将各项目的各种资源按时间取和。可定义一个开始节点,将几个项目网络合并为一个大网络,或用高层次的横道图分配资源,进行总体计划,综合安排采购、供应、运输和存储。

(2)如果提供的资源有限制,则在进行资源优化时,首先要最大限度地满足每个项目的需求,同时还要保证各部门之间的资源(尤其是人力资源)使用量比较均衡。在进行优化时,一般先在各项目中进行个别优化,若实在无法保证供应,则可按项目的重要程度定义优先级,首先保证优先级高的项目,然后再考虑优先级低的项目。

# 第八章 水利工程项目成本和资金管理

## 第一节 水利工程项目成本概算

### 一、工程项目成本与费用

成本与费用是工程项目管理中频繁使用的两个概念，两者之间既有区别又有联系。在工程项目管理中，掌握成本与费用的概念，了解实际成本的构成、计算方法、核算程序及费用的会计处理，对于实现管理目标和提高投资效益都具有重要意义。

**(一)工程项目成本**

1. 工程项目成本的概念

任何工程项目的建设都需要消耗资源。工程项目成本是围绕工程项目建设全过程发生的资源消耗的货币体现。其所涵盖的内容与整个工程项目投资基本一致，但二者的侧重点有所不同。投资通常强调资金付出的目标，即以提高投资经济效益为目的；成本则强调付出本身，以节约投资为目标。

2. 工程项目成本的范围

工程项目由不同的参与方共同建设完成，参建各方所站的角度不同，参与工程建设的阶段和内容不同，工程项目的成本范围也有所不同。项目的成本范围主要取决于参建方参与工程建设的阶段和内容。

业主作为工程项目建设的组织者，其面对的是工程项目周期全过程，其所理解的工程项目成本是最为完整的。对于总承包企业而言，其承包工程的范围可以包括工程项目的勘察、设计、材料设备的采购，以及工程项目的施工、试运行和交工验收的若干阶段或全过程，这样，总承包企业所理解的工程项目成本包括其实施承包范围内工程所支付的全部成本。对于其他参建方，如设计单位、咨询单位、施工单位和材料设备供应单位，如果只是参与工程项目建设的某个阶段或某些工作，则其所理解的工程项目成本仅包括其实施设计、咨询、施工和材料设备供应等工作所需支付的成本。

3. 承包企业项目成本

承包企业项目成本是指工程承包企业以工程项目为成本核算对象，在实施其承包范围内工程的过程中消耗资源的货币体现。在我国，项目成本管理一般指承包企业为使项目成本控制在计划目标之内所做的预测、决策、计划、控制、核算、分析和考核等管理工作。因此，工程项目成本在狭义上主要是指承包企业对承包工程项目付出的成本，即承包企业项目成本。

**(二)费用**

1. 费用的概念

费用是指企业在日常活动中发生的、会导致所有者权益减少的、与向所有者分配利润无关的经济利益的总流出。费用具有如下的两个基本特征：

(1)费用最终会导致企业资产的减少或负债的增加。费用在本质上是企业资源流出，最终会使企业资产减少，具体表现为企业现金或非现金支出，比如，支付工人工资、支付管理费用、消耗原材料等。也可以是预期的支出，比如，承担一项在未来期间履行的负债——应付材料款等。

(2)费用最终会减少企业的所有者权益。一般而言，企业的所有者权益会随着收入的增加而增加；相反，费用增加会减少企业的所有者权益。

2. 费用的分类

对费用进行恰当的分类，有利于合理确认和计量费用，正确计算产品成本。按不同的分类标准，可以有多种不同的费用分类方法。费用按经济内容进行分类，可分为劳动对象方面的费用、劳动手段方面的费用和活劳动方面的费用三大类。费用按经济用途可分为生产成本和期间费用两类，该分类方式，能够明确地反映出直接用于产品生产上的材料费用、工人工资，以及耗用于组织和管理生产经营活动上各项支出，有助于企业了解费用计划、定额、预算等的执行情况，控制成本费用支出，加强成本管理和成本分析。

1)生产成本

生产成本是指构成产品实体、计入产品成本的那部分费用。施工企业的生产成本，是指工程成本，是施工企业为生产产品、提供劳务而发生的各种施工生产费用。生产成本的费用又可以分为直接费用和间接费用。

施工企业的直接费用是指为完成工程所发生的、可以直接计入工程成本核算对象的各项费用支出。主要是施工过程中耗费的构成工程实体或有助于工程形成的各项支出，包括人工费、材料费、机械使用费和其他直接费。

施工企业的间接费用是企业下属的施工单位或生产单位为组织和管理施工生产活动所发生的费用。间接费用往往应由几项工程共同负担，不能根据原始凭证直接计入某项工程成本，而应当采用适当的方法在各受益的工程成本核算对象之间进行分配。如企业所属各施工单位为组织和管理施工活动而发生的管理人员工资及福利费、折旧费、办公费、水电费、差旅费、排污费等。但要注意，施工企业在签订施工合同时发生的差旅费、投标费等相关费用应在发生时直接确认为当期的期间费用，不计入工程成本。这是因为建造承包商与客户的谈判结果具有较大的不确定性，根据重要性的要求，为简化会计计算，直接作为期间费用处理。

2)期间费用

期间费用是指企业当期发生的，与具体产品或工程没有直接联系，必须从当期收入中得到补偿的费用。由于期间费用的发生仅与当期实现的收入相关，因而应直接计入当期损益。期间费用主要包括管理费用、财务费用和营业费用。

**(三)成本与费用的关系**

成本和费用是两个并行使用的概念，两者之间既有联系也有区别。成本是针对一定的成本核算对象(如某工程)而言的，费用则是针对一定的期间而言的。

费用与成本都是企业为达到生产经营目的而发生的支出，体现为企业资产的减少或负债的增加，并需要由企业生产经营实现的收入来补偿。企业在一定会计期间内所发生的生产费用是构成产品成本的基础。成本是按一定对象所归集的费用,是对象化了的费用。产品成本是企业为生产一定种类和数量的产品所发生的生产费用的汇集,两者在经济内容上是一致的,并且在一定情况下成本和费用可以相互转化。

成本和费用之间也是有区别的。企业一定期间内的费用构成完工产品生产成本的主要部分,但本期完工产品的生产成本包括以前期间发生而应由本期产品成本负担的费用,如待摊费用;也可能包括本期尚未发生但应由本期产品成本负担的费用,如预提费用;本期完工产品的成本可能还包括部分期初结转的未完工产品的成本,即以前期间所发生的费用。企业本期发生的全部费用也不都形成本期完工产品的成本,它还包括一些应结转到下期的未完工产品上的支出,以及一些不由具体产品负担的期间费用。

## 二、工程造价的含义

"工程造价"是工程项目造价管理的主要研究对象。对"工程造价"概念的理解和理论研究是工程项目造价管理的基础研究工作。"工程造价"中的"造价"既有"成本"(cost)的含义,也有"买价"(price)的含义。对于工程造价的理解已经从单纯的"费用"观点逐步向"价格"和"投资"观点转化,并且出现了与之相关的"工程价格(承发包价格)"和"工程投资(建设成本)"两种含义。

第一种含义。工程造价是指建设一项工程预期支付或实际支付的全部固定资产投资费用,即工程投资或建设成本。这一含义是从投资者——业主的角度来定义的。投资者在投资活动中所支付的全部费用形成了固定资产和无形资产。所有这些费用构成了工程造价。从这个意义上说,工程造价就是工程投资费用,建设项目工程造价与建设项目投资中的固定资产投资相等。

第二种含义。工程造价是指建筑产品价格,即工程价格。也就是为建成一项工程,预计或实际在土地、设备、技术劳务市场及承发包等交易活动中所形成的建筑安装工程价格和建设工程总价格。显然,工程价格是以社会主义市场经济为前提的。它以工程这种特定的商品形式作为交易对象,在多次预估的基础上,通过招标投标、承发包或其他交易方式,最终由市场形成价格。在这里,工程的范围和内涵既可以是一个涵盖范围很大的建设项目,也可以是一个单项工程,甚至可以是整个建设工程中的某个阶段。

通常把工程价格作一个狭义的理解,即认为工程价格指的是工程承发包价格。工程承发包价格是工程价格中的一种最重要、最典型的价格形式。它是在建筑市场通过招标投标,由需求主体(投资者)和供给主体(施工企业)共同认可的价格。

### (一)工程造价两层含义的关系

工程造价的两层含义之间既存在区别又存在联系。

(1)工程投资是对投资方(即业主或项目法人)而言的。在确保建设要求、工程质量的基础上,为谋求以较低的投入获得较高的产出,建设成本总是越低越好。这就必须对建设成本实施从前期就开始的全过程控制与管理。从性质上讲,建设成本的管理属于对具体工程项目的投资管理范畴。

(2)工程价格是对于承发包双方而言的。工程承发包价格形成于发包方和承包方的承发包关系中,即合同的买卖关系中。双方的利益是矛盾的。在具体工程上,双方都在通过市场谋求有利于自身的承发包价格，并保证价格的兑现和风险的补偿，因此双方都需要对具体工程项目进行管理。这种管理显然属于价格管理范畴。

(3)工程造价的两种含义关系密切。工程投资涵盖建设项目的所有费用，而工程价格只包括建设项目的局部费用，如承发包工程部分的费用。在总体数额及内容组成上，建设项目投资费用总是高于工程承发包价格的。工程投资不含业主的利润和税金，它形成了投资者的固定资产；而工程价格则包含了承包方的利润和税金。同时，工程价格以“价格”形式进入建设项目投资费用，是工程投资费用的重要组成部分。但是，无论工程造价是哪种含义，它强调的都只是工程建设所消耗资金的数量标准。

**(二)工程造价理论框架**

从工程建设项目参与主体的角度区分，投资者的投资决策与承包企业的工程成本管理是不一样的。投资者在投资决策中起主导和决定作用；承包企业工程成本管理所遵循的规律不是决策规律，而是成本管理和控制的一般规律。根据工程造价的含义，工程造价的理论框架主要包括：一是以投资者的效益为出发点的投资控制理论；二是建筑产品价格理论；三是施工企业工程成本管理理论；四是工程项目管理。各个理论部分的区别及研究侧重点见表8-1。

**表8-1　工程造价的理论框架和研究重点**

| 研究重点 | 理论框架 | | | |
|---|---|---|---|---|
| | 工程投资 | 工程价格 | 工程成本 | 工程项目管理 |
| 活动参与主体 | 投资者、业主 | 业主、承包企业 | 承包企业 | 全团队 |
| 主要阶段 | 前期投资决策阶段 | 招标投标、合同实施阶段 | 工程实施阶段 | 全生命周期 |
| 管理侧重点 | 投资主体决策行为分析 | 建筑市场管理、价格管理 | 成本管理 | 集成化管理 |

## 三、水利工程项目设计概算的编制

为节约国家建设资金，合理控制建设成本，加强对基本建设的科学管理和有效监督，提高企业的经营管理水平和经济效益，至关重要的一项工作就是严格按照基本建设程序和有关规定，认真做好各建设阶段的造价预测工作，合理确定建设成本目标。工程造价预测，在项目建议书和可行性研究阶段编制投资估算；在初步设计阶段编制设计概算；在施工图设计阶段编制施工图预算。投资估算、设计概算和施工图预算在编制方法上大体相似，这里重点介绍设计概算的编制。

设计概算是指在初步设计阶段，设计单位为确定拟建基本建设项目所需的投资额或费用而编制的工程造价文件，是设计文件的重要组成部分。由于初步设计阶段对建筑物的布置、结构形式、主要尺寸，以及机电设备型号、规格等均已确定，所以设计概算是在不突破投资估算的基础上对建设工程造价有定位性质的造价测算。设计概算是编制基本建设计划，控制其中建设拨款、贷款的依据，也是考核设计方案和建设成本是否合理的依据。设计单位在报批设计文件的同时，要报批设计概算，设计概算经过审批后，就成为国家控制该建设项目总投资的主要依据，不得任意突破。

## (一)设计概算的构成和编制依据

水利工程中央项目和中央参与投资的地方大型项目,初步设计概算的编制执行《水利工程设计概(估)算编制规定》(水利部水总[2002]116 号文)。

1. 工程分类

水利工程按工程性质划分为两大类:枢纽工程、引水工程及河道工程,见图 8-1。

- 水利工程
  - 枢纽工程
    - 水库
    - 水电站
    - 其他大型独立建筑物
  - 引水工程及河道工程
    - 供水工程
    - 灌溉工程
    - 河湖整治工程
    - 堤防工程

**图 8-1　水利工程分类**

2. 水利工程概算构成

水利工程概算由工程部分、移民和环境部分两部分构成,见图 8-2。

- 水利工程概算
  - 工程部分
    - 建筑工程
    - 机电设备及安装工程
    - 金属结构设备及安装工程
    - 施工临时工程
    - 独立费用
  - 移民和环境部分
    - 水库移民征地补偿
    - 水土保持工程
    - 环境保护工程

**图 8-2　水利工程概算构成**

1)工程部分

根据《水利工程设计概(估)算编制规定》,工程部分项目组成分为第一部分建筑工程、第二部分机电设备及安装工程、第三部分金属结构设备及安装工程、第四部分施工临时工程、第五部分独立费用。工程各部分下设一级、二级、三级项目。

(1)第一部分:建筑工程

①枢纽工程。指水利枢纽建筑物(含引水工程中的水源工程)和其他大型独立建筑物。包括挡水工程、泄洪工程、引水工程、发电厂工程、升压变电站工程、航运工程、鱼道工程、交通工程、房屋建筑工程和其他建筑工程。其中,挡水工程等前七项为主体建筑工程。

②引水工程及河道工程。指供水、灌溉、河湖整治、堤防修建与加固工程。包括供水、灌溉渠(管)道、河湖整治与堤防工程、建筑物工程(水源工程除外)、交通工程、房屋建筑工程、供电设施工程和其他建筑工程。

(2)第二部分:机电设备及安装工程

①枢纽工程。指构成枢纽工程固定资产的全部机电设备及安装工程。由发电设备及安装工程、升压变电设备及安装工程和公用设备及安装工程三项组成。

②引水工程及河道工程。指构成该工程固定资产的全部机电设备及安装工程。一般由泵

站设备及安装工程、水电站设备及安装工程、供变电工程和公用设备及安装工程四项组成。

(3)第三部分:金属结构设备及安装工程

金属结构设备及安装工程指构成枢纽工程和其他水利工程固定资产的全部金属结构设备及安装工程。包括闸门、启闭机、拦污栅、升船机等设备及安装工程,压力钢管制作及安装工程和其他金属结构设备及安装工程。

金属结构设备及安装工程项目要与建筑工程项目相对应。

(4)第四部分:施工临时工程

施工临时工程指为辅助主体工程施工所必须修建的生产和生活用临时性工程。由导流工程、施工交通工程、施工场外供电工程、施工房屋建筑工程、其他施工临时工程组成。

(5)第五部分:独立费用

独立费用由建设管理费、生产准备费、科研勘测设计费、建设及施工场地征用费和其他共五项组成。

2)移民和环境部分

移民和环境部分包括水库移民征地补偿、水土保持工程、环境保护工程。其划分的各级项目执行《水利工程建设征地移民补偿投资概(估)算编制规定》、《水利水电工程环境保护概(估)算编制规程》、《水土保持工程概(估)算编制规定》。

3.初步设计概算文件编制依据

(1)国家及省、自治区、直辖市颁发的有关法令、法规、制度、规程。

(2)水利工程设计概(估)算编制规定。

(3)水利建筑工程概算定额、水利水电设备安装工程概算定额、水利工程施工机械台时费定额和有关行业主管部门颁发的定额。

(4)水利水电工程设计工程量计算规定。

(5)初步设计文件及图纸。

(6)有关合同协议及资金筹措方案。

(7)其他。

### (二)水利工程初步设计概算编制的一般程序

水利工程初步设计概算的编制程序一般为:编制准备工作→项目划分→编制基础单价→编制工程单价→计算工程量→计算并编制各分部工程概算表及总概算表→编制分年度投资表、资金流量表→工料分析→编写概算说明、整理成果。

在收集各种现场资料、定额、文件等并划分好工程项目以后,应根据施工组织设计及有关规定编制人工预算单价,材料预算价格,施工用电、水、风预算价格,施工机械使用费,砂石料单价,混凝土材料单价等基础单价。在此基础上,根据施工组织设计确定的施工方法、工艺流程、设备配置,正确选用定额,编制工程单价。根据设计图纸和工程量计算规定计算工程量。依据上述成果,编制分部工程概算及总概算表,并编制分年度投资表、资金流量表,完成工料分析。

### (三)水利工程费用构成

根据现行划分办法,水利工程费用由工程费(包括建筑及安装工程费、设备费)、独立费用、预备费、建设期融资利息组成(见图8-3)。

- 建筑项目费用
  - 工程费
    - 建筑安装工程费
      - 直接工程费
        - 直接费
        - 其他直接费
        - 现场经费
      - 间接费
        - 企业管理费
        - 财务费用
        - 其他费用
      - 企业利润
      - 税金
        - 营业税
        - 城市建设维护税
        - 教育费附加
    - 设备费
      - 设备原价
      - 运杂费
      - 运输保险费
      - 采购及保管费
  - 独立费用
    - 建设管理费
      - 项目建设管理费
      - 工程建设监理费
      - 联合试运转费
    - 生产准备费
      - 生产及管理单位提前进场费
      - 生产职工培训费
      - 管理用具购置费
      - 备品备件购置费
      - 工器具及生产家具购置费
    - 科研勘测设计费
      - 工程科学研究试验费
      - 工程勘测设计费
    - 建设及施工场地征用费
    - 其他
      - 定额编制管理费
      - 工程质量监督费
      - 工程保险费
      - 其他税费
  - 预备费
    - 基本预备费
    - 价差预备费
  - 建设期融资利息

**图 8-3　水利工程建设项目费用构成**

1. 建筑安装工程费

建筑安装工程费由直接工程费、间接费、企业利润和税金组成。

1) 直接工程费

直接工程费是指在建筑安装工程施工过程中直接消耗在工程项目上的活劳动和物化劳动，由直接费、其他直接费、现场经费三项组成。

(1) 直接费。包括人工费、材料费、施工机械使用费。

①人工费：指直接从事建筑安装工程施工的生产工人开支的各项费用，包括基本工资、辅助工资和工资附加费。

②材料费:指用于建筑安装工程项目上的消耗性材料、装置性材料和周转性材料摊销费。包括定额工作内容规定应计入的未计价材料和计价材料。

③施工机械使用费:指消耗在建筑安装工程项目上的机械磨损、维修、人工费和动力燃料费用等。包括折旧费、修理及替换设备费、安装拆卸费、机上人工费和动力燃料费。

(2)其他直接费:指除上述直接费以外在施工过程中直接发生的其他费用。包括冬雨季施工增加费、夜间施工增加费、特殊地区施工增加费和其他。

(3)现场经费:指为施工准备、组织施工生产和管理所需费用,包括临时设施费和现场管理费。

2)间接费

间接费是指施工企业为组织和管理建筑安装工程施工所发生的各项费用。由企业管理费、财务费用和其他费用组成。

(1)企业管理费:指施工企业为组织施工生产经营活动所发生的管理费用。

(2)财务费用:指企业为筹集资金而发生的各项费用,包括企业经营期间发生的短期融资利息净支出、汇兑净损失、金融机构手续费、企业筹集资金发生的其他财务费用,以及投标和承包工程发生的保函手续费等。

(3)其他费用。其他费用是指企业定额测定费及施工企业进退场补贴费。

3)企业利润

企业利润指按规定应计入建筑安装工程费用中的利润。

4)税金

税金指国家对施工企业承担建筑、安装工程作业收入所征收的营业税、城市建设维护税和教育费附加。

2.设备费

设备费由设备原价、运杂费、运输保险费和采购保管费等项组成。

1)设备原价

(1)国产设备,以出厂价为原价。

(2)进口设备,以到岸价和进口征收的税金、手续费、商检费及港口费等各项费用之和为原价。

大型机组分瓣运至工地后的拼装费用,应包括在设备原价内。

2)运杂费

运杂费指设备由厂家运至工地安装现场所发生的一切运杂费用。主要包括运输费、吊车费、装卸费、包装绑扎费、变压器充氮费,以及可能发生的其他杂费。

3)运输保险费

指设备在运输过程中的保险费用。

4)采购及保管费

指建设单位和施工企业在负责设备的采购及保管过程中发生的各项费用。

3.独立费用

水利建设工程独立费用由建设管理费、生产准备费、科研勘测设计费、建设及施工场地征用费和其他五项组成。

1)建设管理费

建设管理费指建设单位在工程项目筹建和建设期间进行管理工作所需的各项费用。包括项目建设管理费、工程建设监理费和联合试运转费。

(1)项目建设管理费。包括建设单位开办费和建设单位经常费。

①建设单位开办费:指新组建的工程建设单位,为开展工程建设管理工作所必须购置的办公及生活设施、交通工具等,以及其他用于开办工作的费用。

②建设单位经常费:包括建设单位人员经常费和工程管理经常费。建设单位人员经常费指建设单位自批准组建之日起至完成该工程建设管理任务之日止,需要开支的经常费用。工程管理经常费指建设单位从工程筹建到工程竣工期间所发生的各种管理费用。

(2)工程建设监理费:指在工程建设过程中聘任监理单位,对工程的质量、进度、安全和投资进行监理所发生的全部费用。

(3)联合试运转费:指水利工程中的发电机组、水泵等安装完毕,在竣工验收前,进行整套设备带负荷联合试运转期间所需的各项费用。

2)生产准备费

生产准备费指水利建设项目的生产、管理单位为准备正常的生产运行或管理发生的费用。包括生产及管理单位提前进场费、生产职工培训费、管理用具购置费、备品备件购置费、工器具及生产家具购置费。

(1)生产及管理单位提前进场费:指生产、管理单位在工程完工之前,有一部分工人、技术人员和管理人员提前进场进行生产筹备工作所需的各项费用。

(2)生产职工培训费:指工程在竣工验收之前,生产及管理单位为保证生产、管理工作能顺利进行,需对工人、技术人员与管理人员进行培训所发生的费用。

(3)管理用具购置费:指为保证新建项目的正常生产和管理所必须购置的办公及生活用具等费用。

(4)备品备件购置费:指工程在投产以后的运行初期,由于易损件损耗和可能发生的事故,而必须准备的备品备件和专用材料的购置费。不包括设备价格中配备的备品备件。

(5)工器具及生产家具购置费:指按设计规定,为保证初期生产正常运行所必须购置的不属于固定资产标准的生产工具、器具、仪表、生产家具等的购置费。不包括设备价格中已包括的专用工具。

3)科研勘测设计费

科研勘测设计费指为工程建设所需的科研、勘测和设计等费用。包括工程科学研究试验费和工程勘测设计费。

(1)工程科学研究试验费:指在工程建设中,为解决工程的技术问题,而进行必要科学研究试验所需的费用。

(2)工程勘测设计费:指工程从项目建议书开始至以后各设计阶段发生的勘测费和设计费。包括项目建议书、可行性研究、初步设计、招标设计和施工图设计阶段发生的勘测费、设计费及为勘测设计服务的科研试验费用。

4)建设及施工场地征用费

建设及施工场地征用费指根据设计确定的永久工程征地、临时工程征地和管理单位用地所发生的征地补偿费用及应缴纳的耕地占用税等。主要包括征用场地上的林木、作物的赔偿,建筑物的迁建和居民迁移费等。

5)其他

包括定额编制管理费、工程质量监督费、工程保险费、其他税费。

4. 预备费

预备费包括基本预备费和价差预备费。基本预备费主要是为解决在工程施工过程中,经上级批准的设计变更和国家政策性变动增加的投资及为解决意外事故而采取的措施所增加的工程项目与费用。价差预备费主要是为解决在工程建设过程中,因人工工资、材料和设备价格上涨以及费用标准调整而增加的投资。

5. 建设期融资利息

根据国家财政金融政策,工程在建设期内需偿还并应计入工程总投资的融资利息。

上述各项费用的计算方法依据《水利工程设计概(估)算编制规定》。

6. 工程总投资

(1)静态投资为建筑工程、机电设备及安装工程、金属结构设备及安装工程、施工临时工程、独立费用及基本预备费之和。

(2)动态投资为价差预备费、建设期融资利息之和。

(3)总投资为静态投资和动态投资之和。

## 第二节 水利工程项目成本管理

水利工程施工阶段是工程造价形成的主要过程,即建设资金的主要使用阶段。做好从施工准备到工程竣工的项目成本管理工作对建设资金的控制管理至关重要,直接影响着工程的效益。如何将实际造价控制在预测值之内,如何科学地使用建设资金是实施管理要研究的主要目标和任务。本节将重点介绍施工阶段的成本管理工作的基本原理和基本方法。

成本管理是在保证满足工程质量、工期等要求的前提下,采取相应管理措施,包括组织措施、经济措施、技术措施、合同措施,把成本控制在计划范围内,并进一步寻求最大程度的成本节约。施工成本管理的任务和环节主要包括成本预测、成本决策、成本计划、成本控制、成本核算、成本分析及成本考核。

### 一、施工成本预测

#### (一)成本预测的概念

施工成本预测就是根据成本信息和施工项目的具体情况,运用一定的专门方法,对未来的成本水平及其可能发展趋势作出科学的估计,其实质就是在施工以前对成本进行估算。通过成本预测,可以在满足业主和施工企业要求的前提下,选择成本低、效益好的最佳成本方案,又能够在施工项目成本形成过程中,针对薄弱环节,加强成本控制,克服盲目性,提高预见性。因此,施工项目成本预测是施工项目成本决策与计划的依据。预测时,通常是对施工项目计划工期内影响其成本变化的各个因素进行分析,比照近期已完工施工项目或将要完工施工项目的单位成本,预测这些因素对工程成本中有关项目的影响程度,预测出工程的单位成本或总成本。

施工项目成本预测,既是成本管理工作的起点,也是成本事前控制成败的关键。实践证明,合理有效的成本决策方案和先进可行的成本计划都必须建立在科学严密的成本预测基础之上,它是实行施工项目科学管理的一项重要工具。准确、有效地预测施工项目的成本,仅依靠经验估计是很难做到的,这就需要掌握科学的、系统的预测方法,以使其在施工项目经营管理中发挥更大的作用。

**(二)成本预测方法**

施工项目成本预测方法可以归纳为两类:

一类是近似预测法,即以过去的同类工程为参考,预测当前施工项目的成本,可分为定性预测和定量预测两种。定性预测方法是指对预测对象未来一般变化方向所作的预测,侧重于对事物性质的分析,主要有专家预测法、德尔菲法、主观概率法等。专家预测法又包括个人判断预测法、专家会议法和头脑风暴法。定量预测法是对预测对象未来数量方面的特征所作的预测,主要有时间序列预测法、回归分析预测法、马尔可夫预测、灰色预测分析及非线性预测等。

另一类是详细预测法,即以近期内的类似工程成本为基数,考虑结构与建筑上的差异,通过修正人工费、材料费、机械使用费、其他直接成本和间接成本来预测当前施工项目的成本。详细预测法通常是对施工项目计划工期内影响其成本变化的各个因素进行分析,参照近期已完工施工项目或将要完工施工项目的成本,预测各因素对工程成本中有关成本项目的影响程度,之后用比率法进行计算,预测出工程的单位成本或总成本。采用详细预测法时首先要进行近期同类施工项目的成本调查或计算。然后进行结构和建筑上的差异修正。由于建筑产品的单件性,每个施工项目在结构上和建筑上都有别于其他项目,故而利用同类项目成本进行预测时必须加以修正。

## 二、施工项目成本决策

**(一)施工项目成本决策的含义**

施工项目成本决策是对施工生产活动中与成本相关的问题作出判断和选择的过程。项目施工生产活动中的许多问题涉及到成本,成本控制有多种解决的方法和措施。为了提高各项施工活动的可行性和合理性,提高成本控制方法和措施的有效性,项目管理和成本控制过程中,需要对涉及成本的有关问题作出决策。施工项目成本决策是施工项目成本控制的重要环节,也是成本控制的重要职能,贯穿于施工生产的全过程。施工项目成本决策的结果直接影响到未来的工程成本,正确的成本决策对成本控制极为重要。

**(二)施工项目成本决策的内容**

施工项目成本决策按决策涉及的时间不同,可分为短期成本决策和长期成本决策;按决策所依据变量的确定程度,分为确定型决策和不确定型决策;按决策是否重复,分为重复性(程序化、例行性)决策和一次性(非程序化)决策;按决策问题的重要程度,可分为战略决策和战术决策。

1. 短期成本决策

长期成本决策和短期成本决策的时间界限因施工项目的特点不同而有所不同,通常以一年为标准。短期成本决策是对未来一年内有关成本问题作出的决策。其所涉及的大多是项目在日常施工生产过程中与成本相关的内容,通常对项目未来经营管理方向不产生直接影响,故短期成本决策又称为战术性决策。与短期成本决策有关的因素基本上是确定的。因此,短期成本决策大多属于确定性决策和重复性决策。短期成本决策主要包括:

(1)采购环节的短期成本决策。如不同等级材料的决策、经济采购批量的决策等。

(2)施工生产环节的短期成本决策。如结构件是自制还是外购的决策、经济生产批量的决策、分派追加施工任务的决策、施工方案的选择、短期成本变动趋势预测等。

(3)工程价款结算环节的短期成本决策。如结算方式、结算时间的决策等。

上述内容是仅就成本而言的。施工项目成本决策过程中,还涉及成本与收入、成本与利润等方面的问题,如特殊订货问题等。

2. 长期成本决策

长期成本决策是指对成本产生影响的时间长度超过一年以上的问题所进行的决策。一般涉及诸如项目施工规模、机械化施工程度、工程进度安排、施工工艺、质量标准等与成本密切相关的问题。这类问题涉及的时间长、金额大,对企业的发展具有战略意义,故又称为战略性决策。与长期成本决策有关的因素通常难以确定,大多数属于不确定性决策和一次性决策。长期成本决策主要包括:

(1)施工方案的决策。项目的施工方案是对项目成本有着直接、重大影响的长期决策行为。施工方案牵涉面广,不确定性因素多,对项目未来的工程成本将在相当长的时间内发生重大的影响。

(2)进度安排和质量标准的决策。施工项目工程进度的快慢和质量标准的高低也直接、长期影响着工程成本。在决策时应通盘考虑,要贯穿目标成本管理思想,在达到业主的工期和质量要求的前提下力求降低成本。

**(三)施工项目成本决策目标与决策方法**

1. 成本决策目标

成本决策目标既是成本决策的出发点,又是成本决策的归宿点。总体而言,施工项目成本决策的目标是选择符合预期质量标准和工期要求的低成本方案。在决策过程中,由于所要解决的具体问题有所差别,其目标又有不同的表现形式。

如对成本变动不影响收入的决策,成本决策目标可以简化为“成本最低”;对于收入、成本均取决于成本决策结果的项目,则需要将成本变动与收入变动联系起来考虑,不能简单地强调成本最低,而应以利润最大为目标,特别是当企业为了增强竞争实力、保持竞争优势、追求长期效益最大时,成本是相关问题的一个方面,要将成本与环境、成本与经济资源、成本与竞争等因素结合起来考虑。

施工企业在其发展壮大阶段,为实现势力扩张、提高市场占有份额、增强竞争实力、保持竞争优势,往往以影响企业能否长期生存发展的“竞争优势”作为判断标准进行方案的选择。此外,还尽可能地考虑那些对企业产生重要影响的不可计量经济因素和非经济因素,一并作为判断标准,以选取“足够好”的方案。

2. 成本决策的方法

进行成本决策的方法有很多，一般应根据决策是长期成本决策，还是短期成本决策，结合具体情况来选择决策方法。在决策理论中，有大量的决策方法可供成本决策时采用。

## 三、施工成本计划

施工成本计划是以货币形式编制施工项目在计划期内的生产费用、成本水平、成本降低率，以及为降低成本所采取的主要措施和规划的书面方案，它是建立施工项目成本管理责任制、开展成本控制和核算的基础。一般来说，一个施工项目成本计划应包括从开工到竣工所必需的施工成本，它是该施工项目降低成本的指导文件，是设立目标成本的依据。可以说，成本计划是目标成本的一种形式。

### （一）施工成本计划应满足的要求

（1）合同规定的项目质量和工期要求。

（2）组织对施工成本管理目标的要求。

（3）以经济合理的项目实施方案为基础的要求。

（4）有关定额及市场价格的要求。

### （二）施工成本计划的具体内容

1. 编制说明

指对工程的范围、投标竞争过程及合同条件、承包单位对项目经理提出的责任成本目标、施工成本计划编制的指导思想和依据等的具体说明。

2. 施工成本计划的指标

施工成本计划的指标应经过科学的分析预测确定，可以采用对比法、因素分析法等方法来进行测定。施工成本计划一般情况下有以下三类指标。

（1）成本计划的数量指标，如按子项汇总的工程项目计划总成本指标；按分部汇总的各单位工程（或子项目）计划成本指标；按人工、材料、机械等各主要生产要素计划成本指标。

（2）成本计划的质量指标，如施工项目总成本降低率，可采用：

设计预算成本计划降低率 = 设计预算总成本计划降低额 / 设计预算总成本　(8-1)

责任目标成本计划降低率 = 责任目标总成本计划降低额 / 责任目标总成本　(8-2)

（3）成本计划的效益指标，如工程项目成本降低额：

设计预算成本计划降低额 = 设计预算总成本 − 计划总成本　(8-3)

责任目标成本计划降低额 = 责任目标总成本 − 计划总成本　(8-4)

3. 按工程量清单列出单位工程计划成本汇总表

按工程量清单列出的单位工程计划成本汇总表见表 8-2。

**表 8-2　单位工程计划成本汇总表**

| 序号 | 清单项目编码 | 清单项目名称 | 合同价格 | 计划成本 |
|---|---|---|---|---|
| 1 | | | | |
| 2 | | | | |

4.按成本性质划分单位工程成本汇总表

根据清单项目的造价分析,分别对人工费、材料费、机械费、其他直接费、施工管理费和税费逐项汇总,形成单位工程成本计划表。

成本计划应在项目实施方案确定和不断优化的前提下逐项编制,因为不同的实施方案将导致直接工程费和企业管理费的差异。成本计划的编制是施工成本预控的重要手段。因此,应在工程开工前编制完成,以便将计划成本目标分解落实,为各项成本的执行提供明确的目标、控制手段和管理措施。

**(三)施工项目成本计划的编制程序**

施工成本计划是施工项目成本控制的一个重要环节,是实现降低施工成本任务的指导性文件。施工项目的成本计划工作,重要的是选定技术上可行、经济上合理的最优降低成本方案。如果针对施工项目所编制的成本计划达不到目标成本要求,就必须组织施工项目管理班子的有关人员重新研究寻找降低成本的途径,重新进行编制。同时,编制成本计划的过程也是动员全体施工项目管理人员的过程,是挖掘降低成本潜力的过程,是检验施工技术质量管理、工期管理、物资消耗和劳动力消耗管理等是否落实的过程。

1.收集和整理资料

编制施工成本计划,需要广泛收集相关资料并进行整理,作为施工成本计划编制的依据。在此基础上,根据有关设计文件、工程承包合同、施工组织设计、施工成本预测资料等,按照施工项目应投入的生产要素,结合各种因素的变化和拟采取的各种措施,估算施工项目生产费用支出的总水平,进而提出施工项目的成本计划控制指标,确定目标总成本。目标总成本确定后,应将总目标分解落实到各个机构、班组,及便于进行控制的子项目或工序。最后,通过综合平衡,编制完成施工成本计划。

2.确定目标成本

财务部门在掌握了丰富的资料,并加以整理分析,特别是在对基期成本计划完成情况进行分析的基础上,根据有关的设计、施工等计划,按照工程项目应投入的物资、材料、劳动力、机械、能源及各种设施等,结合计划期内各种因素的变化和准备采取的各种增产节约措施,进行反复测算、修订、平衡后,估算生产费用支出的总水平,进而提出项目的成本计划控制指标,最终确定目标成本。

把目标成本及总的目标分解落实到各相关部门、班组,大多采用工作分解法。具体步骤是:首先把整个工程项目逐级分解为内容单一、便于进行单位工料成本估算的小项或工序,然后按小项自下而上估算、汇总,从而得到整个工程项目的估算。估算汇总后还要考虑风险系数与物价指数,对估算结果加以修正。

3.施工成本计划的编制方法

1)按施工成本组成分解的施工成本计划

水利部现行的水利工程建筑安装工程费由直接工程费、间接费、利润和税金组成,见图8-3。从施工单位的角度,基于施工成本组成分解,编制施工成本计划。

2)按项目组成编制施工成本计划

水利工程项目通常划分为三级或四级,编制施工进度计划时应按招标文件中的项目划分把项目总施工成本分解到三级或四级项目中。

在完成施工项目成本目标分解之后，编制三级或四级项目的成本支出计划，从而得到详细的成本计划表。

3）按工程进度编制施工成本计划

编制按工程进度的施工成本计划，通常可利用控制项目进度的网络图进一步扩充而得。即在建立网络图时，一方面确定完成各项工作所需花费的时间；另一方面确定完成这一工作合适的施工成本支出计划。在实践中，将工程项目分解为既能方便地表示时间，又能方便地表示施工成本支出计划的工作较难做到。通常如果项目分解程度对时间控制合适的话，则对施工成本支出计划可能分解过细，以至于不可能对每项工作确定其施工成本支出计划；反之亦然。因此，在编制网络计划时，应在充分考虑进度控制对项目划分要求的同时，还要考虑确定施工成本支出计划对项目划分的要求，做到二者兼顾。

通过对施工成本目标按时间进行分解，在网络计划基础上，可获得项目进度计划的横道图，并在此基础上编制成本计划。其表示方式有两种：一种是在时标网络图上按月编制的成本计划，见图 8-4；另一种是利用时间—成本累积曲线（S 形曲线）表示，见图 8-5。

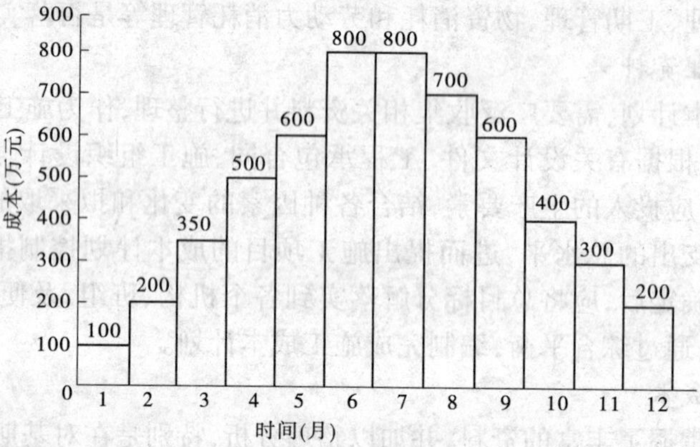


图 8-4　时标网络图上按月编制的成本计划

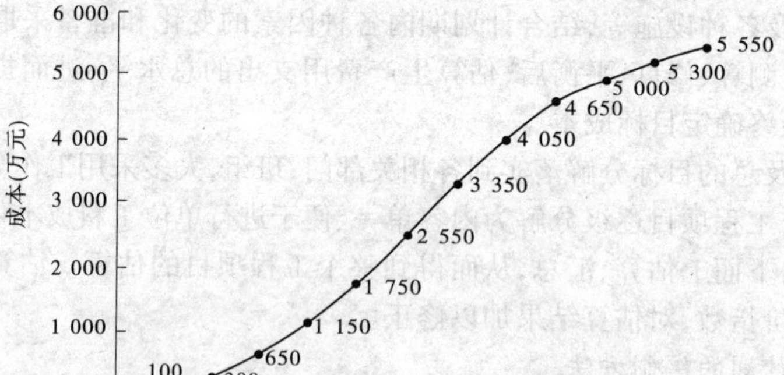


图 8-5　时间—成本累积曲线

以上三种编制施工成本计划的方式并不是相互独立的。在实践中，往往是将这几种方式结合起来使用，从而可以取得扬长避短的效果。例如，将按项目分解施工总成本与按施工成本构成分解施工总成本两种方式相结合，横向按施工成本构成分解，纵向按项目分解。这种分解方式有助于检查各子项工程施工成本构成是否完整,有无重复计算或漏算;同时还有助于检查各项具体的施工成本支出的对象是否明确或落实,并且可以从数字上校核分解的结果有无错误。或者还可将按子项目分解施工总成本计划与按时间分解施工总成本计划结合起来,一般纵向按项目分解,横向按时间分解。

4. 编制成本计划草案

对大中型项目,经项目经理部批准下达成本计划指标后,各职能部门应充分发动群众进行认真的讨论,在总结上期成本计划完成情况的基础上,结合本期计划指标,找出完成本期计划的有利和不利因素,提出挖掘潜力、克服不利因素的具体措施,以保证计划任务的完成。为了使指标真正落实,各部门应尽可能将指标分解落实下达到各班组及个人,使得目标成本的降低额和降低率得到充分讨论、反馈、再修订,使成本计划既能够切合实际,又成为群众共同奋斗的目标。各职能部门亦应认真讨论项目经理部下达的费用控制指标,拟订具体实施的技术经济措施方案,编制各部门的费用预算。

5. 综合平衡,编制正式的成本计划

在各职能部门上报了部门成本计划和费用预算后,项目经理部首先应结合各项技术经济措施,检查各计划和费用预算是否合理可行,并进行综合平衡,使各部门计划和费用预算之间相互协调、衔接;其次,要从全局出发,在保证企业下达的成本降低任务或本项目目标成本实现的情况下,以生产计划为中心,分析研究成本计划与生产计划、劳动工时计划、材料成本与物资供应计划、工资成本与工资基金计划、资金计划等的相互协调平衡。经反复讨论多次综合平衡,最后确定的成本计划指标,即可作为编制成本计划的依据。项目经理部正式编制的成本计划,上报企业有关部门后即可正式下达至各职能部门执行。

**(四)施工项目成本的计算方法**

施工项目成本计划编制的前提是计算项目成本,这是成本计划的核心。常用的计算施工项目成本的方法主要有定额估算法、直接估算法和工程类推算法。

1. 定额估算法

在概预算编制力量较强、定额比较完备的情况下,特别是施工图预算与施工预算编制经验比较丰富的施工企业,工程项日的成本目标可由定额估算法产生。应用定额估算法编制施工项目成本计划按下列步骤进行:

(1)根据已有投标、预算资料,求出中标合同价与施工图预算的总价格差及施工图预算与施工预算的总价格差。

(2)对施工预算未能包括的项目,参照定额进行估算。

(3)对实际成本与定额差距大的子项,按实际支出水平估算出实际与定额水平之差。

(4)考虑价格因素、不可预见和工期制约等风险因素,进行测算调整。

(5)综合计算项目的成本降低额和降低率。

2. 直接估算法

以施工图和施工方案为依据,以计划人工、机械、材料等消耗量和实际价格为基础,由项目经理部各职能部门(或人员)归口计算各项计划成本,据此估算项目的实际成本确定目标成本。直接估算法的具体步骤类似概算的编制过程,即单价分析方法,不过在该方法中,应依据自己企业的具体情况和市场情况,并考虑一定的风险因素。

3. 工程类推算法

此法先将工程项目分为少数几个子项,然后参照同类项目的历史数据,类推计算该项目的成本。采用该方法时应尽可能多地收集同类施工项目的历史数据,以避免出现偏差。估算时还应考虑对成本的影响因素,如规模、建筑物形状、建设时间、工程质量、位置、生产的重复性、劳动生产率、气候、地质条件、投标竞争情况、当时的社会经济状况及其他特殊条件。

## 四、施工成本控制

施工成本控制是指在施工过程中,对影响施工项目成本的各种因素加强管理,并采用各种有效措施,把施工中实际发生的各种消耗和支出严格控制在成本计划范围内,随时揭示并及时反馈,严格审查各项费用是否符合标准,计算实际成本和计划成本之间的差异并进行分析,消除施工中的损失浪费现象,发现和总结先进经验。

施工项目成本控制应贯穿于施工项目从投标阶段开始直到项目竣工验收的全过程,它是企业全面成本管理的重要环节。因此,必须明确各级管理组织和各级人员的责任和权限,这是成本控制的基础之一,必须给予足够的重视。在项目的施工过程中,需按动态控制原理对实际施工成本的发生过程进行有效控制。

合同文件和成本计划是成本控制的目标,进度报告和工程变更与索赔资料是成本控制过程中的动态资料。

### (一)施工成本控制的方法

1. 施工成本的过程控制方法

施工阶段是控制建设工程项目成本发生的主要阶段,它通过确定成本目标并按计划成本进行施工、资源配置,对施工现场发生的各种成本费用进行有效控制,其具体的控制方法如下。

1)人工费的控制

人工费的控制实行"量价分离"的方法,将作业用工及零星用工按定额工日的一定比例综合确定用工数量与单价,通过劳务合同进行控制。

2)材料费的控制

材料费的控制同样按照"量价分离"原则,控制材料用量和材料价格。

(1)材料用量的控制在保证符合设计要求和质量标准的前提下,合理使用材料,通过定额管理、计量管理等手段有效控制材料物资的消耗。具体方法如下:①定额控制;②指标控制;③计量控制;④包干控制。

(2)材料价格的控制。材料价格主要由材料采购部门控制。由于材料价格是由买价、运杂费、运输中的合理损耗等所组成的,控制材料价格主要通过掌握市场信息、应用招标和询价等方式控制材料、设备的采购价格。

3)施工机械使用费的控制

合理选择施工机械设备对成本控制具有十分重要的意义,由于不同的施工机械各有不同的用途和特点,因此在选择施工机械时,首先应根据工程特点和施工条件确定采取何种不同施工机械的组合方式。在确定采用何种组合方式时,首先应满足施工需要,同时还要考虑到费用的高低和综合经济效益。

施工机械使用费主要由台班(或台时)数量和台班(或台时)单价两方面决定,为有效控制施工机械使用费支出,主要从以下几个方面进行控制:

(1)合理安排施工生产,加强设备租赁计划管理,减少因安排不当引起的设备闲置。

(2)加强机械设备的调度工作,尽量避免窝工,提高现场设备利用率。

(3)加强现场设备的维修保养,避免因不正确使用造成机械设备的停置。

(4)做好机上人员与辅助生产人员的协调和配合,提高施工机械台班(或台时)产量。

4)施工分包费用的控制

分包工程价格的高低必然对项目经理部的施工项目成本产生一定的影响。因此,施工项目成本控制的重要工作之一是对分包价格的控制。项目经理部应在确定施工方案的初期就确定出需要分包的工程范围。决定分包范围的因素主要是施工项目的专业性和项目规模。对分包费用的控制,主要是要做好分包工程的询价、订立平等互利的分包合同、建立稳定的分包关系网络、加强施工验收和分包结算等工作。

2. 赢得值(挣值)法

赢得值法(Earned Value Management,EVM)作为一项先进的项目管理技术,最初是美国国防部于1967年首次确立的。到目前为止国际上先进的工程公司已普遍采用赢得值法进行工程项目的费用、进度综合分析控制。用赢得值法进行费用、进度综合分析控制,基本参数有三项,即已完工作预算费用、计划工作预算费用和已完工作实际费用。

1)赢得值法的三个基本参数

(1)已完工作预算费用:简称 *BCWP*(Budgeted Cost for Work Performed),是指在某一时间已经完成的工作(或部分工作),以批准认可的预算为标准所需要的资金总额。由于业主正是根据这个值为承包商完成的工作量支付相应的费用,也就是承包商获得(挣得)的金额,故称赢得值或挣值。

$$\text{已完工作预算费用}(BCWP) = \text{已完成工作量} \times \text{预算(计划)单价} \tag{8-5}$$

(2)计划工作预算费用:简称 *BCWS*(Budgeted Cost for Work Scheduled),即根据进度计划,在某一时刻应当完成的工作(或部分工作),以预算为标准所需要的资金总额。一般来说,除非合同有变更,*BCWS* 在工程实施过程中应保持不变。

$$\text{计划工作预算费用}(BCWS) = \text{计划工作量} \times \text{预算(计划)单价} \tag{8-6}$$

(3)已完工作实际费用:简称 *ACWP*(Actual Cost for Work Performed),即到某一时刻为止,已完成的工作(或部分工作)所实际花费的总金额。

$$\text{已完工作实际费用}(ACWP) = \text{已完成工作量} \times \text{实际单价} \tag{8-7}$$

2)赢得值法的四个评价指标

在以上三个基本参数的基础上,可以确定赢得值法的四个评价指标,它们也都是时间的函数。

(1)费用偏差 *CV*(Cost Variance)。

$$\text{费用偏差}(CV) = \text{已完工作预算费用}(BCWP) - \text{已完工作实际费用}(ACWP) \tag{8-8}$$

当 $CV<0$ 时,表示项目运行超出实际费用,项目运行超支;当 $CV>0$ 时,表示实际费用未超出预算费用,项目运行节支;$CV=0$ 时,表示项目按计划执行。

(2)进度偏差 *SV*(Schedule Variance)。

进度偏差($SV$) = 已完工作预算费用($BCWP$) - 计划工作预算费用($BCWS$) (8-9)

当 $SV<0$ 时,表示进度延误,即实际进度落后于计划进度;当 $SV>0$ 时,表示进度提前,即实际进度快于计划进度;当 $SV=0$ 时,表示项目按计划执行。

(3)费用绩效指数 $CPI$(Cost Performed Index)。

费用绩效指数($CPI$) = 已完工作预算费用($BCWP$)/已完工作实际费用($ACWP$) (8-10)

当费用绩效指数($CPI$) <1 时,表示超支,即实际费用高于预算费用;当费用绩效指数($CPI$) >1 时,表示节支,即实际费用低于预算费用。

(4)进度绩效指数 $SPI$(Schedule Performed Index)。

进度绩效指数($SPI$) = 已完工作预算费用($BCWP$)/计划工作预算费用($BCWS$) (8-11)

当进度绩效指数($SPI$) <1 时,表示进度延误,即实际进度比计划进度拖后;当进度绩效指数($SPI$) >1 时,表示进度提前,即实际进度比计划进度快。

在项目的费用、进度综合控制中引入赢得值法,可以克服过去进度、费用分开控制的缺点,即当发现费用超支时,很难立即知道是由于费用超出预算,还是由于进度提前。相反,当发现费用低于预算时,也很难立即知道是由于费用节省,还是由于进度拖延。而引入赢得值法即可定量地判断进度、费用的执行效果。

**(二)偏差分析的表达方法**

偏差分析可以采用不同的表达方法,常用的有横道图法、表格法和曲线法。

1.横道图法

用横道图法进行费用偏差分析,是用不同的横道标识已完工作预算费用($BCWP$)、计划工作预算费用($BCWS$)和已完工作实际费用($ACWP$),横道的长度与其金额成正比例。见图 8-6。横道图法具有形象、直观、一目了然等优点,它能够准确表达出费用的绝对偏差,而且能一眼感受到偏差的严重性。但这种方法反映的信息量少,一般在项目的较高管理层应用。

2.表格法

表格法是将项目的编号、名称、各费用参数以及费用偏差综合归纳入一张表格中,并且直接在表格中进行比较。由于各偏差参数都在表中列出,使得费用管理者能够综合了解并处理这些数据。

用表格法进行偏差分析具有以下优点:

(1)灵活、实用性强。可根据实际需要设计表格、进行增减项。

(2)信息量大。可以反映偏差分析所需的资料,从而有利于费用控制人员及时采取针对性措施,加强控制。

(3)表格处理可借助于计算机,从而节约大量数据处理所需的人力,并大大提高速度。表 8-3 为用表格法进行费用偏差分析的例子。

3.曲线法

在用曲线法进行偏差分析时,应当引入计划工作预算费用($BCWS$)、已完工作预算费用($BCWP$)、已完工作实际费用($ACWP$)曲线,见图 8-7。用曲线法进行偏差分析同样具有形象、直观的特点,但这种方法很难直接用于定量分析,只能对定量分析起一定的指导作用。

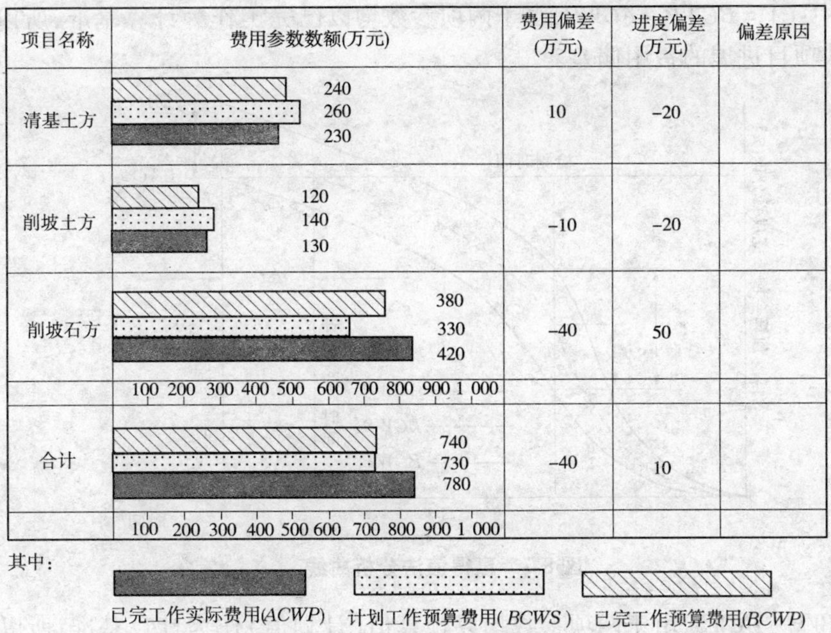


图 8-6　费用偏差分析的横道图法

表 8-3　费用偏差分析表

| | | | | |
|---|---|---|---|---|
| 项目编码 | (1) | 001 | 002 | 003 |
| 项目名称 | (2) | 清基土方 | 削坡土方 | 削坡石方 |
| 单位 | (3) | | | |
| 计划单价 | (4) | | | |
| 计划工作量 | (5) | | | |
| 计划工作预算费用(*BCWS*) | (6) = (5) × (4) | 260 | 140 | 330 |
| 已完工作量 | (7) | | | |
| 已完工作预算费用(*BCWP*) | (8) = (4) × (7) | 240 | 120 | 380 |
| 实际单价 | (9) | | | |
| 其他款项 | (10) | | | |
| 已完工作实际费用(*ACWP*) | (11) = (7) × (9) + (10) | 230 | 130 | 420 |
| 费用局部偏差 | (12) = (8) − (11) | 10 | −10 | −40 |
| 费用绩效指数 *CPI* | (13) = (8) ÷ (11) | 1.04 | 0.92 | 0.90 |
| 费用累计偏差 | (14) = Σ(12) | | −40 | |
| 进度局部偏差 | (15) = (8) − (6) | −20 | −20 | 50 |
| 进度绩效指数 *SPI* | (16) = (8) ÷ (6) | 0.92 | 0.86 | 1.15 |
| 进度累计偏差 | (17) = Σ(15) | 10 | | |

图 8-7 中：$CV = BCWP - ACWP$，由于两项参数均以已完工作为计算基准，所以两项参数之差，反映项目进展的费用偏差。

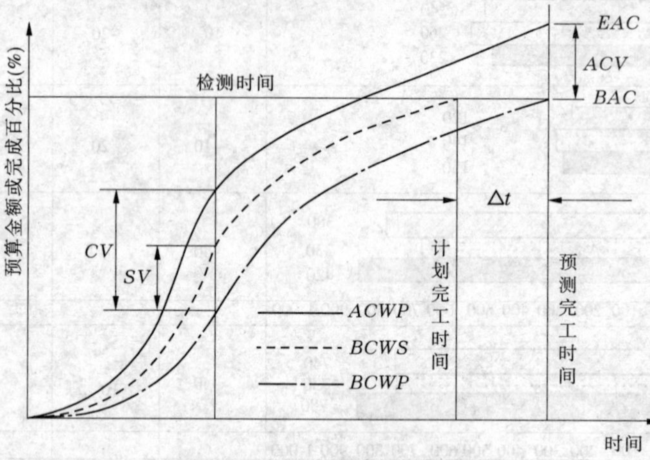


**图 8-7　赢得值法分析曲线**

$SV = BCWP - BCWS$，由于两项参数均以预算值（计划值）作为计算基准，所以两者之差，反映项目进展的进度偏差。

采用赢得值法进行费用、进度综合控制，还可以根据当前的进度、费用偏差情况，通过原因分析，对趋势进行预测，预测项目结束时的进度、费用情况。图 8-7 中：

*BAC*（Budget At Completion）——项目完工预算，指编计划时预计的项目完工费用。

*EAC*（Estimate At Completion）——预测的项目完工估算，指计划执行过程中根据当前的进度、费用偏差情况预测的项目完工总费用。

*ACV*（At Completion Variance）——预测项目完工时的费用偏差：

$$ACV = BAC - EAC$$

**（三）偏差原因分析与纠偏措施**

1. 偏差原因分析

在实际执行过程中，最理想的状态是已完工作实际费用（*ACWP*）、计划工作预算费用（*BCWS*）、已完工作预算费用（*BCWP*）三条曲线靠得很近，平稳上升，表示项目按预定计划目标进行。如果三条曲线离散度不断增加，则预示可能发生关系到项目成败的重大问题。

偏差分析的一个重要目的就是要找出引起偏差的原因，从而有可能采取有针对性的措施，减少或避免相同原因的再次发生。在进行偏差原因分析时，首先应将已经导致和可能导致偏差的各种原因逐一列举出来。导致不同工程项目产生偏差的原因具有一定共性，因而可以通过对已建项目的投资偏差原因进行归纳、总结，为该项目采用预防措施提供依据。

一般来说，产生投资偏差的原因有以下几种，见图 8-8。

2. 纠偏措施

通常要压缩已经超支的费用，而不损害其他目标是十分困难的，一般只有当给出的措施比原计划已选定的措施更为有利，或使工程范围减少，或生产效率提高，成本才能降低。

表 8-4 为赢得值法参数分析与对应措施表。

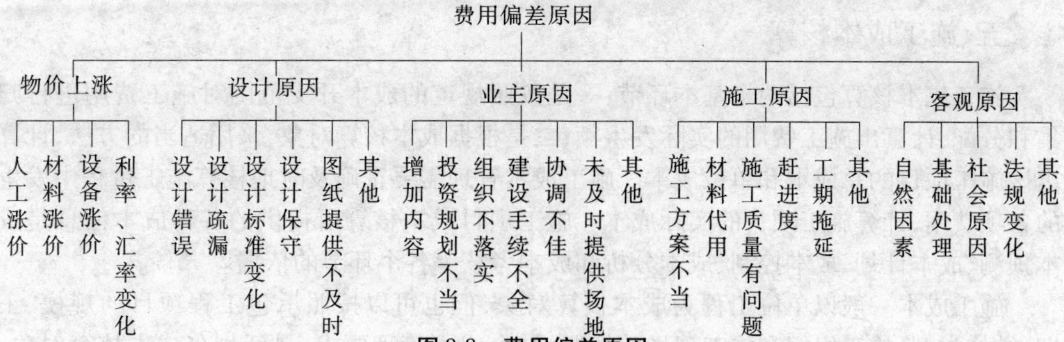


图 8-8　费用偏差原因

表 8-4　赢得值法参数分析与对应措施

| 序号 | 图型 | 三参数关系 | 分析 | 措施 |
|---|---|---|---|---|
| 1 | 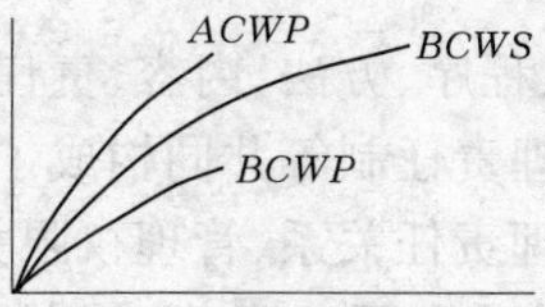 | $ACWP>BCWS>BCWP$<br>$SV<0$<br>$CV<0$ | 效率低，<br>进度较慢，<br>投入超前 | 用工作效率高的人员更换一批工作效率低的人员 |
| 2 | 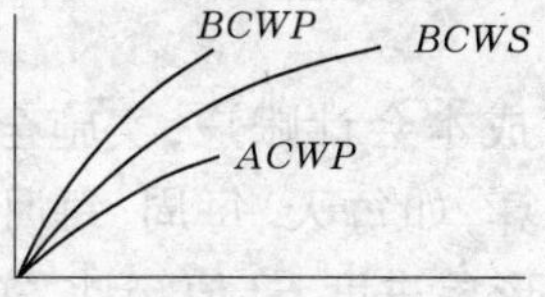 | $BCWP>BCWS>ACWP$<br>$SV>0$<br>$CV>0$ | 效率高，<br>进度较快，<br>投入延后 | 若偏差不大，维持现状 |
| 3 | 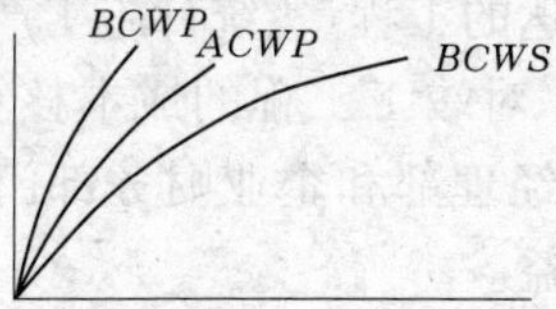 | $BCWP>ACWP>BCWS$<br>$SV>0$<br>$CV>0$ | 效率较高，<br>进度快，<br>投入超前 | 抽出部分人员，放慢进度 |
| 4 | 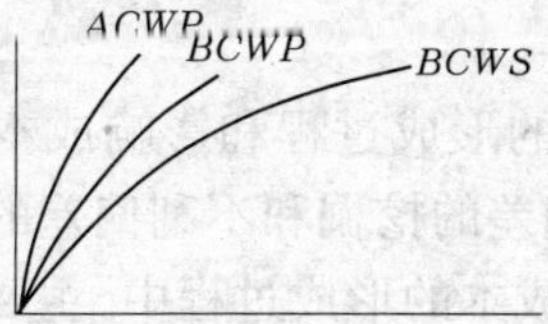 | $ACWP>BCWP>BCWS$<br>$SV>0$<br>$CV<0$ | 效率较低，<br>进度较快，<br>投入超前 | 抽出部分人员，增加少量骨干人员 |
| 5 | 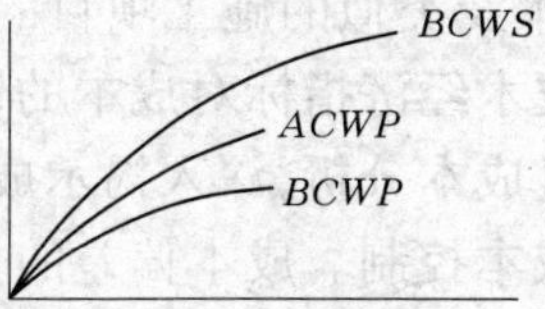 | $BCWS>ACWP>BCWP$<br>$SV<0$<br>$CV<0$ | 效率较低，<br>进度慢，<br>投入延后 | 增加高效人员投入 |
| 6 | 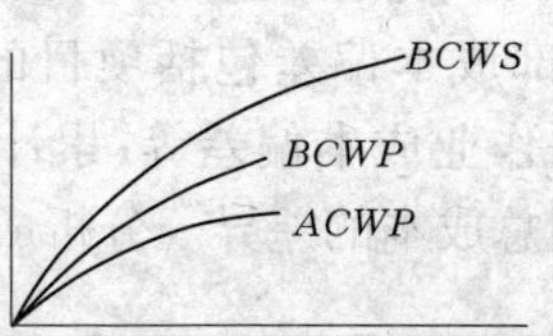 | $BCWS>BCWP>ACWP$<br>$SV<0$<br>$CV>0$ | 效率较高，<br>进度较慢，<br>投入延后 | 迅速增加人员投入 |

## 五、施工成本核算

施工成本核算包括两个基本环节:一是按照规定的成本开支范围对施工费用进行归集和分配,计算出施工费用的实际发生额;二是根据成本核算对象,采用适当的方法,计算出该施工项目的总成本和单位成本。施工成本管理需要正确及时地核算施工过程中发生的各项费用,计算施工项目的实际成本。施工项目成本核算所提供的各种成本信息是成本预测、成本计划、成本控制、成本分析和成本考核等各个环节的依据。

施工成本一般以单位工程为成本核算对象,但也可以按照承包工程项目的规模、工期、结构类型、施工组织和施工现场等情况,结合成本管理要求,灵活划分成本核算对象。施工成本核算的基本内容包括:人工费核算、材料费核算、周转材料费核算、结构件费核算、机械使用费核算、其他直接费核算、分包工程成本核算、间接费核算以及项目月度施工成本报告编制。

施工成本核算制是明确施工成本核算的原则、范围、程序、方法、内容、责任及要求的制度。项目管理必须实行施工成本核算制,它和项目经理责任制等共同构成了项目管理的运行机制。组织管理层与项目管理层的经济关系、管理责任关系、管理权限关系,以及项目管理组织所承担的责任成本核算的范围、核算业务流程和要求等,都应以制度的形式作出明确的规定。

项目经理部要建立一系列项目业务核算台账和施工成本会计账户,实施全过程的成本核算,具体可分为定期的成本核算和竣工工程成本核算,如每天、每周、每月的成本核算。定期的成本核算是竣工工程全面成本核算的基础。形象进度、产值统计、实际成本归集三同步,即三者的取值范围应是一致的。形象进度表达的工程量、统计施工产值的工程量和实际成本归集所依据的工程量均应是相同的数值。对竣工工程的成本核算,应区分为竣工工程现场成本和竣工工程完全成本,分别由项目经理部和企业财务部门进行核算分析,其目的在于分别考核项目管理绩效和企业经营效益。

## 六、施工成本分析

施工成本分析是在施工成本核算的基础上,对成本的形成过程和影响成本升降的因素进行分析,以寻求进一步降低成本的途径,包括有利偏差的挖掘和不利偏差的纠正。施工成本分析贯穿于施工成本管理的全过程,其实质是在成本的形成过程中,主要利用施工项目的成本核算资料(成本信息),与目标成本、预算成本及类似的施工项目的实际成本等进行比较,了解成本的变动情况,同时也要分析主要技术经济指标对成本的影响,系统地研究成本变动的因素,检查成本计划的合理性,并通过成本分析,深入揭示成本变动的规律,寻找降低施工项目成本的途径,以便有效地进行成本控制。成本偏差的控制,分析是关键,纠偏是核心,要针对分析得出的偏差发生原因,采取切实措施,加以纠正。

成本偏差分为局部成本偏差和累计成本偏差。局部成本偏差包括项目的月度(或周、天等)核算成本偏差、专业核算成本偏差及分部分项作业成本偏差等;累计成本偏差是指已完工程在某一时间点上实际总成本与相应的计划总成本的差异。分析成本偏差的原因,应采取定性和定量相结合的方法。

### (一)施工成本分析的基本方法

成本分析的基本方法包括比较法、因素分析法、差额计算法和比率法。

1. 比较法

比较法又称指标对比分析法,就是通过技术经济指标的对比,检查目标的完成情况,分析产生差异的原因,进而挖掘内部潜力的方法。这种方法具有通俗易懂、简单易行、便于掌握的特点,因而得到了广泛的应用,但在应用时必须注意各技术经济指标的可比性。比较法的应用通常有下列形式。

(1)将实际指标与目标指标对比。

(2)本期实际指标与上期实际指标对比。

(3)与本行业平均水平、先进水平对比。

2. 因素分析法

因素分析法又称连环置换法。这种方法可用来分析各种因素对成本的影响程度。在进行分析时,首先要假定众多因素中的一个因素发生了变化,而其他因素则不变,然后逐个替换,分别比较其计算结果,以确定各个因素的变化对成本的影响程度。因素分析法的计算步骤如下:

(1)确定分析对象,并计算出实际数与目标数的差异。

(2)确定该指标是由哪几个因素组成的,并按其相互关系进行排序(排序规则是:先实物量,后价值量;先绝对值,后相对值)。

(3)以目标数为基础,将各因素的目标数相乘,作为分析替代的基数。

(4)将各个因素的实际数按照上面的排列顺序进行替换计算,并将替换后的实际数保留下来。

(5)将每次替换计算所得的结果,与前一次的计算结果相比较,两者的差异即为该因素对成本的影响程度。

(6)各个因素的影响程度之和,应与分析对象的总差异相等。

3. 差额计算法

差额计算法是因素分析法的一种简化形式,它利用各个因素的目标值与实际值的差额来计算其对成本的影响程度。

4. 比率法

比率法是指用两个以上指标的比例进行分析的方法。它的基本特点是:先把对比分析的数值变成相对数,再观察其相互之间的关系。常用的比率法有以下几种。

1)相关比率法

由于项目经济活动的各个方面是相互联系、相互依存、相互影响的,因而可以将两个性质不同而又相关的指标加以对比,求出比率,并以此来考察经营成果的好坏。例如:产值和工资是两个不同的概念,但它们的关系又是投入与产出的关系。在一般情况下,都希望以最少的工资支出完成最大的产值。因此,用产值工资率指标来考核人工费的支出水平,就很能说明问题。

2)构成比率法

构成比率法又称比重分析法或结构对比分析法。通过构成比率,可以考察成本总量的构成情况及各成本项目占成本总量的比重,同时也可看出量、本、利的比例关系(即预算成本、实际成本和降低成本的比例关系),从而为寻求降低成本的途径指明方向。

3)动态比率法

动态比率法,就是将同类指标不同时期的数值进行对比,求出比率,以分析该项指标的发展方向和发展速度。动态比率的计算,通常采用基期指数和环比指数两种方法。

**(二)综合成本的分析方法**

所谓综合成本,是指涉及多种生产要素,并受多种因素影响的成本费用,如分部分项工程成本、月(季)度成本、年度成本等。由于这些成本都是随着项目施工的进展而逐步形成的,与生产经营有着密切的关系。因此,做好下述成本的分析工作,无疑将促进项目的生产经营管理,提高项目的经济效益。

综合成本分析方法一般包括分部分项工程成本分析、月(季)度成本分析、年度成本分析和竣工成本综合分析。

## 七、施工成本考核

施工成本考核是指在施工项目完成后,对施工项目成本形成中的各责任者,按施工项目成本目标责任制的有关规定,将成本的实际指标与计划、定额、预算进行对比和考核,评定施工项目成本计划的完成情况和各责任者的业绩,并以此给予相应的奖励和处罚。通过成本考核,做到有奖有惩、赏罚分明,才能有效地调动每一位员工在各自施工岗位上努力完成目标成本的积极性,为降低施工项目成本和增加企业的积累作出自己的贡献。

施工成本考核是衡量成本降低的实际成果,也是对成本指标完成情况的总结和评价。成本考核制度包括考核的目的、时间、范围、对象、方式、依据、指标、组织领导、评价与奖惩原则等内容。

以施工成本降低额和施工成本降低率作为成本考核的主要指标,要加强组织管理层对项目管理部的指导,并充分依靠技术人员、管理人员和作业人员的经验与智慧,防止项目管理在企业内部异化为靠少数人承担风险的以包代管模式。成本考核也可分别考核组织管理层和项目经理部。

项目管理组织对项目经理部进行考核与奖惩时,既要防止虚赢实亏,也要避免实际成本归集差错等的影响,使施工成本考核真正做到公平、公正、公开,在此基础上兑现施工成本管理责任制的奖惩或激励措施。

施工成本管理的每一个环节都是相互联系和相互作用的。成本预测是成本决策的前提,成本计划是成本决策所确定目标的具体化。成本计划控制则是对成本计划的实施进行控制和监督,保证决策的成本目标的实现。成本核算是对成本计划是否实现的最后检验,它所提供的成本信息又对下一个施工项目成本预测和决策提供基础资料。成本考核是实现成本目标责任制的保证和实现决策目标的重要手段。

# 第三节　水利工程项目融资与资金管理

## 一、项目融资

### (一)项目融资的概念

工程项目融资(Project Finance),作为一个金融术语,目前认识上没有统一,比较典型的定义是:项目融资是以项目的资产、预期收益或权益作抵押取得的一种无追索权或有限追索权的融资或贷款。是否采用工程项目融资方式融资取决于项目公司的能力,通常为一个项目单独成立的项目公司采用项目融资方式筹资。

1. 追索

追索指贷款人所拥有的在借款人未按期偿还债务时要求借款人用除抵押资产之外的其他资产偿还债务的权利。

2. 无追索权项目融资

无追索权项目融资指贷款人对项目发起人无任何追索权,只能依靠项目所产生的收益作为还本付息的唯一来源。要构成无追索权项目融资,需要对项目进行严格的论证,使项目借款人理解并接受项目运行中的各种风险。因此,从某种程度上说,无追索权项目融资是一种低效、昂贵的融资方式。所以,在现代项目融资实务中较少使用。

3. 有限追索权项目融资

有限追索权项目融资指项目发起人只承担有限的债务责任和义务。这种有限追索性表现在时间上的有限性、金额上的有限性和对象上的有限性。

一般在项目的建设开发阶段,贷款人有权对项目发起人进行追索,而通过完工标准后,项目进入正常运营阶段时,贷款可能就变成无追索的了;或者如果项目在经营阶段,不能产生足额的现金流量,其差额部分就向项目发起人追索,也就是说,在金额上是有限追索的。如果是通过单一的项目公司进行的融资,则贷款人只能追索到项目公司,而不能对项目发起人追索,除了发起人为项目公司提供的担保外,在大多数项目融资中都是有限追索的。

至于贷款人在多大程度上对项目发起人进行追索,决定于项目的特定风险和市场对该风险的态度。例如,当项目贷款人认为在项目建设阶段存在较大风险时,他们会要求项目发起人保证当项目风险具体化时,由其注入额外的股本,否则,贷款人将会追索到项目发起人的资产直至风险消失或项目完工。以后,贷款才有可能成为无追索的。

### (二)项目融资的基本特点

与传统的融资方式相比,项目融资的基本特点可以归纳为以下几个方面。

1. 以项目本身为主体安排的融资项目

融资是以项目为主体安排的融资,贷款人关注的是项目在贷款期间能产生多少现金流量用于偿还贷款,而不以发起人自身的资信作为是否贷款的首要条件。贷款银行在项目融资中的注意力主要放在项目在贷款期间能够产生多少现金流量用于还款,贷款的数量、融资成本的高低、投融资结构的设计及对担保的要求等都是与项目的预期现金流量的资产价值直接联系在一起的。

2. 实现项目融资的无追索或有限追索

在传统的无追索项目融资中，当项目现金流量不足时，项目发起人不直接承担任何债务清偿的责任。在有限追索项目融资中，贷款人的追索权也很少持续到项目的整个经济寿命期，如仅在有限的项目开发阶段对发起人进行追索。因此，如果项目的技术评估和经济评估满足贷款人要求时，项目风险的承担者就可以从项目发起人本身的资产转移到项目资产，使项目发起人有更大的空间去从事其他项目。即项目资产的建设和经营的成败是贷款方能否回收贷款的决定因素；对于项目发起方来说，除了向项目公司注入一定股本外，并不以自身的资产来保证贷款的清偿。

3. 风险分担

成功融资方式的标志是它在各参与方之间实现了令人满意和有效的项目风险分担。在项目融资中，以项目本身为导向对借款人有限追索，对于与项目有关的各种风险要素，需要以某种形式在项目发起人、与项目开发有直接或间接利益关系的其他参与者和贷款人之间进行分担。一般来说，各方愿意接受风险的程度由预期的回报所决定。合理的风险分担机制对项目发起人来说能起到良好的保护作用，不至于因为项目的失败而破产；对于其他各参与方来说，承担的风险所带来的高额回报会促使各参与方更多地关注项目，整体上增大了项目成功的可能性。然而，项目融资风险的分担又是一个非常复杂的过程，其中涉及出于不同目的的众多参与者，还涉及许多的法律合同，如果处理不好，会导致谈判的延期和成本的增加。

4. 信用结构多样化

在项目融资中，用于支持贷款的信用结构的安排是灵活多样的，一个成功的项目融资，可以将贷款的信用支持分配到与项目相关的各个关键方面。典型的做法包括以下几点：

(1)在市场方面，可以要求项目产品购买者提供长期购买合同。

(2)在工程建设方面，可以要求承包商提供固定价格、固定工期合同，或“交钥匙”工程合同，还可以要求项目设计者提供工程技术保证等。

(3)在原材料和能源供应方面，可以要求供应方在保证供应的同时，在定价上根据项目产品的价格变化设计一定的浮动价格公式，保证项目的最低收益。

这些做法都可能成为项目融资强有力的信用支持，提高项目的债务承受能力，减少融资对发起人资信和其他资产的依赖程度。

5. 融资成本相对较高

正是因为项目融资的基础是以项目的资产、预期收益或权益作抵押，与传统的融资方式相比较，银行的融资风险相对加大，所以银行融资成本将加大；另外投资者和项目公司需承担其他额外的成本费用，如融资顾问费用、律师费用、保险顾问费用等。

6. 可实现项目发起人非公司负债型融资的要求

非公司负债型融资，是指项目的债务不表现在项目发起人公司的资产负债表中的一种融资形式。通过对项目融资的投资结构和融资结构的设计，有时能够达到非公司负债型融资，有利于使发起人公司的资产负债比例维持在银行能接受的范围之内，以便筹措新的资金。

**(三)项目融资的结构**

项目融资成功的关键是在各参与方之间实现令人满意和有效的项目利润分配与风险分担。为此必须合理安排好项目融资的每一个环节,其中最重要的是安排好项目融资的四个主要结构:项目的投资结构、项目的融资结构、项目的资金结构、项目的信用保证结构。图8-9是这四个模块相互之间关系的一个抽象说明。

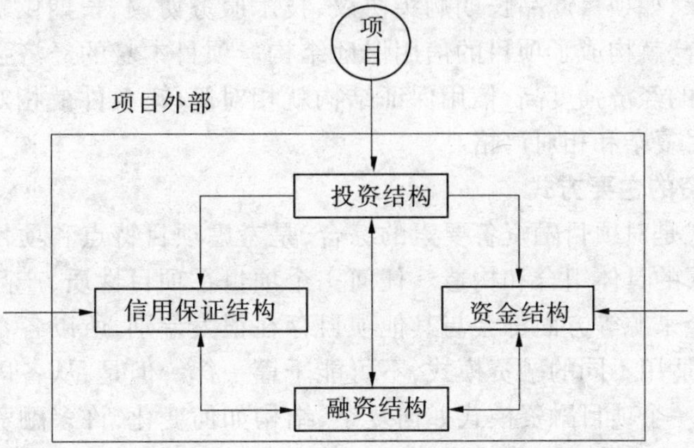


**图8-9　项目融资的结构框架**

1. 项目的投资结构

项目的投资结构,即项目的资产所有权结构,是指项目的投资者对项目资产权益的法律拥有形式和项目投资者之间的法律合作关系。不同的项目投资结构中,投资者对其资产的拥有形式,对项目产品、项目现金流量的控制程度,以及项目投资者在项目中所承担的债务责任和所涉及的税务结构会有很大的差异。这些差异对其他三个结构的设计也会产生影响。因此,为了做好整个项目融资的结构安排,首先就是在法律、法规许可范围内设计符合投资者投融资需要的项目投资结构。

国际上,较为普遍采用的项日投资结构有四种基本的法律形式:公司型合资结构、合伙制结构、非公司型合资结构和信托基金结构。

2. 项目的融资结构

项目融资结构是项目融资的核心部分。通常项目的投资者确定了项目实体的投资结构后,接下来的重要工作就是设计和选择合适的融资结构,以实现投资者在融资方面的目标和要求。任何一个具体的融资方案,由于时间、地理位置、项目性质、项目发起人及其目标要求等多方面的差别,都会带有各自的特点,在贷款形式、信用保证和时间上表现出不同的结构特征。

3. 项目的资金结构

项目的资金结构指项目中股本资金、准股本资金和债务资金的形式、相互之间比例关系及相应的来源。资金结构是由项目的投资结构和融资结构决定的,但反过来又会影响到整体项目融资结构的设计。

经常为项目融资所采用的资金结构有:股本金和准股本金、商业银行贷款和国际银行贷款、国际债券、租赁融资、发展中国家的债务资产转换等。

4. 项目的信用保证结构

对于银行和其他债权人而言，项目融资的安全性来自两个方面：一方面来自于项目本身的经济强度；另一方面来自于项目之外的各种直接或间接担保。这些担保可以是项目的投资者提供的，也可以是与项目有直接或间接利益关系的其他方面提供的。这些担保可以是直接的财务保证，如完工担保、成本超支担保、不可预见费用担保，也可以是间接的或非财务性的担保，如项目产品长期购买协议、技术服务协议、长期供货协议等。所有这些担保形式的组合，就构成了项目的信用保证结构。项目本身的经济强度与信用保证结构相辅相成，项目的经济强度高，信用保证结构就相对简单，条件就相对宽松；反之，信用保证结构就要相对复杂和相对严格。

**（四）项目融资的主要方式**

项目融资模式是对项目融资各要素的综合，是考虑项目特点和项目具体需要的基础上对项目融资要素的具体组合和构造。任何一个项目在项目性质、产品特点、风险程度、投资者状况及资金来源等方面都会与其他项目存在很大差别，所以各个项目在融资上都会有自己的特点，适用不同的融资模式，不可能千篇一律。但是，从各国的项目融资实践中可以看出，无论一个项目融资模式如何复杂、结构如何变化，许多融资模式还是具有一些共性的。

1. 以政府为主导的融资模式

这类融资模式主要适用于涉及公共利益和公共安全，以及保护、改善生态环境等的水利工程项目。

在该类融资模式中，项目资金可能全部由国家政府投入，或全部由地方政府投入，或国家政府和地方政府分别按一定比例投入，或由政府和国际融资相结合等多种形式。政府投资资金包括政府财政预算内资金、各种专项建设基金、土地批租收入及其他预算外资金。

2. 以产品支付为基础的项目融资模式

它完全以产品和这部分产品销售收益的所有权作为担保品而不是采用转让或抵押方式进行融资。这种形式是针对项目贷款的还款方式而言的。借款方在项目投产后不以项目产品的销售收入来偿还债务，而是直接以项目产品来还本付息。在贷款得到偿还前，贷款方拥有项目部分或全部产品的所有权。在绝大多数情况下，产品支付只是产权的转移而已，而非产品本身的转移。通常贷款方要求项目公司重新购回属于贷款人的产品或充当它们的代理人来销售这些产品。因此，销售的方式可以是市场出售，也可以是由项目公司签署购买合同一次性统购统销。无论哪种情况，贷款方都用不着接受实际的项目产品。因此，产品支付融资适用于资源储量已经探明并且项目生产的现金流量能够比较准确地计算出来的项目。

3. 以“杠杆租赁”为基础的项目融资模式

根据出租人对购置一项租赁设备的出资比例，可将金融租赁（Financial Lease）划分为直接租赁和杠杆租赁两种类型。在一项租赁交易中，凡设备购置成本100%由出租人独自承担的即为直接租赁，而在项目融资中，得到普遍应用的是杠杆租赁。

杠杆租赁(Leveraged Lease)是指在融资租赁中,设备购置成本的小部分由出租人承担、大部分由银行等金融机构提供贷款补足的租赁业务。出租人一般只需投资购置设备所需款项的20%～40%即可在经济上拥有设备所有权,享受如同对设备100%投资的同等税收待遇。

购置成本的借贷部分(Debt Portion)称之为杠杆。一般而言,杠杆效果是指凭借他人资本来提高自有资本利润的方式,例如,原有自有资本的利润率为5%,经过贷款并归还利息以后,自有资本的利润率上升为10%,这种情况就是杠杆效果。在杠杆租赁中,通过这一财务杠杆作用,充分利用政府提供的税收好处,使交易各方,特别是使出租方、承租方和贷款方获得一般租赁所不能获得的更多的经济效益。租赁的对象可以是机械设备及其他资本品,甚至可以是整个项目。在这种情况下,一般是项目公司将整个项目及资产出售给金融租赁公司,再与之签订租赁协议将其承租回来开发、建设。

4. BOT项目融资模式

BOT指建设-经营-移交(Build-Operate-Transfer),即政府通过特许权协议,授权项目发起人(主要是民营企业、外商,也可是法人国企)联合其他公司为某个项目(主要是自然资源开发和基础设施项目)成立专门的项目公司,负责该项目的融资、设计、建造、运营和维护,在规定的特许期内向该项目(产品/服务)的使用者收取适当的费用,由此回收项目的投资、经营和维护等成本,并获得合理的回报;特许期满后,项目公司将项目(一般免费)移交给政府。

BOT是一种统称,共有三种基本形式和十多种演变形式。

(1)标准BOT,即建设-经营-移交。政府授予项目公司建设新项目的特许权时,通常采用这种方式。

(2)BOOT(Build-Own-Operate-Transfer),即建设-拥有-经营-移交。这种方式指项目公司融资建设基础设施项目,项目建成后,在规定的期限内拥有所有权,并进行经营,期满后将该设施移交给政府或其他公共机构。

(3)BOO(Build-Own-Operate),即建设-拥有-经营。这种方式指项目公司按照政府授予的特许权,建设并经营某项基础设施,但并不将此基础设施移交给政府或公共部门。

在实践中,由于项目的具体情况不同,还会出现其他一些演变形式,如BT、BTO、DBOT、ROT、ROO等。

5. ABS项目融资模式

ABS是英文Asset-Backed-Securitization的缩写,即资产证券化。具体来说,它是指以目标项目所拥有的资产为基础,以该项目资产的未来收益为保证,通过在国际资本市场上发行高档债券来筹集资金的一种项目证券融资方式。

ABS方式的本质在于,通过其特有的提高信用等级方式,使原本信用等级较低的项目照样可以进入国际高档证券市场,利用该市场信用等级高、债券安全性和流动性高、债券利率低的特点,大幅度降低发行债券筹集资金的成本。即使加入了一些前期分析、业务构造和信用增级成本,它仍然为融资业务提供了新的、成本更低的资本来源。而且当公司或项目靠其他形式的信用进行融资的机会很有限时,证券化就成为该公司的一个至关重要的融资来源。这是因为资产支持证券的评级仅取决于作为证券支持的资产的信用质量，而与发行这些证券的公司的财务状况或金融信用无关。

## 二、资金管理

主要讨论施工方项目资金管理和水利基本建设资金管理两个方面。

### （一）施工方项目资金管理

1. 施工方项目资金运动过程

项目资金是随着不同施工阶段施工活动的进行而不断地运动的。从资金的货币形态开始，在经过施工准备、施工生产、竣工验收三个阶段后，依次由货币转化为储备资金、生产资金、成品资金，最后又回到货币资金的形态上来。这个运动过程称为资金的一次循环。

在施工准备阶段，主要是筹集资金，并购买各种建筑材料、构配件、部分所需的固定资产及机械零配件、低值易耗品，征购或租用土地，建筑物拆迁，临时设施，以及支付工资等其他项目开办费用。目前，项目资金筹措的渠道主要有三条，企业本部的直接拨给，项目业主单位的工程预付款和银行贷款。在实际工作中，有的企业为了促使项目管理水平的提高，加强项目的独立核算，将无偿的直接拨款也改为资金的有偿使用。

在施工生产阶段，资源（劳动力、资金和材料等）储备通过物化劳动和活劳动不断消耗于项目的施工之中，从而逐渐形成项目实体，储备资金随着施工活动的进行而逐渐转化为生产资金，固定资金也以折旧的形式进入工程成本。当施工阶段结束时，资金形态则由生产资金转化为成品资金。

在验收交付阶段，项目已部分或全部满足设计和合同的要求。这时就要及时和业主办理验收交付手续，收回工程款，资金形态也由成品资金转化为货币资金。如果收入量大于消耗量，项目就能盈利，否则就会出现亏损。随即，就要对资金进行分配，正确处理国家、企业、施工项目、职工个人之间的经济关系。

从上述分析中可以看出，项目资金运动包含以下三方面的内容：

（1）资金的筹集和使用，它以价值形式反映施工项目对劳动手段和劳动对象的取得与使用。

（2）资金的消耗，它以价值形式反映施工项目物化劳动和活劳动的消耗。

（3）资金的收入和分配，它以价值形式反映项目施工生产成果的实现和分配。

2. 施工项目资金运动规律

施工项目资金运动规律，就是其内在的、本质的、必然的联系。在项目施工活动中，表示资金运动的各种经济现象之间存在着互相依存、互相转化和互相制约的关系。这些关系是客观存在的，是不以人们的意志为转移的。因此，要做好施工项目成本管理工作，就必须认识它、使用它。概括起来，施工项目资金运动的规律可以归纳为以下几方面。

1）空间并存和时间继起

为了保证项目施工活动的正常进行，项目的资金不仅要在空间上同时并存于货币资金、固定资金、储备资金、生产资金、成品资金等资金形态上，而且在时间上要求各种资金形态相互通过各自的循环。每一种资金都有其特定的职能，不能“一身二任”，如执行流通职能的资金就不可能同时去执行生产职能。只有把项目的资金按一定比例分割成若干部分,使其呈现不同的资金形态,而每一形态的资金又需依次通过循环的各个阶段。这样,资金的运动才能连续不断地进行。保证各种资金形态的合理配置和资金周转的畅通无阻,是项目施工活动顺利进行的必要条件。

项目资金形态的并存和继起,是辩证统一的关系。没有并存,继起转化就不能存在;没有继起,并存势必遭到破坏。可见,资金形态的并存和继起是互为条件、互相制约的。

2)收支的协调平衡

施工项目资金的收支要求在数量上和时间上的协调平衡。在项目施工中,每取得一次工程价款的收入,就表明一次资金循环的终结;而发生的施工生产支出,则意味着另一次资金循环的开始,所以,资金收支是资金周转的桥梁和纽带。要保证资金运动顺利进行,就要求资金收支不仅在数量上而且在时间上协调平衡。收不抵支会导致资金运动的中断或迟缓。收支在时间上差异太大(如施工前期支出太大,而收入却主要来自施工后期),也要阻碍资金运动的正常进行,从而会影响施工的顺利进行。

3)一致与背离的关系

施工项目的资金运动和物质运动存在着既相一致又相背离的辩证关系。资金运动和物质运动是项目施工过程中同时存在的经济现象。然而,资金运动作为物质运动的价值形态运动,具有一定的独立性,它们之间既相一致又相背离。

项目的物质运动是资金运动的基础,它决定着资金运动的方向和强度。一方面,有物资才有资金,只有项目的物流畅通无阻(如供应、施工、竣工验收移交等活动的有效组织),才能保证资金运动畅通无阻。另一方面,资金运动反映物质运动。我们可以通过观察项目资金运动的状态,来了解供应、施工、验收移交等施工活动的组织情况,并据此采取措施,合理组织资金运动,以加速物质运动,提高经济效益。同时,施工项目资金运动同物质运动又可以有一定程度的背离,资金运动有一定的独立性。这在项目施工过程中,主要表现在下列三方面:

(1)由于结算的原因而造成两者在时间上的背离。如已完工程未及时验收移交,或验收后未收到工程价款,材料购进而未支付货款。

(2)由于损耗的原因而造成两者在价值上的背离。如固定资产磨损、无形损耗、仓储物资的自然损耗等。

(3)由于组织管理的原因而形成两者在数量上的背离。如施工中,不合理消耗的减少;工程质量的提高,返工现象减少;改善劳动组织,工人劳动积极性的提高,使得劳动效率的提高等。这些都能促使价值量的增加超过实物量的增加;反之,就可能出现价值量的增加少于实物量的增加。

以上各项项目资金运动的规律,是对施工项目总体考察而言的。作为项目管理人员,必须深刻地认识和研究这些资金运动的规律,自觉利用它们来为施工项目管理服务。

**(二)水利基本建设资金管理**

根据《水利基本建设资金管理办法》,水利基本建设资金是指纳入国家基本建设投资计划,用于水利基本建设项目的资金。

1. 资金管理的基本原则及基本任务

1) 基本原则

(1) 分级管理、分级负责原则。水利基本建设资金按资金渠道和管理阶段,实行分级管理,分级负责。

(2) 专款专用原则。水利基本建设资金必须按规定用于经批准的水利基本建设项目,不得截留、挤占和挪用。财政预算内水利基本建设资金按规定实行专户存储。

(3) 效益原则。水利基本建设资金的筹集、使用和管理,必须厉行节约,降低工程成本,防止损失浪费,提高资金使用效益。

2) 基本任务

水利基本建设资金管理的基本任务是:贯彻执行水利基本建设的各项规章制度;依法筹集、拨付、使用水利基本建设资金,保证工程项目建设的顺利进行;做好水利基本建设资金的预算、决算、监督和考核分析工作;加强工程概预(结)算、决算管理,努力降低工程造价,提高投资效益。

2. 资金筹集

1) 水利基本建设资金来源

(1) 财政预算内基本建设资金(包括国债专项资金,下同)。

(2) 用于水利基本建设的水利建设基金。

(3) 国内银行及非银行金融机构贷款。

(4) 经国家批准由有关部门发行债券筹集的资金。

(5) 经国家批准由有关部门和单位向外国政府或国际金融机构筹集资金。

(6) 其他经批准用于水利基本建设项目的资金。

2) 水利基本建设资金筹集的基本要求

(1) 符合国家法律、法规,严禁高息乱集资和变相高息集资。未经批准不得发行内部股票和债券。

(2) 根据批准的项目概算总投资,多渠道、多元化筹集资金。

(3) 根据工程建设需要,以最低成本筹集资金。

实行项目法人责任制和资本金制度的经营性项目,筹集资本金按照财政部《关于印发〈基本建设财务管理若干规定〉的通知》(财基字[1998]4 号文)的有关规定执行。

3. 预算管理及预算内资金拨付

财政预算内基本建设资金是水利基本建设资金的重要组成部分。各级财政部门、水利主管部门和建设单位应按照财政部《财政基本建设支出预算管理办法》(财基字[1999]30 号文)的规定对预算内基本建设资金进行管理。

各级财政基本建设支出预算一经审批下达,一般不得调整。确须调整的,必须按原审批程序报批。

水利主管部门申请领用预算内基本建设资金,应根据下达的年度基本建设支出预算、年度投资计划及下一级水利主管部门或建设单位资金需求,向同级财政部门或上一级水利主管部门提出申请。

建设单位申请领用预算内基本建设资金,应根据年度基本建设支出预算、年度投资计划及工程建设的实际需要,向水利主管部门或同级财政部门提出申请。

水利主管部门和建设单位申请领用资金应报送季度(分月)用款计划。

财政部门根据水利主管部门申请,按照基本建设程序、基本建设支出预算、年度投资计划和工程建设进度拨款。对地方配套资金来源不能落实或明显超过地方财政承受能力的,要相应调减项目。

有下列情形之一的,可以暂缓或停止拨付资金:

(1)违反基本建设程序的。

(2)擅自改变项目建设内容,提高建设标准的。

(3)资金未实行专款专用、专户存储的。

(4)有重大质量问题,造成经济损失和社会影响的。

(5)财会机构不健全,会计核算不规范的。

(6)未按规定要求报送季度(分月)用款计划或信息资料严重失真的。

在年度基本建设支出预算正式下达前,为确保汛期重点水利工程建设,财政部门可根据水利部门提出的申请,预拨一定金额的资金。

4. 资金使用

水利基本建设资金按照基本建设程序支付。在项目尚未批准开工以前,经上级主管部门批准,可以支付前期工作费用;计划任务书已经批准,初步设计和概算尚未批准的,可以支付项目建设必需的施工准备费用;已列入年度基本建设支出预算和年度基建投资计划的施工预备项目及规划设计项目,可以按规定内容支付所需费用。在未经批准开工之前,不得支付工程款。

建设单位的财会部门支付水利基本建设资金时,必须符合下列程序:

(1)经办人审查。经办人对支付凭证的合法性、手续的完备性和金额的真实性进行审查。实行工程监理制的项目须监理工程师签字。

(2)有关业务部门审核。经办人审查无误后,应送建设单位有关业务部门和财务部门负责人审核。

(3)单位领导核准签字。

凡存在下列情况之一的,财会部门不予支付水利基本建设资金:①违反国家法律、法规和财经纪律的;②不符合批准的建设内容的;③不符合合同条款规定的;④结算手续不完备,支付审批程序不规范的;⑤不合理的负担和摊派。

水利前期工作费是指水利建设项目开工建设前进行项目规划、可行性研究报告、初步设计等前期工作所发生的费用。

项目立项前的前期工作费,由负责此项工作的项目主管部门,按照下达的年度投资计划和基本建设支出预算、批准的前期工作内容、工作进度进行支付;项目立项后的前期工作费,由建设单位负责使用和管理,按勘察设计合同规定的条款支付。

水利前期工作费支出,应严格控制在下达的投资计划和批准的工作内容之内,严禁项目主管部门和建设单位截留、挪用和转移前期工作费用。

建设单位管理费是指经批准单独设置管理机构的建设单位为建设项目筹建、建设、验收等工作所发生管理性质的费用。新建的水利基本建设项目,经批准单独设置管理机构的，可以按规定开支建设单位管理费。未经批准单独设置管理机构的建设单位，确需发生管理费用的，经上级水利主管部门审核，报同级财政部门批准后方可开支。具体开支范围按照财政部《关于印发〈基本建设财务管理若干规定〉的通知》（财基字［1998］4号文）规定执行。

工程价款按照建设工程合同规定条款、实际完成的工作量及工程监理情况结算与支付。设备、材料贷款按采购合同规定的条款支付。建设单位与施工、设计、监理或设备材料供应单位签订的合同必须详尽，应包括金额、支付条件、结算方式、支付时间等项内容。

预付款应在建设工程或设备、材料采购合同已经签订，施工或供货单位提交了经建设单位财务部门认可的银行履约保函和保险公司的担保书后，按照合同规定的条款支付。合同中应详细注明预付款的金额、支付方式、抵扣时间及抵扣方式等项内容。

质量保证金按规定的比例提留，在质量保证期满、经有关部门验收合格后，按合同规定的条款支付。合同中应详细注明质保金的金额（或比例）、扣付时间和扣付方式等项内容。

基本预备费动用，应由建设单位提出申请，报经上级有关部门批准。其额度应严格控制在概预算的金额之内。

对于不能形成资产的江河清障费、水土保持治理费、流域规划前期费等费用性支出，必须严格按照批准的费用开支内容开支。

# 第九章　水利工程项目质量管理

## 第一节　工程项目质量概述

随着经济的发展和施工技术的进步,我国工程建设质量正在不断提高。工程质量的优劣,直接关系到工程项目能否正常运行和发挥功能,关系到工程的使用寿命,关系到用户的利益、人民群众的生命与财产安全,甚至涉及到区域经济和社会的稳定与发展。在工程项目质量形成过程中对所有参建单位的建设活动进行全面的、科学的规范化管理,有效地保证工程质量,具有十分重要的意义。

### 一、工程项目质量概述

#### (一)质量与工程质量

1. 质量

质量是实体满足明确或隐含需要的特性总和。"实体"是质量的主体,可以指活动或过程、产品、组织、体系、个人,也可以是上述各项的组合;"需要"指用户的需要,也可以指社会及第三方的需要;"明确需要"指甲乙双方在合同环境或法律环境中明确提出以合同、标准、规范、图纸、技术文件等方式作出规定,由生产企业实现的各种要求;"隐含需要"指没有任何形式给予明确规定,但却是人们普遍认同的、无须事先声明的需要;"特性"是社会需求是否得到满足,可用一系列定性或定量的特性指标来描述和评价,主要内容包括适用性、经济性、安全性、可靠性、美观性及与环境的协调性等方面的质量属性。

2. 工程质量

工程质量是工程结果或工程产品满足人们的认同程度,通过规范标准、合同等一系列措施、方法和手段进行评价的表示,工程质量包括施工质量、工序质量和工作质量。

工程施工质量是指保证承建工程的使用价值和施工工程的适用性。施工质量是指符合国家施工项目有关法规、技术标准规定或合同规定的要求,满足用户在安全、使用功能、耐久性能、环境保护等方面所有明显和隐含需要能力的功能总和。在确定质量标准时,应在满足使用功能的前提下考虑技术的可能性、经济的合理性、安全的可靠性和与环境的协调性等因素。

工序质量也称生产过程质量。工程质量的形成是通过一个个工序来完成的,每一道工序质量都应满足下一道工序的质量标准,只有抓好每一道工序的质量,才能有效地保证工程的整体质量。

工作质量是指参与工程项目的建设者,为了保证工程项目实体质量所从事技术、组织工作的水平和完善程度,工作质量包括社会调查、管理工作质量、技术工作质量、后勤工作质量、质量回访等。工程实体质量是按照建设项目建设程序,经过工程项目各个阶段逐步形成的，是各方面、各环节工作质量的综合反映，工作质量直接决定了实体质量。

### (二)工程项目质量

工程项目质量是指能够满足业主(用户或社会)在适用性、可靠性、经济性、外观质量与环境协调等方面的需要，符合国家现行的法律、法规、技术规范和标准、设计文件及工程项目合同中对项目的安全、使用、经济等特性的综合要求。

工程项目质量的衡量标准根据具体工程项目和业主需要的不同而不同，通常包括：在前期工作阶段设定建设标准、明确工程质量要求；保证工程设计和施工的安全性、可靠性；对材料、设备、工艺、结构质量提出要求；工程投产或投入使用后达到预期质量水平，工程适用性、安全性、稳定性、效益良好。

### (三)工程项目质量管理

工程项目质量管理是指导、控制组织保证提高项目质量而进行的相互协调的活动，以及对质量的工作成效进行评估和改进的一系列管理工作。目的是按既定的工期以尽可能低的成本达到质量标准。任务在于建立和健全质量管理体系，用工作质量来保证和提高工程项目实物质量。

我国工程建设领域推行全面质量管理。全面质量管理是以质量为中心，以全员参与为基础，对工作质量和工程质量进行全面控制。通过让顾客满意和本组织所有成员及社会受益，而达到长期成功的管理途径。工程项目质量管理是对工程项目质量形成全面、全员、全过程的管理。

质量管理是质量目标及质量职责的制定与实施。通过质量体系中的质量方针、质量策划、质量控制、质量保证和质量改进，实现全部管理职能的所有活动。

质量目标是经具体化、系统化和现实化后的质量方针，质量职责是企业或单位各级职能部门在质量管理活动中所担负的职责范围。质量方针是由实施质量管理的企业最高管理者根据企业具体情况，制定正式发布的该企业的质量宗旨和方向。质量方针是企业内各职能部门全体人员质量活动的根本准则，是在较长时期中经营和质量活动的指导原则和行动指南。在组织内质量方针具有严肃性和相对稳定性，和投资、技术改造、人力资源等其他方针相协调。为了实施质量方针，在企业内实行质量方针目标管理，需使质量方针具体化，成为可操作的质量目标。

质量策划是指为保证质量所采用质量体系要素的目标和要求的活动。质量策划的主要内容包括：提出企业质量方针和质量目标的建议；分析工程质量的要求，制定一系列保证工程质量的措施；对工程的质量、工期和成本三方面进行综合评审；策划施工过程的先后顺序、企业组织运作的工作流程；研究工程质量控制与检验的方法、手段，实施对供应商所供的材料、设备等的质量控制；对质量管理工作进行质量评审。质量控制是对质量形成的各个阶段进行及时的检验、评定，及时发现问题，找出影响质量的原因，采取纠正措施，防止质量问题的发生。

质量改进是为满足供需双方的共同收益而采取的提高过程效益和效率的各项活动措施，提高质量管理的功能效果，达到对可能产生的质量问题进行预防的作用，使质量体系更趋完善，质量管理各个环节的运转更为畅通。质量保证是指为了表明工程项目能够满足质量要求，提供足够的信任，在质量体系中根据要求提供保证的有计划的、系统的全部活动。质量保证强调对用户负责的基本思想,企业在生产过程中需提供足够的证据。质量保证分为内部质量保证和外部质量保证,内部质量保证能使企业或单位对自身的产品或服务质量形成信任,外部质量保证在合同或其他环境中能使用户或社会对产品或服务质量形成信任。

## 二、工程项目质量的特点

由于工程项目产品具有位置固定、单件性、生产流动、生产周期长、体积大、整体性强、涉及面广、受自然气候条件影响大、工序多、协作关系复杂等特点,工程项目建设是一个综合性过程。工程项目质量的特点是由工程项目本身的特点决定的。

### (一)影响质量的因素多

由于工程项目建设周期长,项目的决策、设计、材料、机械设备、施工操作方法、施工工艺、技术措施、管理制度、施工人员素质、施工方案、地形、地质、水文、气象等多种因素均直接或间接地影响工程项目的质量。

### (二)质量波动大

工程项目具有综合性,不像一般工业产品的生产那样,有固定的生产流水线,有规范化的生产工艺和完善的检测技术,有成套的生产设备和稳定的生产环境,影响工程项目质量的因素较多,任一因素出现变动,均会引起工程项目中的系统性质量变化,使工程质量产生波动。

### (三)质量具有隐蔽性

在工程项目施工过程中,由于工序交接多、中间产品多和隐蔽工程多,若不及时进行质量检查,发现存在的质量问题,事后只能检查表面质量,只有严格控制每道工序和中间产品质量,才能保证质量。

### (四)终检具有局限性

工程项目建成后,不可能像工业产品那样,根据终检来判断产品质量,将产品拆卸来检查内在的质量,工程项目最终检查,只能局限于表面,难以发现工程内在的、隐蔽的质量缺陷,工程项目的检查与评定应贯穿工程项目全过程。

## 三、工程项目质量管理的原则

认真贯彻保证质量的方针,做到好中求快、好中求省。工程项目质量形成的过程中,事先采取各种措施,控制影响质量的因素,使之处于相对稳定的状态中。真正好的质量是用户满意的质量,把一切为了用户作为工作的出发点,贯穿到工程项目质量形成的各项工作中,要求每道工序立足于质量管理,保证工程项目质量使用户满意。应用数理统计方法,对工程项目实体进行科学的整理和分析,研究工程项目质量的主次原因,采取有效的措施,保证提高工程项目质量。

质量管理原则是质量管理成功经验的科学总结,能促进企业管理水平提高、顾客对产品或服务的满意程度提高,使企业达到持续成功的目的。

### (一)以顾客为关注焦点

企业依存于顾客。应理解顾客当前的和未来的需求,满足顾客的需求并争取超越顾客的期望。

（二）领导作用

领导在企业的质量管理中起决定的作用，只有领导重视，各项质量活动才能有效开展。领导者确立组织统一的宗旨与方向，创造和保持使员工积极参与实现组织目标的内部环境。

（三）全员参与

各级人员都是企业之本，只有全员充分参与，才能为组织带来收益。企业领导应对员工的质量意识等方面进行教育，发挥员工的积极性、责任感和创造精神，鼓励持续改进，给予一定的精神和物质奖励，为员工的能力、知识、经验的提高创造条件，为实现顾客满意的目标而奋斗。产品质量是产品形成过程中全体人员共同努力的结果，也包含着管理、检查、行政人员的支持。

（四）过程方法

将有关的资源和活动作为过程进行管理，可更高效地得到期望的结果。任何使用资源生产活动和将输入转化为输出的相关联的活动都作为过程。对控制点实行测量、检测和管理，有效实施过程控制。

（五）管理的系统方法

将相关联的过程作为系统加以识别、理解和管理，有助于企业提高目标的有效性和效率。企业按照自己的特点，建立资源管理、过程实现、测量分析改进等方面的关系，加以控制。通过过程网络的方法建立质量管理体系，实施系统管理。建立实施质量管理体系包括：确定顾客期望，建立质量目标和方针，确定实现目标的过程和职责，确定必须提供的资源，制定测量过程有效性的方法，实施测量过程确定有效性，确定防止不合格的产生，清除产生原因的措施，制定和应用持续改进质量管理体系的过程。

（六）持续改进

持续改进总体业绩是企业的一个永恒目标，作用在于增强企业满足质量要求的能力，包括产品质量、过程与体系的有效性和效率的提高。持续改进是增强和满足质量要求能力的永久活动，使企业的质量管理走上良性运行的轨道。

（七）基于事实的决策方法

有效的决策是建立在数据和信息分析的基础上，企业领导应重视数据信息的收集、汇总和分析，为决策提供依据。

（八）与供方互利的关系

企业与供方是互相依存的，双方的互利关系可增强双方创造价值的能力。供方提供的产品是企业产品的组成部分。处理好与供方的关系，涉及到企业持续稳定提供顾客满意产品的重要问题。与供方应建立互利关系，使企业与供方双赢。

## 第二节 水利工程项目质量责任体系和监督管理

根据水利工程质量管理规定，为了加强对水利工程的质量管理，保证水利工程质量，凡在中华人民共和国境内从事水利工程建设活动的单位（包括项目法人（建设单位）、监理、设计、施工等单位)或个人,必须遵守水利工程质量管理规定。水利工程质量是指在国家和水利行业现行的有关法律、法规、技术标准和批准的设计文件及工程合同中,对兴建的水利工程的安全、适用、经济、美观等特性的综合要求。

## 一、水利工程项目质量责任体系

水利工程项目的参建各方,应根据国家颁布的《建设工程质量管理条例》、《水利工程质量管理规定》及有关的合同、协议、有关文件的规定承担相应的质量责任。

水利部负责全国水利工程质量管理工作。各流域机构受水利部的委托负责本流域由流域机构管辖的水利工程的质量管理工作,指导地方水行政主管部门的质量管理工作。各省、自治区、直辖市水行政主管部门负责本行政区域内水利工程质量管理工作。

水利工程质量实行项目法人(建设单位)负责、监理单位控制、施工单位保证和政府监督相结合的质量管理体制。水利工程质量由项目法人(建设单位)负全面责任。监理、施工、设计单位按照合同及有关规定对各自承担的工作负责。质量监督机构履行政府部门监督职能,不代替项目法人(建设单位)、监理、设计、施工单位的质量管理工作。水利工程建设各方均有责任和权利向有关部门和质量监督机构反映工程质量问题。

### (一)项目法人(建设单位)的质量责任

项目法人(建设单位)应根据国家和水利部有关规定依法设立,主动接受水利工程质量监督机构对其质量体系的监督检查。项目法人(建设单位)应根据工程规模和工程特点,按照水利部有关规定,通过资质审查招标选择勘测设计、施工、监理单位,实行合同管理。在合同文件中,必须有工程质量条款,明确图纸、资料、工程、材料、设备等的质量标准及合同双方的质量责任。项目法人(建设单位)要加强工程质量管理,建立健全施工质量检查体系,根据工程特点建立质量管理机构和质量管理制度。

项目法人(建设单位)在工程开工前,应按照规定向水利工程质量监督机构办理工程质量监督手续。在工程施工过程中,应主动接受质量监督机构对工程质量的监督检查。项目法人(建设单位)应组织设计和施工单位进行设计交底;施工中应对工程质量进行检查,工程完工后,应及时组织有关单位进行工程质量验收、签证。

### (二)勘察设计单位的质量责任

设计单位必须按照其资质等级及业务范围承担勘测设计任务,主动接受水利工程质量监督机构对其资质等级及质量体系的监督检查。设计单位必须建立健全设计质量保证体系,加强设计过程质量控制,健全设计文件的审核、会签批准制度,做好设计文件的技术交底工作。

设计文件必须符合下列基本要求:

(1)设计文件应当符合国家、水利行业有关工程建设法规、工程勘测设计技术规程、标准和合同的要求。

(2)设计依据的基本资料应完整、准确、可靠,设计论证充分,计算成果可靠。

(3)设计文件的深度应满足相应设计阶段有关规定要求,设计质量必须满足工程质量、安全需要,符合设计规范的要求。

设计单位应按照合同规定及时提供设计文件及施工图纸,在施工过程中要随时掌握施工现场情况，优化设计，解决有关设计问题。对大中型工程，设计单位应按照合同规定在施工现场设立设计代表机构或派驻设计代表。设计单位应按照水利部有关规定在阶段验收、单位工程验收和竣工验收中，对施工质量是否满足设计要求提出评价意见。

**（三）施工单位质量责任**

施工单位必须按其资质等级和业务范围承揽工程施工任务，接受水利工程质量监督机构对其资质和质量保证体系的监督检查。

施工单位必须依据国家、水利行业有关工程建设法规、技术规程、技术标准的规定及设计文件和施工合同的要求进行施工，并对其施工的工程质量负责。施工单位必须按照工程设计图纸和施工技术标准施工，不得擅自修改工程设计。施工单位在施工过程中发现设计文件和图纸有差错的，应当及时提出意见和建议。

施工单位不得将其承接的水利建设项目的主体工程和关键项目进行分包。对工程的分包，分包单位必须具备相应资质等级，并对其分包工程的施工质量向总承包单位负责，总承包单位与分包单位对分包工程的质量承担连带责任。总承包单位对全部工程质量向项目法人（建设单位）负责。工程分包必须经过项目法人（建设单位）的认可。

施工单位要推行全面质量管理，建立健全质量保证体系，制定和完善岗位质量规范、质量责任及考核办法，落实质量责任制。在施工过程中要加强质量检验工作，认真执行“三检制”，切实做好工程质量的全过程控制。施工单位应当建立健全教育培训制度，加强对职工的教育培训；未经教育培训或者考核不合格的人员，不得上岗作业。

工程发生质量事故，施工单位必须按照有关规定向监理单位、项目法人（建设单位）及有关部门报告，并保护好现场，接受工程质量事故调查，认真进行事故处理。

竣工工程质量必须符合国家和水利行业现行的工程标准及设计文件要求，并应向项目法人（建设单位）提交完整的技术档案、试验成果及有关资料。

**（四）监理单位的质量责任**

监理单位必须持有水利部颁发的监理单位资格等级证书，依照核定的监理范围承担相应水利工程的监理任务。禁止工程监理单位超越本单位资质等级许可的范围或者以其他工程监理单位的名义承担工程监理业务。禁止工程监理单位允许其他单位或者个人以本单位的名义承担工程监理业务。工程监理单位不得转让工程监理业务。工程监理单位与被监理工程的施工承包单位及建筑材料、建筑构配件和设备供应单位不得有隶属关系或者其他利害关系，否则不得承担该项建设工程的监理业务。

监理单位必须接受水利工程质量监督机构对其监理资格质量检查体系及质量监理工作的监督检查。监理单位必须严格执行国家法律、水利行业法规、技术标准，严格履行监理合同。

监理单位根据所承担的监理任务向水利工程施工现场派出相应的监理机构，人员配备必须满足项目要求。监理工程师上岗必须持有水利部颁发的监理工程师岗位证书，一般监理人员上岗要经过岗前培训。

监理单位应根据监理合同参与招标工作，从保证工程质量全面履行工程承建合同出发，签发施工图纸；审查施工单位的施工组织设计和技术措施；指导监督合同中有关质量标准、要求的实施；参加工程质量检查、工程质量事故调查处理和工程验收工作。

**(五)建筑材料、设备采购的质量责任**

建筑材料和工程设备的质量由采购单位承担相应责任。凡进入施工现场的建筑材料和工程设备均应按有关规定进行检验。经检验不合格的产品不得用于工程。

建筑材料和工程设备的采购单位具有按合同规定自主采购的权利,其他单位或个人不得干预。

建筑材料或工程设备应当符合下列要求:

(1)有产品质量检验合格证明。

(2)有中文标明的产品名称、生产厂名和厂址。

(3)产品包装和商标式样符合国家有关规定和标准要求。

(4)工程设备应有产品详细的使用说明书,电气设备还应附有线路图。

(5)实施生产许可证或实行质量认证的产品,应当具有相应的许可证或认证证书。

按照上述工程质量责任的划分,为了保证工程质量,需要各责任方要建立质量管理体系,包括项目业主的质量管理体系、监理单位的质量控制体系、施工方的质量保证体系、政府的质量监督体系等。

## 二、水利工程质量监督

依据《建设工程质量管理条例》、《水利工程质量管理规定》和《水利工程质量监督管理规定》,国家实行建设工程质量监督管理制度。政府对水利工程的质量实行监督的制度。水利工程质量实行项目法人(建设单位)负责、监理单位控制、施工单位保证和政府监督相结合的质量管理体制。水利工程质量监督机构是水行政主管部门对水利工程进行监督管理的专职机构,对水利工程质量进行强制性的监督管理。

水利工程按照分级管理的原则由相应水行政主管部门授权的质量监督机构实施质量监督。水利工程质量监督机构,必须按照水利部有关规定设立,经省级以上水行政主管部门资质审查合格,方可承担水利工程的质量监督工作。各级水利工程质量监督机构,必须建立健全质量监督工作机制,完善监督手段,增强质量监督的权威性和有效性。各级水利工程质量监督机构,要加强对贯彻执行国家和水利部有关质量法规、规范情况的检查,坚决查处有法不依、执法不严、违法不究及滥用职权的行为。

**(一)水利工程质量监督机构的设置及其职责**

1.水利工程质量监督机构的设置

水行政主管部门主管水利工程质量监督工作。水利工程质量监督机构按总站、中心站、站三级设置。

(1)水利部设置全国水利工程质量监督总站,办事机构设在建设司。水利水电规划设计管理局设置水利工程设计质量监督分站,各流域机构设置流域水利工程质量监督分站作为总站的派出机构。

(2)各省、自治区、直辖市水利(水电)厅(局),新疆生产建设兵团水利局设置水利工程质量监督中心站。

(3)各地(市)水利(水电)局设置水利工程质量监督站。

各级质量监督机构隶属于同级水行政主管部门,业务上接受上一级质量监督机构的指导。水利工程质量监督项目站(组)是相应质量监督机构的派出单位。

2. 水利工程质量监督机构主要职责

全国水利工程质量监督总站负责全国水利工程的监督和管理,其主要职责包括:贯彻执行国家和水利部有关工程建设质量管理的方针、政策;制定水利工程质量监督、检测有关规定和办法,并监督实施;归口管理全国水利工程的质量监督工作,指导各分站、中心站的质量监督工作;对部直属重点工程组织实施质量监督;参加工程的阶段验收和竣工验收;监督有争议的重大工程质量事故的处理;掌握全国水利工程质量动态;组织交流全国水利工程质量监督工作经验,组织培训质量监督人员;开展全国水利工程质量检查活动。

水利工程设计质量监督分站受总站委托承担的主要任务包括:归口管理全国水利工程的设计质量监督工作;负责设计全面质量管理工作;掌握全国水利工程的设计质量动态,定期向总站报告设计质量监督情况。

各流域水利工程质量监督分站对本流域内下列工程项目实施质量监督:总站委托监督的部属水利工程;中央与地方合资项目,监督方式由分站和中心站协商确定;省(自治区、直辖市)界及国际边界河流上的水利工程。

市(地)水利工程质量监督站的职责由各中心站进行制定。项目站(组)职责应根据相关规定及项目实际情况进行制定。

**(二)水利工程质量监督机构监督程序及主要工作内容**

项目法人(或建设单位)应在工程开工前到相应的水利工程质量监督机构办理监督手续,签订《水利工程质量监督书》。

水利工程建设项目质量监督方式以抽查为主。大型水利工程应建立质量监督项目站,中、小型水利工程可根据需要建立质量监督项目站(组),或进行巡回监督。

监督的主要内容有:

(1)对监理、设计、施工和有关产品制作单位的资质进行复核。

(2)对建设、监理单位的质量检查体系和施工单位的质量保证体系及设计单位现场服务等实施监督检查。

(3)对工程项目的单位工程、分部工程、单元工程的划分进行监督检查。

(4)监督检查技术规程、规范和质量标准的执行情况。

(5)检查施工单位和建设、监理单位对工程质量检验与质量评定情况。

(6)在工程竣工验收前,对工程质量进行等级核定,编制工程质量评定报告,并向工程竣工验收委员会提出工程质量等级的建议。

水利工程质量监督机构,按照国家和水利行业有关工程建设法规、技术标准和设计文件实施工程质量监督,对施工现场影响工程质量的行为进行监督检查。工程建设、监理、设计和施工单位在工程建设阶段,必须接受质量监督机构的监督。工程竣工验收前,必须经质量监督机构对工程质量进行等级核验。未经工程质量等级核验或者核验不合格的工程,施工单位不得交验,工程主管部门不能验收,工程不得投入使用。

**(三)水利工程质量检测**

在监督过程中,质量检测是进行质量监督和质量检查的重要手段。根据需要,质量监督机构可委托经计量认证合格的检测单位,对水利工程有关部位及所采用的建筑材料和工程设备进行抽样检测。水利工程质量检测单位,必须取得省级以上计量认证合格证书,并经水利工程质量监督机构授权,方可从事水利工程质量检测工作,检测人员必须持证上岗。

质量监督机构根据工作需要,可委托水利工程质量检测单位承担以下主要任务:

(1)核查受监督工程参建单位的实验室装备、人员资质、试验方法及成果等。

(2)根据需要对工程质量进行抽样检测,提出检测报告。

(3)参与工程质量事故分析和研究处理方案。

(4)质量监督机构委托的其他任务。

水利部水利工程质量监督机构认定的水利工程质量检测机构出具的数据是全国水利系统的最终检测。各省级水利工程质量监督机构认定的水利工程质量检测机构所出具的检测数据是本行政区域内水利系统的最高检测。

## 第三节 水利工程项目质量控制

工程项目质量控制是指为达到工程项目质量要求所采取的作业技术和活动。作业技术是指施工技术与施工管理技术,是质量控制的重要手段和方法。活动是指具有相关技术和技能的人运用作业技术开展的有组织、有计划、系统的质量活动。作业技术是直接产生产品质量或服务质量的条件,但并不是具备相关作业技术能力的人都能产生合格的质量,还必须通过科学管理进行组织协调作业技术活动的过程,以充分发挥质量形成能力,达到预期的质量目标。

质量控制的目的在于排除过程中导致质量不满意的原因,取得经济效益。质量控制分事前质量控制、事中质量控制和事后质量控制,使每一道工序的作业技术和活动都处在有效的受控状态,防止质量事故的发生。

### 一、施工生产要素质量控制

影响工程项目施工质量的因素主要有五个方面,即人(Man)、材料(Material)、机械(Machine)、方法(Method)、环境(Environment),通常称为4M1E。施工过程中对这五个因素加以严格控制,是确保工程项目施工质量的关键。

#### (一)人的控制

人是指直接参与项目建设的决策者、组织者、管理者和参与施工作业活动的具体操作人员。人是生产过程的活动主体,也是质量控制对象。要做到合理用人,发挥团队精神,充分调动人的积极性、主动性和创造性。人的控制内容包括人的技术水平、专业能力、人的生理条件、人的心理行为、劳动组织纪律、职业道德等。

为了保证和提高工程项目质量,应加强全体人员的质量教育,主要内容如下。

(1)使工人熟练掌握应知应会的技术和操作规程等。技术和管理人员应熟悉施工验收规范、质量评定标准、原材料、构配件和设备的技术要求与质量标准,以及质量管理的方法等。专职质量检验人员要能正确掌握检验、测量和试验方法,熟练使用仪器、仪表和设备。

(2)使企业全体人员知道质量管理知识的基本思想、基本内容,掌握常用的统计方法和质量标准,明确质量管理的性质、任务和工作方法等。

(3)树立“质量第一”和“为用户服务”的思想。让全体人员认识到保证和提高质量对国家、企业及个人的重要意义。

**(二)材料的控制**

材料(包括原材料、成品、半成品、构配件等)是工程项目施工的物质保证条件,材料质量是保证施工项目质量的极为重要的因素。材料质量控制主要从以下工作环节来落实。

1.材料的采购

施工需要采购的材料应根据工程特点、施工合同、材料的种类范围、材料的性能要求和价格因素等条件进行综合考虑。应要求材料供应商呈送材料样品或对材料生产厂家进行实地考察,优选供应厂家,建立常用材料的供应商信息库,及时追踪材料市场信息,建立收货检验的质量认定和质量跟踪档案制度;保证适时、适地、按质、按量、全套齐备地供应施工生产所需要的各种材料。

2.材料的质量检验

一般情况下,未经检验合格的材料不允许投放用于工程实体。如确因生产急需,来不及对材料进行检验和试验,则必须经过相应授权人员的批准,做好明确的标识和记录之后,才可投入使用,以保证发现不符合规定要求时,对已投入使用的材料能被立即追回或作更换处理。

材料质量检验是通过一系列的检测手段,将所取得的材料数据与材料质量标准和工艺规范进行比较,借以判断材料质量的可靠性和能否使用于工程实体。

材料质量检验的方法有书面检验、外观检验、理化检验和无损检验四种,根据材料来源和材料质量保证资料的具体情况,材料质量的检验程度为免检、抽检和全部检验方式。

3.材料的存储保管与使用

施工承包企业应在施工现场切实加强存储保管与使用方面的管理,避免因现场材料大量积压变质或误用而造成质量问题,如因保管不当造成水泥受潮结块、钢筋锈蚀等。还应切实搞好材料使用管理工作,坚持对各种材料严格按不同规格品种分类堆放、挂牌标志的做法,设专人在材料投放使用时进行现场检查督促,避免混料或将不合格的原材料使用到工程上。

**(三)机械设备的控制**

施工机械设备是实现施工机械化的重要物质基础。按照具体工程项目的施工工艺特点与技术要求,合理选用施工机械设备,优选设备供应厂家和专业供方,设备进场后,应对设备的名称、型号、规格、数量的清单逐一查收,保证工程项目设备的质量达到设计要求;设备安装依据有关设备的技术要求和质量标准,安装过程中控制好土建和设备安装的交叉流水作业;设备调试依据设计要求和程序进行,分析调试结果;配套投产,达到项目的设计生产规定。

施工机械设备质量控制的目标是实现机械设备类型、性能参数、使用条件与施工现场实际生产需要、施工工艺、技术规定等因素相匹配,始终保持设备的良好使用状态,达到施工生产规定。因此，施工承包企业应按照技术先进、经济合理、生产适用、性能可靠、使用安全的原则，选配施工生产机械设备，合理组织施工；应正确使用、管理、保养和检修好施工机械设备，严格实行人机固定、岗位责任和安全使用制度，使用过程中遵守机械设备的技术规定，做好机械设备的保养工作，包括清洁、润滑、调整、紧固和防腐工作，使机械设备处于最佳的使用状态，确保施工生产质量。

**（四）方法的控制**

施工方法控制是对为完成项目施工过程而采取的施工技术方案、施工工艺、施工组织设计、施工技术措施、质量检测手段所进行的控制。全面正确地分析工程特征、技术关键和环境条件等，明确质量目标、验收标准控制的重点、难点；制订合理有效的施工技术方案和组织措施；合理选用施工机械设备，合理布置施工总平面图和各阶段施工平面图；制订工程所采用的新技术、新工艺、新材料的技术方案和质量管理方案；根据工程具体情况，制定环境不利因素对施工的影响应对措施。

**（五）环境的控制**

影响工程项目质量的环境因素较多，有工程技术环境，如工程地质、水文、气象等；工程项目管理环境，如质量保证体系、质量管理工作制度等；劳动环境，如劳动组合、劳动工具、工作面等。环境因素对工程项目质量的影响具有复杂而多变的特点。

对水文地质等方面的影响因素的控制，应根据施工现场水文地质和气象条件，分析资料，预测不利因素，编制施工方案，采取相应的措施，加强环境保护和治理。建立施工现场组织系统运行机制和施工项目质量管理体系；正确处理好施工过程安排与施工质量形成的关系，使两者能够相互协调、相互促进；做好和施工项目外部环境的协调，包括与有关各方面的沟通、协调，以保证施工顺利进行，提高施工项目质量，创造良好的外部环境和氛围。在施工现场，应建立起文明施工和文明生产的环境，规范材料、构件堆放管理工作，保证道路畅通，工作场所清洁整齐，加强施工秩序，为确保工程质量和施工安全创造良好条件。

## 二、施工质量控制

施工质量控制的目标是执行国家在工程质量方面相关的法律法规和强制性标准的规定要求，正确配置施工生产质量要素，运用科学的管理方法达到工程预期的使用功能和质量标准。

**（一）施工准备质量控制（事前质量控制）**

工程项目施工准备阶段的质量控制是指项目正式开工前进行的施工准备工作和项目开工后经常进行的施工准备工作实施的各种质量控制活动。认真做好施工准备工作，积极为工程项目创造施工条件，是工程项目施工顺利进行的基础，不但可使工程质量得到保证，而且还可促使工程成本有效降低、缩短工程项目施工周期；施工准备工作是施工承包企业生产经营管理工作的重要组成部分，基本任务是为工程项目施工建立必要的技术和物质条件，统筹安排施工资源和施工现场，保证项目施工和设备安装活动顺利进行。因此，施工准备工作的质量控制对形成工程项目施工质量具有重要的意义。具体的工作内容包括以下几个方面。

1. 技术准备

技术准备工作是施工准备工作的核心内容。技术准备工作的质量控制主要包括施工项目图纸的熟悉和会审,编制项目施工组织设计,组织技术交底,编制项目施工图预算和施工预算,对施工项目建筑地点的自然条件、技术经济条件的调查分析等各项工作的控制。

设计文件和施工图纸的学习是进行质量控制和规划的重要而有效的方法。让施工人员熟悉、了解工程项目特点、设计意图和掌握关键部位的工程质量要求,做到按图施工。通过图纸审查,可以及时发现存在的问题,提出修改意见,帮助设计单位提高设计质量,避免产生技术事故或产生工程质量问题。图纸会审由建设单位或监理单位主持,设计单位、施工单位参加,写出会审纪要。图纸审查应抓住关键,特别注意构造和结构的审查,应形成图纸审查与修改文件,作为档案保存。

施工组织设计是对工程项目施工的各项活动作出全面的构思和规划,指导准备和全过程的技术经济文件,基本任务是使工程项目施工建立在科学合理的基础上,确保工程项目取得良好的经济效益和社会效益。施工组织设计按照设计阶段和编制对象的不同,一般分为施工组织总设计,单位工程施工组织设计,难度大、技术复杂或新技术项目的分部分项工程施工设计三大类。施工组织设计通常包括工程概况、工程实施方案、工程准备工作计划、工程进度计划、技术质量措施、安全文明施工措施、各项资源需要量计划、工程项目施工平面图、技术经济指标等内容。施工组织设计质量控制起主要作用的是施工方案,主要包括施工程序、流水段的划分,主要项目的施工技术、施工机械的采用,保证质量、安全施工、冬季和雨季施工、污染防止等方面的预控方法和具体的技术组织措施。

技术交底是经常性的技术工作,可分级分阶段进行。技术交底以工程项目设计图纸、施工组织设计、工程质量验收标准、施工验收规范、操作规程等为依据,编制交底文件,必要时可用现场示范操作等形式进行,应做好书面交底记录。目的是使参与工程项目施工的人员对施工对象的设计情况、建筑结构特点、技术规定、施工工艺、质量标准和技术安全措施等方面进行较详细的认识,做到心中有数,能够科学地组织施工与合理地安排工序,避免发生技术错误或操作错误。

2. 物资准备

物资准备的质量控制包括施工需要原材料的准备、构配件和制品的加工准备、施工机具准备、生产工艺设备的准备等。材料、构配件、制品、机具和设备是确保施工过程正常、顺利、连续进行的物资基础。采购前应按先评价后选择的原则,由明确物资技术标准和管理要求的人员,对选择供方的技术、管理、质量检测、工序质量控制与售后服务等质量保证能力进行调查,对信誉与产品质量的实际检验进行评价,综合比较各供方,作出综合评价,选择合格的供方建立供求关系。

3. 组织准备

组织准备是指为工程项目施工过程的顺利展开而进行的人员组织与安排工作。组织准备工作的质量控制包括建立项目组织机构、编制评审施工项目管理方案、集结施工队伍、对施工队伍进行培训教育、建立精干的施工作业班组、建立健全有关管理制度等控制活动。

4. 施工现场准备

施工现场准备工作是为工程项目的施工创造良好的施工环境和施工条件。施工现场准备工作的质量控制包括控制网、水准点、标桩的测量工作；“四通一平”；生产、生活临时设施的准备；组织施工机具、材料进场，拟定试验、技术开发和技术进步项目计划；编制季节性施工措施；制定施工现场管理制度等质量控制。

5. 现场外施工准备

除了在施工现场内进行的准备工作外，还包括在施工现场外进行的准备工作。场外施工准备工作的质量对工程项目施工质量同样重要，内容包括签订建筑材料、构配件、建筑制品、工艺设备的加工订货等合同，与相关配合协作单位签署协作议定书；工程总承包商或主承包商将总包的工程项目，按照专业性质或工程范围分包给若干个分包商来完成，为了保证分包工程的质量、工期和现场管理能达到总合同的要求，总承包商应由主管部门和人员对选择的分包商，包括建设单位指定的分包商，进行资格文件审查、考察已完工程施工质量等方法，对分包商的技术及管理实务、特殊及主体工程人员资格、机械设备能力及施工经验，严格进行综合评价，决定是否可作为合作伙伴。依法订立工程分包合同。

**(二)施工过程质量控制(事中质量控制)**

1. 过程控制

对进入现场的物料，以及施工过程中的半成品，如水泥、钢材、钢筋连接接头、砂浆、混凝土、预制构件等，应按规范、标准和设计的要求，按照对质量的影响程度和使用部位重要程度的不同，在使用前运用抽样检测或全数检测等形式进行检测，对涉及结构安全的应由建设单位或监理单位现场见证取样，送有资格的单位检测，确定质量的可靠性。严禁将未经检测或检测不合格的材料、半成品、构配件、设备等投入使用。

施工过程控制要求自始至终对产品生产过程中影响质量的人、材料、机械、方法、环境各因素严格控制；根据产品生产的实际需要编制、实施质量体系文件；按照产品特性及过程参数实施质量监控；对生产过程中出现的不合格品严格依据规定程序处理；认真填写质量记录，保证产品质量；严格各项规章制度及质量责任制。

2. 实施工序质量控制

工程项目的施工过程是由一系列相互关联、相互制约的工序所构成的。工程项目质量是在施工工序中形成的，而不是最后检验出来的。工序质量是工程实体质量的基础，直接影响工程项目的整体质量。工序质量控制的内容，一是工序活动条件的质量控制，即每道工序投入的人、材料、机械设备、方法和环境质量符合规定要求。二是工序活动效果的质量控制，即每道施工工序完成的工程产品达到有关质量标准。

1)工序质量控制点

质量控制点是为了保证工序质量而将施工质量难度大、对质量影响大或是发生质量问题时危害大的对象设置为质量控制工作的重点，便于在一定时期内、一定条件下进行重点与强化管理，有效地消除易于发生的质量隐患，使施工工序质量处于良好的被控制状态。对于具体工程项目，质量控制点的设置对象应根据重要性、复杂性，准确、合理地选择质量控制点。对技术要求高、施工难度大的关键性工程部位，重点设置技术和监理人员，重点控制操作人员、材料、机械设备、施工工艺等；针对质量通病或容易产生不合格产品的薄弱环节,应提前制定有效的措施,实施重点控制;采用新工艺、新技术、新材料的部位或环节需要特别重视。凡是影响质量控制点的因素都可作为质量控制点的对象,所以,人、材料的质量和性能、设备、施工方法、关键性操作、施工工序、施工顺序、技术参数、施工环境等均可设置为质量控制点,但对不同的质量控制点,影响作用是不同的,应区别对待,重要因素,重点控制。

质量预控是针对所设置的质量控制点或分部、分项工程,事先分析在施工过程中可能发生或容易出现的质量问题和隐患,提出相应对策,采取有效的质量控制措施进行预先控制,以防止在施工中发生质量问题。施工项目质量预控对策的表达方式有文字表达、用表格形式表达与解析图形式表达的质量预控对策表。

在设置质量控制点后,要列出质量控制点明细表,设计质量控制点流程图,找出影响质量的主要因素,制定出主要影响因素的控制范围和要求,编制保证项目质量的作业指导书。严格要求操作人员依据作业指导书进行操作,确保各环节的施工质量;质量检查及监控人员在施工现场进行重点指导、检查和验收;按照规定做好质量检查和验收,认真记录检查结果;运用数理统计方法对检查结果进行分析,不断进行质量改进。

2)严格遵守工艺规程

任何人都必须严格执行施工操作的要求和法规,保证工序质量。

3)控制工序活动条件的质量

保证每道工序的质量始终处于正常、稳定状态,控制影响质量的人、材料、机械设备、施工方法、施工环境等。

4)及时检查工序活动效果的质量

加强质量检查,做好统计分析工作,及时进行处理,使工序活动效果的质量能够满足有关规范的要求。

3. 施工过程质量检查

施工过程质量检查指工序施工中或上道工序完工转入下道工序时所进行的质量检查,有效地保证工程项目的施工质量,包括以下各项检查内容。

1)质量自检和互检

自检是由操作人员对施工工序或已完成的分项工程进行自我检查,实施自我控制,防止不合格品进入下道工序。互检是操作人员之间对所完成的工序或分项工程进行相互检查,是对自检的一种复核和确认。

2)工序质量监督与检查

监督、检查所有工序投入品质量是否处于良好状态,重点监督、检查施工难度大、易于产生质量通病的施工对象,通过进行巡视检查、专业检查和最终检查,严格控制施工操作质量。

3)工序交接检查

在自检、互检的基础上组织专职质检人员进行工序的交接检查。

4)隐蔽工程检查

隐蔽工程是指施工完毕后将被隐蔽,无法或很难进行检查的分部、单元工程,如地基、基础、基础与主体结构各部位钢筋、现场结构焊接、防水工程等。

通过隐蔽工程的检查,可确保工程质量符合规定要求,有利于发现问题及时处理。属隐蔽工程须经过检查认证后方可覆盖。

5)单元、分部工程的质量检查

施工过程中,单元、分部工程施工完毕后,质检人员均应按照合同规定、施工质量验收统一标准和专业施工质量验收规范的要求对已完工的分部、单元工程进行检查。质量检查应在自检的基础上,由专职质量检查员或技术质量部门进行核定。通过检查,对质量确认后,签署验收记录之后,方可进行后续工程施工。

6)工程预检

工程预检是指工程在未施工前所进行的预先检查,保证技术基准的正确性。对于涉及定位轴线、标高、尺寸,配合比,预埋件的材质、型号、规格等,都应按照设计文件和技术标准的规定进行复核检查,做好记录和标识。

4.设计变更

施工过程中,由于建设单位对工程使用目的、功能或质量要求发生变化,以及施工现场实际条件发生变化,导致设计变更,涉及施工图的设计变更。应严格按照规定程序处理设计变更的相关问题,设计变更须经建设、设计、监理、施工单位各方同意,共同签署设计变更记录,由设计单位负责修改签字盖章确认,向施工单位签发设计变更通知书,监理工程师下达设计变更令,施工单位备案后执行,按要求改动,避免影响工程质量和使用。

5.成品保护

在施工过程中,有些分项、分部工程已经完成,而其他部位或工程正在施工。这种情况下,施工单位应负责对已完成的成品采取妥善措施加以保护,如果缺乏保护或保护不善会造成损伤、污染,影响工程的质量。

成品保护工作主要是要合理安排施工顺序、采用有效的保护措施和加强成品保护的检查工作。

**(三)施工验收质量控制(事后质量控制)**

1.准备竣工验收资料

承包单位应将完整的工程技术资料进行整理分类、编目、建档后,移交给建设单位。工程项目竣工验收资料是工程使用、维修、扩建和改建的重要依据与指导文件。

2.组织竣工验收

按规定的质量验收标准和办法,对完成的检验单元、分部工程和单位工程进行验收。根据工程项目重要程度和性质,按竣工验收标准,分层次进行竣工检查。先由项目部组织自检,对缺漏或不符合要求的部位和项目,制定整改措施,确定专人负责整改。达不到竣工标准的工程,不能竣工,也不能报请竣工质量核定和竣工验收。经过整改复查完毕后,报请上级单位进行复检,通过复检,解决全部问题,由设计、施工、监理等单位分别签署质量合格文件,向建设单位发送竣工验收报告,出具工程保修证书。

按照相关规定,在竣工验收交付使用后,施工单位主动对工程项目进行回访,听取建设单位或用户对工程项目质量的意见。在保修期限和保修范围内,对属于施工过程中的质量问题负责维修,如属设计等因素造成的质量问题,在取得建设单位和设计单位认可后,协助修补。

# 第四节　水利工程项目质量管理方法

统计分析方法是利用数理统计的原理和方法对工程或产品质量进行控制的科学方法。质量管理中常用的统计方法有七种：排列图法、因果分析图法、频数分布直方图法（直方图法）、控制图法、相关图法、分层法和统计调查表法。通常又称为质量管理的七种工具。

## 一、排列图法

排列图又称帕累托图或主次因素分析图，是利用排列图寻找影响质量主次因素的一种有效方法，用于寻找主要质量问题或影响质量的主要原因，以便抓住提高质量的关键，取得好的效果。

排列图是由两个纵坐标、一个横坐标、几个直方形和一条曲线所组成的，如图 9-1 所示。左侧的纵坐标表示频数，右侧纵坐标表示累计频率，横坐标表示影响质量的各个因素或项目，按影响程度大小从左至右排列，直方形的高度表示某个因素的影响大小，实际应用中，通常按累计频率划分为 0 ~ 80%、80% ~ 90%、90% ~ 100% 三部分，与其对应的影响因素分别为 A、B、C 三类。A 类为主要因素，B 类为次要因素，C 类为一般因素。

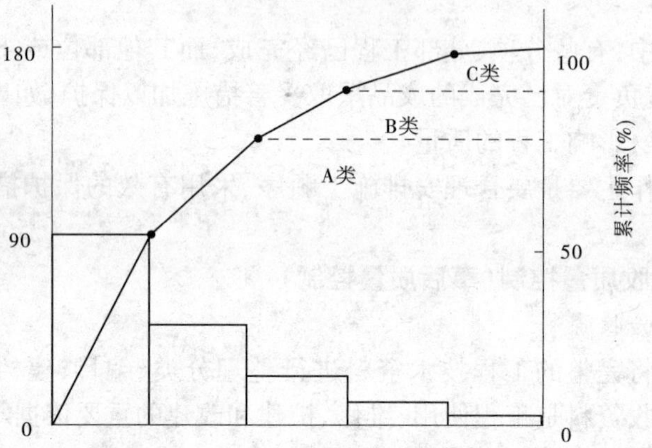


图 9-1　排列图

观察直方形，大致可看出各项目的影响程度。排列图中的每个直方形都表示一个质量问题或影响因素，影响程度与各直方形的高度成正比。

## 二、因果分析图法

因果分析图因其形状又常被称为树枝图或鱼刺图，也称特性要因图。特性是施工中出现的质量问题；要因是对质量问题有影响的因素或原因；因果分析图是用于逐步深入地研究和讨论质量问题，寻找影响因素，以便从重要因素着手解决，有针对性地制定相应的对策加以改进。

因果分析图法是利用因果分析图来整理分析某个质量问题（结果）与其产生原因之

间关系的有效工具。因果分析图的基本形式如图 9-2 所示。从图 9-2 可见,因果分析图由质量特性(即质量结果或某个质量问题)、要因(产生质量问题的主要原因)、枝干(指一系列箭线表示不同层次的原因)、主干(指较粗的直接指向质量结果的水平箭线)等所组成。

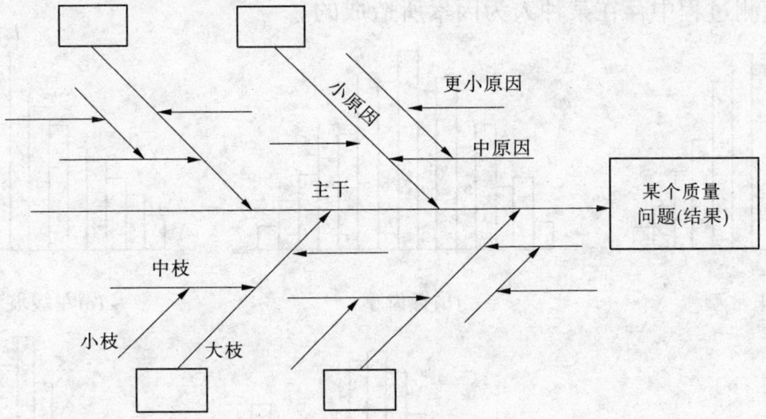


图 9-2　因果分析图的基本形式

要求绘制者熟悉专业施工方法,调查、了解施工现场实际条件和操作的具体情况。以各种形式,广泛收集现场工人、班组长、质量检查员、工程技术人员的意见,相互启发,相互补充,使因果分析更符合实际。绘制因果分析图不是目的,而要根据图中所反映的主要原因,制定改进的措施和对策,限期解决问题,保证产品质量不断提高。具体实施时,一般应编制一个对策计划表。

## 三、直方图法

直方图法即频数分布直方图法,频数是在试验中随机事件重复出现的次数,或一组数据中某个数据重复出现的次数。通过对数据的加工、整理、绘图,掌握数据的分布状态,判断加工能力、加工质量,估计产品的不合格品率。

直方图法是将收集到的质量数据进行分组整理,绘制成频数分布直方图,用以描述质量分布状态的一种分析方法,所以又称质量分布图法。

通过对直方图的观察与分析,了解产品质量的波动情况,掌握质量特性的分布规律,以便对质量状况进行分析判断。

观察直方图的形状,判断质量分布状态。作完直方图后,首先要认真观察直方图的整体形状,看其是否属于正常型直方图。正常型直方图是中间高、两侧低、左右接近对称的图形,如图 9-3(a)所示。出现非正常型直方图时,表明生产过程或收集数据作图有问题。这就要求进一步分析判断,找出原因,从而采取措施加以纠正。凡属非正常型直方图,其图形分布有各种不同缺陷,归纳起来有五种类型,如图 9-3 所示。

(1)折齿型(见图 9-3(b)),是由于分组不当或者组距确定不当出现的直方图。

(2)左(或右)缓坡型(见图 9-3(c)),主要是由于操作中对上限(或下限)控制太严造成的。

(3)孤岛型(见图9-3(d)),是原材料发生变化,或临时他人顶班作业造成的。

(4)双峰型(见图9-3(e)),是由于用两种不同方法或两台设备或两组工人进行生产,然后把两方面数据混在一起整理产生的。

(5)绝壁型(见图9-3(f)),是由于数据收集不正常,可能有意识地去掉下限附近的数据,或是在检测过程中存在某种人为因素所造成的。

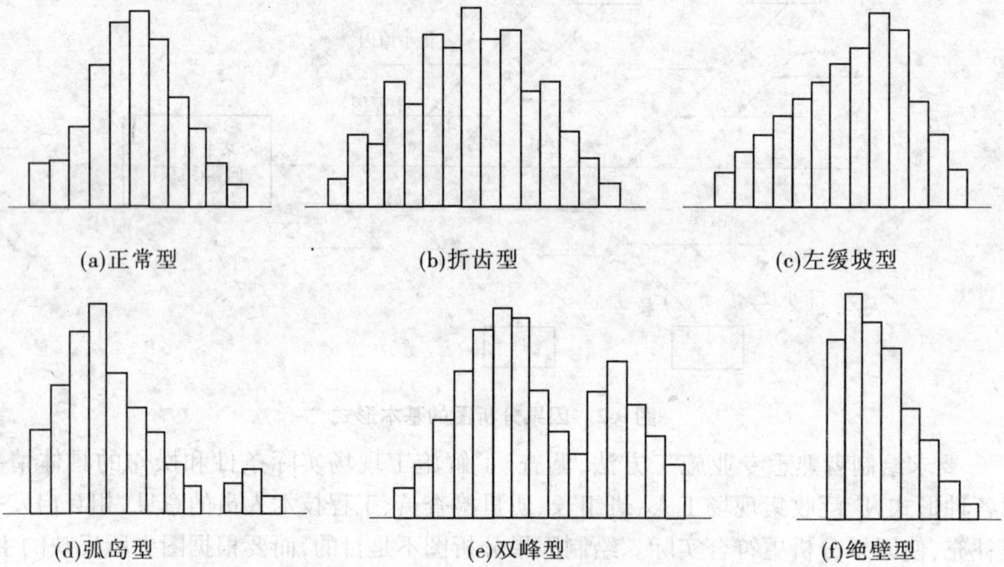


**图9-3　常见的直方图**

## 四、控制图法

控制图又称管理图。它是在直角坐标系内画有控制界限,描述生产过程中产品质量波动状态的图形。利用控制图区分质量波动原因,判明生产过程是否处于稳定状态,提醒人们采取措施,使质量始终处于控制状态。

### (一)控制图的基本形式及用途

1.控制图的基本形式

控制图的基本形式如图9-4所示。横坐标为样本(子样)序号或抽样时间,纵坐标为被控制对象,即被控制的质量特性值。控制图上一般有三条线:在上面的一条虚线称为上控制界限,用符号UCL表示;在下面的一条虚线称为下控制界限,用符号LCL表示;中间的一条实线称为中心线,用符号CL表示。中心线标志着质量特性值分布的中心位置,上下控制界限标志着质量特性值允许波动范围。

在生产过程中通过抽样取得数据,把样本统计数据描在图上来分析生产过程状态。如果点子随机地落在上、下控制界限内,则表明生产过程正常,处于稳定状态,不会产生不合格品;如果点子超出控制界限,或点子排列有缺陷,则表明生产条件发生了异常变化,生产过程处于失控状态。

2.控制图的用途

控制图是用样本数据来分析判断生产过程是否处于稳定状态的有效工具。它的主要

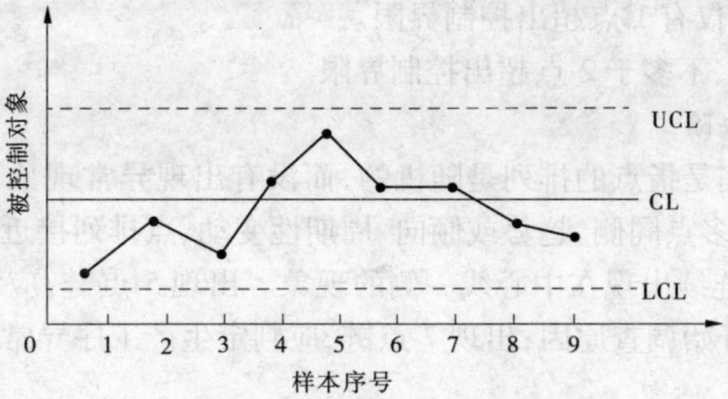


图 9-4　控制图的基本形式

用途有两个。

(1)过程分析,即分析生产过程是否稳定。为此,应随机连续收集数据,绘出控制图,观察数据点分布情况并判定生产过程状态。

(2)过程控制,即控制生产过程质量状态。为此,要定时抽样取得数据,将其变为点描在图上,发现并及时消除生产过程中的失调现象,预防不合格品的产生。

**(二)控制图的分类**

1.按用途分类

(1)分析用控制图。主要是用来调查分析生产过程是否处于控制状态。绘制分析用控制图时,通常需连续抽取 20~25 组样本数据,计算控制界限。

(2)管理用控制图。主要用来控制生产过程,使之经常保持在稳定状态下。当根据分析用控制图判明生产过程处于稳定状态时,通常把分析用控制图的控制界限延长作为管理用控制图的控制界限,并按一定的时间间隔取样、计算、描点,根据点子分布情况,判断生产过程是否有异常因素影响。

2.按质量数据特点分类

(1)计量值控制图。主要适用于质量特性值属于计量值的控制,如时间、长度、质量、强度、成分等连续型变量。质量特性值服从止态分布规律。

(2)计数值控制图。通常用于控制质量数据中的计数值,如不合格品数、疵点数、不合格品率等离散型变量。根据计数值的不同,可分为计件值控制图和计点值控制图。

**(三)控制图的观察与分析**

绘制控制图的目的是分析判断生产过程是否处于稳定状态。主要是通过控制图上对点的分布情况的观察与分析进行,因为控制图上点作为随机抽样的样本,可以反映出生产过程(总体)的质量分布状态。

当控制图同时满足以下两个条件:一是点几乎全部落在控制界限之内;二是控制界限内的点排列没有缺陷。就可以认为生产过程基本上处于稳定状态。如果点的分布不满足其中任何一条,都应判断生产过程为异常。

1.点全部落在控制界线内

点全部落在控制界线内是指应符合下述三个要求。

(1)连续 25 点处于控制界限内。

(2)连续 35 点,仅有 1 点超出控制界限。

(3)连续 100 点,不多于 2 点超出控制界限。

2. 点排列没有缺陷

点排列没有缺陷是指点的排列是随机的,而没有出现异常现象。这里的异常现象是指点排列出现了链、多点同侧、趋势或倾向、周期性变动、点排列接近控制界限等情况。

(1)链,是指点连续出现在中心线一侧的现象。出现 5 点链,应注意生产过程发展状况;出现 6 点链,应开始调查原因;出现 7 点链,应判定生产工序异常,需采取处理措施,如图 9-5(a)所示。

(2)多次同侧,是指点在中心线一侧多次出现的现象,或称偏离。下列情况说明生产过程已出现异常:在连续 11 点中有 10 点在同侧;在连续 14 点中有 12 点在同侧;在连续 17 点中有 14 点在同侧;在连续 20 点中有 16 点在同侧,如图 9-5(b)所示。

(3)趋势或倾向,是指点连续上升或连续下降的现象。连续 7 点或 7 点以上上升或成下降排列,就应判定生产过程有异常因素影响,要立即采取措施,如图 9-5(c)所示。

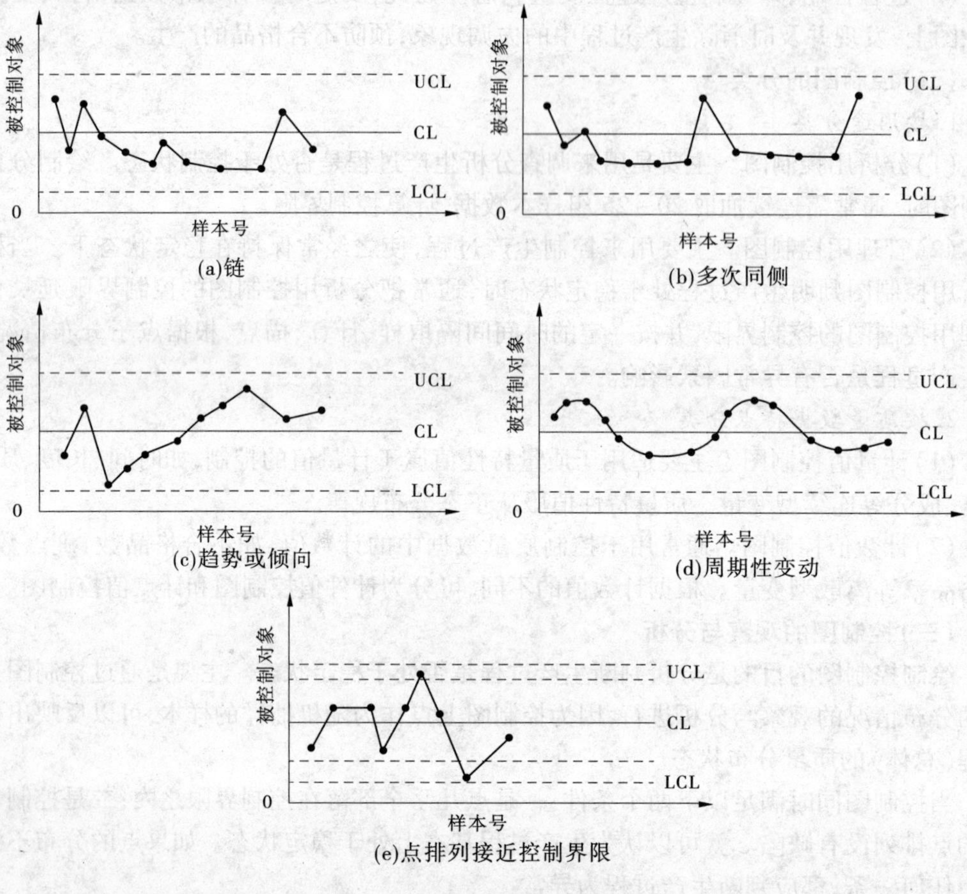


**图 9-5　有异常现象的点子排列**

(4)周期性变动,即点的排列显示周期性变化的现象。这样即使所有点都在控制界限内,也应认为生产过程为异常,如图 9-5(d)所示。

(5)点排列接近控制界限。如属下列情况的则判定为异常:连续3点至少有2点接近控制界限;连续7点至少有3点接近控制界限;连续10点至少有4点接近控制界限,如图9-5(e)所示。

以上是用控制图分析判断生产过程是否正常的准则。如果生产过程处于稳定状态,则把分析用控制图转为管理用控制图。分析用控制图是静态的,而管理用控制图是动态的。随着生产过程的进展,通过抽样取得质量数据,把点描在图上,随时观察点的变化,一是点落在控制界限外或界限上,即判断生产过程异常;二是点即使在控制界限内,也要随时观察其有无缺陷,以对生产过程正常与否作出判断。

## 五、相关图法

### (一)相关图的用途

相关图又称散布图。在质量管理中它是用来显示两种质量数据之间关系的一种图形。质量数据之间的关系多属相关关系。通常有三种类型:一是质量特性和影响因素之间的关系;二是质量特性和质量特性之间的关系;三是影响因素和影响因素之间的关系。

通常用$y$和$x$表示质量特性值和影响因素,通过绘制散布图、计算相关系数等,分析研究两个变量之间是否存在相关关系,以及这种关系密切程度如何,进而研究相关程度密切的两个变量,通过对其中一个变量的观察控制,去估计控制另一个变量的数值,以达到保证产品质量的目的。这种统计分析方法称为相关图法。

### (二)相关图的观察与分析

相关图中数据点的集合,反映了两种数据之间的散布状况,根据散布状况可以分析研究两个变量之间的关系。归纳起来,有以下六种类型,如图9-6所示。

(1)正相关(见图9-6(a)),散布点基本形成由左至右、向上变化的一条直线带,即随$x$增加,$y$值也相应增加,说明$x$与$y$有较强的制约关系,可通过对$x$控制而有效控制$y$的变化。

(2)弱正相关(见图9-6(b)),散布点形成向上较分散的直线带。随$x$值的增加,$y$值也有增加趋势,但$x$、$y$的关系不像正相关那么明显。说明$y$除受$x$影响外,还受其他更重要的因素影响,需进一步利用因果分析图法分析其他的影响因素。

(3)不相关(见图9-6(c)),散布点形成一团或平行于$x$轴的直线带。说明$x$变化不会引起$y$的变化或其变化无规律,分析质量原因时可排除$x$因素。

(4)负相关(见图9-6(d)),散布点形成由左向右至下的一条直线带。说明$x$对$y$的影响与正相关恰相反。

(5)弱负相关(见图9-6(e)),散布点形成由左至右向下分布的较分散的直线带。说明$x$与$y$的相关关系较弱,且变化趋势相反,应考虑寻找影响$y$的其他更重要的因素。

(6)非线性相关(见图9-6(f)),散布点呈一曲线带,即在一定范围内$x$增加,$y$也增加,超过这个范围$x$增加,$y$则有下降趋势,或呈曲线形式。

## 六、分层法

分层法也叫分类法,是将调查收集的质量数据,按照不同的目的和要求,按某一性质

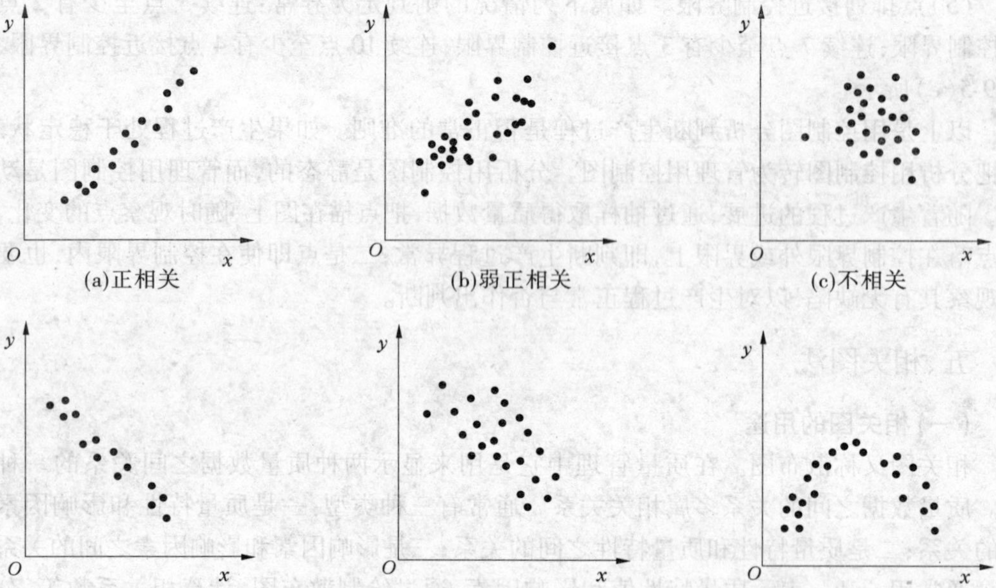

(a)正相关 (b)弱正相关 (c)不相关
(d)负相关 (e)弱负相关 (f)非线性相关

图 9-6 相关图

进行分组、整理的分析方法。分层的结果使数据各层间的差异突出地显示出来,层内的数据差异减少。在此基础上再进行层间、层内的比较分析研究,可以更深刻地发现和认识质量问题的本质与规律。由于产品质量是多方面因素共同作用的结果,所以对同一批数据,可以按不同性质分层,从不同角度来考虑、分析产品存在的质量问题和影响因素。

常用的分层方法有:按操作班组或操作者分层;按机械设备不同型号、功能分层;按技术、操作方法分层;按原材料不同产地或等级分层;按时间顺序分层;按不同检测手段分层。

### 七、统计调查表法

统计调查表法是利用专门设计的统计调查表,进行数据收集、整理和分析研究质量状况的一种方法。

在质量管理活动中,利用统计调查表收集数据,简便灵活,便于整理。没有固定的格式,通常可按照调查的项目,设计不同的格式。

## 第五节 水利工程项目质量评定和质量事故处理

工程质量评定是依据质量评定的标准和方法,对照施工质量的具体情况,确定质量等级的过程。为加强水利水电工程建设质量管理,保证水利水电工程施工质量,统一质量检验及评定方法,使施工质量评定工作标准化、规范化,水利水电工程施工质量评定除应符合水利水电工程施工质量评定规程要求外,还应符合国家和行业现行有关标准的规定。

水利水电工程的施工质量评定,应由水利水电行业质量监督机构监督执行。对于出现的质量事故,要根据事故的具体情况,按规定的程序处理。

## 一、工程质量评定的依据

(1)《水利水电基本建设工程单元工程质量等级评定标准》(以下简称《评定标准》)和国家及水利水电行业有关施工规程、规范及技术标准。

水利建设工程施工质量的质量检验和评定标准的法规体系已基本形成,为加强水利工程施工质量管理,搞好工程质量控制,提高工程质量奠定了良好的基础,具体主要包括:

①《评定标准》包括七套评定标准,分别适用于水工建筑工程、金属结构制作安装和启闭机安装工程、水轮发电机组安装工程、水力机械辅助设备安装工程、水电站电气设备安装、主变压器及户外高压电气设备安装工程、碾压土石坝和浆砌石坝工程。

②《水利水电工程施工质量评定表》(简称《评定表》)。

③《水利水电工程施工质量评定表填表说明与示例》。

④《水利水电工程施工质量评定规程》。

⑤《堤防工程施工质量评定与验收规程》。

(2)经批准的设计文件、施工图纸、金属结构设计图样与技术条件、设计修改通知书、厂家提供的设备安装说明书及有关技术文件。

(3)工程承发包合同中采用的技术标准。

(4)工程试运行期的试验及观测分析成果。

## 二、项目划分

为了实现对工程全方位、全过程的质量控制和检验评定,按照工程的形成过程,考虑设计布局、施工布置等因素,将水利水电工程依次划为单位工程、分部工程和单元工程三级。单元工程是进行日常考核和质量评定的基本单位。项目划分由建设(监理)单位组织设计及施工单位共同研究确定,并报质量监督部门认可后实施。

### (一)单位工程划分

单位工程,指具有独立发挥作用或独立施工条件的建筑物。单位工程通常可以是一项独立的工程,也可以是独立工程的一部分,一般按设计及施工部署划分,通常应遵循如下原则:

(1)枢纽工程,以每座独立的建筑物为一个单位工程。工程规模大时,也可将一个建筑物中具有独立施工条件的一部分划为一个单位工程。

(2)渠道工程,按渠道级别(干、支渠)或工程建设期、段划分,以一条干(支)渠或同一建设期、段的渠道工程为一个单位工程。大型渠道建筑物也可以每座独立的建筑物为一个单位工程。如进水闸、分水闸、隧洞。

(3)堤防工程,依据设计及施工部署,以堤身、堤岸防护、交叉联结建筑物分别列为单位工程。如堤身工程、堤岸防护工程等。

### (二)分部工程划分

分部工程,指在一个建筑物内能组合发挥一种功能的建筑安装工程,是组成单位工程的各个部分。对单位工程安全、功能或效益起控制作用的分部工程称为主要分部工程。

现行的水利水电工程施工质量等级评定标准是以优良个数占总数的百分率计算的。分部工程的划分主要依据建筑物的组成特点及施工质量检验评定的需要来进行划分。分部工程划分是否恰当,对单位工程质量等级的评定影响很大。因此,分部工程的划分应遵循如下原则:

(1)枢纽工程的土建工程按设计的主要组成部分划分分部工程;金属结构、启闭机及机电设备安装工程根据《评定标准》划分分部工程;渠道工程和堤防工程依据设计及施工部署划分分部工程。

(2)同一单位工程中,同类型的各个分部工程的工程量不宜相差太大,不同类型的各个分部工程投资不宜相差太大,工程量相差不超过50%。

(3)每个单位工程的分部工程数目不宜少于5个。

**(三)单元工程划分**

单元工程是分部工程中由几个工程施工完成的最小综合体,是日常考核工程质量的基本单位。对不同类型的工程,有各自单元工程划分的办法。

水利水电工程中的单元工程一般有三种类型:有工序的单元工程、不分工序的单元工程和由若干个桩(孔)组成的单元工程。如:钢筋混凝土单元工程可以分为基础面或施工缝处理、模板、钢筋、止水伸缩缝安装、混凝土浇筑五个工序;岩石边坡开挖单元工程质量只有一个工序,分为保护层开挖、平均坡度、开挖坡面的检查等几个检查项目;若干个桩(孔)组成的单元工程主要指基础处理工程中的桩基和灌浆工程中的造孔灌浆工程。

单元工程的划分原则:

(1)枢纽工程按照《评定标准》的规定划分。《评定标准》中未涉及的单元工程可依据设计结构、施工部署或质量考核要求划分的层、块、段确定单元工程。

(2)渠道工程中的明渠(暗渠)开挖填筑单元工程、衬砌单元工程按渠道变形缝或结构缝划分。当渠道设计流量小于30 $m^3/s$时,单元工程长度不宜大于100 m;当设计流量不小于30 $m^3/s$时,单元工程长度不宜大于50 m。渠道建筑物视其规模大小划分单元工程:大型渠道的建筑物可按《评定标准》划分单元工程;中型渠道建筑物按设计的组成部分划分,以每一主要组成部分为一个单元工程;小型建筑物,以一座或几座建筑物为一个单元工程。

(3)堤防工程根据施工方法与施工进度划分单元工程,土堤按照填筑层、段划分,每个单元工程填筑量以1 000~2 000 $m^3$为宜;堤防中的大、中型建筑物可按照《评定标准》划分单元工程,小型建筑物以一座或几座建筑物为一个单元工程。

水利水电工程项目划分和工程关键部位的确定,由建设(监理)单位组织设计及施工单位共同研究确定。重要隐蔽工程,指主要建筑物的地基开挖、地下洞室开挖、地基防渗、加固处理和排水工程等。工程关键部位,指对工程安全或效益有显著影响的部位。中间产品,指需要经过加工生产的土建类工程的原材料及半成品。外观质量得分率,指单位工程外观质量实际得分占应得分数的百分数。

水利水电工程单元工程是依据设计结构、施工部署或质量考核要求,把建筑物划分为若干个层、块、段来确定单元工程。不要将单元工程与国标中的分项工程相混淆。国标中的分项工程完成后不一定形成工程实物量，或者形成未就位安装零部件及结构件，如模板分项工程，钢筋焊接、钢筋绑扎分项工程，钢结构件焊接制作分项工程等。

## 三、工程质量检验

### （一）基本规定

（1）计量器具需经县级以上人民政府技术监督部门认定的计量检定机构或其授权设置的计量检定机构进行检定，并具备有效的检定证书。

（2）检测人员应熟悉检测业务，了解被检测对象和所用仪器设备性能，经考核合格，持证上岗。参与中间产品质量资料复核人员应具有初级以上工程系列技术职称。

（3）施工单位应建立完善的质量保证体系，要有专门的质量管理机构和健全的管理制度，具备与工程相适应的质量检验、测试仪器设备。建设（监理）单位应有相应的质量检查机构和健全的管理制度。

（4）工程质量检验项目的名称和数量应符合《评定标准》的规定。量的名称、量的单位和符号采用国家法定计量单位。

（5）水利水电工程质量检验方法，应符合《评定标准》和国家及水利水电行业现行技术标准的有关规定。

### （二）质量检验职责范围

1）永久性工程（包括主体工程及附属工程）施工质量检验

（1）施工单位应按照《评定标准》规定的检验项目及数量全面进行自检，做好施工记录，如实填写《水利水电工程施工质量评定表》。

（2）建设（监理）单位应根据《评定标准》复核工程质量。

（3）质量监督机构实行以抽查为主要方式的监督制度。抽查结果应及时公布。

2）临时工程质量检验

临时工程质量检验项目及评定标准，由建设（监理）、设计及施工单位参照《评定标准》的要求研究决定，报相应的质量监督机构核备。

### （三）质量检验程序

（1）工程质量检验包括施工准备检查，中间产品与原材料质量检验，水工金属结构、启闭机及机电产品质量检查，单元工程质量检验，质量事故检查及工程外观质量检验等程序。

（2）施工准备检查。主体工程开工前，施工单位应组织人员对施工准备工作进行全面检查，经建设（监理）单位确认合格后才能进行主体工程施工。

（3）中间产品与原材料质量检验。施工单位应按《评定标准》及有关技术标准对中间产品与水泥、钢材等原材料质量进行全面检验，不合格产品不得使用。

（4）水工金属结构、启闭机及机电产品质量检查。安装前，施工单位应检查是否有出厂合格证、设备安装说明书及有关技术文件；对在运输和存放过程中发生的变形、受潮、损坏等问题应做好记录，进行妥善处理。无出厂合格证或不符合质量标准的产品不得用于工程中。

（5）单元工程质量检验。施工单位应严格按《评定标准》检验工序及单元工程质量，做好施工记录，填写《水利水电工程施工质量评定表》。建设（监理）单位根据自己抽检的资料，核定单元工程质量等级。发现不合格单元工程，应按设计要求及时进行处理，合格后才能进行后续单元工程施工。对施工中的质量缺陷要记录备案，进行统计分析，记入相应单元工程质量评定表"评定意见"栏内。

（6）施工单位应按月将中间产品质量及单元工程质量等级评定结果报建设（监理）单位，由建设（监理）单位汇总后报质量监督机构。

（7）工程外观质量检验。单位工程完工后，由质量监督机构组织建设（监理）、设计及施工等单位组成工程外观质量评定组，进行现场检验评定。参加外观质量评定的人员，必须具有工程师及以上技术职称。评定组人数不应少于5人，大型工程不宜少于7人。

**（四）质量事故检查**

（1）质量事故发生后，应按"三不放过"原则，调查事故原因，研究处理措施，查明事故责任者，根据国家有关法规处理。

（2）一般质量事故由施工单位进行调查、提出处理意见，经建设（监理）单位同意后实施。由建设单位将事故调查、处理情况书面报质量监督机构核备。

（3）重大质量事故，由建设单位会同质量监督机构组织监理、设计、运行管理及施工单位共同调查分析事故原因，明确责任，研究提出处理方案，报主管部门批准后，由施工单位实施。将事故调查及处理情况报上级主管部门和上一级质量监督机构核查。事故处理后，应按照处理方案的质量要求进行检测和评定。

（4）质量事故处理后的工程质量应符合合格标准。

**（五）数据处理**

测量误差的判断和处理，应符合《测量误差及数据处理》的规定。数据保留位数应符合国家及水利水电行业有关试验规程及施工规范的规定。计算合格率时，小数点后保留一位。数值修约应符合《数值修约规则》的规定。

（1）检验和分析数据可靠性时应符合下列要求：

①检查取样应具有代表性。

②检验方法及仪器设备应符合国家及水利水电行业规定。

③操作应准确无误。

实测数据是评定质量的基础资料，严禁伪造或随意舍弃检测数据。对可疑数据，应检查分析原因，作出书面结论。

单元工程及工序检测成果按《评定标准》规定进行计算。水泥、钢材、外加剂、混合材及其他原材料的检测数量与数据统计方法按现行国家和水利水电行业有关标准执行。砂石骨料、土料、石料、砂浆、砌筑用混凝土及混凝土预制件（块）等原材料及半成品检测数据统计方法应符合《评定标准》的规定。

（2）混凝土试块试验数据统计应符合以下规定：

①同一标号试块组数 $n \geq 30$ 时，按照《水工混凝土施工规范》有关条文执行。

②同一标号试块组数 $30 > n \geq 5$ 时，按照《水闸施工规范》有关条文执行。

③同一标号试块组数一般不应少于5组。当少于5组时，可按照《混凝土强度检验评定标准》有关非统计方法评定混凝土强度的条文执行。必要时可采取其他措施进行检

验。

## 四、工程质量评定

质量评定时，应从低层到高层的顺序依次进行，这样可以从微观上按照施工工序和有关规定，在施工过程中把好质量关，由低层到高层逐级进行工程质量控制和质量检验。其评定的顺序是：单元工程、分部工程、单位工程、工程项目。

### （一）单元工程质量评定标准

单元工程质量分为合格和优良两个等级。

单元工程质量等级标准是进行工程质量等级评定的基本尺度。由于工程类别不一样，单元工程质量评定标准的内容、项目的名称和合格率标准等也不一样。单元工程质量等级标准按《评定标准》执行。单元工程（或工序）质量达不到《评定标准》合格规定时，必须及时处理。其质量等级按下列规定确定：

（1）全部返工重做的，可重新评定质量等级。

（2）经加固补强，经鉴定能达到设计要求，其质量只能评为合格。

（3）经鉴定达不到设计要求，但建设（监理）单位认为能基本满足安全和使用功能要求的，可不加固补强；或经加固补强后，改变外形尺寸或造成永久性缺陷的，经建设（监理）单位认为基本满足设计要求，其质量可按合格处理。

### （二）分部工程质量评定等级标准

合格标准：单元工程质量全部合格；中间产品质量及原材料质量全部合格，金属结构及启闭机制造质量合格，机电产品质量合格。

优良标准：单元工程质量全部合格，其中有50%以上达到优良，主要单元工程、重要隐蔽工程及关键部位的单元工程质量优良，且未发生过质量事故；中间产品质量全部合格，其中混凝土拌合物质量达到优良。原材料质量、金属结构及启闭机制造质量合格，机电产品质量合格。

重要隐蔽工程指主要建筑物的地基开挖、地下洞室开挖、地基防渗、加固处理和排水工程等。工程关键部位指对工程安全或效益有显著影响的部位。中间产品指需要经过加工生产的土建类工程的原材料及半成品。

### （三）单位工程外观质量评定

外观质量评定工作是在单位工程完成后，由项目法人（建设单位）组织、质量监督机构主持，项目法人（建设单位）、监理、设计、施工及管理运行等单位组成外观质量评定组，进行现场检验评定。参加外观质量评定组的人员，必须具有工程师及以上技术职称。评定组人数不少于5人，大型工程不应少于7人。评定项目和结果按单位工程外观质量评定表进行并填入此表。

### （四）单位工程质量评定标准

合格标准：分部工程质量全部合格；中间产品质量及原材料质量全部合格，金属结构及启闭机制造质量合格，机电产品质量合格；外观质量得分率达到70%以上；施工质量检验资料基本齐全。

优良标准：分部工程质量全部合格，其中有50%以上达到优良，主要分部工程质量优良，且施工中未发生过重大质量事故；中间产品质量全部合格，其中混凝土拌合物质量达到优良，原材料质量、金属结构及启闭机制造质量合格，机电产品质量合格；外观质量得分率达到85%以上；施工质量检验资料齐全。

**（五）工程项目质量评定标准**

合格标准：单位工程质量全部合格。

优良标准：单位工程质量全部合格，其中有50%以上的单位工程优良，且主要建筑物单位工程为优良。

**（六）质量评定工作的组织与管理**

单元工程质量由施工单位质检部门组织评定，建设（监理）单位复核。重要隐蔽工程及工程关键部位在施工单位自评合格后，由建设（监理）、质量监督、设计、施工单位组成联合小组，共同核定其质量等级。分部工程质量评定在施工单位质检部门自评的基础上，由建设（监理）单位复核，报质量监督机构审查核备。大型枢纽主体建筑物的分部工程质量等级，报质量监督机构审查核定。单位工程质量评定在施工单位自评的基础上，由建设（监理）单位复核，报质量监督机构核定。工程项目的质量等级由该项目质量监督机构在单位工程质量评定的基础上进行核定。质量监督机构应在工程竣工验收前提出工程质量评定报告，向工程竣工验收委员会提出工程质量等级的建议。

## 五、工程质量事故处理

**（一）工程质量事故含义**

根据《水利工程质量事故处理暂行规定》，工程质量事故是指在水利工程建设过程中，由于建设管理、监理、勘测、设计、咨询、施工、材料、设备等原因造成工程质量不符合规程规范和合同规定的质量标准，影响使用寿命和对工程安全运行造成隐患与危害的事件。

**（二）工程质量事故的分类**

工程质量事故按直接经济损失的大小，检查、处理事故对工期的影响时间长短和对工程正常使用的影响，分为一般质量事故、较大质量事故、重大质量事故、特大质量事故。

一般质量事故指对工程造成一定经济损失，经处理后不影响正常使用并不影响使用寿命的事故。

较大质量事故是指对工程造成较大经济损失或延误较短工期，经处理后不影响正常使用但对工程寿命有较大影响的事故。

重大质量事故是指对工程造成重大经济损失或较长时间延误工期，经处理后不影响正常使用但对工程寿命有较大影响的事故。

特大质量事故是指对工程造成特大经济损失或较长时间延误工期，经处理后仍对正常使用和工程寿命造成较大影响的事故。

水利工程质量事故分类标准见表9-1。

**（三）质量事故处理程序**

依据《水利工程质量事故处理暂行规定》，工程质量事故分析处理程序如图9-7所示。

**表 9-1　水利工程质量事故分类标准**

| 损失情况 | | 事故类别 | | | |
|---|---|---|---|---|---|
| | | 特大质量事故 | 重大质量事故 | 较大质量事故 | 一般质量事故 |
| 事故处理所需的物质、器材和设备、人工等直接损失费用(人民币:万元) | 大体积混凝土、金属结构制作和机电安装工程 | >3 000 | >500,≤3 000 | >100,≤500 | >20,≤100 |
| | 土石方工程,混凝土薄壁工程 | >1 000 | >100,≤1 000 | >30,≤100 | >10,≤30 |
| 事故处理所需合理工期(月) | | >6 | >3,≤6 | >1,≤3 | ≤1 |
| 事故处理后对工程功能和寿命影响 | | 影响工程正常使用,需限制运行 | 不影响正常使用,但对工程寿命有较大影响 | 不影响正常使用,但对工程寿命有一定影响 | 不影响正常使用和工程寿命 |

注:1. 直接经济损失费用为必需条件,其余两项主要适用于大中型工程。

2. 小于一般质量事故的质量问题称为质量缺陷。

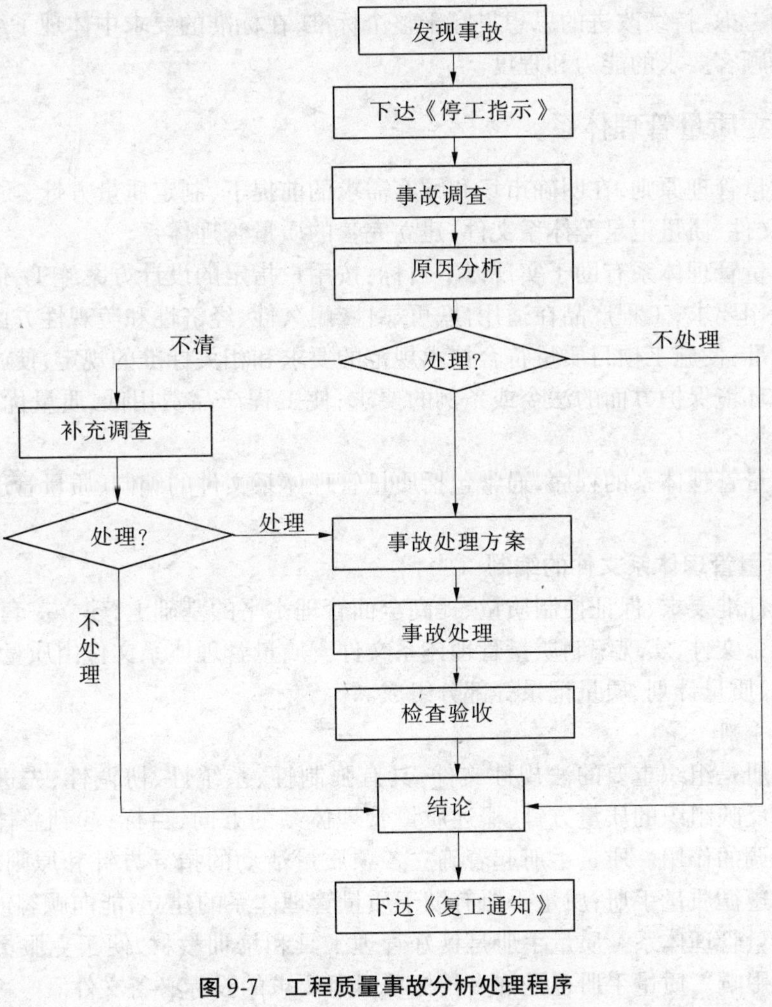


图 9-7　工程质量事故分析处理程序

# 第六节 ISO 质量管理体系简介

随着经济的不断发展,产品质量已成为关注的焦点。为了更好地实施质量保证,建立国际贸易所需要的质量的共同规则,国际标准化组织(ISO)于 1976 年成立了质量管理和质量保证技术委员会(TC176),努力研究制定质量管理和质量保证标准。1987 年,ISO/TC 176 发布了衡量企业质量管理活动状况的基础性国际标准 ISO 9000《质量管理与质量保证》,即 ISO 9000—1987 系列标准。我国于 1994 年 12 月发布了 GB/T 19000 系列标准,等同采用 ISO 9000 族标准。2000 年 12 月,国际标准化组织发布了修订后的新的 ISO 9000、ISO 9001 和 ISO 9004 国际标准。2000 年 12 月,我国国家质量技术监督局正式发布 GB/T 19000—2000,等同采用国际标准化组织颁布的 9000(2000 年版)系列标准。1987 版 ISO 9001 标准更多关注的是企业内部的质量管理和质量保证。1994 版 ISO 9001 标准通过 20 个质量管理体系要素,在标准的范围中纳入用户要求、法规要求及质量保证的要求。2000 版 ISO 9001 标准在标准构思和标准目的等方面出现了变化,过程方法的概念、顾客需求的考虑、持续改进的思想贯穿于整个标准,在标准的要求中体现了组织对质量管理体系满足顾客要求的能力和程度。

## 一、建立质量管理体系

按照质量管理原则,在明确市场和顾客需求的前提下,制定质量方针、质量目标、质量手册、程序文件、质量记录等体系文件,建立完善的质量管理体系。

建立质量管理体系有助于实现以下目标:按用户指定的设计方案施工,使工程产品达到规定的使用要求;工程产品在适用性、可靠性、耐久性、经济性和美观性方面同时达到用户的预期标准;使施工项目质量符合技术规范的要求和相关标准的规定;使施工活动符合有关安全与环境保护方面的法令或条例的要求;使工程产品费用低、质量优,获得良好的经济效益。

建立质量管理体系的程序,通常包括质量管理体系文件的编制、质量管理体系的实施运行等阶段。

### (一)质量管理体系文件的编制

在满足标准要求、保证控制质量、提高全面管理水平的基础上,建立一套高效、实用的质量管理体系文件,实现编制质量管理体系文件。质量管理体系文件由质量手册、质量管理程序文件、质量计划、质量记录等部分组成。

1. 质量手册

质量手册是组织重要的法规性文件,具有强制性、系统性、协调性、先进性、可行性。质量手册应反映组织的质量方针,概述质量管理体系的方向、目标,起到总体规划和加强各部门间协调的作用。质量手册起着确立各项质量活动的指导方针和原则的重要作用,质量活动应遵循质量手册;质量手册有助于质量管理体系的建立,能向顾客或认证机构清楚地描述质量管理体系。质量手册是良好管理工具和培训教材,便于克服员工流动对工作连续性的影响。质量手册也是许多招标项目所要求的投标必备文件。

质量手册一般包括：①质量方针和质量目标；②组织机构与质量职责；③基本控制程序；④质量手册的管理和控制办法；⑤对质量手册的部分内容，各组织可以根据实际需要确定。

2. 质量管理程序文件

质量管理程序文件是质量手册的支持性文件，质量管理程序可以是质量手册的一部分或质量手册的具体展开。不同于一般程序文件，是对质量管理的过程方法所需的质量活动的描述。

质量管理程序的内容一般包括下列 6 个方面程序：①文件控制程序；②质量记录管理程序；③内部审核程序；④不合格控制程序；⑤纠正措施控制程序；⑥预防措施控制程序。

3. 质量计划

质量手册和质量管理程序所规定的是各种产品都适用的要求与方法。但对于特定产品的特殊性，质量计划作为一种管理方法，将某产品、项目或合同的特定要求与现行通用的质量管理程序相连接，使产品的特殊质量要求能通过有效的措施得以实现，大大提高了质量管理体系适应各种环境的能力。

4. 质量记录

质量记录是产品质量水平和质量管理体系中各项质量活动进行结果的客观反映，应完整反映质量活动的实施，以规定的形式记录程序过程参数，用以证明达到了合同要求的产品质量。

**(二)质量管理体系的运行**

质量管理体系的运行是在生产的全过程中执行质量管理体系文件、质量管理体系要求，为保证质量管理体系持续有效实施的动态过程。

在施工承包企业中，只有认识到位、质量管理部门积极负责、全体员工共同努力，使各单位的工作在目标、分工和时间安排与空间布置各方面协调一致，实现质量管理体系的有效运转，使其真正发挥作用。质量管理体系在运行过程中，施工承包企业在工程开工前和施工过程中对企业质量管理体系进行检查和监督。通过对工程实体质量进行连续性的监测和验证，在此过程中对质量工作及时进行处理，保证质量工作的正常秩序，在质量管理体系指导下各项质量工作和工程实体质量符合标准规定的要求。

通过动态控制方法，建立质量信息系统，使企业的各项质量工作与工程实体质量始终处于受控状态，对维护质量管理体系的正常运行具有重要的保证作用。管理考核到位，开展纠正与预防活动，有组织有计划地开展内审活动，由经过培训取得内审资格的人员对质量管理体系的符合性、有效性、执行情况进行验证，发现问题，及时制定纠正与预防措施，进行质量的持续改进，保证质量管理体系有效运行。

## 二、质量管理体系的认证

**(一)质量认证的意义**

近年来，随着工业的发展和国际贸易的增长，各国普遍重视质量认证制度。通过公正的第三方认证机构对产品或质量管理体系进行评定与注册活动，作出正确、可信的评价。在我国，由国家技术监督局质量体系认证委员会认可的质量体系认证专门机构对施工承包企业的质量体系进行认证。

企业获取第三方认证机构的质量管理体系认证，按产品认证制度实施的产品认证，需要对质量管理体系进行检查和完善，保证认证的有效性，对质量管理体系实施检查和评定，发现问题，要及时加以纠正，有利于促进企业建立与完善质量管理体系，切实提高质量管理工作水平，使人们对产品质量建立信心。企业通过质量管理体系认证机构的认证，获取合格证书和标志，证明具有生产满足顾客要求产品的能力，大大提高企业的信誉，增加市场竞争能力。

通过产品质量认证或质量管理体系认证，企业准予使用认证标志，予以注册公布，使顾客了解企业的产品质量，保护消费者利益。实施第三方质量认证，为缺少测试设备、缺少有经验的人员或远离供方的用户带来了许多方便，降低了进行重复检查的费用。建立完善的质量管理体系，可以较好地解决质量争议，有利于保护供需双方的利益。各国的质量认证机构都在努力签订双边或多边认证合作协议，取得认可。企业一经获得国际上有权威的认证机构的产品质量认证或质量管理体系注册，便可得到各国的认可，可享有一定的优惠待遇，如免检、减免税等，有利于企业开拓国际市场，增加竞争能力。

**（二）质量管理体系认证**

1. 申报

申请单位填写申请书及附件向认证机构提出书面申请。附件通常包括：质量手册的副本；申请认证质量管理体系所覆盖的产品简介；申请方的基本信息等。

认证机构对申请方的申请材料进行审查。通过审查符合申请要求规定，则由认证机构给申请单位发出“接受申请通知书”，通知申请方与认证有关的工作，预交认证费用。如通过审查不符合规定要求的，认证机构需及时要求申请单位作必要的修改或补充，符合规定要求后发出“接受申请通知书”。

2. 认证机构审核

认证机构对申请的质量管理体系进行检查和评定，基本工作程序包括：

(1)文件审核。文件审核主要是申请书的附件（申请单位的质量手册与说明申请单位质量管理体系的其他材料）。

(2)现场审核。现场审核的目的是通过查证质量手册的执行情况，检查和评价申请单位质量管理体系运行的有效性，说明满足认证标准的能力。

(3)提出审核报告。审核报告是现场检查和评定的证实材料，通过审核组全体成员签字后报送审核机构，在审核现场完成后编写审核报告。

3. 审批与注册发证

认证机构对审核组提出的审核报告进行全面的审查，经审查符合标准，批准通过认证予以注册，颁发认证证书。若经审查，需要改进，则认证机构书面通知申请单位需要修正的问题与完成修正的期限，到期证明确实达到了规定的条件后，可批准认证注册发证。若经审查，不予批准认证，则由认证机构说明不予批准的理由，书面通知申请单位。

# 第十章　水利工程项目风险管理

## 第一节　水利工程项目风险概述

### 一、风险的含义

#### (一)风险

项目是在复杂的环境条件下进行的,受众多因素的影响。对于这些因素,从事项目活动的主体往往认识不足或者没有足够的力量加以控制。项目的过程和结果常常出乎人们的意料,有时不但未达到项目主体预期的目的,反而使其蒙受各种各样的损失;而有时又给他们带来不错的机会。风险是不以人的意志为转移的。要避免和减少损失,化威胁为机会,项目主体就必须了解和掌握风险的来源、性质及发生规律,进而有效地管理风险。

人们经常谈论风险,但不是每个人都清楚风险的定义。对风险的含义可以从多个角度来思考。首先,风险同人们有目的的活动有关。如果人们对于所从事活动预期的结果没有十分的把握,人们就会认为该活动有风险。其次,风险同将来的活动和事件有关系。对于将来的活动、事件或项目,总是有多种行动方案可供选择,但是没有哪一个行动方案能确保达到预期的结果。采取何种办法和行动才能不受或少受损失呢?可见,风险和行动方案的选择有关。再次,如果活动或项目的后果不理想,甚至是失败,大脑的反应必然是:能否改变以往的行为方式(做法)或路线,把以后的活动或项目做好?最后,当客观环境或人们的方针、路线或行为发生变化时,活动或项目的结果也会发生变化。显然,当事件、活动或项目,有损失或收益与之相联系,涉及某种不确定性,以及涉及某种选择时,才称为风险。以上三条,每一个都是风险定义的必要条件,不是充分条件。具有不确定性的事件不一定存在风险。

综上所述,风险就是活动或事件消极的、人们不希望的后果发生的潜在的可能性。汉语词典把风险定义为“可能发生的危险”,英文词典则把风险定义为“遭受危险,蒙受损失或伤害的可能或机会”。

#### (二)与风险相关的概念

1. 风险因素

风险因素是指能产生或增加损失概率和损失程度的条件或因素,是风险发生的潜在原因,是造成损失的内在或间接原因。第一种是客观风险因素,它是指有形的,并能直接导致某种风险的事物,如工人疲劳作业,施工设备该维修而没有维修继续使用等。第二种是道德风险因素,如人的品质缺陷或欺诈行为,它是无形的,与人的品德修养有关。第三种是心理风险因素,它与人的心理状态有关,如操作者的无知轻率、麻痹侥幸等。

2. 风险事件

风险事件是指造成损失的偶发事件，是造成损失的外在原因或直接原因，如地震、台风、火灾等。

3. 损失与损失机会

损失是指非故意的、非计划的和非预期的经济价值的减少，通常用货币量来衡量。

损失机会是指损失出现的概率（可能性）。概率分为客观概率和主观概率两种。对于工程风险的概率，在统计资料不够充分的情况下，以专家做出的主观概率代替客观概率是可行的。

风险因素、事件、损失与风险之间的关系如下：风险因素引发风险事件，风险事件导致损失，而损失所形成的结果就是风险。一旦风险因素这张“骨牌”倾倒，“多米诺”效应就会发生，即其他“骨牌”都将相继倾倒。

**（三）风险的特点**

1. 风险的客观性

作为损失发生的不确定性，风险是不以人的意志为转移并超越人们主观意识的客观存在，而且在项目的全寿命周期内，风险是无处不在、无时不有的。这些说明了为什么虽然人类一直希望认识和控制风险，但直到现在也只能在有限的空间和时间内改变风险存在与发生的条件，降低其发生的频率，减少损失程度，而不能也不可能完全消除风险。

2. 风险的随机性

风险事件的发生及其后果都具有偶然性。风险事件是否发生，何时发生，发生之后会造成什么样的后果？通过对大量风险事故资料的观察分析，发现其发生都遵循一定的统计规律，这是风险事件的随机性。

3. 风险的可变性

当活动涉及的风险因素发生变化时，必然会引起风险的变化。在项目实施的整个过程中，各种风险在质和量上是可以变化的。随着项目的进行，有些风险得到控制并消除，有些风险会发生并得到处理，同时在项目的每一阶段都可能产生新的风险。

4. 风险的相对性

风险总是相对项目活动主体而言的。同样的风险对于不同的主体有不同的影响。人们对于风险事件都有一定的承受能力，但是这种能力因活动、人和时间而异。对于项目风险，人们承受风险的能力主要受项目收益的大小、投入的大小、项目活动主体的地位和拥有的资源等因素的影响。

首先，收益总是有损失的可能性相伴随，若损失的可能性和数额越大，人们希望为弥补损失而得到的收益也越大；反之，收益越大，人们愿意承担的风险也就越大。其次，一般人希望活动获得成功的概率随着投入的增加呈曲线规律增加，当投入较少时，人们可以接受较大的风险，即使获得成功的概率不高也能接受；当投入逐渐增加时，人们就开始变得谨慎起来，希望活动获得成功的概率提高，最好达到百分之百。再次，管理人员中级别高的同级别低的相比，能够承担大的风险。同一风险，不同的个人或组织承受能力也不同，个人或组织拥有的资源越多，其风险承受能力也越大。

另外，风险也是相对于某个主体的。有些不确定因素，对某个主体来说是风险，但对于另一个主体就不是风险,甚至可能是收益。比如有些合同商务风险。

## 二、水利工程项目风险

### (一)水利工程项目风险的概念和分类

水利工程项目风险是指水利工程项目在设计、施工和竣工验收等各个阶段可能遭受的风险。其含义是在工程项目目标规定的条件下,该目标不能实现的可能性。

从工程项目风险管理需要出发,可将水利工程项目风险分为项目外风险和项目内风险。

1. 工程项目外风险

工程项目外风险是由工程建设环境(或条件)的不确定性而引起的风险,包括政治风险、法律风险、经济风险、自然条件风险、社会风险等。

2. 工程项目内风险

按照是否受技术因素影响,工程项目内风险可分为技术风险和非技术风险。

技术风险是指技术条件的不确定而引起可能的损失或水利工程项目目标不能实现的可能性。该类风险主要出现在工程方案选择、工程设计、工程施工等过程中,在技术标准的选择、分析计算模型的采用、安全系数的确定等问题上出现偏差而形成的风险。表10-1给出了常见的技术风险事件。

表10-1　常见的技术风险事件

| 风险因素 | 典型风险事件 |
| --- | --- |
| 可行性研究 | 基础数据不全、不可靠;分析模型不合理;预测结果不准确 |
| 设计 | 设计内容不全;设计存在缺陷、错误和遗漏;规范、标准选择不当;安全系数选择不合理;有关地质的数据不足或不可靠;未考虑施工的可能性 |
| 施工 | 施工工艺落后;不合理的施工技术和方案,施工安全措施不当;应用新技术、新方法失败;未考虑施工现场的事件情况 |
| 其他 | 工艺设计未达到先进指标、工艺流程不合理、工程质量检验和工程验收未达到规定要求等 |

非技术风险是指由于计划、组织、管理、协调等非技术条件的不确定而引起水利工程项目目标不能实现的可能性。表10-2给出了常见的非技术风险事件。

表10-2　常见的非技术风险事件

| 风险因素 | 典型风险事件 |
| --- | --- |
| 项目组织管理 | 缺乏项目管理能力;组织不适当,关键岗位人员经常更换;项目目标不适当且控制力不足;不适当的项目规划或安排;缺乏项目管理协调 |
| 进度计划 | 管理不力造成工期滞后;进度调整规划不适当;劳动力缺乏或劳动生产率低下,材料供应跟不上;设计图纸供应滞后;不可预见的现场条件;施工场地太小或交通路线不满足要求 |
| 成本控制 | 工期的延误;不适当的工程变更;不适当的工程支付;承包人的索赔;预算偏低;管理缺乏经验;不适当的采购策略;项目外部条件发生变化 |
| 其他 | 施工干扰;资金短缺;无偿债能力 |

### (二)水利工程项目风险的基本性质

1. 水利工程项目风险主要来自自然灾害

洪水、暴风、暴雨、泥石流、塌方、滑坡、有害气体、雷击、高温、严寒等都可能对工程造成重大损害。比如洪水灾害,洪水不仅会对已建成部分的工程、施工机具等造成损害,还会导致重大的第三者财产损失和人身伤害。

2. 水利工程项目风险具有周期性

水利枢纽工程建设周期一般长达数年,每年的汛期工程都要经受或大或小的洪水考验,因而水利工程的建设过程一般都要经历好几个汛期。

3. 灾害具有季节性

绝大部分的自然灾害都具有季节性,例如在南方,洪水一般集中在6~9月,雷击一般集中在5~10月。再比如台风灾害等。在一年的不同时期,这些灾害对施工安全和工程安全的影响是不一样的。

## 三、水利工程项目风险管理

水利工程项目风险管理就是项目管理班子通过风险识别、风险评估,并以此为基础合理地使用各种管理方法、技术和手段对项目活动涉及的风险实行有效的控制,采取主动行动,创造条件,在主观上尽可能有备无患或在无法避免时也能寻求切实可行的补偿措施,从而减少意外损失。

水利工程项目风险管理的基础是调查研究,调查和收集资料,必要时还要进行检验或试验。只有认真地研究项目本身和环境以及两者之间的关系、相互影响和相互作用,才能识别面临的风险。

水利工程项目的风险来源、风险的形成过程、风险潜在的破坏机制、风险的破坏力以及影响范围错综复杂,单一的管理技术或单一的工程、技术、财务、组织、教育等措施都有局限性,都不能完全奏效。必须综合运用多种方法、手段和措施,才能以最小的成本将各种不利后果减少到最低程度。因此,项目风险管理的理论和实践涉及自然科学、社会科学、系统科学、管理科学等多种学科,比如项目风险管理在风险估计和风险评价中使用概率论、数理统计甚至随机过程的理论和方法。

管理项目风险的主体是项目管理班子,特别是项目经理。风险管理要求项目管理班子采取主动行动,而不应仅在风险事件发生之后被动应付。管理人员在认识和处理错综复杂、性质各异的多种风险时,要综观全局,抓主要矛盾,创造条件,因势利导,将不利转化为有利,将威胁转化为机会。

风险识别、风险评估与风险控制是一个连续不断的过程,可以在项目全寿命周期的任何一个阶段进行。但是,风险管理越早越好,在项目早期阶段就开始,效果最好。对于水利工程项目,在下述阶段进行项目风险管理可以获得较好效果:

(1)可行性研究阶段。这一阶段,项目变动的灵活性最大。这时如果作出减少风险的变更,代价小,且有助于选择项目的最优方案。

(2)审批立项阶段。此时业主可以通过风险识别了解项目可能会遇到的风险,并检查是否采取了所有可能的步骤来减少和管理这些风险。在定量评估风险之后,业主能够知道有多大的可能性实现项目的费用、时间、功能等各种目标。

(3)招投标阶段。承包商可以通过风险识别和评估知道承包中的所有风险,有助于确定应付风险的预备费数额,或者核查自己受到风险威胁的程度。

(4)实施阶段。定期作风险的识别和评估、切实地进行风险控制可增加项目按照预算和进度计划完成的可能性。

## 第二节　水利工程项目风险识别

### 一、水利工程项目风险识别概述

#### (一)水利工程项目风险识别的定义、目的及步骤

1. 水利工程项目风险识别的定义

水利工程项目风险识别是确认在水利工程项目实施中哪些风险因素有可能会影响项目的进展,并记录每个风险因素的特点。风险识别是风险管理的第一步,是风险管理的基础,风险识别是一个连续的过程,不是一次就可以完成的,在项目的实施过程中应自始至终定期进行。

2. 水利工程风险识别的目的

水利工程项目风险识别包括三个目的:识别出可能对项目进展有影响的风险因素、性质以及风险产生的条件,并据此衡量风险的大小;记录具体风险的各方面特征,并提供最适当的风险管理对策;识别风险可能引起的后果。

通过风险识别应建立以下几个方面的信息:①存在的或潜在的风险因素;②风险发生的后果、影响的大小和严重性;③风险发生的可能性、概率;④风险发生的可能时间;⑤风险与本项目或其他项目以及环境之间的相互影响。

3. 水利工程项目风险识别的步骤

水利工程项目风险识别过程包括以下几个阶段的工作:收集资料、分析不确定性、确定风险事件、编制风险识别报告。

1)收集数据

只有得到广泛的资料和数据才能有效辨识风险。资料和数据能否得到、是否完整都会影响水利工程项目损失大小的估计。应注重以下几方面数据的收集:

(1)水利工程项目环境方面的数据资料。水利工程项目的实施和建成后的运行离不开与其相关的自然和社会环境。自然环境方面的气象、水文、地质条件等对工程项目的实施有较大影响;社会环境方面如政治、经济、文化等对工程建设也有重要影响。

(2)类似水利工程项目的有关数据资料。以前经历的水利工程项目的数据资料,以及类似工程项目的数据资料均是风险识别时必须收集的。对于亲身实践经历过的水利工程项目,会积累许多经验和教训,这些体会对于采用新的施工方法和施工技术的水利水电工程项目进行风险识别更为有用;对于类似的工程项目,可以是类似的建设环境,也可以是类似的工程结构,或两方面均类似更好。它们的建设经验和教训对当前的水利工程项目的风险分析是很有帮助的。因此,应做好这些资料的收集。

(3)水利工程项目的设计、施工文件。水利工程项目设计文件规定了工程的结构布局、形式、尺寸,以及采用的建筑材料、规程规范和质量标准等,对这些内容的改变均可能带来风险;施工文件明确规定了工程施工的方案、质量控制要求和工程验收的标准等。工程施工中经常会碰到施工方案的优化或选择问题,需要对工程项目的进度、成本、质量和安全目标的实现进行风险分析,进而确定合理的方案。

2)分析不确定性

在基本数据收集的基础上,应从以下几个方面对水利工程项目的不确定性进行分析:

(1)不同建设阶段的不确定性分析。水利工程项目建设有明显的阶段性,在不同建设阶段,不确定性事件的种类和不确定程度均有很大差别,应从不同建设阶段分析工程项目实施的不确定性。

(2)不同目标的不确定性分析。水利工程建设有进度、质量和费用等多个目标,影响这些目标的因素有相同之处也有不同之处,要从实际出发,对不同目标的不确定性作出客观的分析。

(3)水利工程结构的不确定性分析。不同的工程结构,其特点不同,影响不同工程结构的因素不相同,即使相同其程度可能也有差别。

(4)水利工程建设环境的不确定性分析。工程建设环境是引起各种风险的重要因素。应对所处环境进行较为详尽的不确定性分析,进而分析由其引发的工程项目风险。

3)确定风险事件并将风险归纳分类

在水利工程项目不确定分析的基础上,进一步分析这些不确定因素引发工程项目风险的大小,然后对这些风险进行归纳、分类。首先,可按照工程项目内、外部进行分类;其次,按照技术和非技术进行分类,或按照工程项目目标分类。

4)编制工程项目风险识别报告

在工程项目风险分类的基础上,应编制风险识别报告,该报告是风险识别的成果,其核心内容是工程风险清单。风险清单是记录和控制风险管理过程的一种方法,在作出决策时具有不可替代的作用。表 10-3 给出风险清单的一种典型格式。

**表 10-3　风险清单格式**

| 风险清单 | | | 编号: | 日期: |
|---|---|---|---|---|
| 项目名称: | | | 审核: | 批准: |
| 序号 | 风险因素 | 可能造成的结果 | 发生的可能概率 | 可能采取的措施 |
| | | | | |
| | | | | |
| | | | | |

**(二)水利工程项目风险识别的方法与工具**

水利工程项目风险识别过程中一般要借助一些方法和工具,从而使得风险识别的过程效率高、操作规范并且不易产生遗漏。主要的方法和工具有以下几种。

1. 核查表

核查表是将项目可能发生的许多潜在风险列于一个表上供识别人员进行检查核对，用来判断某项目是否存在表中所列的或类似的风险。核查表中所列的风险都是已实施的类似项目曾发生过的风险，对于项目管理人员具有开阔思路、启发联想的作用。利用核查表进行风险识别的优点是快而简单，缺点是受项目可比性的限制。某水利工程项目总体风险检查表如表 10-4 所示。

**表 10-4　某水利工程项目总体风险核查表**

| 风险因素 | 识别标准 | 风险评估 | | |
|---|---|---|---|---|
| | | 低 | 中 | 高 |
| 1. 项目的环境 | | | | |
| (1)项目的组织结构 | 稳定/胜任 | | | |
| (2)组织变更的可能 | 较小 | | | |
| (3)项目对环境的影响 | 较低 | | | |
| (4)政府的干涉程度 | 较少 | | | |
| (5)政策的透明程度 | 透明 | | | |
| …… | | | | |
| 2. 项目管理 | | | | |
| (1)业主对同类项目的经验 | 有经验 | | | |
| (2)项目经理的能力 | 经验丰富 | | | |
| (3)项目管理技术 | 可靠 | | | |
| (4)切实进行了可行性研究 | 详细 | | | |
| (5)承包商富有经验、诚实可靠 | 有经验 | | | |
| …… | | | | |
| 3. 项目性质 | | | | |
| (1)工程的范围 | 通常情况 | | | |
| (2)复杂程度 | 相对简单 | | | |
| (3)使用的技术 | 成熟可靠 | | | |
| (4)计划工期 | 可合理顺延 | | | |
| (5)潜在的变更 | 较确定 | | | |
| …… | | | | |
| 4. 项目人员 | | | | |
| (1)基本素质 | 达到要求 | | | |
| (2)参与程度 | 积极参与 | | | |
| (3)项目监督人员 | 达到要求 | | | |
| (4)管理人员的经验 | 经验丰富 | | | |
| …… | | | | |
| 5. 费用估算 | | | | |
| (1)合同计价标准 | 固定价格 | | | |
| (2)项目估算 | 有详细估算 | | | |
| (3)合同条件 | 标准条件 | | | |
| …… | | | | |

### 2. 德尔菲法

德尔菲法实质是一种反馈匿名函询法。其做法是，在对问题征得专家的意见之后，进行整理、归纳、统计，再匿名反馈给各专家，再次征求意见，再集中，再反馈，直到得到稳定的意见。

该方法主要依靠专家的直观能力对风险进行识别，即通过调查意见逐步集中，直至在某种程度上达到一致，故又叫专家意见集中法。其基本步骤为：

(1)由项目风险管理人员提出风险问题调查方案，制定专家调查表。

(2)请若干专家阅读有关背景资料和项目方案设计资料，并回答有关问题，填写调查表。

(3)风险管理人员收集整理专家意见，并把汇总结果反馈给各位专家。

(4)请专家进行下一轮咨询填表，直至专家意见趋于集中。

### 3. 头脑风暴法

在选择问题的方案之前，一定要得出尽可能多的方案和意见。头脑风暴法就是团队的全体成员自发地提出主张和想法。它鼓励成员有新奇和突破常规的主意。它能产生热情、富有创造性的更好的方案。

头脑风暴法的做法是：当讨论某个问题时，由一个协助的记录员在翻动记录卡或黑板前作记录。首先，由某个成员说出一个主意，接着下一个成员说出主意，这个过程不断进行，每人每次想出一个主意。如果轮到某位成员时他没想出主意，就说一声“pass”。有些人会根据前面其他人的想法想出主意，包括把几个主意合成一个主意或改进别人的主意。这一循环过程一直进行，直到想尽一切主意或限定时间已到。

头脑风暴法的规则是不进行讨论，没有判断性评论。每人每次只需要说出一个主意，不要讨论、评判，更不要试图宣扬。其他参加人员不允许作出任何支持或判断的评论（也不许有皱眉、咳嗽、冷笑等身体语言的表现），也不要向提出主意的人进行提问。头脑风暴法对帮助团队获得解决问题的最佳方案非常有效。

### 4. 情景分析法

情景分析法是通过有关数字、图表和曲线等，对项目未来的某个状态或某种情况进行详细的描绘和分析，从而识别出引起项目风险的关键因素及其影响程度的一种风险识别方法。情景分析法注重说明某些事件出现风险的条件和因素，并且要说明当某些因素发生变化时，又会出现什么样的风险，产生何种后果等。

情景分析法可以通过筛选、监测和诊断，给出某些关键因素对于项目风险的影响。

#### 1）筛选

筛选即按照一定的程序将具有潜在风险的产生过程、事件、现象和人员进行分类选择的风险识别过程。筛选的工作过程：仔细检查→征兆鉴别→疑因鉴别。

#### 2）监测

监测是在风险出现后对事件、过程、现象、后果进行观测、记录和分析的过程。

监测的工作过程：疑因估计→仔细检查→征兆鉴别。

#### 3）诊断

诊断是对项目风险及损失的前兆、风险后果与各种起因进行评价和判断，找出主要原因并进行仔细检查。诊断的工作过程：征兆鉴别→疑因估计→仔细检查。

5. SWOT 分析法

SWOT 分析法是一种环境分析方法，即 Strength（优势）、Weakness（劣势）、Opportunity（机遇）、Threat（挑战）。SWOT 分析法是基于对企业内部环境的优劣势的分析，在了解企业自身特点的基础之上，判明企业外部的机会和威胁，从多角度对项目进行风险识别，然后对环境作出准确的判断，继而指定企业发展的战略和策略。

除了上述 5 种方法，风险识别还有许多其他方法，例如 WBS 分析法、敏感性分析法、事故树分析法等。

## 二、水利工程项目风险识别的原则及方法应用

### （一）水利工程风险识别的原则

风险识别的方法虽然很多，但远未达到完善的程度，许多新的方法仍在研究与探讨的过程中。已有的识别方法适用范围不同，各有优缺点。水利工程具有单件性、复杂性的特点，要想全面地识别出各种风险因素，首先可将整个水利工程项目在多个维度进行分解；然后综合运用风险识别方法，在水利工程项目中专家调查法、核查表法最为常见。水利工程风险管理实践中，风险识别应遵循以下原则：

（1）对于任何一个水利工程项目，可能遇到各种不同性质的风险。因此，在风险识别的过程中，必须将几种方法结合起来使用，以达到相互补充的目的。

（2）对于特定的活动和事件可采用某种具有针对性的风险识别方法。例如，对于坝体混凝土开裂问题，应采用因果分析法进行风险识别。

（3）项目管理人员应尽量向有关业务部门的专业人士征求意见以求得对项目风险的全面了解。

（4）风险因素随项目的实施不断变化，一次大规模的风险识别工作完成后，经过一段时间会产生新的风险。因此，必须制订连续的风险识别计划。

（5）风险识别的方法必须考虑其相应的成本，讲求经济上的合理性。即对影响项目系统目标比较明显的风险，须花费较大的精力，用多种方法进行风险的识别，以期达到最大程度地掌握风险；对于影响小的风险因素如果花费很大的费用进行识别就失去了经济上的意义。

（6）风险识别的同时要注意进行准确地记录。这些风险识别记录资料是风险管理的主要资料之一，是进行风险管理的重要基础。

### （二）从多个维度进行分解

水利工程项目风险识别是一个庞大的系统工程，风险识别方法的运用是这一系统工程中的重要环节，如果识别方法运用不当可能会导致重要风险因素的遗漏，从而为项目的顺利实施留下隐患。为了尽可能避免重大风险因素的遗漏，风险识别的第一步可将整个水利工程项目从多个维度进行分解，形成一个多维立体结构，使整个水利工程项目能多角度、多层次地呈现在风险管理者面前。

水利工程项目分解的维度通常有以下几个：

（1）目标维。按照项目目标进行分解，考虑影响项目费用、进度、质量和安全目标实现的风险的可能性进行划分。

(2)时间维。按照项目建设的阶段分解,即考虑工程项目进度不同阶段的不同风险。

(3)结构维。按照项目结构组成分解,同时相关技术群也能按照其并列或支撑的关系进行分解。

(4)环境维。按照项目与其所在环境的关系分解。环境是指自然环境、社会环境、政治环境、军事环境等。

(5)因素维。按照项目风险因素的分类进行分解。

对水利工程项目风险进行识别时首先从时间维、目标维和因素维等多个维度进行分解。可按照如图 10-1 所示的方法进行风险的识别。然后结合项目的分解结构逐一找出工作包、分部工程、单位工程、单项工程、整个工程项目在各个维度上的风险因素。

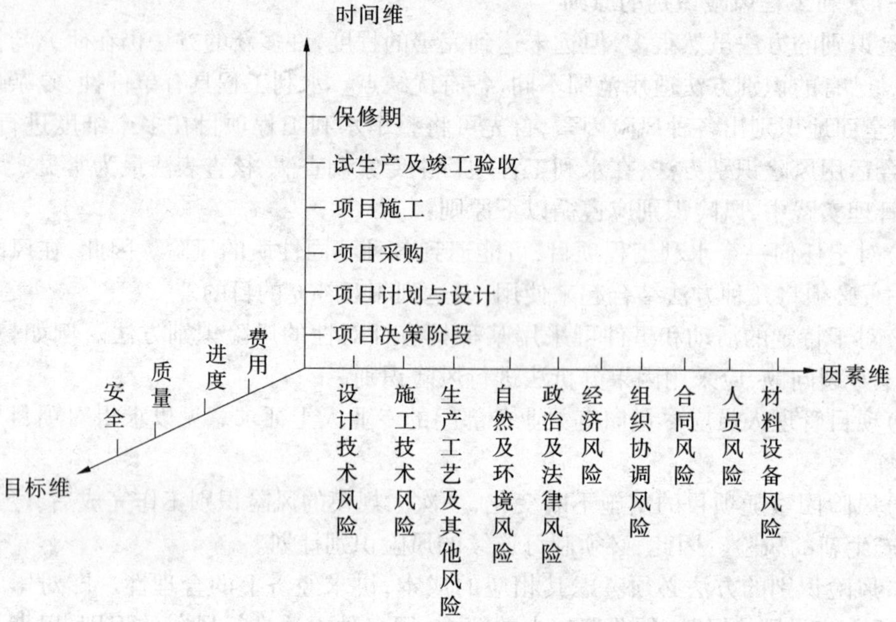


图 10-1　项目风险识别维度图

**(三)风险识别方法的应用**

通过对水利工程项目风险从多个维度进行分解从而确定了识别风险的大致方向,具体风险的识别过程中就要综合应用风险识别的方法与工具,按照所掌握或收集的数据,包括类似工程项目的经验数据进行风险的识别。

1. 核查表的使用

核查表(亦称核对表)被广泛地应用于水利工程项目风险识别过程中,项目实施者将实施项目过程中遇到的各类风险收集起来,在新项目的实施过程将实际情况与核查表中的风险逐一比较找出风险因素。核查表在水利工程项目进度风险、质量风险、费用风险识别过程中得到普遍应用。

2. 流程图的使用

对于具体施工过程或子项工程施工质量风险识别时,除使用核查表外,还可用流程图进行识别。图 10-2 为混凝土施工过程质量风险识别流程图。

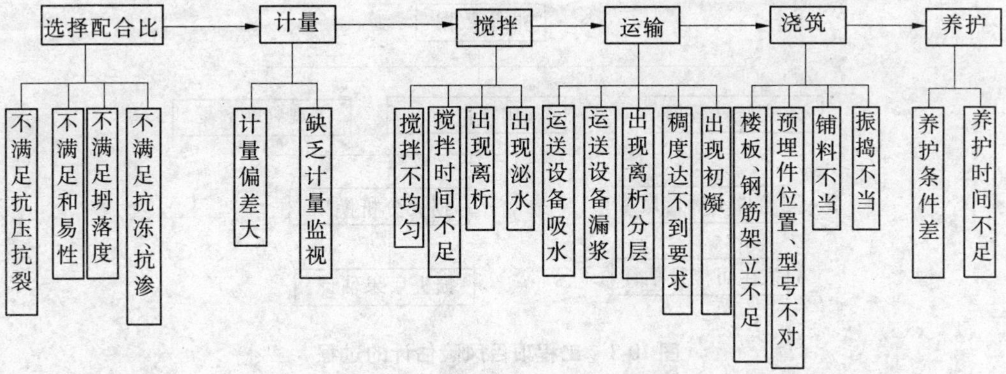


**图 10-2　混凝土施工过程质量风险识别流程图**

3. 专家调查法

对于一些缺乏资料和经验的水利工程项目，进行项目风险识别要采用专家调查的方法（德尔菲法、头脑风暴法、专家会议法等），通过广泛调查，集思广益，找出项目中可能存在的风险。

水利工程项目的单件性使得风险识别成为一个相当复杂且具有独特性的过程，作为一个风险管理者，必须结合具体项目的实际情况，灵活采用多种风险识别方法，同时在风险管理实践中不断积累经验，才能更好地识别出工程项目中的风险因素。

# 第三节　水利工程项目风险评估

风险识别是从定性的角度去了解和认识风险因素，要把握风险，就必须在识别风险因素的基础上对其进行进一步的评估。水利工程项目风险估计包括两个方面的内容：风险估计和风险评价。风险估计、风险评价是对风险的规律性进行研究和量化分析。风险估计和风险评价既相互联系又相互区别，风险估计是风险评价的基础。风险估计主要是指对单一风险进行衡量，估计风险发生的概率、影响范围以及可能造成损失的大小等；风险评价主要是分析多种分析因素对项目整体的综合影响情况。这两个方面的分析没有严格的界限，所使用的某些方法也是相同的。

## 一、水利工程项目风险估计

### （一）水利工程项目风险估计概述

水利工程项目风险估计主要是对水利工程项目各阶段的单一风险事件发生的概率（可能性）和发生的后果（损失大小）、可能发生的时间和影响范围的大小等的估计。

水利工程项目风险估计的过程如图 10-3 所示。

通过收集识别出来的有关风险事件的数据资料为基础，对风险事件发生的可能性和可能的结果给出明显的量化的描述，即建立风险模型。风险模型分为风险概率模型和风险损失模型，分别用来描述不确定因素与风险事件发生的关系，以及不确定因素与可能损失的关系。风险事件发生的可能性用概率表示，风险发生的后果则用费用的损失或工期

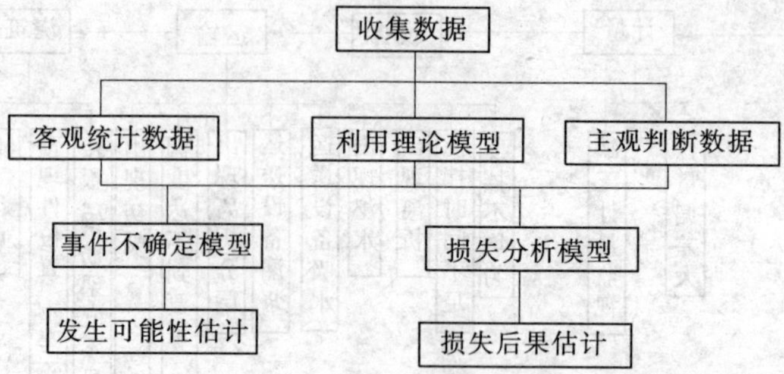


图 10-3　工程项目风险估计的过程

的拖延来表示。

**(二)风险事件发生概率($p$)的估计**

风险事件发生概率(亦称损失概率)的估计方法可分为三种:客观概率分布、理论概率分布和主观概率分布。一般来讲,风险事件的概率分布应当根据历史资料来确定。当项目管理人员没有足够的历史资料来确定风险事件的概率分布时,可以利用理论概率分布。

1. 客观概率

如何根据大量的试验数据或历史资料和数据来确定风险事件发生的概率？当工程项目某些风险事件或其影响因素积累有较多的数据资料时,就可通过对这些数据资料的分析(客观概率分布),找出风险事件的概率分布。

**【例 10-1】**　某建设公司在过去的几年中完成了 72 项水利工程项目,由于种种原因,其中一部分工程拖延了工期。将工程拖延工期的情况加以整理得到如表 10-5 所示的统计数据,拖延时间单位为月。图 10-4 为利用表 10-5 数据绘制的直方图,从而估计出新工程工期拖延的概率(客观概率)。

表 10-5　工期拖延数据统计

| 数据分组区间(%) | 组中值(%) | 频数 | 频率(%) | 累计频率(%) |
|---|---|---|---|---|
| -34 ~ -30 | -32.5 | 0 | 0 | 0 |
| -29 ~ -25 | -27.5 | 2 | 2.78 | 2.78 |
| -24 ~ -20 | -22.5 | 1 | 1.39 | 4.17 |
| -19 ~ -15 | -17.5 | 3 | 4.17 | 8.34 |
| -14 ~ -10 | -12.5 | 7 | 9.72 | 18.06 |
| -9 ~ -5 | -7.5 | 10 | 13.89 | 31.95 |
| -4 ~ 0 | -2.5 | 15 | 20.83 | 52.78 |
| 1 ~ 5 | 2.5 | 12 | 16.67 | 69.45 |
| 6 ~ 10 | 7.5 | 9 | 12.50 | 81.95 |
| 11 ~ 15 | 12.5 | 8 | 11.11 | 93.06 |
| 16 ~ 20 | 17.5 | 4 | 5.56 | 98.62 |
| 21 ~ 25 | 22.5 | 0 | 0 | 98.62 |
| 26 ~ 30 | 27.5 | 1 | 1.39 | 100 |
| 31 ~ 35 | 32.5 | 0 | 0 | 100 |

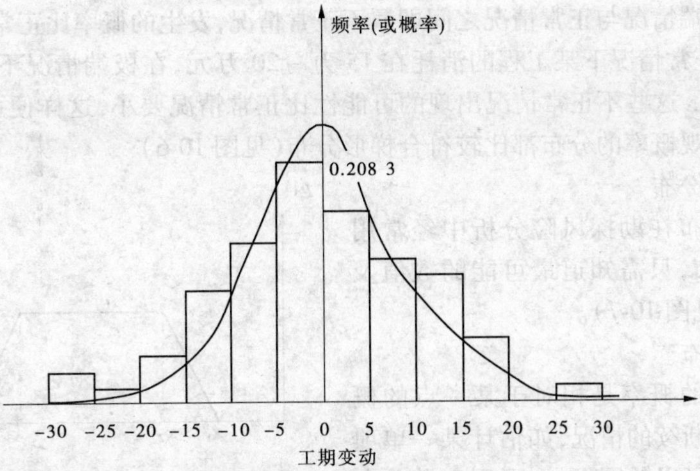


**图 10-4　工期拖延概率分布**

根据表 10-5 或图 10-4 就可知道工期拖延事件发生的概率。总之，可用随机变量来表示风险所致损失的结果，该随机变量的概率分布就是风险的概率分布。从风险的概率分布中可得到诸如期望值、标准差（方差）、差异系数等信息，这些信息对风险估计是非常有用的。

如该公司拟新承包一个工程项目，计划工期 16 个月，项目管理人员需要知道工期拖延 3 个月的概率。首先计算工期拖延的相对值 $3/16\times100\% = 18.8\%$，然后查表 10-5 或图 10-4 就可得到工期拖延 3 个月的概率约为 5.56%。

2. 理论概率

在建立风险的概率分布时，如果统计资料的数据不足，则需要应用理论概率分布进行模拟，下面就常用的理论概率分布作一简单的介绍。

1）阶梯长方形分布

阶梯长方形分布的概率密度如图 10-5 所示。阶梯长方形概率分布有如下优点：

（1）在实际问题中，常需要用主观概率，而主观概率的确定常不能很准确，经常是根据主观判断给出一个优劣次序，如某一区间的可能性大于另一区间的可能性等。根据这样一个优劣次序即可大致画出概率分布图。

（2）作估计的人员有很大的自由度，可根据他自己的要求和所获得信息的多少分成任意多少的区间。

（3）用这种分布可充分利用所获得的信息，并且有多少就用多少，并不苛求更多的信息。

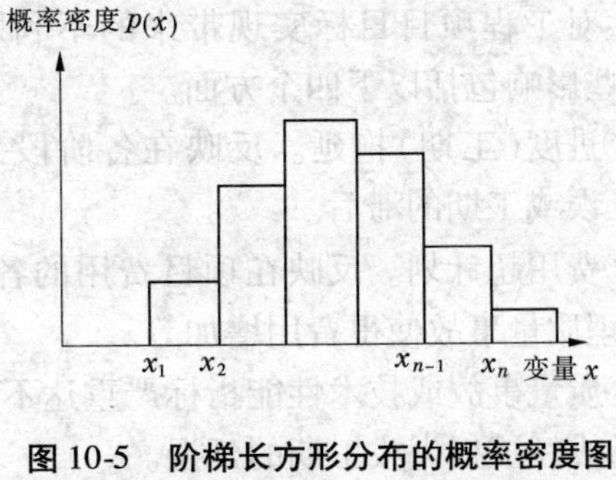


**图 10-5　阶梯长方形分布的概率密度图**

2）梯形分布

若对变量的最可能的取值有所估计，但又估计不准，只知道一个区间（相应于在正常情况下的取值），另外又估计出在极端情况下的最小值和最大值，这时可用梯形分布来描述。极端情况与正常情况之间即属不正常情况，发生的概率比正常情况下小。

例如，在正常情况下某工程的消耗在 15 万 ~20 万元，在极端情况下，可能的波动在 10 万 ~25 万元，这些不正常情况出现的可能性比正常情况要小，这样便可用梯形分布来描述。许多主观概率的分布都比较符合梯形分布（见图 10-6）。

3）三角形分布

三角形分布在勘探风险分析中经常用到，为获此分布，只需知道最可能的数值及上下极限值（见图 10-7）。

4）离散分布

离散分布的概率是相对于某一点的概率。对于有些断续的情况，如估计某一单项工程在哪一年可以并网发电，可用离散分布情况（见图 10-8）。

另外，还有等概率分布、二阶分布等。有关分布的概率密度函数 $p(x)$、概率分布函数、均值、方差等，参见数理统计与概率论教材。

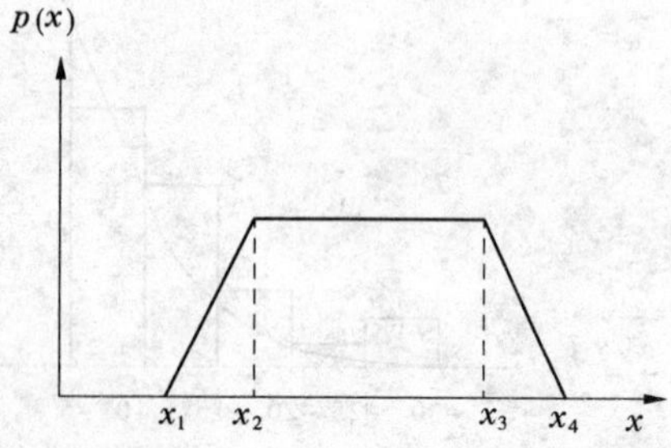


**图 10-6　梯形分布的概率密度图**

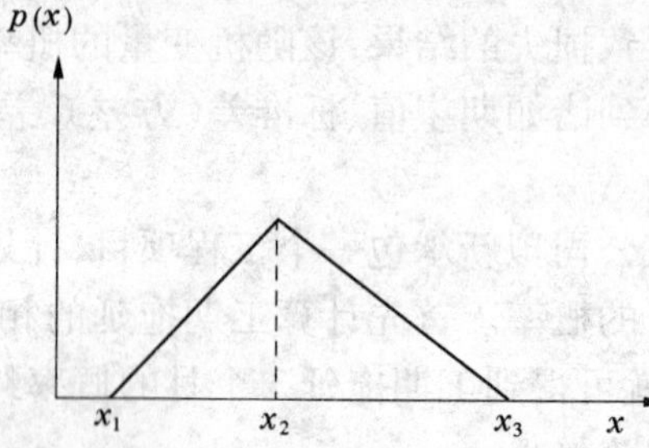


**图 10-7　三角形分布的概率密度图**

3. 主观概率

主观概率是对风险事件发生可能性大小的一种主观相信程度的度量。它无法用试验或统计的方法来检验其正确性。主观概率的大小常常根据人们长期积累的经验、对项目活动及其有关风险事件的了解来估计。

**（三）风险的影响和损失（$q$）估计**

1. 风险的影响范围

风险的影响和损失估计是风险估计的一个重要方面，其估计的精度直接影响到风险管理决策活动。风险损失是项目风险一旦发生对工程项目目标实现带来的不利影响，这些影响包括以下四个方面。

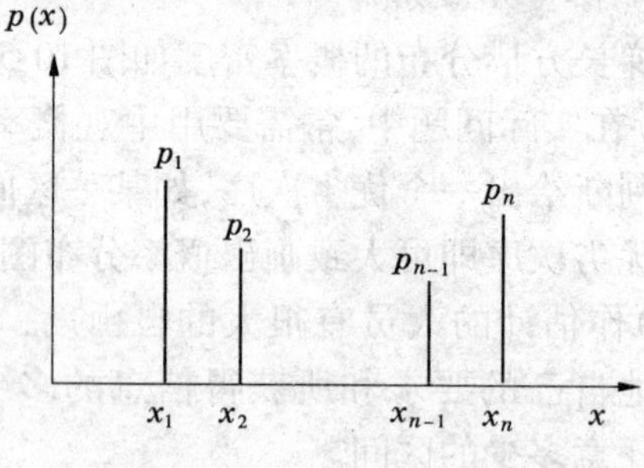


**图 10-8　离散分布的概率密度图**

①进度（工期）拖延。反映在各阶段工作的延误或工期的滞后。

②费用超计划。反映在项目费用的各组成部分的超支。如价格上涨引起材料费超支；处理质量事故使得费用增加等。

③质量事故或技术性能指标严重达不到要求。由于达不到要求的指标会导致返工，从而造成经济损失或工期的延误。

④安全事故。在工程建设活动中，由于操作者的失误、操作对象的缺陷以及环境因素等，或它们相互作用所导致的人身伤亡、财产损失和第三者责任等。

2. 风险损失估计

进度拖延用时间表示;费用超计划用货币衡量;质量事故和安全事故既涉及经济,又会导致工期的延误。在风险管理中质量事故和安全事故的影响可归结为费用与进度问题,在某些场合中还可把工程项目的进度问题归结为费用问题加以分析。所以,风险损失的估计可以从这两个方面进行。

1) 进度损失

进度损失应分两步进行计算:

①风险事件对工程局部进度影响的估计。找出风险事件对施工活动时间的影响。

②风险事件对整个工程工期影响的估计。通过绘制网络图找出风险事件对整个工程工期的影响。若在关键线路上风险事件一定影响工期,若不在关键线路上则要看拖延时间是否超过了总时差,确定出相应的拖延时间。

2) 费用损失

一次性最大损失的估计是风险事件发生后在最坏情况下可能发生的最大可能损失额。这一数据非常重要,因为当损失数额很大时,若一次损失落在某一个工程项目上,项目很可能因流动资金不足而终止;若损失分几次发生,则项目班子容易设法弥补,使项目能够坚持下去。应注意风险事件对项目整体造成损失的估计。工程项目风险发生后,若对项目后阶段的工作存在影响则还需计算此部分损失。

若工程项目风险未对后阶段工作造成影响则只需计算一次性最大损失的估计。若工程项目风险既对本阶段工作造成影响,又对后阶段工作造成影响,则要把一次性最大损失的估计与对项目整体造成损失的估计两者总和作为风险事件的费用损失。

**(四) 风险量($R$)**

随机型风险估计使用概率分析方法衡量风险的大小,但怎样综合考虑风险事件发生的概率和后果的大小?例如,修建核电站和火电站,哪一种环境风险大呢?核电站事故的后果虽然严重,但发生严重事故的概率甚小;火电站排放的烟尘和污水虽然短时间不会成灾,但是每天都要排放,污染环境的概率却是100%。因此,常用风险事件发生的概率和损失的大小的乘积衡量风险的大小。此乘积也叫风险事件状态($R=pq$)。

风险的$R$值越大风险程度越高,$R$值越小风险程度越低。根据$R$的大小可将风险分为A、B、C三类,A类风险属高风险;B类风险属中等程度风险;C类风险属低风险。风险程度与风险量的关系如图10-9所示。

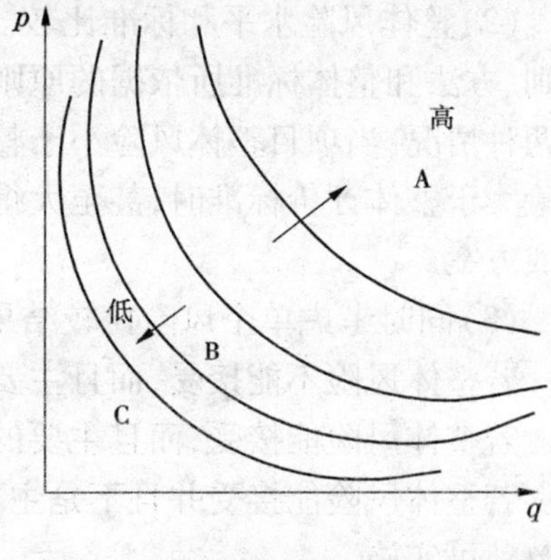


**图10-9　风险程度与风险量的关系**

## 二、风险评价

**(一) 风险评价的含义**

风险评价就是对工程项目整体风险,或某一部分、某一阶段风险进行评价,即评价各风险事件的共同作用、风险事件的发生概率(可能性)和引起损失的综合后果对工程项目实施带来的影响。

项目风险评价时要确定项目风险评价标准(即工程项目主体针对不同的项目风险确定的可以接受的风险率)、确定工程项目的风险水平,然后进行比较:将工程项目单个风险水平与单个评价标准、整体风险水平与整体评价标准进行比较,进而确定它们是否在可接受的范围之内,或者考虑采取什么样的风险应对措施。

**(二)风险评价的目的**

(1)通过风险评价可以确定单个风险的概率、影响程度和风险量的大小。

(2)通过风险评价可以确定风险大小的先后顺序。对工程项目中各类风险进行评价,根据它们对项目目标的影响程度进行排序,为制定风险控制措施提供依据。

(3)通过风险评价确定各风险事件间的内在联系。工程项目中存在很多风险事件,通过分析可以找出不同风险事件间的相互联系。

(4)通过风险评价将工程项目中的风险转化为机会。

**(三)风险水平与风险标准的对比**

1. 水利工程项目风险评价标准的特点

(1)不同项目主体有不同项目风险评价标准。比如就同一个水利工程项目而言,对不同的项目主体,其管理的目标是不同的。对于同一个工程项目业主和承包商的管理目标是不同的。

(2)项目风险评价标准和项目目标的相关性。水利工程项目风险评价标准总是和项目的目标相关的,显然,不同的项目目标当然也应具有不同的风险评价标准。

(3)水利工程项目风险评价标准的两个层次。①计划风险水平:即在项目实施前分析估计得到的或根据以往的管理经验得到的,并认为是合理的水平。②可接受风险水平:即项目主体可接受的,经过一定的努力,采取适当的控制措施,项目目标能够实现的风险水平。

(4)水利工程项目风险评价标准的形式是多样的。如风险率、风险损失和风险量等。

2. 风险水平与风险标准的对比

(1)单个风险水平和标准的比较。这种比较通常较为简单,只要单个风险参数落在标准之内,就说明该风险可以接受。

(2)整体风险水平和标准比较。首先要注意两者的可比性,即整体风险水平的评价原则、方法和整体标准所依据的原则、方法口径基本一致,否则就无法比较。比较时会出现两种情况:当项目整体风险小于整体评价标准时,总体而言,风险是可以接受的;当整体风险大于整体评价标准时,甚至大得较多时,则风险是不能接受的,要考虑是否放弃该项目或方案。

(3)同时考虑单个风险比较结果和整体风险比较结果。

若整体风险不能接受,而且主要的一些单个风险也不能接受,则项目或方案不可行。

若整体风险能接受,而且主要的一些单个风险也能接受,则项目或方案可行。

若整体风险能接受并且不是主要的单个风险不能接受,此时对项目或方案可作适当调整就可实施。

若整体风险能接受,而主要的某些单个风险不能接受,应从全局出发作进一步的分析,确认机会多于风险时,对项目或方案可作适当调整,然后实施。

### (四)风险评价的方法

在水利工程实践中,风险识别、风险估计和风险评价绝非互不相关,常常互相重叠,需要反复交替进行,因此使用的某些具体方法也是互通使用的。工程项目风险评价常用方法有调查与专家打分法、层次分析法(AHP)、模糊数学法、统计和概率法、敏感性分析法、蒙特卡罗模拟法、CIM 模拟法、影响图法等。其中前两种方法侧重于定性分析,中间三种方法侧重于定量分析,后三种方法侧重于综合分析。

1. 调查与专家打分法

调查与专家打分法又称为综合评价法或主观评分法,是一种最常用、最简单且易于应用的风险评价方法,既可应用于确定型风险,也可应用于不确定型风险。

2. 层次分析法

层次分析法是一种定性分析与定量分析相结合的评价方法。其基本思路是:评价者将复杂的风险问题分解为若干层次和若干要素,并在同一层次的各要素之间简单进行比较、判断和计算,得到不同方案风险的水平,从而为方案的选择提供决策依据。

该方法既可用于评价工程项目标段划分、工程投标风险、报价风险等单项风险水平,也可用于评价工程项目不同方案等综合风险水平。

3. 模糊数学法简介

模糊评价法是利用模糊集理论评价工程项目风险的一种方法。工程项目风险很大一部分难以用完全定量的精确数据加以描述(这种不能定量的或精确的特征就是模糊性),但都可以利用历史经验或专家知识,用语言生动地描述出它们的性质及其可能的结果。现有的绝大多数风险分析模型都是基于需要数字的定量技术,而与风险分析相关的大部分信息却是很难用数字表示的,但易于用文字或句子来描述,这种性质最适合于采用模糊数学模型来解决问题。

模糊数学处理非数字化、模糊的变量有独到之处,并能提供合理的数学规则去解决变量问题,相应得出的数学结果又能通过一定的方法转化为语言描述。这一特性极适于解决工程项目中普遍存在的潜在风险,因为潜在风险大都是模糊的、难准确定义且不易用语言描述的。

4. 蒙特卡罗模拟法简介

工程项目风险管理中应用的蒙特卡罗模拟方法,是一种依据统计理论,利用计算机来研究风险发生概率或风险损失数值的计算方法。这是一种高层次的风险分析方法,其实质是一种统计试验方法,主要用于评估多个非确定型的风险因素对项目总体目标所造成的影响。

该方法的基本原理是将被试验的目标变量用一数学模型模拟表示,该数学模型可被称为模拟模型,模拟模型中的每个风险变量的分析结果及其相对应多方概率值用一具体的概率分布来描述。然后利用随机数发生器来产生随机数,再根据这一随机数在各风险变量的概率分布中取一值。当各风险变量的取值确定后,风险总体效果就可根据所建立的模拟模型计算得出。这样重复多次,通过产生随机数得出风险总体效果具体值的过程便是蒙特卡罗模拟试验过程。在目前的工程项目风险分析中,这是一种应用广泛、相对精确的方法。

# 第四节　水利工程项目风险处理

## 一、风险应对计划

### （一）风险应对计划的内容

通过对水利工程项目风险的识别、估计和评价，风险管理者应对其存在的各种风险和潜在的损失等方面有一定把握。在此基础上要编制一个切实可行的风险应对计划，选择行之有效的具体措施，使风险转化为机会或使风险造成的负面效应降到最低。风险应对计划包括的内容有：

（1）根据风险评价的结果提出应对风险的建议方案。

（2）风险处理过程中所需资源的分配。

（3）残留风险的跟踪以及反馈的时间。

### （二）应对水利工程项目风险的主要措施

应对风险，可从改变风险后果的性质、风险发生的概率或风险后果大小三个方面提出多种措施。对某一水利工程项目风险，可能有多种应对策略和措施；同一种类的风险问题，对于不同的工程项目主体采用的风险应对策略和措施是不一样的。因此，需要根据工程项目风险的具体情况、项目承受能力以及抗风险的能力去确定工程项目风险应对策略和措施。应对风险的主要措施有风险减轻、风险分散、风险转移、风险回避、风险自留与利用、风险后备措施等。

1. 风险减轻

风险减轻是从降低风险发生的概率或控制风险的损失两个方面应对风险，它是一种主动、积极的风险策略。

1）预防风险

预防风险是指采取各种预防措施以减少或消除损失发生的可能。例如，生产管理人员通过安全教育和强化安全措施，以减少事故发生的机会；承包商通过提高质量控制标准和加强质量控制，以防止工序质量不合格以及由质量事故而引起的返工或罚款等。在工程承发包过程中，业主要求承包商出具各种保函就是为了防止承包商不履约或履约不力；而承包商要求在合同条款中给予其索赔权利，也是为了防止业主违约或发生种种不测。

2）控制风险

控制风险是指在风险损失已经不可避免的情况下，通过种种措施遏制损失恶化或遏制其扩展范围使其不再蔓延或扩展，也就是使损失局部化。例如，承包商在业主支付误期超过合同规定期限的情况下，采取放慢施工、停工或撤出队伍并提出索赔要求；安全事故发生后的紧急救护措施等。控制风险的损失应争取主动，以预防为主，防控结合。

2. 风险分散

风险分散是通过增加风险承担者，将风险各部分分配给不同的参与方，以达到减轻总体风险的目的。风险分配时一定要注意将风险分配给最有能力控制风险并有最好控制风险动机的一方，否则分散风险只能增大风险。在大型项目中，投标人采用联合投标方式中标，在项目实施过程中风险由多方承担，都是利用了分散风险的策略。

3. 风险转移

风险转移不是降低风险发生的概率和不利后果的大小，而是借助合同或协议，在风险事故一旦发生时将损失的一部分转移到项目以外的第三方身上。

1）工程保险转移

工程保险是对建筑工程、安装工程和各种机器设备因自然灾害与意外事故所造成的物质财产损失及第三者责任进行赔偿的保险。进行工程保险时，投保人需要向保险公司缴纳一定的费用来转移风险，通过保险来实现的风险转移是一种补偿性的，当风险事件发生造成损失后，由保险人对被保险人提供一种经济上的补偿，如果风险事件没有发生或发生后所造成的损失很小，则投保人所缴纳的保险费就成为保险人的收益。值得注意的是，不是工程项目中的所有风险都可通过保险来进行转移，只有可保风险才能投保，一般情况下，可保风险是偶然的、意外的，其损失往往是巨大但可较为准确计量的。

2）非保险转移

非保险转移可分为三种方式：保证担保、合同条件和工程分包。

（1）保证担保。保证担保实质是将风险转移给了担保公司或银行，在风险转移过程中风险的风险量并没有发生变化，只是风险承担的主体发生了变化。在施工合同中，一般都是由信誉较好的第三方以出具保函的方式担保施工合同当事人履行合同。保函实际是一份保证担保。这种担保是以第三方的信誉为基础的，对于担保义务人而言，可以免于向对方缴纳一笔资金或者提供抵押、质押财产。

（2）合同条件。合理的合同条件和合理的合同计价方式可以达到转移风险的目的。不同类型的合同，业主和承包商承担的风险是不同的，签订合同时双方应注意考虑风险的合理分担，使得任何一方承担不合理范围的风险对于项目的实施都是不利的。

（3）工程分包。工程分包是工程实施过程中普遍采用的一种方式，承包商往往将专业性很强，或自己没有经验，或不具备优势的部分工程（如桩基工程、钢网架工程等）分包出去，从而达到转移风险的目的。对于分包商而言，分包商在该领域很有优势，所以分包商接受风险的同时也取得了获得利益的机会。

4. 风险回避

风险回避是指当项目风险潜在威胁发生的可能性太大，不利后果也太严重，或又无其他策略可用时，主动放弃项目或改变项目目标与行动方案，从而规避风险的一种策略。它是一种最彻底消除风险影响的方法。但为了避免风险损失而放弃项目就丢掉了发展和其他各种机会，也限制了项目班子的创造力，使项目管理班子的主观能动性、积极性没有机会展现。

在采取回避策略之前，必须对风险有充分的认识，对威胁出现的可能性和后果的严重性有足够的把握。采取回避策略，最好在项目活动尚未实施时。放弃或改变正在进行的项目，一般都要付出高昂的代价。

5. 风险自留与利用

1）风险自留

风险自留是指项目参与者自己承担风险带来的损失，并做好相应的准备工作。风险自留是基于两个方面考虑的：一是工程实践中存在风险但风险发生的概率很小，而且最终造成的损失也很小，采取风险回避、降低、分散或转移的手段效果不明显，不得不自己承担风险；二是从项目参与者的角度出发，有时必须承担一定的风险才能获得较好的收益。

风险自留是建立在风险评估基础上的财务技术措施，主要依靠项目参与主体自身的财务能力弥补可能的风险损失。因此，必须对项目的风险有充分的认识，对风险造成的损失有比较准确的评估。采用风险自留对策时，一般事先对风险不加控制，但通常制订一个应对计划，以备风险发生时使用。

2）风险利用

风险利用是风险管理的较高层次，对风险管理人员的管理水平要求较高，须谨慎对待。风险利用是在识别风险的基础上，对风险的可利用性和利用价值进行分析，根据自身的能力进行决策是否可以利用风险。

6. 风险后备措施

有些风险要求事先指定后备措施。一旦项目实际情况与预测不同，就动用后备措施。主要有费用、进度和技术三种后备措施。

1）预算应急费

预算应急费是一笔事先准备好的资金，用于补偿差错、疏漏及其他不确定因素对项目费用估计准确性的影响。预算应急费在项目进行过程中很可能会花出去，但用在何处、何时以及用多少，在编制预算时并不知道。

预算应急费一般分为实施应急费和经济应急费两类。实施应急费用于补偿估价和实施过程中的不确定性；经济应急费用于对付通货膨胀和价格波动。

2）进度后备措施

对于项目进度方面的不确定因素，项目各有关方一般不希望以延长工期的方式解决。因此，项目管理班子就要设法制订出一个较紧凑的进度计划，争取项目在各有关方要求完成的日期前完成。从网络计划的观点来看，进度后备措施就是在关键路线上设置时差或浮动时间。

压缩关键路线各工序时间有两大类办法：减少工序（活动）时间；调整工序间逻辑关系。一般说来，这两种办法都要增加资源的投入，甚至带来新的风险，需重新评估。

3）技术后备措施

技术后备措施专门应付项目的技术风险，是为防止突发状况而预先制定的方案及措施。当预想的情况未出现，并需要采取补救行动时才采用该手段。预算应急费和进度后备措施很可能用上，而技术后备措施很可能用不上。只有当不大可能发生的事件发生，需要采取补救行动时，才动用技术后备措施。需要注意的是，技术后备措施有相应的技术方案（如工程质量保障措施）或行动来支持。

## 二、风险监控

对于工程风险无论采取何种措施控制风险，都很难将风险完全消除，并且原有风险消除后，还可能产生新的风险。因此，在项目实施过程中要定期对风险进行监控。风险监控的目的是考察各种风险控制措施产生的实际效果、确定风险减少的程度、监视残留风险的变化情况，进而考虑是否需要调整风险应对计划，是否需要采取后备措施。

风险监控的主要内容包括：评价风险控制行为产生的效果；及时发现和度量新的风险因素；跟踪、评价残余风险的变化和程度；监控潜在风险的发展，监测项目风险发生的征兆；提供启动风险应变计划的时机和依据。

跟踪风险控制措施的效果是风险监控的主要内容，实时记录跟踪结果，及时编制风险跟踪报告，以便对风险作出及时反应。

风险监控过程中如果有新的风险因素，应对其进行重新估算。即使项目实施过程中没有新风险出现，也要在项目的关键阶段进行风险的重新估计。

## 第五节　水利工程项目保险

### 一、工程保险

工程保险（Engineering Insurance）是对工程项目建设过程中可能出现的因自然灾害和意外事故而造成的物质财产损失及依法应对第三者人身伤亡所承担经济赔偿责任提供保障的一种综合性保险。

工程保险是适应现代工程技术和工程建设行业的发展，由火灾保险、意外伤害保险以及责任保险等演变而成的一类综合性财产保险险种。工程保险的最初形成是由于第二次世界大战后欧洲重建过程中承包人为转嫁工程建设期间的各种风险的需要，随着各种大规模工程建设的展开和国际工程项目的增多，为完善承包合同条款，在承包合同中引进了承包人投保工程保险的义务，国际标准合同条款对工程保险的相关规定对工程保险的发展起到积极的推动作用。1945 年，英国土木建筑业者联盟、工程技术协会及土木建筑者协会共同研究并制定了《承包合同标准化条款》，将承包人投保工程保险的义务引入了合同。1950 年国际土木工程师和承包建筑工程师组织制定了标准《土木建筑工程合同条款》，要求承包人办理保险，对建筑、安装工程各关系方的权利和义务作了明确规定，为建筑、安装工程保险成为世界性的财产保险险种奠定了基础。国际咨询工程师协会编写的 FIDIC 合同条件对工程项目不同参与主体的责任和保险作出了较为恰当的安排，在大型工程项目中得到广泛应用，极大地促进了工程保险的迅速发展。西方国家水利工程建设历史较长，现阶段发达国家水利工程建设项目数目较少，水利工程保险的问题并不突出，所以国际保险界通常只把水利工程保险列入工程保险的范畴进行研究。水利工程项目一般投资规模大，建设周期长，技术要求复杂，涉及面广，因此潜伏的风险因素更多，工程保险已成为水利工程项目转移风险的重要途径。

### 二、工程保险的特点

工程保险是着眼于可能发生的不利情况和意外不测，从若干方面消除或补偿遭遇风险造成损失的一种特殊措施。尽管这种对于风险后果的补偿只能弥补整个工程项目损失的一部分，但在特定情况下却能保证承包商不致破产而获得生机。工程保险具有与其他财产或人身保险不同的特点。

（一）工程保险有特定的保险内容

工程保险对于承包商而言，有特定的投保险别和要求承担的相应责任；对于保险受理机构而言，承担保险项目的责任和补偿办法则通过保险条例与保险单作出明确而具体的规定。

（二）分段保险

在承包商实施工程项目合同期间，分阶段进行保险，各种险别可以衔接起来，构成工程建设的完整过程。承包商既可全部投保，也可根据需要选择投保其中一种或几种险。这是因为大多数承包工程项目从开工准备到竣工验收的施工周期较长，保险受理机构根据各个阶段具体情况考虑制定各种工程险别的投保办法，一方面有利于分散风险，另一方面也便于保险费的分段计算。

（三）保险费率现开

保险公司对于工程保险的收费基础、计算程序和办法一般都是既定的，但没有规定一成不变的、对任何工程项目都适用的费率，而是根据工程项目所处地区和环境特点、工程风险因素作出的分析，以及要求承保的年限，结合当地保险条例并照国际通行做法现开。一般而言，承保的风险责任大、时间长，保险费率就相应增高。

## 三、国外水利工程保险发展状况

英、美、日、德等国家的保险业较发达，体系较完备，其现代水利工程保险具有以下特征：

（1）强制性。法律规定：凡公共工程必须投保工程险，金融机构融资的项目也必须投保有关工程险。水利工程是一种公共工程，相当大一部分水利工程的建设资金也是通过金融机构融资的，因而属于被强制保险的范围。

（2）广泛性。从工程设计到工程建成的所有阶段，参与工程建设的所有单位，都必须投保工程保险。法国《建筑职责与保险》规定，凡涉及工程保险的建设活动的所有单位，包括业主、建筑师、总承包商、设计或施工等专业承包商、建筑产品制造商、质量检查公司等，均须向保险公司投保工程保险。

（3）全面性。英国的水利工程保险制度的显著特点是险种齐全，几乎涵盖了所有工程保险的险种，投保率则超过了90%，对保障工程质量和安全生产起到了积极作用。在英国工程保险市场上，除建筑工程一切险（附带第三者责任险）和安装工程一切险（附带第三者责任险）外，与工程建设相关的其他常规保险险种有雇主责任险、货物运输险、施工机具险、履约保障险、雇员忠诚险、职业责任险、工程交付延误及预期利润损失险、工程质量保证险等，这些险种都被合理地运用到水利工程保险上。由于成功地推行了责任保险制度，这些发达国家和地区的工程建设质量不断提高，重大工程质量事故的发生概率明显下降。

（4）普遍性。发达国家工程建设中参建各方都有很强的风险及风险转移意识，特别是英国工程建设大都是私人出资或商业银行担保融资，即使是水利工程这种政府项目，也多是通过私人融资建设的。如果工程建设没有全面的风险保障，一旦遇到事故，造成的损失是相当严重的，因此对保险的需求也非常迫切。这种需求在工程项目的融资阶段就能体现出来,贷款人通常都要求业主提供关于项目保险投保的细则来确保他们的利益得到保障,未提供这些保险的将不予融资支持。

(5)规范性。英国的水利工程保险,被保险人通常有两种对象,一种是业主,另一种是承包商。一个工程项目是由业主投保还是由承包商投保,其保险保障是不一样的。由业主投保工程险,可以保障工程全过程,投保终止期可至工程全部竣工时,不用考虑每一个承包商完成时的截止时间,并有能力安排交工延期和利润损失保障。因为许多大工程都是银行融资,投资方都希望投保交工延期和利润损失保险。业主可以控制风险的保障范围和合适的免赔额;选择有信誉的保险公司,使贷款人对项目更为放心;确保无不足额保险,减少核保的保单数量,这样可以减少管理费用。承包商都习惯自主安排保险,自主地控制保险条件、免赔额、赔款进程,选择自己信任的保险公司。主承包商都会选择分包商,通过这种方式将风险、保险分解。

## 四、国内水利工程保险发展状况

我国的水利工程项目投资来源呈多样化趋势。20世纪90年代以前,只有少数水利工程投保工程险,且主要依据1979年中国人民保险公司拟定的建筑工程一切险和安装工程一切险的条款及保单进行保险。1995年中国人民银行颁布了《建筑工程一切险条款》和《安装工程一切险条款》,其保险责任相当广泛,包括了意外事故与所有的自然灾害,与国际通行条款比较一致,也与FIDIC施工合同条件对保险的要求一致,但由于多种原因,在相当长的一段时间里未能普遍推开。到20世纪90年代后期,我国水利工程保险覆盖范围仍然较窄,涉外水利工程投保率能达到90%以上,但国内投资的水利工程投保率却不足30%,不少重大工程基本上没有投保工程险,致使项目建设中面临的各种风险无法有效化解。

水利部2001年下发的《水利水电工程设计概(估)算费用构成及计算标准》中,在第五部分"其他费用"中增列了工程保险费,并规定按第一至第四部分合计金额的4.5%~5.0%计取工程保险费;《水利水电土建工程施工合同条件》(GF—2000—0208)中的技术条件1.14款中,规定应投保的险种包括:①工程险(包括材料和工程设备);②第三者责任险;③施工设备险;④人身意外伤害险。

在保险费率方面,我国工程保险起步较晚,还缺乏科学合理的针对水利工程的风险评估方法和保险费率的确定方法。目前,我国在确定工程保险费率上采用最大似然法(简称PML法),这种方法在一定条件下,对于确定工程保险费率发挥了一定作用。但是,对于建设规模大、工期长、场地条件复杂多变、内外干扰因素多、沿长线分布的多种类型建筑物组成的群体工程项目的大型水利工程,采用PML法所确定的保险费率往往与工程的实际风险大小不相匹配,因而存在着以4.5%~5.0%的工程预算作为保险费不足以充分保险的问题。同时,我国的保险界对于工程保险还不能提供具有综合素质的工程保险专业人员,大面积、多责任地承保类似三峡等大型水利工程保险仍存在困难。

## 五、水利工程保险的类型

随着水利工程建设与国际的接轨,在我国水利工程保险市场上,主要的工程保险类型有:①建筑工程一切险(包括第三者责任险);②安装工程一切险(包括第三者责任险);③人身意外伤害保险;④工程质量保修保险;⑤雇主责任险;⑥机动车辆险;⑦职业责任险。

上述7个险种中,建筑工程一切险(包括第三者责任险)和安装工程一切险(包括第三者责任险)是水利工程建设中最常用的两个险种。建筑职工人身意外伤害保险是国家要求的强制险种,《中华人民共和国建筑法》规定:“建筑施工企业必须为从事危险作业的职工办理意外伤害保险,支付保险费。”所以,建筑职工意外伤害保险属于强制性保险范畴,但由于其保险覆盖过于狭小,劳工的利益目前尚得不到全面保障。工程质量保修保险使用仍然较少,虽然《建设工程质量管理条例》中明确规定:“基础设计工程、房屋建筑的地基基础工程和主体结构工程,最低保修期限为该工程的合理使用年限。”但在工程竣工后的几十年或上百年后,不仅原承包商很难讲是否存在,其担保人也将难定行踪。其他险种,如雇主责任险、机动车辆险、职业责任险等均没有明文规定。其中职业责任险包括相关专业人员的错误和失误所造成损失的保险,我国虽然在《中华人民共和国建筑法》、《建筑工程勘察设计合同条例》、《工程建设监理规定》中,分别规定了建筑设计单位、勘察单位、监理单位因职工过失造成损失时应承担的责任,但由于缺乏与之相配套的实施细则,其过失责任很难认定,建设工程中损失责任归属仍然不十分明确。下面就常用的前两种保险加以详细介绍。

**(一)建筑工程一切险(包括第三者责任险)**

建筑工程一切险(Contractor's All Risks)是对各种建筑工程项目提供全面保障,既对在施工期间工程本身、施工机具或工地设备所遭受的损失予以赔偿,也对因施工给第三者造成的财产损失或人员伤亡承担赔偿责任。

1.建筑工程一切险的投保人与被保险人

建筑工程一切险多数由承包商负责投保。如果承包商因故未办理或拒不办理投保,业主可代为投保,费用由承包商承担。如果总承包商未曾就该分包部分购买保险,负责分包工程的分包商也应办理其承担的分包任务的保险。

建筑工程一切险的保险契约生效后,投保人就成为被保险人,但保险的受益人也可成为被保险人。建筑工程一切险的被保险人可包括:①业主或工程所有人;②总承包商;③分包商;④业主或工程所有人聘用的监理工程师;⑤与工程有密切关系的单位或个人。

2.建筑工程一切险的承保范围

建筑工程一切险适用于所有房屋工程和公共工程,尤其是住宅、商业用房、医院、学校、剧场;工业厂房、电站;公路、铁路、飞机场;桥梁、船闸、大坝、隧道、排灌水渠、港埠等。

建筑工程一切险承保的内容有:

(1)工程本身。指由总承包商和分包商为履行合同而实施的全部工程。包括预备工程,如土石方、水准测量;临时工程,如饮水、保护堤;全部存放于工地的为施工所必需的材料。

(2)施工用设施和设备。包括活动房、材料库、配料棚、搅拌站、脚手架、水电供应及其他类似设施。

(3)施工机具。包括大型陆上运输机械、吊车以及不能在公路上行驶的工地用车辆。

(4)场地清理费。指在发生灾害事故后场地产生了大量的残砾,为清理工地现场而支付的一笔费用。

(5)第三者责任。指在保修期内对因工程意外事故造成的依法应由被保险人负责的工地上及邻近地区的第三者人身伤亡、疾病或财产损失,以及被保险人因此而支付的诉讼费用和事先经保险公司同意支付的其他费用等赔偿责任。

(6)工地内现有的建筑物。

(7)由被保险人看管或监护的停放于工地的财产。

建筑工程一切险承保的危险与损害涉及面很广,凡保险单中列举的除外情况之外的一切事故损失全在保险范围内。

3. 建筑工程一切险的保险金额、免赔额、保险费率和保险期限

(1)保险金额。建筑工程一切险的保险金额按照不同的保险标的确定。

(2)免赔额。保险人向被保险人支付为修复保险标的遭受损失所需的费用时,必须扣除免赔额。支付的赔偿额极限相当于保险总额,但不超过保险合同中规定的每次事故的担保极限之和或整个保修期内发生的全部事故的总担保极限。工程本身的免赔额为保险金额的0.5%~2%;第三者责任险中财务损失的免赔额为每次事故赔偿限额的1%~2%,但人身伤害没有免赔额。

(3)费率。建筑工程一切险的保险费率通常根据风险的大小确定,保险费率与项目的性质和项目所在地的地理条件、自然条件以及工期长短、免赔额的高低等因素有关,可根据项目的具体情况与保险公司协商一个合理的费率。

(4)保险的期限。根据合同条件要求确定,至少应包括全部施工期,如果业主要求缺陷责任期内由于施工缺陷造成的损失也属于保险范围,则可在投标申请书中写明。一般来说,实际保险期限可比合同工期略长一些,这是考虑到可能工期拖长,免得以后再办保险延期手续。

**(二)安装工程一切险(包括第三者责任险)**

安装工程一切险(Erection All Risks Insurance)属于技术险种,该险种的目的在于为各种机器的安装和钢结构工程的实施提供尽可能全面的专门保险。

安装工程一切险主要适用于安装各种工程用的机器、设备、储油罐、钢结构、起重机、吊车以及包含机械工程因素的各种建造工程。

1. 安装工程一切险与建筑工程一切险的重要区别

(1)建筑工程保险的标的从开工以后逐步增加,保险额也逐步提高,而安装工程一切险的保险标的一开始就存放于工地,保险公司一开始就承担全部货价的风险。在机器安装好之后,试车、考核所带来的危险以及在试车过程中发生机器损坏的危险是相当大的,这些危险在建筑工程一切险中是没有的。

(2)一般情况下,自然灾害造成建筑工程一切险的保险标的的损失的可能性较大,而安装工程一切险的保险标的多数是建筑物内安装设备,受自然灾害损失的可能性较小,受人为事故损失的可能性较大,因此要督促被保险人加强现场安全操作管理,严格执行安全操作规程。

(3)安装工程在交接前必须经过试车考核,而在试车期内,任何潜在的因素都可能造

成损失，损失率要占安装工期内的总损失的一半以上。由于风险集中，试车期的安装工程一切险的保险费率通常占整个工期的保费的1/3左右，而且对旧机器设备不承担赔付责任。

2. 安装工程一切险的投保人与被保险人

安装工程一切险的投保人与被保险人同建筑工程一切险一样，安装工程一切险应由承包商投保。承包商办理了投保手续并缴纳了保费后即成为被保险人。安装工程的被保险人除承包商外还有：①业主或工程所有人；②制造商或供应商；③咨询监理公司；④安装工程的信贷机构；⑤待安装构件的买主等。

3. 安装工程一切险的其他内容

安装工程一切险的保险标的有：安装的机器、工人以及安装费等；为安装工程所使用的承包商的机器设备；土木建筑项目；场地清理费用；业主或承包商在工地上的其他财产。安装工程一切险也包括承保第三者责任险。

安装工程一切险的保险金额包括物质损失和第三者责任两部分。如果投保的安装工程包括土建部分，其保额应为安装完成时的总价值（包括运费、安装费、关税等）；若不包括土建部分，则设备购货合同价和安装合同价加各种费用之和为保额；安装建筑用机器、设备、装置应按安装价值确定保额。第三者责任的赔偿限额按危险程度由保险双方商定。通常对物质标的部分的保额先按安装工程完工时的估计总价值暂定，工程完工时再根据最后建成价格调整。

安装工程一切险在保险单列明的安装期限内自投保工程的动工日或第一批被保险项目被卸到施工地点时起生效，直到安装工程完毕经验收时终止。如果合同中有试车、考核规定，则试车、考核阶段应以保单中规定的期限为限。但如果被保险项目本身是旧产品，则试车开始时，责任即告终止。保险期限的延长需征得保险人的同意，并在保险单上加批和增收保费。

# 第十一章　水利工程项目安全、环境和移民管理

## 第一节　水利工程项目安全管理

安全生产，事关人民群众生命财产安全、国民经济持续快速健康发展和社会稳定大局。所以，加强水利工程建设安全生产管理，明确安全生产责任，对防止和减少安全生产事故，保障人民群众生命和财产安全，具有十分重要的意义。

### 一、安全管理概述

**（一）安全管理**

从生产管理的角度，安全管理可以概括为：在进行生产管理的同时，通过采用计划、组织、技术等手段，针对人们生产过程的安全问题，运用有效的资源，发挥人们的智慧，通过人们的努力，进行有关决策、计划、组织和控制等活动，实现生产过程中人与机器设备、物料、环境的和谐，达到安全生产的目标，控制事故不致发生的一切管理活动。

安全生产是工程项目重要的控制目标之一，也是衡量工程项目管理水平的重要标志。因此，工程项目必须把实现安全生产当做组织生产活动时的重要任务。

安全管理的目标是，减少和控制危害，减少和控制事故，尽量避免生产过程中由于事故所造成的人身伤害、财产损失、环境污染以及其他损失。

**（二）安全生产法和注册安全工程师**

《中华人民共和国安全生产法》规定了各级政府机构和有关生产单位的安全生产责任，要求国务院和地方各级人民政府应当加强对安全生产工作的领导，支持、督促各有关部门依法履行安全生产监督管理职责。生产经营单位的主要负责人对本单位的安全生产工作全面负责。国家实行生产安全事故责任追究制度，依照《中华人民共和国安全生产法》和有关法律、法规的规定，追究生产安全事故责任人员的法律责任。

按照《注册安全工程师管理规定》，国家实行注册安全工程师执业资格制度，就是对生产经营单位中安全生产管理、安全工程技术工作和为安全生产提供技术服务的中介机构的专业技术人员实行资格准入。

注册安全工程师是指取得中华人民共和国注册安全工程师执业资格证书，在生产经营单位从事安全生产管理、安全技术工作或者在安全生产中介机构从事安全生产专业服务工作，并按照规定注册取得中华人民共和国注册安全工程师执业证和执业印章的人员。

我国规定从业人员 300 人以上的煤矿、非煤矿矿山、建筑施工单位和危险物品生产、经营单位，应当按照不少于安全生产管理人员 15% 的比例配备注册安全工程师；安全生产管理人员在 7 人以下的，至少配备 1 名。

生产经营单位的下列安全生产工作，应有注册安全工程师参与并签署意见：

(1)制定安全生产规章制度、安全技术操作规程和作业规程。

(2)排查事故隐患,制订整改方案和安全措施。

(3)制定从业人员安全培训计划。

(4)选用和发放劳动防护用品。

(5)生产安全事故调查。

(6)制定重大危险源检测、评估、监控措施和应急救援预案。

(7)其他安全生产工作事项。

## 二、安全管理基本原则

安全管理是生产管理的重要组成部分,是一门综合性的系统科学。安全管理是一种动态管理,其对象是生产中一切人、物、环境的状态管理与控制。为有效地将生产因素的状态控制好,实施安全管理过程中,必须坚持以下几项基本管理原则。

### (一)领导负责原则

国务院在《关于加强企业生产中安全工作的几项规定》中明确指出:各级领导人员在管理生产的同时,必须负责管理安全工作。企业中有关专职机构,都应该在各自业务范围内对实现安全生产的要求负责。管生产同时管安全,不仅是对各级领导人员明确安全管理责任,同时,也向一切与生产有关的机构、人员明确了业务范围内的安全管理责任。

### (二)预防为主原则

安全生产的方针是"安全第一、预防为主"。安全第一是从保护生产力的角度和高度,表明在生产范围内安全与生产的关系,肯定安全在生产活动中的位置和重要性。进行安全管理不是处理事故,而是在生产活动中,针对生产的特点,对生产因素采取管理措施,有效地控制不安全因素的发展与扩大,把可能发生的事故消灭在萌芽状态,以保证生产活动中人的安全与健康。

### (三)全程管理原则

安全管理涉及生产活动的方方面面,涉及从开工到竣工交付的全部生产过程,涉及全部的生产时间,涉及一切变化着的生产因素。因此,生产活动中必须坚持全员、全过程、全方位、全天候的动态安全管理。

## 三、安全管理措施

安全管理措施是安全管理的方法与手段,管理的重点是对生产各因素状态的约束与控制。

### (一)建立安全生产责任制

安全生产是关系到企业全员、全层次、全过程的大事。生产经营单位必须建立、健全安全生产责任制。安全生产责任制是安全生产规章制度的核心,是行政岗位责任制和经济责任制度的重要组成部分,它能增强各级管理人员的责任心,使安全管理纵向到底、横向到边,责任明确、协调配合,共同努力把安全工作真正落到实处。

### (二)安全生产组织保障

设置安全生产管理机构和配备安全生产管理人员。安全生产管理机构指的是企业中专门负责安全生产监督管理的内设机构，其工作人员都是专职安全生产管理人员。安全生产管理机构的作用是落实国家有关安全生产的法律法规，组织本单位内部各种安全检查活动，负责日常安全检查，及时整改各种事故隐患，监督安全生产责任制的落实等，它是企业安全生产的重要组织保证。

**（三）安全生产投入和安全技术措施**

企业必须安排适当的资金，用于改善安全设施，更新安全技术装备、器材、仪器、仪表及其他安全生产投入，以保证本单位达到法律、法规、标准规定的安全生产条件。同时，应编制安全技术措施。安全技术主要是运用工程技术手段消除物的不安全因素，实现生产工艺、机械设备等生产条件的本质安全。预防发生事故的安全技术主要有消除危险源，限制能量或危险物质，隔离、削弱薄弱环节，个体防护。

**（四）安全生产检查**

安全生产检查是指对生产过程及安全管理中可能存在的隐患、危险有害因素、缺陷等进行查证，以确定隐患或危险有害因素、缺陷的存在状态，以及它们转化为事故的条件，以便制定整改措施，消除隐患和危险有害因素，确保生产的安全。安全检查是发现不安全行为和不安全状态的重要途径。

1. 安全生产检查的形式

（1）定期安全生产检查。一般是通过有计划、有组织、有目的的形式来实现的。

（2）经常性安全生产检查。一般是采取个别的、日常的巡视方式来实现的。

（3）季节性及节假日前安全生产检查。根据季节变化，按事故发生的规律对易发的潜在危险进行季节检查，如冬季防冻保温、防火、防煤气中毒；夏季防暑降温、防汛、防雷电等检查。对于节假日，如元旦、春节、劳动节、国庆节前后，应进行有针对性的安全检查。

（4）专业（项）安全生产检查。

（5）综合性安全生产检查。

（6）不定期的职工代表巡视安全生产检查。

2. 安全生产检查的内容

安全检查的内容包括软件系统和硬件系统，具体主要是查思想、查管理、查制度、查现场、查隐患、查事故处理。安全检查对象的确定应本着突出重点的原则，对于危险性大、易发事故、事故危害大的生产系统、部位、装置、设备等应加强检查。一般应重点检查：交通设备、勘察现场、渡口及渡船、炸药库、井洞探、危险化学物品、起重设备、电气设备、高处作业等设备、工种、场所及其作业人员。

3. 隐患处理及危险因素的消除

安全检查的目的是发现、处理、消除危险因素，避免事故伤害，实现安全生产。消除危险因素的关键环节，在于认真地整改，真正地、确确实实地把危险因素消除。对于一些由于种种原因而一时不能消除的危险因素，应逐项分析，寻求解决办法，安排整改计划，尽快予以消除。

（1）检查中发现的隐患应进行登记，不仅作为整改的备查依据，而且是提供安全动态分析的重要信息渠道。如多数单位安全检查都发现同类型隐患，说明是通病，若某单位在安全检查中重复出现隐患，说明整改不彻底，形成“顽症”。根据检查隐患记录分析，制定指导安全管理的预防措施。

(2)安全检查中查出隐患后,还应发出隐患整改通知单。对凡存在即发性事故危险的隐患,检查人员应责令停工,被查单位必须立即进行整改。

(3)对于违章指挥、违章作业行为,检查人员可以当场指出,立即纠正。

(4)检查单位领导对查出的隐患,应立即研究制定整改方案。按照“三定”(即定人、定期限、定措施),限期完成整改。

(5)整改完成后要及时通知有关部门派员进行复查验证。

**(五)安全评价**

安全评价是指运用定量或定性的方法,对建设项目或生产经营单位存在的职业危险因素和有害因素进行识别、分析与评估。安全评价包括安全预评价、安全验收评价、安全现状综合评价和专项安全评价。

安全预评价内容主要包括危险及有害因素识别、危险度评价和安全对策措施及建议。它是以拟建建设项目作为研究对象,根据建设项目可行性研究报告提供的生产工艺过程、使用和产出的物质、主要设备和操作条件等,研究系统固有的危险及有害因素;应用系统安全工程的方法,对系统的危险性和危害性进行定性、定量分析,确定系统的危险、有害因素及其危险、危害程度;针对主要危险、有害因素及其可能产生的危险、危害后果提出消除、预防和降低的对策措施;评价采取措施后的系统是否能满足规定的安全要求,从而得出建设项目应如何设计、管理才能达到安全指标要求的结论。

安全验收评价是在建设项目竣工、试生产运行正常后,通过对建设项目的设施、设备、装置实际运行状况的检测、考察,查找该建设项目投产后可能存在的危险、有害因素,提出合理可行的安全对策措施和建议。最终形成的安全验收评价报告将作为建设单位向政府安全生产监督管理机构申请建设项目安全验收审批的依据。

安全现状综合评价是针对某一个生产经营单位总体或局部生产经营活动的安全现状进行的评价。评价形成的现状综合评价报告的内容应纳入生产经营单位安全隐患整改和安全管理计划,并按计划加以实施和检查。

专项安全评价是针对某一项活动或场所,如一个特定的行业、产品、生产方式、生产工艺或生产装置等存在的危险、有害因素进行安全评价,目的是查找其存在的危险、有害因素,确定其程度,提出合理可行的安全对策措施及建议。

安全评价程序主要包括:准备阶段,危险、有害因素辨识与分析,定性定量评价,提出安全对策措施,形成安全评价结论及建议,编制安全评价报告。

**(六)安全生产教育培训**

进行安全教育与训练,能增强人的安全生产意识,提高安全生产知识,有效防止人的不安全行为,减少人的失误。

生产经营单位的主要负责人和安全生产管理人员必须具备与本单位所从事的生产经营活动相应的安全生产知识和管理能力。生产经营单位应当对从业人员进行安全生产教育和培训,保证从业人员具备必要的安全生产知识,熟悉有关的安全生产规章制度与安全操作规程,掌握本岗位的安全操作技能。生产经营单位应当教育和督促从业人员严格执行本单位的安全生产规章制度与安全操作规程,并向从业人员如实告知作业场所和工作岗位存在的危险因素、防范措施及事故应急措施。从业人员应当接受安全生产教育和培训，掌握本职工作所需的安全生产知识，提高安全生产技能，增强事故预防和应急处理能力。

特种作业人员上岗前，必须进行专门的安全技术和操作技能的教育培训，增强其安全生产意识，获得证书后方可上岗。

## 四、安全责任和重点

项目法人（或建设单位）、勘察单位、设计单位、施工单位、监理单位及其他与水利工程建设安全生产有关的单位，必须遵守安全生产法律、法规，自觉承担安全生产责任，扎实做好安全管理工作，保证水利工程建设安全生产。

### （一）安全责任

#### 1. 项目法人的安全责任

项目法人在对施工投标单位进行资格审查时，应当对投标单位的主要负责人、项目负责人以及专职安全生产管理人员是否经水行政主管部门安全生产考核合格进行审查。有关人员未经考核合格的，不得认定投标单位的投标资格。

项目法人应当组织编制保证安全生产的措施方案，并自开工报告批准之日起15天内报有管辖权的水行政主管部门、流域管理机构或者其委托的水利工程建设安全生产监督机构备案。建设过程中安全生产的情况发生变化时，应当及时对保证安全生产的措施方案进行调整，并报原备案机关。

在水利工程开工前，项目法人应当就落实保证安全生产的措施进行全面系统的布置，明确施工单位的安全生产责任。

#### 2. 勘察（测）、设计单位的安全责任

勘察（测）单位和有关勘察（测）人员应当对其勘察（测）成果负责。设计单位和有关设计人员应当对其设计成果负责。设计成果应当考虑施工安全操作和防护的需要，对涉及施工安全的重点部位和环节在设计文件中注明，并对防范生产安全事故提出指导意见。

采用新结构、新材料、新工艺以及特殊结构的水利工程，设计单位应当在设计中提出保障施工作业人员安全和预防生产安全事故的措施建议。

#### 3. 施工单位的安全责任

施工单位主要负责人依法对本单位的安全生产工作全面负责。施工单位依法取得相应等级的资质证书，并在其资质等级许可的范围内承揽工程，在依法取得安全生产许可证后，方可从事水利工程施工活动。

施工单位应当建立健全安全生产责任制度和安全生产教育培训制度，制定安全生产规章制度和操作规程，保证本单位建立和完善安全生产条件所需资金的投入，对所承担的水利工程进行定期和专项安全检查，并做好安全检查记录。对管理人员和作业人员每年至少进行一次安全生产教育培训，其教育培训情况记入个人工作档案。在采用新技术、新工艺、新设备、新材料时，应当对作业人员进行相应的安全生产教育培训。

### （二）安全重点

在水利工程项目中应重点注意以下几个方面，交通安全、爆破器材管理、危险化学品

管理，水上作业、高空作业、爆破作业、地下作业、起重设备、电气设备、涉电作业、高边坡、大开挖、防汛、防雷电、防暑、防冻、防火等所涉及的设备、工种、场所和作业人员，每个方面均应采取相应的安全措施，比如对于爆破作业，一般应采取以下安全措施：

(1)炮工必须经过专门的培训，取得合格证书后方可上岗作业。

(2)起爆管和信号管设专门地方加工，严禁在爆破器材存放处、住宅和爆破作业地点加工。

(3)起爆药包加工应在光线良好且无其他人的安全地点进行，加工数量不应超过当班作业需用量。

(4)装药安全操作规定。装药前，仔细检查炮孔情况，清除孔内积水、杂物。装药时，将药卷置于孔口，用木制炮棍轻轻推入预定位置，采用电雷管时，应先将脚线展开适当长度。

(5)装药后必须保持填塞质量，禁止无填塞进行爆破。

(6)连续点燃多根导火线，露天爆破必须先点燃信号管，井下爆破必须先点燃计时导火线，信号管响后或计时导火线燃烧完毕，无论起爆导火线点完与否，人员必须立即撤离。

(7)露天草地或林区在放炮前，必须清除放炮点导火线燃烧范围内的地面杂草、树枝叶等，以防导火线燃烧时引起山林火灾。

(8)爆破工作前必须确定危险区的边界，并设置明显的标志。边界设置岗哨，使所有通道处于监视之内，相邻岗哨之间距离亦应保持在视线范围之内。

(9)爆破后的安全检查和处理。炮响完后，露天爆破不少于 5 min，地下爆破不少于 15 min(经过通风吹散炮烟后)，才准爆破人员进入爆破作业地点。检查有无冒顶、危石、支护破坏和盲炮等现象。

## 五、生产安全事故处理

### (一)生产安全事故的概念

生产安全事故是指生产经营单位在生产经营活动(包括与生产经营有关的活动)中突然发生的，伤害人身安全和健康或者损坏设备设施或者造成经济损失的，导致原生产经营活动(包括与生产经营活动有关的活动)暂时中止或永远终止的意外事件。

生产安全事故按事故发生的原因可分为责任事故和非责任事故；按事故造成的后果可分为人身伤亡事故和非人身伤亡事故。

### (二)生产安全事故应急救援

安全生产法对生产安全事故的应急救援作了明确规定，主要包括生产安全事故应急救援预案的制定、生产安全事故应急救援体系的建立、生产安全事故应急救援组织、应急救援人员和装备以及组织事故抢救等内容。

#### 1.生产安全事故应急救援的必要性

通过生产安全事故应急救援预案的制定，能总结以往安全生产工作的经验和教训，明确安全生产工作的重大问题和工作重点，提出预防事故的思路和办法，是全面贯彻“安全第一、预防为主”的需要；在生产安全事故发生后，事故应急救援体系能保证事故应急救援组织及时出动，并有针对性地采取救援措施，对防止事故的进一步扩大，减少人员伤亡和财产损失意义重大;专业化的应急救援组织是保证事故及时进行专业救援的前提条件,会有效避免事故施救过程中的盲目性,减少事故救援过程中的伤亡和损失,降低生产安全事故的救援成本。

2. 事故应急救援的基本任务和特点

事故应急救援的总目标是通过有效的应急救援行动,尽可能地降低事故的后果,包括人员伤亡、财产损失和环境破坏等。事故应急救援的基本任务包括下述几个方面:

(1)立即组织营救受害人员,组织撤离或者采取其他措施保护危害区域内的其他人员。

(2)迅速控制事态,并对事故造成的危害进行检测、监测,测定事故的危害区域、危害性质及危害程度。及时控制住造成事故的危险源是应急救援工作的重要任务。

(3)消除危害后果,做好现场恢复。

(4)查清事故原因,评估危害程度。

3. 生产安全事故的应急救援内容

(1)应急救援预案:县级以上地方各级人民政府应当组织有关部门制定本行政区域内特大生产安全事故的应急救援预案。应急救援预案主要包括:预案制定机构;协调和指挥机构及相关部门的职责和分工;危险目标的确定和潜在危险性评估;应急救援装备情况;救援组织的训练和演习;特大生产安全事故的紧急处置措施、人员疏散措施、工程抢险措施、现场医疗急救措施、社会支持和援助、经费保障等。

(2)应急救援体系:是保证生产安全事故应急救援工作顺利实施的组织保障,主要包括应急救援指挥系统、应急救援日常值班系统、应急救援信息系统、应急救援技术支持系统、应急救援组织及经费保障。

(3)应急救援组织:危险物品的生产、经营、储存单位以及矿山、建筑施工单位应当建立应急救援组织或指定兼职的应急救援人员,此处的兼职可以是内部人员兼职作应急救援人员,也可以是其他专业应急救援组织的兼职,并应当配备与生产经营活动相适应的必要的应急救援器材和设备,保证应急救援器材和设备的正常运转。

(4)生产安全事故的抢救:要坚持及时、得当、有效的原则。因生产安全事故属突发事件,《中华人民共和国安全生产法》要求在事故发生后,任何单位和个人都应当支持、配合事故的抢救工作,为事故抢救提供一切便利条件。重大生产安全事故的抢救应当成立抢救指挥部,由指挥部统一指挥。

**(三)生产安全事故的调查处理**

1. 生产安全事故的报告

1)生产经营单位内部的事故报告

生产经营单位发生生产安全事故后,事故现场有关人员应当立即报告本单位负责人。生产经营单位发生死亡事故报告后,应当立即如实向负有安全生产监督管理职责的部门报告事故情况,不得隐瞒不报、谎报或者拖延不报。发生重大、特大伤亡事故时生产经营单位应报告以下内容:事故发生的单位、时间、地点、类别;事故的伤亡情况;事故的简要经过,直接原因的初步判断;事故后组织抢救、采取的安全措施、事故灾区的控制情况;事故的报告单位。

2)安全生产监督管理部门的事故报告

负有安全生产监督管理职责的部门接到死亡、重大伤亡事故、特大伤亡事故报告后，应当立即报告当地政府，并按系统逐级上报。负有安全生产监督管理职责的部门和有关地方人民政府对事故情况不得隐瞒不报、谎报或者拖延不报。

2. 生产安全事故的调查

生产安全事故的调查处理工作是一个极其严肃的问题，必须认真对待，真正查明事故原因，才能明确责任、吸取教训，进而避免事故的重复发生。事故的具体调查工作必须坚持“四不放过”的原则：事故原因不查清不放过；防范措施不落实不放过；职工群众未受到教育不放过；事故责任者未受到处理不放过。

3. 生产安全事故的结案

事故调查组根据事故调查的实际情况写出事故报告后，应当将事故调查报告报送组织调查的部门，由组织事故调查的部门批复结案。其中防范措施建议和对事故责任者的处理意见由发生事故的单位和有关部门具体落实，发生事故的单位和有关部门要将具体落实情况向事故批复结案机关报告。

4. 生产安全事故的统计和公布

县级以上地方各级人民政府负责安全生产监督管理的部门应当做好以下工作：

(1)生产安全事故的统计工作并定期公布。

(2)定期分析本行政区域内发生的生产安全事故情况。

(3)公布伤亡事故的处理结果。

## 第二节　水利工程项目环境管理

水利工程建设项目的兴建和运行，对周围的自然环境和社会环境必然产生各种影响，比如对生物、水文、水温、水质、泥沙、景观、文物、地质灾害等的影响很大，同时从管理上，又存在重视不够，环评工作相对薄弱，有关法规、标准、规范滞后，移民安置中的环境保护及水土保持工作薄弱等问题。大型水利工程建设项目对生态环境的影响更加巨大和深远。所以，加强水利工程的环境管理，使工程建设项目与经济发展、资源、生态环境相互协调，是非常必要和迫切的。

### 一、环境管理概述

#### (一)环境问题

环境问题是指在人类活动或自然因素的干扰下引起环境质量下降或环境系统的结构损毁，从而对人类及其他生物的生存与发展造成影响和破坏的问题。

环境问题按照产生的原因分为原生环境问题和次生环境问题两类。原生环境问题是由自然因素引起的，次生环境问题分为环境污染和生态破坏两类。

生态破坏是人类在各类自然资源的开发利用过程中不能合理、持续地开发利用资源而引起的生态环境质量恶化或自然资源枯竭的一类环境问题。环境污染是指由于人类在工农业生产和生活消费过程中向自然环境排放的、超过其自然环境消化能力的有毒有害物质或能量，产生对人类不利的影响。环境污染是由污染物引起的，主要是化学问题。环境污染的治理需要一定的时间，即使停止排放污染物，环境的恢复也需要一段时间。

**(二)环境管理的概念**

通常意义上，环境管理是指依据国家的环境法律、法规、政策和标准，根据生态学和环境容量许可的范围，运用法律、经济、行政、技术和教育等手段，调控人类的各种行为，协调经济发展同环境保护之间的关系，限制人类损害环境质量的活动，以维护区域正常的环境秩序和环境安全，实现区域社会可持续发展的行为总体。其目的在于以尽可能快的速度逐步恢复被损害了的环境，并减少甚至消除新的发展活动对环境的结构、状态、功能造成新的损害，保证人类与环境能够持久地、和谐地协同发展下去。

环境管理包括宏观管理和微观管理两部分。

(1)宏观环境管理：指以国家的发展战略为指导，从环境与发展综合决策入手，制定一系列具有指导性的环境战略、政策、对策和措施的行为总体。

(2)微观环境管理：指在宏观环境管理指导下，以改善区域环境质量为目的，以污染防治和生态保护为内容，以执法监督为基础的环保部门经常性的管理工作。

因此，宏观环境管理是从参与综合决策入手，解决发展战略问题，其实施主体是国家和地方政府，微观环境管理是从执法监督入手，解决具体的污染防治和生态破坏问题。

水利工程环境管理是指围绕着水利工程涉及环境内容的综合管理。其内容和管理方法随目标工程、社会条件、技术条件等有所差别。一般来说，水利工程环境管理在空间上应包括水利工程本身及工程周围的环境问题、积水区域的环境问题、供水区域或者效益区域的环境问题等。从时间上看，水利工程环境管理存在于水利工程生命周期中规划设计、建设施工、运行管理和报废撤销各个阶段。

**(三)环境管理的对象**

人是各种行为的主体，是产生各种环境问题的根源。因此，环境管理的实质是改变人的观念和影响人的行为，只有从人的自然、经济、社会三种基本行为入手开展环境管理，环境问题才能得到有效解决。人类社会经济活动的主体大体可以分为三个方面：个人行为、企业行为和政府行为。

**(四)环境管理的内容**

(1)从环境管理的范围来划分，包括资源(生态系统)管理、区域环境管理和专业环境管理。

生态环境管理是指人类对自身的自然资源开发、保护、利用、恢复行为的管理。其重点是对自然环境的要素的管理，包括可再生资源的恢复和扩大再生产，以及不可再生资源的合理利用。环境问题呈现明显的区域性特征，根据区域自然资源、社会、经济的具体情况，选择有利于环境的发展模式，建立新的经济、社会、生态环境系统，是区域环境管理的主要任务。环境问题由于行业性质和污染因子的差异存在着明显的专业性特征。针对行业特点，调整经济结构和生产布局，推广有利于环境的实用技术，提高污染防治和生态恢复工程及设施的技术水平，加强和改善专业管理，是环境管理的重要任务。

(2)从环境管理的性质来划分，包括环境规划管理、环境质量管理、环境技术管理。

环境规划管理主要包括两项基本活动：确立目标，实施方案。环境质量管理是为保证人类生存和健康所必需的环境质量而进行的各项管理工作，是环境管理的核心内容。环境技术管理是指通过制定环境技术政策、技术标准和技术规程，以调整产业结构，规范企业的生产行为，促进企业的技术改革与创新，协调技术经济发展与环境保护关系为目的，它包括环境法规标准的不断完善、环境监测与信息管理系统的建立、环境科技支撑能力的建设、环境教育的深化与普及等。

**(五)环境管理的手段**

1.法律手段

法律手段是环境管理的一种强制性措施。环境管理一要靠立法，二要靠执法。我国的环境保护法律规范主要包括宪法、环境保护基本法、环境保护单行法、环境保护行政法规和部门规章、环境标准等。

2.经济手段

环境管理的经济手段就是利用价值规律，以及价格、税收、信贷等经济杠杆，调节生产者在资源开发中保护环境、消除污染的行为，以限制损害环境的社会经济活动，鼓励积极治理污染的单位，促进节约和合理利用资源，充分发挥价值规律在环境管理中的作用。在我国，政府环境管理的现行经济手段主要包括排污收费制度、减免税制度、补贴政策和贷款优惠政策。

3.行政干预手段

行政手段是行政机构以命令、指示、规定等形式作用于直接管理对象的一种手段。在我国的环境管理工作中，行政手段通常包括制定和实施环境标准、颁布和推行环境政策。

4.技术手段

运用技术手段可以实现环境管理的科学化。许多环境政策、法律、法规的制定和实施都涉及科学技术问题，所以环境问题解决的好坏，在很大程度上取决于科学技术是否得到有效利用。

5.宣传教育手段

通过广播、电视、电影以及各种文化形式广泛宣传环境科学知识，使公众了解环境保护的重要意义和内容，激发他们保护环境的热情和积极性，把保护环境、热爱大自然、保护大自然变成自觉行动，形成强大社会舆论，制止资源浪费、破坏环境的行为。

## 二、环境政策与环境管理制度

**(一)中国环境政策**

环境政策是国家为保护和改善人类环境而对一切影响环境质量的人为活动所规定的行为准则。环境政策是国家总结了国内外社会发展历史和环境状况，为有效保护和改善环境而制定和实施的环保工作方针、路线、原则、制度及其他各种政策的总称。

有关环境保护的法规和政策包括：

(1)基本法律法规。如《环境保护法》、《环境影响评价法》、《水法》、《水土保持法》、《建设项目环境保护管理条例》。

(2)污染防治法律。如《水污染防治法》、《大气污染防治法》、《环境噪声污染防治法》、《固体废物污染环境防治法》、《海洋环境保护法》。

(3)资源保护。如《水法》、《电力法》、《森林法》、《土地管理法》、《水土保持法》、《矿产资源法》、《草原法》、《渔业法》、《农业法》、《野生动物保护法》、《文物保护法》。

(4)技术标准。水、气、声、固体废物等有关的国家、地方和行业的技术标准、规程规范。

**(二)环境管理的三大基本政策**

经过长期的探索与实践,我国制定了"预防为主,防治结合"、"谁污染谁治理"以及"强化环境管理"的三大环境保护的基本政策。这三大政策以"强化环境管理"为核心,依靠规划、法规、监督和适当的投入去控制污染,保护环境,以经济、社会与环境的协调发展为目的,走中国特色的环境保护道路。

1.预防为主,防治结合

世界上几乎所有的发达国家,在发展经济的同时,都曾因忽视环境保护而出现了严重的环境问题。我国虽然是一个资源大国,但人均资源占有量却很低,环境与资源基础脆弱,如果放任环境问题恶化下去,不仅会制约经济的长远发展,而且在当前经济发展也难以顺利进行下去。立足于把消除污染、保护生态环境的措施实施在经济开发和建设过程之前或之中,从根本上消除环境问题得以产生的根源,从而减轻事后治理所要付出的代价。

2.谁污染谁治理

环境经济学家认为,当一个人或企业的经济活动依赖或影响其他人或企业的经济活动时,就产生了外部性。外部性可能是好的,称为正效益;也可能是坏的,称为负效益,又称为"外部不经济"。保护环境,防治污染和生态破坏,牵涉面很广,所需资金又很多,不可能由国家或某个部门把治理所有的环境污染和生态破坏的费用都包下来。治理污染、保护环境是给环境造成污染和其他公害的单位或个人不可推卸的责任与义务,由污染产生的损害以及治理污染所需要的费用,都必须由污染者负担和补偿。

3.强化环境管理

我国是个发展中国家,基于我国的国情,我们政策的基点只能放在强化环境管理上,充分发挥各种管理手段和措施的作用,并且使有限的资金发挥更大的环境效益,主要着重加强区域环境管理、建设项目环境管理和污染源管理。

**(三)环境管理制度**

1.环境影响评价制度

环境影响评价是指在环境的开发利用之前,对规划或建设项目的选址、设计、施工和建成后将对周围环境产生的影响、拟采用的防范措施和最终不可避免的影响所进行系统的分析和评估,并提出减缓这些影响的对策措施。

《环境保护法》中规定:"一切企业、事业单位的选址、设计、建设和生产,都必须注意防止对环境的污染和破坏。在进行新建、改建和扩建工程中,必须提出环境影响报告书,经环境保护主管部门和其他有关部门审查批准后才能进行设计。"我国依法正式建立了环境影响评价制度。

从时间上看,水利水电工程本身对环境的影响,在施工时期是直接的、短期的,而在运用期则是间接的、长期的。施工期对环境产生的各种污染,主要是施工废水、废渣、粉尘、噪声、震动等;施工清场也会破坏一些文物古迹,殃及施工区的生态平衡。工程建成后对水资源调配引起的环境的变化,库周环境变化对陆生生态与水生生态关系的影响,对环境地质的影响(诱发地震、滑坡、坍岸,地下水位变化等),对河流演变的影响,介水传播疾病对人群健康影响等则是长期的、影响深远的。

从空间上看,水利建设工程环境影响的显著特点是:其环境影响通常不是一个点(建设工程附近),而是一条线、一条带(从工程所在河流上游到下游的带状区域)或者是一个面(灌区)。水电工程的影响往往长达几百千米,甚至影响河口。例如南水北调总干渠众多的穿越河道工程不仅影响交叉工程处河道,而且沿河上下游几千米至十几千米范围都受影响。灌溉工程的环境影响则不仅是点、线、带(输水渠),而是整个大面积的灌溉区域。

国家根据建设项目对环境的影响性质和程度,按以下规定对建设项目的环境保护实行分类管理:

建设项目对环境可能造成重大影响的,应当编制环境影响报告书,对建设项目产生的污染和对环境的影响进行全面、详细的评价。

建设项目对环境可能造成轻度影响的,应当编制环境影响报告表,对建设项目产生的污染和对环境的影响进行分析或专题评价。

建设项目对环境影响很小,不需要进行环境影响评价的,应当填报环境影响登记表。

工程环境影响评价的程序是:

(1)搜集河流(或河段)规划和拟建工程的开发任务、建设条件及工程特性等资料,并进行初步查勘。

(2)编制工程环境影响评价的工作大纲。

(3)调查工程影响地区的环境状况,并进行必要的测试工作。

(4)识别工程影响的主要环境因子,预测、评价工程对其的影响,并对不利影响提出减免或改善措施。

(5)进行工程对环境影响的综合评价。

(6)综合研究环境保护措施,估算相应投资,进行环境影响经济损益简要分析,提出评价结论。

(7)提出环境监测规划和下一设计阶段需要研究的环境影响课题及建议。

(8)编制环境影响报告书(表)。

环境影响评价的主要内容应包括:工程概况、工程分析、环境现状调查、环境影响识别、环境影响预测和评价、环境保护对策措施、环境监测与管理、投资估算、环境影响经济损益分析、环境风险分析、公众参与和评价结论等。

实施环境影响评价制度具有以下作用:一是从国家的技术政策方面对新建项目提出了新的要求和限制,以减少重复建设,杜绝新污染的产生,贯彻"预防为主"的环境保护政策。二是对可以开发建设的项目提出了超前的污染预防对策和措施,强化了建设项目的环境管理。三是促进了国家科学技术、检测技术、预测技术的发展。四是为开展区域政策环境影响评价,实施环境与发展综合决策创造了条件。

2."三同时"制度

《环境保护法》规定,"建设项目中防治污染的设施,必须与主体工程同时设计、同时施工、同时投产使用"。"防治污染的设施必须经原审批环境影响报告书的环境保护行政主管部门验收合格后,该建设项目方可投入生产或者使用"。

《建设项目环境保护管理办法》中明确指出,“凡从事对环境有影响的建设项目都必须执行环境影响报告书的审批制度;执行防治污染及其他公害的设施与主体工程同时设计、同时施工、同时投产使用的三同时制度”。

“三同时”制度是我国环境管理的基本制度之一,也是我国所独创的一项环境法律制度,同时也是控制新污染源的产生、实现预防为主原则的一条重要途径。

3. 环保目标责任制

对环境产生污染和其他公害的单位及其主管部门,必须按照“谁污染、谁治理、谁破坏、谁恢复”的原则,将环境保护纳入工作计划,建立环境保护目标负责制。

4. 限期治理制度

限期治理制度指对现已存在的危害环境的污染源,由法定机关作出决定,令其在一定期限内治理并达到规定要求的一整套措施。限期治理具有四大要素:限定时间、治理内容、限期对象和治理效果,四者缺一不可。

## 三、环境管理内容及要求

在水利水电工程建设的不同阶段,环境管理的内容和要求是不同的,主要表现在对环境影响评价方面。下面主要结合水电工程项目的建设阶段讨论环境管理的内容和要求。

### (一)规划阶段

1. 水电规划报告中的环境影响篇章

《江河流域规划环境影响评价规范》和《河流水电规划编制规范》对评价的范围、标准、内容、评价方法和深度等进行了规定。具体要求如下:

(1)对规划河流应进行环境状况调查,并对环境现状作出分析评价。

(2)根据国家环境保护法规,结合规划河流的实际情况、技术条件和经济能力,提出环境保护要求。

(3)对拟订的各梯级组合方案进行环境影响总体评价,从宏观上评价各梯级组合方案对流域环境的影响,分析各方案环境影响的差异,提出对方案的比选意见。

(4)对选定的河流梯级开发方案和推荐的近期工程,应对可能造成的环境影响作出简要说明,并提出对不利影响的对策、措施和建议。

2. 水利水电规划的环境影响报告书

根据《中华人民共和国环境影响评价法》,水利水电规划阶段应开展相应深度的环境影响评价工作,其环境影响报告书报规划审批部门审批。切实开展流域规划环评工作,以缓解单项工程环境影响评价中存在的诸多问题和困难,并可简化许多重复工作。水电规划的环境影响报告书的内容和深度应按照《规划环境影响评价技术导则》进行。

水电规划的环境影响报告书至少包括9个方面的内容:总则、河流规划的概述、环境现状描述、环境影响分析与评价、推荐方案与减缓措施、专家咨询与公众参与、监测与跟踪评价、困难和不确定性、执行总结。

### (二)预可行性研究阶段

《水电工程预可行性研究报告编制规程》规定,预可行性阶段应开展相应深度的初步环境影响评价,预可行性研究报告中应有环境保护篇章。目的是掌握工程建设对环境的

影响程度,是否存在制约性的环境问题。具体要求为:

(1)调查工程影响地区的自然环境和社会环境状况,对于工程建设涉及的环境敏感问题应进行重点调查和叙述。

(2)初步分析和评价工程建设的主要环境影响;对工程比选方案进行环境影响比较分析,提出比选意见;明确工程建设是否涉及重大环境敏感问题。对涉及的重大环境敏感问题应作为环境影响分析和评价的重点。

(3)初拟预防或减轻不利环境影响的环境保护和水土保持对策及措施。

(4)提出环境保护工程投资估算。

**(三)可行性研究阶段**

水电工程的可行性研究要求达到初步设计的深度,相应的主要工作是编报环境影响报告书,进行相当于初步设计深度的环境保护。水利水电新建项目可研阶段环境影响评价报告方案需与主体工程可行性研究报告协调一致,同时上报。

1. 环境影响报告书

关于环境影响报告书编报的程序和要求,原国家环境保护总局已经颁布了一系列的技术规范、标准和规定,《环境影响评价技术导则——水利水电工程》对环境影响报告书内容的主要要求如下:总则;工程概况;工程分析;环境现状;环境影响预测和评价;环境保护措施;环境监测与管理;环境保护投资估算与环境影响经济损益分析;环境风险分析;公众参与;环境影响评价结论。

2. 环境保护设计

《水利水电工程初步设计报告编制规程》中的“环境保护设计”篇章对环境保护设计提出了以下要求:设计依据;环境保护设计;环境监测站网;环境保护投资概算;存在问题和建议;环境保护设计附图。

**(四)招标阶段**

水电工程招标阶段的环境保护工作内容在《水电工程招标设计报告编制规程》中有所规定,具体包括:概述;环境保护措施设计;环境监测计划;环境管理计划;实施进度计划;分标规划;投资概算;附图、附件。

**(五)施工阶段**

水电工程施工阶段应根据审查批准的环境影响报告书和环境保护设计,结合工程施工的具体情况,按设计要求实施有关环境保护对策和措施,具体要求为:

(1)建立环保工作的领导和具体办事机构,负责对施工期环境保护的全过程进行管理。

(2)对施工过程排放的污染物按要求进行治理,做好施工过程中的水土保持工作。

(3)落实各项生态保护和补偿措施,落实施工期的环境监测工作。

(4)做好移民安置区的生态环境保护。

(5)开展施工期环境、水土保持监理工作。

**(六)竣工验收阶段**

《建设项目竣工环境保护验收管理办法》规范了水电工程环境保护竣工验收工作。建设单位委托具有环境影响评价资质证书的单位编制环境保护验收调查报告,在试生产的3个月内,向审批本项目环境影响报告书的环境保护主管部门提出环境保护设施竣工验收申请。

**(七)工程运行阶段**

根据环境影响报告书的要求,继续落实生态恢复措施;实施水电工程运行期的环境监测计划,及时掌握工程区和库区的环境状况;执行环境保护要求的水量调度运行方案;必要时,开展环境影响回顾评价。

**(八)移民安置阶段**

由于移民安置规划在设计深度上落后于主体工程,移民工程投资管理渠道不同于主体工程,涉及问题更为复杂等原因,移民安置中的环保工作比较薄弱,已成为水利水电工程环境保护的焦点和难点。主要有以下方面的环境保护工作:土地资源开发利用、城镇迁建、工矿企业迁建,第二、第三产业污染防治,人群健康保护,生态建设,安置区生态环境监测及环境管理系统等。

## 第三节 水利工程项目征地拆迁管理

### 一、征地拆迁管理概述

**(一)征地拆迁管理的概念**

征地管理是对建设项目征地活动的管理,即对征地搬迁、实物指标调查、征地补偿以及土地登记等活动进行管理。也就是依据有关的法规和技术标准,以及依法签订的有关合同,综合运用法律、经济、行政和技术手段,对征地拆迁活动的参与者的行为及其责、权、利进行必要的协调和约束,制止随意性和盲目性,确保征地拆迁工作达到预期目标。

征地拆迁问题十分复杂,涉及政治、经济、社会、环境等多方面的问题。尤其是水利工程建设征地拆迁,它是水电工程建设不可分割的一部分,征地拆迁问题解决的好坏,直接关系到水利水电工程建设和运行管理能否顺利进行,能否正常发挥经济效益和社会的安定团结,必须予以妥善解决。

**(二)征地拆迁管理相关的法律法规**

(1)《中华人民共和国宪法》规定:城市的土地属于国家所有。农村和城市郊区的土地,除由法律规定属于国家所有的以外,属于集体所有;宅基地和自留地、自留山,也属于集体所有。国家为了公共利益的需要,可以依照法律规定对土地实行征收或者征用并给予补偿。

(2)《中华人民共和国土地管理法》规定:中华人民共和国实行土地的社会主义公有制,即全民所有制和劳动群众集体所有制。全民所有,即国家所有土地的所有权由国务院代表国家行使。任何单位和个人不得侵占、买卖或者以其他形式非法转让土地。土地使用权可以依法转让。国家为了公共利益的需要,可以依法对土地实行征收或者征用并给予补偿。

(3)《大中型水利水电工程建设征地补偿和移民安置条例》规定:大中型水利水电工程建设征收耕地的,土地补偿费和安置补助费之和为该耕地被征收前三年平均年产值的16倍。土地补偿费和安置补助费不能使需要安置的移民保持原有生活水平、需要提高标准的，由项目法人或者项目主管部门报项目审批或者核准部门批准。征收其他土地的土地补偿费和安置补助费标准，按照工程所在省、自治区、直辖市规定的标准执行。被征收土地上的附着建筑物按照其原规模、原标准或者恢复原功能的原则补偿；对补偿费用不足以修建基本用房的贫困移民，应当给予适当补助。农村移民集中安置的农村居民点应当按照经批准的移民安置规划确定的规模和标准迁建。

## 二、征用土地的前期工作

在征用土地前，应根据建设项目情况和本地实际，做好前期准备工作。主要包括征用土地的地质灾害危险性评估、压覆矿产资源储量调查、使用林地可行性研究等。

### （一）地质灾害危险性评估

工程可行性研究阶段应进行项目建设用地地质灾害危险性评估，编制地质灾害危险性评估报告。

地质灾害危险性评估包括地质灾害危险性现状评估、预测评估、综合评估。

（1）地质灾害危险性现状评估，是对已发生的地质灾害发生影响因素和稳定性作出评价，在此基础上对其危险性和对工程危害的范围与程度作出评估。

（2）地质灾害危险性预测评估，是对工程建设场地及可能危及工程建设安全的邻近地区，可能引发或加剧的和工程本身可能遭受的崩塌、滑坡、泥石流、地面沉降、地裂缝、岩溶塌陷等地质灾害的危险性作出评估。

（3）地质灾害危险性综合评估，是依据地质灾害危险性现状评估和预测评估结果，考虑评估区的地质环境条件的差异和潜在的地质灾害隐患危害程度确定量化指标，采用定性、半定量分析法进行地质灾害危险性等级分区评估，对建设场地的适宜性作出评估，并提出地质灾害防治措施和建议。

评估单位应当对评估结果负责，对评估报告要进行认真审查，并自行组织具有资格的地质灾害防治专家对拟提交的地质灾害危险性评估报告进行技术审查，并由专家组提出书面审查意见。然后到国土资源行政主管部门备案，国土资源行政主管部门出具备案证明，交付建设单位，作为办理建设用地手续的材料之一。

### （二）压覆矿产资源储量调查

压覆矿产资源是指因建设项目实施后导致矿产资源不能开发利用。但是建设项目与矿区范围重叠而不影响矿产资源正常开采的，不作压覆处理。

需要压覆的重要矿产资源的建设项目，在建设项目可行性研究阶段，建设单位提出压覆重要矿产资源申请，由省级国土资源主管部门审查，出具是否压覆重要矿床证明材料或压覆重要矿床的评估报告，报国土资源部批准。需要压覆非重要矿产资源的建设项目，亦在建设项目可行性研究阶段，建设单位应提出压覆非重要矿产资源申请，由矿产所在地行政区的县级以上地质矿产主管部门审查，出具是否压覆非重要矿床证明材料或压覆非重要矿床的评估报告，报省级国土资源主管部门批准。

### （三）使用林地可行性研究

根据《占用征用林地审核审批管理办法》等相关规定，申请占用征用林地时应提供由具备国务院林业主管部门或省级林业主管部门认证的林业调查规划设计资质的单位作出的项目使用林地可行性研究报告。

## 三、征地勘测定界

### （一）勘测定界的概念

勘测定界是结合工程规模、枢纽建筑物选址、施工组织设计，根据规划、地质、水工、施工、移民安置等规划成果，界定建设征地处理范围，并绘制建设征地移民界线图的过程。

勘测定界工作是通过实地界定土地使用范围、测定界址位置、调绘土地利用现状、计算用地面积，为国土资源管理部门用地审批和地籍管理提供科学、准确的基础资料而进行的技术服务性工作。其对加强各类用地审查，严格控制非农业建设占用耕地，保证依法、科学、集约、规范用地起到了很大的作用，使用地审批工作更加科学化、制度化、规范化，同时也健全了用地的准入制度。

### （二）勘测定界的主要原则

勘测定界工作是一项综合性、法律性、及时性、特殊性的工作，应遵循以下原则：

（1）符合国家土地、房地产和城市规划等有关法律的原则。

（2）满足工程建设和运行需要，合理布局，做好工程建设用地规划，提高土地利用率。

（3）节约用地，少占耕地，尽量少占基本农田。

（4）用地安全，尽可能减小工程对周边区域的影响，避让有地质灾害的区域。

（5）符合有效检验的原则。

### （三）勘测定界的一般工作程序

勘测定界工作是项目实施工作中的重要环节，勘测定界工作须由取得土地勘测资质的单位承担，勘测定界成果须经县（市、区）及以上国土资源部门审核确认。按照勘测定界工作的特点和规律，一般可以分为四个阶段进行。

（1）准备工作阶段。前期准备工作主要包括组织协调工作、资料收集工作、实地查勘、技术方案制定、工作底图的选择与整饰。

（2）外业工作阶段。外业工作包括外业调查与外业测量两个方面的工作。外业调查包括对权属界线及各种地物要素进行绘注和修补测等工作。外业测量是实地划定用地范围的过程，根据项目用地的技施设计图纸进行实地放样界址点，放样后对界址点进行解析测量，并埋设界址桩及实地放线。外业测量的一般工作程序是：平面控制测量、界址点放样、界址点测量、实施放线。

（3）内业工作阶段。内业工作包括土地勘测定界面积量算和汇总、编制土地定界图、撰写土地勘测定界技术报告。土地勘测定界的成果资料，主要包括勘界报告、勘界图、勘界面积、界址点成果表、点之记等。

（4）检查验收阶段。检查验收是土地勘测定界工作的重要环节。土地勘测定界工作完成后，应由有权批准用地的土地行政主管部门指派已取得“土地勘测许可证”的勘测单位，按《城镇地籍调查规程》和《建设用地勘测定界规程（试行）》的要求进行检查验收，并提交检查验收报告。检查验收的主要内容有平面控制检查、土地勘测定界图检查和细部点检查。

### (四)征地范围以及建设征地移民界线的确定

1. 征地范围的确定

水电工程建设征地处理范围包括水库淹没影响区和枢纽工程建设区(即淹没区和工程占地区)。移民安置迁建、复建项目用地的范围执行国家和有关省级人民政府的规定。水库淹没影响区包括水库淹没区、水库影响区,枢纽工程建设区包括永久占地区和临时用地区。

水库淹没区包括水库正常蓄水位以下的区域,水库正常蓄水位以上受水库洪水回水、风浪和船行波、冰塞壅水等临时淹没的区域,按上述区域的外包线确定。

水库影响区包括因水库蓄水引起的滑坡、坍岸、浸没、岩溶内涝、水库渗漏及其他受水库蓄水影响的区域。水库影响区按其危害性及影响对象的重要性划分为影响处理区和影响待观区,列入影响处理区的应提出处理方案,列入影响待观区的应在水库运行期进行观测、巡视,根据影响情况进行处理。

枢纽工程建设区范围包括枢纽工程建筑物及工程永久管理区、料场、渣场、施工企业、场内施工道路、工程建设管理区(主要为施工人员生活设施,包括工程施工需要的封闭管理区)等区域。枢纽工程建设区按最终用途确定用地性质,分为临时用地与永久占地。临时用地及永久占地范围,应根据施工组织设计选定的施工总布置方案提供的施工用地范围图,落实各区块用地性质,将工程建设临时使用,且可以恢复原用途的土地划归临时用地范围;将工程建设永久使用的土地,以及虽属临时使用但不能恢复原用途的土地划归永久占地范围。枢纽工程建设区与水库淹没区重叠部分,按用地时序要求应归入枢纽工程建设区。

2. 建设征地移民界线的确定

建设征地移民界线包括居民迁移线、土地征收线、城市集镇和专业项目处理线,应以安全、经济,方便当地居民生产、生活为原则分析划定。

居民迁移线应根据水库淹没区、水库影响区和枢纽工程建设区拆迁房屋的要求确定。

土地征收线应根据水库淹没区和枢纽工程建设区用地性质确定,以永久征收的土地区域划定土地征收线。

城市集镇和专业项目处理线应根据水库淹没区、水库影响区和枢纽工程建设区影响城市集镇和专业项目的范围确定。

## 四、征地补偿与资金管理

### (一)征地补偿管理

1. 征地补偿流程

根据国家有关规定,在取得用地预审手续和工程初设批复后,应办理征地和林地使用手续,征地和林地使用手续批复后,工程建设才能进行。通常情况下,为提高工作效率、节省时间,部分工作可以交叉进行。

征地迁占补偿工作可按如图11-1所示程序进行。

2. 征地补偿工作各环节任务及要求

水利工程基本建设程序和国土、林业部门对办理征地及林地使用手续,都有明确规定,而且对于不同的工程项目,征地补偿工作各环节的工作内容和具体要求又会有所不

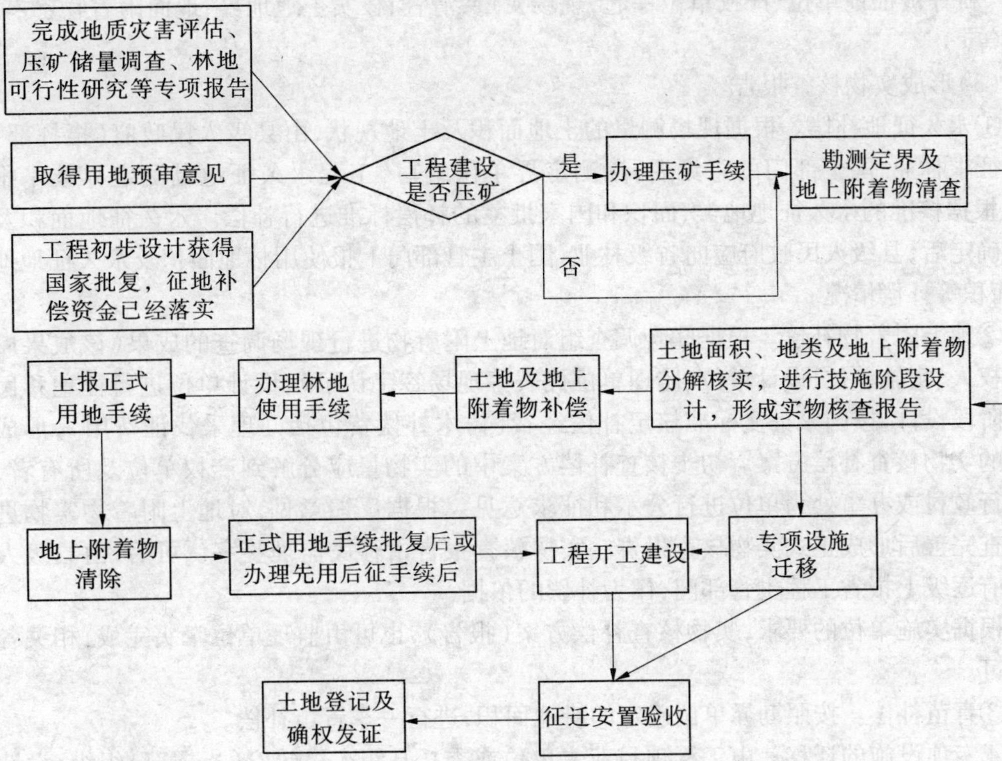


**图 11-1　征地拆迁工作程序**

同，下面以某正在实施的工程为例来说明。

1）征地补偿有关准备工作

（1）准备工程建设征地补偿资料。包括征地补偿和移民安置规划（初步设计报告）；征地范围图及控制点坐标；国家批复的征地移民投资概算、征地补偿标准等。以上内容以文件形式下达有关单位执行。

（2）进行征地移民监理招标，确定征地移民监理单位，签订工程征地移民综合监理合同。

（3）确定土地勘测定界单位，签订土地勘测定界工作合同。

（4）与征地移民设计、监理、勘测定界单位和市、县征地工作技术人员进行技术交底。

（5）与市、县主管部门就征地程序、标准等相关工作进行沟通，下达《工程征地迁占补偿工作实施计划》。

（6）各省市及工程办事机构、县人民政府签订工程项目征地移民投资包干协议。

2）征地补偿实物量调查及实施方案的确定

（1）组织动员。征地补偿实物量核实前，县级人民政府应召开由工程办事机构、国土、林业、水利、公安、专项设施业主等相关单位参加的征地补偿动员会议，进行思想动员，为做好征地补偿工作打好基础。

（2）现场调查。以县（市、区）为基础，由县级人民政府（指挥部）组织征地移民设计、监理、勘测定界、南水北调办事机构、国土、林业、水利等相关单位组成联合调查组，与乡

(镇)、村等被征地单位、产权单位一起,现场丈量、清查、核实土地地界、地面附着物、专项设施等。

(3)形成实物核查报告。

①永久征地补偿。根据现场测量的土地面积及土地现状,由县级人民政府(指挥部)组织征求林业、国土部门的意见后,勘测定界单位编写《工程永久征地勘测定界技术报告》,根据核准的永久征地地类、面积和国家批复的补偿标准进行补偿。永久征地面积及地类确定后,县级人民政府应向省级林业、国土主管部门上报使用林地面积及永久征地地类、面积等补偿情况。

②地上附着物补偿。根据联合调查组对地上附着物进行现场调查的成果(该成果应由产权人、实施单位、设计单位、监理单位代表等现场签字认可),设计单位进行征地移民技施阶段设计,按国家批复标准核定补偿经费(树木补偿费包括办理采伐证费用),形成初步的实物核查补偿方案。初步核查补偿方案中的实物量应分解到产权单位及所有者,并以行政村或办事处为单位进行公示和征求意见。根据反馈意见,对地上附着物实物进行核查完善后形成正式实物核查报告。实物核查报告由移民监理签字认可后,由县级人民政府逐级上报省工程主管部门,作为补偿的依据。

根据实施单位的要求,实物核查补偿方案(报告),也可由监理单位牵头完成,相关各方认可。

③青苗补偿。按照勘界单位确定的耕地面积,进行一季青苗补偿。

④专项设施的迁移。由工程项目业主单位或委托县级人民政府(指挥部)组织,设计单位会同专项设施业主确定设计方案,根据国家定额标准,由设计单位核定投资总额,征地移民监理复核后签字认可。

⑤施工临时用地。临时用地由县级国土主管部门办理相关手续。

(4)确定并下达实施方案。

根据实物核查报告及征地移民其他项目补偿的实际情况,省级主管部门与项目法人、县级人民政府协商后形成征地移民实施方案,并下达县级人民政府组织实施。

3)兑付补偿资金

(1)根据下达的征地补偿实施方案(包括永久征地、临时用地、地面附着物补偿和专项设施迁移方案),下达征地补偿经费。

(2)按补偿渠道,市、县(市、区)、乡(镇)、村逐级兑付征地补偿经费,专项设施迁移补偿由有关办事机构与产权单位签订迁移补偿协议,补偿经费下达到产权单位。

4)清除地上附着物,交付永久征地

(1)根据省、市、县各级政府签订的工程主干线征地迁占补偿和施工环境保障责任书,地上附着物的清除由县级人民政府负责组织实施。

(2)地上附着物清除后,由县级工程办事机构、勘测定界等单位将永久征地交付给建设单位驻工地代表,工程初步具备开工条件。

5)办理用地及林地使用手续

(1)土地勘测定界若有边界纠纷,由国土部门和地方人民政府根据职责分工及隶属关系协调解决。

(2)《工程永久征地勘测定界技术报告》经省级国土主管部门审查通过后，按有关规定，征地单位与县级国土部门签订耕地复垦协议，向县国土部门缴纳耕地开垦费。

(3)通过县级国土、林业主管部门分别逐级上报征地和使用林地手续申请材料。申报材料包括用地及林地使用申请表、林地权属证明、补偿协议(或补偿方案的文件)、《工程永久征地勘测定界技术报告》、《工程使用林地可行性研究报告》及国家有关批文等有关材料。

(4)省级国土、林业主管部门审查汇总申报材料后，上报永久征地和使用林地手续。

(5)在省级国土、林业主管部门上报永久征地和使用林地手续之前，缴纳征地管理费、森林植被恢复费、耕地占用税等相关税费。

6)征地移民验收和确权发证

征地补偿达到阶段性目标或工作完毕后，省、市、县(市、区)组织有关单位进行设计单元工程验收或者竣工验收。

(1)验收依据和条件。包括国家和省级有关法规、办法和规范性文件，征地移民工作责任书、投资与任务包干协议，经批准的征地补偿安置实施方案、年度投资计划、设计文件及设计变更文件，对于城镇拆迁验收，可依据项目所在省市的有关规定，以及其他与征地补偿和移民安置验收有关的文件资料。

(2)验收应具备的条件。包括建设用地手续已经获得批准，专项设施和工业企业已拆除并移交了建设用地，完成了征地移民实施方案及补偿资金兑付和财务决算，有关档案资料齐备。

(3)验收组织。在设计单元工程完工验收前，省级主管部门负责组织各级地方及其相关部门，在项目法人参与和有关设计、监理、监测单位配合下，共同完成相应阶段的征地移民验收，多个设计单元工程一并实施征地移民的，可以一并组织征地移民验收。征地移民验收分四个层次组织进行：县(市、区)自验；设计单元工程验收；初步验收；竣工验收。

(4)土地登记和确权发证。土地登记是指县级以上人民政府及土地登记机关根据土地登记申请人的申请依法对国有土地使用权、集体土地所有权、集体土地使用权及土地他项权利进行确认，核发土地证书的行为。土地登记作为一项法律制度，其根本目的是对权利的公示，它具有维护土地的社会主义公有制、维护土地权利人的合法权益等作用。

土地登记以宗地为基本单元。县级以上人民政府土地行政主管部门是土地的登记机关，负责本行政区域内的土地登记工作。土地登记包括初始土地登记和变更土地登记。

土地登记依照下列程序进行：

①土地登记申请。土地登记申请是指土地权利人或土地权利变动当事人按照规定向土地登记机关申请其土地权利状况或权利变动事项，请求在土地登记簿上予以注册登记的过程行为。

②地籍调查。地籍调查是依照国家的规定，通过权属调查和地籍测量，查清宗地权属、界址线、面积、用途和位置等情况，形成数据、图件、表册等调查资料，为土地注册登记、核发证书提供依据的一项技术工作。

地籍调查是土地登记的法定程序，是土地登记的基础工作，其资料成果经土地登记后，具有法律效力。

③权属审核。权属审核是土地登记机关对申请人提交的证明文件资料和地籍调查结果进行审核,再据县级以上人民政府土地登记机关的审核意见,决定对申请登记的土地权利和权利变动事项,是否准予登记的过程。

④注册登记。注册登记是指土地登记机关对批准土地登记的土地所有权、使用权或他项权利进行登卡、装簿、造册的工作程序。它既是一种行政行为,又是一种十分严肃的法律行为。一经注册登记,土地权利即产生法律效力。

注册登记的内容主要包括填写《土地登记卡》和《土地共有使用权登记卡》、填写《土地归户卡》、组装《土地登记簿》、填编《土地归户册》。

⑤核发土地证书。土地证书是土地登记卡部分内容的副本,由土地权利人持有,是土地使用者、所有者和土地他项权利者拥有土地使用权、所有权、他项权利的法律凭证,是土地权利人依法拥有对土地占有、使用、收益及处分权利的法律凭证。

国有土地使用权的登记申请,经土地登记机关审核权属合法、界址清楚、面积准确的予以登记,由本级人民政府核发《国有土地使用证》。

经依法登记确认的土地权利受法律保护,任何单位和个人不得侵犯。

《土地登记规则》规定,建设项目竣工验收后,建设单位应当在该日起30天内,持建设项目竣工验收报告和其他有关文件设定登记,进行土地确权,办理国有土地使用权证。

《大中型水利水电工程建设征地补偿和移民安置条例》规定,大中型水利水电工程建设项目用地,应当依法申请并办理审批手续,实行一次报批、分期征收,按期支付征地补偿费。

**(二)征地拆迁资金管理**

征地拆迁资金管理合并到本章下节的移民资金管理一并讨论。

## 第四节　水利工程项目移民管理

移民是指那些从原居住地搬迁到另一地区或国家去居住生活的人。按移民性质不同,移民可以分为两种:一种是自愿移民,如躲避自然灾害或战乱的,或因经济原因由落后地区向发达地区,或由资源贫乏的地区向资源丰富的地区迁移。另一种是非自愿性移民,如因水库工程的兴建,淹没大量的农田、村庄和城镇以及工业企业,居民离开原有的生产生活环境,到异地重建家园,这些工作由政府组织动员,负责安置。

水利移民既涉及水、土地、能源等自然资源的合理开发利用,又将对区域经济和社会人文特别是库区移民的生存环境产生重要影响,是一项集自然、社会、经济、环境等学科于一体的系统工程,具有自然科学和社会科学的双重属性。移民搬迁对社会、经济与环境影响深远,涉及面广、问题复杂,是水利水电建设最主要的制约因素之一。

### 一、水利移民的特点

水利移民(或水库移民)是指因兴建水库而引起的较大数量的、有组织的人口迁移及社区重建活动。由于兴建水库往往涉及整村、整乡、整县人口的大规模迁移与社会经济系统重建,所以更有区别于其他非自愿移民的独特的复杂性。水库项目区多处在偏僻农村,征地、拆迁涉及的移民数量都比较大,往往还伴随着大量的城(集)镇、居民点、工矿企业、专项设施的迁(改)建,移民生产就业安置难度大,因而独具复杂性、艰巨性。水库移民的特点表现为以下几个方面。

**(一)破坏性**

当移民被迫迁移、耕种的土地被征用时,其原有的生产系统将遭破坏,社会关系网解体。他们往往得重新适应新的生产和交换方式,并努力适应新的人文环境。这种破坏,将影响区域内的社会经济发展,影响移民的生产生活水平的提高。

**(二)赔偿性**

水利移民安置工作存在着十分复杂的赔偿问题。在移民安置前期对移民的损失进行补偿,水库移民工作的补偿主要包括青苗补偿费、土地补偿费、房屋补偿费、安置补助费、搬迁补助费等,补偿工作的好坏很大程度上决定移民对安置工作的配合程度。这些补偿对于恢复移民生产生活水平有着重要的作用,因此补偿标准的制定一定要合理,尤其落实一定要到位。

**(三)强制性**

水利移民是一种由于外在强力作用而产生的非自愿性移民,工程性移民又被人们称为强制性移民。为了确保移民工作进度,按期或提前完成移民安置工作,政府或者工程业主单位(一般获政府授权)按照有关规定制定安置补偿标准,确定安置目标,制定和落实各种优惠政策来保证移民安置工作顺利实施,必要时采用行政手段进行强制干预。

**(四)风险性**

水利移民是一项存在较大风险的工作。总的来看,其风险来源有二:一是水利工程建设本身存在风险。如果工程建设本身失败,移民的安置也很难成功。二是移民安置工作本身可能失败,遗留下一系列后遗症。由于水库建设多在经济文化比较落后的偏远山区,居民文化知识和技能水平普遍偏低,综合素质不高,与外界的联系和交往有限,对新的生存环境、生产生活方式和未来的人际关系网的重建心存疑虑,对前途缺乏信心和勇气,心理压力很大,在安置过程中自力更生、自我发展的思想不够强。

**(五)综合性**

非自愿性移民基本上采取的是以整个社区和家庭为单位进行搬迁的形式,既要求政府或业主单位解决他们的生活问题,又要求为他们长期的生存和发展提供必要的条件;既要为他们物质生活的恢复和提高提供一定的条件,又要为其精神文化生活创造一定的环境。它是一种充满不确定性和风险的复杂的社会经济活动,涉及社会、经济、政治、文化等诸多方面,需要规划者和组织者运用自然科学及社会科学知识,从技术、经济、人口、资源、环境、社会、文化、心理、政策和管理等多个层面进行系统性研究,对工程建设的设计、移民安置的规划、具体实施的步骤、相关政策与配套措施等进行全盘综合考虑。

**(六)可持续性**

水库淹没给移民带来巨大灾难,涉及人口多,搬迁规模大,往往涉及整县、整乡、整村的搬迁。移民完全放弃原来的生活环境和无法带走的生产生活资料,一旦迁出库区,决不可能或不允许返回原居住地。同时,水库建设也孕育着开发资源、发展经济、建设新居住地的大好机遇。开发性移民实现了移民系统的重建和恢复,有利于安置区人口、资源、环境、社会、经济可持续地协调发展。同时加强对移民的后期扶持,避免移民在搬迁后因对安置工作不满而返回原居住地,造成二次移民,带来不必要的经济损失。

## 二、水利移民政策

### (一)水库移民工作的法律体系

水库移民管理的法律法规体系主要由两部分组成:基本和通用法律法规,专用或行业法律法规。

#### 1. 基本和通用法律法规

基本和通用法律法规主要有《中华人民共和国宪法》和《中华人民共和国土地管理法》。其他法律还有《水法》、《民族区域自治法》、《环境保护法》、《文物保护法》、《水污染防护法》、《森林法》、《草原法》、《矿产资源法》、《野生动物保护法》、《传染病防治法》、《水土保持法》、《经济合同法》等。

#### 2. 专用或行业法律法规

专用或行业法律法规主要是水利水电行业专用法规和与之有关行业的专用法规。

水利水电行业专用法规,最重要的是2006年7月国务院颁布的《大中型水利水电工程建设征地补偿和移民安置条例》。它是按照《中华人民共和国土地管理法》规定,水利水电行业根据本行业特点,在总结历史上移民安置工作经验的基础上制定的。由于条例中关于水库淹没地上附着物如房屋、森林、坟墓等,各地区差别很大,国家难以制定一个统一的赔偿标准,因此国务院授权由地方政府制定标准。所以,专用法规有中央的,也有与之配套的地方法规。

另外,在水利水电行业专用法规中还有其他一些法规,如《水利水电工程水库淹没处理设计规范》、《水库淹没实物指标调查细则》、《水库库底清理办法》、《水库移民安置规划编制规程》、《水库淹没处理补偿投资概算编制规定》等。这些法规的颁布实施,使水库移民的前期工作和实施工作得到进一步的完善与规范化管理。

与水库移民安置有关的其他行业法规也很多,如城镇建设、铁路、公路、电力、邮电、文物、环境保护、草原、森林、矿产资源等行业的法规,以及财政、税务、物价等部门颁布的法规,只要与移民安置有关的都要参照执行。

### (二)中国水库移民政策总目标

我国水库移民政策的总目标是:根据中国的国情,在水利水电建设中尽可能避免或减少移民。在不可能避免搬迁移民时,本着对移民负责的精神,以科学的态度按经济规律办事,切实保护移民的合法权益。正确处理工程建设和移民安置的关系,正确处理国家、集体和移民三者的利益关系,依法进行搬迁安置移民;坚持开发性移民方针,扶持移民发展生产,使移民生产生活达到或超过原有水平。通过有效安置移民,实现水资源的可持续开发利用与人口、资源、环境的协调发展。

### (三)中国的水库移民政策

中国的水库移民政策主要分为搬迁安置政策和后期扶持政策两大部分。

1. 搬迁安置政策

1）移民安置规划大纲的编制

移民安置规划大纲应当根据工程占地和淹没区实物调查结果以及移民区、移民安置区经济社会情况和资源环境承载能力编制，主要包括移民安置的任务、去向、标准和农村移民生产安置方式以及移民生活水平评价和搬迁后生活水平预测、水库移民后期扶持政策、淹没线以上受影响范围的划定原则、移民安置规划编制原则等内容。编制移民安置规划大纲应当广泛听取移民和移民安置区居民的意见；必要时，应当采取听证的方式。经批准的移民安置规划大纲是编制移民安置规划的基本依据，应当严格执行，不得随意调整或者修改；确需调整或者修改的，应当报原批准机关批准。

2）移民安置

移民区和移民安置区县级以上地方人民政府负责移民安置规划的组织实施。移民安置达到阶段性目标和移民安置工作完毕后，省、自治区、直辖市人民政府或者国务院移民管理机构应当组织有关单位进行验收；移民安置未经验收或者验收不合格的，不得对大中型水利水电工程进行阶段性验收和竣工验收。

2. 后期扶持政策

国家在对水库移民实施搬迁安置后，再实行后期扶持政策，这项政策既体现了中国政府对移民负责到底的精神，也体现了移民分享工程效益的原则，为提高移民生产生活水平和维护社会稳定起了重要的作用。移民安置区地方人民政府将水库移民后期扶持纳入本级人民政府国民经济和社会发展规划。水利水电工程受益地区的各级地方人民政府及其有关部门应当按照优势互补、互惠互利、长期合作、共同发展的原则，采取多种形式对移民安置区给予支持。

## 三、移民安置的管理体系

### （一）管理体制

移民安置工作实行政府领导、分级负责、县为基础、项目法人参与的管理体制。

1. 政府领导

移民工作是典型的社会管理，属于政府职能，而且水利水电工程移民是强制性移民，影响面广，关系到国计民生和社会稳定，难以完全按照市场化的模式进行运作。因此，移民安置工作必须实行政府领导，由地方政府负责组织实施。

2. 分级负责

分级负责即各级政府负责制。水利水电工程项目的移民工作往往跨越县级以上行政区域，进行分级负责可以使移民工作顺利开展。

省级人民政府对移民工作负有领导、监督责任，全面贯彻落实国家移民政策。

市级人民政府对移民工作负有组织协调责任，全面贯彻国家、省移民政策，协调市级相关部门、县级人民政府做好移民有关工作，组织、督促县级人民政府搞好移民实施方案的落实工作。

县级人民政府是实施征地移民工作的责任主体，对征地移民工作负有组织、落实责任，领导县级相关部门、乡镇政府全面落实征地移民方案，制定实物核查报告，组织地上附着物清查,搞好环境协调,维护施工秩序。

3. 以县为基础

县级政府是移民工作的责任主体、实施主体和工作主体,移民工作以县为基础切合移民工作的实际。地上附着物核查,兑付补偿,办理永久征地、临时用地、使用林地手续,征地移民统计等工作都以县为单位来开展工作。县级是征地移民质量评价体系中的单位工程,也是征地移民工作验收的组织单位。

4. 项目法人参与

项目法人作为投资主体和工程建设的责任单位,参与征地移民前期工作、方案制定、地上附着物核查、征地手续的办理、工程招标、验收等工作,协调征地移民相关工作,及时拨付征地移民资金。

**(二)移民管理的组织机构**

目前中国水库移民管理的组织机构主要是政府机构,经过多年的移民实践,现已形成了中央管理和地方管理相结合、地方管理为主、实行分级负责的这样一个比较完善的组织体系,在国务院的统一领导下,国务院有关部门设立水库移民管理机构。中央移民机构负责制定水库移民管理的方针、政策和法律法规,审定移民安置规划,并负责移民安置实施过程中的宏观监督、检查、验收等职责。地方各级政府凡是有移民任务的均设立水库移民管理机构,主要负责水库移民规划的实施管理。

强有力的移民组织机构是移民安置活动高效和有序进行的保证,是移民安置工作成败的关键。国务院水利水电工程移民行政管理机构(以下简称国务院移民管理机构)负责全国大中型水利水电工程移民安置工作的管理和监督。县级以上地方人民政府负责本行政区域内大中型水利水电工程移民安置工作的组织和领导;省、自治区、直辖市人民政府规定的移民管理机构,负责本行政区域内大中型水利水电工程移民安置工作的管理和监督。

移民组织机构的基本职能主要有以下几个方面:①技术职能;②财务职能;③安全职能;④管理职能。

**(三)移民管理的原则**

1. 协调在移民管理工作中的作用

征地移民管理工作贯穿于征地移民项目建设的全过程,渗透到征地移民搬迁安置的每一个环节,征地移民搬迁安置的全过程中的每个环节,都存在着不同程度的矛盾、干扰甚至冲突,需要征地移民协调主体和不同层次的机构与人员去协调。移民管理工作的本质就是进行协调。主要体现在以下几个方面。

1)移民系统内部组织关系的协调

在整个的水电移民过程中,业主、政府、移民以及承包商等发生着基于各自利益的博弈活动,在管理工作中,要求协调好几者间的利益关系,使其保持在一定的可控范围内,达到多赢的效果。

2)参与移民项目群各方关系的协调

征地移民项目是一个系统工程(项目群),由若干子系统组成,要确保每个子系统都能从整体利益出发,使整个系统处于有序的良性状态。

3)移民经济利益的协调

移民经济利益的协调,突出体现在移民土地调整中发生的利益协调和移民补偿两个方面。由于土地是农民生存与发展最宝贵的资源,在移民中出现土地利益差异较大时,要确保土地利益分配的公正问题。在移民补偿方面,要确保补偿统计口径的一致、补偿标准的一致、补偿时间的一致。

2. 协调的原则

移民管理协调的原则主要有五条,即目标一致原则、合乎实际原则、统筹兼顾原则、求同存异原则和相互配合原则。

## 四、水利移民的安置方式

### (一)水利移民安置原则

(1)以人为本,保障移民的合法权益,满足移民生存与发展的需求。

(2)顾全大局,服从国家整体安排,兼顾国家、集体、个人利益。

(3)节约利用土地,合理规划工程占地,控制移民规模。

(4)可持续发展,与资源综合开发利用、生态环境保护相协调。

(5)因地制宜,统筹规划。

### (二)水利移民安置方式

安置方式多种多样。从赔偿方式的角度看,有包办式安置、一次赔偿式安置和开发式安置之分;从安置地域的角度看,有近距离的就近安置和远距离的异地安置之分;从对移民劳动力安置方式的角度看,有农业安置和非农业安置之分;从移民家庭与原有社区的关系来看,有分散安置和整建制安置之分。工程建设所在地区移民安置量的大小,可能会对安置的方式起决定性的作用。

归纳中国水库移民的安置模式,主要有以下几种。

模式一:坚持以土为本,以农为主,实行集中安置与分散安置相结合,通称大农业模式。这种安置模式适合社会经济发展水平不高、商品经济欠发达、人口密度不大、以农业生产为主的中西部及中国北方地区。这种大农业安置模式,主要是通过调剂土地和开发荒地、滩涂等手段,为移民提供一份能够满足生存与发展的耕地。

模式二:以小城镇安置为主,加速乡村城镇化。这种方式适合于社会经济发展水平较高、商品经济较发达、区域人均耕地较少的东南沿海地区。通过开发、建设小城镇,实行集中安置移民,并大力发展第二、三产业辅以优质、高产、高效农业的生产方式解决城镇移民的就业问题。

模式三:成建制外迁到具备生存与发展条件的地区。这种模式适合于生存环境恶劣、生产发展条件极差的地区。

模式四:混合型安置。这种安置方式主要考虑水库移民自身条件和安置区的实际情况,分别采取农业、非农业、自谋出路和其他安置方式。

## 五、移民安置管理

### （一）安置规划

移民安置规划应当与国民经济和社会发展规划以及土地利用总体规划、城市总体规划、村庄和集镇规划相衔接。以资源环境承载能力为基础，遵循本地安置与异地安置、集中安置与分散安置、政府安置与移民自找门路安置相结合的原则。对农村移民安置进行规划，应当坚持以农业生产安置为主，遵循因地制宜、有利生产、方便生活、保护生态的原则，合理规划农村移民安置点；有条件的地方，可以结合小城镇建设进行，应当广泛听取移民和移民安置区居民的意见；必要时，应当采取听证的方式。农村移民安置后，应当使移民拥有与移民安置区居民基本相当的土地等农业生产资料。

我国水电移民安置规划的目标是水利水电工程建设尽量减少占地和搬迁人口，一旦不可避免地发生占地和搬迁人口，就必须集中力量，全力妥善地把移民安置好，并负责到底。

移民安置规划的主要任务是：确定建设征地处理范围，调查水电工程建设征地实物指标，研究建设征地移民安置对地区社会经济的影响，参与工程建设方案的论证，提出移民安置总体规划，进行农村移民安置、城市集镇迁建、专业项目处理、库底清理、移民安置区环境保护和水土保持的规划设计，提出水库水域开发利用和水库移民后期扶持措施，编制建设征地移民安置补偿费用概（估）算。

移民安置规划大体有三个设计阶段，分别为预可行性研究报告阶段、可行性研究报告阶段和移民安置实施阶段，各阶段的主要工作内容如下。

1. 预可行性研究报告阶段

（1）初步拟定建设征地处理范围。

（2）初步调查分析主要实物指标。

（3）研究提出对枢纽工程初选方案具有制约性的对象及其控制高程、范围和数量。

（4）初步研究建设征地移民对地区社会经济的影响。

（5）初步分析移民数量和移民安置环境容量，分析移民安置的条件，研究提出移民安置的去向，初拟移民安置方案。

（6）提出城市集镇和专业项目处理初步方案。

（7）初步分析预测移民安置环境保护和水土保持问题，初拟移民安置环境保护、水土保持对策和措施。

（8）估算建设征地移民安置补偿费用。

（9）编制建设征地移民安置初步规划报告。

2. 可行性研究报告阶段

（1）分析预测建设征地移民安置任务以及对地区社会经济的影响，从建设征地移民安置角度对工程设计方案比选提出推荐意见。

（2）确定建设征地处理范围。

（3）查明建设征地处理范围内的实物指标，提出实物指标调查报告。

（4）拟定移民安置目标、标准，确定移民安置任务，分析移民安置环境容量，选定移民安置区，确定移民安置去向，提出主要影响对象的处理方式，进行移民生活水平评价预测，编制移民安置总体规划，并在此基础上编制移民安置规划大纲。

(5)确定农村移民安置方案，选择农村移民安置居民点新址，开展农村移民搬迁和生产安置规划设计，明确移民后期扶持措施，提出相应项目的设计文件。

(6)选定城市集镇迁建新址，确定建设规模，编制城市集镇迁建规划或处理规划，提出城市集镇迁建基础设施工程初步设计文件。

(7)确定各专业项目处理方案，进行专业项目处理设计，提出设计文件。

(8)确定库底清理的范围、对象和清理标准，拟定清理措施，提出设计文件。

(9)明确移民安置区环境保护和水土保持的要求，进行移民安置区环境保护和水土保持设计，提出设计文件。

(10)研究移民安置项目分布和实施的外部条件，拟定移民安置项目实施顺序、管理方案、进度安排，提出实施组织设计文件。

(11)提出移民后期扶持措施。

(12)分析确定补偿实物指标，编制建设征地移民安置补偿费用概算。

(13)编制移民安置规划报告。

3. 移民安置实施阶段

(1)提出移民安置实施阶段设计任务要求和进度计划，进行界桩布置设计。必要时对建设征地处理范围、实物指标、移民安置人口和规划设计方案进行复核。

(2)配合有关地方人民政府编制移民安置实施计划。

(3)进行农村移民生产开发和居民点工程项目的施工图设计，提出设计文件或实施技术要求。

(4)进行城市、集镇的基础施工图设计，提出设计文件。

(5)进行专业项目施工图设计，提出设计文件。

(6)进行移民安置区环境保护、水土保持工程项目施工图设计，提出设计文件。

(7)开展建设征地移民综合设计(综合设代)工作，进行移民安置规划设计交底，处理移民安置规划实施过程中出现的设计问题，处理设计变更事宜(包括农村移民安置方案调整、城市集镇规划设计方案调整、专业项目等移民工程设计方案改变)，编制移民安置验收综合设计报告。

**(二)移民安置**

水利水电工程开工前，项目法人应当根据经批准的移民安置规划，与移民区和移民安置区所在的省、自治区、直辖市人民政府或者市、县人民政府签订移民安置协议。

农村移民集中安置的农村居民点应当按照经批准的移民安置规划确定的规模和标准迁建。农村移民安置用地应当依照《中华人民共和国土地管理法》和《中华人民共和国农村土地承包法》办理有关手续。农村移民住房，应当由移民自主建造。有关地方人民政府或者村民委员会应当统一规划宅基地，但不得强行规定建房标准。农村移民集中安置的农村居民点的道路、供水、供电等基础设施，由乡(镇)、村统一组织建设。

移民安置达到阶段性目标和移民安置工作完毕后，省、自治区、直辖市人民政府或者国务院移民管理机构应当组织有关单位进行验收；移民安置未经验收或者验收不合格的，不得对水利水电工程进行阶段性验收和竣工验收。

## 六、后期扶持管理

国家实行开发性移民方针,采取前期补偿、补助与后期扶持相结合的办法,使移民生活达到或者超过原有水平。后期扶持指对水电工程中农村移民搬迁安置后生产生活恢复给予的经济支持,包括发放给移民个人的生产生活补助,以及为改善移民生产生活条件、拓宽就业渠道、发展生产等开展的项目扶持。

移民后期扶持管理要坚持以人为本,做到工程建设、移民安置与生态保护并重,继续按照开发性移民的方针,完善扶持方式,加大扶持力度,改善移民生产生活条件,逐步建立促进库区经济发展、水库移民增收、生态环境改善、农村社会稳定的长效机制,使水库移民共享改革发展成果,实现库区和移民安置区经济社会可持续发展。

### (一)目标

近期目标是,解决水库移民的温饱问题以及库区和移民安置区基础设施薄弱的突出问题;中长期目标是,加强库区和移民安置区基础设施与生态环境建设,改善移民生产生活条件,促进经济发展,增加移民收入,使移民生活水平不断提高,逐步达到当地农村平均水平。

### (二)原则

(1)坚持统筹兼顾水电和水利移民、新水库和老水库移民、中央水库和地方水库移民。

(2)坚持前期补偿、补助与后期扶持相结合。

(3)坚持解决温饱问题与解决长远发展问题相结合。

(4)坚持国家帮扶与移民自力更生相结合。

(5)坚持中央统一制定政策,省级人民政府负总责。

### (三)移民后期扶持规划

移民安置区县级以上地方人民政府应当编制水库移民后期扶持规划,报上一级人民政府或者其移民管理机构批准后实施。

编制水库移民后期扶持规划应当广泛听取移民的意见;必要时,应当采取听证的方式。

经批准的水库移民后期扶持规划是水库移民后期扶持工作的基本依据,应当严格执行,不得随意调整或者修改;确需调整或者修改的,应当报原批准机关批准。

未编制水库移民后期扶持规划或者水库移民后期扶持规划未经批准,有关单位不得拨付水库移民后期扶持资金。

水库移民后期扶持规划应当包括后期扶持的范围、期限、具体措施和预期达到的目标等内容。

### (四)移民后期扶持资金

水库移民后期扶持资金应当按照水库移民后期扶持规划,主要作为生产生活补助发放给移民个人;必要时可以实行项目扶持,用于解决移民村生产生活中存在的突出问题,或者采取生产生活补助和项目扶持相结合的方式。具体扶持标准、期限和资金的筹集、使用管理依照国务院有关规定执行。

**（五）移民后期扶持措施**

各级人民政府应当加强移民安置区的交通、能源、水利、环保、通信、文化、教育、卫生、广播电视等基础设施建设，扶持移民安置区发展。

移民安置区地方人民政府应当将水库移民后期扶持纳入本级人民政府国民经济和社会发展规划。

国家在移民安置区和大中型水利水电工程受益地区兴办的生产建设项目，应当优先吸收符合条件的移民就业。

大中型水利水电工程建成后形成的水面和水库消落区土地属于国家所有，由该工程管理单位负责管理，并可以在服从水库统一调度和保证工程安全、符合水土保持和水质保护要求的前提下，通过当地县级人民政府优先安排给当地农村移民使用。

国家在安排基本农田和水利建设资金时，应当对移民安置区所在县优先予以扶持。

各级人民政府及其有关部门应当加强对移民的科学文化知识与实用技术的培训，加强法制宣传教育，提高移民素质，增强移民就业能力。

大中型水利水电工程受益地区的各级地方人民政府及其有关部门应当按照优势互补、互惠互利、长期合作、共同发展的原则，采取多种形式对移民安置区给予支持。

## 七、征地拆迁移民资金管理

**（一）资金的构成**

征地补偿和移民安置资金包括土地补偿费、安置补助费，农村居民点迁建、城（集）镇迁建、工矿企业迁建以及专项设施迁建或者复建补偿费（含有关地上附着物补偿费），移民个人财产补偿费（含地上附着物和青苗补偿费）和搬迁费，库底清理费，淹没区文物保护费和国家规定的其他费用。移民安置资金等应当列入水利水电工程概算。

**（二）资金银行账户管理**

征地补偿和移民安置资金应当专户存储、专账核算，存储期间的孳息，应当纳入征地补偿和移民安置资金，不得挪做他用。

各级征地移民管理机构应设置专门的会计机构或配备专职会计人员，实行出纳、会计分设，执行统一的会计制度，对征地移民资金实行独立核算。

移民区和移民安置区县级人民政府，应当以村为单位将大中型水利水电工程征收的土地数量、土地种类和实物调查结果、补偿范围、补偿标准和金额以及安置方案等向群众公布。群众提出异议的，县级人民政府应当及时核查，并对统计调查结果不准确的事项进行改正；经核查无误的，应当及时向群众解释。

有移民安置任务的乡（镇）、村应当建立健全征地补偿和移民安置资金的财务管理制度，并将征地补偿和移民安置资金收支情况张榜公布，接受群众监督；土地补偿费和集体财产补偿费的使用方案应当经村民会议或者村民代表会议讨论通过。

**（三）资金拨付原则和程序**

项目法人应当根据移民安置年度计划，按照移民安置实施进度将征地补偿和移民安置资金支付给与其签订移民安置协议的地方人民政府。

搬迁费以及移民个人房屋和附属建筑物、个人所有的零星树木、青苗、农副业设施等个人财产补偿费，由移民区县级人民政府直接全额兑付给移民。

移民自愿投亲靠友的，与接收地县级人民政府和移民共同签订协议后，将个人财产补偿费和搬迁费发给移民个人，将土地补偿费、安置补助费交给接收地县级人民政府。

**（四）资金的监督**

国家对征地补偿和移民安置资金、水库移民后期扶持资金的拨付、使用和管理实行稽察制度，对拨付、使用和管理征地补偿与移民安置资金、水库移民后期扶持资金的有关地方人民政府及其有关部门的负责人依法实行任期经济责任审计。

有移民安置任务的乡（镇）、村应当建立健全征地补偿和移民安置资金的财务管理制度，并将征地补偿和移民安置资金收支情况张榜公布，接受群众监督；土地补偿费和集体财产补偿费的使用方案应当经村民会议或者村民代表会议讨论通过。

侵占、截留、挪用征地补偿和移民安置资金、水库移民后期扶持资金的，责令退赔，并处侵占、截留、挪用资金额3倍以下的罚款，对直接负责的主管人员和其他责任人员依法给予行政处分；构成犯罪的，依法追究有关责任人员的刑事责任。

# 第十二章　水利工程项目合同管理

## 第一节　水利工程项目合同概述

### 一、合同的概念

合同,也常称为契约,是平等主体的自然人、法人、其他组织之间设立、变更、终止民事权利义务关系的协议(婚姻、收养、监护等有关身份关系的协议,适用其他法律的规定)。

该概念包括以下三层含义:一是合同法只调整平等主体之间的关系。政府依法维护经济秩序的管理活动,属于行政管理关系,不是民事关系,适用有关行政管理的法律,不适用合同法;法人、其他组织内部的管理关系,适用有关公司、企业法律,也不适用合同法。二是合同法所调整的关系限于平等主体之间的合同关系,主要调整法人、其他组织之间的经济贸易关系,同时还包括自然人之间的买卖、租赁、借贷、赠与等产生的合同法律关系。三是合同法所调整的合同关系为财产性的合同关系,有关婚姻、收养、监护等身份关系,不适用合同法。

因此,合同所表述的是一种民事关系,在本质上是一种协议,是对于人与人、人与组织、组织与组织在民事交往与合作中所形成的特定关系的约定:约定主体、客体以及内容。主体是应当具有相应的民事权利能力和民事行为能力的当事人(当事人依法可以委托代理人订立合同),客体是可以成为合同当事人相关合同活动的指向对象,内容则是合同主体相对于合同客体的某种特定的民事关系。

合同法所规定的15门类列名合同分别为:买卖合同,供用电、水、气、热力合同,赠与合同,借款合同,租赁合同,融资租赁合同,承揽合同,建设工程合同,运输合同,技术合同,保管合同,仓储合同,委托合同,行纪合同,居间合同。

### 二、合同法的基本原则

合同法的原则,是指合同法总的指导思想和贯穿于整个合同法律制度与规范之中的基本准则,是制定、解释、执行和研究合同法的出发点。合同法作为我国民法的组成部分,民法的基本原则如当事人法律地位平等原则、自愿原则等都适用于合同法。合同法的基本原则如下:

(1)平等原则,是指合同当事人的法律地位平等,一方当事人不得将自己的意志强加给另一方。合同当事人法律地位平等是指当事人之间在合同关系中不存在管理与被管理、服从与被服从的关系;履行合同时当事人法律地位平等;承担合同违约责任时当事人法律地位也是平等的。

(2)自愿原则,是指当事人依法享有自愿订立合同的权利,任何单位和个人不得非法干预。当事人依法享有在缔结合同、选择合同相对人、确定合同内容以及变更和解除合同等方面的自由。因此,合同自愿原则又称为合同自由原则。

(3)公平原则,是指当事人应当遵循公平原则确定各方的权利和义务。合同当事人应本着社会公认的公平观念确定相互之间的权利和义务。

(4)诚信原则,是指当事人行使权利、履行义务时应当遵循诚实信用原则。诚实信用原则要求当事人在从事交易时应诚实守信,以善意方式取得权利和履行义务,不得滥用其权利和损害他人及社会的利益。

(5)合法原则,是指当事人订立、履行合同,应当遵守法律、行政法规,尊重社会公德,不得扰乱社会经济秩序,损害社会公共利益。这是为了保护正常交易,协调各方面的利益冲突而确立的一项原则。

## 三、合同的订立与效力

### (一)合同的订立

当事人订立合同,采取要约、承诺方式。在工程招投标中,招标公告或投标邀请是要约邀请,投标是要约,发出中标通知是承诺。

订立合同的过程是合同当事人就合同的权利、义务及合同的主要条款达到一致的过程,订立合同时必须遵循上述的基本原则。

### (二)合同的成立和效力

承诺生效时合同成立。也就是说,受要约人的承诺到达要约人时,承诺生效,合同也就成立。当事人采用合同书形式订立合同的,自双方当事人签字或者盖章时合同成立。当事人采用信件、数据电文形式订立合同的,可以在合同成立之前要求签订确认书,签订确认书时合同成立。

同时,采用合同书形式订立合同,在签字或者盖章之前,当事人一方已经履行主要义务,对方接受的,该合同成立。法律、行政法规规定或者当事人约定采用书面形式订立合同,当事人未采用书面形式但一方已经履行义务,对方接受的,该合同成立。

合同法对合同成立的地点也作出了以下规定:

(1)承诺的地点为合同成立的地点。

(2)采用数据电文形式订立合同的,收件人的主营业地为合同成立的地点;没有主营业地的,其经常居住地为合同成立的地点。

(3)采用合同书形式订立合同的,双方当事人签字或者盖章的地点为合同成立的地点。

(4)当事人另有约定的,按照其约定。

合同成立的地点涉及合同的履行及产生纠纷之后的案件管辖地问题。因此,合同当事人有必要在合同中明确合同成立的地点。

合同生效是指业已成立的合同具有法律约束力。合同是否成立取决于当事人是否就合同的必要条款达成一致意见,而其是否生效取决于是否符合法律规定的生效条件。依法成立的合同,自成立时生效;法律、行政法规规定应当办理批准、登记等手续生效的,依照其规定。

**(三)无效合同**

无效合同是指欠缺合同生效要件,虽已成立却不能依当事人意思发生法律效力的合同。根据合同法规定,无效合同的范围主要包括以下几种:

(1)一方以欺诈、胁迫的手段订立合同,损害国家利益。

(2)恶意串通,损害国家、集体或第三方利益。

(3)以合法形式掩盖非法目的。

(4)损害社会公共利益。

(5)违反法律、行政法规的强制性规定。

**(四)可撤销合同**

合同的撤销是指因意思表示不真实,通过撤销权人行使撤销权,使已经生效的合同归于消灭。可撤销合同,又称为可撤销、可变更的合同。在以下情况下,当事人一方可请求人民法院或者仲裁机构变更或者撤销合同:

(1)合同是因重大误解而订立的。

(2)合同的订立显失公平。

(3)一方以欺诈、胁迫的手段或者乘人之危,使对方在违背真实意思的情况下订立合同。

## 四、合同的主要内容与形式

**(一)合同的基本条款**

合同内容是指当事人之间就设立、变更或者终止权利义务关系表示一致的意思。合同的内容表现为合同的条款,合同条款确定了当事人各方的权利义务。合同法规定合同至少应包括以下八个基本内容:当事人的名称或姓名和住所,标的,数量,质量,价款或报酬,履行期限、地点、方式,违约责任,解决争议的方法。

**(二)合同的形式**

所谓合同的形式,又称合同的方式,是当事人意愿一致的外在表现形式,是合同内容的外部表现,是合同内容的载体。当事人订立合同,有书面形式、口头形式和其他形式。

法律、行政法规规定采用书面形式的,应当采用书面形式。当事人约定采用书面形式的,应当采用书面形式。书面形式是指合同书、信件和数据电文(包括电报、电传、传真、电子数据交换和电子邮件)等可以有形地表现所载内容的形式。

合同法要求在如下八种情况下应当采用书面形式:法律、行政法规规定应当采用书面形式的;当事人约定采用书面形式的;借款合同(但自然人之间借款有约定的除外);融资租赁合同;建设工程合同;技术开发合同;技术转让合同;租赁期六个月以上的租赁合同。

## 五、水利工程项目合同的分类

(1)按照工程建设阶段可分为勘察合同、设计合同、施工合同。

(2)按照承发包方式分类,包括:勘察、设计或施工总承包合同;单位工程施工承包合同;工程项目总承包合同;工程项目总承包管理合同;BOT 承包合同(又称特许权协议书)。

(3)按照承包工程计价方式分类,包括总价合同、单价合同、成本加酬金合同。

(4)与建设工程有关的其他合同。严格地讲,与建设工程有关的其他合同并不属于建设工程合同范畴。但是这些合同所规定的权利和义务等内容,与建设工程活动密切相关,可以说,建设工程合同从订立到履行的全过程离开了这些合同,是不可能顺利进行的。这些合同主要有:①建设工程委托监理合同;②土地征用和房屋拆迁合同;③建设工程保险合同和担保合同。

## 六、水利工程项目合同的特点与作用

### (一)工程合同的特点

水利工程合同具有以下特点:

(1)水利工程项目合同是一个合同群体。水利工程项目合同的履行涉及面广,工程项目投资多、工期长、参与单位多,一般由多项合同组成一个合同群;这些合同之间分工明确、层次清楚,自然形成一个合同体系;需要合同主体双方较长期的通力协作,具有严密的协作性,确保整个合同义务得以全面完成。

(2)合同的标的物仅限于工程项目涉及的内容。与一般的产品合同不同,水利工程项目合同涉及内容主要是大坝建设、导流明渠开挖等,而且都是一次性过程。

(3)合同内容庞杂。与产品合同比较,工程项目合同庞大复杂。大型项目要涉及几十种专业、上百个工种、几万人作业,合同内容自然庞大复杂。如三峡水利水电工程,共签订78个大合同、5 000多个小合同,合同内容极其复杂。

(4)工程项目合同主体只能是具有一定资质的法人。根据我国现行法律规定,建设工程合同的主体——建设工程勘察、设计、建筑、安装单位必须是经国家主管部门审查、批准,在当地工商行政管理部门进行核准登记并领有营业执照的基本建设专业组织,必须具备必要的人力、技术力量、机械设备以及工程技术人员等条件。建设单位必须具备一定的投资条件和投资能力,才能签订建设工程合同。公民个人不能成为建设工程当事人。

(5)工程项目具有较强的国家管理性。工程项目标的物属于不动产,工程项目对国家、社会和人民生活影响较大,国家对建设工程合同的管理十分严格,规定了严格的法定程序,必须遵守。

### (二)工程合同的作用

合同在工程项目管理过程中正在发挥越来越重要的作用,具体来讲,合同在工程项目管理过程中的地位与作用主要体现在如下四个方面。

(1)合同确定了工程建设和管理的目标。

(2)合同是各方在工程中开展各种活动的依据。

(3)合同是协调并统一各参加建设者行动的重要手段。

(4)合同是处理工程项目实施过程中各种争执和纠纷的法律依据。

## 七、水利工程项目合同管理的概念、特点及意义

### (一)水利工程项目合同管理的概念

水利工程项目合同管理,是关于某项水利工程项目运作的过程中各类合同的依法订

立过程和履行过程的管理，包括各类合同的策划，合同文本的选择，合同条件的协商、谈判，合同书的签署，合同履行、检查、变更、索赔以及争端解决的管理。它是工程项目管理的重要组成部分。

水利工程项目合同，包括勘察设计合同、施工合同、建设物资采购合同、建设监理合同以及建设项目实施过程中所必需的其他合同，都是业主和参与项目实施的各主体之间明确责任权利关系的具有法律效力的协议文件，也是运用市场经济体制、组织项目实施的基本手段。

工程合同管理是为项目总目标和企业总目标服务的，保证项目总目标和企业总目标的实现。在工程结束时使双方都感到满意，业主按计划获得一个合格的工程，达到投资目的；承包人不但获得合理的利润，还赢得了信誉，建立了双方友好合作关系。

**（二）水利工程项目合同管理的特点**

由于水利工程产品及其生产的技术经济特点的影响，水利工程项目的合同管理通常呈现以下特点。

1. 合同数量多

水利工程项目规模庞大、环节多、持续时间长，相关的合同数量多。从项目的前期可行性论证、勘察设计、委托监理、工程施工以及工程保修，都需要签订合同，且其合同的生命期一般至少几年或更长时间，因此合同管理必须在较长时间内不间断地持续进行着。

2. 合同金额大

水利工程项目价值量大，合同价格高，合同管理的好坏，直接影响着工程项目经济效益的大小。在市场竞争日趋激烈的环境下，若合同管理中稍有失误即会导致工程项目的利润减少，甚至亏本。

3. 变更频繁

在工程实施中受各种干扰因素的影响，合同变更较频繁。合同管理工作是动态的，在履行中必须根据变化了的各种条件，及时地进行调整，加强合同的变更管理和合同控制工作。

4. 合同风险高

合同涉及面广，实施时间长，易受到外界环境各种因素的影响，如法律、经济、社会、自然条件等的影响大，风险高。合同管理中要予以高度的重视，充分预测合同将面临的问题、风险，并采取积极的对策，以避免和化解各种风险。

5. 综合协调与管理

水利工程项目管理工作复杂而烦琐，是一项高度准确、精细而严密的管理工作。现代工程项目规模大、技术和质量标准高；投资渠道多元化，且有许多特殊的融资和承包方式，工程合同条件越来越复杂，不仅合同的条款多，而且所属的合同文件多，与主合同相关的其他合同也多；工程的参与和协作单位多，合同管理必须在每个环节上取得、处理、使用、保存各种有关的合同文件、工程资料等。因此，在整个实施过程中，必须加强合同的管理，万不可疏忽；否则会前功尽弃，甚至会导致经济损失。

作为一项管理职能，合同管理在工程项目管理中有其职责和任务。特别是，合同中包括了项目的整体目标，合同管理对项目的成本管理、进度管理、质量管理有着总控制和总协调的作用,是工程项目管理的核心,是全面的、综合性的、更高层次的管理工作。另外,合同管理要处理与当事人及其他方面的经济关系,必须服从企业的发展战略、经营管理的需要,特别是在投标报价、合同谈判、制定合同执行策略和处理索赔等工作时,更要注意该问题。

## 第二节 水利工程项目的合同策划

### 一、合同策划概述

策划,是围绕某个预期的目标,根据现实的情况与信息,判断事物变化的趋势,对所采取的方法、途径、程序等进行周密而系统的全面构思、设计,选择合理可行的行动方式,从而形成正确决策和高效工作的活动过程。它是针对未来和未来发展及其发展结果所作的决策的重要保证,也是实现预期目标、提高工作效率的重要保证。

**(一)合同策划的意义**

水利工程合同的总体策划对整个工程项目的实施有着重大的影响。关键、重要的合同问题,是确定合同的战略问题,它对整个工程项目的计划、组织及控制起着决定性的指导作用。在水利工程项目的开始阶段,必须对工程相关的合同进行总体策划,首先确定带根本性和方向性的对整个工程、对整个合同的实施有重大影响的问题。我国有很多建设工程项目在实施过程中,由于工程合同模式、类型选择的不恰当,经常出现诸如资源浪费、资金不到位、投资失控、合同纠纷、拖延工期及双方产生纠纷等现象。这就直接导致了工程项目不能按时完工,甚至出现工程项目的目标不能实现,给业主和承包人都带来了巨大的经济损失。项目前期合同类型选择的不当是引发上述这些问题的主要原因,而业主在合同类型的选择中通常起决定性的作用,这就要求业主在工程项目建设初期,在签订合同时就要根据工程项目的具体情况,考虑各种不同因素的作用选择一个适当的合同类型模式,从而避免日后由于合同缺陷等造成双方纠纷和索赔的发生,减少由此产生的费用,是业主进行项目成本控制中应重点考虑的方面。所以,在什么样的工程条件下选择什么样的合同类型模式对建设工程项目最有利,如何根据项目的特点和业主的要求进行策划选择,是我们要研究和探讨的问题。因此,水利工程合同总体策划在建设工程项目中发挥着极其重要的作用。它的重要意义体现在:

(1)合同的策划决定着项目总体组织结构及管理体制,决定合同各方面责任、权利和工作的划分,所以对整个项目管理产生根本性的影响。业主通过合同委托项目任务,并通过合同实现对项目的目标控制。

(2)合同是实施工程项目的手段,通过策划确定各方面的重大关系,无论对业主还是对承包商,完善的合同策划可以保证合同圆满地履行,克服关系的不协调,减少矛盾和争议,顺利地实现工程项目总目标。

**(二)合同策划的主要内容**

合同策划的目标是通过合同保证项目目标的实现。它必须反映水电工程项目战略和企业战略,反映企业的经营指导方针。它主要确定如下一些重大问题:

(1)如何将项目分解成几个独立的合同,每个合同有多大的工程范围。

(2)采用什么样的委托方式和承包方式,采用什么样的合同形式及条件。

(3)合同中一些重要条款的确定。

(4)合同签订和实施过程中一些重大问题的决策。

(5)相关各个合同在内容上、时间上、组织上、技术上的协调等。

正确的合同总体策划能够保证圆满地履行各个合同,促使各合同达到完善的协调,顺利地实现工程项目的整体目标。

**(三)合同总体策划的依据**

合同双方有不同的立场和角度,但他们有相同或相似的策划研究内容。合同策划的依据主要有以下几个方面。

(1)业主方面:业主的资信、资金供应能力、管理水平和能力,业主的目标和动机,业主期望对工程管理的介入深度,业主对承包商的信任程度,业主对工程的质量和工期要求等。

(2)承包商方面:承包商的能力、资信、企业规模、管理风格和水平、目标与动机、目前经营状况、过去同类工程经验、企业经营战略、承受和抗御风险的能力等。

(3)工程方面:工程的类型、规模、特点、技术复杂程度、工程技术设计准确程度、计划程度、招标时间和工期的限制、项目的盈利性、工程风险程度、工程资源(如资金等)供应及限制条件等。

(4)环境方面:建筑市场竞争激烈程度,物价的稳定性,地质、气候、自然、现场条件的确定性等。

**(四)合同策划的程序**

(1)研究企业战略和项目战略,确定企业及项目对合同的要求。

(2)确定合同的总体原则和目标。

(3)分层次、分对象对合同的一些重大问题进行研究,列出各种可能的选择,按照上述策划的依据,综合分析各种选择的利弊得失。

(4)对合同的各个重大问题作出决策和安排,提出履行合同的措施。

在合同策划中有时要采用各种预测、决策方法,风险分析方法,技术经济分析方法。在开始准备每一个合同招标和准备签订每一份合同时都应对合同策划再作一次评价。

## 二、业主的合同策划

由于业主的主导地位,业主的合同策划对于整个项目产生很大影响,承包商的合同策划也直接受其影响。业主策划合同时,必须确定以下若干问题。

**(一)项目总体组织结构设计**

项目总体组织结构是由项目业主来决定的,不同的项目总体组织结构,各有其特点,所以项目业主要选择采用。关于项目总体组织结构类型及特点的介绍,参见本书第五章内容。该部分工作应在业主招标前完成。

**(二)招标方式的选择**

按照我国有关法规,招标方式有公开招标和邀请招标两种方式。详细内容参见本书

第二章。

**(三)合同类型的选择**

不同的合同类型具有不同的使用范围和特点,因此对于工程项目选择哪种合同类型是非常重要的,合同类型的选择与许多因素有关,如设计深度、工程项目的规模和复杂程度、工期进度要求、工程施工现场、场地周围环境、施工经验、技术水平、项目管理、风险管理等。合同的类型按其计价方式主要有单价合同、总价合同和成本加酬金合同等。各种类型合同各有其应用条件、不同的权利和责任分配、不同的付款方式,同时合同双方的风险也不同。工程实践中应根据具体情况选择合同类型,有时一个项目的不同分项目可采用不同计价方式的合同。

1. 单价合同

单价合同适用范围广泛,在水利水电工程中最为常见。FIDIC 条款和我国部颁条款都推荐在土木工程的主体工程中采用单价合同。在这种合同中,承包商仅按合同规定承担报价的风险,即对报价(主要为单价)的正确性和适宜性承担责任;而工程量变化的风险由业主承担。由于风险分配比较合理,能够适应大多数工程,因此能调动承包商和业主双方的管理积极性。单价合同优点在于:招标前,发包人无需对工程作出完整、详尽的设计,因而可以缩短招标时间;能鼓励承包商提高工作效率,节约工程成本,增加承包商利润;支付时,只需按已定的单价乘以支付工程量即可求得支付费用,计算程序较简便。

由此可见,单价合同适用于招标时尚无详细图纸或设计内容尚不十分明确,工程量尚不够准确的工程。水利水电工程的主体工程项目,宜采用单价合同。

2. 总价合同

这种合同以一次包死的总价委托,价格不因环境的变化和工程量增减而变化,所以在这类合同中承包商承担了全部的工作量和价格风险。除了设计有重大变更,一般不允许调整合同价格。其特点在于:承包商要承担单价和工程量的双重风险,业主较为省事,风险较小,合同双方结算也较简单。但是由于承包商的风险较大,所以报价一般都较高。

这种合同适用于设计深度满足精确计算工程量的要求,图纸和规定、规范中对工程作出了详尽的描述,工程范围明确,施工条件稳定,结构不甚复杂,规模不大,工期较短,且对最终产品要求很明确,而业主也愿意以较大富裕度的价格发包的工程项目。

3. 成本加酬金合同

这是与固定总价合同截然相反的合同类型,它是以实际成本加上双方商定的酬金来确定合同总价。在合同签订时不能确定一个具体的合同价格,只能确定酬金的比率。由于合同价格按承包商的实际成本结算,所以在这类合同中,业主承担着全部工程量和价格的风险;而承包商不承担风险,一般来说获利较小,但能确保获利。所以,承包商在工程中没有成本控制的积极性,常常不仅不愿意压缩成本,相反期望提高成本以提高自己的工程经济效益。这样会损害工程的整体效益。所以,这类合同的使用应受到严格限制,通常应用于如下情况:

(1)工程的范围无法界定,工程内容不十分确定。

(2)工程特别复杂,工程技术、结构方案不能预先确定。

(3)时间特别紧急,要求尽快开工。如抢救、抢险工程。

为了克服该种合同的缺点，调动承包商成本控制的积极性，业主应加强对工程的控制，合同中应规定成本开支范围，规定业主有权对成本开支进行决策、监督和审查。

通过以上分析可以看出，当业主对项目的要求比较高时，包括对风险的要求、投资概算的要求、工程技术要求，而在工程项目本身情况又比较复杂的情况下，为规避风险，业主通常最好选用总价合同，若承包人的实力比较强，运用了先进的项目管理方式，控制好工程项目的造价，还可以取得较高的利润。如果项目的规模不大，对各方面的要求都不高，可选择的合同类型就较多。但业主在考虑自己利益选择合同类型时，也应当综合考虑工程项目的各种因素以及承包人的承包能力，确定双方都能认可的合同类型。

**（四）确定重要合同条款**

合同条款与合同协议书是合同文件中最重要的部分。业主应正确地对待合同，对合同的要求合理，但不应苛求。业主处于合同的主导地位，由其起草招标文件，可以选用标准的合同条款，也可根据需要对标准的文本作出修改、限定或补充。主要有：

（1）适用于合同关系的法律，以及合同争执仲裁的地点、程序等。

（2）付款方式。

（3）合同价格的调整条件、范围和方法，特别是由于物价、汇率、法律、关税的变化对合同价格调整的规定。

（4）合同双方风险的分担。

（5）对承包商的激励措施。

（6）保证业主对工程的控制权力，它包括工程变更权力、进度计划审批权力、实际进度监督权力、施工进度加速权力、质量的绝对检查权力、工程付款的控制权力、承包商不履约时业主的处置权力等。

**（五）合同间的协调**

一个工程的建设中，业主要签订若干合同，如设计合同、施工合同、供应合同、贷款合同等，在这个合同体系中，相关的同级合同之间，主合同与分合同之间关系复杂，业主必须对此作出周密安排和协调，其中既有整体的合同策划又有具体的合同管理问题。

1. 工作内容的完整

业主签订的所有合同所确定的工作范围应涵盖项目的全部工作，完成了各个合同也就实现了项目总目标。为防止缺陷和遗漏，应做好下述工作：

（1）招标前进行项目的系统分析，明确项目系统范围。

（2）将项目作结构分解，系统地分成若干独立的合同，并列出各合同的工程量表。

（3）进行各合同（各承包商或各项目单元）间的界面分析，划定界面上的工作的责任、质量、工期和成本。

2. 技术上的协调

各合同间只有在技术上协调，才能构成符合项目总目标的技术系统。应注意下述几个方面：

（1）主要合同之间设计标准的一致性，如土建、设备、材料、安装，应有统一的技术、质量标准及要求，各专业工程（结构、建筑、水、电、通信、机械等）之间应有良好的协调。

（2）分包合同应按照总承包合同的条件订立，全面反映总合同的相关内容；采购合同的技术要求须符合承包合同中的技术规范的要求。

(3)各合同之间应界面明确、搭接合理。如基础工程与上部结构、土建与安装、材料与运输等,它们之间都存在责任界面和搭接问题。

工程实践中,各个合同签订时间、执行时间往往不是同步的,管理部门也常常是不同的。因此,不仅在签约阶段,而且在实施阶段;不仅在合同内容上,而且在各部门管理过程上,都应统一、协调。有时,合同管理的组织协调甚至比合同内容更为重要。

## 三、承包商的合同策划

在水电工程市场中,业主处于主导地位。业主的合同决策,承包商常常必须执行或服从。但承包商有自己的合同策划问题,它服从于承包商的基本目标和企业经营战略。承包商的合同策划主要是下面几个问题。

### (一)投标项目的选择

承包商通过市场调查获得许多工程招标信息。承包商必须就投标方向作出战略决策,其依据为下述几个方面:

(1)承包市场状况及竞争的形势。

(2)工程及业主状况。包括工程的技术难度,施工所需的工艺、技术和设备,对施工工期的要求及工程的影响程度;业主对承包方式、合同种类、招标方式、合同的主要条款等的规定和要求;业主的资信情况,业主建设资金的准备情况和企业经营状况。

(3)承包商自身的情况,包括本公司的优势和劣势、技术水平、施工力量、资金状况、同类工程经验、现有的工程数量等。

(4)该工程竞争对手的状况、数量、竞争力等。

承包商投标项目的确定要最大限度地发挥自身的优势,符合其经营战略,不要企图承包超过自己施工技术水平、管理能力和财务能力的工程及没有竞争力的工程。

### (二)合同风险评价

承包商的合同策划工作,应对合同风险有一个评价,以供投标决策作依据,也是中标后进行风险管理工作的基础。合同风险评价主要包括风险的辨识和风险的评估两项工作。

通常若工程存在下述问题,则工程风险大:

(1)工程规模大、工期长,而业主要求采用固定总价合同形式。

(2)业主仅给出初步设计文件让承包商做标,图纸不详细、不完备,工程量不准确、范围不清楚,或合同中的工程变更赔偿条款对承包商很不利,但业主要求采用固定总价合同。

(3)业主将做标期压缩得很短,承包商没有时间详细分析招标文件,而且招标文件为外文,采用承包商不熟悉的合同条件。

(4)工程环境不确定性因素多,且业主要求采用固定价格合同。

### (三)合作方式的选择

在承包合同(主合同)投标前,承包商必须就如何完成合同范围的工程作出决定。因为任何承包商都有可能不能自己独立完成全部工程,一方面可能没有这个能力,另一方面也可能不经济。他须与其他承包商(分包商)合作,就合作方式作出选择。无论是分包还是合伙或成立联合公司,都是为了合作,为了充分发挥各自的技术、管理、财力的优势,以共同承担风险。但不同合作形式其风险分担程度不一样,承包商要根据具体情况,权衡利弊,以选择合适的合作形式。

1. 分包

分包的原因主要有以下几点:

(1)技术上的需要。承包商不可能也不必要具备工程所需各种专业的施工能力,它可通过分包这种形式得到弥补,承包其不能独立承担的工程,扩大经营范围。

(2)经济上的目的。对于某些分项,将其分包给有能力且报价低的分包商,可获得一定的经济效益。

(3)转嫁或减小风险。通过分包可将风险部分地转移给分包商。

(4)业主的要求。即业主指定承包商将某些分项工程分包出去。一般有两种:一种是业主对某些分项只信任某分包商;另一种是一些国家规定,外国承包商必须分包一定量的工程给本国的承包商。

承包商在报价前,一般就应商定分包合同主要条件,确定分包商的报价,甚至签订分包意向书。承包商要向业主承担对分包商的全部责任,所以选择分包商应十分慎重,要选择符合资质要求的、有能力的、长期合作的分包商。还应注意分包不宜过多,以免造成协调和管理的困难,以及业主对承包商能力的怀疑。

2. 联营承包

联营承包是指两家或两家以上的承包商(最常见的为设计承包商、设备供应商、工程施工承包商)联合投标,共同承接工程。其优点是:

(1)承包商可通过联营进行联合,以承接工程量大、技术复杂、风险大、难以独家承揽的工程,使经营范围扩大。

(2)在投标中发挥联营各方技术和经济的优势,珠联璧合,使报价有竞争力。

(3)在国际工程中,国外的承包商如果与当地的承包商联营投标,可以获得价格上的优惠。这样更能增加报价的竞争力。

(4)在合同实施中,联营各方互相支持,取长补短,进行技术和经济的总合作。这样可以减少工程风险,增强承包商的应变能力,能取得较好的工程经济效果。

(5)通常联营仅在某一工程中进行,该工程结束,联营体解散。联营各方对履行施工承包合同承担连带责任,某成员因故不能完成合同责任时,其他成员应承担共同完成施工承包合同的责任。联合体各成员间必须相互忠诚和信任,同舟共济。所以,它比合营、合资有更大的灵活性。

**(四)确定合同执行战略**

合同执行战略是承包商按企业和工程具体情况确定的执行合同的基本方针,例如:

(1)企业必须考虑该工程在企业同期许多工程中的地位、重要性,确定优先等级。对重要的有重大影响的工程必须全力保证,在人力、物力、财力上优先考虑,如对企业信誉有重大影响的创牌子工程,大型、特大型工程,对企业准备发展业务的地区的工程等。

(2)承包商必须以积极合作的态度和热情圆满地履行合同。在工程中,特别在遇到重大问题时积极与业主合作，以赢得业主的信赖，赢得信誉。例如，有些合同在签订后，或在执行中遇到不可抗力事件，按规定可以撕毁合同，但有些承包商理解业主的困难，暂停施工，同时采取措施，保护现场，降低业主损失。待干扰事件结束后，继续履行合同。这样不仅保住了合同，取得了利润，而且赢得了信誉。

(3)对明显导致亏损的工程，特别是企业难以承受的亏损，或业主资信不好，难以继续合作，有时不惜以撕毁合同来解决问题。有时承包商主动地中止合同，比继续执行一份合同的损失要小。特别当承包商已跌入“陷阱”中，合同不利，而且风险已经发生时。

(4)对有些合理的索赔要求解决不了，承包商在合同执行上可以通过控制进度，间接表达履约热情和积极性，向业主施加压力和影响以求得合理的解决。

## 第三节　水利工程项目的分包

### 一、建设工程的总承包

#### (一)总承包

《合同法》规定：“发包人可以与总承包人订立建设工程合同，也可以分别与勘察人、设计人、承包人订立勘察、设计、施工承包合同。”对于发包人来讲，也就是鼓励发包人将整体工程一并发包。一是鼓励采用将建设工程的勘察、设计、施工、设备采购一并发包给一个总承包人；二是将建设工程的勘察、设计、施工、设备采购四部分分开发包给几个具有相应资质条件的总承包人。采用以上两种发包方式发包工程，既节约投资，强化现场管理，提高工程质量，又可以在一旦出现事故责任时，很容易找到责任人。

#### (二)禁止建设工程肢解发包

肢解发包，就是将应当由一个承包人完成的建设工程肢解成若干部分发包给几个承包人的行为。这种行为可导致建设工程管理上的混乱，不能保证建设工程的质量和安全，容易造成建设工期延长，增加建设成本。为此。《合同法》规定：“发包人不得将应当由一个承包人完成的建设工程肢解成若干部分发包给几个承包人。”禁止肢解发包不等于禁止分包，比如在工程施工中，总承包人有能力并有相应资质承担上下水、暖气、电气、通信、消防工程等，就应当由其自行组织施工；若总承包人需将上述某种工程分包，依据法律规定与合同约定在征得发包人同意后，亦可分包给具有相应资质的企业，但必须由总承包人统一进行管理，切实承担总包责任。此时，发包人要加强监督检查，明确责任，保证工程质量和施工安全。

#### (三)禁止建设工程转包

所谓转包，是指建设工程的承包人将其承包的建设工程倒手转让给他人，使他人实际上成为该建设工程新的承包人的行为。《合同法》规定：“承包人不得将其承包的全部建设工程转包给第三人或者将其承包的全部建设工程肢解以后以分包的名义分别转包给第三人。”转包行为有较大的危害性。一些单位将其承包的工程压价倒手转包给他人，从中牟取不正当利益，形成“层层转包，层层扒皮”的现象，最后实际用于工程建设的费用大为减少，导致严重偷工减料；一些建设工程转包后落入不具有相应资质条件的包工队手中，留下严重的工程质量后患，甚至造成重大质量事故。从法律的角度讲，承包人擅自将其承包的工程转包，违反了法律的规定，破坏了合同关系的稳定性和严肃性。从合同法律关系上说，转包行为属于合同主体变更的行为，转包后，建设工程承包合同的承包人由原承包人变更为接受转包的新承包人，原承包人对合同的履行不再承担责任。承包人将承包的工程转包给他人，擅自变更合同的主体的行为，违背了发包人的意志，损害了发包人的利益，是法律所不允许的。

《水利水电土建工程施工合同条件》规定：承包人不得将其承包的全部工程转包给第三人。未经发包人同意，承包人不得转移合同中的全部或部分义务，也不得转让合同中的全部或部分权利。

## 二、水利工程项目的分包

### （一）分包的概念

所谓建设工程的分包，是指对建设工程实行总承包的承包人，将其总承包的工程项目的某一部分或几部分，再发包给其他的承包人，与其签订总承包项目下的分包合同，此时，总承包合同的承包人即成为分包合同的发包人。

分包的实质是为了弥补承包商某些专业方面的局限或力量上的不足，借助第三方的力量来完成合同。实践证明，适当的分包是有利于保证工程质量和进度的。但是在实际工程中也常出现由于各种原因导致不恰当的分包，从而引起工程质量、进度上发生问题和引起合同争议的情况。因此，对分包加强管理与控制是很重要的。

### （二）分包类型与分包管理

工程合同的分包有两种类型，即一般分包与指定分包。

1. 一般分包

一般分包指由承包商提出分包项目，选择分包商（称为一般分包商），并与其签订分包合同。

我国《合同法》、《水利水电土建工程施工合同条件》及各种条款对分包有如下规定：

（1）总承包人或者勘察、设计、施工承包人经发包人（或监理人）同意，可以将自己承包的部分工作交由第三人完成。一方面说明经发包人（或监理人）同意，承包人可以将自己承包的部分工作分包给第三人完成；另一方面也说明承包人的分包行为必须经发包人（或监理人）同意。

（2）承包商应对其分包出去的工程以及分包商的任何工作和行为负全部责任，即使是监理人同意的部分分包工作，亦不能免除承包人按合同规定应负的责任。分包商（第三人）应就其完成的工作成果与总承包人或者勘察、设计、施工承包人向发包人承担连带责任。

（3）禁止承包人将工程分包给不具备相应资质条件的单位。

（4）承包人不得将其承包的工程肢解后分包出去，也不得将主体工程分包出去。

（5）分包商不得将其分包的工程再分包出去。

根据上述规定，一般分包的管理工作特点是：

（1）分包合同必须事先取得发包人（或监理人）的批准才能签订。其申报及审批程序见图12-1。如果承包商在投标时提出的分包项目和分包商，在签订合同时已经发包人同意并列入合同文件，则不需要再经过此程序。

可以看到，发包人或监理人审查是重要的环节。根据合同精神，发包人、监理人不能无故拒绝批准承包商提出的分包合同，无论批准与否，均应有充分的理由说明。

(2)分包合同规定的是承包商与分包商间的权利和义务关系。因此，监理人同意对分包合同的签订不解除承包合同规定的承包商的任何责任和义务。对于分包商及其职工的行为、疏忽或违约，承包商要对此向发包人负完全责任。发包人(业主)、承包商、分包商之间的关系如图12-2所示。

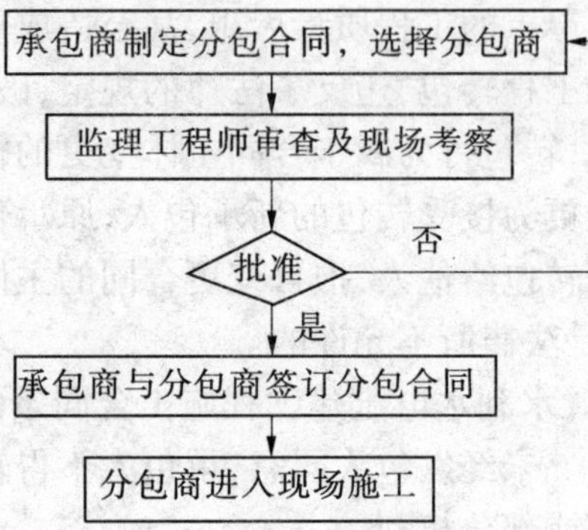


图12-1 一般分包申报及审批程序图

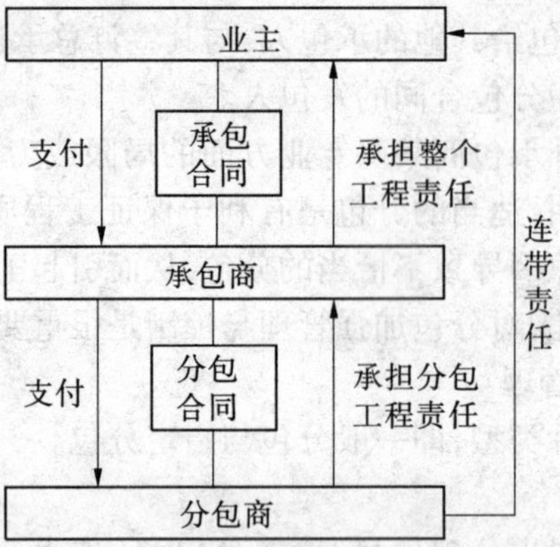


图12-2 业主、承包商、分包商之间的关系

(3)订立分包合同时，承包商应向分包商提供一份主合同的投标书附录和主合同条款第二部分的副本，并提供主合同(承包商的价格细节除外)供分包商查阅。

应认为分包商已全面了解主合同的各项规定。分包商应承担并履行与分包工程有关的主合同规定的承包商的所有义务和责任。分包商应避免其任何行为或疏忽而引起承包商违反主合同的规定，否则应承担由此而引起的根据主合同承包商将负责的损害赔偿费。

(4)当不是由于承包商的行为或违约，如支付额小于主合同规定的最低值或监理人未认可全部申请支付金额等，而引起发包人未支付或未完全支付时，承包商有权扣发或缓发本应向分包商支付的全部或部分金额。

(5)在分包工程实施过程中，如果分包商遇到按主合同可以向发包人索赔的事件，应积极向承包商提供索赔所要求的材料和帮助，承包商则应采取一切合理步骤向发包人索赔，承包商从发包人处取得利益时，应公平合理地将那一部分转交给分包商。

2. 指定分包

分包工程项目和分包商均由发包人或监理人选定，但仍由承包商与其签订分包合同，称为指定分包，而此类分包商称为指定分包商。指定分包有两种情况：

(1)发包人根据工程特殊情况欲指定分包人时,应在专用合同条款中写明分包工作内容和指定分包人的资质情况。承包人可自行决定同意或拒绝发包人指定的分包人。若承包人在投标时接受了发包人指定的分包人,则该指定分包人应与承包人的其他分包人一样被视为承包人雇用的分包人,由承包人与其签订分包合同,并对其工作和行为负全部责任。其管理也与一般分包的管理相同。

(2)在工程实施过程中,发包人为了更有效地保证某项工作的质量或进度,需要指定分包商来完成此项工作的情况。此种指定分包,应征得承包商的同意,并由发包人协调承包商与分包商签订分包合同。发包人应保证承包人不因此项分包而增加额外费用;承包人则应负责该分包工作的管理和协调,并向指定分包人计取管理费;指定分包商应接受承包商的统一安排和监督。由于指定分包人造成的与其分包工作有关而又属承包人的安排和监督责任所无法控制的索赔、诉讼及损失赔偿均应由指定分包人直接对发包人负责,发包人也应直接向指定分包人追索,承包人不对此承担责任。

此种指定分包商,在管理工作上的特点是:

(1)指定分包商就其全部分包工作(与承包商的安排和监督责任有关的除外)直接向发包人负责。

(2)在特殊情况下,发包人可直接向指定分包商支付,并在向承包商支付中扣回此款额。此处特殊情况是指:承包商未向监理人提交合理的证据,表明其有权扣留或拒绝向指定分包商支付且已通知指定分包商的情况下,而不向指定分包商支付。

根据合同的内容,又可将分包合同分为工程分包合同、劳务分包合同,以及材料、设备供应分包合同等。

## 第四节　水利工程项目合同履行

### 一、合同的履行

合同的履行是合同法中一个极为关键的问题。合同成立并生效后,就是合同履行问题。合同履行,是指合同各方当事人按照合同的规定,全面履行各自的义务,实现各自的权利,使各方的目的得以实现的行为。当事人之所以要订立合同,完全是为了实现合同的目的。合同权利和义务的实现,只有通过履行才能达到。所以,合同的订立是前提,合同的履行是关键。有效合同中当事人预期的合同利益受法律保护,履行合同是实现预期合同利益的唯一途径。然而,在合同履行过程中,当事人可能因为种种原因,不能或者不愿意履行合同。因此,相关法律明确规定合同履行的原则,保护债权人的利益,并根据不同事件和行为的性质,确定哪些情况下不履行合同应当承担违约责任,哪些情况下不履行合同可以免除责任,保证正常的市场秩序。

#### (一)合同的履行原则

合同的履行原则,是指合同当事人在履行合同过程中所应遵循的基本准则。履行合同当然要遵循民法的基本原则,如平等原则、公平原则、诚实信用原则等,但合同的履行也有其特有的基本原则,合同法规定了两个履行原则,诚实信用原则是整个合同法的基本原则,全面履行原则是专属于合同履行的原则。全面履行原则,又称正确履行原则和适当履行原则,是指合同生效后,当事人应当按照合同的各个条款,全面、正确地履行自己的义务。

**(二)合同履行中的几项特殊权利**

1. 抗辩权

合同履行的抗辩是指合同当事人(债务人)对抗或否认对方当事人(债权人)要求他履行债务的请求权。债务人这种对抗或否认债权人请求权的权利叫抗辩权。抗辩权以法律规定的抗辩事由为依据,以对方当事人请求权的存在和有效为前提,这一权利的行使可以造成对方请求权的消灭或者使其效力延期发生。抗辩权包括同时履行抗辩权、先履行抗辩权、不安抗辩权。

2. 代位权

代位权是指当债务人怠于行使其对于第三人享有的权利而有害于债权人的债权时,债权人为保全自己的债权,可以自己的名义代位行使债务人的权利。代位权的行使范围以债权人的债权为限。债权人行使代位权的必要费用,由债务人负担。

3. 撤销权

撤销权是指债权人对于债务人所为的危害债权人利益的行为,请求人民法院予以撤销的权利。

撤销权的行使期限是指债权人请求人民法院撤销债务人处分财产行为的时间界限,超过这一期限,债权人的撤销权消灭。撤销权自债权人知道或者应当知道撤销事由之日起一年内行使。自债务人的行为发生之日起五年内没有行使撤销权的,该撤销权消失。

## 二、合同的变更、转让和终止

**(一)合同的变更**

1. 合同变更的概念

合同变更有广义和狭义之分。广义的合同变更包括合同内容的变更与合同主体的变更。狭义的合同变更仅指合同内容的变更。《合同法》对合同变更作出了规定:“当事人协商一致,可以变更合同。法律、行政法规规定变更合同应当办理批准、登记等手续的,依照其规定。”本条规定指合同内容的变更,而不包括合同主体的变更。因此,通常意义上的合同变更是指合同有效成立后、尚未履行或者尚未完全履行完毕之前,由合同双方当事人依法对原合同的内容进行的修改或补充。合同依法成立对当事人均有法律约束力,任何一方不得擅自变更。但由于合同条件发生变化,影响到合同的实施,需要对合同变更时,法律允许在一定条件下对合同内容进行补充和修改。由于水利水电建设工程合同履行的期限长、涉及范围广、影响因素多,因此一份建设工程合同签订得再好,签约时考虑得再全面,履行时也免不了因工程实施条件及环境的变化而需对合同约定的事项进行修正,即对建设工程合同的内容进行变更。应该说,建设工程合同(主要是施工合同)不断进行变更是正常的、司空见惯的。

2. 合同变更的要件

(1)合同变更是针对有效成立的合同而言的,没有合同关系的存在,则不发生合同变更问题。当然,要变更的是原来已经生效的合同,而且是尚未履行完毕的合同。

(2)合同变更是通过协议达成的。合同一旦签订,对双方当事人都有拘束力,不得擅自变更或解除。除非具备法定的变更事由,当事人变更合同须有双方的变更协议,否则就构成违约。

(3)合同变更是合同内容的局部变更,是对合同内容作某些修改和补充。合同变更必须能起到使合同的内容发生实质性的改变效果,否则不能认为是合同的变更。

要注意它不是合同内容的全部变更。如果合同内容全部变更,实际上导致了原合同权利和义务关系的消灭,而新合同权利和义务关系的产生,就不属于合同的变更而属于合同的更新。

(4)合同变更会变更原有权利和义务关系,产生新的权利和义务关系。

**(二)合同转让**

合同转让是指合同权利、义务的转让,合同当事人一方将合同权利、义务全部或部分地转让给第三人。合同转让包括合同权利的转让、合同义务的转让及合同权利和义务的概括转让。合同的转让实质上是合同主体的变更或增加,是合同关系的主体,即合同权利和义务的承担者的变化。合同转让包括债权转让、债务转让、债权债务一并转让三类。

合同转让具有以下法律特征:

(1)合同的转让以有效合同的存在为前提。合同的转让是合同权利和义务的转让,合同权利和义务是合同转让的标的。因此,有效合同、有效的合同权利和义务的存在是合同转让的前提。

(2)合同转让是合同主体的变化。合同转让是由第三人替代合同当事人一方成为合同当事人,即当事人一方退出合同或第三人进入合同关系。

(3)合同转让并不引起合同内容的变化。合同转让只是合同权利和义务的归属方的变化,合同权利和义务本身并没有发生变化。

(4)必须经债权人同意或通知债务人。合同转让不仅涉及转让人(合同一方当事人)和受让人(第三人)之间的关系,而且涉及转让人、受让人与合同对方当事人的关系。合同转让、合同当事人的变更,会对合同对方当事人的债权实现和债务履行产生影响,因此合同的转让必须经合同对方当事人同意或通知合同对方当事人。

**(三)合同终止**

1.合同终止的概念

合同终止,是指合同当事人双方依法使相互间的权利和义务关系终止。合同终止是合同运行的终点,意味着合同当事人双方权利和义务的消灭。合同的权利和义务终止后,当事人应当遵循诚实信用的原则,根据交易习惯履行通知、协助、保密等义务。权利和义务的终止不影响合同中结算和清理条款的效力。

2.合同终止的原因

合同终止须有法律上的原因,合同终止的原因一经发生,合同当事人之间的权利和义务关系即在法律上当然消灭,并不须当事人主张。合同权利和义务关系终止的原因主要有以下几方面。

1)债务已按照合同约定履行

债务已按照约定履行,即是债的清偿。清偿是合同的权利和义务终止的最主要与最常见的原因。清偿使合同的当事人实现合同目的后将权利和义务关系归于消灭。

2)合同解除

合同解除是指对已经发生法律效力,但尚未履行或者尚未完全履行的合同,因当事人一方的意思表示或者双方的协议而使债权债务关系提前归于消灭的行为。

合同的解除通常有协议解除、约定解除、法定解除。

协议解除是指合同成立后,在未履行或未完全履行前,通过当事人双方的协商一致,同意解除合同,使合同效力消灭的行为。

约定解除是指当事人双方在合同中明确约定一定的条件,在合同有效成立后,完全没有履行或没有完全履行之前,当事人一方或双方在该条件出现后享有解除权,并通过解除权的行使消灭合同关系。

法定解除是指在合同有效成立后,尚未履行或尚未完全履行前,当法律规定的解除条件出现时,解除权人行使解除权而使合同效力消灭的制度。

3)债务相互抵消

债务相互抵消是指两个人彼此互负债务,各以其债权充当债务的清偿,使双方的债务在等额范围内归于消灭。债务抵消可以分为合意抵消和法定债务抵消两类。

合意抵消是指按照双方当事人意思表示一致所进行的抵消。合意抵消是当事人意思自由的体现,因此法律对抵消的标的物种类、品质没有作要求。当事人之间互负债务,即使标的物种类不同、品质不同,只要经双方当事人协商一致,也可以抵消。法定抵消是指由法律明确规定抵消的构成要件,当交易事实充分构成抵消的要件时,依当事人一方的意思表示而发生的抵消。

4)其他原因

债务人依法将标的物提存,是指由于债权人的原因致使债务人无法向其交付标的物,债务人可以将标的物交给提存机关而消灭合同权利义务关系的一种制度。

债权债务同归一方(混同),是指债权债务同归于一人而导致合同权利义务归于消灭的情况。但是,在合同标的物上设有第三人利益的,如债权上设有抵押权,则不能混同。混同是一种事实,无须任何意思表示。

债权人免除债务人的债务,即债权人以消灭债务人的债务为目的而抛弃债权的意思表示。债权人免除债务人部分或者全部债务的,合同的权利和义务部分或者全部终止。

除了上述原因,法律规定或者当事人约定合同终止的其他情形出现时,合同也告终止。如时效(取得时效)的期满、合同的撤销、作为合同主体的自然人死亡而其债务又无人承担等。

## 三、违约责任

### (一)违约责任的概念

所谓违约责任,通常是指合同当事人违反合同义务所应有的责任,或者说,合同当事人不履行合同义务或履行合同义务不符合规定时所应当承担的民事法律后果。违约行为的表现形式包括不履行和不适当履行。不履行是指当事人不能履行或者拒绝履行合同义务。不适当履行则包括不履行以外的其他所有违约情况。对于违约行为,应该追究违约

责任,否则任何合同的签约者都会为了自身利益而违约,从而导致市场诚信的混乱。

合同规定的权利和义务均以财产利益为内容,违约责任的主要目的在于补偿合同债权人所受的财产损失。因而,对违约方当事人适用的是赔偿损失、支付违约金等财产性民事责任的形式,而不适用于赔礼道歉等非财产性民事责任形式。

**(二)违约责任的承担主体**

在通常状况下,违约责任由违约方来承担,但有时出现的一些特殊情况需要明确。

首先,出现双方违约时,各自应当承担相应的责任。

其次,如果因第三人的原因造成违约,应当向对方承担违约责任。

最后,违约行为与侵权行为同时发生时,主张其一。

违约行为和侵权行为综合发生,是指当事人一方的同一行为既构成违约行为也构成侵权行为。因当事人一方的违约行为,侵害对方人身、财产权益的,受损害方有权选择依照合同法要求承担违约责任或依照其他法律要求承担侵权责任。违约责任和侵权责任,均以赔偿损失为内容,因此受害方不能双重请求,只能主张其一,以防止其获得不当得利。

**(三)承担违约责任的形式**

承担违约责任的方式主要有以下几种。

1. 继续履行

继续履行是指当事人一方不履行合同义务或履行合同义务不符合约定时,另一方当事人可要求其在合同履行期限届满后继续按照原合同所约定的主要条件继续完成合同义务的行为。法律规定不能要求继续履行的情况除外。

2. 采取补救措施

采取补救措施,是指违约方所采取的旨在消除违约后果的除继续履行、支付赔偿金、支付违约金、支付定金方式以外的其他措施,一般包括:停止侵害;排除妨碍;消除危险;返还财产;恢复原状;修理、重做、更换;赔偿损失;支付违约金;消除影响、恢复名誉;赔礼道歉等。这些责任方式有些属于违约责任方式,有些则属于侵权责任方式。修理、更换、重做、退货、减少价款或者报酬都是典型的补救措施。

3. 赔偿损失

所谓赔偿损失,是指违约方因不履行或不完全履行合同义务给对方造成损失时,依法或根据合同约定应赔偿对方当事人所受损失的行为。

承担赔偿损失责任的构成条件包括:一是有违约行为;二是有损失后果;三是违约行为与损失之间有因果关系;四是违约人有过错或虽无过错,但法律规定应当赔偿。

合同责任的确定应当体现公平合理的原则。当事人有违约行为时,其应承担相应的违约责任,但这并不当然意味违约相对方在明知对方违约时没有任何积极义务。为了维护法律的公平原则,法律要求违约相对方负有采取适当措施防止损失扩大的义务,如果违约相对方没有采取适当措施去防止损失的扩大,则其无权就扩大的损失要求赔偿。但如果当事人采取了相关措施,避免损失的扩大,因防止损失扩大支出的合理费用,应由违约方承担。

4. 支付违约金

违约金是指由当事人通过协商预先确定的在违约发生后作出的独立于履行行为之外

的给付。违约金具有惩罚与赔偿双重性质。在合同中,当事人可以约定违约金是惩罚性的或是赔偿性的。当事人也可以在一个合同中,既约定惩罚性违约金,又约定赔偿性违约金。

5. 定金

定金是指合同当事人为了确保合同的履行,由一方预先给付另一方一定数额的金钱或其他物品。定金应当以书面形式约定。定金作为一项合同制度,既有履行担保功能,也有违约救济功能。

违约方要接受有关定金的罚则。所谓定金罚则,是指定金对违约方经济利益惩罚的规则,即给付定金的一方不履行债务的,无权要求返还定金;接受定金的一方不履行债务的,应当双倍返还定金。当事人既约定违约金,又约定定金的,一方违约时,对方可以选择适用违约金或定金条款。但是,这两种违约责任不能合并使用。

**(四)不可抗力**

所谓不可抗力,是指不可预见、不能避免、不能克服的客观情况。不可抗力包括自然现象和社会现象两种。自然现象包括地震、台风、洪水、海啸等。社会现象包括战争、暴乱、罢工等。

不可抗力的确定往往具有严格的构成条件。

(1)不可预见性:以当事人的主观能力,是无法预见事件的发生的。

(2)不可避免性:以当事人所处的环境状况,对于发生的事件不能够避免。

(3)不可克服性:以当事人实际状况,对于已经发生的事件,没有能力克服。

(4)履行期间性:不可抗力发生在合同履行期间。

构成影响合同责任承担的不可抗力事件必须同时具备上述四个要件,四者缺一不可。

因不可抗力不能履行合同的,根据不可抗力的影响,部分或者全部免除责任,但法律另有规定的除外。当事人迟延履行后发生不可抗力的,不能免除责任。

## 第五节　水利工程项目合同纠纷与争议

### 一、合同纠纷的概念、特点和种类

**(一)合同纠纷的概念**

合同纠纷,又称合同的争议,是指合同当事人双方对合同履行的情况和不履行后果产生争议,或对违约负责承担等问题所发生的纠纷。合同纠纷的范围广泛,涵盖了一项合同的从成立到终止的整个过程。

**(二)合同纠纷的特点**

合同纠纷具有如下特点:

(1)主体特定。合同纠纷的主体特定,是指合同当事人主要是发生在订立合同的双方或多方当事人之间。

(2)属于民事纠纷。签订合同的当事人是平等主体的公民、法人或其他组织,合同行为是民事法律行为。因此,合同纠纷从本质上说是一种民事纠纷,民事纠纷应通过民事方式来解决，如协商、调解、仲裁或诉讼等。合同一旦需要通过刑事方式解决，就不能称之为合同纠纷，而是刑事案件。

(3)纠纷内容的多样化。合同纠纷的内容涉及合同本身内容的各个方面，纠纷内容多种多样，几乎每一个与合同有关的方面都会引起纠纷。

(4)解决方式多样化。合同纠纷的解决方式多样，主要有和解、调解、仲裁、诉讼四种方式。

## 二、产生合同纠纷的原因

### (一)产生合同纠纷的原因

合同依法订立后，双方或多方当事人就必须全面履行合同中约定的各项义务。但在合同管理中，由于当事人对合同条款的不同解释或履约时的不同心态，对合同是否已经履行、履行是否符合合同约定容易产生意见分歧，发生合同纠纷是常有的事情。

水利工程项目涉及的方面广泛而且复杂，每一方面又都可能牵涉到劳务、质量、进度、安全、计量和支付等问题。所有这一切均需在有关的合同中加以明确规定，以免合同执行中发生异议。尽管现实中合同订得十分详细，有些重要工程甚至制订了洋洋数卷十多册，仍难免有某些缺陷和疏漏、考虑不周或双方理解不一致之处；而且，几乎所有的合同条款都同成本、价格、支付和责任等发生联系，直接影响合同双方的权利、义务和损益，这些也容易使合同双方为了各自的利益各持己见，引起争议是难免的。加之水利工程合同一般履行的时间很长，特别是对于大型水利工程，往往需要持续几年甚至十多年的工期，在漫长的履约过程中，难免会遇到国际和国内环境条件、法律法规和管理条例以及业主意愿的变化，这些变化又都可能导致双方在履行合同上发生争议。

关于合同纠纷的成因，主要从以下两个方面去探究。

1. 主观方面的成因

合同是双方当事人协商一致的结果。既然双方当事人在自愿、平等的基础上订立了合同，那么按合同履行义务应当是毫无疑问的。

在合同履行过程中，由于合同条款不全、约定不明确，引起纠纷是相当普遍的现象，也是造成合同纠纷最常见、最大量、最主要的原因。当前，一些缺乏合同意识和不会用法律保护自己权益的人或单位，在谈判或签订合同时，认为合同条款太多、烦琐，从而造成合同缺款少项；一些合同虽然条款比较齐全，但内容只作原则约定，不具体、不明确，从而导致履行合同中的纠纷。

同时，由于有些合同当事人法制观念淡薄，或因为其他原因，签订合同不认真，履行合同不严肃，导致合同纠纷不断发生。

以上种种，导致合同签订后，一方当事人可能主观上不想履行或不想完全履行合同。

2. 客观方面的成因

一项合同，从订立到履行完毕，除了即时清结的外，往往经过一个较长的过程。在合同履行过程中，也会出现一些客观上的原因，导致合同无法按约履行，由此引起纠纷。这里所指的客观方面的成因，指由非合同当事人主观意志所导致的，不得已而为之的因合同履行过程中的变化而引起纠纷的原因。

在合同订立或履行过程中，产生纠纷的原因是错综复杂的。为了预防或避免合同纠纷，就要求当事人不断提高合同意识，用法律手段保护自己权益的意识，克服签订合同时容易产生纠纷的因素，把合同纠纷控制在最低范围以内。但是，一旦发生合同纠纷，就要采取积极有效的方法加以解决。

**(二)常见的争议内容**

一般的争议常集中表现在合同双方的经济利益上，对于施工合同，合同争议大体有以下几方面。

1. 关于工程质量的争议

业主对承包商严重的施工缺陷或所提供的性能不合格的设备，要求修补、更换、返工、降价、赔偿；而承包商则认为缺陷业已改正，或缺陷责任不属于承包商一方，或性能试验的方法有误等，因此双方不能达成一致意见而发生争议。

2. 关于计量与支付的争议

双方在计量原则、计量方法以及计量程序上的争议；双方对确定新单价（如工程变更项目）的争议等。

3. 关于违约赔偿的争议

业主提出要承包商进行违约赔偿，如在支付中扣除误期赔偿金，对由于承包商延误工期造成业主利益的损害进行补偿；而承包商则认为延误责任不在自己，不同意违约赔偿的做法或金额，由此而产生严重分歧。

4. 关于索赔的争议

承包商提出的索赔要求，如经济索赔或工期索赔，业主不予承认；或者业主虽予以承认，但业主同意支付的金额与承包商的要求相去甚远，双方不能达成一致意见。

5. 关于中止合同的争议

承包商因业主违约而中止合同，并要求业主对因这一中止所引起的损失给予足够的补偿，而业主既不认可承包商中止合同的理由，也不同意承包商所要求的补偿，或对其所提要求补偿的费用计算有异议。

6. 关于解除合同的争议

解除合同发生于某种特殊条件下，为了避免更大损失而采取的一种必要的补救措施。对于解除合同的原因、责任，以及解除合同后的结算和赔偿，双方持有不同看法而引起争议。

7. 其他争议

如进度要求、质量控制、试验等方面的争议。

## 三、解决争议的方式

解决争议是维护当事人正当合法权益，保证工程施工顺利进行的重要手段。按我国合同法规定，解决争议的方式有和解、调解、仲裁和诉讼。

**(一)和解与调解**

合同法和仲裁法都对合同纠纷有可以和解或调解的规定：当事人可以通过和解或调解解决合同争议。仲裁庭在作出裁决前，可以先行调解。人民法院审理民事案件，根据当事人自愿的原则，在事实清楚的基础上，分清是非，进行调解。从上面这些法律的规定可以看出，合同纠纷是可以通过和解或调解解决的。

1. 和解

合同争议的和解，是指合同当事人在履行合同过程中，对所产生的合同争议，在没有第三方介入的情况下，由当事人双方自愿直接进行接触，在自愿互谅的基础上，友好磋商，相互作出一定让步，就已经发生的争议在彼此都认为可以接受的基础上达成和解协议，自行解决争议的一种方法。

和解具有以下优点：

(1)简便易行。和解方法只需发生纠纷各方坐下来协商，不需要任何第三方介入，十分方便，有利于合同纠纷的解决。和解解决争议不像仲裁、诉讼那样有明确的方式和严格的程序，当事人在不违反法律的前提下，可以根据实际需要以多种方式进行磋商，以使争议得到灵活的解决。

(2)有利于加强纠纷各方的协作。既然合同纠纷各方选择了协商方法解决纠纷，就会有和解的愿望，在协商过程中，就会增强对对方的理解，而采取互谅、互让的态度，不会使纠纷激化，有利于巩固双方协作关系，增强信任感。

(3)有利于合同履行。由于对合同纠纷的和解是在双方自愿协商的基础上形成的，它没有第三方介入，不伤害双方的感情，经协商达成的协议，当事人一般也能自觉遵守，使合同纠纷实现顺利解决。

一般来讲，和解是合同争议最好的解决办法。事实上，在世界各国，履行工程施工承包合同中的争议，绝大多数是通过和解方式解决的。但解决合同争议，也有很大的局限性。有的争议本身比较复杂；有的争议当事人之间分歧和争议很大，难以统一；还有的争议存在故意不法侵害行为等。在这些情况下，没有外界力量的参与，当事人自身很难自行和解达成协议。和解所达成的协议能否得到切实自觉的遵守，完全取决于争议当事人的诚意和信誉。如果在双方达成协议之后，一方反悔，拒绝履行应尽的义务，协议就成为一纸空文。为了有效维护自身合法权益，在双方意见难以统一或者得知对方确无诚意和解时，就应及时寻求其他解决争议的方法。

2. 调解

合同争议的调解，是指当事人双方在第三者即调解人的主持下，在查明事实、分清是非、明确责任的基础上，对争议双方进行说服、劝导，促使他们相互谅解，进行协商，以自愿达成协议，消除纷争的活动。

调解是通过第三者进行的，这里的第三者可以是仲裁机构及法院，也可以是仲裁机构及法院以外的其他组织和个人。因参与调解的第三者不同，调解的性质也就不同。一般而言，调解主要有下列几种：

(1)社会调解，是指根据当事人的请求，由社会组织或个人主持进行的调解。

(2)行政调解，是指根据一方或双方当事人申请，当事人双方在其上级机关或业务主管部门主持下，通过说服教育、相互协商，自愿达成协议，从而解决合同争议的一种方式。

(3)仲裁调解，是指争议双方将争议事项提交仲裁机构后，由仲裁机构依法进行的调解。仲裁活动中的调解和仲裁是整个进程的两个不同阶段，又在统一的仲裁程序中密切相连。仲裁机构在接受争议当事人的仲裁申请后，仲裁庭可以先进行调解；如果双方达成调解协议，调解成功，仲裁庭即制作调解书并结束仲裁程序；如果达不成调解协议，仲裁庭应当及时作出裁决。

(4)司法调解。司法调解又称诉讼调解，是指经济争议进入诉讼阶段后，由受案的法院主持进行的调解。人民法院审理民事案件，应当根据自愿和合法的原则进行调解；调解不成的，应当及时判决。上述规定说明，我国法院对受理的民事、经济集件，在作出判决以前，除当事人不愿调解外，都应进行调解，尽量促使案件和平解决。经调解，双方当事人在自愿、合法的原则下达成协议，并由法院批准后制作调解书。这种调解书一旦由当事人签收就与法院的判决书具有同等的法律效力。它是一种诉讼活动，是解决争议、结束诉讼的一种重要途径。

调解成功，需要制作调解书。由双方当事人和参加调解的人员签字盖章。重要争议的调解书，要加盖参加调解单位的公章。调解书具有法律效力。但是，社会调解和行政调解达成的调解协议或制作的调解书没有强制执行的法律效力，如果当事人一方或双方反悔，不能申请法院予以强制执行，而只能再通过其他方式解决争议；仲裁调解达成的调解协议和制作的调解书，一经作出便立即产生法律效力，一方当事人不履行，对方即可申请人民法院强制执行。法院调解所达成的协议和制作的调解书，其性质是一种司法文件，也具有与仲裁调解书相同的法律效力。

无论采用何种调解方法，都应遵守自愿和合法两项原则。

实践证明，用调解方式解决争议，程序简便，当事人易于接受，解决争议迅速及时，不至于久拖不决，从而避免经济损失的扩大，也有利于消除当事人双方之间的隔阂和对立，调整和改善当事人之间的关系，促进了解，加强协作。由于调解协议是在分清是非、明确责任、当事人双方共同提高认识的基础上自愿达成的，所以可以使争议得到比较彻底的解决，协议的内容也比较容易全面履行。

当然，调解也是有缺陷的，调解的基础是双方自愿，因而调解能否成功必须依赖于双方的善意和同意。当争议涉及重大经济利益或双方严重分歧时，这种前提条件一般是不存在的。同时，某些组织和个人主持的调解，双方当事人所达成的协议，对双方当事人并没有法律上的拘束力，所以在执行上往往也存在较大的困难。

**(二)仲裁**

仲裁，又称为公断，就是当发生合同纠纷而协商不成时，仲裁机构根据当事人的申请，对其相互之间的合同争议，按照仲裁法律规范的要求进行仲裁并作出裁决，从而解决合同纠纷的法律制度。

根据我国有关法律的规定，裁决当事人民事纠纷时，实行“或裁或审制”。即当事人为维护自身的合法权益，在订立合同中，双方应当约定发生合同纠纷时，在仲裁或诉讼两种方式中，只能选择一种方式，并形成书面文字形式。

仲裁与调解比较，其相同之处主要在于两者都以双方当事人的自愿为基础，区别在于：

(1)仲裁由专门仲裁机构进行，而调解可以是任何单位和个人的居中调解。

(2)申请仲裁的双方当事人均受仲裁协议的约束。即使一方事后反悔，他方仍可根据仲裁协议提起仲裁程序，仲裁庭也可据此受理案件，进行仲裁；而调解的进行，自始至终都需要双方同意。

(3)仲裁裁决具有法律约束力。而调解的执行则一般靠双方当事人的诚意，调解不成或调解后一方反悔，还往往可以依照协议通过仲裁或诉讼解决。

(4)仲裁员和调解人的地位不同。调解人在调解中只起说服、劝导作用，以促使双方互相让步，达成和解协议。但能否达成和解协议，完全取决于争议双方当事人的意愿，调解人无权居中裁断；而仲裁员则不同，他虽也负有规劝疏导责任，但在调解无效时，他可以依法进行裁决。

仲裁与诉讼比较，其相同之处在于合同争议解决的决定都是由第三者独立作出的，都对当事人具有法律约束力。不同之处在于：

(1)仲裁机构一般多为民间性质，它只能根据双方当事人的仲裁协议或仲裁条款受理案件。当事人一方在无仲裁协议或仲裁条款时，无权将争议提交仲裁解决，即使提交，仲裁机构也无权受理；而诉讼则是在国家专门的审判机关进行的，它依照法定管辖权受案，当事人一方向法院起诉，无须征得对方同意。

(2)仲裁的事项与范围通常是由双方当事人事先或事后约定的，仲裁人不得对当事人约定范围以外的事项进行仲裁；而法院受理案件的范围则由法律规定，它可以审理法定范围内的任何事项。

(3)仲裁的方式灵活。以仲裁方式解决争议，当事人有较大的选择余地。特别是涉外合同争议的双方可以协议选择彼此都能接受或满意的仲裁员、仲裁机构及地点、仲裁程序和实体法来处理争议；而采用诉讼途径解决经济争议时，一切都是法定的，当事人无权任意变更。

(4)仲裁专业性强，保密程度高。仲裁员一般都是有关方面的专家、学者，这就有利于争议案件准确、公正的处理。另外，仲裁往往是秘密进行的，不像法院审判那样一般要公平审理，也不像法院判决那样可以向社会公布。所以，采取仲裁方式解决争议，尤其是解决专有技术和知识产权方面的争议，更适合当事人保密的需要。

(5)仲裁裁决是终局的，它不像法院判决那样往往要进行二审，甚至再审，从而有利于争议的快速解决，节省时间和减少费用。

仲裁机构应由当事人双方协议选定。仲裁不实行级别管辖和地域管辖。

在国内，仲裁机构是在直辖市和省、自治区人民政府所在地的市以及根据需要在其他设区的市成立的仲裁委员会。仲裁委员会由上述市的人民政府组织有关部门和商会统一组建。仲裁委员会独立于行政机关，与行政机关没有隶属关系，各仲裁委员会之间也没有隶属关系。

**(三)诉讼**

民事诉讼，就是人民法院在双方当事人和其他诉讼参与人的参加下，依法审理和解决民事纠纷案件及其他案件的各种诉讼活动，以及由此所产生的各种诉讼法律关系的总和。

民事诉讼具有以下特征。

1.民事诉讼主体的多元性

民事诉讼的主体不仅包括人民法院，而且还包括当事人、诉讼代理人、证人、鉴定人员、翻译人员等。其中,人民法院在整个诉讼过程中起主导作用。

2. 民事诉讼过程具有阶段性和连续性

民事诉讼的全过程是由若干阶段组成的,一般包括第一审程序、第二审程序、执行程序,还可能有审判监督程序,但并非每一个案件都必须经过这些阶段才能结束。每一阶段都有自己的任务,只有完成前一阶段的任务,才能进入后一阶段,前后不能逾越。

3. 民事诉讼实行两审终审制度

所谓两审终审制度是指一个民事案件经过两级法院审判就宣告终结的制度。与仲裁不同,民事诉讼当事人对一审裁判不服,可以依法提起上诉,从而启动二审程序。

4. 民事诉讼实行公开审判

公开审判是指人民法院审判民事案件,除法律规定的情况外,审判过程及结果依法向群众和社会公开,这显然不同于仲裁。

诉讼是解决合同纠纷的一种方法。合同纠纷的审理,依照法律规定的诉讼程序进行,由人民法院受理,但不得违反《民事诉讼法》对级别管辖和专属管辖的规定。

## 第六节　水利工程项目合同担保

### 一、合同担保概述

合同担保,指合同双方当事人为了保证合同的履行,保障债权人的债权得以实现而以第三人的信用或特定财产保障他方权利得以实现的一种法律措施。《中华人民共和国担保法》(以下简称《担保法》)规定:"担保合同是主合同的从合同,主合同无效,担保合同无效。担保合同另有约定的,按照约定。担保合同被确认无效后,债务人、债权人有过错的,应当根据其过错各自承担相应的民事责任。"

在担保法律关系中,债权人称担保权人,债务人称被担保人,第三方称担保人,当由于债务人原因导致合同不能够或不能完全履行时,由第三方履行债务或赔付债权人的损失。第三方一般为广义的第三方,可以是自然人、法人、组织或事物与权利。

担保制度是民法的重要组成部分。担保是一种事前措施,国家设立担保制度的目的,在于规范担保行为和担保方法,调整担保法律关系,减少经济活动中不安全的因素,促进资金融通和商品流通,保障债权实现,从而达到维护正常的经济秩序、促进市场经济健康发展的目的。

合同担保具有三个特征:

(1)附属性。担保合同是依附于主合同的从属合同,以有效主合同的存在为前提。主合同无效,担保合同必然无效。主合同有效,担保合同可能有效,也可能无效,关键取决于其是否符合合同的有效要件。担保合同可以是单独订立的书面合同,也可以是主合同中的担保条款。

(2)预防性。设立担保的作用是预防合同当事人违约,或在对方违约后,可以不必通过司法程序而直接从担保中获得补偿。

(3)选择性。当事人可以根据合同的性质和特点自行选择是否设立担保、采取什么担保形式及担保金额,但留置权的适用和担保的最高限额通常由法律明文规定,当事人不能自行选择。

《担保法》规定了五种担保方式,即保证、抵押、质押、留置和定金。其中,保证是以人做担保,其他四种是以物做担保。

## 二、合同担保的几种方式

### (一)保证

保证是指保证人和债权人约定,当债务人不履行债务时,保证人按照约定履行债务或者承担责任的行为。保证这种担保方式主要是在借款合同中采用,其基本方式是书面保证合同。

保证是以他人的信誉为履行债务的担保,其实质是将债权扩展到第三人,以增加债权的受偿机会。保证涉及债权人、保证人和债务人三方当事人,有两个主要合同关系:①债权人和债务人之间的主合同关系,规定了双方的债权债务,这是保证关系产生的基础。②债权人和保证人之间的保证合同,规定了保证人的保证内容,这是保证的核心。

保证的主要内容是,保证人在债务人不履行合同时,有义务按照保证合同的约定代为履行合同或承担赔偿责任。在各种担保形式中,只有保证有可能代为履行合同。

保证人必须是主合同当事人以外的第三人,且必须是具备独立清偿能力或代位清偿能力的法人、其他经济组织或者个人。具有代位清偿债务能力的法人、其他组织或者公民,可以作保证人,但也并非所有的组织都可以作保证人。限制行为能力和无行为能力的自然人不能成为担保人。此外,有三种组织不能作保证人:国家机关;以公益为目的的事业单位、社会团体;企业法人的分支机构、职能部门。但国家机关经国务院批准为使用外国政府或者国际经济组织的贷款进行转贷的除外。

保证分为一般保证和连带责任保证,当事人应当在合同中明确约定保证方式。

### (二)抵押

抵押是指债务人或者第三人不转移对财产的占有,将该财产作为债权的担保。债务人不履行债务时,债权人有权以该财产折价或者以拍卖、变卖该财产的价款优先受偿。在抵押关系中,债权人叫抵押权人,债务人或者第三人叫抵押人,抵押人提供的抵押财产叫抵押物。抵押人既可以是债务人,也可以是第三人。

### (三)质押

质押就是债务人或者第三人将动产或权利凭证交由债权人占有,当债务人不履行债务时,债权人有权以该动产或权利折价或者以拍卖、变卖该动产或权利的价款优先受偿。质押包括动产质押和权利质押两种。

### (四)留置

留置,是指债权人按照合同约定占有债务人的动产,债务人不按照合同约定的期限履行债务的,债权人有权依法扣留该财产,并且经过一定期限后,可以该财产折价或者以拍卖、变卖该财产的价款优先受偿。留置适用保管合同、运输合同、加工承揽合同以及法律规定可以留置的其他合同。其中,享有留置权的债权人称为留置权人。留置的财产为留置物,留置物的价值应当相当于债务金额。

留置担保的范围包括主债权及利息、违约金、损害赔偿金、留置物保管费用和实现留置权的费用。

**(五)定金**

定金就是合同的当事人一方为了证明合同的成立和担保合同的履行而预付给对方的一定数额和货币。

债务人履行债务后,定金应当抵作价款或收回。给付定金的一方不履行债务的,无权要求返还定金。收受定金的一方不履行债务的,应当双倍返还定金。

定金和预付款二者都具有先行给付的性质,但性质不同:定金的主要作用是担保,预付款主要为对方履行合同提供资金上的帮助;定金具有惩罚性,预付款无惩罚性,不发生丧失和双倍返还的情况;定金适用于各类合同,预付款只适用于须以金钱履行义务的合同;定金一般一次性交付,预付款可分期支付。

## 三、水利工程项目中常用的几种担保

水利工程项目合同中,常见的担保有以下几种。

**(一)投标担保**

投标担保包括勘察设计投标担保、监理投标担保、施工投标担保等。

建设工程施工投标担保应当在投标前提供,担保方式可以是由投标人提供一定数额的保证金;也可以提供第三人的信用担保,一般由银行向招标人出具投标保函。当采用银行保函时,其格式应符合招标文件中规定的格式要求。投标担保是保证投标人在担保有效期内不撤销其投标文件。投标担保的保证金额随工程规模大小而异,一般由发包人在招标文件中确定。根据《水利工程建设项目招标投标管理规定》:招标文件中应当明确投标保证金金额,一般可按以下标准控制:

(1)合同估算价 10 000 万元人民币以上,投标保证金金额不超过合同估算价的 0.5%。

(2)合同估算价 3 000 万元至 10 000 万元人民币之间,投标保证金金额不超过合同估算价的 0.6%。

(3)合同估算价 3 000 万元人民币以下,投标保证金金额不超过合同估算价的 0.7%,但最低不得少于 1 万元人民币。

投标担保的有效期应略长于投标文件有效期,以保证有足够时间为中标人提交履约担保和签署合同所用。

任何投标书如果不附有为发包人所接受的投标担保,则此投标书将被视为不符合要求而被拒绝。

依据法律的规定,在下列情况下发包人有权没收投标人的投标担保:

(1)投标人在投标有效期内撤回投标文件。

(2)中标的投标人在规定期限内未提交履约担保、未签署合同协议书或放弃中标。

在决标后,发包人应在规定的时间,一般为担保有效期满后 30 天内,将投标担保退还给未中标人;在中标人签署了协议书及提交了履约担保后,亦应及时退回其投标担保。

对于水利工程项目施工监理的投标保证金,按照《水利工程建设项目监理招标投标管理办法》:投标保证金的金额一般按照招标文件售价的10倍控制。

**(二)履约担保**

履约担保包括施工合同履约担保、监理合同履约担保和设计合同履约担保等。

施工合同的履约担保是为了保证施工合同的顺利履行而要求承包人提供的担保。招标人和中标的施工单位按招标文件要求订立书面合同时,一般均要求中标人提交履约保证金。承包单位应当按照合同规定,正确全面地履行合同。如果承包单位违约,未能履行合同规定的义务,导致发包人受到损失,发包人有权根据履约担保索取赔偿。

履约担保的形式一般有两种:一种是银行或其他金融机构出具的履约保函,另一种是企业出具的履约担保书。《水利水电土建工程施工合同条件》规定:承包人应按合同规定的格式和专用合同条款规定的金额,在正式签订协议书前向发包人提交经发包人同意的银行或其他金融机构出具的履约保函或经发包人同意的具有担保资格的企业出具的履约担保书。履约保函用于承包人违约使发包人蒙受损失时由保证人向发包人支付赔偿金,其担保范围(担保金额)一般可取合同价格的5%~10%。履约担保书与履约保函不同,发包人只能要求保证人代替承包人履行合同,但当保证人无法代替承包人履行合同时,也可以由保证人支付由于承包人违约使发包人蒙受损失的金额,履约担保书的担保金额一般可取合同价格的30%左右。

履约担保的有效期,《水利水电土建工程施工合同条件》规定:承包人应保证履约保函或履约担保书在发包人颁发保修责任终止证书前一直有效。发包人应在保修责任终止证书颁发后14天内把上述证件退还给承包人。这就是说,履约担保的有效期,应是自按招标文件要求提交之日开始起至保修责任期满为止。在保修责任期满,发包人颁发保修责任终止证书给承包人后的14天内,发包人应将履约保函退还给承包人。

施工监理合同的履约担保一般均采用银行出具的履约保函或提交履约保证金的形式。按照《水利工程建设项目监理招标投标管理办法》:履约保证金的金额按照监理合同价的2%~5%控制,但最低不少于1万元人民币。

**(三)施工合同预付款担保**

在签订工程承包合同后,为了帮助承包人调度人员以及购置所承包工程施工需要的设备、材料等,帮助承包人解决资金周转的困难,以便承包人尽快开展工程施工,发包人一般向承包人支付预付款。按合同规定,预付款需在以后的进度款中扣还。预付款担保用于保证承包人应按合同规定偿还发包人已支付的全部预付款。如发包人不能从应支付给承包人的工程款中扣还全部预付款,则可以根据预付款担保索取未能扣还的部分预付款。

预付款按《水利水电土建工程施工合同条件》分为工程预付款和材料预付款。

工程预付款一般分两次支付给承包人,主要考虑承包人提交预付款保函的困难。一般情况下,要求承包人提交第一次工程预付款担保,第二次工程预付款不需要担保,而是用承包人进入工地的承包人的设备作为抵押,代替担保。如在《水利水电土建工程施工合同条件》中规定:第一次预付款应在协议书签订后21天内,由承包人向发包人提交了经发包人认可的工程预付款保函,并经监理人出具付款证书报送发包人批准后予以支付。工程预付款保函在预付款被发包人扣回前一直有效,保函金额为本次预付款金额,但可根据以后预付款扣回的金额相应递减。第二次预付款需待承包人主要设备进入工地后,其估算价值已达到本次预付款金额时，由承包人提出书面申请，经监理人核实后出具付款证书报送发包人，发包人收到监理人出具的付款证书后的 14 天内支付给承包人。当发包人扣还全部预付款后，应将预付款担保退还给承包人。预付款担保通常也采用银行保函的形式。

材料预付款一般满足合同规定的条件，才予以支付，一般不需要承包人提交担保。

**（四）保修责任担保**

保修责任担保是保证承包人按合同规定在保修责任期中完成对工程缺陷的修复而提供的担保。如承包人未能或无力修复应由其负责的工程缺陷，则发包人另行雇用其他人修复，并根据保修责任担保索取为修复缺陷所支付的费用。保修责任担保一般采用保留金方式，即从承包人完成并应支付给承包人的款额中扣留一定数量（一般每次扣应支付工程款的 5% ~10%，累计不超过合同价的 2.5% ~5%）。在《水利水电土建工程施工合同条件》中规定：监理人应从第一个月开始，在给承包人的月进度付款中扣留按专用合同条款规定百分比的金额作为保留金（其计算额度不包括预付款和价格调整金额），直至扣留的保留金总额达到专用合同条款规定的数额为止。

保修责任担保的有效期与保修责任期相同。保修责任期满由发包人或授权监理人颁发了保修责任终止证书后，发包人应将保修责任担保退还承包人。因此，《水利水电土建工程施工合同条件》中明确了退还保留金具体时间，即在签发本合同工程移交证书后 14 天内，由监理人出具保留金付款证书，发包人将保留金总额的一半支付给承包人。监理人在本合同全部工程的保修期满时，出具为支付剩余保留金的付款证书。发包人应在收到上述付款证书后 14 天内将剩余的保留金支付给承包人。若保修期满尚需承包人完成剩余工作，则监理人有权在付款证书中扣留与剩余工作所需金额相应的保留金余额。

# 第十三章　水利工程项目的人员和团队管理

## 第一节　水利工程项目中的人力资源管理

### 一、项目人力资源管理

**(一)项目人力资源管理的概念**

项目人力资源管理属于管理科学中人力资源管理范畴,只是它所管理的对象是项目所需的各种人力资源。项目人力资源管理是指根据项目的目标、进展和外部环境的变化对项目有关人员所开展的有效规划、积极开发、合理配量、准确评估、适当激励、团队建设和人力资源能力提高等方面工作。这种管理的根本目的是充分发挥项目团队成员的主观能动性,以实现既定的项目目标和提高项目效益。

**(二)项目人力资源管理的特点**

由于工程项目一次性的特点,使得项目人力资源管理与一般组织运营管理中的人力资源管理有很大的不同。这主要表现在两个方面。

1. 突出团队建设

项目是一次性工作,项目工作是以团队的方式完成的,所以团队建设是项目人力资源管理的一个很重要的特点,项目团队不是在长期周而复始的运作中所形成的稳定结构,而是与项目一样具有一次性和临时性的特点。项目人力资源管理强调团队建设,即建设一个和谐、士气高昂的项目团队是项目人力资源管理的首要任务。项目人力资源管理中的组织规划与设计和人员配备,以及人员的开发都应该充分考虑项目的团队建设需要。这既包括在项目经理确定和项目团队成员的挑选方面要考虑项目团队建设的需要,同时包括在项目绩效的评价、员工激励和项目问题解决方式方法的选用等各方面也都要考虑项目团队建设的需要。

2. 强调高效快捷

由于项目团队是一种临时性的组织,所以在项目人力资源管理中十分强调管理的高效和快捷。除了一些大型的、时间比较长的项目(如三峡工程等),一般项目团队的持续时间相对于运营组织而言是很短的,所以必须在项目团队建设和人员开发方面采取高效快捷的方式方法,否则不等开发和建设好项目团队,项目就结束了,这样就很难充分发挥项目人力资源管理的作用。因此,不管是项目人员的培训与项目人员的激励,还是项目团队的建设与团队人员冲突的解决都要高效快捷地完成,只有这样,才能降低成本,提高获取项目的竞争力。

3. 聚散合理得当

由于项目具有一次性的特点,所以项目团队在项目完成以后就会解散,一个项目从立项到项目实施完成,项目团队成员是不断地从项目组织内部或外部招聘或抽调来的一批人,他们组成一个项目团队并分工协作,当项目完成后项目团队即告解散,他们会重新回到原来的工作岗位或者组成新的团队去从事新的项目。在解散项目团队时要采用合理得当的方法,比如确定最佳的遣散方法和时间,适当支付团队成员遣散费,为团队成员的出路着想,以免除团队成员的后顾之忧。

**(三)项目人力资源管理内容**

项目人力资源管理的内容与一般运营组织中人力资源管理的基本内容既有一致的地方,也有其独特的地方。在管理原理上,项目人力资源管理与一般运营组织中的人力资源管理基本上是一致的。

1. 项目组织和人力资源规划

组织和人力资源规划是项目管理规划的一个部分,主要解决在什么时候和以哪种方式满足项目人力资源需求的问题。组织和人力资源规划的编制必须根据项目的实际情况进行,根据实际情况,选择正式的或非正式的、详尽的或宽泛的规划。在项目的生命周期,还要根据团队情况不断对规划进行更新,以指导团队成员的招募和团队建设活动。

2. 项目人员的获得与配备

项目人力资源管理的第二项任务是项目人员的获得与配备。这是指项目组织通过招聘或其他方式,获得项目所需的人力资源,并根据人力资源的技能、素质、经验、知识进行安排和配备,从而构建成一个项目组织或项目团队的过程。项目人员的获得主要有两种方式,其一是内部招聘的方式,这种方式采取工作调换、工作轮换或者其他方式,在项目组织内部获得项目所需的人员;其二是外部招聘的方式,这种方式通过广告和各种媒体宣传,通过人才市场和信息网络招聘等方式,从项目组织外部获得项目组织所需的员工。由于项目的一次性和项目团队的临时性,项目组织的人员获得和配备与一般运营组织的人员获得和配备是不同的。

3. 项目组织成员的开发与项目团队的建设

项目人力资源管理的另一项主要任务是项目组织成员的开发和项目团队的建设。项目组织成员的开发包括:项目人员的培训,项目人员工作的绩效考评,项目人员的激励与项目人员创造性和积极性的发挥等方面的工作。这一工作的目的是使项目人员的实际和潜在能力都能够得到充分的开发并发挥作用。

项目团队的建设主要包括:项目团队精神的建设,团队效率的提高,团队工作纠纷、冲突的处理和解决,以及项目团队的沟通和协调等方面的工作。这一项目人力资源管理的工作是贯穿整个项目全过程的一项日常的人力资源管理工作,它所涉及的内容广、时间长,并且要求针对具体的项目、具体的项目团队、具体的每个团队成员开展实际有效的管理工作。

## 二、项目人力资源管理计划

**(一)项目人力资源需求计划编制依据**

(1)项目目标分析:将项目总体目标分解成具体的子目标。

(2)工作分解结构:根据 WBS 确定人力资源的数量、质量和要求。

(3)项目进度计划:各活动何时需要相应的人力资源及占用时间。

(4)制约因素:是否能够及时获得所需要的人力资源。

(5)历史资料:国内外同类项目的情况,借鉴以前的成功经验。

(6)组织理论:马斯洛的需求理论,麦戈里格的 X 理论与 Y 理论等。

**(二)项目人力资源需求计划编制过程**

1. 工作分析

在进行管理人员人力资源需求计划编制时的一个重要前提是进行工作分析。工作分析是指通过观察和研究,对特定的工作职务作出明确的规定,并规定这一职务的人员应具备什么素质的过程。工作分析用来计划和协调几乎所有的人力资源管理活动。工作分析时应包括工作内容、责任者、工作岗位、工作时间、如何操作、为何要做等。根据工作分析的结果,编制工作说明书和工作规范。

2. 项目管理人员需求的确定

在人员需求中应明确需求的职务名称、人员需求数量、知识技能等方面的要求,招聘的途径,招聘的方式,选择的方法、程序,希望到岗时间等。应根据岗位编制计划,使用合理的预测方法,来进行人员需求预测。最终要形成一个有员工数量、招聘成本、技能要求、工作类别及为完成组织目标所需的管理人员数量和层次的分列表。

3. 综合劳动力和主要工种劳动力需求的确定

劳动力综合需要量计划是确定建设工程规模和组织劳动力进场的依据。编制时首先根据工种工程量汇总表中分别列出的各个建筑物专业工种的工程量,查相应定额,便可得到各个建筑物几个主要工种的劳动量,再根据总进度计划表中各单位工程工种的持续时间,即可得到某单位工程在某段时间里的平均劳动力数。用同样方法可计算出各个建筑物的各主要工种在各个时期的平均工人数。将总进度计划表纵坐标方向上各单位工程同工种的人数叠加在一起并连成一条曲线,即为某工种的劳动力动态曲线图和计划表。

劳动力需要量计划是根据施工方案、施工进度和预算,依次确定的专业工种、进场时间、劳动量和工人数,然后汇集成表格形式,它可作为现场劳动力调配的依据。劳动力需要量计划表见表 13-1。

**表 13-1　劳动力需要量计划表**

| 序号 | 专业工种 | | 劳动量 | 需要时间 | | | | | | | | | 备注 |
|---|---|---|---|---|---|---|---|---|---|---|---|---|---|
| | | | | ×月 | | | ×月 | | | ×月 | | | |
| | 名称 | 级别 | | Ⅰ | Ⅱ | Ⅲ | Ⅰ | Ⅱ | Ⅲ | Ⅰ | Ⅱ | Ⅲ | |
| | | | | | | | | | | | | | |
| | | | | | | | | | | | | | |

由于项目在实施过程中施工工序和部位是在不断变化的,对项目施工管理和技术人员的需求也是不同的。项目经理部的其他人员可以实行动态配置。当某一项目某一阶段的施工任务结束后,相应的人员可以动态地流动到其他项目上去,这项工作一般可由公司的人事部门和工程部综合考虑全公司的在建项目后进行统筹安排,对项目管理人员实行集权化管理,从而在全公司范围内进行动态优化配置。

对于劳务人员的优化配置，应根据承包项目的施工进度计划和工种需要数量进行。项目经理部根据计划与劳务合同，接收到劳务承包队伍派遣的作业人员后，应根据工程的需要，或保持原建制不变，或重新进行组合。

在整个项目进行过程中，除特殊情况外，项目经理是固定不变的。由于实行项目经理负责制，项目经理必须自始至终负责项目的全过程活动，直至项目竣工，项目经理部解散。

**（三）人力资源配置的方法**

（1）按设备计算定员，即根据机器设备的数量、工人操作设备定额和生产班次等计算生产定员人数。

（2）按劳动定额定员，根据工作量或生产任务量，按劳动定额计算生产定员人数。

（3）按岗位计算定员，根据设备操作岗位和每个岗位需要的工人数计算生产定员人数。

（4）按比例计算定员，按服务人数占职工总数或者生产人员数量的比例计算所需服务人员的数量。

（5）按劳动效率计算定员，根据生产任务和生产人员的劳动效率计算生产定员人数。

（6）按组织机构职责范围、业务分工计算管理人员的人数。

**（四）项目人力资源培训计划**

为适应发展的需要，要对员工进行培训，包括新员工的上岗培训和老员工的继续教育，以及各种专业培训等。

培训计划涉及培训政策；培训需求分析；培训目标的建立；培训内容；选择适当的培训方式，如在职、脱产。

培训内容包括规章制度、安全施工、操作技术和文明教育四个方面。具体有人员的应知应会知识、法律法规及相关要求、操作和管理的沟通配合须知、施工合规的意识、人体工效要求等。

## 三、人力资源控制

人力资源管理控制应包括人力资源的选择、订立劳务分包合同、教育培训和考核等内容。

**（一）人力资源的选择**

要根据项目需求确定人力资源性质、数量、标准，根据组织中工作岗位的需求，提出人员补充计划；对有资格的求职人员提供均等的就业机会；根据岗位要求和条件允许来确定合适人选。

**（二）项目管理人员招聘的原则**

（1）公开原则。

（2）平等原则。

（3）竞争原则。制定科学的考核程序、录用标准。

（4）全面原则。全面考察应聘人员的德、才、能等。

（5）量才原则。最终目的是每一岗位上都得到最合适、最经济的人员，并能达到组织整体效益最优。

**(三)劳务合同**

一般分为两种形式:一是按施工预算或投标价承包;二是按施工预算中的清工承包。劳务分包合同的内容应包括工程名称,工作内容及范围,提供劳务人员的数量,合同工期,合同价款及确定原则,合同价款的结算和支付,安全施工,重大伤亡及其他安全事故处理,工程质量、验收与保修,工期延误,文明施工,材料机具供应,文物保护,发包人、承包人的权利和义务,违约责任等。同时还应考虑劳务人员的各种保险的合同管理。

## 第二节　水利工程项目中的核心人员管理

项目的圆满完成,固然少不了技术、设备这些必要的条件,但这些只是实现目标的工具,而掌握技术、操作设备的人员才是项目成功的关键所在。项目法人负责人、总监理工程师、项目经理作为三个主要建设主体的负责管理项目的个人,便成为决定项目目标最终能否实现的核心人物。

### 一、项目经理概述

**(一)项目经理定义**

项目经理是法定代表人委托在该项目上的代理人,是项目实施全过程全面负责的管理者,项目经理由法定代表人任命,并根据法定代表人授权的范围、期限和内容,履行管理职责,并对项目实施全过程、全面管理。项目经理通过实行项目经理责任制履行岗位职责,在授权的范围内行使权力,并接受组织的监督考核。

项目经理有时也称为项目管理者或项目领导者,负责项目的组织、计划及实施全过程,以保证项目目标的成功实现。在项目组织中,项目经理担当着重要角色,他的管理、组织和协调能力,他的知识、素质、经验和领导艺术,乃至他的个人性情对项目管理的成败都有着决定性的影响。项目管理者在项目及项目管理过程中起着关键的作用,有人称项目经理是项日班子的“灵魂”!

**(二)项目经理在组织中的地位和作用**

1. 项目经理的地位

项目经理是其上级任命的一个项目管理班子的负责人(领导人),通常不是法人代表。在项目管理学科中,项目经理的上级称为掌舵团队或发起人。掌舵团队是把握大政方针的具有全局决策权的集体,掌舵团队最重要的职责是决定项目的启动和流产。发起人是隶属于掌舵团队的又有具体领导权的个人,是设立项目活动并且承担设立项目失败责任的人。发起人最重要的职责是挑选项目经理,负责项目的绩效。

2. 项目经理的作用

1)领导作用

项目经理的领导作用主要表现在出谋划策、用人、培训下属、分层授权激励员工等几方面。

2)管理作用

项目经理需要对项目进行计划、组织、指挥和控制等,需要通过行政手段、经济手段、法律手段等对项目进行管理,如发布命令和指示、建立和健全经济责任制、制定各种规章制度。

3)协调作用

项目管理的核心是对人的管理,而其中处理、协调人际关系是一个重要方面。部门与部门之间、岗位与岗位之间的关系,说到底还是人与人之间的关系。项目经理必须认真研究项目管理中的人际关系,使参加项目建设的全体员工同舟共济。两个部门之间发生工作上的不协调现象时,必须认真了解其产生的真实原因,分清双方的责任,并采取相应的措施加以解决,使双方在新的基础上达到协调一致。另外,协调也包括对项目的各种资源进行调度和运筹。

4)决策作用

项目建设面临着错综复杂、变化迅速、竞争激烈的外部经营环境和条件,要实现项目的总目标,项目经理的决策作用是至关重要的。项目经理必须把主要精力用在了解、研究外部经营环境和条件上,要对与项目建设有关的技术、材料、设备等进行科学的预测,制定出经营战略决策,以提高应变能力。决策时不仅要看到眼前,还要视野开阔,看到远处,这样才能使决策具有全局的战略性。

5)激励作用

项目经理应该能够在项目遇到困难时激发人们的工作热情,调动人们的积极性,同下属进行对话、交流和公开讨论是激发工作热情的一种良好方法。向项目班子成员甚至员工讲明项目的目标和当前的困难,同他们一起找原因、订措施,可以弥补项目经理在能力和经验上的不足。

6)社交作用

为协调和解决某些问题,项目经理需要经常与内部、外部人员协商和谈判,以解决在项目实施过程中发生的各种问题。要取得好的谈判效果,除要讲究谈判艺术外,还要对谈判的时机和谈判的事项等加以灵活掌握与控制。谈判时要有书面记录,并得到对方签认,不能只凭记忆。

**(三)项目经理的职责和权力**

1. 项目经理的重要职责

项目经理是项目的管理者,同样具有管理者的角色特点,但他与其他管理者有很大的不同。首先,项目经理与部门经理的职责不同,在矩阵组织形式中可以明显看到项目经理与部门经理的差异,项目经理对项目的计划、组织、实施负全权责任,对项目目标的实现负终极责任。而部门经理只能对项目涉及本部门的工作施加影响,如技术部门经理对项目技术方案的制定与选择,设备部门经理对设备选择与管理的影响等。因此,项目经理对项目的管理比起部门经理更加系统全面,更加具有系统思维的观点。其次,项目经理与公司总经理职责不同,项目经理是项目的直接管理者,是一线的管理者,而公司总经理是通过对项目经理的选拔、使用、考核等来间接管理一个项目的。在一个实施项目管理的公司中,往往总经理也是从项目经理做起来的。

项目经理的职责随着项目的不同,其具体的内容也千变万化。但不管项目的内容如何,项目经理的最终职责都是确保全部工作在预算范围内按时优质地完成,从而使客户满意。在项目实施过程中,项目经理担负着计划、组织、控制、决策和沟通的责任。

2. 项目经理的权力

1)项目团队的组建权

项目团队的组建权包括两个方面:一是项目经理班子或者管理班子的组建权,二是项目团队队员的选择权。项目经理班子是项目经理的左膀右臂,因此授予项目经理组建班子的权力至关重要。包括项目经理班子人员的选择、考核和聘用;对高级技术人才、管理人才的选拔和调入;项目经理班子成员的任命、考核、升迁、处分、奖励、监督指挥甚至辞退等。

2)财务决策权

实践告诉我们,拥有财务权并与其个人的得失和项目的盈利联系在一起的人,能够周详地顾及自己的行为后果,因此项目经理必须拥有与该角色相符的财务决策权;否则,项目就难以展开。一般来讲,这一权力包括以下几个方面:

首先,具有分配权。即项目经理有权决定项目团队成员的利益分配。包括计酬方式、分配的方案细则。项目经理还有权制定奖罚制度。

其次,拥有费用控制权。即项目经理在财务制度允许的范围内拥有费用支出和报销的权力。如聘请法律顾问、技术顾问、管理顾问的费用支出,工伤事故、索赔等项的营业外支出。

最后,项目经理还应拥有资金的融通、调配权力。在客户不能及时提供资金的情况下,资金的短缺势必要影响工期,对于一个项目团队来说时间也具有价值。因此,还应适当授予项目经理必要的融资权力和资金调配权力。

3)生产指挥权

项目经理有权按工程承包合同的规定,根据项目随时出现的人、财、物等资源变化情况进行指挥调度,对于施工组织设计和网络计划,也有权在保证总目标不变的前提下进行优化和调整,以保证项目经理能对施工现场临时出现的各种变化应付自如。

4)技术决策权

主要是审查和批准重大技术措施和技术方案,以防止决策失误造成重大损失。必要时召集技术方案论证会或外请咨询专家,以防止决策失误。

5)设备、物资、材料的采购与控制权

在公司有关规定的范围内,决定机械设备的型号、数量和进场时间,对工程材料、周转工具、大中型机具的进场有权按质量标准检验后决定是否用于本项目,还可自行采购零星物资。但主要材料的采购权不宜授予项目经理,否则可能影响公司的效益,由材料部门供应的材料必须按时、按质、按量保证供应,否则项目经理有权拒收或采取其他措施。

**(四)项目经理的素质和能力要求**

1. 素质

在市场经济环境中,项目经理的素质是最重要的,特别对专职的项目经理。他不仅应具备一般领导者的素质,还应符合项目管理的特殊要求。

(1)他必须具有很好的职业道德,必须有工作的积极性、热情和敬业精神,勇于挑战,勇于承担责任,努力完成自己的职责。他不能因为项目是一次性的,与业主是一锤子买卖,管理工作不好定量评价和责难,工程不是他的,项目最终成果与他的酬金无关等,而怠于自己的工作职责,应全心全意地管理工程。

(2)由于项目是一次性的,项目管理是常新的工作,富于挑战性,所以他应具有创新精神、发展精神,有强烈的管理愿望,勇于决策,勇于承担责任和风险,并努力追求工作的完美,追求高的目标,不安于现状。如果他不努力、不积极,定较低的目标,作十分保守的计划,则不能有成功的项目。

(3)为人诚实可靠,讲究信用,有敢于承担错误的勇气,言行一致,正直,办事公正、公平,实事求是。他不能因受到业主的批评和不理解而放弃自己的职责,不能因为自己受雇于业主或受到承包商不正常手段的作用(如行贿)而不公正行事。他的行为应以项目的总目标和整体利益为出发点,应以没有偏见的方式工作,正确地执行合同、解释合同,公平公正地对待各方利益。

(4)任劳任怨,忠于职守。在项目组织中,项目管理者处于一个特殊的角色,处于矛盾的焦点,常常业主和承包商都不能理解他。由于他责、权、利不平衡,项目经理要做好工作是很艰难的,可能各方面对他都不满意。例如:

①有许多业主经常有新的主意,随便变更工程,而对由此产生的工期的延长和费用的增加又不能理解,常常反过来责怪项目经理。

②由于业主和承包商利益不一致,会产生各种矛盾。例如业主希望项目经理听从他的指令,无条件维护他的利益,苛刻要求承包商;而承包商又常常抱怨项目经理不能正确执行合同,不公平,偏向业主。所以,双方的矛头都可能指向项目经理。

③长期以来,在工程项目取得成功时,人们常常将它归功于技术人员攻克了技术难关,或业主决策、领导有方;而如果项目实施失败,出现故障、困难,则常常归咎于项目经理。

④人们常常将项目管理仅看做监督工作,容易产生抵触情绪;另外人们常常认为他与经济效益、与项目成就无直接的关系,不重视他的工作。

所以,在实际工作中,项目管理工作很少能够使各方面都满意,甚至可能都不满意,都不能理解,有时出力不讨好。所以,项目经理不仅要化解矛盾,而且要使大家理解自己,同时又要能经得住批评指责,不放松自己的工作,应有容忍性。

⑤具有合作精神,能够与他人共事,能够公开、公正、公平地处理事务,不能搞管理上的神秘主义,不能用诸葛亮式的“锦囊妙计”来分配任务和安排工作。

⑥具有很高的社会责任感和道德观念,高瞻远瞩,具有全局观念。

2. 能力

(1)具有长期的工程管理工作经历和经验,特别有同类项目成功的经历,对项目工作有成熟的判断能力、思维能力、随机应变能力。他的技术及能力被认为是最重要的,但又不能是纯技术专家,最重要的是他对项目开发过程和工程技术系统的机理有成熟理解,能预见到问题,能事先估计到各种需要,具有较强的综合能力。

(2)处理人事关系的能力。项目经理职务是个典型的低权力的领导职位。他的领导风格必须主要靠影响力和说服力,而不是靠权力和命令。由于项目组织的特点,他能采取的激励措施是很有限的,他的行为必须注意:①充分利用合同和项目管理规范赋予的权力运行组织;②注意从心理学、行为科学的角度激励组织成员的积极性;③在项目中充当激励者、教练、活跃气氛者、维和人员和冲突裁决人。

(3)有较强的组织管理能力,例如:能胜任小组领导工作,知人善任,敢于授权;协调好各方面的关系,善于人际交往;能处理好与业主(或顾客)的关系,设身处地地为他人考虑;与企业各部门有较好的人际关系,能够与外界交往、与上层交往;工作具有计划性,能有效地利用好项目时间;善于调解矛盾与冲突;具有追寻目标和跟踪目标的能力。

(4)有较强的语言表达能力、谈判技巧;有个性和说服能力,以及在国际项目中的外语应用能力。

(5)在工程中能够发现问题、提出问题,能够从容地处理紧急情况,具有应付突发事件的能力,以及对风险、对复杂现象的抽象能力和抓住关键问题的能力。

(6)由于项目是常新的,所以他又必须具有应变能力,工作上具有灵活性;个人领导风格具有可变性,能够适应不同的项目和不同的项目组织。

(7)综合能力。对整个项目系统作出全面观察并能预见到潜在的综合问题。

3. 知识

项目经理通常要接受过大学以上的专业教育,他必须具有专业知识,一般来自工程的主要专业,如为水利工程或其他与土木相关专业工程方面的专家,否则很难在项目中被人们接受和真正介入项目,要接受过项目管理的专门培训或再教育。

他需要广博的知识面,能够对所从事的项目迅速设计解决问题的方法、程序,能抓住问题的关键、主要矛盾,识别技术和实施过程逻辑上的联系,具有系统的知识概念。

现代项目经理理想的知识结构如图 13-1 所示。具有这种知识结构的项目经理较易成为一名成功的项目管理者,倘若这个三角形有一边倾斜,就会使该项目经理的工作不那么得心应手。

### (五)项目经理的选择与培养

项目经理是整个项目中的核心人物,需要具备比较全面的才能,特别是组织、协调和沟通等方面的能力。各个项目都有自己特点,所以选择出合适的项目经理很重要。项目经理的挑选主要考虑两个方面的问题:一是挑选什么样的项目经理;二是通过什么样的方式和程序挑选项目经理。

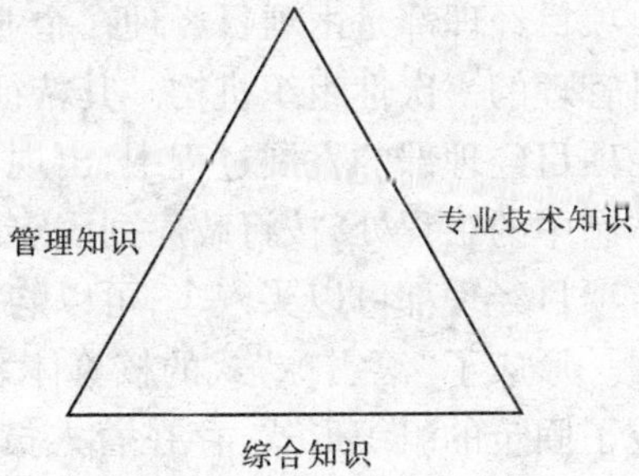


图 13-1　项目经理理想的知识结构

在选择项目经理时,主要考虑两个方面的问题:一是项目本身的特点和该项目在企业规划中的地位,以此确定对项目经理的要求;二是项目经理本身的素质特征。

1. 挑选项目经理的方式

(1)领导委任制。委任的范围一般限于公司内部,经公司领导提名,人事部门考察,公司高管决定。这种方式一般的程序是,由企业高层领导提出人选或者由部门经理推荐,经企业人事部门听取各方面意见,进行资质考察。合格后经由总经理委派。这种方式要求公司总经理本身是负责任的主体,并且能知人善任。这种方式的优点是能坚持规定的客观标准和组织程序,听取各方面的意见,有利于选出合格人才。

(2)竞争招聘制。招聘范围可以面向公司内外,其程序是:个人自荐,组织审查,答辩讲演,择优选聘。这种方式既可选优,又可增强项目经理的竞争意识和责任心。这种方式的优点是可以充分发挥各方面的潜力,有利于人才的选拔和提高企业成员的进取心,同时有利于促进项目经理的责任心和进取心。

(3)企业和业主协商选择。这种方式的一般程序是,分别由企业内部和业主提出项目经理候选人,然后双方在协商的基础上加以确定。这种方式的优点是能够集中企业内外各方面的意见,可以更好地吸引客户,对项目经理也形成一定的约束机制。由于用户参与协商,一般对项目经理的要求比较高。

2. 项目经理的培养

项目经理的培养主要靠工作实践。成熟的项目经理都是从项目管理的实际工作中选拔、培养而成长起来的。

(1)基本知识的培训。包括项目及项目经理的特点、规律、管理思想、管理程序、项目沟通和谈判等技巧。

(2)项目管理专业技术的培养。主要包括项目中常用的工作分解结构、网络计划技术、项目预算技术、成本计量方法、质量检验、项目合同管理等。

(3)项目实践的培养。对于有潜力的培养对象,应该让其在经验丰富的项目经理带领下,以经理助理的身份协助完成一些任务,或者授权其完成一些小项目的管理,并给予适当的指导和考察。

对项目经理进行培训的具体方法包括在职培训、资格认证和学校教育、参加研讨会等形式。

### (六)项目经理部与项目经理责任制

1. 项目经理部的定位

项目经理部是由项目经理在企业法定代表人授权和职能部门的支持下组建的、进行项目管理的一次性组织机构。其特征是优化组合、动态管理,所以是一次性的临时机构。但在项目经理部的发展过程中,出现了项目经理部固化问题。一些企业把它当做传统管理体制中的工程处,按行政序列固定编制,甚至把设备、周转材料、经营效益也固定在经理部。项目经理部可以买汽车,可以购置固定资产,甚至有的项目经理部同时承接了若干个工程。形成了"滚雪球"式的核算体系,把本来是一次性的、临时组织机构的项目经理部,搞成了固定的组织形式,存在着人员固化、机构固化、资源固化的问题,造成项目成本混淆、生产要素沉淀的弊端,这显然失去了项目管理的本来意义。为了正本清源,项目管理的理论和实践中提炼出了"三个一次性"定位:项目经理部是一次性的临时组织,是一次性的成本中心,是企业法人的一次性授权委托人。这"三个一次性"定位从本质上划清了项目经理部与传统管理体制中的工程处之间的区别,为克服项目小团体化、混淆成本核算以及生产要素利用率低等不良倾向提供了理论依据。

2. 项目经理负责制与项目经理责任制

项目经理负责制是以项目经理为责任主体的施工项目管理目标责任制度,是项目经理部最基本的制度。项目经理的资质由行政审批获得。项目经理责任制指在企业的统一领导下,建立在企业职能部门与项目经理部之间明确、稳定的管理关系上,由项目经理在其职责范围内全权调动企业一切资源并全权负责项目实施工作的管理制度。企业通过在“项目管理目标责任书”中明确项目经理的责任、权力和利益,并相应规定企业的决策层、管理层(职能部门)与项目经理部之间的关系。项目经理根据企业法定代表人的授权,对工程项目自开工准备至竣工验收实施全面组织管理。项目经营得好与坏直接与项目经理本人挂钩,明确了项目经理的责、权、利,便于对项目经理进行全面的考核,做到奖罚分明。

项目经理责任制的基本内容是,项目经理受企业法人委托,代表企业通过对工程项目全过程、全方位、全合同的管理,实现企业在工程项目上的三大目标,即公司向业主的合同承诺目标、公司对项目部下达的成本降低目标和施工现场管理目标,并把这三大目标定位为项目经理责任制的基本目标内容。落实项目经理责任制的基本条件:一是授权条件,项目经理在授权范围内处理和协调内外及各方面的关系,保证工程项目的协调有序实施。二是机制条件,公司内部用完善的市场机制、用人机制、分配机制、服务机制、激励机制和约束机制等有效机制来保证项目经理责任制的落实。三是素质条件,即项目经理的自身素质和项目管理素质,运用高素质实现对项目管理基本运行。四是组织条件,通过建立项目管理的组织体系,有效、灵活地实现工程项目的进度、质量、安全、成本的“四控制”和合同管理、现场管理、信息管理、生产要素管理的“四管理”。

## 二、项目法人

项目法人的负责人也是项目管理的核心人员。关于项目法人的设立、组织形式和职责,详见本书第二章第六节。下面主要讨论项目法人的董事会和项目总经理。

### (一)项目董事会的职权

建设项目的董事会应按照《关于实行建设项目法人责任制的暂行规定》,行使以下职权:

(1)负责筹措建设资金。

(2)审核、上报项目初步设计和概算文件。

(3)审核、上报年度投资计划并落实年度资金。

(4)提出项目开工报告。

(5)研究解决建设过程中出现的重大问题。

(6)负责提出项目竣工验收申请报告。

(7)审定偿还债务计划和生产经营方针,并负责按时偿还债务。

(8)聘任或解聘项目总经理,并根据总经理的提名,聘任或解聘其他高级管理人员。

各类建设项目的董事会在建设期间应至少有一名董事常驻现场。董事会应建立例会制度,讨论项目建设中的重大事宜,对资金支出进行严格管理,并以决议形式予以确认。国有控股或参股项目的监事会依照《中华人民共和国公司法》的规定行使职权。

### (二)项目总经理的职责

项目法人的董事会可以聘任项目总经理,根据建设项目的特点,项目总经理具体可以行使以下职权:

(1)组织编制项目初步设计文件,对项目工艺流程、设备选型、建设标准、总图布置提出意见,提交董事会审查。

(2)组织工程设计、施工监理、施工队伍和设备材料采购的招标工作,编制和确定招标方案、标底和评标标准,评选和确定投、中标单位。实行国际招标的项目,按现行规定办理。

(3)编制并组织实施项目年度投资计划、用款计划、建设进度计划。

(4)编制项目财务预、决算。

(5)编制并组织实施归还贷款和其他债务计划。

(6)组织工程建设实施,负责控制工程投资、工期和质量。

(7)在项目建设过程中,在批准的概算范围内对单项工程的设计进行局部调整(凡引起生产性质、能力、产品品种和标准变化的设计调整以及概算调整,需经董事会决定并报原审批单位批准)。

(8)根据董事会授权处理项目实施中的重大紧急事件,并及时向董事会报告。

(9)负责生产准备工作和培训有关人员。

(10)负责组织项目试生产和单项工程预验收。

(11)拟订生产经营计划、企业内部机构设置、劳动定员定额方案及工资福利方案。

(12)组织项目后评价,提出项目后评价报告。

(13)按时向有关部门报送项目建设、生产信息和统计资料。

(14)提请董事会聘任或解聘项目高级管理人员。

**(三)董事长和总经理的任职条件与任免**

1. 任职条件

董事长及总经理的任职条件,除按《中华人民共和国公司法》的规定执行外,还应具备以下条件:

(1)熟悉国家有关投资建设的方针、政策和法规,有较强的组织能力和较高的政策水平。

(2)具有大专以上学历。

(3)总经理还应具有建设项目管理工作的实际经验,或担任过同类建设项目施工现场高级管理职务,并经实践证明是称职的项目高级管理人员。

2. 任免

(1)董事长的任免。国有独资和控股项目董事长的任免,先由主要投资方提出意见,在报经项目主管政府部门批准后,由主要投资方任免;国家参股项目,其董事长在任免前须报项目主管政府部门认可。

(2)总经理的任免。国有独资和控股项目总经理的任免,由董事会提出意见,经项目主管政府部门批准后,由董事会聘任或解聘;国家参股项目的总经理,董事会在聘任或解聘前须报项目主管政府部门认可。

(3)国家重点建设项目的董事会、监事会成员及所聘请的总经理须报国家发改委备案,同时抄送有关部门或地方发改委(计经委)。

在项目建设期间,总经理和其他高级管理人员应保持相对稳定。董事会成员可以兼任总经理。国家公务人员不得兼任项目法人的领导职务。

建立项目高级管理人员培训制度。总经理、副总经理在项目批准开工前,应经过国家发改委或有关部门、地方发改委专门培训。未经培训不得上岗。

## 三、总监理工程师

根据监理工作的任务，选择适当的监理人员，包括总监理工程师、专业监理工程师和监理员，必要时可配备副总监理工程师。监理人员的选择除应考虑个人素质外，还应考虑人员总体构成的合理性与协调性，并且项目监理机构的监理人员应专业配套、数量满足建设工程监理工作的需要。

水利工程建设监理实行总监理工程师负责制，即总监理工程师是监理单位派驻工程项目的监理机构的全权负责人。所以，总监理工程师是监理机构的核心人员。

### （一）总监理工程师的职责

总监理工程师负责全面履行监理合同约定的监理单位职责，发布有关指令，签署监理文件，协调有关各方之间的关系。监理工程师在总监理工程师授权范围内开展监理工作，具体负责所承担的监理工作，并对总监理工程师负责。监理员在监理工程师或者总监理工程师授权范围内从事监理辅助工作。

水利工程建设监理实行总监理工程师负责制。总监理工程师应负责全面履行监理合同中所约定的监理单位的职责。主要职责应包括以下各项：

(1)主持编制监理规划，制定监理机构规章制度，审批监理实施细则，签发监理机构的文件。

(2)确定监理机构各部门职责分工及各级监理人员职责权限，协调监理机构内部工作。

(3)指导监理工程师开展工作。负责本监理机构中监理人员的工作考核，调换不称职的监理人员；根据工程建设进展情况，调整监理人员。

(4)主持审核承包人提出的分包项目和分包人，报发包人批准。

(5)审批承包人提交的施工组织设计、施工措施计划、施工进度计划和资金流计划。

(6)组织或授权监理工程师组织设计交底；签发施工图纸。

(7)主持第一次工地会议，主持或授权监理工程师主持监理例会和监理专题会议。

(8)签发进场通知、合同项目开工令、分部工程开工通知、暂停施工通知和复工通知等重要监理文件。

(9)组织审核付款申请，签发各类付款证书。

(10)主持处理合同违约、变更和索赔等事宜，签发变更和索赔的有关文件。

(11)主持施工合同实施中的协调工作，调解合同争议，必要时对施工合同条款作出解释。

(12)要求承包人撤换不称职或不宜在本工程工作的现场施工人员或技术、管理人员。

(13)审核质量保证体系文件并监督其实施；审批工程质量缺陷的处理方案；参与或协助发包人组织处理工程质量及安全事故。

(14)组织或协助发包人组织工程项目的分部工程验收、单位工程完工验收、合同项目完工验收，参加阶段验收、单位工程投入使用验收和工程竣工验收。

(15)签发工程移交证书和保修责任终止证书。

(16)检查监理日志;组织编写并签发监理月报、监理专题报告、监理工作报告;组织整理监理合同文件和档案资料。

总监理工程师不得将以下工作授权给副总监理工程师或监理工程师:

(1)主持编制监理规划,审批监理实施细则。

(2)主持审核承包人提出的分包项目和分包人。

(3)审批承包人提交的施工组织设计、施工措施计划、施工进度计划和资金流计划。

(4)主持第一次工地会议,签发进场通知、合同项目开工令、暂停施工通知、复工通知。

(5)签发各类付款证书。

(6)签发变更和索赔的有关文件。

(7)要求承包人撤换不称职或不宜在本工程工作的现场施工人员或技术、管理人员。

(8)签发工程移交证书和保修责任终止证书。

(9)签发监理月报、监理专题报告和监理工作报告。

**(二)总监理工程师的素质要求**

总监理工程师是监理单位派往项目执行组织机构的全权负责人,所以总监理工程师在项目监理过程中扮演着一个很重要的角色,承担着工程监理最终责任。总监理工程师在项目建设中所处的位置,要求他是一个技术水平高、管理经验丰富、能公正执行合同,并已取得政府主管部门核发的资格证书和注册证书的监理工程师。在整个施工阶段,总监理工程师人选不宜更换,以利于监理工作的顺利开展。

1. 专业技术知识的深度

总监理工程师必须精通专业知识,其特长应和项目专业技术对口。作为总监理工程师,如果不懂专业技术,就很难在重大技术方案、施工方案的决策上勇于决断,更难以按照工程项目的工艺逻辑、施工逻辑开展监理工作,以及鉴别工程施工技术方案、工程设计和设备选型等的优劣。

当然,不能要求总监理工程师对所有的技术都很精通,但必须熟悉主要技术,再借助于技术专家和各专业工程师的帮助,就可以应付自如,胜任职责。例如,从事水利水电工程建设的总监理工程师,必须是精通水电专业知识,其专业特长应和监理项目专业技术对口。水利水电工程尤其是大、中型工程项目,其工艺、技术、设备专业性很强,作为总监理工程师,如果不懂水电专业技术,就很难胜任水利水电工程建设项目的监理工作。

2. 管理知识的广度

监理工作具有专业交叉渗透、覆盖面宽等特点。因此,总监理工程师不仅需要一定深度的专业知识,更需要具备管理知识和才能。只精通技术、不熟悉管理的人不宜做总监理工程师。

3. 领导艺术和组织协调能力

总监理工程师要带领监理人员圆满实现项目目标,要与上上下下的人合作共事,要与不同地位和知识背景的人打交道,要把各方面的关系协调好。这一切都离不开高超的领导艺术和良好的组织协调能力。

1）总监理工程师的理论修养

现代化行为科学和管理心理学，应作为总监理工程师研究和应用的理论武器。其中的组织理论、需求理论、授权理论、激励理论，应作为总监理工程师潜心研究的理论知识，结合工程项目组织设计，选择下属人员及对其使用、奖惩、培训、考核等，提高自身理论修养水平。

2）总监理工程师的榜样作用

作为监理工程师班子的带头人，总监理工程师的榜样作用的本身就是无形的命令，具有很大的号召力。这种榜样作用往往是靠领导者的作风和行动体现的。总监理工程师的实干精神、开拓进取精神、团结精神、牺牲精神、不耻下问的精神和雷厉风行的作风，对下属有巨大感召力，容易形成班子内部的合作气氛和奋斗进取的作风。

总监理工程师尤其应该认识到，良好的群众意识会产生巨大的向心力，温暖的集体本身对成员就是一种激励；适度的竞争气氛与和谐的共事气氛互相补充，才易于保持良好的人际关系和人们心理的平衡。

3）总监理工程师的个人素质及能力特征

总监理工程师作为监理班子的领导指挥者，要在困难的条件下圆满完成任务，离不开良好的组织才能和优秀的个人素质。这种才能和素质具体表现在决策应变能力、组织指挥能力、协调控制能力等方面。同时，总监理工程师在工程建设中经常扮演多重角色，处理各种人际关系，因而还必须具备交际沟通能力、谈判能力、说服他人的能力、必要的妥协能力等。这些能力的取得，主要靠实践的磨练。

4）开会艺术

会议是总监理工程师沟通情况、协调矛盾、反馈信息、制定决策和下达指令的主要方式，也是总监理工程师对工程进行监督控制和对内部人员进行有效管理的重要工具。如何高效率地召开会议、掌握会议组织与控制的技巧，是对总监理工程师的基本要求之一。

总之，作为建设项目的总监理工程师，在专业技术上、管理水平上、领导艺术和组织协调及开会艺术诸方面，要有较高的造诣，要具备高智能、高素质，才能够有效地领导监理工程师及其工作人员顺利地完成建设项目的监理业务。

关于总监理工程师选拔和培养方式等内容，类似项目经理，在此不再赘述。

## 第三节　水利工程项目中的团队建设和管理

项目团队是项目组织中的核心，建设一个和谐、士气高昂的项目团队对项目的成功起着十分重要的作用。因此，现代项目管理强调项目团队的组织、建设和按照团队的方式开展项目工作。同时，任何一个项目的成功实施还要求项目团队成员及其各部门之间的相互协调和配合。

### 一、项目团队的含义

团队理论始于日本，再次发展并流行于欧美企业界，是对传统管理理论的一次巨大革命。团队理论的内涵就是为了整合各个成员的力量，是实现组织扁平化的一种有效途径。

**（一）团队的定义**

团队是两个以上个人的组合，集中心力于共同的目标，以创新有效的方法，相互信赖地共同合作，以达成最高的绩效。团队是正式群体，内部有共同目标，其成员行为之间相互依存、相互影响，并能很好地合作，追求集体的成功。

团队是相对部门或小组而言的。部门和小组的一个共同特点是：存在明确内部分工的同时，缺乏成员之间的紧密协作。团队则不同，队员之间没有明确的分工，彼此之间的工作内容交叉程度高，相互间的协作性强。团队在组织中的出现，根本上是组织适应快速变化环境要求的结果，“团队是高效组织应付环境变化的最好方法之一”。

项目团队，就是为适应项目的有效实施而建立的团队。项目团队的具体职责、组织结构、人员构成和人数配备等方向因项目性质、复杂程度、规模大小和持续时间长短而异。项目团队的一般职责是项目计划、组织、指挥、协调和控制。项目组织要对项目的范围、费用、时间、质量、风险、人力资源和沟通等进行多方面管理。

由以上定义可知，简单把一组人员调集在一个项目中一起工作，并不一定能形成团队，就像公共汽车上的一群人不能称为团队一样。项目团队不仅是指被分配到某个项目中工作的一组人员，它更是指一组互相联系的人员同心协力地进行工作，以实现项目目标，满足客户需求。而要使这些人员发展成为一个有效协作的团队，一方面要项目经理作出努力，另一方面也需要项目团队中每位成员积极地投入到团队中去。一个有效率的项目团队不一定能决定项目的成功，而一个效率低下的团队，则注定要使项目失败。

**（二）项目团队的特点**

从项目团队的定义中可以看出，这种组织具有如下特点：

（1）项目团队是为完成特定的项目而设立的专门组织，它具有很强的目的性。这种组织的使命就是完成特定项目的任务，实现特定项目的既定目标。这种组织没有或不应当有与既定项目无关的其他的使命或任务。在这一目标的感召下，项目团队成员凝聚在一起，并为之共同奋斗。

（2）项目团队是一种一次性的临时组织。这种组织在完成特定项目的任务以后，其使命已终结，项目团队即可解散。在出现项目中止的情况时，项目团队的使命也会中止。而项目团队或是解散，或是暂停工作，等到项目解冻或重新开始时，项目团队便可重新开展工作。

（3）项目团队由项目工作人员、项目管理人员和项目经理构成。其中项目经理是项目团队的领导，是项目团队中的决策人物和最高管理者。对于大多数项目而言，项目的成败取决于项目经理人选及其工作。

（4）项目团队强调的是团队精神和团队合作，这是项目成功的精神保障和项目团队建设的核心工作之一。因为项目团队按照团队作业的模式开展项目工作，这是一种完全不同于一般运营组织中的部门、机构或队伍的特定组织和特殊工作模式，所以需要强调团队精神与合作。

（5）项目团队的成员在某些情况下，需要同时接受双重领导，也就是既受原有职能部门负责人又受所在项目团队项目经理的领导（在职能型组织、矩阵型组织和均衡矩阵型组织中尤其是这样）。这种双重领导会使项目团队的发展受到一定的限制，有时还会出现职能部门和项目团队二者组织指挥命令不统一的情况,从而对项目团队造成影响。

(6)不同组织中的项目团队有不同的人员构成、不同的稳定性和不同的责权利构成。一般项目型组织中的项目团队的人员构成多数是专职的,项目团队的稳定性高,而且责权利较大;职能型组织中的项目团队的人员构成多数是兼职的(包括项目经理和项目管理人员),项目团队的稳定性低,而且责权利较小;矩阵型组织则介于这两者之间。

此外,项目团队还具有渐进性和灵活性等特点。渐进性是指项目团队在初期多数是由较少成员构成的,而随着项目的进展、任务的展开,项目团队会不断地扩大。灵活性是指项目团队的人员多少和具体人选应随着项目的发展与变化而不断调整。这些特性与一般运营管理组织是完全不同的。

## 二、项目团队的建设

### (一)团队建设的作用

1. 有利于提高企业工作效率

团队由一组人构成,其知识、经验与判断力都会比其中任何一个人要高。由于社会助长作用,许多人在一起共同工作,可以促进个人活动的效率,出现增量或增质的现象。通过集体讨论、集体判断可以避免由于个人知识、经验、能力的局限所引起的失误。通常团队能以有效而富于创造的方法解决问题,决策质量会得到提高。

2. 增强组织间的协调

水利工程企业中,由于各部门的划分,可能会产生“职权分裂”现象,即对某个问题,一个部门没有完全的决策权,只有通过几个相关部门的职权结合才能形成完整的决策。解决这类问题可以通过上级主管人解决,但若采用跨部门的团队就可既减轻上层主管的负担,又有利于促进部门间的合作,还有助于提高效率。除了增强部门间的协调外,通过团队,其成员间也能更好地协调工作。在目标和价值观一致的情况下,团队内部的协调就更加自觉和高效。

3. 加强沟通及信息的传递和共享

在团队中面对面的接触,可以更清楚方便地弄清问题,这是一种非常有效的沟通方式;而且,各方能同时获取信息,了解决策,减少信息传递时间,减少信息传递失真。

4. 有利于分权

通过团队建设可以更有效地分权与授权。在决策中,成员间可以发挥权力制衡作用,避免个人独断专行。团队中的各成员代表不同的利益集团,从而可以使团队的决策和行为广泛地反映各个利益集团的利益,获得广泛的支持。

5. 有利于提高企业人力资源的使用效率

团队建设通过分享工作与责任,提升自我价值,使员工受到激励。员工不但会积极参与决策与计划的制定,还会认真接受和执行决策与计划。

6. 有利于员工的成长

通过团队建设,各成员能了解到整个组织的情况,并能有机会向其他人员学习,从而有助于发挥个人的技能。团队建设还能使组织的工作分类更少、更单纯,能够适应新员工的价值观,提高对各种变化的反应速度。

### （二）项目团队组建原则

1. 明确共同的目标

明确共同的目标可以为团队成员指引方向，提供推动力。团队成员通常会用一定的时间和精力分解项目目标，使之成为具体的、可以衡量的、现实可行的绩效目标，这样，每一个团队成员便明确了自己的努力方向。所以，某人只要加入了这个项目团队，就必须对项目目标有清晰的了解，同时，对自己的工作职责和范围、可动用资源、质量标准、预算和进度计划等方面以及它们与项目目标的关系，也应该有所了解。

2. 高素质的成员

只有高素质的成员才能构成高效的团队。高素质的成员是指项目成员具备实现项目目标所必需的各方面技术和能力，熟悉项目管理的知识和应用，具有一定的文化特性以及由此而形成的工作品质。

3. 平等的权利和义务

团队成员有权通过合理的竞争机制和科学的评价机制获得奖金、分享利润和股票等团队奖励及个人奖励，有权申请合理的劳动条件，有权获得进修培训的机会，其工作受劳动法保护。同时，他们有义务履行自己的工作职责，完成自己的工作任务，遵守工作指标、出勤率、工作进度等规定和纪律。

4. 有效的沟通

项目成员之间的沟通渠道应该保持畅通。只有心理障碍的破除，才谈得上各种语言和非语言的交流。有效的沟通有助于团队成员之间消除误解，迅速而准确地了解彼此之间的想法和情感，在进行项目工作时才可以和谐协调，达到无缝隙结合。

### （三）项目团队组建的过程和手段

1. 项目团队组建的过程

项目团队的组建可能很漫长费时，特别对于大型复杂的工程项目，项目团队的组建应非常谨慎，图 13-2 是项目团队组建的主要过程。

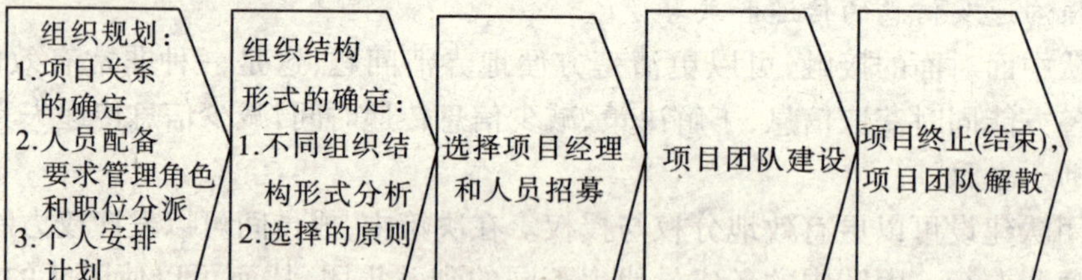


图 13-2　项目团队组建主要过程

2. 项目团队组建的手段

项目经理在组建一个团队的时候经常面临着缺乏全职工作的组员，项目经理在组建团队时需要采用一些手段，尽可能地使项目团队参与，调动参与者相应的积极性。

（1）有效利用会议。定期的项目团队会议为沟通项目信息提供了一个重要的论坛，项目会议的一个不太明显的作用是帮助建立一个有凝聚力的团队特征。在项目会议期间，队员们看到他们不是单独工作的，他们是一个大的项目团队中的一部分，并且项目成功依靠全体成员的共同努力，定期召集所有项目参与者有助于明确团队成员之间的关系，并且增加了集体观念。

(2)协同定位团队成员。最明显的使项目团队切实有效的方法是让团队成员一起工作在共同的空间里，但是这不能总是可行的，因为在矩阵环境中包含兼职的成员，而且成员们还在忙于其他项目和活动。为了协同定位，一个有效的办法就是利用项目会议室或活动室。经常地，这些房间墙上挂着甘特图、费用图以及其他的与项目计划及控制相关的其他产品，这些房间就作为项目成就的实际标志。

(3)创建团队名称。形成一个团队名称像“A 团队”或者“改革者”，通常是团队更切实的策略。通常地，相应的团队标志也要创建。项目经理需要依靠集体的创造力来树立相应的名称和标志。这些标记随后被粘贴到文具、体恤衫、咖啡杯上等，有助于提示团队成员关系的重要性。

(4)团队惯例。正如公司惯例有助于建立企业特征一样，在项目层次中相应的标志性行动能够建立一个独特的团队文化。例如，给团队成员一些有条纹的领带，数量跟项目中的里程碑的数量是相符的，当达到一个里程碑后，项目成员就剪掉一个条纹表示他们取得的进步。而在另一个项目中，采取的做法是对于在设计中发现缺陷的人员，就发给他们一个发磷光的玩具蟑螂，发现的缺陷越大，得到的玩具蟑螂也就越大。这样的管理有助于把项目从主流业务中分离出来，并且增加了特殊说明。

**(四)项目经理在团队建设中所起的作用**

1.项目经理在团队中的角色

随着团队建设时代的来临，项目经理必须脱离传统的狭隘领导观念，以团队领导者的观念来带领团队成员。因此，项目经理应该清楚自己在团队领导上扮演的角色：团队沟通的媒介；团队愿景的舵手；团队精神的支柱；团队能力的教练；团队方法的推手。

为扮演好以上各个主要角色，必须执行以下活动完成职责：

(1)带领团队成员，确定团队未来的愿景，分享意见共识，从而确定具体的远、中、短期目标，拟定实践计划。

(2)依据团队成员的个性，尊重其差异性，并引导互补，求同存异，建立荣辱与共、互信互助的团队精神。

(3)协助团队成员盘点其能力，拟定具体的培育计划，并提供教练式的指导活动。

(4)引进先进有效的作业系统，推动流程的合理化改善，并鼓励团队成员以创新的方法突破障碍，以达成团队目标。

(5)灵活运用不同的沟通方式，促成团队成员间信息互动，产生集思广益的团队效应，使团队运作能顺利进行。

2.项目经理在团队建设不同阶段所起的作用

一个团队的建立一般需要经过四个阶段，如图 13-3 所示。在不同阶段，项目经理的工作重点也有所不同。

(1)形成阶段。促使个体成员转变为团队成员。为使团队明确方向，项目经理一定要清楚地向团队成员说明团队的目标，描绘出目标成功后的美好前景以及团队成功后将为每个人带来的益处，并公布任务的工作范围、质量标准、预算及进度计划的标准和限制。

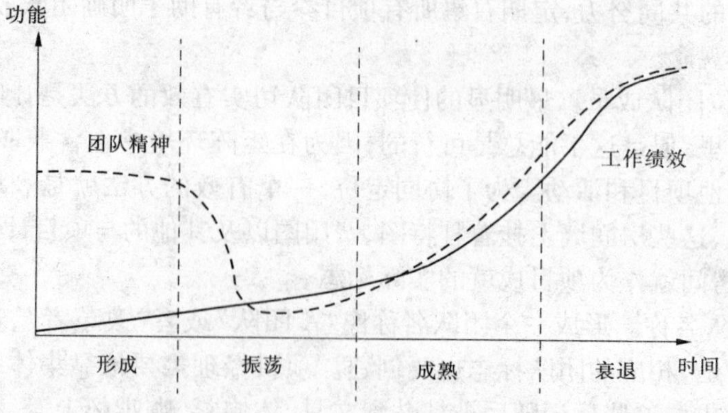


**图 13-3　团队发展的四个阶段**

项目经理在这一阶段要进行组织构建工作，包括确立团队工作的初始操作规程，规范沟通渠道、审批及文件记录工作。

(2)振荡阶段。经过一段时间，成员之间相互了解，大家发现对团队只是抱有一种不合实际的美好期望，团队的问题开始暴露，人与人之间的矛盾开始出现。这时候，团队就会进入一种很危险的状态。人的能力还不是特别高，思想较混乱。因此，在这一阶段，项目经理要作引导工作，致力于解决团队内部矛盾，决不能通过压制来期望负面情绪自行消失。

(3)成熟阶段。通过振荡阶段的考验，团队进入了发展的成熟阶段。团队成员逐渐接受了工作环境，对团队很认同，精神状态也很好，开始有能力为团队作出贡献，团队的凝聚力开始形成，团队进入高产时期。随着成员逐渐信任，团队内成员交流频繁，进行信息、观点和感情沟通。项目经理要发掘每个成员的责任意识，并创造良好的沟通环境和学习环境。

(4)衰退阶段。团队建设的最后阶段是衰退阶段。高产期到一定程度，有一个边际效应，一段时间之后就会进入衰退期。出现有的人居功自傲，有些人不思进取，有些人墨守陈规等现象。这一阶段，项目经理要特别关注预算、进度计划、工作范围等方面的业绩，如果实际进程落后于计划进程，项目经理就要协助支持修正行动的制定与执行。

## 三、项目团队的学习

团队学习是提高团队成员互相配合、整体搭配与实现共同目标的能力的学习活动及其过程。当团队真正在学习的时候，不仅团队整体产生出色的成果，个别成员成长的速度也比其他的学习方式更快。当需要深思复杂的问题时，团队必须学习如何取得高于个人智力的团队智力：当需要具有创新而又协调一致的行动时，团队能创造出一种“运作上的默契”，如在一流爵士乐队中，乐队成员既有自我发挥的空间，又能协调一致。杰出团队也会发展出同样“运作上默契”的关系，每一位团队成员都非常留意其他成员，而且相信人人都会采取互相配合、协调一致的方式；当团队中的成员与其他团队发生作用时，能培养团队之间相互配合的能力。虽然团队学习涉及个人的学习能力，但基本上是一项集体的修炼。

团队可以从理论上学习，也可从实践中学习，优胜基准学习法是最早应用于企业的一种学习方法，项目团队采用此法有利于提高项目团队竞争力，有助于项目的顺利完成。

优胜基准（Benchmarking）就是对产生最佳绩效的行业中最优经营管理实践的探索，也就是以行业中的领先团队为标准或参照，通过资料收集、分析比较、跟踪学习等一系列的规范化的程序，改进绩效，赶上并超过竞争对手，成为市场中的领先者。Benchmarking在英语词典中的意思为“以……为测量或判断的基准”，国内一些学者将Benchmarking活动或过程译作优胜基准。

同时，在项目团队中采用学习型组织理论，也能有效提高项目团队的总绩效。学习型组织理论认为，在新的经济背景下，企业要持续发展，必须增强企业的整体能力，提高整体素质；也就是说，未来真正出色的企业将是能够设法使各阶层人员全心投入并有能力不断学习的组织——学习型组织。所谓学习型组织，是指通过培养弥漫于整个组织的学习气氛，充分发挥员工的创造性思维能力而建立起来的一种有机的、高度柔性的、扁平的、符合人性的、能持续发展的组织。这种组织具有持续学习的能力，具有高于个人绩效总和的综合绩效。

## 四、项目团队决策

### （一）项目团队决策的一般步骤

项目团队决策的一般步骤如图13-4所示。

| 研究现状、判断改变的必要性 | 确定项目团队决策的目标 | 拟订项目团队的决策方案 | 决策方案的选择与比较 |
| --- | --- | --- | --- |
| 制定项目决策，首先要分析不平衡是否存在，是何种性质的不平衡，它对项目组织的不利影响是否已到了需要改变的程度 | 要明确目标，必须完成如下工作：(1)提出目标；(2)明确多元目标之间的相互关系；(3)限定目标 | 项目决策过程中，拟订可替代方案要比在既定方案中选择重要得多，多个备选方案应相互替代、互相排斥，但不能相互包容 | 评价和比较方案应注意：(1)方案实施所需的条件是否具备；(2)方案实施能够给组织带来何种利益；(3)方案实施可能遇到的风险和失败的可能性 |

图13-4　项目团队决策的一般步骤

### （二）项目团队决策常用的方法

一个团队运作是否出色，取决于其集思广益的程度。团队的决策优劣，反映了决策过程的质量高低。决策方法的选用起着无比重要的作用，常用的决策方法有标准日程法、点式计划法、名义群体法，头脑风暴法、德尔菲法等。其中最后两种方法在前面章节中已经介绍过，在此只介绍前三种方法。

1. 标准日程法

标准日程法分以下几步解决问题。

第一步，了解团队面临的问题，以何种方式解决为宜，何时是截止日期。确认现有资源。

第二步,分析问题的实质。问题在何处?团队要回答的问题到底是什么?

第三步,收集信息。在所有成员之间充分沟通,认真审视每条信息。

第四步,树立标准。理想的解决办法应包括哪些方面?解决办法中的哪些要点可被应用到次于最佳方案的可接受方案中?可能阻碍解决方案实施的法律、金融、道德以及其他方面的限制有哪些?

第五步,产生备用方案。集思广益,为下一步作好准备。

第六步,将各个方案同标准相比较。

第七步,选出最佳的解决办法。

2. 点式计划法

点式计划法可以帮助大型团队尽快确定工作重点。首先,团队成员集思广益,并将各自的观点记录在不同纸上,公开张贴。然后,每位成员分别得到两条上面贴有 2 ~ 3 个即时贴的纸带,这两条纸带分别为两种颜色,一种代表最重要,另一种代表次要。成员走向贴出来的写有个人意见的纸张,按照自己的判断为那些观点加注重要记号。有的团队要求每位成员只能在一个观点前加贴一个记号,但有的则允许那些对某个观点十分重视的成员将自己所有的即时贴全贴上去。这些即时贴能使团队能很容易地找出大家共同认可的工作重点是什么。

3. 名义群体法

名义群体在决策制定过程中限制讨论,故称为名义群体法(Nominalgroup technique)。如参加传统会议一样,团队成员必须出席,但他们是独立思考的。具体来说,它遵循以下步骤:

第一步,成员集合成一个团队,但在进行任何讨论之前,每个成员独立地写下他对问题的看法。

第二步,经过一段沉默后,每个成员将自己的想法提交给团队。然后一个接一个地向大家说明自己的想法,直到每个人的想法都表述完并记录下来为止(通常记在一张活动挂图或黑板上)。在所有的想法都记录下来之前不进行讨论。

第三步,成员们开始讨论,以便把每个想法搞清楚,并作出评价。

第四步,每一个队员独立地把各种想法排出次序,最后的决策是综合排序最高的想法。

这种方法的主要优点在于,使团队成员正式开会但不限制每个人的独立思考,而传统的会议方式往往做不到这一点。

## 第四节 水利工程项目中组织文化建设

### 一、组织文化概述

将组织视为一种文化的想法相对于其他理论来说还是最近的事情。20 年前,大多数组织被简单地看做是协调和控制一群人的理性工具。它们具有垂直层次结构,有多个部门，有权力关系等。但后来人们发现组织不仅只有这些，组织还像人一样是具有个性的。有的组织可能是呆板的，有的可能是灵活的；有的可能是冷漠的，有的可能是充满活力的；有的可能是消极保守的，有的可能是积极进取的。

**（一）组织文化的主要定义**

（1）威廉·大内（美，W. Ouchi）在 1981 年提出：组织文化是基于组织内成员可沟通的价值观和信仰的一套符号、利益和神话。

（2）霍夫斯蒂德（荷，G. Hofstede）在 1980 年提出：组织文化是心灵的集体行动方案。

（3）彼德斯和沃特曼（美，T. J. Peters and R. H. Waterman）在 1982 年提出：组织文化是一套有支配作用的、有关联的、被分享的价值观，它是通过故事、神话、传说、标语、轶事和童话等符号手段来传递的。

（4）迪尔和凯纳迪（美，T. E. Deal and A. A. Kennedy）在 1982 年提出：组织文化是一套我们围绕做事的方法。

（5）奥雷利（美，C. O. Reilly）在 1983 年提出：组织文化是一些强有力的、广泛分享的核心价值观。

（6）斯凯恩（美，E. H. Schein）在 1985 年提出：组织文化是一个具体群体在学习应付外部适应和内部承认的问题中已创造、已发现或已发展的一个基本假设模型。

（7）墨赫特（美，G. Moorhead）在 1995 年提出：组织文化是一套帮助组织内的员工理解什么行为是可被接受的、什么行为是不可被接受的价值观。

（8）罗宾斯认为组织文化是组织成员的共同价值观体系。表 13-2 是他提出的组织文化的本质。

**表 13-2　组织文化的本质**

| | |
|---|---|
| 1. 创新与冒险 | 组织在多大程度上鼓励员工创新和冒险 |
| 2. 注意细节 | 组织在多大程度上期望员工做事缜密、善于分析、注意小节 |
| 3. 结果定向 | 组织管理人员在多大程度上集中注意力于结果而不是强调实现这些结构的手段与过程 |
| 4. 人际定向 | 管理决策在多大程度上考虑到决策结果对组织成员的影响 |
| 5. 团队定向 | 组织在多大程度上以团队而不是个人工作来组织活动 |
| 6. 进取心 | 员工的进取心和竞争性如何 |
| 7. 稳定性 | 组织活动中是维持现状而不是重视成长的程度 |

可见，西方学者对组织文化的概念有不同的理解，对此众说纷纭。

**（二）组织文化的基本特点**

虽然组织文化有许多不同的定义，但可以看出一些共有的基本特点：

（1）组织文化是一个组织中的成员拥有的一套价值观体系。

（2）组织文化不仅写在纸上，或在培训课程中清楚地讲解，而且是被组织成员共同认可的。

（3）组织文化是可以通过符号手段来沟通的。根据这些基本特点，可以认为，组织文化是组织内部成员共同认可的、可以通过符号手段来沟通的一套价值观体系。

**(三)组织文化内容与层次**

组织文化包括以下具体内容:

(1)人们相互影响的常规行为,例如组织的仪式、典礼,人们共同使用的语言。

(2)组织内共同遵守的规范和标准,例如按劳付酬、多劳多得。

(3)组织具有的主要价值观念,如“产品质量”或“价格导向”。

(4)指导组织对待员工和顾客的政策与哲学。

(5)组织中长期遵循的策略规则,或新成员必须学习以便成为组织所接纳的成员的规则。

(6)通过有形的设计而在组织中传播的情绪和氛围,以及组织成员同顾客或其他外部人员相互影响的方式。

这些内容中的任何一项,都不能单独代表组织文化。但是,把它们放在一起,就反映并赋予了组织文化的内涵。

按照组织文化内容的可观察性和可变动性的不同,组织文化可以划分为多个层次(见图 13-5)。

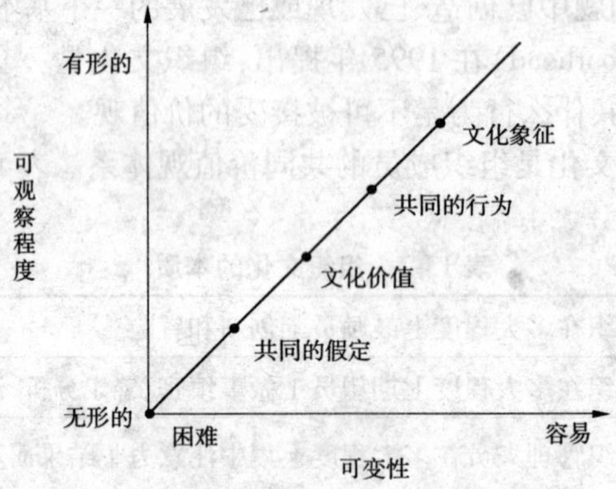


**图 13-5　组织文化的层次**

组织文化中最不明显的和最难以变化的是一些共同的假定,一些关于现实和人性的普遍认可的信条。例如,指导某些组织形成报酬制度、规则和程序的一个基本假定是:雇员的本性是懒惰的,必须严格控制他们才能提高其工作业绩。

文化价值代表着集体的信仰、假定,以及关于判断事情好坏、道德与否的标准。不同的公司,文化价值可能很不相同。有的公司最关心的是金钱、盈利,有的则最关心技术创新和员工福利等。公司在不同的发展阶段关注的内容可能也不相同,也就是说,会有些变化。

共同的行为是比较容易看得见和被改变的。在共同的组织环境里,员工的行为容易相互模仿和被改造。

文化的最表层是文化象征,它由符号、故事、图画、标语、服装等组成。麦当劳的雇员在汉堡包大学接受培训时,指导者告诉他们:你们的血管里要充满番茄酱!很多公司的新员工的第一堂培训课上,在讲授公司的历史时,公司历史上的一些传奇人物的事迹总会成为必修内容。

**(四)组织文化的功能和作用**

1. 组织文化的积极作用

(1)目标导向功能。即使组织中的个体目标与整体目标一致。在一般管理观念中,为了实现组织的预期目标,需要制定一系列的战略、制度、规定和程序,以此来引导和规范组织成员为实现组织目标而努力。但这种单纯依靠制度和工具的硬性管理已无法适应现代社会文化的变迁,战略与文化适当结合会产生事半功倍的绩效。组织文化的运作就是在组织具体的历史环境与现实条件下将组织成员的事业心和成功的欲望转化为具体的目标、行为准则及价值观,使其成为组织成员的精神动力,自觉地为组织目标而努力的过程。也就是说,成功的组织文化的实质就是在组织内部建立了一个动力机制,它使组织成员了解组织目标的伟大,并乐于为实现组织目标而贡献力量。

(2)凝聚功能。即使组织成员团结在一起,形成强大的力量。很显然,硬性的规章制度只能维持表面上的和平,而无法达到真正的和谐。组织文化犹如一种黏合剂,它具有一种极强的凝聚力,把不同层次、性格各异的人团结在组织文化中,使每个人的思想感情和命运都与组织的安危紧密相连,把组织看做自己的家,与其同甘苦、共命运。

(3)激励功能。以组织文化作为组织的精神目标和支柱,激励全体成员自信、自强,团结进取。组织文化的核心就是建立一种共同的价值观体系。成功的组织文化不但能够创造出一种人人受尊重、人人受重视的文化氛围,往往还能产生一种激励机制,激励组织成员不断进取。

(4)创新功能。组织文化重视营造适当的环境,以赋予其成员超越和创新的动机,提高创新素质,引导创新行为。组织成功与否的关键在于其成员创造性的发挥。良好的组织文化创造出一种和谐、民主、鼓励变革和超越自我的环境,为成员的创造性工作提供客观条件。

(5)约束功能。通过文化优势创建出一种为其成员共同接受并自觉遵守的价值观体系,即一些非正式的约定俗成的群体规范和价值观念。尽管组织的规章制度是必要的,但它无法保证每个成员任何时候都能遵守。而组织文化则是用一种无形的文化上的约束力量,形成一种软约束,不但可以降低组织成员对制度约束的逆反心理,而且创造出一种和谐的、自发奋进的组织氛围。

(6)效率功能。组织文化一方面通过增强组织成员的共同活力来提高组织整体活力,另一方面对组织内部管理体制提出挑战,以开放型的体制代替传统的僵硬封闭管理,来提高组织效率。开放型管理体制的特征是利用组织成员的默契配合来补充僵硬的行政协调,不仅提倡组织间竞争,还提倡组织内部的竞争,以此提高组织效能。

2. 组织文化的消极作用

组织文化对于提高组织绩效和增加凝聚力都大有裨益。但是,我们也应该看到组织文化对组织行为有效性的潜在的消极作用。当组织文化的核心价值观得到强烈而广泛的认同时,这种组织文化就是强文化。它在组织内部形成一种很强的行为控制氛围,使组织成员对组织的目标和立场有着高度一致的看法。这种目标的一致性导致了高凝聚力、忠诚感和一贯性。但是这种强文化还会产生这样的后果:

（1）阻碍组织的变革。当组织处于动态的环境中，组织的共同价值观与其现行需要不相符时，组织文化很可能成为组织变革的障碍。强烈的组织文化在稳定的环境中，可以带来行为的高度一致，起到积极的作用。但它可能约束组织的手脚，使组织难以应付变幻莫测的环境。因此，对于拥有强文化的组织来说，过去带来成功、引以为傲的东西，在环境变化时很可能导致失败。当组织作出适应环境的变革时，由于组织行为的一贯性，强烈的组织文化会阻碍变革的进程。

（2）削弱个体优势。新成员的加入，会为组织注入新鲜血液，但由于成熟的组织文化可能会限定组织接受新的价值观和行为方式，那么带有种族、性别和价值观等方面差异的新成员就会难以适应或难以被组织接受。在这种强文化压力下，新成员往往会放弃个性而服从组织文化。组织文化通常会削弱不同背景的人带到组织中的独特优势，而这些优势又往往可能是组织在未来发展时所必需的。

（3）组织合并的障碍。在组织合并时，管理者所考虑的通常是组织变更需求和资产负债等因素，如果忽略了两个不同类型的组织文化的差异，这将给合并后的组织带来一系列的麻烦，甚至会导致合并的失败。

## 二、组织文化的建设与发展原则

### （一）目标原则

组织文化的建立，必须能够明确反映组织的目标和宗旨，反映代表组织长远发展方向的战略性目标和为社会、顾客或组织成员服务的最高目标和宗旨。组织文化的目标导向功能使组织中的个体目标与整体目标一致，并使个体因此感到自己的工作意义重大。组织文化理论超越一般管理观念，运用战略和文化的有机结合来进行管理。成功的组织文化能将组织成员的事业心和成就欲转化为具体目标、行为准则和价值观，使其自觉地为组织目标努力。

### （二）价值原则

组织文化要体现组织的个体价值观，体现全体组织成员的信仰、行为准则和道德规范，它不但为全体组织成员提供了共同的价值准则和日常行为准则，同时也是组织管理的必要条件。每个员工都应将自己的行为与这些准则和规范联系起来，并使之成为整体力量，来提高组织效能。

### （三）卓越原则

组织文化应包括锐意进取、开拓创新、追求优势、永不自满等精神。组织文化应设计一种和谐、民主、鼓励变革和超越自我的环境，从主观和客观上为组织成员的创造性工作提供条件，并将求新、求发展作为组织行为的一项持续性要求。在美国和日本的一些成功企业的信念中，今天做的事，现在的产品，到明天就可能变得不合适了，应根据变化不断作出相应调整，只有这样才能立于不败之地。追求卓越、开拓创新是组织活力最重要的标志。

### （四）激励原则

组织成员的每一项成就都应该得到组织和管理者的肯定与鼓励，并将其报酬与工作绩效联系起来，激励全体成员自信自强，团结进取。成功的组织文化不但应创造出一种人人受尊重、人人受重视的文化氛围，还应产生一种激励机制。每个成员在组织中的每一次进步和成长，都应该受到组织的关注，并给予及时的承认和支持，从而在组织中形成一种良性的激励循环，使组织成员为实现自我价值和组织目标而不断进取。

**（五）环境原则**

组织文化的建立当然需要一个适宜的环境，包括良好的外部环境和内部环境。良好的内部环境是指每个成员在组织中有极好的归属感，他们愿意并自觉地参与组织的决策和管理，他们希望通过自己的潜能的发挥给组织带来良好的绩效。正如威廉·大内（William Ouchi）的Z理论提出，现代管理中处理人际关系应采用信任和微妙的方式，管理者与被管理者、上级和下级之间应建立起亲密和谐的关系，彼此真诚地关心和尊重，互相体谅。在这样的工作环境下形成的和谐进取的整体是组织文化的基础，它不但有利于提高工作绩效，还会使组织成员产生精神上的满足感。也就是说，组织文化应创造出一种和谐、民主、有序的内部环境。为推进组织文化建设的良性发展，社会的舆论导向和主流文化也应朝着积极、健康、乐观、开放的趋势发展。政府可在政策上给予影响，组织可在文化建设上主动创新，媒体可在组织文化的形式和内容上给予倡导等。

**（六）个性原则**

组织文化是个性与共性的统一。任何组织都有其应遵循的共同的客观规律，如善于有效地激励员工，提供优质的产品和服务，形成高绩效的组织功能等，这些构成了组织文化的共性部分。但由于民族文化环境、社会环境、行业、组织目标和领导行为的不同，因而形成了组织文化的个性。组织文化鲜明的个性不但是一个组织与其他组织相区别的重要标志，也有助于成员理解和接纳该组织的文化，从而有效发挥组织文化的作用。

**（七）相对稳定性原则**

组织文化是组织长期发展过程中提炼出来的精华。它是由一些相对稳定的要素组成的，并在组织成员的思想上具有根深蒂固的影响。因此，组织文化的建立应具有一定的稳定性和连续性，具有远大的目标和坚定的信念，不会因为环境的微小变化或个别成员的去留而发生变动。不过，在保持组织文化的相对稳定性的同时也要注意其灵活性。在组织内外环境或自身地位发生变化时，应及时更新、充实组织文化，以保持组织的长久活力。

# 第十四章 水利工程项目组织协调管理

## 第一节 水利工程项目中的组织协调

### 一、工程项目组织协调的概念

协调是通过及时的调整或调解,使各个方面、各个部分、各个层次的工作配合得当,协同一致。

组织协调是指以一定的组织形式、手段和方法,对工程项目中产生的关系不畅进行疏通,对产生的干扰和障碍予以排除的活动。组织协调是项目管理的一项重要工作,工程项目要取得成功,组织协调具有重要的作用。一个工程项目,在其目标规划、计划与控制实施过程中有着各式各样的组织协调工作。例如,项目目标因素之间的组织协调;项目各子系统内部、子系统之间、子系统与环境之间的组织协调;各种施工技术之间的组织协调;各种管理方法、管理过程的组织协调;各种管理职能(如成本、工期、质量、合同等)之间的组织协调;项目参加者之间的组织协调等。组织协调可使矛盾的各个方面居于一个统一体中,解决它们之间的不一致和矛盾,使项目实施和运行过程顺利。

组织协调包括以下几个方面的含义:

(1)组织协调是有目标的协调。

(2)组织协调是为了保持组织与外部环节的平衡,使组织与外部环境处于最佳的适应状态。

(3)组织内部进行有效沟通,使各个方面、各个部门和各改革成员的工作同步化、和谐化,以有效地达到组织目标。

可以说,组织协调既要处理好外部关系,也要处理好内部关系,是一门内求团结、外求合作的艺术。

### 二、工程项目组织协调的范围

工程项目组织协调的范围包括内部关系的协调、近外层关系的协调和远外层关系的协调。

内部关系即各参建单位组织内部关系,包括工程项目组织内各部门之间的关系、各层次(决策层、执行层和操作层)之间的关系等。

近外层关系是指工程项目承包企业、业主、监理单位、设计单位、材料物资供应单位、分包单位、开户银行、保险公司之间等各单位相互关系的协调,是工程项目组织系统的各参建单位之间的关系。这种关系往往体现为直接或间接的合同关系,应作为工程项目组织协调的重点。

远外层关系是指与工程项目部虽无直接或间接的合同关系，但却有法律、法规和社会公德等约束的关系，包括与政府、环保、交通、消防、公安、环卫、绿化、文物等管理部门之间的关系。

当然，对于不同的参建单位，由于其组织本身的结构、目的、工作流程等有很大的不同，而且其组织的外部环境、其在整个工程项目组织系统中的地位和作用也有很大的不同，所以其具体的协调范围也有不同。

## 三、工程项目组织协调的内容

### （一）人际关系的协调

人际关系的协调包括工程项目参建单位组织内部人际关系的协调和工程项目参建单位与关联单位之间人际关系的协调。协调的对象应是相关工作结合部中人与人之间在管理工作中的联系和矛盾。

工程项目参建单位组织内部人际关系是指工程项目参建单位组织各成员之间的人员工作关系的总称。内部人际关系的协调主要是通过交流增进相互之间的了解与亲和力，促进相互之间的工作支持，提高工作效率；通过调解、互谅互让来缓和工作之间的利益冲突，化解矛盾。

工程项目参建单位组织与关联单位之间的人际关系是指工程项目参建单位组织成员与其上下级职能管理部门成员、近外层关系单位工作人员、远外层关系单位工作人员之间工作关系的总称。与关联单位之间人际关系的协调同样要通过各种途径加强友谊、增进了解，提高相互之间的信任度，有效地避免和化解矛盾，减少扯皮，提高工作效率。

### （二）组织关系的协调

组织关系的协调主要是对工程项目参建单位组织内部各部门之间工作关系的协调，具体包括项目各部门之间的合理分工与有效协作。分工与协作同等重要，合理的分工能保证任务之间的平衡匹配，有效协作既可避免相互之间的利益分割，又可提高工作效率。

### （三）供求关系的协调

供求关系的协调应包括工程项目参建单位组织与供应单位之间关系的协调。它主要是保证工程项目实施过程中所发生的人力、材料、机械设备、技术、信息、服务等生产要素供应的优质、优价和适时、适量，避免相互之间的矛盾，保证项目目标的实现。

### （四）协作配合关系的协调

协作配合关系的协调主要是指与近外层关系的协作配合协调和工程项目参建单位组织内部各部门、各层次之间协作关系的协调。这种关系的协调主要通过各种活动和交流促进彼此之间的相互了解、相互支持，实现相互之间协作配合的高效化。

### （五）约束关系的协调

约束关系的协调包括法律、法规约束关系的协调，行政管理约束关系的协调和合同约束关系的协调。前二者主要通过提示、教育等手段，提高关系双方的法律、法规意识，避免产生矛盾或及时、有效地解决矛盾；后者主要通过过程监督和适时检查以及教育等手段主动杜绝冲突与矛盾或依照合同及时、有效地解决矛盾。

## 四、工程项目组织协调的常用方法

### (一)会议协调法

会议协调法是建设工程项目中最常用的一种协调方法,实践中常用的会议协调法包括第一次工地会议、生产协调(调度)会、专题讨论会、监理例会、设计交底会等。

### (二)交谈协调法

在实践中,并不是所有问题都需要开会来解决,有时可采用交谈这一方法。交谈包括面对面的交谈和电话交谈两种形式。

无论是内部协调还是外部协调,这种方法使用频率都是相当高的。其作用在于:

(1)保持信息畅通。由于交谈本身没有合同效力及其方便性和及时性,所以建设工程参与各方之间都愿意采用这一方法进行。

(2)寻求协作和帮助。在寻求别人帮助和协作时,往往要及时了解对方的反应和意见,以便采取相应的对策。另外,相对于书面寻求协作,人们更难以拒绝面对面的请求。因此,采用交谈方式请求协作和帮助比采用书面方法实现的可能性要大。

(3)及时地发布工程指令。在实践中,工程项目管理人员一般采用交谈方式先发布口头指令,这样一方面可以使对方及时地执行指令,另一方面可以和对方进行交流,了解对方是否正确理解了指令。随后,以书面形式加以确认。

### (三)书面协调法

当会议或者交谈不方便或不需要时,或者需要精确地表达自己意见时,就会用到书面协调的方法。书面协调法的特点是具有合同效力,一般常用于以下几方面:

(1)不需双方直接交流的书面报告、报表、指令和通知等。

(2)需要以书面形式向各方提供详细信息和情况通报的报告、信函及备忘录等。

(3)事后对会议记录、交谈内容或口头指令的书面确认。

### (四)访问协调法

访问协调法主要用于外部协调中,有走访和邀访两种形式。走访是指工程项目管理人员在建设工程实施前或实施过程中,对与工程实施有关的各政府部门、公共事业机构、新闻媒介或工程毗邻单位等进行访问,向他们解释工程的情况,了解他们的意见。邀访是指工程项目管理人员邀请上述各单位代表到施工现场对工程进行指导性巡视,了解现场工作。因为在多数情况下,这些有关方面并不了解工程,不清楚现场的实际情况,如果进行一些不恰当的干预,会对工程产生不利影响。这个时候,采用访问法可能是一个相当有效的协调方法。

### (五)情况介绍法

情况介绍法通常是与其他协调方法紧密结合在一起的,它可能是在一次会议前,或是一次交谈前,或是一次走访或邀访前向对方进行的情况介绍。形式上主要是口头的,有时也伴有书面的。介绍往往作为其他协调的引导,目的是使别人首先了解情况。因此,工程项目管理人员应重视任何场合下的每一次介绍,要使别人能够理解自己介绍的内容、问题和困难及想得到的协助等。

总之,组织协调是一种管理艺术和技巧,工程项目管理人员需要掌握领导科学、心理学、行为科学方面的知识和技能,如激励、交际、表扬和批评的艺术,开会的艺术,谈话的艺术,谈判的技巧等。

### 五、工程项目组织协调管理

工程项目组织协调管理就是要在保证项目信息及时和正确的收集、提取、传播、存储以及最终处理的基础上,保证项目组织内部以及和项目外界环境的信息畅通、和谐共处、配合得当、协同一致。一般包括协调计划、计划实施和结果评审三个阶段。

#### (一)协调计划

协调计划需要明确组织成员各自的职责范围,以及协调的目标、时间、方式、内容等。参加项目建设的各方都应明白,协调的有效性不仅会影响到项目整体目标的实现,而且也会影响到各自目标的实现。协调计划一般包括五个方面:明确协调的要求;分析影响协调的因素;确定协调目标,目标要有针对性、具体,有约束和限制;选择最佳沟通渠道;选择最佳的沟通方式。

#### (二)计划实施

计划实施就是克服一切困难和障碍,执行协调计划的过程。此时,一方面应做必要的实施准备工作,如思想准备、资源准备等;另一方面,要做好信息交流;再者,要注意计划实施中控制和指导,既要保证计划落实,又要根据实际情况作及时的完善和调整。

#### (三)结果评审

即对协调的结果和绩效进行评审,形成报告。

## 第二节　水利工程项目沟通管理

在现代水利工程项目中,有众多的单位参与项目建设,几十家、几百家甚至上千家,形成了非常复杂的项目组织系统。由于各单位都具有不同的任务、目标和利益,因而在项目实施过程中,都企图指导、干预项目的实施,获取自身利益的最大化,最终造成了各单位利益相互冲突的混乱局面。

项目管理者必须对此进行有效的协调控制,采取有力的手段,使矛盾的各方面处于一个统一体,解决其不一致和矛盾,使系统结构均衡,项目顺利运行和实施。沟通是有效解决各方面矛盾的重要手段。通过沟通,解决技术、过程、逻辑、管理方法及程序中存在的矛盾和不一致,并且,由于沟通本身又是一个心理过程,因而能够有效解决各方参与者心理与行为的障碍和争执,达到共同获利的目的。

### 一、沟通与项目沟通

#### (一)沟通的概念

1. 沟通的定义

沟通就是两个或两个以上的人或实体之间信息的交流。这种信息的交流,既可以是通过通信工具进行交流,如电话、传真、网络等,也可以是发生在人与人之间、人与组织之间的交流。沟通不仅与我们的日常生活密切相连,还在管理尤其是人力资源管理中发挥着重要作用。在任何一个组织中,管理人员所处理的每件事都涉及沟通,并以沟通的信息作为决策依据,而且在决策之后仍然需要沟通。没有沟通,即使是再好的决策、再完善的计划也发挥不了作用。人在社会上生存,不可能不和其他人进行沟通。沟通可能很复杂,也可能很简单;可能拘泥于形式,也可能十分随便。这一切都取决于传递信息的人与人之间的关系。沟通包括四个方面的含义:

(1)沟通要有信息的发送者和接受者。沟通是双方的行为,是一方将信息传递到另一方。沟通的双方可以是个人,也可以是群体或组织。

(2)沟通要有信息。沟通是通过信息的传递完成的,而信息的传递通过一系列符号来实现,即通过语言、身体动作、面部表情和符号语言等由发送者传递给接受者。

(3)沟通要有渠道。渠道包括口头沟通和书面沟通两种形式。

(4)沟通要有效。信息经过传递之后,接受者感知到的信息与发送者发出的信息完全一致时,沟通过程才是有效的。沟通的结果就是组织及各部门之间行动上的协调统一。

任何组织的管理只有通过信息交流即沟通才能实现,所以组织管理效果的好坏可以通过其沟通效果来测定。沟通效果较好,则管理就较成功,工作效率就提高;反之,沟通不力,则表现为管理较差。管理的实施几乎完全依赖于沟通,一个管理者能否成功地进行沟通,很大程度上决定了他能否成功地对组织进行管理。

2. 沟通的要素

沟通是在个人和文化两种条件下进行的双向过程,也可以理解为“传递思想,使别人理解自己的过程”。其含义是说,沟通是一个互相交流的过程。有效的沟通就是为了活动的启动、协调、反馈及中间流程的纠正等目的而互相交换思想和看法。

1)沟通者

对任何信息所达到的效果而言,发出者都是很关键的。信息源的可信赖性、意图和属性都很重要。在一些情况下,只要让人们知道某条信息来源于一个有名望、有影响的人,就足以使之为人们所接受。研究的证据表明,对沟通的反应常受到以下暗示的重要影响:沟通者和意图,专业水平和可信赖性。但到了接受者能区分信息和来源的时候,信息来源可能就要失去其重要性。但在能作出这种区别之前,沟通者就变得非常关键。

2)内容

影响信息效果的另一个重要因素就是信息的内容。信息的内容可以通过以下两种沟通特性的表现来反向描述。

(1)有效情感强度的把握。大量的研究表明,当沟通对象的情感强度上升,对沟通者所提建议的接受程度并不一定相应地上升。对任何类型的劝说性沟通而言,这种关系更可能是曲线形的。当情感强度从零增至一个中等程度时,接受性也增加;但是情感强度再增强至更高水平时,接受性反而会下降。

这就表明情感强度处于很高或很低水平时都可能有钝化作用。中等情感强度是最有效的。然而,在最终的分析中,对某信息应施用多少程度的情感还要靠主观判断。

(2)劝说型沟通的把握。在劝说型的沟通中,对非人格化的主题给出了一系列复杂的论据,通常明确地给出结论比让听众自己得出结论更为有效,特别是听众一开始不同意评论者的主张的时候更应如此。

给出双方面论据相对于只给出单方面论据从长远来看更有效。如果不管最初的观点是什么,沟通对象都将处于随后的反面宣传之中;或不论沟通对象是否暴露于随后的反面宣传之中,沟通对象一开始就不同意评论者的主张。在这些情况下,给出双方面的论据更有利于沟通对象对评论者观点的接受。但如果沟通对象在一开始就同意评论者的主张,而后来又不会处于反面宣传之中,那么提供双方面的论据就没有只提供单方面的论据有效。

从以上分析可以推断:一个令人信服的单方面沟通(是指仅说出问题的一个方面,或一种观点,而不说明相反方面,不要与单向沟通混淆)能使人们转向期望的方向,至少可以是暂时的,直至他们听到问题的另一个方面。然而,双方面的沟通效果却是持久的。它为沟通对象提供了消除或不理睬负面看法而保留正面看法的基础。

有关研究表明,按突降次序给出主要论据收到的效果最好,在这种情况下,人们开始时对沟通的兴趣很小。在开始时兴趣就很高的情况下,其他的因素如接受者的个性和倾向及沟通者、信息的内容等,对表达的内容更为重要。这些因素的相关组合可构成特定情况下的最佳表达。

3)接受者

沟通中的第三个重要因素就是接受者。个人的个性及接纳他的群体都很重要。个性可从总体智力和需求倾向两方面来确定。有两个假设必须说明:

(1)具有较高智商的人,由于他们具有进行正确推理的能力,所以当他们处于以下这种类型的劝说沟通中时,比智商较低的人更容易受到影响,这种沟通主要依赖于印象的逻辑论证。

(2)具有较高智商的人,由于他们具有较强的否定意识,所以当他们处于以下这种类型的劝说沟通中时,比智商较低的人更少受到影响。这种沟通是基于无依据的归纳,或建立在假设的、不合乎逻辑的无关论据之上的。

个性还应从需求倾向的角度来探究。某些个性需求能使个人易于上当受骗。一个人的社会感觉不健全,压抑、进攻性等都与较强的个性相关联;这种个性可用劝说型沟通来度量。具有很强自尊心的个人更倾向于自己思考,而不会放任自己过分地受外界影响。

个人所属的社会群体也会对沟通产生重要的影响,特别当这种沟通违背这个群体的一些原则时,表现尤为强烈。一个人的态度很大程度上依赖于他所属群体的观点和态度,特别是在他很珍惜在这个群体中的成员这一身份时更为明显。通常情况下在一个群体中最珍视其成员身份的人,他们的观点最不易受那些违反原则的沟通的影响。这就表明对一个群体的归附程度和这个群体准则的内部化之间有着直接的关系。

概括起来,沟通的效果不仅取决于接受者的个性,还取决于接受者对某个群体的归附程度和这个群体确定的一些原则。

**(二)项目沟通的概念**

1.项目沟通的定义

项目沟通就是项目团队成员之间、各部门之间利用各种方式和技巧所进行的信息的双向、互动的反馈与理解过程。项目管理是由项目的各个部门和该部门的人进行的,不同的部门、不同的人都对同一个项目进行管理,那么要保证项目的正常进行,部门之间、人与人之间就肯定需要沟通，这就是项目的沟通。项目需要有效的沟通以确保在适当的时间以低代价的方式使正确的信息被合适的人所获得。在项目实施过程中，沟通主要是组织部门沟通和人际沟通。

1）组织部门沟通

组织部门沟通是指项目组织各个部门之间的信息传递。关于组织内部的信息沟通有正式渠道和非正式渠道。正式渠道是指组织内部按正规的方式建起来的渠道，信息既可以从上级部门向下级部门传递（如政策、规范、指令），也可以从下级部门向上级部门反映（如报告、请求、建议、意见），还可以是同级部门之间的信息交流。非正式渠道是由组织内部成员之间因彼此的共同利益而形成的。这些利益既可能因工作而产生，也可能因组织外部的各种条件而产生。通过非正式渠道传送的信息有时经常会被曲解，而与正式渠道相矛盾，有时又会成为正式渠道的有效补充。

2）人际沟通

人际沟通就是将信息由一个人传递给另一个人或多个人，同时也包括人与人之间的相互理解，如项目经理与团队成员之间的沟通。人际沟通不同于组织部门的沟通，比如，人际沟通主要通过语言交流来完成，并且这种沟通不仅是信息的交流，还包括感情、思想、态度等的交流。人际沟通的障碍还有一个特殊的方面，就是人所特有的心理。因此，对人际沟通，要特别注意沟通的方法和手段。

2. 项目沟通的重要性

1）沟通是项目决策和计划的基础

项目管理班子要想制定科学的计划，必须以准确、完整和及时的信息作为基础。通过项目内外部环境之间的信息沟通，就可以获得众多的变化的信息，从而为科学计划及正确决策提供依据。

2）沟通是项目组织和控制的依据

项目管理班子没有良好的信息沟通，就无法实施科学的管理。只有通过信息沟通，掌握项目班子内的各方面情况，才能为科学管理提供依据，从而有效提高项目班子的组织效能。

3）沟通是建立和改善人际关系的必需条件

信息沟通、意见交流，将各个成员组织贯通起来，成为一个整体。信息沟通是人的一种重要的心理需要，是人们用以表达思想、感情和态度的手段。畅通的信息沟通，可以减少人与人之间不必要的冲突，改善人与人之间、组织之间的关系。

4）沟通是项目经理成功领导的重要措施

项目经理通过各种途径将意图传递给下级人员并使下级人员理解和执行。如果沟通不畅，下级人员就无法正确理解和执行项目经理的意图，从而就无法使项目顺利进行下去，最终导致项目管理混乱乃至失败。因此，只有提高项目经理的沟通能力，项目成功的把握才会比较大。

3. 项目沟通的内容

以项目经理的沟通为例，项目沟通的内容如图 14-1 所示。

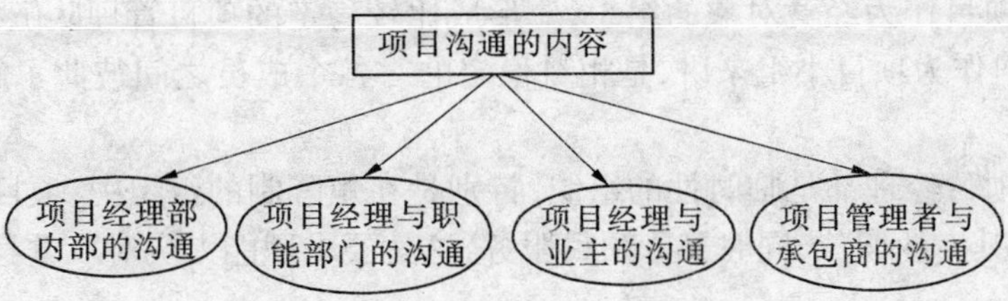


图 14-1　项目沟通的内容

1)项目经理部内部的沟通

项目经理所领导的项目经理部是项目组织的核心。通常项目经理部直接控制资源，并由项目经理部中的职能人员具体实施控制。项目经理和职能人员之间及各职能人员之间存在着共同的责任。他们之间应该具有良好的工作关系，应当经常进行沟通和协调。

在项目经理部内部的沟通中，项目经理起着核心作用，如何进行沟通以协调各职能工作，激励项目经理部成员，是项目经理的重要课题。

项目经理部的成员的来源与角色是复杂的，有不同的专业目标和兴趣。有的专职为本项目工作，有的以原来职能部门的工作为主。

(1)项目经理与技术专家的沟通是十分重要的，他们之间存在许多沟通障碍。技术专家常常对基层的具体施工了解较少，只注意技术方案的优化，而对社会和心理方面的影响则注意较少。项目经理应该积极引导，从全局的角度考虑，既发挥技术人员的作用，又能使方案在全局切实可行。

(2)建立完备的项目管理系统，明确划分各自的工作职责，设计比较完备的管理工作流程，明确规定项目中的正式沟通的方式、渠道和时间，使大家能够按程序、按规则办事。

但同时，项目经理不能够对管理程序寄予太大的希望，认为只要建立科学的管理程序，要求成员按照程序办事就能够比较好地解决组织沟通的问题。首先，因为过细的管理程序使依赖于它的组织僵化；其次，由于项目具有一次性和特殊性，实际情况千变万化，对其很难进行定量的评价，要管理好项目，还是要依靠管理者的能力；最后，过于程序化不能灵活地应对外界条件的变化，使组织效率低下，组织的摩擦大，管理成本提高。

(3)由于项目的特点，项目经理应该从心理学、行为学等角度激励各个成员的积极性。虽然项目经理没有给项目成员提升、加薪的权力，但是通过有效的沟通，采取一系列的有效措施，同样可以使项目成员的积极性得到提高。

采用民主的工作作风，不独断专行。在项目经理部内放权，让组织成员独立工作，充分发挥他们的积极性和创造性，使他们对自己的工作产生一种成就感。项目经理通过自己的品格、热情和工作挑战精神来影响项目成员。

改进工作关系，形成团队。鼓励大家参与协作，一起研究目标，制定计划，倾听项目成员的意见、建议，允许置疑，建立一种互相信任、和谐的工作气氛。

公开、公正、公平。对上层的指令、决策应该清楚快速地传达到项目成员和相关职能部门；对项目实施过程中存在和遇到的问题，不掩饰、不逃避，让大家了解到真实情况，增强团队的凝聚力；合理分配工作，并能够客观公正地接受反馈意见；该奖则奖，该罚则罚，公平地进行奖罚。

(4)对以项目作为经营对象的组织,应形成比较稳定的项目管理队伍,这样尽管项目是一次性的,但作为项目小组来讲,是相对稳定的。各个成员之间彼此了解,能够大大减少组织摩擦。

(5)由于项目经理部是临时性的组织,特别是在矩阵制的组织中,项目成员在原职能部门仍然保持其专业职位,同时又为项目服务,这就要求职能人员对双重身份都具有相当的忠诚性。

(6)在项目组织内部建立公平、公正的考评工作业绩的方法、标准,并定期客观地对成员进行业绩考评,去除不可控制、不可预期的因素。

2)项目经理与职能部门的沟通

项目经理与组织职能部门经理之间的沟通是十分重要的,特别是在矩阵式组织中。职能部门必须对项目提供持续的资源和管理工作支持,职能部门与项目之间有高度的依存性。

(1)在项目经理与职能经理之间自然会产生矛盾,在组织设置中他们间的权力和利益平衡存在着许多内在的矛盾性。项目的每个决策和行动都必须跨过这个结合点来进行协调,而项目的许多目标与职能管理目标差别很大。项目经理本身能完成的事情极少,他必须依靠职能经理的合作和支持,所以在此点的协调沟通是项目成功的关键。

(2)项目经理必须发展与职能经理的良好的工作关系,这是项目经理的工作顺利进行的保证。项目经理和职能经理间会有不同的意见,会出现矛盾。职能经理常常不了解或不同情项目经理的紧迫感,职能部门会扩大自己的作用,以它自己的观点来管理项目,这有可能使项目经理陷入困境。

当项目经理与职能部门经理沟通协调不及时,产生矛盾后,项目经理可能被迫到企业的高层处寻求解决,将矛盾上交,但这样常常更会激化两个经理之间的矛盾,使以后的沟通更加困难。

项目经理应该与向项目提供职能人员,或职能服务,或供应资源的关键职能部门的经理就项目的执行计划进行沟通,交换意见,以获得这些关键职能部门的经理的支持。

(3)项目经理和职能经理之间有一个清楚的快捷的信息沟通渠道,不能发出相互矛盾的命令。

(4)项目经理与职能经理的基本矛盾的根源大部分是经理间的权力和地位的斗争。职能经理变成项目经理的任务的接受者,他的作用和任务是由项目经理来规定和评价的,同时他还对企业组织的职能业务和他的正式上级负责。所以,职能经理感到项目经理对其地位和权力的威胁,感到他们固有的价值被忽视了,不愿意由项目经理来分派各种任务,不愿意对实施活动承担责任。

但在实际上,由于项目组织的特性,项目经理对于项目来说只是某一个项目的经理,是项目实施期存在的,需要职能经理在各个职能方面对其的支持,并不会威胁到一般职能经理的地位和权力。在沟通过程中,要注意这一点的沟通,以消除职能经理与项目经理不必要的对立和矛盾。

(5)项目组织会给原来的组织带来变化,必然要干扰已建立的管理规则和组织结构。人们倾向于对变革进行抵制。项目经理的设立,对职能经理增加了一个压力来源。

(6)职能管理是组织管理机构的一部分,通常被认为是常任的,常常可以与公司的高层直接进行沟通,因此有高层的强大的支持。

(7)重要的信息沟通工具是项目计划,项目经理制定项目的总体计划后应取得职能部门资源支持的承诺。这个职权说明应通报给各个职能部门,若是没有这样的说明,项目管理就很可能在资源分配、人力利用和进度方面与职能部门作持续的斗争。

3)项目经理与业主的沟通

业主代表项目的所有者,对项目具有特殊的权力,而项目经理为业主管理项目,必须服从业主的决策、指令和对工程项目的干预,项目经理的最重要的职责是保证业主满意。要取得项目的成功,必须获得业主的支持。

(1)项目经理首先要理解总目标、理解业主的意图、反复阅读合同或项目任务文件。对于未能参加项目决策过程的项目经理,必须了解项目构思的基础、起因、出发点,了解目标设计和决策背景;否则可能对目标及完成任务有不完整的,甚至是无效的理解,会给他的工作造成很大的困难。如果项目管理和实施状况与最高管理层或业主的预期要求不同,业主将会干预,要改正这种状态。所以,项目经理必须花很大气力来研究业主,研究项目目标。

(2)让业主一起投入项目全过程,而不仅是给他一个结果。尽管有预定的目标,但项目实施必须执行业主的指令,使业主满意。而业主通常是其他专业或领域的人,可能对项目懂得很少,因此常常有项目管理者抱怨:业主什么都不懂,瞎指挥、乱干预。从另一个角度来看,这不完全是业主的责任,很大程度上是由于项目的管理者与业主的沟通不够形成的。

要改变这种状态,解决这个问题,常用的方法有:

使业主理解项目、项目过程,使其成为专家,减少他的非程序干预和越级指挥。特别应防止业主的组织内部其他部门的人员随便干预和指导项目,或将组织内部的矛盾、冲突带到项目中来。许多人不希望业主过多地介入项目,实质上是不可能的。一方面,项目管理者无法也无权拒绝业主的干预;另一方面,业主介入为项目顺利实施起到了一定的作用。业主对项目过程的参与使其深入了对项目过程和困难的认识,使决策更为科学和符合实际,同时使其有成就感,积极为项目提供帮助。

通过沟通使项目经理在作出决策安排时能考虑到业主的期望、习惯和价值观念,了解业主对项目关注的焦点,随时向业主通报情况。在业主作决策时,向他提供充分的信息,让他了解项目的全貌、项目的实施情况、方案的利弊得失及对目标的影响。

加强计划性和预见性,让业主了解承包商、了解非程序干预的后果。业主和项目管理者双方理解得越深,双方的期望越清楚,矛盾就越少;否则当业主成为项目的一个干扰因素的时候,项目管理必然会遭遇到失败的结局。

(3)业主在委托项目管理任务后,应将项目前期策划和决策过程向项目经理作全面的说明与解释,提供详细的资料。众多的国际项目管理经验证明,在项目过程中,项目管理者越早进入到项目中,项目实施得将越顺利。最好是让项目管理者参与目标设计和决策过程,在整个项目过程中保持项目经理的稳定性和连续性。

(4)项目经理有时会遇到业主所属组织的其他部门,或者合资者各方都想来指导项目实施的情况。对于这种状况,项目经理应该很好地听取这些人的意见和建议,对他们作出耐心的解释和说明,但不能让其直接指导实施和指挥项目组织成员。

4)项目管理者与承包商的沟通

通常承包商指工程的承包商、设计单位、供应商。他们与项目经理没有直接的合同关系,但他们必须接受项目管理者的领导、组织和协调、监督。

(1)在技术交底以及整个项目实施过程中,项目管理者应该让各承包商理解总目标、阶段目标以及各自的目标、项目的实施方案、各自的工作任务及职责等,并向他们解释清楚,作详细说明,增加项目的透明度。

(2)指导、培训各参加者和基层管理者适应项目工作,向他们解释项目管理程序、沟通渠道与方法。经常对项目目标、合同、计划等进行解释,在发布命令后作出具体说明,有利于有效地消除对抗。

(3)项目管理者在观念上应该强调自已是提供服务、帮助,强调各方面利益的一致性和项目的总目标性,因而即使业主将具体的工程项目管理事务委托给项目管理者,赋予项目管理者很大的权力,但是项目管理者不能对承包商随便动用处罚权,当然不得已时除外。

(4)在招标、签订合同、工程施工中应让承包商掌握信息,了解情况,以作出正确的决策。

(5)为了减少对抗、消除争执,取得更好的激励效果,项目管理者应该鼓励承包商将项目实施状况的信息、实施结果及实施过程中遇到的困难等向项目管理者汇总和集中,寻找和发现对计划、控制有误解,或有对立情绪的承包商,以及可能存在的干扰。各方面了解得越多,沟通得越多,项目中存在的争执就越少。

4. 项目沟通的复杂性

由于项目组织和项目组织行为的特殊性,在现代工程项目中沟通十分困难,尽管有现代化的通信工具和信息收集、存储及处理工具,减小了沟通技术上和时间上的障碍,使得信息沟通非常方便和快捷,但仍然不能解决人们许多心理的障碍。组织沟通的复杂性在于:

(1)现代工程项目规模大,参加单位多,造成每个参加者沟通面大,各人都存在着复杂的联系,需要复杂的沟通网络。

(2)现代工程项目技术的复杂、新工艺的使用和专业化、社会化的分工,以及项目管理的综合性和人们的专业化分工的矛盾都增加了交流与沟通的难度。特别是项目经理和各职能部门之间经常难以做到协调配合。

(3)由于各参加者(如发包人、项目经理、技术人员、承包人)有不同的利益、动机和兴趣,且有不同的出发点,对项目也有不同的期望和要求,对目标和目的的认识更不相同,因此项目目标与他们的关联性各不相同,造成行为动机的不一致。作为项目管理者,在沟通过程中不仅应强调总目标,而且要照顾各方面的利益,使各方面都满意。这就有很大的难度。

(4)由于项目是一次性的,项目组织都是新的成员、新的对象、新的任务,所以项目的组织摩擦就大。一个组织从新成立到正常运行需要一个过程,有许多不适应和摩擦。所以,项目刚成立或一个单位刚进入项目,都会有沟通上的困难,容易产生争执。

(5)反对变革的态度。项目是建立一个新的系统,它会对上层管理组织、外部周边组织(如政府机关、周边居民等)以及其他参与组织产生影响,需要他们改变行为方式和习惯,适应并接受新的结构和过程。这必然对他们的行为、心理产生影响,容易产生对抗。这种对抗常常会影响他们应提供的对项目的支持,甚至会造成对项目实施的干扰和障碍。

(6)人们的社会心理、文化、习惯、专业、语言、伦理、道德对沟通产生影响,特别是国际合作项目中,参加者来自不同的国度,他们适应不同的社会制度、文化、语言及法律背景,从而从根本上产生了沟通的障碍。同时,伴随的社会责任的差异程度也是沟通过程中的相关问题。

(7)在项目实施过程中,组织和项目的战略方式与政策应保持其稳定性,否则会造成协调的困难,造成人们行为的不一致,而在项目生命周期中,这种稳定性是无法保持的。

## 二、项目沟通管理的程序与方法

### (一)项目沟通管理的概念

项目沟通管理是指对项目过程中各种不同方式和不同内容的沟通活动的管理,是为了确保项目信息合理收集和传输以及最终处理所需实施的一系列过程。项目沟通管理的目标是保证有关项目的信息能够适时,以合理的方式产生、收集、处理、储存和交流。

任何一个项目都有其特定的项目周期,其中的每一个阶段都是至关重要的。要做好项目各个阶段的工作,达到预期的标准和效果,就必须在项目内部的各部门之间、项目与外部之间建立起一种有效的沟通渠道,使各种信息快速、准确、有效地进行传递,从而使各部门、项目内外能达到协调一致,使项目成员明确各自职责,并通过这种信息传递,找出项目管理中存在的一些问题。

项目沟通管理具有以下特点:

(1)复杂性。每个项目都会涉及客户、供应商、政府机构等多个方面,并且大部分项目组织和团队都是为了特定项目而建立的,具有临时性和不确定性。因此,项目沟通管理必须协调好各部门以及部门与外部环境之间的关系,确保项目顺利实施。

(2)系统性。项目是一个开放的复杂系统,其确立涉及社会经济、政治、文化等多个方面,也对这些方面产生影响。这就决定了项目沟通管理应该从整体利益出发,运用系统的思维和分析方法,进行全面有效的管理。

### (二)项目沟通管理程序

沟通的基本流程可以用图 14-2 来简单地表示。

### (三)项目沟通的形式

项目中的沟通形式是多种多样的,可以从很多角度进行分类,例如,按照是否需要反馈信息,可以分为单向沟通和双向沟通;按照沟通信息的流向,可以分为上行沟通、下行沟通和平行沟通;按照沟通严肃性程度,可以分为正式沟通和非正式沟通;按照沟通信息的传递媒介,可以分为书面沟通和口头沟通等。

#### 1. 正式沟通与非正式沟通

正式沟通是通过正式的组织过程来实现或形成的,是通过项目组织明文规定的渠道进行信息传递和交流的方式。正式沟通由项目的组织结构图、项目流程、项目管理流程、

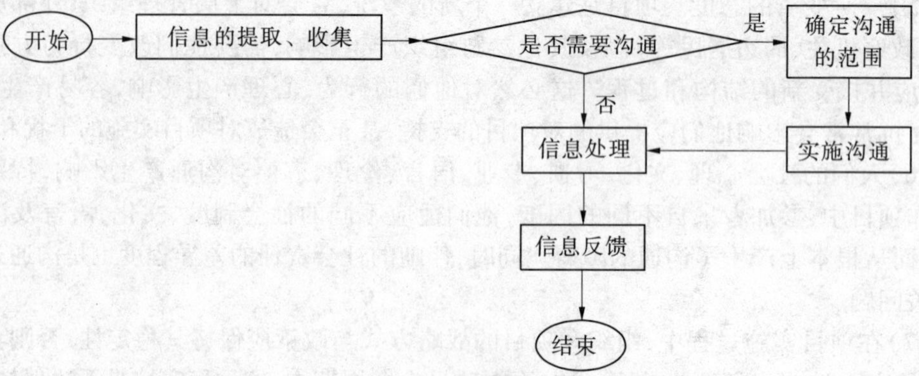


**图 14-2　沟通的基本流程**

信息流程和确定的运行规则所构成,这种正式的沟通方式和过程必须经过专门的设计,有固定的沟通方式、方法和过程,一般在合同中或项目手册中被规定成为一系列的行为准则;并且,这个准则得到大家的认可,作为组织的规则,以保证行动的一致。通常,这种正式沟通的结果具有法律效力。正式沟通的优点在于沟通效果好,有较强的约束力,缺点在于沟通的速度慢。

非正式沟通是在正式沟通之外进行的信息传递和交流。项目参与者既是正式项目组织中的项目小组成员,又是各种非正式团体中的一个角色。在非正式团体中,人们建立起各种关系来沟通信息、了解情况,影响人们的行为。非正式沟通的优点是沟通方便,沟通速度快,并且能够提供一些非正式沟通中难以获得的小道消息,但缺点是信息容易失真。

2. 上行沟通、下行沟通与平行沟通

上行沟通是指将下级的意见向上级反映,即自下而上的沟通。项目经理应该鼓励下级积极向上级反映情况,只有上行沟通的渠道畅通,项目经理才能全面掌握情况,作出符合实际的决策。上行沟通通常有两种,一种是层层传递,即根据一定的组织原则和组织程序逐级向上级反映,另一种就是减少中间的层次,直接由员工向最高决策者进行情况的反映。

下行沟通则是上级将命令信息传达给下级,是由上而下的沟通。

平行沟通通常应用于组织中各个平行部门之间的信息交流。平行沟通有助于增加各个部门之间的了解,使各个部门保证信息的畅通,减少各个平行部门之间的矛盾和冲突。

3. 单向沟通与双向沟通

当信息发送者与信息接收者之间没有相应的信息反馈的时候,所进行的沟通即为单向沟通。单向沟通过程中,一方只接收信息,另一方只发送信息。双方无论是在情感还是在语言上都不需要信息反馈。单向沟通适用于几种情况:一是问题较简单,但时间较紧;二是下属易于接受解决问题的方案;三是下属没有了解问题的足够信息,反馈不仅无助于解决问题,反而有可能混淆视听。单向沟通信息传递速度快,但是准确性较差,有时又容易使接收者产生抗拒心理。

双向沟通中,信息发送者和信息的接收者不断进行信息的交换,信息的发送者在信息发送后及时听取反馈意见,必要时可以进行多次重复商谈,直到双方达到共同明确和满意为止。双向沟通比较适合于时间充裕,但问题棘手,下属对解决方案的接受程度至关重要,下属对解决问题提供有价值的信息和建议等情况。双向沟通的优点使沟通信息准确性较高,接收者有信息反馈的机会,有助于双方信息的有效交流,但是信息传递速度慢。

4. 书面沟通与口头沟通

书面沟通是指用书面形式所进行的信息传递和交流,例如通知、文件、报刊等。其优点是可以作为资料长期保存,反复查阅。缺点是效率低,缺乏反馈。

口头沟通是与书面沟通相对应的沟通方式,运用口头表达进行信息交流,例如演说、谈话、讲座、电话通话等。其优点是比较灵活、速度快,双方可以自由交换意见,即时反馈,并且信息传递较为准确。但是缺点是传递过程中经过层层交换,信息容易失真,并且口头沟通不容易被保存。

5. 语言沟通与非语言沟通

语言沟通是利用语言、文字等形式进行的。非语言沟通是利用动作、表情、体态、声光信号等非语言方式进行的。

总之,没有哪一种沟通形式是尽善尽美的,不同的场合需要不同的沟通形式。对许多人来说,沟通形式的选择不外乎口头沟通和书面沟通。但从信息技术和现代通信的发展来看,电子媒介还创造了一种介于口头和书面之间的沟通方式。虽然不同沟通形式的形态各异,但是如果一种沟通形式在使用时能附加一种对事后记忆有帮助的辅助形式,那么沟通的效果肯定会事半功倍。不同沟通形式回忆率随时间的变化曲线如图 14-3 所示,这是在美国进行的各种研究得出的结论。该图显示,单独听到的信息的沟通效果小于看到的信息的沟通效果,看到的信息的沟通效果又小于既看到又听到的信息的沟通效果。

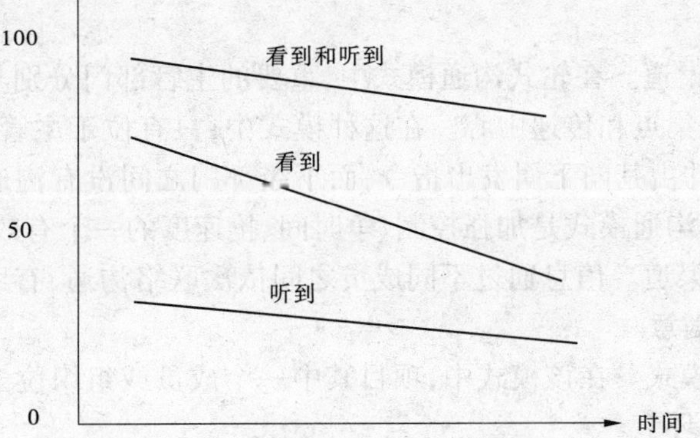


图 14-3 不同沟通形式回忆率随时间的变化曲线

**(四)项目沟通的渠道**

信息沟通是在项目组织内部、外部的公众之间进行信息交流和传递活动。对于沟通渠道的选择,可能会影响到工作效率以及项目成员和参与者的信心。

1. 正式沟通渠道

在信息的传递过程中,信息并非由发出信息的人直接传递给所需要这个信息的人,中间要经过一些人或组织的转达。这就形成了沟通渠道和沟通网络问题。

对于正式的沟通渠道，通常存在五种模式：链式、轮式、环式、Y 式、全通道式，见图 14-4。

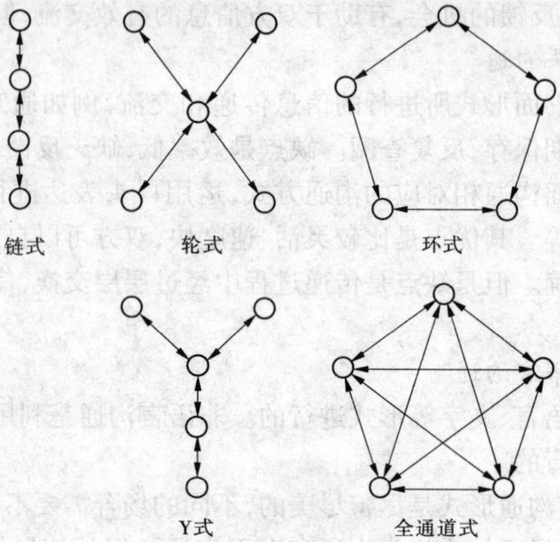


**图 14-4　正式沟通渠道**

图 14-4 中，每一个圆圈看成是一个成员或者组织的同等物，箭头表示信息传递的方向。

(1)链式沟通渠道。在链式网络中，信息按照高低层次逐级传递，信息可以自上而下或者自下而上进行交流。在这个模式中，居于两端的传递者职能与里面的每一个传递者相联系，居中的则可以分别与上下互通信息。各个信息传递者所接受的信息差异较大。该模式的优点是信息传递速度快，适用于项目组织庞大、实行分层授权控制的项目信息传递及沟通。

(2)轮式沟通渠道。在轮式沟通模式中，重要的主管部门分别与下属部门发生沟通，成为个别信息的汇集点和传递中心。在这种模式中，只有位于主管位置的人员或组织才能全面了解情况，并由其向下属发出指令，而下级部门之间没有沟通联系，分别只掌握了本部门的情况。该沟通模式是加强控制、争时间、抢速度的一个有效方法和沟通模式。

(3)环式沟通渠道。信息通过不同成员之间依次联络沟通，有助于形成团队，提高成员士气，使大家都满意。

(4)Y 式沟通模式。在该模式中，项目其中一个成员或组织位于沟通活动的中心，成为中间媒介与中间环节。

(5)全通道式沟通模式。该模式是一个开放的信息沟通系统，其中每一个成员之间都有一定的联系，彼此了解。通常适用于民主、合作精神强的组织中。

2. 非正式沟通渠道

在沟通当中，除了有正式沟通渠道，还有非正式沟通渠道。一部分信息是通过非正式沟通渠道进行传播的，也就是通常所说的小道消息。

对于非正式的沟通渠道，即小道消息的传播，通常也有四种传播方式：单线式、流言式、偶然式和集束式，见图 14-5。

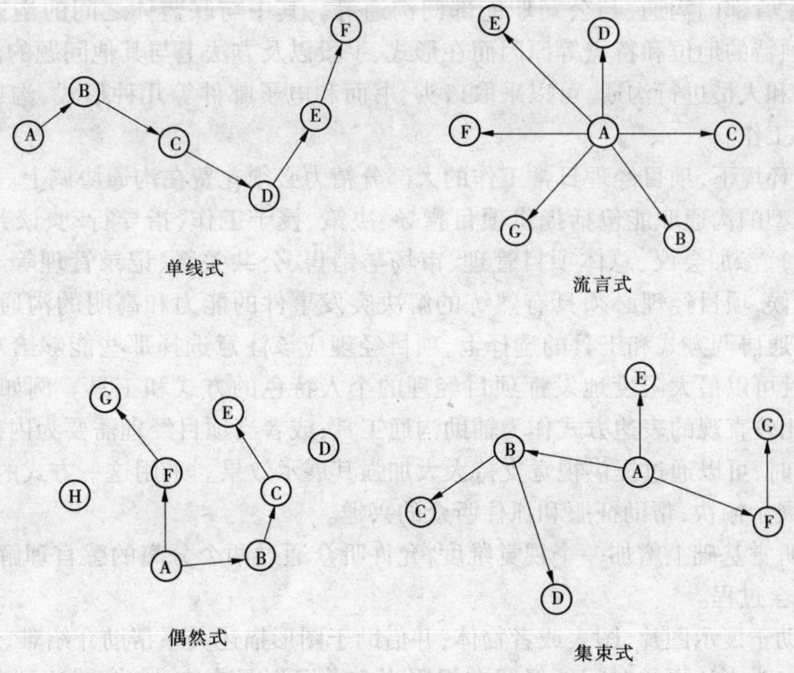


**图 14-5　非正式沟通渠道**

(1)单线式。消息由 A 通过一连串的人传播给最终的接收者。

(2)流言式,又称为闲谈传播式,是由一个人 A 主动地把小道消息传播给其他人,例如在小组会上传播小道消息。

(3)偶然式,又称机遇传播式。消息由 A 按照偶然的机会传播给他人,他人又按照偶然的机会传播给其他人,并没有固定的路线。

(4)集束式,又称为群集传播式。信息由 A 有选择地告诉相关的人,相关的人也按照此方式进行信息的传播。这种沟通方式最为普遍。

**(五)项目经理的沟通职能和途径**

在当今社会,项目投资的规模越来越大,项目建设的复杂程度也越来越高,大量国际流行的先进管理手段被应用到项目管理中以达到节约增效的目的,如 EPC、PMC、EPCM、BOT 等。由于在应用中必然涉及由于人员素质的差异所带来的对这些先进项目管理方法的认识的不同,因而项目经理所承担的沟通任务非常复杂。沟通是项目经理重要的日常工作。正是通过沟通,项目经理把项目部内部的成员连接起来以实现共同的目标,没有沟通就不可能进行项目部的活动。

项目经理必须是一个良好的沟通者,他需要与项目团队以及承包商、业主、公司高层管理人员定期进行交流沟通。经常进行有效的沟通,可以保证项目有效进行,及时发现潜在的问题,征求到改进项目工作的建议,保持客户的满意,避免发生意外。项目经理作为整个项目管理团队的灵魂人物,其沟通协调能力的高低直接决定了整个项目管理团队高效运转的可能性。

通常项目经理的沟通职能按对象划分主要有与客户沟通、项目部内沟通、与联盟体沟通、与上级主管部门沟通、与公司职能部门沟通等。其中与联盟体之间的沟通和冲突控制，由于其独特的地位和特点等原因而在形式、手段以及方法上与其他问题的沟通存在很大的不同。和人员进行沟通，可以采取口头、书面和电子邮件等几种形式，沟通的目的是更好地进行工作。

在项目环境下，项目经理日常工作的大部分精力必须花费在沟通协调上。从功能看，项目经理典型的沟通职能包括提供项目指导、决策、授予工作、指导行动、谈判、报告（包括简明指示）、参加会议、总体项目管理、市场与销售、公共关系、记录管理等。在进行这些工作的时候，项目经理必须具有熟练的解决突发事件的能力和高明的沟通协调技巧。特别是在沟通协调方式和工具的选择上，项目经理应该注意选择那些能够给对方留下深刻印象，并且可以最大限度地发挥项目经理的个人特色的方式和工具。例如，采用幻灯片、投影等比较直观的表达方式作为辅助沟通工具；或者当项目经理需要为内部和外部客户提供简报时，可以通过提供视觉支持大大加强其展示效果。采用这一方式的优点包括：

（1）使展示愉快，帮助征服和抓住听众的兴趣。

（2）在听觉基础上增加一个视觉维度，允许听众通过两个分离的感官理解一个信息，从而强化领会过程。

（3）借助于展示图片、图表或者物体，并借助于图形描述关系帮助介绍难、新资料。

（4）比口头表达更长时间地保留在视野当中并可以悬在空中，能够达到重复以使观众认识其所不熟悉的事务和把迷失于表演中的听众带回来的目的。

项目经理还应该通过定期或者不定期的会议对整个项目部的工作进行协调和同步。由于参加会议的人员比较多，大家所提供和获得的信息量比较大，因而可以有效地避免由于信息不全所带来的认识上的差异。根据会议出现的频率可以将其分为：

每日会议：在那里人们带着共同的目的为同一项目共同工作，而且通过大体上的一致来非正式地达成协议。

每星期或每月会议：在那里成员为不同的但并行的项目工作，因此存在某种竞争的因素，而且项目经理可能亲自制定最后的决策。

无规律的、偶然的或专门的项目会议：由这样一些人组成——正常的工作不能使他们相互接触，并且他们的工作与其他人的工作联系很少或没有任何联系。他们仅仅由于项目会议的存在而被联系在一起，并被项目必定成功的希望促进和激励着。

项目经理在协调过程中通常采用的书面传播媒介可以划分为三种类型：

面向个人的媒介，包括信件、记录和报告。

面向法律的媒介，包括合同、协议、建议、政策、指示、方针和程序。

面向组织的媒介，包括手册、表格和小册子。

沟通管理是正式的和非正式的对向上、向下、横向的或斜向的信息交换的指导或监督过程。简言之，项目经理管理沟通过程的能力和项目成就之间存在着直接的关联。

**（六）大型项目信息沟通方式的创新**

大型项目由于建设周期长、参与单位多、技术工艺复杂及地理分布广等特点，在建设过程中普遍存在信息沟通的困难和紊乱。信息沟通问题不仅直接造成大量不必要的开支，同时也间接影响着工程建设的进度与质量。传统的信息沟通方式已远远不能满足现代大型项目建设的需要,有时甚至严重影响了建设项目的顺利实施。

随着互联网技术的应用与普及,越来越多的人们开始将 Internet 作为信息沟通与相互协作的有效平台。与传统的信息沟通方式相比,Internet 可以使人们随时随地通过不同的软硬件平台获取信息,而且费用大大降低。同样,Internet 技术及其他信息技术也为改善传统建筑业中的信息沟通状况提供了前所未有的机遇。如何为大型项目的建设营造一个基于 Internet 的集成化的信息沟通和相互协作环境,提高项目的建设效益已成为国内外项目管理研究和实践人员一个非常重要而迫切的课题。

## 三、项目沟通的障碍

### (一)沟通障碍

任何沟通方式都存在沟通障碍,主要有以下几种类型:

(1)语言理解上的障碍。对同一思想、同一事物,由于人们表达能力的不同,存在着表达的清楚与模糊之分;同样,对于同一表达,不同的人可能也会有不同的理解或者领会的快慢不同。

(2)知识经验水平的差距障碍。当信息沟通双方的知识经验水平差距太大时,发送者看来是很简单的内容,但接收者可能由于知识经验水平过低而无法理解或无法正确及时地领会发送者的意图。

(3)信息选择性障碍。所谓忠言逆耳,人们在接收某个信息时,如果是合己方需要或与己方利益一致的信息,很容易接受;而对己方不利的信息则不容易接受。这样就会不自觉地产生信息选择性,造成沟通障碍。

(4)心理因素的障碍。比如人的个性、气质、修养、态度、情绪、兴趣等,都可能会成为沟通的障碍。

(5)组织层次链条的障碍。在信息沟通中组织层次越少越好,如果组织层次过多,那么不仅容易减缓信息传递速度,降低交流频度,影响组织效率,而且会使信息失真和遗漏。

(6)信息长度障碍。交流的信息并非越多越好,只要关键的、重要的信息充分即可。信息长度过大,信息的接收者的感官和神经长时间处于紧张状态,容易疲劳和厌烦。

(7)沟通渠道和媒介的选择障碍。沟通有多种渠道,如沟通时间和地点的选择,采用电话沟通还是面对面沟通,都会有不同的效果。不同的感官具有不同的接受效率。据统计,人类通过感觉器官所接收的全部信息中,视觉约占65%,听觉约占20%,触觉约占10%,味觉约占2%,即大部分信息来源于视觉和听觉,而且图形信息比声音信息更容易被接受。此外,当人用多个感觉器官接收同一内容,比用单一的感觉器官接收效率高很多。各种渠道和媒介都有各自的优缺点,如果沟通不考虑当时的实际情况和具体要求,随意选择沟通媒介和渠道,势必造成信息沟通的障碍。

### (二)沟通障碍的分析及处理

1. 沟通障碍产生的原因

(1)项目开始时或当某些参加者介入项目组织时,缺少对目标、责任、组织规则和过程统一的认识与理解。在制订项目计划方案、作决策时未能听取基层实施者的意见,项目经理自认为经验丰富,在不了解实施者的具体能力和情况下,武断决策,致使计划不符合实际。在制定计划时以及制定计划后,项目经理没有和相关职能部门进行必要的沟通,就指令技术人员执行。

此外,项目经理与发包人之间缺乏了解,对目标和项目任务有不完整的甚至无效的理解。

项目前期沟通太少,例如在招标阶段给承包商编制投标文件的时间太短。

(2)目标之间存在矛盾或表达上有矛盾,而各参加者又从自己的利益出发解释,导致混乱。项目管理者没能及时作出统一解释,使目标透明。

项目存在许多投资者,他们进行非程序干预,形成实质上的多业主状况。

参加者来自不同的专业领域、不同的部门,有不同的习惯、不同的概念和理解,而在项目初期没有统一解释文本。

(3)缺乏对项目组织成员工作进行明确的结构划分和定义,人们不清楚他们的职责范围。项目经理部内部工作含混不清,职责冲突,缺乏授权。

在企业中,同期的项目之间优先等级不明确,导致项目之间资源争执。

(4)管理信息系统设计功能不全,信息渠道、信息处理有故障,没有按层次、分级、分专业进行信息优化和浓缩。

(5)项目经理的领导风格和项目组织的运行风气不正:发包人或项目经理独裁,不允许提出不同意见和批评,内部言路堵塞;由于信息封锁,信息不畅,上层或职能部门人员故弄玄虚或存在幕后问题;项目经理部中有强烈的人际关系冲突,项目经理和职能经理之间互不信任、互不接受;不愿意向上司汇报坏消息,不愿意听那些与自己事先形成的观点不同的意见,采用封锁的办法处理争执和问题,相信问题会自行解决;项目成员兴趣转移,不愿承担义务;将项目管理看做是办公室的工作,作计划和决策仅依靠报表与数据,不注重与实施者直接面对面的沟通;经常以领导者的居高临下的姿态出现在成员面前,不愿多作说明和解释,习惯强迫命令,对承包商常常动用合同处罚或者以合同处罚相威胁。

(6)召开的沟通协调会议主题不明,项目经理权威性不强,或不能正确引导;与会者不守纪律,使正式的沟通会议成为聊天会议;有些职能部门领导过强或个性放纵,存在不守纪律、没有组织观念的现象,甚至拒绝任何批评和干预,而项目经理无力指责和干预。

(7)有人滥用分权和计划的灵活性原则,下层单位或子项目随便扩大它的自由处置权,过于注重发挥自己的创造性,这些均违背或不符合总体目标,并与其他同级部门造成摩擦,与上级领导产生权力争执。

(8)使用矩阵式组织,但人们并没有从直线式组织的运作方式上转变过来。由于组织运作规则设计得不好,项目经理与组织职能经理的权力、责任界限不明确。一个新的项目经理要很长时间才能被企业、管理部门和项目组织接受并认可。

(9)项目经理缺乏管理技能、技术判断力或缺少与项目相应的经验,没有威信。

(10)发包人或组织经理不断改变项目的范围、目标、资源条件和项目的优先等级。

2. 对沟通障碍的处理

对于沟通障碍,沟通中可以采用下述方法:

(1)应重视双向沟通方法,尽量保持多种沟通渠道的利用、正确运用文字语言等。

(2)信息沟通后必须同时设法取得反馈,以弄清沟通双方是否已经了解,是否愿意遵循并采取相应的行动等。

(3)项目经理部应当自觉以法律、法规和社会公德约束自身行为,在出现矛盾和问题时,首先应取得政府部门的支持、社会各界的理解,按程序沟通解决;必要时借助社会中介组织的力量,调解矛盾、解决问题。

(4)为了消除沟通障碍,应该熟悉各种沟通方式的特点,以便在进行沟通时能够采用恰当的方式进行交流。

**(三)有效沟通的技巧**

(1)首先要明确沟通的目的。对于沟通的目的,经理人员必须弄清楚进行沟通的真正目的是什么,需要沟通的人理解什么,确定好沟通的目标,沟通的内容就容易进行了。

(2)实施沟通前先澄清概念。项目经理事先要系统地考虑、分析和明确所要进行沟通的信息,并对接收者可能受到的影响进行估计。

(3)只对必要的信息进行沟通。在沟通过程中,经理人员应该对大量的信息进行筛选,只把那些与所进行沟通人员工作密切相关的信息提供给他们,避免过量的信息使沟通无法达到原有的目的。

(4)考虑沟通时的环境情况。所说的环境情况,不仅包括沟通的背景、社会环境,还包括人的环境以及过去沟通的情况,以便沟通的信息能够很好地配合环境情况。

(5)尽可能地听取他人意见。在与他人进行商议的过程中,既可以获得更深入的看法,又易于获得他人的支持。

(6)注意沟通的表达。要使用精确的表达,把沟通人员的项目与意见用语言和非语言精确地表达出来,而且要使接收者从沟通的语言和非语言中得出所期望的理解。

(7)进行信息的反馈。在信息沟通后有必要进行信息的追踪与反馈,弄清楚接收者是否真正了解了所接收的信息,是否愿意遵循,并且是否采取了相应的行动。

(8)项目经理人员应该以自己的实际行动来支持自己的说法,行重于言,做到言行一致的沟通。

(9)从整体角度进行沟通。沟通时不仅要着眼于现在,还应该着眼于未来。多数的沟通,是符合当前形势发展的需要。但是,沟通更要与项目长远的目标相一致,不能与项目的总体目标产生矛盾。

(10)学会聆听。项目经理人员在沟通的过程中听取他人的陈述时应该专心,从对方的表述中找到沟通的重点。项目经理人员接触的人员众多,而且并不是所有的人都善于与人交流,只有学会聆听,才能够从各色的沟通者的言语交流中直接抓住实质,确定沟通的重点。

## 四、项目的沟通计划与管理

**(一)沟通计划的内容**

项目的沟通计划主要是指项目的沟通管理计划,应该包括以下的内容:

(1)信息沟通的方式。主要说明在项目的不同实施阶段,针对不同的项目相关组织及不同的沟通要求,拟采用的信息沟通方式和沟通渠道。即说明信息(包括状态报告、数据、进度计划、技术文件等)流向何人、将采用什么方法(包括口头、书面报告、会议等)分发不同类别的信息。

(2)信息收集归档格式。用于详细说明收集和储存不同类别信息的方法。应包括对先前收集和分发材料、信息的更新和纠正。

(3)信息的发布和使用权限。

(4)发布信息说明。包括格式、内容、详细程度以及应采用的准则和定义。

(5)信息发布时间。即用于说明每一类沟通将发生的时间,确定提供信息更新依据或修改程序,以及确定在每一类沟通之前应该提供的现时信息。

(6)更新修改沟通管理计划的方法。

(7)约束条件和假设。

**(二)沟通计划的编制原则和依据**

1. 沟通计划的编制原则

在沟通计划中要确定利害关系者的信息与沟通需求,也就是说,谁需要何种信息、何时需要以及如何向他们传递信息。因此,项目的沟通计划要认清利害关系者的信息需求,确定满足这些需求的恰当手段。同时,虽然项目的沟通计划是在项目早期阶段进行的,但在项目的整个过程中都应该对其结果进行定期的检查,并根据需要进行修改,以保证其继续适用性。

综合起来,就是项目的沟通计划编制要保证其准确性和及时更新。

2. 沟通计划的编制依据

沟通计划编制依据是:合同文件;项目各相关组织的信息需求;项目的实际情况;项目的组织结构;沟通方案的约束条件;假设以及适用的沟通技术。现具体解释如下。

1)沟通的要求

沟通的要求通常包括以下几点:项目组织和利害关系者的责任关系;该项目需用的技术领域、部门和专业;由具体个人参与的该项目的后勤保证;外部信息联系等。

2)沟通的技术

进行项目沟通的方式有很多,选用何种沟通的方式能够达到有效、迅速、快捷地传递信息的目的,取决于下列因素:

(1)对信息要求的紧迫程度。如果项目对信息传递要求较紧急,可以通过口头沟通的方式,相反则可以采用定期发布的书面报告的形式。

(2)技术的取得性。例如,项目的需求是否有理由要求扩大或缩小已有的系统。

(3)预期的项目环境。对于已经建立的沟通信息系统,是否适合项目成员经验的交流和专业特长的发挥,能不能使所有的成员都能从沟通中获得想要的信息。

(4)制约因素和假设。制约因素和假设是限制项目管理人员选择的因素,项目沟通管理者应对其他知识领域各过程的结果进行评价,找出可能影响项目沟通的因素,并采取措施。

因此,在编制项目沟通管理计划时主要依据下列资料:①建设、设计、监理单位等组织的沟通要求和规定;②签订的合同文件;③项目管理企业的相关制度;④国家法律法规和当地政府的有关规定;⑤工程的具体情况;⑥项目采用的组织结构;⑦与沟通方案相适用的沟通技术约束条件和假设前提。

**(三)项目沟通的信息分发**

信息分发就是把所需要的信息及时地分发给项目利害关系者。包括实施沟通管理计划,以及对不曾预料的信息索取要求作出反应。

1. 信息分发的内容

要进行信息的分发,首先应该确定按照哪些内容进行信息的分发。

(1)项目计划的工作结果。项目组织应该收集工作成果的资料,作为项目计划执行的一部分。

(2)沟通管理计划。应该根据项目早期阶段所制定的沟通管理计划进行实施,并在实际操作中不断修改和完善,以适应项目发展过程。

(3)项目计划。项目计划是在项目的招投标过程中,经过科学论证并得到批准的正式文件,对此,项目组织应该及时分阶段地将项目计划信息分发出去。

2. 信息分发的工具与技术

(1)沟通技巧。沟通技巧用于交换信息。信息的发送者保证信息的内容清晰明确、完整无缺、不模棱两可,以便让接收者能够正确接收,并确认理解无误。接收者的责任在于保证信息接收完整、信息理解无误。在沟通过程中有多种方式,也就是常说的书面沟通与口头沟通、正式沟通与非正式沟通以及上行沟通、下行沟通与平行沟通等。

(2)项目管理信息系统。项目管理信息系统是用于收集、综合、散发及其他过程结果的工具和技术的总和。通过项目管理信息系统,能够快速查处和处理纷繁复杂的事件,系统信息使管理者通过各种方法共享。

该系统主要包含了信息检索系统和信息分发系统。信息通过信息检索系统由项目班子成员与利害关系者通过多种方式共享,包括手工归档系统、电子数据库、项目管理软件以及可调用工程图纸、设计要求、实验计划等技术文件的系统。项目信息通过信息分发系统以多种方式分发,包括项目会议、硬拷贝文件分发、联网电子数据库调用共享、传真、电子邮件、电话信箱留言、可视电话会议以及项目内联网等。

(3)沟通信息的传递。项目沟通的信息要以管理信息系统为载体,根据不同的重要程度实施不同的传递方式。特殊沟通信息应按照特殊途径进行传递;重要沟通信息应按照高等级的方式进行传递;一般沟通信息应按照普通的方式进行传递。以确保信息在规定的条件下及时、有效、快捷、安全地达到既定的部门。

## 第三节　水利工程项目冲突管理

在所有的项目中都存在冲突,冲突是项目组织的必然产物。冲突就是两个或两个以上的项目决策者在某个问题上的不一致。

对待冲突,不同的人有不同的观念。传统的观点认为,冲突是不好的,害怕冲突,力争避免冲突。现代的观点认为,冲突是不可避免的,只要存在需要决策的地方,就存在冲突。冲突本身并不可怕,可怕的是对冲突处理方式的不当将会引发更大的矛盾,甚至可能造成混乱,影响或危及组织的发展。

## 一、冲突及其种类

冲突是指个体由于互不相容的目标、认识或情感而引起的相互作用的一种紧张状态。

### (一)冲突的特点

1. 冲突客体的多样化

冲突可以发生在一个个体内部,也可以发生在个体与个体之间,还可以发生在由个体组成的群体之间。这里主要讨论后两种冲突,但我们不要忽视前一种冲突造成的影响。

2. 冲突起因的多样化

从冲突的定义中可以看出,冲突有多种起因:目标不相容、认识不相容、情感不相容。这些只是表面起因,还有许多深层心理起因。

3. 冲突的客观性

事实证明,只要有人存在的地方,就有冲突。因此,冲突是一种客观存在的、不可避免的、正常的社会现象,是组织心理和行为的必不可少的一部分。

### (二)冲突与竞争

1. 竞争的含义

竞争是指个体为了达到自己的目的,而使另外个体达不到目的的一种行为。例如,只有一个总经理职务,生产副总和销售副总都想成为总经理,他们之间就会产生竞争。

2. 冲突与竞争的关系

冲突与竞争有以下一些关系:

(1)竞争中可以没有冲突。例如两位游泳运动员为了争冠军,可以激烈地竞争,但是可能相互之间根本不认识,也可能从未在一个游泳池里游过泳,也就是说,他们之间几乎没有相互作用,即没有冲突。

(2)竞争中可以产生冲突。某公司有一个去美国深造的名额,两位候选人在竞争中会产生冲突,因为他俩有相互作用。

(3)冲突的结果可以是双赢的。例如两家公司为了增加销售量而引起冲突,结果是两家的销售量都增加了。

(4)竞争的结果一般是零和。即总是一方赢一方输。例如原来甲公司的市场占有率是55%,乙公司的市场占有率是45%,通过竞争甲公司的市场占有率降为48%,乙公司的市场占有率上升为52%。虽然从冲突的含义来看,甲公司也可能增加销量而赢了,但从竞争的角色来看,乙公司赢了,甲公司输了。

## 二、项目冲突及其类型

### (一)项目冲突的概念

项目冲突是组织冲突的一种特定表现形态,是项目内部或外部某些关系难以协调而导致的矛盾激化和行为对抗。项目冲突是项目内外某些关系不协调的结果,一定形态的项目冲突的发生表明了该项目在某些方面存在着问题。深入认识和理解项目冲突,有利于项目内外关系的协调和对项目冲突进行有效管理。

1. 项目冲突的主体

项目冲突的内涵告诉我们,项目中的个人、群体、项目本身以及与项目发生交往活动的一切行为主体都可能成为项目冲突的主体。在项目冲突管理中所涉及的个人,一般是指项目运作的负责人、项目各部门的管理者和项目团队成员等项目内部成员,有时也包括项目投资者、消费者,以及行业、工会及社区管理者等外部成员。

项目中的群体既包括正式组织结构的群体,也包括依据业缘关系、地缘关系、血缘关系或权力关系等构成的非正式群体。

在项目对外活动中与其发生冲突的行为主体,主要包括消费者、资金提供者、政府、社区或为项目提供协作或服务的个人和企业等项目外部成员。

2. 项目冲突的表现形式

项目是企业组织的一种特殊形态,其本质是一个人与人之间相互作用的系统,表现为一种密切的相互协作关系,即项目成员之间、成员与项目之间、项目与外部环境之间存在着高度的依赖性,而这种依赖性是项目冲突产生的客观基础。当项目内外部的某些组织关系发生不协调时,项目冲突便产生了,这种冲突表现为直接对抗性的形式。这种形式的冲突一般需要通过适当的方式或方法将其消除。

项目冲突的另一种表现形式为项目冲突双方或各方之间所存在的不平衡的压力关系。在我们生存的任何社会环境中,处处存在着压力。通常情况下,压力使人们感到紧张或忧虑,甚至表现为组织冲突。在此意义上,项目冲突的发生就是冲突双方或各方之间对压力的心理反应不平衡而引起相互之间的抵触或不一致的行为等。也就是说,在项目成员之间以及项目之间,各方都承受着对方给予的压力,它们构成一个动态的压力结构,项目内部关系及其与外部关系的平衡状态通过其压力结构水平的高低表现出来。若各方之间的压力处于均衡状态,项目内外关系则保持平衡,对抗的双方或各方对压力的反应就表现为一种潜在的冲突行为;若是压力不足或各方能够承受对方的压力,且感觉不到忧虑和威胁,项目成员之间的对抗性则不强,项目内外部关系表现为一种和谐、友善和协作的关系;而当各方不能承受对方的压力时,相互之间压力结构的均衡状态就会被打破,矛盾公开化,往往呈现出对抗性的冲突行为,并且冲突程度随着对方压力的增加而加剧或激化。这种形式的冲突可以根据具体情况有意识地引导,甚至激化,以激励或促进项目成员、各个项目之间的竞争,高效率地完成项目任务。

3. 项目冲突的范围

界定项目冲突的范围不能离开项目。毫无疑问,发生于项目内部成员或群体之间的冲突属于项目内部冲突,其范围限于项目内部;而发生在项目外部的冲突,如项目与项目之间的冲突、项目与环境之间的冲突等,属于项目外部冲突,其主体是项目本身,冲突的范围可能涉及两个项目或更多;当冲突对方为不同地区或国家的个人、群体或项目时,冲突必然扩展为地区性或国际性的冲突。所以,项目冲突的范围界定必须视具体情况以及性质而定。

**(二)项目冲突的类型及由来**

在项目中,冲突是客观存在的,也是经常发生的。从项目发生的层次和特征的不同,项目冲突可以分为人际冲突、群体或部门冲突、个人与群体或部门之间的冲突以及项目与外部环境之间的冲突。

1. 人际冲突

人际冲突是指群体内的个人之间的冲突，主要指群体内两个或两个以上个体由于意见、情感不一致而互相作用时导致的冲突。项目人际冲突一般含有两个层面，即同一层级的个人之间的横向关系冲突和不同层级的个人之间的纵向关系冲突。前者如一般项目团队成员之间的冲突，后者如项目负责人或管理者与团队成员之间的冲突，二者在地位层级上存在差异。

一般项目团队成员之间的冲突表现为当一个成员面临两种互不相容的目标时，所体验的一种左右为难的心理感觉。其发生冲突的原因主要有以下几个方面。

1）由于个性差异造成的冲突

个性差异是指人与人之间在性格特征上的不同。在同一项目团队内，各个团队成员具有各自不同的成长经历，由此导致智力、体力、生活环境、教育程度、工作性质等均不相同，结果就表现为各自不同的个性特征。在一个项目团队中，有的成员性情温和、处事随和、待人友善，有的成员则性情暴躁、行事交往带有攻击性；有的成员性格内向、态度沉稳，有的成员则性格外向、豁达大度等。当不同个性特征的成员相处或共事时，由于他们解决问题的作风和方式不同，就有可能引起冲突。

2）由于个人价值观的不同而造成的冲突

价值观反映一个人对事物的是非、善恶、好坏的评价，不同价值观的成员的行为表现特征不同，对同一事物或行为也具有不同的价值判断标准，这种差异极易引起成员相互之间主观判断的分歧和争议，当然难免发生冲突。

3）由于信息沟通不良造成的冲突

一个项目中不同的团队成员有不同的信息沟通渠道，正式的或非正式的、口头的或书面的等，而且彼此之间又互不通气，从而容易造成冲突。

4）由于个人的本位主义思想造成的冲突

项目中的每个成员都在一定的部门、岗位上工作，在处理问题上有时首先考虑的是本部门或本岗位的利益，而对项目整体利益或他人利益考虑较少，这样不同的部门和岗位上的项目团队成员就可能发生冲突。

5）由于工作竞争而引起的冲突

社会中普遍存在的竞争现象，在项目团队成员之间也存在。一般来说，正常的竞争能够促进成员积极向上，奋发图强；但是如果过于片面强调竞争，不注意处理好相互合作的关系，可能会引起成员间的冲突。

项目负责人或管理者与团队成员之间发生冲突的原因既包括以上五个方面，还包括如项目负责人或管理者自身素质的缺陷、思想方法和工作方法的不当、协调和沟通不及时、利益处理上的不公正等。由于项目负责人或管理者与项目团队成员本身就是一对矛盾，所以二者之间有时难免发生冲突。

除了上面的一般分析方法外，由约斯非 · 勒弗特和哈里 · 莫格汉提出来的约哈里窗口是分析人际冲突形成原因的一种主要方法。根据这种方法，两个人在相互作用时，自我可以看成是“我”，其他人可以看成是“你”。关于个体的事，有些本人知道，有些本人不知道，有些他人知道，还有些他人不知道。所以，可以分为公开的自我、隐蔽的自我、盲目的自我和未发现的自我。其分布如表 14-1 所示。

**表 14-1　约哈里窗口**

| 项目 | 自知 | 不自知 |
| --- | --- | --- |
| 他人知道 | 开放区域 | 盲目区域 |
| 他人不知道 | 秘密区域 | 未知区域 |

在公开的自我情境下，自己了解自己，并且别人也了解自己，交往时具有开放性和一致性，没有理由要去防卫，这种人际沟通几乎不会产生冲突。在隐蔽的自我状态下，本人了解自己，而别人却不了解自己，本人在沟通中需向他人隐蔽自己，害怕别人了解自己后伤害自己。在此状态下，个体可能会将自己的真实想法与情感隐藏起来，由此会导致一种潜在的人际冲突。在盲目的自我情境下，本人不了解自己，而别人却了解自己，有时个体会无意中激怒别人，别人可以告诉他，但又怕会伤害他的感情，因此也会有一种潜在的人际冲突。在未发现自我的情境下，本人不了解自己，别人也不了解自己，会产生许多误会，所以极易产生人际冲突。

2. 群体或部门冲突

项目是由若干部门或团体组成的，项目中的部门与部门、团体与团体之间，由于各种原因常常发生冲突。群体或部门之间的冲突发生于具有协作关系、业务往来或其他交往的部门、团体之间，如争夺职权、管辖权和资源等而发生的不同部门间的摩擦，幕僚和直线管理者之间的争执等。

组织理论研究者卢桑斯通过研究认为，组织中群体或部门之间的冲突一般有四种情况：组织不同层次间的冲突、不同职能间的冲突、指挥系统与参谋系统的冲突以及正式组织与非正式组织间的冲突。西蒙认为，造成群体或部门冲突的根源在于组织分工、不同背景和不同的团体意识。休尔则将群体或部门之间的冲突概括为三个方面：功利主义、部门化和非正式组织的影响。

一般而言，在项目中形成群体或部门冲突的原因包括以下几个方面。

1）各群体或部门之间目标上的差异引起的冲突

项目由于分工划分成若干不同功能的部门或单位，而每个部门或单位在项目设计时就已确定其子目标，这些具体目标之间是不同的，甚至是相互冲突的。而在执行过程中，各部门或单位的工作行为又常以本单位利益为中心，根本不理会项目整体目标与各部门或单位的协调，使各部门或单位相互隔离，导致冲突发生。目标不一致往往是群体之间产生冲突的根本原因。

2）群体价值观的差异引起的冲突

组织中群体的价值观具有不同的表现，即表现在理论上、经济上、艺术上、社交上、政治上和宗教上。不同价值观的群体追求的目标或感兴趣的东西不同，相互之间因追求目标实现的程度不同而产生的不平衡，必然导致群体之间的嫉妒、压制、阻碍等冲突行为的发生。同样，由于认识上的差异，还会使两个部门或单位的意见和行为一时难以协调，有可能引起各部门或单位之间的冲突。如项目内不同群体对于需要多少时间取得工作成果问题往往存在很大的差异，项目中的一个群体可能很快就会取得工作成果，而另一个群体则相反，这种情况也称之为确定时间上的差异。

3）由于利益分配上不信任和不合理的利益分配引起的冲突

利益分配是人类社会最古老的冲突，也是最根本的冲突。利益分配在项目管理中主要包括资源的分配和经济利益的分配。项目中的部门或单位为了完成自己各自的任务需要一定的资源，而项目资源以及可用于分配的利益是有限的，不可能满足所有部门或单位的需要，在一定时期内用于分配的收益和资源与实际需求或欲望之间往往存在很大的差距，于是群体之间争夺有限的资源和利益的冲突便发生了，这就难免造成某些部门没能获得利益满足，可能导致部门或单位之间的争执、争吵甚至攻击。由利益分配引起的群体或部门冲突，一是群体或部门对利益分配不信任；二是现实中的利益分配不合理。群体或部门对利益分配的不信任一方面是以往利益分配不合理的结果；另一方面是其情感或意识上的原因。也正因为如此，不合理的利益分配是群体或部门冲突中最敏感的成因，它所引起的冲突往往具有很强的对抗性，冲突中的各方都不愿意放弃自己的利益立场。

4）职责和权限划分不清，即组织结构上的功能缺陷引发的冲突

如对于不断发展而出现的新任务应该由哪个部门或单位承担，存在着不同的看法；尤其是一些麻烦事出现之后，部门或单位互相推诿，都认为不是自己职责范围内的事等。诸如这些职责、权限的不明确，都容易引起群体间的冲突。

5）项目沟通不畅引起的冲突

信息沟通是项目赖以存在和发展的基础，通过项目沟通可以改变群体或个人的行为，从而对项目的运行产生积极作用。项目沟通不畅的情况有以下几种：其一，信息传递者在信息传递过程中，往往对自己所要传递的信息内容缺乏真正了解和理解，或者信息本身就是模糊的，所以接受者在最初接受的信息就是一种被曲解的信息。其二，因信息传递工具功能的障碍，或信息发送者与接受者因双方思想、认识方式等差异或动机不同而对信息内容产生误解。其三，信息接受者和传递者之间因互不信任、怀疑、敌对态度而引起对信息的歪曲和人为的破坏，或因恐惧、紧张等其他原因而造成曲解。

3. 个人与群体或部门之间的冲突

个人与群体或部门之间的冲突不仅包括个人与正式组织部门的规则制度要求及目标取向等方面的不一致，也包括个人与非正式组织团体之间的利害冲突。

个人与群体或部门之间冲突的成因，主要表现为以下几个方面。

1）个人目标与群体目标的差异

在项目中，个人目标与群体目标不是都能够同时实现的：有时，个人目标得到实现，群体目标则无法实现；有时，群体由于过多强调共同目标或部门目标，而忽视或不能兼顾个人目标，造成个人与群体或部门之间的冲突。

2）个人文化与群体文化的不同

每个项目都存在着两种文化，即个人文化与群体文化。个人文化主要是指一个人带入工作中的行为规范、态度、价值观念等，反映一个人的价值观和认知水平。它可以因一个人的价值观、工作哲学、愿意承担风险的程度、对权力和控制等欲望的高低不同而不同。

群体文化则表现为个人工作的环境氛围,如专制的官僚文化、民主型的文化等。成功的项目管理希望团队成员个人的文化能够与群体的文化相一致,但是现实中由于诸多客观而难以克服的不良因素的作用,团队成员个人的文化与群体的文化不协调的现象十分普遍。团队成员个人文化与群体文化不协调的结果是成员与部门之间的配合不默契和低效率,以致产生冲突。

3)个体利益与群体利益的差异

在项目利益分配时,每个人都想得到更多的收益,对自己在分配中的所得总是不满足,于是个人与群体间的利益冲突便发生了,而且这种冲突无法避免。因为每个人都自觉不自觉地把自己放在最重要的位置上,总认为自己所做的事情是对项目完成最重要、最关键的工作,对项目的贡献比其他成员大,因此他总对自己的获得存有不满,认为群体利益的分配是不合理的。

4. 项目与外部环境的冲突

项目与外部环境之间的冲突主要表现在项目与社会公众、政府部门、消费者之间的冲突。例如,社会公众希望项目承担更多的社会责任和义务,集经济、社会、环境效益于一身,但项目在一定的社会发展时期受生产力发展水平的限制,其经济利益的取得,常常以损害环境质量或社会公众的其他利益为代价,于是项目与社会公众之间的冲突不可避免地发生。同样,项目的组织行为与政府部门约束性的政策法规之间的不一致和抵触,项目与消费者之间发生的纠纷和冲突行为等都是项目与环境之间常见的冲突形态。

## 三、项目冲突的管理

项目冲突管理是从管理的角度运用相关管理理论来面对项目中的冲突事件,避免其负面影响,发挥正面作用,以保证项目目标的实现。

### (一)项目冲突管理的阶段

项目冲突管理一般包括诊断、处理和结果三个阶段。

1. 诊断

项目冲突诊断是项目冲突管理的前提,是发现问题的过程。项目负责人在诊断过程中要充分认识到冲突发生在哪个层面上,问题出在哪里,并作出在什么时候应该降低冲突或激发冲突的反应。

2. 处理

项目冲突处理包括事前预防冲突、事后有效处理冲突和激发冲突三个方面。事前预防冲突包括事前规划与评估(如环境影响评估)、人际或组织沟通、工作团队设计、健全规章制度等,目的在于协调和规范各利害关系个人或群体的行为,建立组织间协调模式,鼓励多元化合作与竞争,强调真正的民众参与;事后冲突处理强调主客观资料搜集、整理与分析,综合运用回避、妥协、强制和合作等策略,理性协商谈判,形成协议方案,监测协议方案执行,并健全冲突处理机制(包括行政、立法、司法等);激发冲突一般是通过改变组织文化、鼓励合理的竞争、引进外人、委任开明的项目负责人来实现的。

3. 处理结果

对项目冲突的处理结果必然会影响组织的绩效,项目负责人必须采取相应的方法有效地降低或激发冲突，使项目内冲突维持在一个合理的水平上，从而带来项目绩效的提高。

由于项目冲突具有性质的复杂性、类型的多样性和发生的不确定性等特征，因此对项目冲突进行管理就不可能千篇一律地使用一种方法或方式解决，而是必须对项目冲突进行深入的分析，采取积极的态度，选择适当的项目冲突管理方式，尽可能地利用建设性冲突，控制和减少破坏性冲突。

**（二）项目冲突的传统管理**

在项目中，管理者对处理冲突已有一定的经验，我们称之为传统管理。这些经验，在许多场合中仍然十分有效。

1. 妥协

妥协是指要求冲突双方各退一步，以达成双方都可以接受的目标的一种方法。妥协是目前许多组织中最常用的方法之一。由于冲突双方实力相当，一时也难以辨别谁更有理，或者两者其实都有理，只是看问题的角度不同而已，管理者会要求双方达成妥协条件，各方都部分得到满足。最典型的例子是甲方要求增加投资50%，乙方认为最多增加投资30%，双方经协商，增加投资40%。

有时妥协能很好地解决冲突，但要防止有些个体或群体知道领导者准会用妥协的方法，在冲突一开始就开出高价而占便宜。

2. 裁决

在项目冲突无法界定的情况下，冲突双方可能争执不下，这时可以由领导或权威机构经过调查研究，判断孰是孰非，仲裁解决冲突；有时对冲突双方很难立即作出对错判断，但又急需解决冲突，这时一般需要专门的机构或者专家（权威人士）作出并不代表对错的裁决，但裁决者应承担起必要的责任。这种方式的长处是简单、省力；但是，这种方法中的权威者必须是一个熟悉情况、公正、明了事理的人，否则会挫伤团队成员的积极性，降低效益，影响项目目标的实现。

由于项目内的个体和群体往往不能经常进行相互间的沟通，因而在仲裁或裁决的时候，往往先将项目冲突的双方或代表召集到一起，让他们把冲突的原因和分歧讲出来，辨明是非；在此基础上，双方各提出自己的解决方案，最终选择或调整形成一个双方都能满意的方案。这种解决问题的方法常常很奏效，其中有两个原因：一是把冲突双方召集在一起，能够使各方了解并不是只有他们自己才面临问题；二是仲裁或裁决的会议可以作为冲突各方的一个发泄场所，防止产生其他冲突。研究表明，管理得较好的组织或项目倾向于面对面地处理冲突，而不是回避冲突。

3. 拖延

所谓拖延是指面对冲突，不予处理，等待其自然缓解或消除的一种方法。拖延也是管理者常用的一种方法，对涉及面较小、不会构成重大危害作用的轻微冲突，可采用拖延方法。但是，如果对目前看来微不足道，可是一经拖延，或者矛盾一经积累，会造成重大损失的冲突，不能采用拖延方法，要及时解决。

4. 和平共处

和平共处是指冲突双方求同存异，避免把矛盾公开化、加剧化的一种方法。一般没有重大原则差异的冲突可以用和平共处的方法来解决。

管理者可以协助冲突双方分析各自的观点与立场，以及产生冲突的原因，然后协助冲突双方找出共同的地方，加以肯定。找出小差异的地方，通过协商来解决；找出大差异的地方，暂时拖延一下，但要避免公开化和加剧化。和平共处是解决一些冲突较好的方法。

5. 宣传

宣传是改变态度的有效方法之一。在冲突中，许多人都是由于态度不同而造成对事物的看法不同，要转变冲突双方的态度，缓解和消除冲突，选用宣传方法是明智的。

可以请冲突双方转换一下角色，从对方的角度来看一下问题；也可以请有关的权威来解释一下事物的真相，使双方用较客观的态度来审核一下原来的观点是否有偏差；也可以组织冲突双方坐下来，请双方心平气和地谈谈为何会有这种认识；也可以告诉冲突双方，其他人、其他群体或其他组织以前是如何解决这类冲突的。

宣传几乎可以用在一切冲突中，但是有些管理者由于种种原因，不擅长使用宣传方法，以至于使宣传不能收到良好的效果。

6. 转移目标

当冲突激烈，又无其他适当解决办法时，转移目标是一种可以选用的方法。所谓转移目标，是指寻找一个外部竞争者，把冲突双方的注意力转移到第三者身上来缓解或消除冲突的一种方法。

工程部和发展部都在互相埋怨对方占用的资金太多，以至于本部门的经费不够。总经理开始引导他们转移目标，只要争取到下一位有实力的客户，经费问题就可以迎刃而解了。这时，工程部和发展部都把目标努力对准如何获得下一位有实力的客户方面，消除了彼此的冲突。

在运用转移目标方法时，一定要注意消除冲突双方固有的冲突因素，否则第三者消失后，冲突双方的冲突因素又会成为主要矛盾，管理者还是要回过头来解决这些问题的。

7. 压制

压制冲突是指由上级用行政命令来限制冲突的一种方法。由于压制冲突没有真正消除冲突的根源，虽然一时由于冲突双方限于上级的权势而停止冲突，但一旦时机成熟又会爆发冲突。另外，就算不爆发冲突，冲突的一方或双方会觉得处理不公平，积极性受到打击而影响工作。

因此，压制冲突应尽量少用，一旦暂时用了，日后要想办法解决冲突的根源。

# 第十五章 水利工程项目信息管理

## 第一节 水利工程项目信息管理概述

信息是各项管理工作的基础和依据,信息只有通过有组织的流通,才能使项目管理人员及时掌握完整、准确、满足需要的信息,使管理工作有效地起到计划、组织、控制和协调的作用,为科学的决策提供重要依据。工程项目信息的管理是工程项目管理机构在明确工程项目信息流程的基础上,通过对各个系统、各项工作和各种数据的管理,使工程项目信息能方便和有效地获取、存储、存档、处理与交流。工程项目信息管理的目的在于通过信息传输的有效组织管理和控制为工程项目建设提供增值服务。因此,工程项目管理人员应充分重视信息管理工作,掌握工程项目信息管理的理论、方法和手段。

### 一、信息含义和特征

**(一)信息含义**

信息指的是用口头的方式、书面的方式或电子的方式传输(传达、传递)的知识、新闻或情报。声音、文字、数字和图像等都是信息表达的形式。工程项目信息是指反映和控制工程项目管理活动的信息,包括各种报表、数字、文字和图像等。

信息是将数据进行加工处理转换的结果。数据是用来记录客观事物的性质、形态、数量和特征的抽象符号,包括文字、数字、图形、声音、信号和语言等。同一组数据可以按不同要求,将其加工成不同形式的信息。

信息的接受者根据信息对当前或未来的行为作出决策。信息管理是指对信息的收集、加工、整理、存储、传递与应用等一系列工作的总称。工程项目信息管理就是通过合理组织和控制信息,使决策者及时、准确地获得相应的信息。为了有效地管理信息,需要了解信息来源,对信息进行分类,掌握运用信息管理的手段、信息流程的不同环节,建立信息管理系统。

工程项目信息资源的组织与管理是在工程项目决策和实施的全过程中,对工程项目信息的获取、存储、存档、处理和交流进行合理的组织与控制。

工程项目信息包括在项目决策过程、实施过程和运行过程中产生的信息,以及其他与项目建设有关的信息,包括项目的组织类信息、管理类信息、经济类信息、技术类信息和法规类信息。每类信息根据工程各阶段项目管理的工作内容又可细分,如项目的组织类信息可包含所有项目建设参与单位、项目分解信息、管理组织信息等。项目的管理类信息包括项目投资管理、进度管理、合同管理、质量管理、安全管理等各方面信息。项目的经济类信息包括资金使用计划、材料、设备和人工市场价格等信息。项目的技术类信息包括国家或地区的技术规范标准、项目设计图纸、施工技术方案等信息。项目的法规类信息包括国家或地方的建设程序法规要求等。项目信息分类可以有很多方法，可以按照信息来源、信息的管理职能、信息的稳定程度等进行划分。

### (二)信息的特征

1. 信息的准确性

信息应客观真实地反映现实世界的事物。通过感官识别信息是直接识别，通过其他各种探测手段识别信息则是间接识别。信息的准确性要求识别、传送和储存时不失真。

2. 信息的有效性

信息是一种资源，用来辅助决策的信息资源的利用价值因人、因事、因时和因地而异，信息资源的价值与不同的时空和用户有关。信息是有生命周期的，在生命周期内，信息有效。为了保证信息有效，要求配备快速传递消息的通道，信息流经处理的道路最短，中间的停顿最少。人的社会分工不同，对信息的要求就不同。信息接收者对分工范围内的相关信息感兴趣，认为是有效信息，对分工外的信息不感兴趣，认为是无效信息。

3. 信息的共享性

利用网络技术和通信设备可实现信息的共享性，在许多单位、部门和个人都能使用同样的信息，这样可以保证各个部门使用信息的统一性，保证决策的一致性。信息传递可通过报纸、杂志、报告和各种文件等多种媒体来实现，借助于数据管理技术和计算机网络技术，使人类社会进入了信息资源充分共享的时代。

4. 信息的可存储性

信息是多种多样的，相应地，产生多种存储方式。信息的可存储性表现在要求存储信息的内容真实，存储安全而不丢失，在较小的空间中存储更多的信息，在不同的形式和内容之间很方便进行转换与连接，对已存储的信息能以最快的速度检索出所需的信息。

5. 信息的系统性

信息构成是整体的、全面的，信息运动是连续的，信息发生先后之间存在一定的关系，在时间上是连贯的、相关的和动态的。可以利用过去的信息分析现在，从现在和过去预测未来，需要连续收集信息、存储信息和快速进行信息检索，信息具有系统性。

## 二、工程项目中的信息流

工程项目在实施过程中不断产生大量信息。这些信息只有通过有组织的流通，才能使工程项目管理人员及时掌握完整、准确的信息，为科学的管理提供重要依据。项目管理人员应充分重视项目信息管理工作，掌握工程项目信息管理的理论、方法和手段。

为了工程项目管理工作的顺利完成，使项目信息在管理组织机构内部上下级之间和项目管理组织与外部环境之间的流动，称为信息流。在项目的实施过程中，通常包括如下几种主要流动。

### (一)工作流

工作流构成项目的实施过程和管理过程，主体是劳动力和管理者。任务书确定了项目所有工作的实施者，通过项目计划具体安排实施方法、实施顺序、实施时间及实施过程中的协调。这些工作在一定时间和空间上实施，形成项目的工作流。

**（二）物流**

物流表现出项目的物资生产过程。工作的实施需要各种材料、设备、能源，由外界输入，经过处理转换成工程实体，得到项目产品，形成项目的物流。

**（三）资金流**

资金流是实施过程中价值的运动。从资金变为库存的材料和设备，支付工资和工程款，转变为已完工程，投入运营作为固定资产，通过项目的运营取得收益，形成项目的资金流。

**（四）信息流**

工程项目的实施过程不断产生大量信息，这些信息随着上述几种流动过程按一定的规律产生、转换、变化和使用，传送到相关部门，形成项目实施过程中的信息流。

工程项目信息流反映了工程项目建设过程中各参与部门、单位之间的关系。项目管理者设置目标、进行决策、制定各种计划、组织资源供应，领导、指导、激励、协调各项目参加者的工作，控制项目的实施过程都依据信息来实施；通过信息了解项目实施情况，发布各种指令，计划并协调各方面的工作。信息流对工程项目管理有重要的意义。信息流将项目的工作流、物流、资金流、各个管理职能、项目组织、项目与环境结合在一起，不仅反映而且控制并指挥着工作流、物流和资金流。所以，项目管理人员应明确项目信息流。

项目中的信息流包括两个主要的信息交换过程。

1. 项目与外界的信息交换

项目作为一个开放系统，与外界有大量的信息交换。

（1）由外界输入的信息。如市场状况信息、物价变动的信息、环境信息，以及外部系统给项目的干预、对项目的指令等。

（2）项目向外界输出的信息，如项目状况的报告、请示、要求等。

2. 项目内部的信息交换

项目内部的信息交换是指项目实施过程中项目组织者因进行沟通而产生的大量的信息。项目内部的信息交换主要包括正式的信息渠道和非正式的信息渠道。信息在组织机构内按组织程序流通，属于正式的沟通。

正式的信息渠道包括的信息流：

（1）自上而下的信息流，通常决策、指令、通知、计划是由上向下传递，但传递过程并不是一般的翻印，而是进行逐渐细化、具体化，一直细化到基层，成为可执行的操作指令。

（2）由下而上的信息流。通常各种实际工程的情况信息，由下逐渐向上传递，传递不是一般的叠合，而是经过逐渐归纳整理形成的逐渐浓缩的报告。通常信息太详细会造成处理量大、没有重点，容易遗漏重要说明；而太浓缩又存在对信息的曲解，或解释出错的问题。

（3）横向或网络状信息流。按照项目管理工作流程设计的各职能部门之间存在大量的信息交换，如技术人员与成本员、成本员与计划师、财务部门与计划部门等之间存在的信息流。在现代高科技状态下，人们已越来越多地通过横向和网络状的沟通渠道获得信息。

# 第二节　水利工程项目信息管理系统

工程项目信息管理系统是信息、信息流通和信息处理各方面的总和，能将各种管理职能和管理组织沟通起来。建立工程项目信息管理系统，是工程项目管理者的责任，也是完成工程项目管理任务的前提。工程项目信息管理系统应方便项目信息输入、加工与存储，应有利于用户提取信息，及时调整数据、表格与文档，应能灵活补充、修改与删除数据，满足项目管理的全部需要，应能使施工准备阶段的管理信息、施工过程项目的管理信息、竣工阶段的信息等有良好的接口。工程项目信息管理的系统主要包括信息的收集、加工整理、存储、检索和传递。

## 一、工程项目信息的收集

工程项目信息的收集是收集项目决策和实施过程中的原始数据，信息管理工作的质量很大程度上取决于原始资料的全面性和可靠性。建立一套完善的信息采集制度是有重要意义的。

### （一）建立、完善工程项目信息采集制度

项目组织应建立项目信息管理系统，及时收集信息，将信息准确、完整地传递给使用单位和人员，优化信息结构，实现项目信息化管理。项目经理部应配备信息管理员（必须经有资质的培训单位培训），负责收集、整理、管理本项目范围内的信息，为预测未来和决策提供依据。项目信息收集应随工程的进展进行，经有关负责人审核，保证及时、准确、真实。

比如，项目经理部应收集并整理工程概况信息、施工信息、项目管理信息，如法律、法规与部门规章信息、自然条件信息、市场信息、施工技术资料信息、项目进度控制信息、项目质量控制信息、项目成本控制信息、项目机械设备管理信息等。

### （二）工程项目建设前期的信息收集

工程项目在正式开工之前，需要进行大量的工作，产生大量的文件，文件包括设计任务书、设计文件、招标投标合同文件等有关资料。

设计任务书是确定工程项目建设规模、建设布局和建设进度等原则问题的重要文件，也是编制工程设计文件的重要依据。所有新建或扩建的工程项目，都要依据资源条件和国民经济发展规划，按照工程项目的隶属关系，由主管部门组织有关单位提前编制设计任务书。项目信息包括项目建议书，可行性研究报告，项目建设上级单位和政府主管部门对工程项目的要求和批复，项目建设用地的自然、社会、经济环境等一系列有关信息资料。

工程项目的设计任务书经建设单位审核批准后需委托工程设计单位编制工程设计文件。在工程项目进行设计前，工程设计单位一般要收集社会及建设地区的自然条件资料调查情况（如河流、水文、水资源、地质、地形、地貌、气象等资料）、工程技术勘测调查情况（如修建水库水电站，对已选定的坝址作进一步调查勘探，对岩土基础进行分析试验。如利用当地材料建坝，对各种石料的性质进行试验分析等）、技术经济勘察调查情况（工程建设地区的原材料、燃料来源，水电供应和交通运输条件，劳力来源、数量和工资标准等资料）。

对于大型工程项目，项目设计通常有如下三个阶段：初步设计、技术设计和施工图设计。初步设计含有大量的工程建设信息，如工程项目的目的和主要任务、工程的规模、规划布置，以及建筑物的位置、结构形式和设计尺寸，各种建筑物的材料用量，主要技术经济指标，建设工期和总概算等。技术设计是初步设计的进一步深化，要求收集补充更详细的资料，对工程中的各种建筑物作出具体的设计计算。技术设计比初步设计提供了更确切的数据资料，对建筑物的结构形式和尺寸等提出修正，编制修正后的总概算。施工图设计阶段包括施工总平面图、建筑物的施工平面图和剖面图、安装施工详图、各种专门工程的施工图以及各种设备和材料的明细表等，通过图纸反映出大量的信息。

工程项目的招标文件由建设单位编制或委托咨询单位编制，主要内容包括投标邀请书、投标须知、合同双方签署的合同协议书、履约保函、合同条款、投标书及其附件、工程报价表及其附件、技术规范、招标图纸、建设单位在招投标期内发生的所有补充通知、承建单位补充的所有书面文件、承建单位在招标时随招标书一起递送的资料与附图、建设单位发布的中标通知、商谈合同时双方共同签字的补充文件。在招投标过程中及在决标后，招标、投标文件及其他文件将形成一套对工程建设起制约作用的合同文件。

在招投标文件中包含建设单位所提供的材料供应、设备供应、水电供应、施工道路、临时房屋、征地情况等，承建单位所投入的人力、机械方面的情况，工期保证、质量保证、投资保证、施工措施和安全保证等。

工程项目建设前期除以上各个阶段产生的各种文件资料外，还包括上级单位对工程项目的批示和有关指示、征用土地等重要的文件信息。

**（三）工程项目施工期的信息收集**

工程项目在整个工程施工阶段，包含建设单位提供的信息、承建商提供的信息、工程监理的记录信息等各种信息，需要及时收集和处理。项目的施工阶段是大量的信息发生、传递和处理的阶段。

建设单位作为建设项目的组织者，在施工中要依据合同文件规定提供相应的条件，表达对工程各方面的意见和要求，下达某些指令，应及时收集建设单位提供的信息。建设单位及建设单位的上级单位在建设过程中对工程建设的各种有关进度、质量、投资、合同等方面的意见和指令，都是工程建设过程中重要的信息。

承建商在施工中必须经常向上级部门、设计单位、监理单位及其他方面发出某些文件，传达一定的内容；向工程监理单位报送施工组织设计、报送计划、单项工程施工措施、质量问题报告等。在施工现场发生的各种情况中，工程建设的各参与单位按照自身项目管理工作进行收集和整理，汇集成丰富的信息资料。

工地现场的工程监理单位的记录包括工地工程师的监理记录、工程质量记录、竣工记录等内容。施工现场监理负责人每月向监理总负责人及建设单位汇报的情况：工程施工进度状况，工程进度拖延的原因分析，工程质量情况与问题，材料、设备供货问题，组织、协调方面的问题，异常的天气情况等。施工现场监理负责人对施工单位的指示，包括正式函件、日常指示；工程质量记录，包括试验结果记录及样本记录等；现场每日的记录，包括现场每日的天气记录，施工内容，参加施工的人员，施工用的机械，发现的施工质量问题，施工进度与计划施工进度的比较，综合评语，其他说明等。

**（四）工程竣工阶段的信息收集**

工程竣工按照要求需要验收大量的有关的信息资料。信息资料一部分是在整个施工过程中积累形成的；一部分是在竣工验收期间，根据资料整理分析形成的，完整的竣工资料应由承建单位编制，经工程监理单位和相关方面审查后，移交建设单位，通过建设单位移交项目管理运行单位及有关的政府主管部门。

## 二、工程项目信息的加工整理

工程项目管理为了有效地控制项目的投资、进度和质量情况，提高工程建设的效益，应在全面、系统收集项目信息的基础上，对收集来的信息资料进行加工整理。通过对资料和数据进行整理、分析，应用数学模型统计推断可以产生决策的信息，预测项目建设未来的进展状况，为项目管理作出正确的决策提供可靠的依据。

工程价款结算一般按月进行，对投资完成情况进行统计、分析，在统计分析的基础上作一些预测。每月、每季度应对工程进度进行分析，作出综合评价，包括当月工程项目各方面实际完成量，与合同规定的计划数量之间的比较。如果拖后，应分析原因，找出存在的主要问题，提出解决的意见。工程项目信息管理应系统地将当月施工中的各种质量情况进行归纳和评价，对工程质量控制情况提出意见。

## 三、工程项目信息的检索和传递

无论是存入档案库，还是存储在计算机的信息资料，为了查找的方便，都要拟定一套科学的查找方法和手段，做好分类编目工作。完善健全的检索系统，使报表、文件、资料、人事和技术档案既保存完好，又查找方便；否则会使资料杂乱无章，无法利用。

信息的传递是在工程项目信息管理工作的各部门、各单位之间传递，通过传递，形成各种信息流。畅通的信息流，将通过报表、图表、文字、记录、会议、审批及计算机等传递手段，不断地将工程项目信息完整、准确地输送到项目建设各方手中，成为他们进行科学决策的依据。

工程项目信息管理的目的，是更好地使用信息，为管理决策服务。经过加工处理好的信息，要按照需要和要求提供给项目管理工作使用。信息检索和传递的使用效率及使用质量随着计算机的普及而提高。存储于计算机中的数据，已成为各个部门所共享的信息资源。因此，利用计算机进行信息的加工储存、信息检索和传递，是更好地使用信息的前提。

可以利用计算机存储量大的特点，集中存储与工程项目有关的各种信息，使工程项目管理工作流程程序化、记录标准化、报告系统化，实现高效、快速的信息管理。利用计算机运算速度快的特点，及时、准确地加工处理项目所需要的各种数据，形成文字、图表、图像等，在工程项目管理中可及时发现问题，检查项目的实施情况，作出调整或规划的决策。随着科学技术的发展，在工程项目信息管理工作中，计算机应用的范围和程度越来越广，可帮助实现工程项目管理工作的标准化、规范化和系统化。

# 第三节　水利工程项目文档资料管理

为加强水利工程建设项目档案管理工作,根据《中华人民共和国档案法》、《水利档案工作规定》等法规、规范及有关业务建设规范,结合水利工程的特点,制定水利工程建设项目档案管理规定,明确档案管理职责,规范档案管理行为,充分发挥档案在水利工程建设与管理中的作用。

水利工程档案是指水利工程在前期、实施、竣工验收等各建设阶段过程中形成的,具有保存价值的文字、图表、声像等不同形式的历史记录。水利工程档案工作是水利工程建设与管理工作的重要组成部分。有关单位应加强领导,将档案工作纳入水利工程建设与管理工作中,明确相关部门、人员的岗位职责,健全制度,统筹安排档案工作经费,确保水利工程档案工作的正常开展。

## 一、文档资料概念与管理原则

### (一)文档资料概念

工程项目文档资料是指工程项目在立项、设计、施工、监理和竣工活动中形成的具有归档保存价值的基本建设文件、监理文件、施工文件和竣工图的总称。工程项目的文档资料主要由建设单位文件、工程监理单位文件、施工单位文件、竣工图等资料组成。

建设单位文件是由建设单位在工程项目建设过程中形成、收集汇编,有关立项、地质勘察、测绘、设计、招投标、工程验收等文件或资料的总称。工程监理单位文件是由工程监理单位在工程监理全过程中形成、收集汇编的文件或资料的总称。施工单位文件是由施工单位在工程施工过程中形成、收集汇编的文件或资料的总称。工程项目竣工图是真实地记录工程建设各种地下、地上建筑物竣工实际情况的技术文件,竣工图的绘制工作由建设单位完成,也可委托承建总承包单位、工程监理单位或设计单位完成。竣工图是对工程进行交工验收、维护、扩建、改建的依据,也是使用单位应长期保存的资料。

### (二)文档资料的管理原则

1. 有效性原则

随着建筑技术、施工工艺、新材料和管理水平的不断发展提高,新的项目在施工过程中可以吸取以前的经验,文档资料可以被继承和积累。工程项目的文档资料管理应根据不同管理层次管理者的要求进行适当的加工,提供不同要求和浓缩程度的文档资料。对项目管理者提供决策的文档应力求精练、直观,尽量采用形象的图表来表达,以满足决策的信息需要。工程项目文档资料有很强的时效性,文档资料的价值会随着时间的推移而衰减,文档资料一经生成,就必须传达到相关部门,使文档资料能够及时地服务于决策,保证对决策支持的有效性。

2. 标准化原则

工程项目周期长,生产工艺复杂,使用材料种类多,技术发展迅速,影响工程项目因素多;工程建设阶段性强,导致了工程项目文档资料分散而复杂,工程项目文档资料是多层次、多环节、相互关联的系统。在工程项目的实施过程中对有关文档资料进行分类统一,对流程进行规范,产生项目管理报表则力求做到格式化和标准化,通过建立健全的文档资料管理制度,从组织上保证信息生产过程的效率。

3. 全面真实原则

工程项目文档资料只有全面真实地反映项目的各类信息才有实用价值,形成一个完整的系统。全面真实是对所有文档资料的共同要求。

4. 综合处理原则

工程项目文档资料产生于工程建设的整个过程中,工程开工、施工、竣工等各个阶段和环节都会产生各种文档资料。工程项目文档资料涉及土建、机电、自动化、地质、水文等多种专业,也涉及力学、声学等多种学科,综合了质量、进度、投资、合同、组织协调等多方面内容。通过采用高性能的处理工具,尽量缩短处理过程中的延迟,综合处理文档资料。

**(三)水利水电工程项目文档管理的特点**

水利水电建设项目文档管理的主要特点包括:

(1)由于水利水电工程项目复杂,参建方多,设计面广,所以文档管理工作复杂。

(2)由于水利水电工程项目建设时间较长,所以文档管理工作历时较长。

(3)由于水利水电工程项目文档管理工作的复杂性,决定了文档管理需要专门的部门来实施,需要文档专业人员来完成。

## 二、档案管理

根据《水利工程建设项目档案管理规定》(水办[2005]480号),水利工程档案工作应贯穿于水利工程建设程序的各个阶段,即从水利工程建设前期就应进行文件材料的收集和整理工作;在签订有关合同、协议时,应对水利工程档案的收集、整理、移交提出明确要求;检查水利工程进度与施工质量时,要同时检查水利工程档案的收集、整理情况;在进行项目成果评审、鉴定和水利工程重要阶段验收与竣工验收时,要同时审查、验收工程档案的内容与质量,并作出相应的鉴定评语。所以,各级建设管理部门应积极配合档案业务主管部门,认真履行监督、检查和指导职责,共同抓好水利工程档案工作。

**(一)对各单位的要求**

(1)项目法人的文档管理。项目法人对水利工程档案工作负总责,须认真做好自身产生档案的收集、整理、保管工作,并应加强对各参建单位归档工作的监督、检查和指导。大中型水利工程的项目法人,应设立档案室,落实专职档案人员;其他水利工程的项目法人也应配备相应人员负责工程档案工作。项目法人的档案人员对各职能处室归档工作具有监督、检查和指导职责。

(2)勘察设计、监理、施工等参建单位的文档管理。勘察设计、监理、施工等参建单位,应明确本单位相关部门和人员的归档责任,切实做好职责范围内水利工程档案的收集、整理、归档和保管工作;属于向项目法人等单位移交的应归档文件材料,在完成收集、整理、审核工作后,应及时提交项目法人。项目法人应认真做好有关档案的接收、归档和向流域机构档案馆的移交工作。

**(二)对人员的要求**

工程建设的专业技术人员和管理人员是归档工作的直接责任人,须按要求将工作中形成的应归档文件材料，进行收集、整理、归档，如遇工作变动，须先交清原岗位应归档的文件材料。

**（三）对文档管理质量的要求**

水利工程档案的质量是衡量水利工程质量的重要依据，应将其纳入工程质量管理程序。质量管理部门应认真把好质量监督检查关，凡参建单位未按规定要求提交工程档案的，不得通过验收或进行质量等级评定。工程档案达不到规定要求的，项目法人不得返还其工程质量保证金。

**（四）对文档管理设施的要求**

大中型水利工程均应建设与工作任务相适应的、符合规范要求的专用档案库房，配备必要的档案装具和设备；其他建设项目，也应有满足档案工作需要的库房、装具和设备。所需费用可分别列入工程总概算的管理房屋建设工程项目类和生产准备费中。

同时，项目法人应按照国家信息化建设的有关要求，充分利用新技术，开展水利工程档案数字化工作，建立工程档案数据库，大力开发档案信息资源，提高档案管理水平，为工程建设与管理服务。项目法人应按时向上级主管单位报送《水利工程建设项目档案管理情况登记表》。国家重点建设项目，还应同时向水利部报送《国家重点建设项目档案管理登记表》。

## 三、归档与移交

水利工程档案的保管期限分为永久、长期、短期三种。长期档案的实际保存期限，不得短于工程的实际寿命。《水利工程建设项目文件材料归档范围和保管期限表》是对项目法人等相关单位应保存档案的原则规定。项目法人可结合实际，补充制订更加具体的工程档案归档范围及符合工程建设实际的工程档案分类方案。

水利工程档案的归档工作，一般由产生文件材料的单位或部门负责。总包单位对各分包单位提交的归档材料负有汇总责任。各参建单位技术负责人应对其提供档案的内容及质量负责；监理工程师对施工单位提交的归档材料应履行审核签字手续，监理单位应向项目法人提交对工程档案内容与整编质量情况的专题审核报告。水利工程文件材料的收集、整理应符合《科学技术档案案卷构成的一般要求》。归档文件材料的内容与形式均应满足档案整理规范要求。内容应完整、准确、系统；形式应字迹清楚、图样清晰、图表整洁，竣工图及声像材料应标注的内容清楚，签字（章）手续完备，归档图纸应按照要求统一折叠。

竣工图是水利工程档案的重要组成部分，必须做到完整、准确、清晰、系统、修改规范、签字手续完备。项目法人应负责编制项目总平面图和综合管线竣工图。施工单位应以单位工程或专业为单位编制竣工图。竣工图须由编制单位在图标上方空白处逐张加盖竣工图章，有关单位和责任人应严格履行签字手续。每套竣工图应附编制说明、鉴定意见及目录。施工单位应按照以下要求编制竣工图：

（1）按照施工图施工没有变动的，应在施工图上加盖、签署竣工图章。

（2）一般性的图纸变更及符合要求的，可在原施工图上更改，在说明栏内注明变更依据，加盖、签署竣工图章。

(3)凡涉及结构形式、工艺、平面布置等重大改变,或图面变更超过1/3的,应重新绘制竣工图(可不再加盖竣工图章)。重绘图应按照原图编号,在说明栏内注明变更依据,在图标栏内注明竣工阶段和绘制竣工图的时间、单位、责任人。监理单位应在图标上方加盖竣工图确认章。

水利工程建设声像档案是纸质载体档案的必要补充。参建单位应指定专人负责各自产生的照片、胶片、录音、录像等声像材料的收集、整理、归档工作,归档的声像材料均应标注事由、时间、地点、人物、作者等内容。工程建设重要阶段、重大事件、事故,必须有完整的声像材料归档。电子文件的整理、归档参照《电子文件归档与管理规范》执行。

项目法人可根据实际需要,确定不同文件材料的归档份数,但应满足以下要求:

(1)项目法人与运行管理单位应各保存一套较完整的工程档案材料(当二者为一个单位时,应异地保存一套)。

(2)工程涉及多家运行管理单位时,各运行管理单位则只保存与其管理范围有关的工程档案材料。

(3)当有关文件材料需由若干单位保存时,原件应由项目产权单位保存,其他单位保存复制件。

(4)流域控制性水利枢纽工程或大江、大河、大湖的重要堤防工程,项目法人应负责向流域机构档案馆移交一套完整的工程竣工图及工程竣工验收等相关文件材料。

工程档案的归档与移交必须编制档案目录。档案目录应为案卷级,应填写工程档案交接单。交接双方应认真核对目录与实物,由经手人签字、加盖单位公章确认。工程档案的归档时间,可由项目法人根据实际情况确定。可分阶段在单位工程或单项工程完工后向项目法人归档,也可在主体工程全部完工后向项目法人归档。整个项目的归档工作和项目法人向有关单位的档案移交工作,应在工程竣工验收后三个月内完成。

## 四、档案资料验收

水利工程档案验收是水利工程竣工验收的重要内容,应提前或与工程竣工验收同步进行。凡档案内容与质量达不到要求的水利工程,不得通过档案验收;未通过档案验收或档案验收不合格的,不得进行或通过工程的竣工验收。

各级水行政主管部门组织的水利工程竣工验收,应有档案人员作为验收委员参加。水利部组织的工程验收,由水利部办公厅档案部门派员参加;流域机构或省级水行政主管部门组织的工程验收,由相应的档案管理部门派员参加;其他单位组织的有关工程项目的验收,由组织工程验收单位的档案人员参加。

大中型水利工程在竣工验收前要进行档案专项验收。其他工程的档案验收应与工程竣工验收同步进行。档案专项验收可分为初步验收和正式验收。初步验收可由工程竣工验收主持单位委托相关单位组织进行;正式验收应由工程竣工验收主持单位的档案业务主管部门负责。

水利工程在进行档案专项验收前,项目法人应组织工程参建单位对工程档案的收集、整理、保管与归档情况进行自检,确认工程档案的内容与质量已达要求后,可向有关单位报送档案自检报告,提出档案专项验收申请。

档案自检报告应包括工程概况，工程档案管理情况，文件材料的收集、整理、归档与保管情况，竣工图的编制与整编质量，工程档案完整、准确、系统、安全性的自我评价等内容。

档案专项验收的主持单位在收到申请后，可委托有关单位对其工程档案进行验收前检查评定，对具备验收条件的项目，应成立档案专项验收组进行验收。档案专项验收组由验收主持单位、国家或地方档案行政管理部门、地方水行政管理部门及有关流域机构等单位组成。必要时，可聘请相关单位的档案专家作为验收组成员参加验收。

档案专项验收工作的步骤、方法与内容如下：

(1)听取项目法人有关工程建设情况和档案收集、整理、归档、移交、管理与保管情况的自检报告。

(2)听取监理单位对项目档案整理情况的审核报告。

(3)对验收前已进行档案检查评定的水利工程，还应听取被委托单位的检查评定意见。

(4)查看现场(了解工程建设实际情况)。

(5)根据水利工程建设规模，抽查各单位档案整理情况。抽查比例一般不得少于项目法人应保存档案数量的8%，其中竣工图不得少于一套竣工图总张数的10%；抽查档案总量应在200卷以上。

(6)验收组成员进行综合评议。

(7)形成档案专项验收意见，向项目法人和所有会议代表反馈。

(8)验收主持单位以文件形式正式印发档案专项验收意见。

档案专项验收意见应包括以下内容：

(1)工程概况。

(2)工程档案管理情况：①工程档案工作管理体制与管理状况；②文件材料的收集、整理、立卷质量与数量；③竣工图的编制质量与整编情况；④工程档案的完整、准确、系统性评价。

(3)存在问题及整改要求。

(4)验收结论。

(5)验收组成员签字表。

# 第十六章　计算机辅助水利工程项目管理

## 第一节　计算机软件在水利工程项目管理中的应用概述

### 一、水利项目管理的特点和计算机的作用

水利工程项目规模大、建设期长,项目管理涉及的内容多且复杂,所以在项目管理过程中,需要快速、合理地进行大量的管理决策。而管理决策的基础就是决策信息的支持,要进行快速合理的决策,需要快速、准确的信息处理能力的支持。

水利工程项目管理的特点决定了水利工程管理过程中的信息是海量的、复杂的,为了支持项目管理的决策和对项目的控制,需要一套有效的项目管理信息系统,该系统能够处理大量的数据,能进行复杂的分析计算工作,处理速度要快,能进行数据调用、查询和更新,数据的输入输出简便快捷。

虽然水利工程项目管理需要处理大量信息,但这些工作是简单重复性的,而且由大量人员处理时,容易出错。计算机由于具有快速、准确地处理大量信息的能力,已经广泛应用于水利工程项目建设的可研、计划、实施等各个阶段和进度管理、成本管理、合同管理等各个方面,成为项目管理不可缺少的工具。在项目管理中应用计算机,具有如下作用:

(1)可以大量储存、处理和传输信息,共享数据,提高管理效率。

(2)可以进行复杂的分析计算工作,比如进行项目进度计划的管理和控制,资源的优化配置,进行网络计划的计算、优化、调整和跟踪,都是非常复杂的计算过程,没有计算机是很难满足管理需要的。

(3)可以采用现代化的手段和方法辅助项目管理决策,如进行模拟、预测等。

(4)可以有效减少管理人员的数量,提高管理效率。

(5)可以实时、动态生成输出各种图表,修改方便,从而为项目进度管理提供了极大方便。

所以,应用计算机辅助水利工程项目管理是非常合适有效的,计算机也在水利工程项目管理中显示出了巨大的优越性。在现代的水利工程项目管理中,尤其是一些大型复杂工程的管理,没有计算机可以说是无法实现的。

应用计算机辅助水利工程项目管理,主要是通过项目管理软件来实现的。

### 二、项目管理软件应用的发展过程

工程建设的信息化是一个长期的、复杂的系统工程,其研究和应用过程投资大、开发周期长、技术难度高、涉及面宽。工程项目管理软件系统的总体设计目标是:以计算机网

络和中心数据库等信息技术为基础,实现各类管理信息的收集加工、存储共享、查询与报告;把贯穿于工程整个生命周期各阶段的进度控制、投资控制、质量控制等不同层面上的信息合理地综合集成,及时为管理和决策行动提供准确信息,有效地辅助各级管理人员开展工作;根据工程质量、进度、投资、安全和技术五大控制的要求,建立工程设计、采购、监造、运输、土建、安装、调试、生产准备等各阶段信息的中心数据库,以满足工程项目日常业务管理工作的需求,使系统具备工程计划和进度控制、工程预算和投资控制、设计审查和接口管理、文件档案管理、合同管理、设备材料管理、安全质量管理、调试和移交管理、生产准备和生产管理等功能。

最早出现的与项目管理直接有关的软件是用于会计记账和成本测算的。到了20世纪70年代,才出现了基于网络计划技术CPM(关键线路法)和PERT(计划评审技术)的项目管理软件。发展到现在,项目管理软件已相当成熟,功能也非常全面,几乎涵盖了工程项目管理的各个方面,如进度计划、资源安排、成本测算等,并正朝着集成化的方向发展,逐步具有了数据分析、制作报表、与其他专用软件(文字处理、图形处理、电子表格、数据库)等实现数据交换和动态连接、利用网络技术实现远程数据交换等功能。

计算机技术在工程建设行业应用的根本目的在于通过利用先进的计算机技术,并建立与之相适应的建设工程管理模式,实现工程建设项目管理全方位和全过程的信息化,从而提高建设和管理的效率,进而提高整个行业的竞争力。由于行业特点,项目管理软件在工程建设行业的应用不尽人意,但也有很多阶段性的研究和应用成果。总体来说,欧美发达国家在各个方面都领先一步,在亚洲,新加坡和日本走在前列。

目前,信息技术在工程建设业的应用,呈现以下几个特点:

(1)标准化。工程建设涉及的数据量大,过去由于数据格式和数据结构各自为政,浪费大量的人力、物力解决数据兼容问题,工程建设业两大国际标准(行业基准分类标准IFC:Industry Foundation Classes和产业模型信息交换标准STEP:Standard for The Exchange of Product Model Data)的出台和广泛采用,以及世界各国在标准化方面的努力,必将进一步推动工程建设行业的计算机应用。

(2)集成化。基于工程建设全过程和全方位管理的需要,工程建设行业的软件逐渐从独立系统向集成系统发展,即把独立的管理信息系统MIS、决策支持系统DSS、基于网络计划技术的项目管理软件,以及基于流程重组和供应链集成等理论,集成为功能更全面的管理系统。

(3)网络化。将工程建设全过程信息管理基于互联网甚至卫星通信技术集成,实现信息共享;而且可以进行远程数据传输和更新,实现工程管理的远程管理、分散决策。

(4)虚拟化。即工程建设全过程的数字化。在工程设计和施工开始时,可以先观看工程的立体虚拟模型,体验工程整体效果,然后进行施工过程仿真,分析计算设计方案、施工过程对工程物理性能、建设投资、建设工期等的影响,并改进设计和施工,这样使工程建设过程更直观、可监控。目前正在研发的有工程建设4D虚拟系统等。

就国内的应用状况,项目管理软件在我国的应用起步较早,自华罗庚教授1965年首次将网络计划技术介绍到我国以来,我国推广网络计划技术已达40余年,但我国最早应用计算机软件进行项目管理的工作开始于工程预算领域,由华罗庚教授提出并主持研发有关软件。20 世纪 80 年代初期有些单位开始引进国外的优秀软件，其中最早引进 P3 项目的是山西潞安煤矿。由于当时缺乏经验，以及对国外项目管理模式不甚了解，我国的项目管理人员基本处于被动使用的状况。直到 90 年代末，随着与国际接轨的需要，引进国际先进项目管理软件的项目和企业日益增多，多达千家以上，积累了一些经验，掌握了大量数据。到目前，国内应用计算机软件进行项目管理最普遍的工作仍然是进行工程预算管理，这一工作已相当成熟，并逐步扩大到网络计划计算优化、绘制网络图和横道图、编制报表、材料管理、施工方案优选等。但是应该说，已经证明行之有效的项目管理工具并未在我国项目管理中得到切实有效的应用。从项目管理软件在工程建设项目管理中应用的阶段性视角来看，国外已经经历了单项应用、综合应用和系统应用三个阶段，软件从单一的功能发展到集成化功能。目前许多国家已经进入第二、第三阶段，而我国还仅仅处在第一阶段，出现了较大的差距；而且国际项目管理还在迅速发展，提出了一些新的概念和方法，如伙伴关系、系统重组、集成管理等。所以，需要我们学习国外经验，并努力赶上国外的先进水平。

综合起来，国内的应用状况大体分为以下几种情形：

(1)用软件编制网络进度计划或是应用软件编制网络进度计划比较方便的原因，或是由于招标书中要求使用软件进行项目管理，所以投标企业不得不被迫使用相应软件。总之，在项目投标及工程开工之前，均能用项目管理软件编排进度计划。

(2)安排资源计划并进行资源平衡分析，分析资源的使用和安排是否满足要求。通过使用项目管理软件的资源分析和成本管理功能，更合理地配置资源，更有效地制定进度计划，很多企业和项目已经尝到了甜头。

(3)实施工程进度计划的动态管理，即根据施工组织计划来安排生产，现场施工人员必须按照计划安排生产，并及时将实际进程向上反馈，修订计划，对进度进行动态控制。目前国内的大多数项目在此应用上不是特别理想。

(4)项目管理的数据与企业管理信息系统(MIS)集成，实现数据共享，这方面尚处在探索使用阶段。

(5)应用互联网技术实现项目的数据交换和远程控制，将分散的施工公司或分散的项目工地的数据，进行汇总和分析，再将指令通过邮件下发给各施工公司和工地，尤其对于大型复杂的项目以及空间分布较大的项目，此项应用更有优势。

目前，项目管理软件在我国应用中存在的主要问题包括：

(1)管理模式障碍。国际先进的项目管理软件是建立在与之相适应的流程管理和管理制度基础上的，注重过程管理，而我国现行的管理模式仍然采取过去传统的经营方式，试图在企业组织保持不变的情况下引进现代项目管理，和优秀项目管理软件应用对管理的要求尚存在差距。如我国某大型建设项目，投资近千万美元与国外某项目管理公司合作开发了一个基于网络平台的建设项目管理系统，系统的功能是先进和完备的，被使用的功能却不到 1/3，而且是一些单个功能的使用，并未从根本上提高项目管理水平。

(2)项目参与方的管理能力欠缺。如因为管理规范化基础性差，形成诸多“信息孤岛”，难以适应管理软件规范化的需要。某些企业虽有很强的项目和业务管理软件，但管理状况落后，网络系统的作用仍然是邮路的功能。许多信息通过网络传递后仍需要人工处理,企业各职能部门之间依然相对封闭,在网络平台上项目管理的各个职能并未被集成起来,许多信息依然混乱。

(3)人力资源素质也是项目管理软件推广应用中的关键要素之一。员工的观念和素质直接影响着软件的使用,员工缺乏对项目管理的知识、能力的了解和掌握,尚未养成项目管理信息化所必备的工作习惯。

(4)从软件开发来说,高端市场几乎被国外的优秀软件公司垄断,如 Primavera 公司的 Primavera Project Planner (P3),我国软件企业要跻身其中必须跨越资金、技术和复合型人员这三大壁垒,到目前为止我国产品在这一市场难成气候。中低端市场上,国内软件产品市场占有率比较乐观。具体方法就是请有管理软件开发和实施经验的软件公司,结合企业自身管理实际,在全面详细分析企业管理现状及可能的改进之后,再对项目管理软件开发作总体规划,并分步实施。同时,与软件公司建立长期的合作关系,根据企业的实际变化,对软件作不断的更新升级。但这种做法却给软件供应商带来了边际成本不能降低的难题,而且软件供应方和用户之间的咨询服务跟不上,这点也是项目管理软件推广应用的障碍。

结合项目管理知识体系在国际上的最新发展态势,为促进我国项目管理软件的推广和应用,我们需要:

(1)加强项目管理及其软件基础理论研究工作,开展项目管理学科的国内外交流和研讨,并且结合我国国情和行业项目管理经验,尽快建立在项目管理专业和行业范围具有指导性的实施准则(如美国的 C/SCSC)。

(2)以市场准入的形式来建立和健全项目管理基础,提高工程项目管理水平,实现项目管理模式和国际接轨,使企业从部门管理转向过程管理,在企业中逐渐深入地应用 ISO9000、流程重建(BPR)、知识管理(KM)等新的管理理念。

(3)对软件开发商进行必要的引导,通过市场手段促进开发商的联合,促进咨询行业的快速发展,整合市场资源,实现项目管理软件开发的飞跃。

(4)重视对项目管理人员的培训、考核和资质认定,在这些培训中都要有项目管理软件及其相关领域知识的培训,使其迅速地被社会接受和认同,尤其应包括业主方人员,因为在中国的国情下,其对项目管理的影响较大。

## 三、计算机应用于项目管理的一般步骤

### (一)计算机软件在工程项目管理中的应用

在工程项目管理中,需要应用大量的实用软件,包括文字处理类软件、电子表格类软件、数据库管理类软件、图形处理及绘图类软件,甚至包括动画处理类软件、多媒体类软件等,但是,最贴近工程建设实际的还是工程项目管理类软件。用户在选择购买应用项目管理软件时,应进行必要的规划,首先考虑自己需要实现的功能,如网络处理功能,需要考虑能处理的网络模型(单代号、双代号、不确定性网络),网络数据输入的便利性,最大的处理作业的能力,多项目的管理能力,排序能力,日历能力,附加图、文的能力,编码的灵活性,里程碑和强制约束的管理能力,作业的细分和合并能力,网络分解能力等。尚需考虑的功能还有资源处理能力、成本管理能力、报表生产能力、联网能力、与其他软件的兼容性

等，再考虑操作方便性、价格、售后服务、硬件要求等。另外，应考虑自己的资金准备情况，是委托开发自己专用的软件还是购买通用软件，软件与现有的管理信息系统的数据共享和信息交换性等。

**（二）计算机应用于项目管理的一般步骤**

项目管理应用计算机一般有以下步骤。

1. 确定计算机的应用范围

首先要明确在该项目管理中采用计算机是干什么的，要让计算机辅助完成什么工作，也就是确定应用计算机的范围。可能的应用范围包括：

（1）文字处理工作。

（2）有关的数据、信息的加工处理。

（3）技术和数学问题的计算分析。

（4）控制数据的实测与分析。

（5）管理图像、报表的生成。

当然，这些应用都是为了进行项目进度、成本、质量、资源、合同等管理工作。

2. 软件选择

进行水利工程项目管理所需要的软件一般包括三类：操作系统和有关工具软件、一般通用软件、专门的项目管理软件。

（1）操作系统和有关工具软件。一般的操作系统包括 Windows 系列、Linux 系列等，且每个系列的不同产品，其功能也有差异，应注意选择购买。有关的工具软件很多，包括系统维护、病毒防治等软件，要根据需要选择购买。

（2）一般通用软件。包括文字处理软件、电子表格软件、数据库管理软件、图形制作软件等，一般有通用的软件包可以选择购买。

（3）专门的项目管理软件。这类软件是专门应用于项目管理的。一方面，市场上已有一些相当成熟的项目管理软件，具备了大量项目管理所需要的功能，本章第二节将介绍。这些软件基本上可以满足大多数项目管理的一般需要，所以，对于用户来说，关键是应该知道如何去选购并应用好这些软件。另一方面，可能现成的商业软件还缺少某些自己需要的功能，此时，用户需要自己或者委托软件开发人员开发具备这种特殊功能的软件，开发也有两种方式，一种是独立开发，并实现和现有系统的信息共享，配合已有的软件使用；另一种是对现有系统作二次开发。这些涉及管理信息系统软件的开发问题，读者可参考其他相关书籍，在此不再论述。

3. 硬件选择

软件选择后，进行硬件选购，除了要考虑软件对硬件的要求，一般还应注意和其他硬件设备的兼容问题，是否要求多媒体，是否上网，处理量和速度的要求，存储的要求，支持多少终端，支持何种输出设备，选用何种显示器，并考虑售价、售后服务等因素。

4. 确定选购策略

确定选购策略的工作包括：是软件和硬件同时购买，还是分别购买；是直接到厂家购买，还是找代理商购买，或委托代理机构购买。

另外，还包括系统购买和安装调试，系统运行和维护等步骤。

# 第二节 项目管理软件辅助水利工程项目管理

项目管理软件的发展依赖计算机技术的发展。早期开发的网络计划软件大都是在大型机上运行,成本很高。随着微机的出现和快速发展,项目管理软件也呈现出繁荣发展趋势,涌现出大量的项目管理软件,其价格也大幅度下降。与此同时,国内许多院校和科研单位也开发了很多项目管理软件,这些软件可用于各种商业活动,帮助用户制定作业、管理资源、进行成本预算、跟踪项目进度等。

## 一、项目管理软件的一般结构和功能

目前,市场上有很多种项目管理软件工具,这些软件各具特色、各有所长,大多数项目管理软件具备下述主要功能:

(1)制定计划、资源管理及排定作业日程。用户对每项作业排定起始日期、预计工期,明确各个作业的先后顺序及可使用的资源,软件根据作业信息和资源信息排定项目日程,并根据作业和资源的修改而调整日程。

(2)成本预算和控制。输入作业和工期,并把资源的使用成本、所用材料的造价、人员工资等一次性分配到各个作业包,即可得到该项目的完整成本预算。在项目实施过程中,可随时对单个资源或整个项目的实际成本及预算成本进行分析和比较。

(3)监督和跟踪项目。大多数软件都可以跟踪多种活动,如作业的完成情况、费用、消耗的资源等。通常的做法是用户定义一个基准计划,在实际执行过程中,根据输入当前资源的使用情况或工程的完成情况,自动产生多种报表和图表,如“资源使用情况表”、“作业分配情况表”、“进度图表”等。还可以对自定义时间段进行跟踪。

(4)报表生成。项目管理软件的一个突出功能是能在许多数据资料的基础上,简便快速地生成多种报表和图表,如横道图、网络图、资源图表、日历等。

(5)方便的资料交换手段。许多软件允许用户从其他应用程序中获取资料,这些应用程序包括 Excel、Access、Lotus 以及各种 ODBC 兼容数据库。某些项目管理软件还可以通过电子邮件发送和获取项目信息,如最新的项目计划、当前的作业完成情况及各种工作报表。

(6)处理多个项目和子项目。有些项目大而复杂,将其分解成子项目后更便于操作和管理。此外,项目经理和成员有可能同时参加多个项目,需要在多个项目中分配工作时间。通常项目管理软件是将不同的项目存放在不同的文件中,这些文件相互连接,也可以用一个大文件存储多个项目,以便组织、查看和使用相关数据。

(7)排序和筛选。大多数项目管理软件都提供排序和筛选功能。通过排序,用户可按所需顺序浏览信息;通过筛选,用户可指定需要显示的信息,而将其他信息隐藏起来。

(8)安全性。软件的安全管理机制,可对项目管理文件以及文件中的基本信息设置密码,以便确保项目文件和数据的安全。

(9)假设分析。假设分析是项目管理软件提供的一个非常实用的功能,利用该功能用户可探讨各种情况的结果。例如,假设某个作业延长一周,则系统就能计算出此次延时对整个项目的影响,以便更好控制项目的发展。

从项目管理软件系统的模块和系统划分来说，一般的模块结构如图16-1所示。

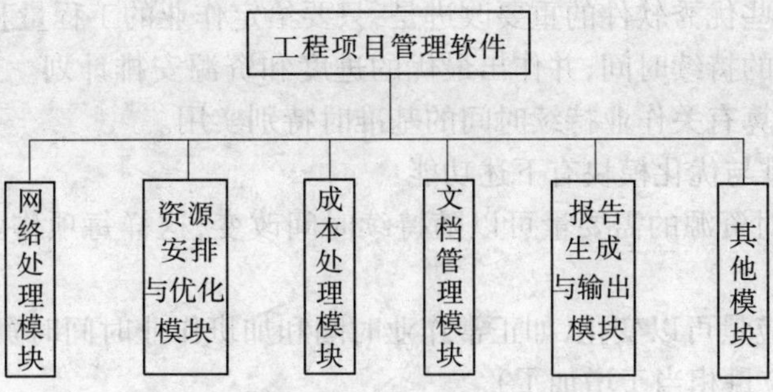


图16-1　项目管理软件模块结构图

上述的其他模块一般可能包括数据交换和接口管理模块、二次开发工具模块、合同管理模块，甚至包括人事管理模块、质量管理模块、物资管理模块、会议管理模块等。项目管理软件不同，所具有的结构和功能模块也不一样，但在所有的模块中，网络处理模块、资源安排与优化模块、成本处理模块和报告生成与输出模块是一般的工程项目管理系统都具有的模块，所以下面把这四个模块一般应具有的功能作简单描述。

**(一)网络处理模块**

网络处理模块通常是大多数优秀项目管理软件的中枢，它应用网络计划技术这个项目管理的基本工具提供下述功能：

(1)计算项目的总工期，求出关键线路。

(2)表示各个作业之间的逻辑关系。

(3)计算各作业/事件的时间参数，如最早或最迟开始时间和完成时间，总时差和自由时差等。

(4)跟踪进度，更新网络，报告进度完成量及其对后续作业和总工期的影响等。

大多数优秀的软件还有下述功能：

(1)可同时处理双代号和单代号网络图。

(2)可处理不同时间单位(如：天、周、月、年、班制)并自动转换。

(3)可利用汇总作业的概念，用概要法组织网络中的工序。

(4)可用子网络(项目)功能形成网络的不同级别(分级网络)。

(5)可对每个作业添加叙述性说明和其他信息。

(6)有辅助功能，可引导没有经验的用户方便地建立项目的初始网络图。

(7)建立初始网络图的输入操作很简单，除了可用建立数据文件方式，也可用直观作图的方式输入作业的逻辑关系。

(8)可分类筛选和排序输出，如按时差、最早开始或最迟开始排序有选择地输出。

(9)如果输入作业的完成日期，则可自动确定作业的完成量；反之，如果输入作业的完成量，则可自动确定作业的完成日期。

(10)可再细分所选的作业，使之可间断，并在以后恢复进行(可间断作业)等。

**(二)资源安排与优化模块**

资源安排模块可安排和计算各作业及整个项目所需要的各种资源。这些资源可以是劳动力、材料、机械设备或资金。

最近出版的一些优秀软件的重要改进是:只要给定作业的工程量和所需的资源数量,就可自动计算作业的持续时间,并作出最优的进度和资源安排计划。这个功能在以工日或设备台班作为计算有关作业持续时间的基准时特别实用。

通常,资源安排与优化模块有下述功能:

(1)每项作业对资源的需要量可以随持续时间改变,这样每项作业本身可以有不同的资源需求曲线。

(2)资源的供应量可以变化,如正常作业时间和加班作业时间时资源供应量不同(加班工作时,资源供应量相当于增加了)。

(3)可以同时处理消耗性和非消耗性资源。

(4)每项作业可赋予多种资源。

(5)可以设定各项作业对资源需求的优先级别(当资源发生冲突时),以调整作业的重要性等。

**(三)成本处理模块**

项目管理软件所提供的成本处理模块的功能差异较大,功能全的可以提供成本控制所需的各种复杂功能,当然包括各种基本功能;功能差的则只能提供一些简单的成本统计等功能。一般而言,最重要的是要购买具有能够完全进行进度和成本同步计算与控制功能的软件,而且该软件的成本处理模块还必须能够处理各种成本代码,并有足够的存储容量来记录、计算和打印报告,满足项目财务管理的各种需要。成本处理模块的主要功能可概述如下:

(1)可进行成本和进度的同步计算与控制,即成本与时间直接挂上钩,作出进度计划的同时,成本测算也就完成了,或反之。

(2)与时间有关的成本在需要时可以设置为与时间成非线性关系。

(3)成本不仅可以赋给作业(称做与作业有关的成本),也可以赋给里程碑、汇总作业或概要作业。

(4)可处理与时间无关的成本,这类成本无论作业实施或未实施都会发生,如管理费等。

(5)可根据实际进度或计划进度制作全部或局部的资金流量图和各种成本曲线。

(6)可分析各种成本偏差,如计划成本与实际成本的偏差、预计成本与当前实际成本的偏差等。

(7)能处理不同的货币单位。

(8)能记录和统计实际与计划的资金支出。

(9)能记录和统计实际的资金收入。

(10)可进行方便的成本查询等。

**(四)报告(图形)生成与输出模块**

并不是所有软件的报告生成与输出模块都能输出图形报告,但目前对图形报告的需要(以取代大量的表格报告)却越来越多。通常,大型机软件的图形输出功能较强,但目前的微机版软件也能输出高质量的图形报告了。报告生成与输出模块一般都提供很方便实用的自定义格式的报告功能,使得用户可以自己确定报告的列数、行数,以及所需要表格栏目内容及其标题。报告生成与输出模块的主要功能如下：

(1)能根据所输入的作业逻辑关系及其他参数自动生成和输出横道图、网络图、作业安排日历等进度计划图形，从而减少手工绘制和修改的麻烦，这些图形之间还可自动转换。

(2)可输出各种成本曲线和资源需要量直方图等各种成本和资源有关的报告。

(3)可修改图形中的某些区域或部分，并可任意添加文字或图形。

(4)可按要求排序、筛选输出所需要的信息。

(5)可自动更新和标记当前日期，并记录上一次报告的状态和之后项目的变化。

(6)输出时可自动或手动分页，可旋转或不旋转。

(7)所有报告在输出前都可先在屏幕上模拟显示等。

## 二、项目管理软件介绍

项目管理软件按功能和价格水平，大致可分为两类：一类是供专业项目管理人士使用的高档项目管理软件，功能强大，如 Primavera 公司的 P3、Gores 技术公司的 Artemis、ABT 公司的 WorkBench、Welcom 公司的 OpenPlan 等；另一类是应用于中小型项目的低档项目管理软件，这类软件虽然功能不很齐全，但价格比较适宜，如 Timeline 公司的 Timeline、Scitor 公司的 Project Scheduler、Primavera 公司的 SureTrak、Microsoft 公司的 MS - Project 等。

下面简单介绍几个常用的软件。

### (一)P3 软件

谈及专业的项目管理软件，首推 P3 软件，据对国际工程建设管理领域的调查分析，P3 软件是应用最广、最优秀的工程管理系统。P3 是 Primavera Project Planner 软件的简称，该软件是由美国 Primavera 公司组织专门从事工程项目管理的人员，为工程管理人员编制的对工程进度、投资和质量进行管理的软件，可以满足在复杂的工程环境中进行项目管理的需要。该软件是对工程进度和投资进行直接管理与控制，并把工程质量满足相关技术规范、规定的要求作为基础和隐性条件。软件的主要功能如下：能同时优化、计划和管理多个工程；能有效同时控制大型、复杂工程项目；能以多彩、丰富的形式报告工程进展；能通过电子邮件传递信息，可连接企业信息系统，能与大量软件进行数据交换；可与 Primavera 公司的大量 P3 附加产品共享资源，实现软件的功能延伸。图 16-2 是用该软件作进度计划和资源均衡的一个界面图。

目前，新推出的 P6 PPM(P6 Professional Project Management)专业项目管理软件更提供了最佳项目控制能力，它提供了多种管理方式，对于管理大规模、高复杂度和多项目具有明显优势。而 P6 EPPM(P6 Enterprise Project Portfolio Management)更是企业级项目组合管理软件，能提供全局优先次序排列、进度计划，项目管控、执行管理以及多项目组合管理等功能，提供了一个可以管理任何规模项目的解决方案，适用于组织和团队内不同复杂程度、不同管理层次和技术要求的项目。

### (二)MS - Project 系统

该软件是由美国微软(Microsoft)公司推出的项目计划和管理软件，其设计的基本思想是：假设有许多用户其专业并不是项目管理，但又经常用到项目管理所提供的进度计划、资源安排和成本计算的工具。由于基于这样的思想，该项目管理软件是在一般项目管

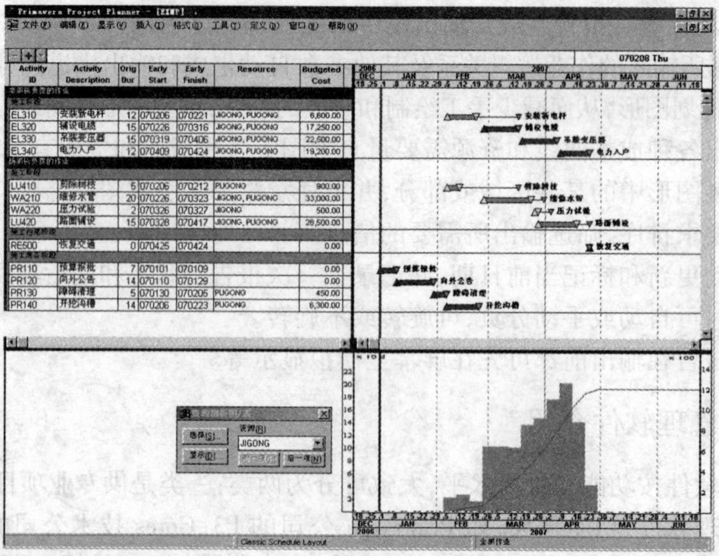

图 16-2　P3 的一个界面图

理中应用最广的专业软件。

随着用户需求的增长和操作系统改版,该软件也不断地升级改版。目前,该软件的功能主要有:编著和组织信息功能,即当用户将项目所要求的信息、参数、条件输入后,该软件可以将这些信息进一步条理化、组织化,使用户对项目的详细信息和全局状态易于观察与处理;计算功能,包括网络计划计算、成本计算等;方案比较功能,进行不同方案比较,选取最优方案;诊断和维护功能,即检查计划,并处理资源不足、成本超支等情况;共享项目信息功能,包括打印图标和数据传出等功能;跟踪作业功能,把实际数据和计划比较,向用户反映项目进展情况等。另外,该软件具有操作、界面和 MS - Office 软件类似,菜单与其兼容;有可编程接口;支持对象嵌入和连接等优点。

但是,该软件的缺点是对大型工程项目的适用性差,毕竟该软件不是专为工程建设项目管理编制的,其处理多项目的能力欠缺,计划优化能力不足等,影响了其在工程建设项目中的应用,尤其是大型工程建设项目中应用较少。

**(三)PS(Project Schedule)软件**

该软件是 Scitor 公司的产品。该软件的最大特点就是在具有项目管理必要功能的同时,操作方便、价格较低。尤其以 PS6 最受欢迎,适用于各种经验水平的用户。

该软件具有项目管理软件所应具有的全部完美的功能,包括网络进度计划能力、资源管理能力、报表能力、多项目管理能力、数据共享能力等,但软件包很小,易于安装和维护。软件界面整洁友好,操作方便,有经验的项目管理人员或初学者都可以体会到该软件尽可能地反映了实际作业的需要,很实用。

该软件的缺点是没有向用户提供引导帮助、计划精灵,不支持动态数据交换(OLE)、编程语言,网络处理能力较差。

**(四)SureTrak Project Management 软件**

该软件是 Primavera 公司的产品,该产品不是该公司最重要的产品,P3 才是该公司最重要、最成功、最先进的高档项目管理软件产品，该公司对 SureTrak 软件的定位就是要吸引所有的 MS - Project 用户。正是基于这样的考虑，该软件除具有项目管理相应功能外，界面特别友好，操作方便。该软件允许用户采用不同的方式组织数据，还支持类似于文章章节结构及编号的概要功能，一般的文字处理软件和 MS - Project 都有此功能，有利于快速输入数据，还具有局部网络功能（Fragnet），同时支持 CPM 和 PERT，可处理 10 种外加时间约束、7 种类型作业、作业日历等。在所有的功能中，该软件最享有盛誉的是用户界面和用不同方式组织数据的能力。

该软件的缺点是不支持多项目管理，数据接口功能不够好。

**（五）Project Workbench - PMW 软件**

该软件是应用商业公司技术公司 ABT 的产品。该软件简单易用，只要了解自己的项目，就可以在很短时间内学会使用该软件。它包括了项目管理所需要的各种功能，比如，项目计划、进度安排、资源定义与分配、项目跟踪和分析等，并支持多项目管理。该软件主要用于商业项目的管理，在工程项目管理中应用较少。

另外还有：Welcom Software Technology 公司的 Texim Project 软件、Harvard 公司的 HT-PM（Harverd Total Project Management）软件、Symantec 公司的 TimeLine 软件、Computer Associates International 公司的 CA - SuperProject 软件、POC - IT Management Systemg 公司的 MicroMan 软件以及 Project/2Series X（P/X）软件、Firstcase 软件、All Tech Project Simulator 软件等。对这些软件，在此就不再一一介绍了。

国内的项目管理专用软件也有很多，但由于国内在开发项目管理软件方面起步较晚，项目管理理论基础薄弱，成为体系较晚，项目管理水平较低，使得国内开发的这方面的软件无论在功能上还是界面上，都与国外的先进软件有较大差距。这里，可选择几个略作介绍。

（1）梦龙智能化项目管理软件 PERT。该软件是由北京梦龙科技开发公司基于统筹法和优选法开发的，是目前国内最为先进的项目管理软件之一。它基于梦龙的 Link-Project 项目管理平台，采用软件插槽式结构，包括进度控制、成本控制、质量控制、组织协调以及合同、文档、人事、物资、内部定额管理等多个软件模块，基本涵盖了项目管理的知识体系，是将网络技术很好地应用于计划管理的有效工具，用户可以根据自己的需要，灵活方便地选择适合自己的软件模块。目前，该软件已经广泛应用于建筑、石油、核电、化工、冶金、航天、制造等多个行业，其主要特点是适合我国管理习惯，界面友好，操作简单直观，功能丰富可靠，运算速度快，容错能力强，对硬件要求不高。

（2）PowerPiP 软件。该软件以政府项目管理机构、集团公司项目管理部门、大型项目业主、项目管理公司信息化需求为业务原型，以企业级多项目并行管理（EPM，Enterprise Project Management）思想为指导，结合企业管理、项目管理和 IT 系统运用的前沿发展开发而成。该平台整合了项目业务人员使用的 PMIS（项目管理业务系统）、管理层使用的 PCIS（项目管理总控系统）与参与单位使用的 PIP（项目管理门户系统），具有集成平台、项目监控、投资与合同管理、采购管理、质量管理、安全环境管理、文档管理、个人工作中心、资源管理、流程管理、知识管理、事务管理、在线沟通等功能。其功能结构如图 16-3 所示。

（3）PowerOn 软件。PowerOn 目标客户为以工程建设为核心业务的项目型企业，是一

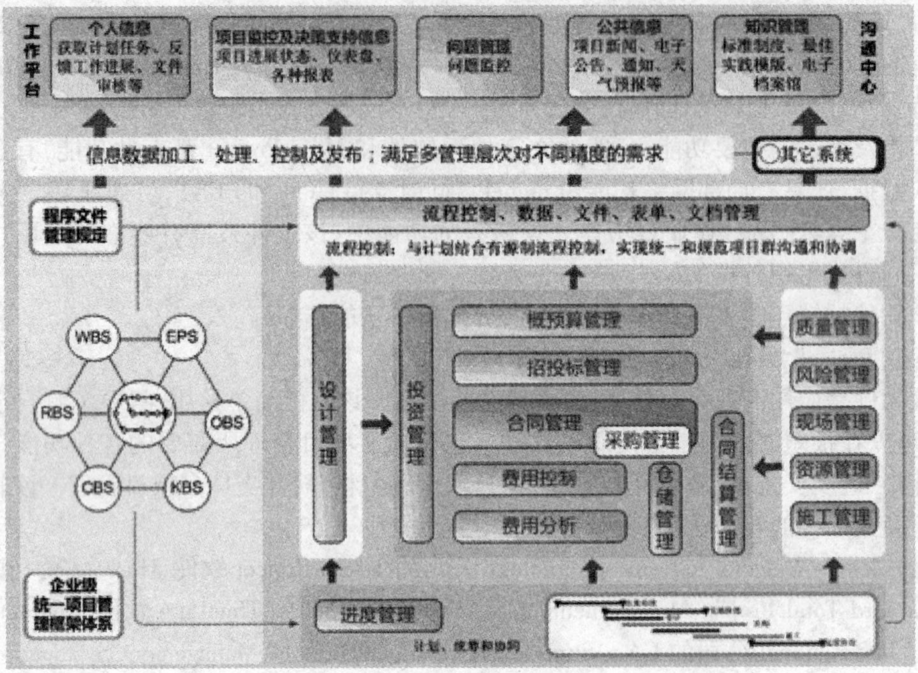


图 16-3　PowerPiP 软件功能结构

套为工程公司、总承包商、项目管理公司和项目型企业开发的工程建设管理集成系统。该系统以 PMI 的九大项目管理知识体系为主导思想，结合了国内管理习惯及标准，将项目管理与企业管理有机融合，通过一个能形成综合计划的平台，使工程建设项目管理水平质的提高成为可能。该软件包含众多的业务模块，包括设计管理、综合计划管理、招标采购管理、合同及支付管理、费用控制、图纸文件资料管理、档案管理、质量管理、安全健康管理、项目人力资源管理、施工机械管理、材料管理、设备管理、成本核算管理、沟通管理、项目网站、企业多项目管理信息门户 PEP、管理作业与工作流、财务接口以及二次开发工具等，覆盖单项目管理、企业多项目管理，满足业务操作层、管理层、决策层等多层需求，能够帮助企业实现设计、生产、职能管理和其他资源围绕多项目进行优化组合，实现企业多项目集约经营，有助于工程公司、设计院、大中型建设项目的总承包商、专业承包商、工程建设业主、监理等企业实现与国际接轨的项目管理水平。其功能结构如图 16-4 所示。

此外，还有监理通软件、华炎、来网等项目管理软件等，在此也不再多作介绍了。

## 三、项目管理软件的研究和发展趋势

随着工程项目管理的发展，项目管理软件业呈现快速发展的势头。项目管理软件的发展必将融合最先进的计算机技术，比如：

（1）项目管理软件系统底层的技术支撑体系由传统的客户机/服务器模式向以网络为中心的计算技术体系发展。

（2）Internet 技术日益成熟必将在项目管理软件系统中的许多领域扮演重要角色，特别是远程沟通渠道更为畅通，如分布式项目管理软件（DPM）等。

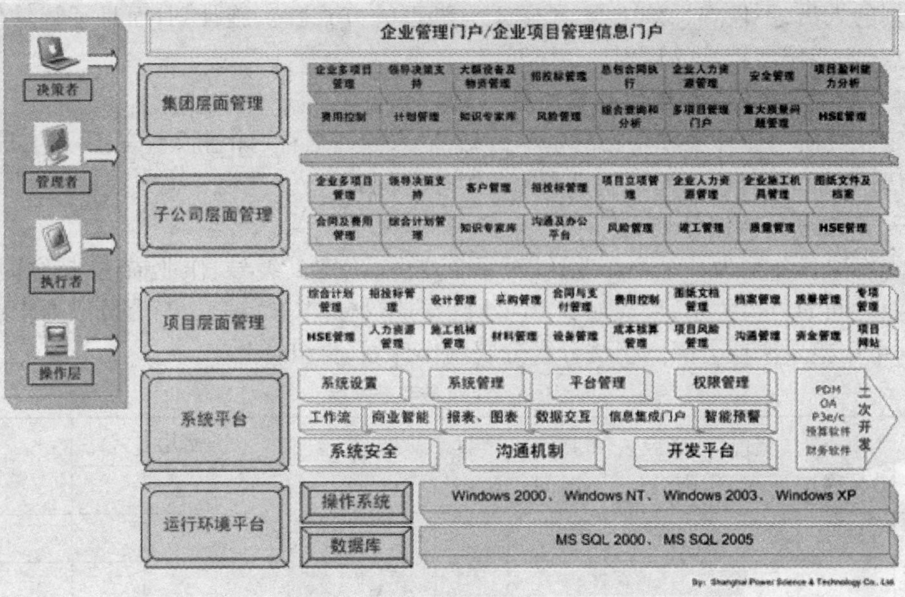


图 16-4　PowerOn 软件功能结构

(3)事件驱动的对象技术,包括面向对象技术编程、事件驱动的编程、基于对象的业务规则(Object - based BusinessRules)等,已经并必将推进软件开发和项目管理的进一步发展。

目前,项目管理软件研究的热点包括:企业级项目管理软件;项目群、项目组合管理软件;建设过程和产品的计算机模拟及其可视化;项目全过程信息的标准化;建设过程的重组和集成供应链;基于互联网的项目管理模式及相关法规建设;项目管理软件和其他软件尤其是企业管理系统中的材料管理系统、财务管理系统的整合;增加项目管理软件的适应性,包括项目变更等。针对工程进度管理来说,研究的热点包括:对进度计划和项目净现值关系的优化;进度监控和分析;提高软件和项目现场的信息沟通能力;预测作业历时的方法;进度计划的不确定性管理和分析等。

总的来说,项目管理软件正朝着企业级、多功能、高集成、网络化、实用性的方向发展,项目管理软件已正日益成为项目管理必不可缺的有效工具。

## 四、项目管理软件的一般应用步骤

采用项目管理软件辅助项目管理,不同的软件,由于其对作业、资源、成本等的处理方式不一样,其结构和功能也有差别,具体的操作差距更大,所以不同的软件有不同的过程。但是,这些不同主要是具体的、细节上的、操作上的差距,应用项目管理软件辅助工程项目管理的一般过程是一样的。

### (一)应用项目管理软件的规划

根据工程项目的具体情况和特点,以及工程管理的特点,并结合软件的有关功能及特点,利用应用软件进行项目管理的规划工作,主要是进行信息的结构化和标准化,包括确定进度计划的层级、工作日历、项目结构分解、有关资源和成本等的编码等。该过程不涉及软件的操作,但却是非常重要的工作,直接关系到应用软件的有效性和便利性。要求进行该规划的人员，不仅熟悉该工程，了解工程管理的方式和实施计划，而且了解软件的功能和特点，才能作出较好的规划。

**（二）软件环境设置和项目基本信息**

设定软件的工作环境和项目的基本信息，输入项目名称、计划版本信息、开工日期、适用的日历（包括节假日、每周工作日和每日工作时间）等。

**（三）建立项目网络计划**

首先将项目分解为一系列作业，针对每个作业，确定其编号、作业描述、持续时间、和其他作业之间的逻辑关系，形成如表 16-1 所示的作业基本参数表。当有分级要求或项目较大时，可用概要法或分级网络法分级分层制作计划，再组合起来。

**表 16-1　作业基本参数表**

| 作业编号 | 作业名称 | 紧前（或紧后）作业 | 持续时间 | 资源 | | | 费用 | | | 其他 |
|---|---|---|---|---|---|---|---|---|---|---|
| | | | | 1 | 2 | … | 1 | 2 | … | |
| | | | | | | | | | | |
| | | | | | | | | | | |

然后将作业信息输入计算机中。不同软件有不同的输入法，但大同小异，按软件的操作说明书输入即可。对于逻辑关系，通常可用作图的方式直接输入。如有搭接关系，可用 SS、SF、FS、FF（S 代表开始，F 代表完成）4 种搭接形式输入。如果要考虑资源安排，则还要建立资源库，输入资源名称、资源限量、资源费率等（如果资源的可获得时间与项目日历不同，还要建立资源日历），然后将有关资源数量加载到相关的作业上。如果要同步计算和控制作业成本，则还要输入各作业的成本数据，如固定成本和管理费等。有的软件，为了更好地组织数据和视图，还要对作业加 WBS 码、作业分类码以及一些自定义码。此后，软件会自动进行计算，制订出项目的初始计划。

**（四）检查调整初始计划**

检查作业的历时、逻辑关系、资源加载等，修改错误。然后与有关人员一起讨论、调整初始计划，直至满意。一般来说，如果工期不符合要求，可调整关键线路上关键作业的持续时间，也可调整逻辑关系；如果资源不足或使用过量，可增加资源投入或用软件的资源优化功能进行资源优化，直到得到一个合理的、满足工程要求的网络计划。

**（五）设置图表报告格式**

为了满足具体工程管理的需要和提交书面数据信息的需要，需要设置输出精美的报表格式，如设置横道图左边表格的内容、标题、宽度，网络图节点上要标示的参数内容及详略程度，资源需要量动态图和成本曲线的式样，报告的篇眉、脚注、图例、时间坐标、网格、字型及大小、横道和节点图样及颜色等，还可对有关数据进行排序、分类、筛选和数据动态连接及物件连接嵌入。在正式打印前，可先在屏幕上模拟显示，以获得最满意的打印格式。此后，还应将计划设置为基准计划，供项目实施后进行比较和分析。

**(六)跟踪管理和控制**

计划实施后,即可按一定时间间隔(一周或一月)将实际进度及其他实际信息输入,比较实际情况与基准计划的偏差,找出产生偏差的原因,拟定相应的措施,并调整、编制、打印出新的计划,并再将之设置为基准计划,供下一轮比较和控制用。就这样不断循环,达到跟踪、控制和管理项目的目的。

在上述几个步骤中,软件应用的规划工作尤其重要。目前,在应用项目管理软件进行项目管理时,从信息化的角度分析,突出的问题如下。

一是软件应用规划以及总体协调做得不够,具体表现在:①信息资源管理基础标准体系尚未形成,公共的基础数据编码方案不统一,导致数据重复输入,数据质量难以有效控制;②信息共享的效果不佳,业主、承包商等参建方的数据不连续和不集中,施工、监理、项目各部门的编码不统一,从而使数据无法共享,形成一个个"信息孤岛"。

二是计划跟踪管理时,数据库的及时性、完整性和安全性等有待于进一步加强与提高。为此,需要对工程项目管理系统的信息资源进行规划,在总结已有经验和搞好需求调查的基础上,对原有的应用系统和数据资源进行梳理,全面进行正规的信息需求分析,规范表达决策层、管理层和运作层的信息需求,有计划、有步骤地为工程信息资源的管理做好准备工作,建立信息资源管理基础标准、数据模型和功能结构模型,为应用软件进行项目管理打下坚实的基础,所以我们应做好软件应用规划工作。

因为工程项目信息管理的出发点和归宿就是管理好信息资源,提高信息资源的共享程度,更好地为工程项目管理服务。多年的实践经验表明,所有的项目管理软件系统的应用,都应建立在信息资源管理的统筹规划之上,做好奠基性、先导性规划工作,才能使软件更好地为工程管理服务。做该工作时,除了依据以往积累的经验外,也可参考信息资源规划理论和方法,包括信息资源管理(Information Resource Management,简称IRM)方法和信息工程方法论(Information Engineering Methodology,IEM)方法。限于篇幅,这些方法在此不再介绍。

## 五、一般软件和特殊功能的软件

一般软件包括文字处理软件、电子表格软件、数据库管理软件、图形制作软件等,这类软件一般有通用的软件包可以选择,对操作系统的适用性也比较强,安装调试及应用比较简单。

特殊功能的软件是为项目管理人员提供一些专业的功能,以满足特殊的需要。这些软件可以自己开发,也可以选购。这些软件的功能包括:

(1)文档管理功能。主要索引功能,用于合同文件、来往文函、图纸、会议纪要等资料的存储、归档和查询的需要。有时和扫描设备、照相机、录像机等设备相连,进行大量图像、文件的存储和查阅。

Expedition是由美国Primavera公司开发的商品化的建设项目合同管理软件,它的主要特点包括:①管理所有施工管理事务;②全面掌握工程费用情况;③加快一切往来事务的办理;④有利于解决变更、减少索赔;⑤有效地管理合同;⑥与各方打交道时全面详尽地记录执行过程;⑦留给对手记事如神的印象;⑧建立内部井然有序的管理。尤其是该软件中的事物管理功能,为往来文函、会议纪要、文件处理流程、材料物资到货、现场日报等提供了强大的处理能力。比如,其中一个界面见图 16-5。目前,该软件已更名为 Primavera Contract Manager。

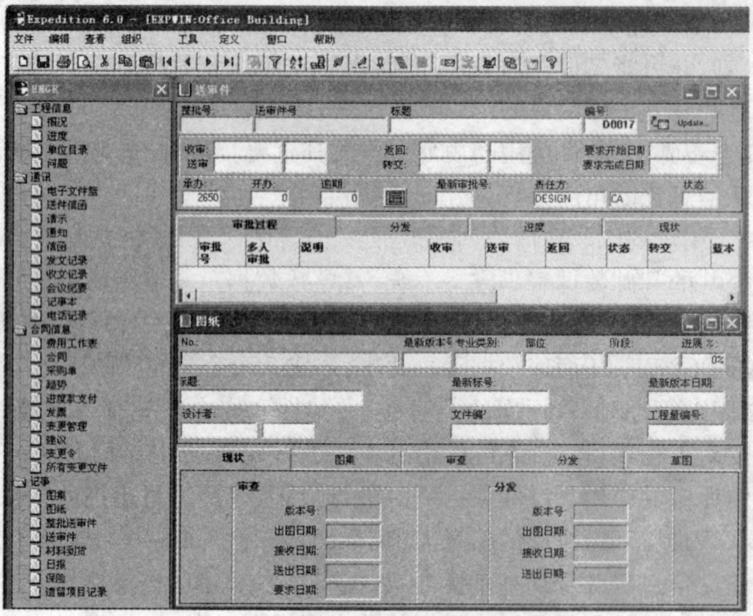


图 16-5　Expedition 的一个界面

工程档案及竣工资料管理系统 PowerDocumentation 是由上海普华应用软件有限公司开发的针对基建行业的文档管理系统。它将日常文档管理与档案管理、竣工移交资料管理紧密结合,体现了知识共享、文档生命周期管理的理念,实现了资料的多种分类查询方式和竣工资料的电子移交功能。

某监理单位基于 Ms－Access 开发的文档管理系统主界面如图 16-6 所示,项目来文处理界面如图 16-7 所示,合同/索赔来文登记界面如图 16-8 所示。

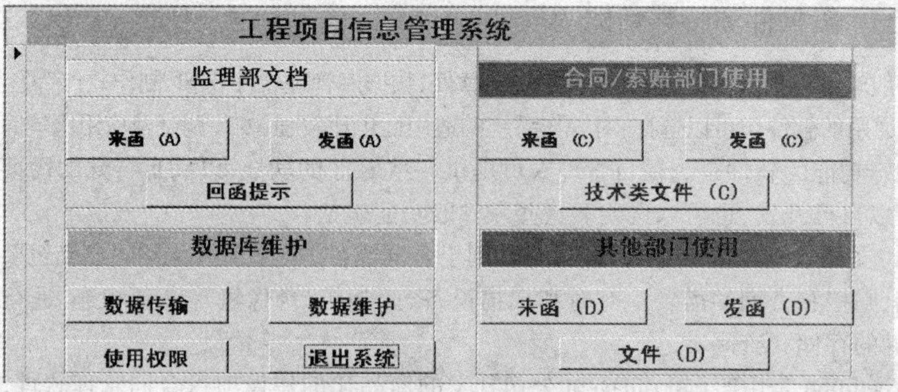


图 16-6　文档管理系统主界面

(2)项目概算、预算、结算和成本控制功能。这类软件需要和概预算的数据库相连,连接项目合同单价库,并能够进行项目的成本跟踪和分析。

(3)项目风险分析。能够进行蒙特卡罗模拟分析、决策树分析等。

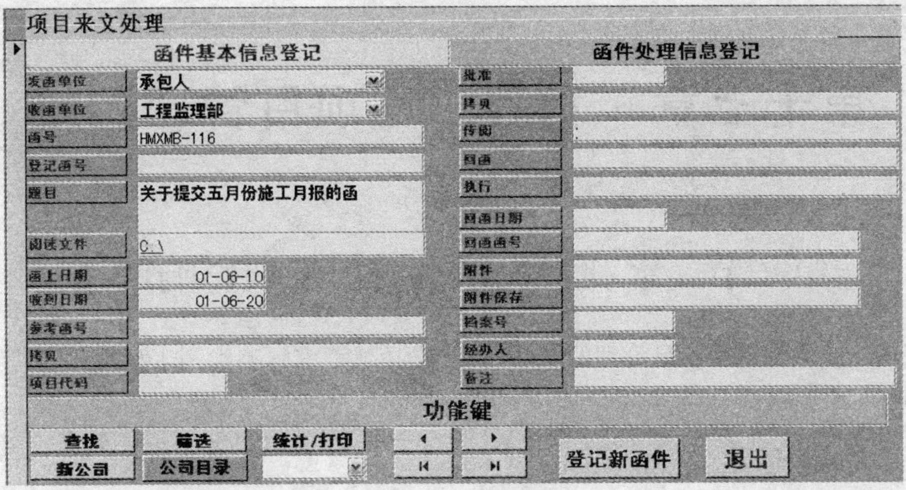


图 16-7　项目来文处理界面

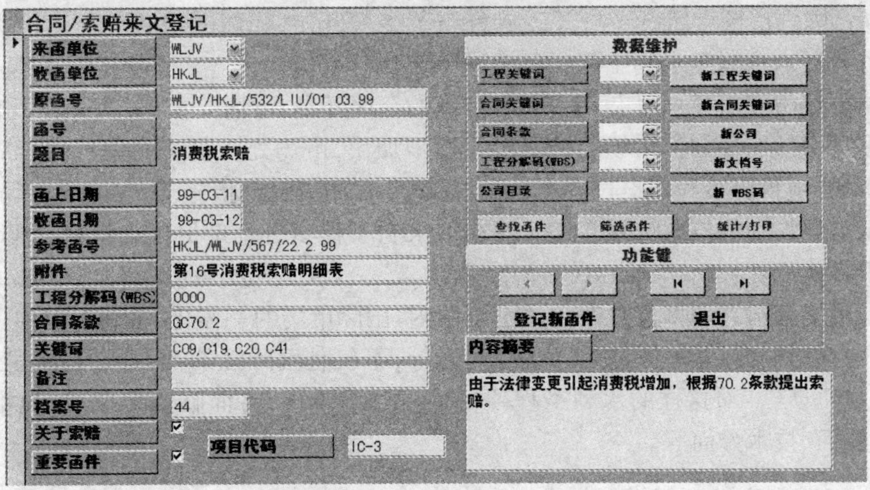


图 16-8　合同/索赔来文登记界面

(4)招标投标分析。包括投标报价的专家系统、招标评标系统等。

(5)项目决策经济分析。能够进行项目财务评价和经济评价的指标计算分析等。

(6)合同管理。能够进行项目索赔跟踪分析等。

(7)项目评估。

(8)项目专门软件，如三峡工程管理信息系统(TGPMS)等。

当然，这些功能可能在管理信息系统(MIS)中实现，也可能在决策支持系统(DSS)中实现，或在专家系统(ES)中实现，但都会对工程项目管理提供有力的支持。

另外，还有一些其他软件，包括库存管理软件、质量管理软件、工程平面布置软件、钢筋下料软件、运输路径优化软件等。

# 第十七章　水利工程项目管理展望

## 第一节　水利工程项目管理发展影响因素

探讨未来水利工程项目管理的发展时，首先必须考虑影响水利工程项目管理发展的主要因素。

### 一、市场全球化

经济全球化和国际、国内市场一体化是当前世界发展的大趋势。尤其是我国加入WTO以后，国内市场大门已经打开。从鲁布革工程开始，我国的水利工程建设市场已经开始对外开放。这对于水利工程项目来说，意味着：

一是市场将变得更加复杂和多变。市场的全面开发，市场的参与方增多，影响市场的因素更多、更复杂。同时，市场的节奏也在逐步加快，市场处在多变之中。为了应对复杂多变的市场，项目决策和建设过程中，要动态调整目的、目标、措施等，以适应市场的变化，有时甚至需要特别的应急计划。这显然在给水利工程项目管理提供大量机会的同时，也提出了很多挑战。

二是市场参与方增多且复杂化。由于国内、国际市场的一体化，水利工程项目建设的参与方，包括投资方、管理方、施工方、设计方等，不仅是国际性的，而且是超越国家的，会出现“多国部队”。对这样的水利工程项目进行建设管理，将面临诸多挑战，包括法律方面、文化方面、技术方面等。

### 二、水资源状况和水资源地位的提升

我国的水资源状况基本情况是：人多水少，水资源时空分布不均，与国土资源和生产力布局不相匹配，经济社会发展和水环境承载力之间的突出矛盾没有根本缓解。基于此基本情况，需要不断丰富完善治水理念，创新水利发展模式，实现重大水利技术和管理问题的突破性进展，实现水利可持续发展。

当前，国家明确把水资源作为国家的重要战略资源之一，坚持以人为本，坚持人与自然的和谐，坚持科学治水，坚持节约保护。水资源地位的提升，对于开发、利用、保护水资源的水利工程项目的建设和管理会有较大的影响。

### 三、政府改革

随着国家政治体制改革的深化，政府职能正处在转变过程中。政府职能的转变，必然会带来管理体制的转变，尤其是对于需要大量国家公共投资的水利工程项目来说，受到该转变的影响将更加直接和深远，也对水利工程项目管理如何快速适应政府变革提出了挑战。

## 四、社会变革

我国的社会变革也处在快速剧烈状态之中。比如,劳动效率的提高使工作时间将可能进一步减少,人们有需要更多闲暇时间的要求,甚至有弹性工作时间的要求;随着知识的快速更新,人们也有从事多种职业的可能性和需求;乡土观念的逐渐淡化,人力资源大流动已经形成;人们对工作之外的文化消费需求和娱乐需求逐步增强等。这些社会的变革必然要求我们在水利工程项目管理中来应对和适应,这些都会影响水利工程项目的管理。

## 五、市场化进程和管理体制变革

目前我国的水利工程项目管理体制是:在国家宏观监督调控指导下,以项目法人责任制为主体,以咨询、设计、监理、施工、物资供应等为服务、承包体系的系统的水利工程项目建设管理体制。随着国家经济体制和政治体制改革的不断深化,该建设管理体制也在不断的发展和完善中,比如正在研究的代建制等。体制框架的调整,必然影响到水利工程项目的管理实践。

水利工程市场也处在快速的变革当中。比如,以前的水利建设项目主要由国家和地方政府投资,现在水利工程市场逐步放开,尤其是对于供水和水力发电工程项目,已经对公司企业开放,许多大型水利工程项目,甚至整个流域系统开发,均可以交由公司投资建设、管理、运营等。

## 六、项目大型化、复杂化

随着改革开放的不断深入和发展,国家经济的持续发展,国力的不断强大,社会对基础设施的大型项目的要求更强烈,需要围绕重大的水、电、运输以及健康关怀、社会结构重组等实施大量工程项目,我们也有足够的财力来实施大量复杂的工程项目。大型项目是国家和政府提高国家集成设施的重要战略。就水利工程项目而言,已完工的三峡水利枢纽工程、正在逐步展开的南水北调东线和中线工程等,着眼于国家能源结构的优化和水资源的跨流域调度与优化配置,就是很好的例证。未来还有大量的大型水利工程在酝酿之中。

这些水利工程项目投资巨大,规模特大,建设期很长,工程往往是跨流域的、跨区域的。大型水利工程项目的实践迫切需要改善大型工程项目的管理,对于这类工程的管理,以及如何高效率地完成这些工程,有大量的管理问题需要解决,如工程技术问题、区域间利益协调问题、工程综合管理问题等,是我们面临的巨大挑战。

## 七、工程实施条件和环境的复杂化

随着大量实施条件相对较好的水利工程项目逐步完成,后续的水利工程项目实施条件和实施环境越来越困难,比如长距离、大埋深、复杂地质条件的隧洞施工,极端恶劣气候条件下的施工,高海拔地区的工程建设,少数民族聚居区域内工程建设等。工程实施条件和实施环境的复杂化,也为工程项目管理提出了大量急需研究解决的问题。

对于水利行业来说,准确进行气象预测、水文预测等本身就是一个难题,加上世界气候变暖的影响,使水文、气象等的规律发生变迁,更增加了预测难度。在复杂条件下进行水利工程管理,如何应对和处理大量的不确定性显然是不可回避的关键问题。

## 八、工程技术更新发展

水利工程建设技术的快速发展,如全断面岩石掘进机施工技术、盾构技术、超大型预冷强制式混凝土拌和楼等先进技术和装备,使工程实施的工艺、方案、速度、质量和成本等均出现了巨大的变化,还有地理信息技术等新技术、新手段应用到水利工程项目管理中。针对这些新情况,传统的项目管理思想、手段和方法也需要快速创新与发展,来适应工程技术的快速变化。比如,由于盾构设备的出现,代替了隧洞施工的常规钻爆方法,使长距离隧洞施工快速完成成为可能,但由于该施工技术的进步,使工程的施工方案发生改变、工程的进度加快等,要求工程管理的手段和方法也要改进,比如工程质量检测和控制的手段与技术、工程资源配置方法等。新技术的采用必须提高支持技术的组织过程。

## 九、计算机和信息技术发展

计算机和信息技术的发展,为水利工程项目建设提供了广阔的发展空间。

从工程技术来说,包括工程施工设备操作控制的数字化、工程运行的自动化等方面,均提供大量的发展机会和可能。

从工程项目管理来说,计算机使处理海量的工程信息成为可能,网络化使信息的长距离传输和共享成为可能,虚拟化使工程建设过程的计算机模拟与虚拟实现成为可能,如此等等,均对工程项目管理造成了深远的影响,拓展了巨大的想象空间,为工程项目管理的创新和提升提供了大量机会。

## 十、对水环境和水生态的重视

在水利工程决策和实施中,更加重视水环境和水生态,提出坚持把生态效益、经济效益和社会效益相统一的原则。这要求在进行水利工程项目管理中,应重视项目实施过程中的水环境保护问题,重视水生态系统的影响和修复问题。这必然会对水利工程项目管理的理念、措施等产生影响。

## 十一、水利工程项目群的集成管理

随着水利工程市场的发展,可能一个公司负责多个水利工程项目的管理,这些项目可能是同时进行的,也可能是先后进行的;或者一个大型项目逐步开展,如南水北调三条线的逐步实施,每条线又分阶段进行。这就要求我们超越单个具体水利工程项目管理的层面,而把所有项目形成水利工程项目组合或项目群,着眼资源共享、一体化采购、信息共享等,进行集成化管理,以求获得较高的管理绩效。但进行水利工程项目群的集成管理,我们还需要解决许多问题。

## 十二、工程哲学的发展

与科学哲学、技术哲学一样,工程哲学也在随着工程的发展不断丰富和完善。比如,传统的工程活动仅仅将生态环境与人的社会活动规律作为工程决策、工程运行和工程评估的外在约束条件，没有把生态规律与人的社会活动规律视为工程活动的内在因素；工程活动虽然具有了规模庞大的特点，但缺乏对工程现象进行系统的研究并建立起科学的理论，表现在工程管理中的经验性特征；工程活动指的是改造自然的人类活动，忽视了自然对人类的限制和反作用的一面，而且更不重视工程对社会结构与社会变迁的影响和社会对工程的促进、约束、限制的作用，因而不能全面把握两者的互动关系。随着人类社会的发展，人们不断对传统工程的基本观念进行彻底的反思，逐渐认识到，当代工程活动不应是一味改变自然的造物活动，而是协调人与自然关系，造福人类及其子孙后代的造物活动。当代工程活动不仅应该把生态环境作为工程活动的外在约束条件，更要把生态因素作为工程决策、工程运行与工程评估的内生要素；工程活动本身不是一种纯粹的技术活动，它也是一种社会活动。技术要素集成与综合的过程中，同时发生着社会要素的综合与集成，发生着与技术过程和技术结构相适应的社会关系结构的形成。工程活动与社会发展应相互协调，工程活动可以促进社会发展，甚至改变社会结构，当代工程活动的模式也要与社会发展模式相适应；现代工程是规模巨大的造物活动，其价值追求是多元化的，有科学价值、经济价值、社会价值、军事价值、生态价值等。这些价值之间可能是协调的，也可能是冲突的，协调价值冲突是当代工程决策的关键。工程活动的前提是处理多元价值之间的关系，工程活动的前提是一个统一的价值观能够形成，这个统一的价值观不是消除多元价值观的差异，而是多元价值观的统一；工程活动的过程和结果必须与其他的系统相协调，如工程的结构和功能要与生态结构和功能相协调，与社会的结构和功能相协调，与文化的功能相协调，与经济的结构和功能相协调，与政治的结构和功能相协调。

工程哲学观的发展必然影响到水利工程项目的决策、实施和运行全过程，并对水利工程项目管理产生影响。

### 十三、物质资源的影响

该问题主要包括以下三个层面：

首先，世界性的石油等物质资源的短缺会使人们更加重视项目活动的方式，过去没有把施工用油资源当成重要问题的项目将不得不考虑项目活动的代价问题，这将使水利工程项目管理更加复杂化。

其次，材料科学的发展促成了大量新材料的出现，在不断有新材料应用到水利工程项目时，会对工程的管理和控制产生影响。

再者，由于对于生态和环保的要求日益强烈，因此工程所使用的物质资源对生态和环境造成的影响也日益引起人们的重视，所以对于水利工程项目管理中的材料选购、设备选用等问题将不得不增加更多的制约因素，给工程管理增加难度。

## 第二节　我国水利工程项目管理发展

预测未来的可能趋势和事件是容易的，但要让预测能够发生却是十分困难的。为了能够很好地把握和应对未来的水利工程项目管理，假定我们有一定的预测能力，对水利工程项目管理的发展趋势作一些设想。

## 一、水利行业工程项目结构的调整

随着从工程水利向资源水利思想的转变，以及国家的水资源发展战略，水利行业的工程项目结构必然发生改变，基于水资源跨流域调度和优化配置，水环境工程、水生态工程、污水处理工程等类别的项目所占比重会逐步增加。

## 二、管理理念变迁

在工程项目管理中引入团队管理，并不断采用新的管理理念，如组织流程重组、缩小组织规模、组织层级扁平化等，不断提高管理绩效，并提高工程实施绩效。

## 三、社会需求的变化

随着国家人口的增长和城市化进程的加快，对水资源需求的日益增加也是必然的趋势。

随着社会发展节奏的加快，人们在追求工程建设的高质量、低成本的基础上，将更加注重工程建设进度，要求尽快发挥工程功能。所以，基于加快工程进度的技术开发和管理提高将非常迫切。

## 四、基于供应链管理的绩效提高

水利工程市场的竞争日益加剧，各个参与主体，尤其是施工方、设计方，逐渐认识到，市场竞争已经不仅是单个主体的竞争，而是基于核心主体所形成的供应链之间的竞争。每个主体需要构建自己稳定、高效的供应链，着力提高整个供应链的绩效，以提高整个工程的实施绩效，从而提高自己的市场竞争力。

## 五、基于双赢互信的竞争与合作

随着市场竞争的逐渐加剧，公司逐渐明白，基于互信的合作将可获得双赢的结局，所以战略联盟和合作将成为趋势。

## 六、外包和外借资源

为了在市场竞争与合作中获得优势，各个公司需要削减不相关业务和非核心业务，而专注于自己的核心业务，着力提高自己的核心竞争力，将其他非核心业务进行外包。同时，一个公司的资源是有限的，为了获得竞争优势，提高整合公司外部资源的能力也变得非常迫切和重要。

## 七、基于信息化的管理效率的提高

信息技术和信息化已经对我们的水利工程项目管理产生了巨大影响，使管理效率获得了巨大提高。随着信息技术在网络化、智能化等方面的新突破，以及信息技术在工程管理中应用的进一步深化，工程管理信息化程度的提高，使用信息技术收集、分析和解释数据的能力将为项目管理中过程与技术的提高提供更多的机遇，项目管理软件的功能会日渐成熟、完善和增强，工程项目管理效率必将获得更大的提高，也会使未来的项目经理有更多的时间关注项目中更重要的因素——人。

## 八、劳动人员多样化和技能要求

随着社会的发展，同一工程项目的劳动力多样化逐步呈现在我们面前，不同民族、不同种族、不同文化的人们在一个组织中为同一个项目奋战，这对组织设计、工作制度、信息系统等会产生很大影响。

另外，人的技能也逐渐得到重视，并作为一个项目的重要资源，尤其是引入大量的团队时，围绕技术能力的沟通能力、合作能力、协调能力等正逐步得到重视。

# 参考文献

[1] 中国项目管理研究会. 中国项目管理知识体系与国际项目管理专业资质认证标准[M]. 北京:机械工业出版社,2002.
[2] Turner J R, et al. 项目管理手册[M]. 3版. 李世其,等译. 北京:机械工业出版社,2004.
[3] Frederick E. Gould, Nancy E. Joyce. Construction Project Management [M]. 2nd Pearson Education, inc. publishing as Prentice Hall, 2003.
[4] 成虎. 工程项目管理[M]. 北京:中国建筑工业出版社,1997.
[5] 毕星,翟丽. 项目管理[M]. 上海:复旦大学出版社,2000.
[6] 卢向南. 项目计划与控制[M]. 北京:机械工业出版社,2004.
[7] 余志峰,等. 项目管理[M]. 北京:清华大学出版社,2000.
[8] 王守清. 计算机辅助建筑工程项目管理[M]. 北京:清华大学出版社,1996.
[9] 中国水利工程协会. 水利工程建设进度管理[M]. 北京:中国水利水电出版社,2007.
[10] 中国水利工程协会. 水利工程建设监理概论[M]. 北京:中国水利水电出版社,2007.
[11] 成虎. 工程项目管理[M]. 北京:高等教育出版社,2004.
[12] 本书编委会. 中国工程项目管理知识体系[M]. 北京:中国建筑工业出版社,2003.
[13] 注册咨询工程师考试教材编委会. 工程项目组织与管理[M]. 北京:中国计划出版社,2003.
[14] 丛培经. 工程项目管理[M]. 3版. 北京:中国建筑工业出版社,2006.
[15] 仲景冰,王红兵. 工程项目管理[M]. 北京:北京大学出版社,2006.
[16] 田金信. 建设项目管理[M]. 北京:高等教育出版社,2002.
[17]《建设工程项目资源管理》编委会. 建设工程项目资源管理[M]. 北京:中国计划出版社,2007.
[18]《建设工程项目管理规范》编委会. 建设工程项目管理规范实施手册[M]. 2版. 北京:中国建筑工业出版社,2006.
[19] 全国一级建造师执业资格考试用书编写委员会. 建设工程项目管理[M]. 北京:中国建筑工业出版社,2007.
[20] 全国一级建造师执业资格考试用书编写委员会. 建设工程经济[M]. 北京:中国建筑工业出版社,2007.
[21] 全国造价工程师执业资格考试培训教材编审委员会. 工程造价管理基础理论与相关法规[M]. 北京:中国计划出版社,2006.
[22] 全国造价工程师执业资格考试培训教材编审委员会. 工程造价案例分析[M]. 北京:中国城市出版社,2006.
[23] 中国水利学会工程造价管理专业委员会. 水利水电工程造价管理[M]. 北京:中国科学技术出版社,1998.
[24] 王慧明. 水利水电工程概预算[M]. 郑州:黄河水利出版社,2008.
[25] 方国华,朱成立,等. 水利水电工程概预算[M]. 郑州:黄河水利出版社,2008.
[26] 严玲,尹贻林. 工程造价导论[M]. 天津:天津大学出版社,2004.
[27] 陈全会,谭兴华,王修贵. 水利水电工程定额与造价[M]. 北京:中国水利水电出版社,2003.
[28] 俞振凯. 全国一级建造师执业资格考试《水利水电工程管理与实务》应试指导与复习题解[M]. 北京:中国水利水电出版社,2004.
[29] 建筑工程施工项目管理丛书编审委员会. 建筑工程施工项目成本管理[M]. 北京:机械工业出版

社,2002.
[30] 苗兴皓. 水利水电工程管理与实务[M]. 北京:中国环境科学出版社,2005.
[31] 郑梅. 建设工程项目管理[M]. 北京:中国计划出版社,2004.
[32] 蒋先玲. 项目融资[M]. 北京:中国金融出版社,2001.
[33] 刘亚臣,闫长俊. 工程项目融资[M]. 大连:大连理工大学出版社,2004.
[34] 林晓言. 投融资管理教程[M]. 北京:经济管理出版社,2001.
[35] 赵华,苏卫国. 工程项目融资[M]. 北京:人民交通出版社,2004.
[36] 姜国辉. 水利工程监理[M]. 北京:中国水利水电出版社,2005.
[37] 齐宝库. 工程项目管理[M]. 大连:大连理工大学出版社,2007.
[38] 宫立鸣, 孙正茂. 工程项目管理[M]. 北京:化学工业出版社,2005.
[39] 丁士昭. 工程项目管理[M]. 北京:中国建筑工业出版社,2007.
[40] 李世蓉, 邓铁军. 工程建设项目管理[M]. 武汉:武汉理工大学出版社,2006.
[41] 吴水根, 李辉. 建筑工程质量验收与质量问题处理[M]. 上海:同济大学出版社,2007.
[42] 雷胜强. 国际工程风险管理与保险[M]. 北京:中国建筑工业出版社,2000.
[43] 王家远, 刘春乐. 建设项目风险管理[M]. 北京:中国水利水电出版社,知识产权出版社,2004.
[44] 王卓甫. 工程项目风险管理:理论、方法与应用[M]. 北京:中国水利水电出版社,2003.
[45] 梁世连, 惠恩才. 工程项目管理学[M]. 2 版. 大连:东北财经大学出版社,2004.
[46] 丁士钊. 工程项目管理[M]. 北京:中国建筑工业出版社,2006.
[47]《中国工程项目管理知识体系》编委会. 中国工程项目管理知识体系[M]. 北京:中国建筑工业出版社,2003.
[48] 周建平. 水电工程勘察设计项目经理实用指南[M]. 北京:中国电力出版社,2007.
[49] 卞耀武. 中华人民共和国安全生产法读本[M]. 北京:煤炭工业出版社,2002.
[50] 中国安全生产协会注册安全工程师工作委员会. 安全生产法及相关法律知识[M]. 北京:中国大百科全书出版社,2008.
[51] 沈洪艳,任洪强. 环境管理学[M]. 北京:中国环境科学出版社,2005.
[52] 朱党生. 水利水电工程环境影响评价[M]. 北京:中国环境科学出版社,2006.
[53] 赵智杰. 环境影响评价技术导则与标准[M]. 北京:中国建筑工业出版社,2007.
[54] 耿福明. 南水北调工程征地移民实施与管理[M]. 北京:中国水利水电出版社,2007.
[55] 沈菊琴. 工程项目管理——水利水电工程征地移民监理理论与实务[M]. 北京:中国水利水电出版社,2006.
[56] 张穹. 大中型水利水电工程建设征地补偿和移民安置条例释义[M]. 北京:中国水利水电出版社,2007.
[57] 耿福明. 南水北调工程征地移民实施与管理[M]. 北京:中国水利水电出版社,2007.
[58] 邓培全. 水库移民可持续发展模式与实践[M]. 郑州:黄河水利出版社,2003.
[59] 周建平. 水电工程勘察设计项目经理实用指南[M]. 北京:中国电力出版社,2007.
[60] 李开运. 建设项目合同管理[M]. 2 版. 北京:中国水利水电出版社,2001.
[61] 方俊. 工程合同管理[M]. 北京:北京大学出版社,2006.
[62] 徐存东. 水利水电建设项目管理与评估[M]. 北京:中国水利水电出版社,2006.
[63] 杨平. 工程合同管理[M]. 北京:人民交通出版社,2007.
[64] 何佰洲. 工程建设合同与合同管理[M]. 大连:东北财经大学出版社,2004.
[65] 丁荣贵,杨乃定. 项目组织与团队[M]. 北京: 机械工业出版社,2004.
[66] 关老健. 项目管理教程新编[M]. 广州: 中山大学出版社,2006.

[67] 杨培岭. 现代水利水电工程项目管理理论与实务[M]. 北京：中国水利水电出版社,2004.
[68] 胡君辰,杨永康. 组织行为学[M]. 上海：复旦大学出版社,2003.
[69] 曹蓉. 组织行为学[M]. 西安：陕西人民出版社,2005.
[70] 吴涛,丛培经. 建设项目管理规范实施手册[M]. 2 版. 北京：中国建筑工业出版社,2006.
[71] 中国建设监理协会. 建设工程监理概论[M]. 2 版. 北京：知识产权出版社, 2006.
[72] 刘尚温. 工程建设组织协调[M]. 北京：中国水利水电出版社,知识产权出版社,2007.